Jacobus Harrewyn:
Titelkupfer zu Molières Werken, Lüttich 1703.

FRIEDRICH DIECKMANN

DIE GESCHICHTE DON GIOVANNIS

Werdegang eines erotischen Anarchisten

INSEL VERLAG

Erste Auflage 1991
© Insel Verlag Frankfurt am Main und Leipzig
Alle Rechte vorbehalten
Druck: Franz Spiegel Buch GmbH, Ulm
Printed in Germany

KAPITEL I

Zeitenwende

Du kommst in so fragwürdiger Gestalt!
(Shakespeare, Hamlet, Erster Akt)

Schritt von fern

Die Gestalten kommen von weither. Sonderlich der Komtur hat einen langen Weg: aus der Antike stapft er ins christlich-barocke Spanien. Das Bild, erst recht das Standbild, die lebensgroße, vollplastische Figur, als das Medium magischer Vergegenwärtigung – es ist der Glaube an die übernatürliche Kraft des Kunstwerks, aus dem die Bildwerke der alten Zeit sich nähren. Noch heute trifft den Betrachter aus den größten, den bedeutendsten von ihnen der gebieterische Ausdruck einer mythischen Wirklichkeit; mit essentieller Gewalt spricht der dargestellte Gott, Kaiser, Prophet aus der bannenden Gestalt des Werkes. Verwandelt setzt sich der Wunderglaube der Kunst, der Wunderglaube an die Kunst in christlicher Zeit fort; zahlreich sind die Legenden von handgreiflich gnadenspendenden Muttergottesbildern, nickend, lächelnd, gewährend sich äußernden Heiligenfiguren. Der Gekreuzigte bleibt, indem er die Stelle Gottes einnimmt, der leidende, geschundene, ohnmächtige Mensch, leibhaftiger Einspruch gegen das mythische Verhängnis; die Madonnen- und Heiligenfiguren aber sind wunderkräftig wie die Götterbilder der Antike. Doch auf andere Weise: die mythische Gewalt zeigt sich human sublimiert; das Drohende, Schreckenverbreitende, das sie vormals beglaubigte, ist von ihr abgefallen. Die Menschwerdung Gottes, die der Gekreuzigte als Leidender verkörpert, zeigt sich an ihnen als Gebenden, Helfenden.

Aber auch das Denkmal irdischer Personen, erst recht, wo es sich, als Grabmal, in unmittelbarer Nähe des Toten und wie an dessen Stelle erhebt, ist wunderkräftig und geheimnisumflossen. Die Gewalt, die der Tote zu Lebzeiten übte, setzt sich in seinem Denkmal

magisch fort; wer ihm zu nahe tritt, verletzt ein Tabu und fordert die
Geisterwelt heraus. So in der Geschichte, die zwei Reiseschriftsteller
des zweiten Jahrhunderts, Pausanias und Dio Chrysostomos, von einem Meistersportler erzählen, Theagenes von Thasos, dem die Hel-
lenen nach seinem Tod ein Standbild errichteten. Als sich ein Neider
seines Ruhms mit Peitschenhieben an dem Denkmal verging, be-
lebte sich die Figur, schritt von ihrem Sockel und streckte den Frevler nieder. Dem Bericht nach fünfhundert Jahre älter, in ihrer Substanz einer jüngeren Schicht der Überlieferung entstammend ist die
Geschichte, die Aristoteles' »Poetik« an bezüglichster Stelle mitteilt,
dort, wo es in drei Kapiteln um die Anforderungen an eine gute dramatische Fabel geht. Zu ihnen gehört die »innere Notwendigkeit«
der Geschichte, die Überraschungen, den Eingriff des Wunderbaren
jedoch nicht ausschließt – Ereignisse, die »zwar aus dem inneren
Zusammenhang, aber wider Erwarten eintreten«. »Von den zufälli-
gen Begebenheiten dieser Art setzen den Menschen diejenigen am
meisten in Staunen, welche so wirken, als seien sie absichtlich herbeigeführt. So zum Beispiel die Tötung des Mörders des Mitys durch
die Statue des Ermordeten, die ihm auf den Kopf stürzte, als er sie
in Argos gerade betrachtete. Eine derartige Begebenheit macht eben
den Eindruck, als ob sie nicht von ungefähr geschehen sei. Fabeln
dieser Art sind notwendigerweise die schöneren.«* Die mythische
Strafgewalt ist hier deutlich säkularisiert; nicht die Statue selbst
handelt, sondern eine unsichtbare Macht hinter und über ihr, scheinbar die Götter, in Wahrheit der Dramaturg; sie lenkt die natürliche
Kausalität in die Bahn von Schicksal und Strafe.

Anders ästhetisierend gibt sich Ovid, der augusteische Römer, in
den »Metamorphosen«; an dem belebten Standbild, nicht an dessen
rächender Funktion hält seine Geschichte fest. Daß, wie bei der
elfenbeinernen Mädchenfigur des Pygmalion, eine Statue weder
Götterbild noch Denkmal, Gedenk-Mal ist, sondern auf das ideale
Gattungswesen zielt, gehört dem Bewußtsein einer aufgeklärten
Spätzeit an, die ästhetisch und utopisch, nicht magisch-leibhaftig
denkt, und so tut es die harmonische Wendung der Erzählung: Mit
einem Zauberwort erweckt die Göttin das Kunstwerk zum Leben
und entläßt es in die Wirklichkeit der Individualität. Daß hier eine
glückliche, mit Kindern gesegnete Ehe entsprang, ist seinerseits uto-
pische Konstruktion; es ist wohl die Frage, ob die ideale Frau, aus der
Statue in die Bettgenossin verwandelt, noch die ideale Frau sei.

Wunschtraum von Spätzeiten: daß, was in Elfenbein (oder auf dem Papier) so stimmig, so verheißungsvoll erscheint, durch himmlische Fügung lebendig werde und dann ebenso stimmig, Glück spendend, nicht bloß verheißend, dastehe.

Wenn bei Ovid die magische Wurzel der Kunst dergestalt in spielerischer, fast schon parodistischer Auflösung erscheint, so ist der steinerne Gast die felsstarre Wiederverkörperung der alten mythischen Straf- und Schreckensmacht. In Gestalt des Totenkults, der, als ein dem ursprünglichen Christentum fremdes Element, sich diesem bald nach dessen staatskirchlicher Etablierung beimengte, hat sie überdauert. Der steingewordene Komtur beruft sie aufs neue; als der unerbittliche Vollstrecker höllischen Strafgerichts faßt er seinen unerschrockenen Besucher bei der Hand. So in der ursprünglichen Gestalt des Dramas; erst nach Tirso, dem Ur-Dichter, wird das Standbild zu dem Abgesandten des christlichen Himmels, der zur Reue mahnt, um den Sünder zu retten. Der ursprüngliche Komtur ist kein Dialogpartner, an dem Juan, der Unbußfertige, zu jener Widerstandsgröße aufwachsen kann, die ihn durch die Jahrhunderte treibt. An seinen Wurzeln, die in Spaniens Erde reichen, ist das Standbild, was es seiner von Catalinón, dem Diener, zitternd entzifferten Inschrift, dieser vor- und widerchristlichen Parole, nach ist: der fraglose Vollstrecker einer rächend-strafenden, übermenschlich eingreifenden Gewalt.

Tragical History

Als solcher ist er eine der Aufklärung so fremde Gestalt wie der Teufel, der sich in dem Spiel vom Doktor Faust dem machtlüsternern Gelehrten zur Verfügung stellt, um ihn der Hölle zu überliefern. Auch der Renaissance wären diese beiden wie die Sendboten einer gerade überwundenen Finsternis erschienen; undenkbar, daß eine jener erotischen Komödien des italienischen Cinquecento, die alle wie dem Decamerone entsprungen scheinen, einen ihrer kühnen Liebhaber auf so düstere Weise bestraft hätte. Auch der genußlos schweifende Erotiker, bei dem alle Frauen nur einmal auf ihre Kosten kommen (und er auf die seinen), wäre ihnen eine groteske Figur gewesen. Mephistopheles und der Komtur, der alerte Hinkefuß und der schwerfüßige Höllenbote – beide treten in derselben Epoche in das Leben der europäischen Bühne, und es ist eine des Rückschlags:

Marlowes »Tragische Geschichte von Leben und Tod des Doktor
Faustus« 1588 in dem England der Elisabeth, Tirso de Molinas »Betrüger von Sevilla« ein Dritteljahrhundert später in dem Spanien
Philipps IV. Faust und Don Juan, diese dramatischen Ausgeburten
eines katastrophengeladenen Zeitalters – fast als Geschwister betreten sie die Bühne eines von Macht- und Glaubenskämpfen blutig zerrissenen Erdteils. Sie tun es an den Polen der europäischen Welt, in
zwei Staaten, deren Antagonismus sich um so entschiedener hergestellt hat, als sie um die Mitte des 16. Jahrhunderts noch nah beieinander gestanden hatten. Philipp II., der königliche Protagonist der
Weltmacht Spanien, hatte als Gemahl der englischen Königin mittelbar auch über England geherrscht; nach Marias, der Blutigen, Tod
hatte er deren Halbschwester und Nachfolgerin Elisabeth zu freien
versucht. Das war 1558 gewesen; neun Jahre später brechen seine
Heere in den Niederlanden ein und entfachen eine Widerstandsbe-
wegung, die in England ihren wichtigsten Verbündeten findet; auch
in Schottland tobt der Bürgerkrieg zwischen Protestanten und Ka-
tholiken. 1587 entledigt sich Elisabeth von England zweier Widersacher von verschiedener Art: in London fällt nach achtzehnjähriger
Haft das Haupt der katholischen Thronfolgerin, der schottischen
Maria; in den Wassern des Atlantik aber geht die Zwanzig-Millio-
nen-Dukaten-Flotte Philipps II. unter, die das protestantische England zur Hölle senden sollte wie der Herzog von Alba die evangeli-
schen Holländer.

Ein Jahr später stößt ein vierundzwanzigjähriger Poet, Zögling
der Universität Cambridge, auf ein Buch, das aus Frankfurt am
Main seinen Weg zu einem Londoner Verleger gefunden hat, das
Volksbuch vom Doktor Faust, und gräbt mit dessen Hilfe die Wirren
der Zeit bei ihrer Wurzel auf. Er macht den Wissenschaftler, den gelehrten Erforscher Himmels und der Erden, zum Helden eines Dramas, das seinen Bogen von den Hochgestalten der Antike – der troja-
nischen Helena und dem Heldenkönig Alexander – bis zu den
Machtzentren der Gegenwart, dem Hof des Papstes und des deutschen Kaisers, spannt und den machtbesessenen, machtbesitzenden
Gelehrten als ihren verfluchten Gegen-, ihren geehrten Mitspieler
zeigt. Zuvor läßt sich der Wittenberger Professor von Mephostophilis, dem Abgesandten Luzifers, in den Geheimnissen der Himmels-
körper unterweisen und durchmißt als Raumfahrer Himmel, Erde
und Hölle:

So hoch stieg unser Drachenpaar empor,
Daß beim Hinabsehn ich die Erde fand
An Umfang just so groß wie meine Hand.*

Nach einer Erholungspause besteigt er ein anderes Flugzeug: »und
also prüft er jetzt Kosmographie, / die ausmißt dieser Erde Reich'
und Küsten«; aus den Lüften besichtigt er die Hauptstädte Europas
– Trier und Paris, Neapel und Venedig.

Es ist die Wissenschaft, die das Zeitalter in seine Krise gestürzt
hat. Ein Landsmann und Altersgenosse Marlowes, Francis Bacon,
Staatsmann und Philosoph, faßt die Umwälzung in ein philosophisches System; er klassifiziert und verwirft die Trugbilder der
menschlichen Vorstellung und Weltanschauung und läßt einzig die
geprüfte, von allen Beimengungen des Subjekts gereinigte Erfahrung als Maß der Erkenntnis gelten. Das ist die Kodifizierung einer
intellektuellen Revolution, deren Vorboten die Reformation der
Theologie und der Umsturz der Astronomie gewesen waren. Sie vertreibt den Menschen aus einem geistigen Haus, in dem er seit Jahrhunderten eingesessen war, ein Weltbild zertrümmernd, in dem er,
von Gott eingesetzt, die Mitte des Alls behauptete: die ganze Welt
drehte sich um ihn, er aber um den zunächst Mächtigen einer sozialen Hierarchie, die so gegründet schien wie die Abfolge der Himmels-
sphären. Der Akt der Befreiung ist auch einer der Entbergung; er
weckt Begeisterung und Furcht, Entzücken und Widerstand. Die ko-
pernikanische Himmelsrevolution ist dabei nur das Sinnbild, nicht
der Gegenstand des Kampfes, Protestantismus und Kopernikanis-
mus fallen nicht zusammen, und noch Marlowes Mephostophilis ist,
wie auch Francis Bacon, durchaus geozentrisch orientiert.

Die Genialität des jungen Dramatikers, der dem neuen Drama mit
Blankvers und Monolog nicht nur die Form vorgibt, sondern mit ge-
waltigem Vorgriff auch die Hauptfiguren kommender Zeitalter, liegt
nicht nur darin, daß er den wirklichen Helden des Zeitalters erkennt
und exponiert, sondern daß er mit Jahrhunderte überspringendem
Gedankenflug die Krisenhaftigkeit seiner Rolle ans Licht bringt:
Marlowes Faust ist ein Forscher, der, um sich zum Herrn der Gesellschaft aufzuwerfen, von der Theorie (der reinen Anschauung) zur
Praxis (der Anwendung der Erkenntnisse) übergeht und dabei des
Teufels ist. Johann Faust hat alle herkömmlichen Disziplinen durchmessen: Gottesgelahrtheit und formale Logik, Heilkunst und Recht-

sprechung; die Macht, die von ihnen ausgeht, genügt ihm so wenig
wie die Botschaft der Theologie vom sündenverfallenen Menschen –
Magie, die entfesselte Naturkraft, allein kann ihn von Dienstbarkeit
und Einengung befreien:

> Oh, welche Welt des Nutzens und der Lust,
> Der Macht und Ehre und der Allgewalt
> Erschließt sich da dem lernbegier'gen Kopf!
> Was sich, von einem Pol zum andern, regt,
> Soll alles mir gehorchen.

Der Böse Engel bestärkt ihn:

> Geh vorwärts, Faust, in der erhabnen Kunst,
> Die alle Schätze der Natur erschließt:
> Sei du auf Erden, was im Himmel Zeus,
> Der Elemente unbeschränkter Herr.

Der Traum von irdischer Herrschaft wird praktisch-gegenständlich
angefaßt, neue Offensiv- und Defensivwaffen stehen dem Professor
vor Augen. »Beßre Waffen für des Krieges Hitze« sollen ersonnen
und Deutschland mit einem »Wall von Erz« umgürtet werden; ver-
kehrstechnische Großprojekte werden ohne weiteres zu Kriegsvor-
bereitungen: »... will eine Brücke durch die Lüfte baun, / um übers
Meer mit einem Heer zu eilen; / das Berggestade Afrikas verbinden
/ mit Spanien zu *einem* Kontinent, / der meiner Krone nur sei unter-
tan.« Aber Fausts Machtgelüst beschränkt sich nicht auf die Erde;
der Traum von Weltherrschaft des Wissenschaftlers schweift ins Kos-
mische aus. »Du sollst mir dienen all mein Leben lang«, herrscht er
den herbeibeschworenen Mephostophilis an, »und alles tun, was
Faust dir anbefiehlt, / sei's auch, den Mond aus seiner Bahn zu lenken, / im Ozean das Weltall zu versenken.«
   Um sich »zum Herrn der Welt« aufzuwerfen, muß der Professor
seine Seele verpfänden; der Preis dünkt ihn nicht zu hoch: »Hätt
Seelen ich so viel, wie Sterne sind, / ich gäb sie all für Mephostophilis.« Nicht nur seine eigene Seele ist ihm wohlfeil: »Mein Geist sei bei
den alten Philosophen! / Schluß mit dem nichtgen Kram von Men-
schenseelen«, ist die Losung. Aber was heißt das, seine Seele verkau-
fen? Am Ende des Stückes, als die Stunde naht, da Luzifer seinen
Preis einfordert, schildert der Böse Engel die Hölle als »Riesenhaus
der ewgen Marter«:

Dort spießen Hexen die verdammten Seelen
Auf glühnde Gabeln, sieden sie in Blei;
Lebendge Viertel braten dort auf Kohlen
Und sterben nimmer…

Tiefer greift das Gespräch, das Faust mit Mephosto über die Frage, was und wo denn die Hölle sei, *vor* dem Pakt führt. Wie es käme, daß er, Mephosto, zur Hölle verdammt sei und doch vor ihm stehe, außerhalb der Hölle, fragt der paktlüsterne Gelehrte den Satrapen Luzifers, und der antwortet: »Dies *ist* die Hölle, und ich bin nicht draußen.« Er bekräftigt es nach dem Paktschluß: »Wo wir sind, da ist Hölle, und wo die Hölle ist, sind wir auf ewig«, antwortet er auf Fausts erneuerte Frage. In dem Abfall von Gott selbst liegt die Verdammnis, und um sie zu ertragen, wirbt die Hölle »Genossen ihrer Schmerzen«. Keine großartigere Stelle in dem aus postumen Drukken rekonstruierten Stück als des mächtigen Höllendieners Abwehr weiterer Fragen: »Mit Schreck erfülln sie meine matte Seele.« Das sich am Ende des Stückes im Anschluß an das Volksbuch wiederherstellende Gegenüber von Sünde und Strafe, von macht-, gold-, ruhmerfülltem Genußleben und folgender Höllenpein wird eingangs aufgehoben in die Einsicht, daß die Hingabe an das eigene Machtgelüst selbst schon die Hölle bedeutet.

In ihr hat die Frau, trotz aller Lust-Phantasien, keine Stelle. Als Faust nach dem »schönsten Mädchen in Deutschland« verlangt, erwidert Mephosto bestürzt: »Ich bitt dich, Faust, sprich nicht von einem Weibe.« Aber der Professor besteht darauf, und so speist er ihn mit einem »wie eine Frau gekleideten Teufel« ab; entsetzt weicht Faust vor diesem Bild einer »wollüstigen Hure« zurück: »Nein, ich will kein Weib.« Das Thema wird fallengelassen, die »schönsten Kurtisanen«, die der Teufel verspricht, bleiben aus, statt ihrer werden naturoffenbarende, machtverheißende Bücher präsentiert. Faust, der sein Auge reuevoll zum Himmel wendet, wird feuerbachisch zurechtgewiesen: Der Mensch gelte mehr als der Himmel, weil dieser »für ihn gemacht« sei. In der Folge foppt Faust den Papst und hilft damit dem Kaiser, Karl dem Fünften, der ihn mit höchsten Ehren aufnimmt. Der Magier behext seine Feinde am Kaiserhof und erfüllt mitten im Winter das Gelüst einer schwangeren Herzogin nach frischen Weintrauben – schickt er sein Drachen-Flugzeug aus? Das ist sein einziger weiblicher Umgang auf der Höhe seiner Erfolge; erst

als das Ende naht und Fausts Reuegefühle überhandnehmen, führt
ihm Mephosto jene Helena zu, die Faust zuvor, schattenhaft-unwirk-
lich, am Kaiserhof beschworen hat. Sie vertreibt die Erscheinung eines namenlosen alten Mannes, der nicht als Strafender, sondern als
inständig Mahnender auftritt: »...ich spreche nicht im Zorn. / Auch
nicht aus Neid – aus warmer Liebe nur / und Mitleid mit dem Weh,
das deiner harrt.« Rettung, verkündet er Faust, sei möglich: »Drum
ruf um Gnade an, verzweifle nicht.« Faust aber hält sich für verdammt, auf sein Geheiß martert Mephosto den Alten. Dann zaubert
er die ideale Frau herbei, Helena, aber sie spricht kein Wort, sie erscheint nur – Vorspiel der nahenden Katastrophe, der Faust mit
Furcht und Zerknirschung entgegensieht:

> Schließ, ekle Hölle, dich! Luzifer, komm nicht;
> Die Bücher zünd ich an! – Oh, Mephostophilis!

Die unveränderlich anhänglichen Studenten finden ihren Professor
am andern Morgen in Stücke gerissen.

Marlowes hellseherisches Stück ist die Tragödie einer Zeitenwende, deren Kräfte und Gegenkräfte sich in dem folgenden Jahrhundert auf Deutschlands Rücken in einem dreißigjährigen Krieg
entladen. Das Drama, in dem der Papst geohrfeigt und sein Widersacher, der vom Kaiser eingesetzte Gegenpapst, aus der Haft zweier
Kardinäle befreit wird, wäre in einem katholischen Land nicht auf-
führbar, aber sein Problem übergreift die widerstreitenden Parteien;
auf beiden Seiten des ideologisch-politischen Grabens ist der Widerstand gegen die moderne Wissenschaft ausgeprägt. Giordano Bruno
trifft in Rom im Jahr 1600 das Schicksal, vor dem er 1583 aus England geflohen war; in Genf hatte Calvin 1554 den Entdecker des
Blutkreislaufes verbrennen lassen. Die römische Kurie war dem ko-
pernikanischen Denken gegenüber lange Zeit toleranter als die deutschen Lutheraner.

Marlowes Stück bringt das neue, sich an die Stelle Gottes setzende
Denken zu dramatischer Anschaulichkeit; dabei entdeckt er ein weit
in die Zukunft greifendes Phänomen: den schuldbeladenen Forscher, der sich an den Kräften der Natur vergreift, um einen Traum
von Allgewalt zu verwirklichen. So kritisch das Stück auf seinen
Helden blickt (»Der Vorwitz strebt den tiefren Sinn zu fassen, / wagt
weiter sich, als Gott es zugelassen«, warnt ein chorischer Epilog), so
scheint doch dessen bloße Vorstellung bereits als Provokation ge-

wirkt zu haben; wahrscheinlich wurde das Stück nach der ersten
Aufführung sogleich verboten. Marlowes eigenes Schicksal verschränkt sich dem seiner Figur: Was der Dichter an Faust in die Krise
führt, Abfall von Gott und Spiel mit der Macht, projizieren die Behörden auf ihn selbst. Schon 1588 wird der Dichter des Atheismus
angeklagt, eine zweite Anklage trifft ihn fünf Jahre später mit Sir
Walter Raleigh, dem Seehelden und Koloniengründer; Marlowe
droht derselbe Scheiterhaufen, der sieben Jahre später in Rom für
Giordano Bruno aufgerichtet wird. Als Hauptbelastungszeuge fungiert ein Mann, der der Verschwörung gegen das Leben der Königin
beschuldigt ist (er wird ein Jahr später gehängt); von Bedeutung ist
auch die Aussage des Kollegen Thomas Kyd, der auf der Folter gesteht, daß er von Marlowe ein atheistisches Buch erhalten habe. Raleigh flieht; versucht Marlowe das Gleiche? In einer Schenke zu
Deptford, vier Meilen von London entfernt, trifft ihn zwei Tage nach
Ausfertigung der Anklageschrift der Dolchstoß eines Mörders; dessen Begnadigung, vier Wochen später von der Königin unterschrie-
ben, macht deutlich: die Krone hat das Todesurteil vorweggenom-
men. Der Mann, der als erster Macht und Wissenschaft auf dem
Theater schuldhaft zusammengedacht hatte, der in »Tamerlan« mit
gewaltigem Vorgriff einen andern Weltherrschaftswahn, den des aus
dem Volk aufsteigenden Massenabgotts, auf die Bühne stellt, fällt als
das Opfer einer Zeit, der er tief ins Innere geblickt hat.

Comedia famosa

Aus dem protestantischen Norden kommt der eine dramatische Archetyp des Zeitalters, der maßlose Gelehrte — die dämonische Gestalt jener Losung, die der Oberrichter Francis Bacon zehn Jahre
später mit optimistischem Affront in eine Zukunft wirft, die sich erst
Jahrhunderte später erklärt: »Wissen ist Macht.« Im katholischen
Süden, unter der Sonne Spaniens, erwächst sechsunddreißig Jahre
später das epochale Alter ego, Fausts Seitenstück und Gegenfigur,
der maßlose Aristokrat. Hybris der Profession und Hybris des Standes, Omnipotenzdrang des Wissenschaftlers und des Grundbesit-
zers, jener intellektuell, dieser sexuell gerichtet — beide gefährden
die Welt, nach der sie mit sehr verschiedenen Mitteln greifen, beide
werden, um der allgemeinen Sicherheit willen, unter Aufbietung

überweltlicher Instanzen ausgeschaltet. Fausts wie Don Juans Rebellion ist schrankenlos in sich selbst befangen, sie hat keine bestimmte Adresse (und ist darum nicht eigentlich Rebellion), einen tyrannischen Vater oder einen übermächtigen König, sondern geht, ausschließlich für sich selbst, aufs Ganze – Himmel und Erde, die Frauen aller Stände. So ist nicht eine irdisch begrenzte Herrschaft, sondern die Weltordnung, Gott selbst, herausgefordert; gegen die dämonische Herausforderung legt eine dämonische Instanz sich ins Mittel: die Hölle als Retterin der beleidigten göttlichen Majestät.

Denn zu dem Dualismus des christlichen Weltbilds (an den Teufel glauben alle Parteien der Zeit) gehört auch das Auseinanderfallen der beiden Attribute göttlicher wie irdischer Macht: Strafe und Gnade. Gott, die oberste der Mächte, erscheint als reine Instanz der Gnade; Strafe und Rache sind an sich selbst, kategorial, perhorresziert und werden einem Widersacher übermacht, der an sich reißt, was gleich ihm an dem Oberherrn frevelt und dessen Macht bestreitet. Es wäre folgerichtig, daß Satan die Seinen hegte und pflegte, nicht nur im irdischen Leben, sondern auch in jenem Jenseits, das das seine ist, der Hölle. Oder aber daß der Frevler nach seinem Tod einem göttlichen Strafgericht anheimfalle, das die ewigen Qualen, zu denen es ihn verdammt, auch selbst vollzieht. Aber weder das eine noch das andere geschieht, der unbußfertige Sünder wird der Hölle ausgeliefert – Satan, der Widersacher Gottes, als dessen Strafvollzugsorgan. Die Justiz will saubere Hände behalten und gibt die Exekution in andere Hände – man kennt diesen Vorgang auch von der Inquisition, bei der die Kirche den Ketzer nur schuldig sprach, nicht etwa mit dem Scheiterhaufen bestrafte; das war Sache des »weltlichen Arms«, dem er überliefert wurde.

Aber daß es die Dissidenten der göttlichen Macht sind, die an ihresgleichen, und gleichsam lustvoll, die Feuerstrafe verüben, hat seinesgleichen in irdischer Sphäre nicht; es ist eine Vorstellung von hoher Merkwürdigkeit. Sie schmuggelt den Straf- und Gerichtsgedanken, von dem das Neue Testament die Vorstellung Gottes befreit hatte, durch die Hintertür der Hölle wieder ein. In der irdischen Welt ist Satan der Gegenspieler, in der jenseitigen der Diener Gottes – auf einem Feld, das jener sich versagt hat, ohne das aber die Weltordnung offenbar nicht auskommt. Allerdings: bis zuletzt kann ein Wort der Reue den Frevler von dem schwarzen Feuer lossprechen, das seiner in der Hölle, dem Ort der Finsternis *und* des Feuers, war-

tet. Ein Nachhall dieser Theologie zeigt sich noch heute in der Auf-
teilung von Rechtsprechung und Strafvollzug unter verschiedene
staatliche Instanzen.

Marlowes »Faust« ist das Produkt einer jungen und gärenden Zeit;
das Stück entspringt einem Land, das, schwerer innerer Entzweiung
von Klassen- und Glaubenskämpfen entronnen, seine ersten, tasten-
den, von abenteuernden Kapitänen beflügelten Schritte auf dem
Weg zur Groß- und Kolonialmacht tut. Während England von Unrast, Bewegung, der Erregung und Fluktuation einer Übergangsepo-
che umgetrieben wird, krankt Spanien, die alte Weltmacht, die sich,
mit Kolonien in allen Erdteilen, lange Zeit als die einzige fühlen
konnte, ein Staat, in dem der Kompromiß der Klassen unter dem Re-
gime absolutistischer Krongewalt sich schon im 15. Jahrhundert
hergestellt hatte (danach war Columbus aufgebrochen, um die Erde
als Kugel zu erfahren), an einer ebenso lähmenden wie unerschütterlichen Festigkeit der inneren Verhältnisse. In Spanien herrscht nicht,
wie in dem zwischen Katholizismus, Protestantismus und Calvinis-
mus hin- und hergerissenen Land des Nordens, der Zweifel, sondern
der Glaube, und er herrscht so ingrimmig, daß selbst die, welche
sich zu ihm bekennen, nicht sicher sind vor denen, die ihn zu schützen vorgeben, Staat und Kirche. Die Scheiterhaufen, die ihn fünf
Jahre lang auch in England festzubrennen suchen, gehen in Spanien
nie aus, Philipp II. sucht ganz Europa mit ihnen zu überziehen. Sein
Land ist der Hort der antireformatorischen Reaktion; der Jesuiten-
orden, diese Internationale der Gegenreformation, ist die Gründung
eines baskischen Offiziers, Mystikers, Asketen. Aber der König überspannt die Kräfte seines Landes, und die Schiffe voll Silber, die seine
Soldaten den unterworfenen Indianern abpressen, bieten trügeri-
sche Hilfe: sie inflationieren die Währung des Landes und zerrütten
so seine Erzeugungskraft.

Ein übriges tut die Verfolgung jener Kräfte, die diese Wirtschaft
tragen und betreiben, der Moriscos, Nachfahren jener Mauren, die
einst die ganze Halbinsel beherrschten, und der Maranos, deutsch
Schweine, so bezeichnet man die Juden. Die ersteren sind längst
christianisiert, aber das schützt sie nicht vor der Inquisition; deren
mordbrennerisches Treiben – ein katholisches Lexikon von 1957
nennt es ein »Werkzeug in der Hand des Staates zur Bekämpfung der
nur zum Schein sich bekehrenden Mauren und Juden«* – richtet

sich gegen ethnische Minderheiten ebenso wie gegen religiöse. Wahrscheinlich sind die Moriscos dem König durch eben das verdächtig, was sie zur Säule der Ökonomie macht, durch ihre Wendigkeit und Produktivität; sie aus dem gesellschaftlichen Körper herausschneidend, schneidet der Staat sich tief ins eigene Fleisch. Spanien, dieser Koloß der Rechtgläubigkeit, regiert von einem König, der nur schriftlich mit seinem Staatswesen verkehrt und sich in einem monströsen Schloßbau auf einsamer Hochebene einmauert, Zentralbastion einer Weltmacht, die sich im Besitz des rechten Glaubens für alle Menschen aller Völker wähnt und die eisernen Fühler ihrer Herrschsucht in alle Länder, alle Erdteile ausstreckt, höhlt sich durch Überrüstung, nach außen wie im Innern, selbst aus. Dreimal im Lauf seiner zweiundvierzigjährigen Regierungszeit verkündet Philipp den Staatsbankrott, der ihn politisch nicht weiter beirrt. Als er 1598, zwei Jahre nach seinem letzten Bankrott, stirbt, ist Spanien eine verfallende Macht; der Todkranke, so weiß es die Legende, sei in den Anblick eines Totenschädels versunken gewesen, dem er die Krone aufs Haupt gedrückt hatte.

Sein Sohn und Nachfolger, Philipp III., Halbbruder jenes Don Karlos, an dem sich die Phantasie der Nachwelt entzündet, überläßt einem Günstling, dem Grafen Lerma, Regierung und Ausplünderung des Landes. Lerma quittiert den seit vierzig Jahren währenden Krieg gegen die Holländer durch einen zwölfjährigen Waffenstillstand; im Inland büßen es die Morisken mit ihrer Austreibung. Ein Staatswesen, ausgezehrt von seiner eigenen Stabilität; aber der Verfall bricht sich an einem Volksleben von urwüchsiger Kraft und Phantasie, er entbindet kulturelle Produktivkräfte von staunenswerter Fruchtbarkeit. Was in England eine Epoche gesellschaftlichen Aufstiegs begleitet, löst sich in Spanien aus einer des Niedergangs: die Blüte der Kultur. Sie zeigt sich in der Literatur wie in der Malerei; zehn Jahre nach Philipps II. Tod bringt ein Roman das Sinnbild für den Abstand zwischen Anspruch und Wirklichkeit hervor, der die Lage des Landes bestimmt; mit unerschöpflicher Phantasie und einer enzyklopädischen Wirklichkeitskenntnis malt ein Marinesoldat und Geschäftsmann, der durch viele Fährnisse und Gefangenschaften gegangen ist, die humoristische Koexistenz des Chimären von Ruhm und Eroberung nachjagenden Edelmanns und des ihm aus einer Mischung von Torheit, Biedersinn und Eigennutz anhangenden Mannes aus dem Volke: Don Quijote und Sancho Pansa. Der

Hidalgo als Ideologieproduzent, der den Warenproduzenten – Sancho Pansa ist Bauer – in das Schlepptau seiner Verstiegenheiten nimmt; das Volk, das, mehr noch aus Gutmütigkeit als aus der Hoffnung, daß etwas abfällt, auf die ohnmächtigen Fiktionen eingeht, mit denen eine materiell und geistig verarmte Beamtenschicht sich um die Wirklichkeit der Welt betrügt – als Summe seines Lebens schreibt Miguel de Cervantes Saavedra den Roman Spaniens, der ein Weltroman wird.

Auf den andern blühenden Zweig der spanischen Kultur, das Theater, zu kommen, hindert ihn seine Befangenheit in der klassischen Dramaturgie. Das spanische Theater zeigt sich zum Unmut der gelehrten Welt, die ihre Geringschätzung nicht verbirgt, über die Regelzwänge der drei Einheiten erhaben. Dieses Theater ist ein Volkstheater, und es wächst in den großen Städten des Landes auf, in Madrid, der jungen Hauptstadt, die Philipp IV., König seit 1621, ein Theaterliebhaber großen Stils, prächtig ausbaut, ebenso wie in der Italien zugewandten Hafenmetropole Valencia und dem südlichküstennahen Sevilla – künstlerische Eruption eines Volksgeistes, der mit ursprünglicher Kraft und eingewurzelter Kultur der Dekadenz eines Staatsbegriffs entgegnet, der die Ambition der Allmacht mit der Erfahrung der Ohnmacht begleicht, ohne sie verarbeiten zu können. Anders als in dem gleichzeitigen Londoner Theater bleiben Hof und hoher Adel dem theatralischen Treiben weitgehend fern; immerhin ist die Neugier Philipps III. auf die in seinem Volk erwachte Theaterleidenschaft so groß, daß er 1607 einen Hof des Madrider Schloßes für die Errichtung einer Volksbühne zur Verfügung stellt. Von einem mit Jalousien verhängten Fenster sehen die Majestäten dort »die comedias genauso agiert wie in den Bühnenhöfen des Volkes, damit sie einen besseren Genuß davon hätten, als wenn man sie ihnen in ihrem Komödiensaal vorspielte«.*

Der Hof blickt von weitem auf dieses Theaterleben, und auch das wenig entwickelte und durch die Verfolgung von Mauren und Juden spezifisch geschwächte Bürgertum ist ihm keine wesentliche Stütze. Beamte, Kaufleute und Handwerker (auch die Schuster nennen sich hier Caballeros, und die Beamten sind Hidalgos, Angehörige des Kleinadels, einer Schicht mit heroischen Traditionen und heruntergekommener Gegenwart) bilden das Reservoir seines Publikums – eine Zuschauerschaft von geschultem Kunstverstand und großem Selbstbewußtsein. Hinzu kommen die Massen von Bediensteten, die

Diego Velázquez: Philipp IV. als Jäger. Gemälde, von 1635.
Philipp (1605–1665), ein Bruder der Anna von Österreich (s. Seite 171),
wurde 1621 König von Spanien.

das feudalabsolutistische System braucht und hervorbringt; auch
sie gehen leidenschaftlich gern ins Theater und finden sich auf seiner Bühne allemal vor. In Lope de Vega, einem Handwerkerssohn
aus Madrid, dessen Lebensgang in alle Bereiche der Gesellschaft
ausgreift (der Jesuitenzögling und Student an der Universität von
Alcalá wird später Marineoffizier, einige Zeit ist er als Sekretär des
Herzogs von Alba tätig), findet die überschäumende Produktion
dieses National-Theaters ihren ersten Genius – einen Vulkan theatralischer Fruchtbarkeit, den Cervantes, dessen neuaristotelisch ein-
geschränkte Dramatik gegen die Lopesche nicht aufkommt, ein
»Monstrum der Natur« nennt. Siebenhundertsiebzig Stücke sind
dem Titel nach von ihm überliefert*; deren fünfzehnhundert
schreibt Egon Friedell ihm zu und nennt ihn den »ersten modernen
Theaterschriftsteller großen Stils«: »Denn jeder richtige Dramatiker ist von Natur Stückefabrikant, Polygraph: seine Lebensleistung
gehört gar nicht in die Geschichte der Literatur, sondern in die Geschichte der Technik. Er will nicht Gestalten schaffen, sondern Rollen, nicht ›Werke‹, sondern Textbücher, ja oft sogar nur Textrahmen,
nicht Ewigkeitswerte, sondern Aktualitäten. Sein Herr ist das Publikum, das er verachtet, aber bedient.« 1613, als Fünfzigjähriger, wird
Lope Priester – nicht aus Gründen der Frömmigkeit (sein keineswegs asketischer Lebensstil nimmt an dem neuen Stand keinen
Schaden), sondern weil ohnehin die Kirche den Spiel-Raum des
Theaters bestimmt. Ihr gehören die corrales (Spielhöfe), in denen
die Schauspieltruppen auftreten; so ist es folgerichtig, daß sich die
wichtigsten Autoren den Ordensgemeinschaften zuordnen. In einem
Gemeinwesen, wo jede geistig-künstlerische Äußerung genauester
Überwachung unterliegt, gibt es unter den Fittichen der Institution,
die die Kontrolle ausübt, immer noch die größte Toleranz.

Ordensmitglied seit dem Jahre 1600 ist der – man nimmt heute
an, im Jahre 1584 – in Madrid geborene Gabriel Téllez, der sich als
Theaterautor Tirso de Molina nennt und mit diesem Namen manchmal auch in die Personnage seiner Schauspiele einschreibt. Wählt er
das Pseudonym nach Luis de Molina (1535–1600), Spaniens berühmtem Theologen, dessen Buch über die »Eintracht der Willensfreiheit mit dem Geschenk der Gnade« eine Kontroverse über das
Verhältnis der moralischen Selbstbestimmung und Selbstverantwor-
tung des Menschen zu der göttlichen Vorbestimmtheit seines Gna-
denstandes ausgelöst hatte, die weit über den Kreis der Theologen

hinausgedrungen war? An theologischen Fragen entzündet sich im
Europa des 16. Jahrhunderts Epochenbewußtsein; so war Luthers
konträr gerichtete Gnadenlehre in Deutschland zur Volksbewegung
geworden.

1602 feiern Spaniens Molinisten ihren vermeintlichen Sieg über
die Gegenpartei mit Umzügen, Stierkämpfen und Festmusiken, so
wichtig ist allem Volk (und dem hinter Molina stehenden Jesuitenor-
den) die Vorstellung, aus eigenem Willen, eigenem Tun zum Heil der
Seele beitragen zu können. Die Vermutung eines Namenszusammen-
hangs – Karl Vossler hat sie ausgesprochen* – ist um so naheliegen-
der, als Tirsos Werke die Spur des Konflikts tragen, der nach langem
polemischem Hin und Her von der Kurie offengelassen wurde.
(Ohne sich selbst zu entscheiden, untersagte der Papst den widerstreitenden Parteien – Jesuiten und Dominikanern – 1607 die gegen-
seitige Verketzerung.) Auch das Schauspiel von Don Juan trägt diese
Spur. Die Ermahnungen des Dieners wie des Vaters, die der leichtfer-
tige Held beharrlich ausschlägt, wären müßig, wenn er, sie befol-
gend, sich den Gnadenweg nicht bereiten könnte, den er, Umkehr
ausschlagend, verscherzt. Das Problem der *gratia cooperans*, der
entgegenkommenden Gnade Gottes, die verwirkt wird, wenn nicht
auch der Mensch sich entgegenkommend zeigt, nämlich durch Glauben und gute Werke, liegt auf dem Grunde des Stückes, das in refor-
mierter Sphäre schon deshalb nicht denkbar wäre, weil die Reformation die göttliche Gnade in reiner Autonomie faßte, unbeeinfluß-
bar von Tun und Wollen des einzelnen.

Tirso, wahrscheinlich ein außerehelicher Sohn des Herzogs von
Osuna, studiert wie Lope, sein um zweiundzwanzig Jahre älterer
Meister, an der berühmten Universität von Alcalá de Henares; die
Mercedarier, ein der Augustinerregel folgender Mönchsorden, dele-
gieren den Prediger und Theologen 1616 für zwei Jahre in die Kolonien, nach Haiti. Wollen sie ihn vom Theater abbringen? Das ist
schon lange sein Hauptgeschäft; zwischen 1606 und 1626 schreibt
Tirso drei- bis vierhundert Stücke, von denen sich sechsundachtzig
erhalten haben; in fünf Bänden gibt er zwischen 1627 und 1636
neunundfünfzig davon in Druck. Zu dieser Zeit hat er dem Theater
schon entsagt – unter dem Druck des Ordens, dem die überschäumende Produktivität des Frater Gabriel unheimlich geworden war?
Oder ist er zermürbt von Kabalen, überlastet von Amtsgeschäften?
1635, bei der Arbeit an der Geschichte seines Ordens, zu dessen

Diego Velázquez: Isabella von Bourbon (1602–1644), Königin von Spanien,
Gemahlin Philipps IV. Gemälde, um 1630. Die Französin war eine Tochter
Heinrichs IV. und der Maria von Medici.

Chronisten er berufen worden war, liegt die Welt der Bühne schon
weit hinter ihm. »Der behendeste Geist«, schreibt er, »mag noch soviel Erfindungskraft im Ersinnen von Geschichten und Fabeln auf-
bringen und dabei die wundervollsten, überraschendsten Gefahren,
Abenteuer, Eifersüchte, Verzweiflungen, Irrungen und Wirrungen
von Liebschaften ausspinnen: er wird nie etwas derartig Feines,
Liebliches und Vorbildliches erreichen, wie es uns die Lebensge-
schichten der Heiligen bieten.« Er schreibt das im Vorwort einer
Sammlung durchaus weltlicher Erzählungen und Kurzgeschichten;
es mag, wie der Titel des Buches: »Vom Nutzen im Vergnügen«,
der Beruhigung seiner Vorgesetzten dienen. 1645 tritt er in einen
Ehrenrang ein: er wird Prior des Klosters von Soria in den Bergen
Alt-Kastiliens; drei Jahre später stirbt er dort als Einundsechzig-
jähriger.

Vier Jahre nach Tirsos Rückzug aus der Theaterlust, der Theater-
fron erscheint in Barcelona unter seinem Namen in einer Sammlung
»neuer Komödien von Lope de Vega Carpio und andern Autoren«
(Tirso ist einer dieser andern) ein Stück, dessen erste Aufführung
die neuere Forschung in das Madrid des Jahres 1624 setzt: »El Burlador de Sevilla, y combidado de piedra. Comedia famosa. Del Maestro Tirso de Molina. Representola Roque de Figueroa.« Zu
deutsch: *Der Betrüger** *von Sevilla und der Gast von Stein. Berühmte Komödie. Vom Magister Tirso de Molina. Aufgeführt von Roque de Figueroa.* Stammt es wirklich von Tirso? Erwägungen, ob
dessen Autorschaft nach der oft laxen verlegerischen Praxis der Zeit
nicht eine bloße Zuschreibung sei, sind bald nach der Auffindung eines dem »Burlador« vollkommen ähnlichen Stückes aus der Mitte
des 17. Jahrhunderts aufgetaucht, der 1878 entdeckten comedia
»Tan largo me lo fiáis«**, deren Titelblatt den Verfassernamen Cal-
deróns trägt. Die philologische Forschung erkannte bald, daß dieser
später gedruckte Text älteren Ursprungs als der des »Burlador« sei.
»Überliefert er auch nicht die ursprüngliche Fassung, so steht er dieser doch wohl näher als der überkommene ›Burlador‹«, schrieb der
Romanist Theodor Schröder 1912*** und setzte hinzu: »An manchen offenbar verderbten Stellen des Druckes von 1630 vermittelt
uns ›Tan largo me lo fiáis‹ den richtigen Wortlaut.« Schröder hielt
Calderón für den Verfasser eines Ur-Burlador, dessen um 1620 geschriebener Text nach dem Weggang des Dichters aus Spanien (Calderón ging 1625 als Offizier ins Ausland) einem als Tirso firmieren-

DOZE
COMEDIAS
NVEVAS
DE LOPE DE VEGA
CARPIO, Y OTROS AVTORES.
SEGVNDA PARTE.

Impreſſo con licencia; En Barcelona por Geronimo Margarit, ano de 1630.

»Doze Comedias nuevas de Lope de Vega Carpio, y otros autores.
Segunda parte.« (Zwölf neue Komödien von Lope de Vega Carpio
und andern Autoren). Titelseite des Bandes mit dem ältesten bekannten Druck des
»Burlador de Sevilla« (1630).

61

EL BVRLADOR DE SEVILLA
y combidado de piedra.

COMEDIA
FAMOSA.

DEL MAESTRO TIRSO DE MOLINA.

Reprefentòla Roque de Figueroa.

Hablan en ella las perfonas figuientes.

Don Diego Tenorio viejo.	*Fabio criado.*
Don Iuan Tenorio fu hijo.	*Ifabela Duquefa.*
Catalinon lacayo.	*Tisbea pefcadora.*
El Rey de Napoles.	*Belifa viliana.*
El Duque Octanio.	*Anfrifo pefcador.*
Don Pedro Tenorio.	*Coridon pefcador.*
El Marquès de la Mota.	*Gafeno labrador.*
Don Gonçalo de Vlloa.	*Patricio labrador.*
El Rey de Caftilla.	*Ripio criado.*

IORNADA PRIMERA.

Salen don Iuan Tenorio, y Ifabela Duquefa.
Ifab. Duque Octanio, por aqui podràs falir mas feguro.

d.Iu. Duquefa, de nueuo os juro de cumplir el dulce fi.
Ifa. Mis glorias, feràn verdades promefas, y ofrecimientos,
K　　regalos

»El Burlador de Sevilla, y combidado de piedra.«
(Der Betrüger von Sevilla oder der Gast von Stein)
Titelseite des in der Sammlung von 1630 enthaltenen Druckes
des »Burlador«.

den Bearbeiter anheimgefallen sei. Schon 1893 hatte der spanische Philologe Cotarelo y Mori einen andern Autor als wahrscheinlichen Urverfasser des »Burlador« genannt: Andrés de Claramonte. »Von diesem Dichter«, schreibt Adolf Schaeffer in seiner »Geschichte des spanischen Nationaldramas« (Leipzig 1890), »wissen wir nur, daß er, aus Murcia gebürtig, Schauspieler und Schauspieldirektor war. Schon 1603 wird er von Rojas Villandrano als solcher sowie als Verfasser von Komödien genannt.«

Nachdem die Zweifel an Tirsos Autorschaft lange Zeit verstummt waren, hat die Vermutung, Claramonte sei der Autor des Ur-Burlador, durch neuere Untersuchungen von Alfredo Rodríguez López-Vázquez Auftrieb erhalten.* Der spanische Forscher erschließt die Existenz eines Ur-Burlador von etwa 1612, der »wahrscheinlich ein Werk Claramontes« sei; von ihm leitet er über mehrere getrennte Zwischenstufen (eine davon, die auf den Druck von 1630 führt, ist ein Text Claramontes von etwa 1619) einerseits die Calderón zugeschriebene »Tan largo«-Edition, andererseits den »Burlador«-Druck von 1630 ab, den er als Raubdruck (edición pirata) des Sevillaners Simón Faxardo entlarvt, der verlegerisch mit falschem Namen und Ort (Barcelona und Geronimo Margarit) operiert habe.

Adolf Schaeffer, der gründliche Monograph des klassischen spanischen Dramas, hat der Unkenntnis über Claramontes Lebensumstände durch die Wiedergabe eines Dialogs aus der comedia »El infanzon de Illesco« aufgeholfen, den er, sicher mit Recht, autobiographisch deutet. Clarindo, ein Dichter, zeigt sich im Gespräch mit dem König:

KÖNIG Wer seid Ihr?
CLARINDO Ich bin, erhabener Herr, ein durch das Vertrauen auf die Gunst Eurer Hoheit aus Sevilla nach Madrid verschlagener Schriftsteller.
KÖNIG Was wollt Ihr?
CLARINDO Ich möchte mich ernähren.
KÖNIG Was ist Eure Spezialität?
CLARINDO Die Poesie.

Der König erklärt, für Wissenschaften und Künste nicht weniger als fürs Militär zu sorgen, und gibt dem schutzbedürftigen Autor einen bedenkenswerten Rat: »Wisset dem Volke zu gefallen, dann werdet

Ihr richtig handeln.« So sagen die Könige meistens den Dichtern, ohne sich selbst daran zu halten.

Unter den überlieferten Stücken Claramontes, der in Gesamtdarstellungen der spanischen Literatur allenfalls in Fußnoten vorkommt, befindet Schaeffer als das »annehmbarste« ein Stück, das wie die Vorgeschichte Othellos bedünkt. »El valiente Negro en Flandés« (Der beherzte Neger in Flandern) erzählt die Geschichte eines schwarzhäutigen Soldaten, der seine Heldentaten im Krieg gegen die Holländer mit der – historisch durchaus fiktiven – Gefangennahme des Prinzen von Oranien krönt; er wird General und Ritter des Santiago-Ordens und verwandelt solcherart »alle seine früheren Spötter in Bewunderer« (Schaeffer). Daß zu einer Zeit, da eine ganze fremdrassige Volksschicht, die zum Christentum bekehrten Mauren, aus Spanien ausgetrieben wurde, Mut dazu gehörte, auf dem Theater Karriere und Triumph eines Schwarzen vorzustellen, kann vorausgesetzt werden.

Ein anderes Stück Claramontes operiert mit dem alten Motiv des »Bildes als erotischen Versprechens« (Ernst Bloch), wie es in Grimms Märchen so gut wie bei Shakespeare und Mozart umgeht. Ferdinand, der König von Neapel, und sein Bruder Enrique verlieben sich anhand eines Porträts beide in die Herzogin Lisbella; der König schickt Enrique als seinen Brautwerber aus und erlebt, daß dieser Lisbella für sich gewinnt; erstaunlicherweise geht die Geschichte gut aus. Eine dritte comedia Claramontes, die von der Bekehrung der Stadt Ninive durch den Propheten Jona handelt, ergeht sich vor allem in der »Schilderung des gottlosen Lebens in der ungeheuren Stadt« (Schaeffer); ein viertes, »De este agua non berberé« (Von diesem Wasser werde ich nicht trinken), zieht das Interesse des »Burlador«-Lesers nicht nur dadurch auf sich, daß Pedro der Grausame, König von Kastilien, darin vorkommt (er spielt eine Rolle in dem historischen Hintergrund der Don-Juan-Geschichte), sondern eine Dame mit beziehungsvoll anklingendem Namen: sie heißt Doña Juana Tenorio. Doña Juana erhebt Ansprüche auf den Komtur Don Gutierre Alfonso Dolés, der sie verführt und sitzengelassen hat. Das benützt König Pedro dazu, sich an der Frau des Komturs, der schönen Mencía, zu rächen, die sein Werben brüsk zurückgewiesen hat: er befiehlt Don Gutierre, Mencía zu töten und statt ihrer Doña Juana zu ehelichen. Zum Glück scheitert der Plan; auf dem Schlachtfeld von Montil begibt sich allgemeine Versöhnung.

Auf schier parodistische Weise sind hier Namen und Figuren des »Burlador« durcheinandergewirbelt – hat Claramonte, der ein witziger Mann gewesen sein muß, hier mit seinem eigenen Theatererfolg (er hat den Ur-Burlador zweifellos aufgeführt) gespielt? Auch an Gespenstern fehlt es nicht im Umkreis von Doña Juana, sie finden die Mißbilligung des Kunstrichters von 1890. »Der letzte Teil des Dramas«, schreibt Adolf Schaeffer, »wimmelt von Geistererscheinungen, die aber so schwächliche, wahrhaft klägliche Schemen sind, daß sie eher Lächeln als Schauder erregen: Schauspielerkniffe ohne Dichtergabe.« Schaeffer ist im Ganzen nicht gut auf Claramonte zu sprechen, den er gleichwohl eingehend behandelt. Für die »Burlador«-Autorschaft ist das insofern unerheblich, als auch dieses Stück ihm nicht Genüge tut: die Fabel sei »ungeschickt geführt«, und die Behandlung verdiene nicht »das Lob des Kunstkritikers«.

Kann mit der Erneuerung des alten Claramonte-Hinweises durch López-Vázquez die Autorschaft – oder Mitwirkung – Tirsos endgültig für entkräftet gelten? So fraglich es seit dem Ende des 19. Jahrhunderts erscheint, ob der »Burlador« und »Die fromme Martha« sowie »Don Gil von den grünen Hosen« von demselben Autor stammen (Tirso hat den »Burlador« in seine eigenen Stücksammlungen nicht aufgenommen), so wenig haben sich die begründeten Zweifel einiger Philologen durchsetzen können; alle Nachschlagwerke, bis hin zu neuesten Speziallexika*, aber auch die deutschen Burlador-Ausgaben von Karl Vossler und Werner Bahner halten, kaum je mit Vorbehalt, an Tirsos Namen als dem des Burlador-Urhebers fest. Wenn diesem Herkommen auch auf diesen Seiten gefolgt wird, so in dem Bewußtsein, daß wahrscheinlich ein Raubdrucker hier Literaturgeschichte geschrieben hat. Zuletzt ist die Frage beiläufig: Ob von Tirso, von Calderón, von Lope (auch das ist erwogen worden) oder von Claramonte, dem Sevillaner, der, wie Shakespeare, wie Molière, Theaterdirektor, Schauspieler und Dramatiker in einer Person war, – Don Juan, der Theaterheld, entspringt aus der Mitte jenes *siglo de oro*, das das romanisch-katholische Gegenstück zu der gleichzeitigen englischen Theaterblüte bildet; er ist dessen folgenreichste Kunstschöpfung.

Zeugt dieser Folgenreichtum der Gestalt von der Schwäche des Stückes, mit dem sie die Welt-Bühne betritt? Auch Marlowes schlecht überlieferter »Faust« ist kein vollkommenes Drama – es ist die Voraussetzung dafür, daß Jahrhunderte an dem Helden weiter-

dichten; kein nennenswerter Stückeschreiber ist auf den Gedanken
gekommen, Lear oder Hamlet, Othello oder Prospero neu zu dichten. Das hängt auch mit der Beschaffenheit der Gestalt zusammen;
so wenig wie Faust *kann* Don Juan zum vollkommenen Drama
werden. Beide Helden, beide Stoffe haben durch die ihnen innewoh-
nende »serielle« Komponente, die Reihung von Abenteuern, Begebenheiten, einen so starken epischen Gehalt, daß der Versuch, ihnen
das Drama abzugewinnen, immer von neuem scheitern muß. Auch
das bewirkt den Fortgang der Figur; sie muß immer weiter, erstens,
weil sie eine exemplarische ist, und zweitens, weil Theater sie nicht
faßt.

Die erste Gestalt, in der Don Juan die Bühne betritt, ist nicht die
ästhetisch vollkommene, aber es ist die authentische. Das zeigt sich
auch daran, daß nicht der Name des Helden, also die Figur als solche, sondern dessen Rolle und dessen Geschick den Titel des Stückes
bestimmen. Nicht »Don Juan« heißt die *comedia famosa* von 1630,
sie heißt »Der Betrüger von Sevilla« und fügt einen Ausblick auf dessen sensationelles Ende hinzu: »und der steinerne Gast«. Der Betrüger von Sevilla – das klingt nicht glanzvoll, die frühen Titel sind be-
zeichnend, nicht heroisierend; wie bei Faust, dessen Ur-Stück, der
wahre Urfaust, »Die tragische Geschichte von Leben und Tod des
Doktor Faustus« heißt, ist die Aura von Glanz und Charisma, das re-
naissancehaft Mächtige und Schillernde, Magisch-Bezaubernde der
Figur die Zutat späterer Zeiten, Frucht ihres Wachstums durch die
Jahrhunderte. Nur bei ihrem ersten Auftreten ist die Figur wirklich
und ausschließlich sie selbst; in allen späteren Versionen – je später,
in desto höherem Grad – ist sie außerdem ein Zitat, eine Beschwörung. Ihre Abkunft legt sich ihr als Perspektive bei; ihr Alter gibt ihr
die Dimension der Tiefe.

KAPITEL II

Stationen einer Katastrophe

Neapel
oder Die Herzogin bei Nacht

Weh, wer der Nacht vertraut,
Der Gegnerin des Lichts, des Traumes Braut!
(III. Aufzug, 9. Szene*)

Tirsos Don Juan ist ein junger Grande, der Johannes, spanisch Juan, mit Vor-, Tenorio mit Nachnamen heißt und das seinem Stand – einem hohen Stand, er gehört einer der ersten Familien Kastiliens an – zustehende Don (Herr) wie Don Quijote, der nur ein Hidalgo ist, vor seinem Namen führt. Wie die Geschichte von Doktor Faust, dem berühmten Universalgelehrten, spielt auch die des jungen Herrn Tenorio auf den Höhen politischer Macht und außenpolitischer Verwicklung. Aber während Johann Faustus den Teufel bemühen muß, um sich auf diese Höhe zu schwingen, hat Johannes Tenorio sie von vornherein inne: er ist der Erbe eines der größten Grundbesitzer im Land. Eine Herzogin, Isabel mit Namen, ist in der ersten Szene sein Gegenüber, ein Königsschloß der Ort der Handlung. Es steht in Neapel, der Betrüger von Sevilla eröffnet sein Treiben auf fremdem Territorium, und offenbar ist die Wohnung der Herzogin nur deshalb in den Bereich des königlichen Schlosses verlegt, damit die folgende Verwicklung sofort auf die Königsebene gespielt werden kann. Denn Isabel hat Herrn Tenorio eine Liebesnacht gewährt – nicht eigentlich ihm, sondern ihrem Verlobten, dem Herzog Octavio, als den sich Juan bei seinem nächtlichen Eindringen bei ihr eingeführt hat. Erst bei der Verabschiedung am Tor:

Hier hinaus, Herzog Octavio,
Ist der Weg am sichersten

(mit diesen Versen hebt das Stück an), macht sie Anstalten, ein Licht aufzustecken; Don Juan verhindert es und ihr geht ein Licht auf; die Getäuschte ruft nach der Burgwache.

Diese Szene, knapp eine Seite lang, ist eine der beiden Angeln, in denen das Stück hängt; der Komtur ist die andere. Das Rätsel, das in ihr umgeht, treibt die Beteiligten, Juan und Isabel, die später – noch in dem gleichen Stück und dann in vielen ihm folgenden – Doña Ana heißt, durch das Theater vieler Zeiten; erst die Erfindung der elektrischen Beleuchtung macht ihr – als Möglichkeit der Wirklichkeit – ein Ende. Denn das Zeitalter der Kerze ist ihre technische Voraussetzung: die Unmöglichkeit, mit einem Handgriff Licht zu machen, wenn in einer warmen Sommernacht, da der Schlaf leicht und die Begierden schwer sind, das Unerwartete, Ersehnte, Skandalöse geschieht: ein Mann dringt (über den Balkon?) ins Zimmer, erklärt flüsternd-beschwichtigend, er sei derjenige, den die Begehrte ohnehin bald ihr eigen nennen dürfe, und saugt der von eigener Begierde wie der des Eindringlings Versengten mit wilden Küssen jeden Einwand aus dem Leib. Leidenschaft als das Anarchische, die Grenzen der Ordnung gewaltig Sprengende – träte sie so auf, als nackte Wunscherfüllung, könnte Isabel noch widerstehen. Aber in Juans Betrug hält sich das Exorbitante die Maske der Ordnung, der Konvention vors Gesicht; so muß sie erliegen. Es ist jene Situation, die in der Geschichte von Jupiter und Alkmene zum Archetyp geronnen ist: das Qui-pro-quo als Dimension der Erfüllung. Nicht zufällig heben die klassischen Amphitryon-Komödien mit einem Verdunkelungsakt von kosmischer Dimension an, und es wäre trivial, ihn einzig auf die Verlängerung der Liebesnacht zwischen Alkmene und Jupiter zu beziehen. Dunkelheit ist vielmehr die Voraussetzung jenes Verkennens, das Erfüllung in sich birgt, des betrügerisch-grandiosen Ausgleichs des Ordentlichen mit dem Außerordentlichen. Die Isabel-Szene, in der die Frau, die sich dem fremden Mann ergeben hat, hinterher nach der Wache ruft, um sich und den Betrüger festnehmen zu lassen, ist der aufs äußerste verknappte Ausdruck des Konflikts von Nacht- und Tagwelt des Bewußtseins, von Triebsphäre und sozialer Existenz, wie er nicht sowohl die Gesellschaft als das Befinden jedes einzelnen in ihr – und der Frau, der jede Übertretung als Verhängnis anhängt, besonders – durchschneidet. Don Juan als der begehrte und angeklagte Erfüller verbotener Wünsche wird, von der Frau her gesehen, zum Symbol nicht sowohl männlichen Über-

Rückwärtige Ansicht des Escorial. Kupferstich (anonym).

muts als des eigenen, tief eingesenkten Zwiespalts, dem der männliche mit gleicher Stärke, aber minderem Risiko erwidert.

Licht zu machen bedürfte es einer Kette von Handgriffen; ehe sie vollzogen sind, ist der Betrüger, der der Erfüller ist, längst am Ziel – und nun erst erwacht in der von Traumerfüllung Überwältigten der Drang nach Erhellung: ihr Gewissen meldet sich, die Sphäre der Instanzen und Korrektive. Mit dem Lärm, den sie bei einer Entdeckung schlägt, die sie nicht früher machen wollte, beschwichtigt sie ihr Über-Ich – es ist die zweite irrationale Handlung dieses dramatischen Anfangs, der ersten so genau entsprechend, daß sie diese erst verhängnisvoll macht; erst macht sich die Triebsphäre, nun das Über-Ich von der Vernunft los. Denn in dem Geschrei, das den Betrüger dingfest machen soll, der ihre tiefsten Wünsche erfüllt hat, sind Anzeige und Selbstanzeige eins: Isabel nimmt sich gewissermaßen selbst fest. Oder schlägt sie nur Lärm, um den verhüllten Beglücker für sich festzuhalten? Schmerz, Liebe, Empörung, Besitzergreifen verschmelzen zu einer Empfindung. Das von der triebdunklen Unterwelt des Bewußtseins überwältigte Ich stellt sich, von Zorn und Schuld so wie vorher von Liebe und Begehren übermannt, in das schneidende Licht einer Sittlichkeit, die sogleich in ihrer maximalen Gestalt auftritt: nicht die Burgwache, sondern das Oberhaupt selbst erscheint, »der König von Neapel mit einem Leuchter«. Ist er der Vormund des offenbar elternlosen Mädchens? Das Stück gibt keine Auskunft darüber – genug, daß es die Sphäre der Instanzen in ihrer stärksten Erscheinungsform beruft. »Wer da?« fragt der König, und Don Juan, seinen Mantel vors Gesicht schlagend (vorher war es ganz dunkel), ist die Keckheit selbst: »Nun, wer wird's schon sein? Nur ein Mann und eine Frau.«

Aber wie ist der König zu nachtschlafender Zeit so rasch zur Stelle? Wenn Mann und Frau der Drang nach Umarmung wachhielt, so treibt den König ein anderes um; er hat den kastilischen Botschafter zu sich gerufen, um im Mantel der Nacht politischer Unterhandlung zu pflegen. Die Liebe wie die Staatsmacht hüllt sich in Heimlichkeit; scheut der König die Späher des Tages oder gehört er zu jenen Potentaten, denen Schlaflosigkeit die Nacht zum Tage macht?

> Als die schwarzen Schattenriesen
> Ihre finstern Zelte schon
> Niederholten auf der Flucht
> Vor der Morgendämmerung,
> Hatte ich mit Seiner Hoheit
> In Geschäften zu verhandeln,
> Denn die mächtigen Herrn sind immer
> Gegenfüßler von der Sonne

sagt Don Pedro, der nächtlich gerufene Botschafter, in einer späteren Szene. Auch zwei weitere Schicksalsstunden des Dramas, im zweiten und im dritten Akt, werden zur Nachtzeit spielen. »Die Bindung des dramatischen Geschehens an die Nacht und insbesondere an die Mitternacht«, sagt Walter Benjamin von dem barocken Trauerspiel*, »hat ihren guten Grund. Es ist eine verbreitete Vorstellung, daß mit dieser Stunde die Zeit wie die Zunge einer Waage einstehe.«

Um welchen König von Neapel es sich handelt, gibt der Text nicht preis, aber er nennt einen andern, später auftauchenden Herrscher, den König von Kastilien, mit Namen; es ist Alfons (Alonso) XI., der, als Kind die Krone erwerbend, von 1312 bis 1350 regierte. Mit Namen wird auch der König von Portugal erwähnt, er heißt Juan, aber nach den gewissenhaften Angaben Theodor Schröders kam erst 1383 in Portugal erstmals ein Juan auf den Thron, während in Nea-

La Fontaine des Tritons, ou des Amours à Aranjuez.

Die Fontäne der Tritonen
oder der Liebschaften in Aranjuez. Kupferstich (anonym).

pel von 1343 an eine Frau, Johanna I., die Krone innehatte. Verwirrt
der Autor absichtlich die Bezüge oder hat er sich nur nicht die Mühe
genommen, Regierungsdaten nachzuschlagen? Um dem Anschein,
er behandle aktuelle Verhältnisse, aus dem Weg zu gehen, verlegt er
seine auf höchster Ebene spielende Geschichte in ein drei Jahrhunderte zurückliegendes Zeitalter; die Nachlässigkeit, mit der er es tut,
deutet darauf, daß ihm nichts weniger als ein historisches Drama im
Sinne liegt.

Immerhin konnte sich Tirso darauf berufen, daß Pedro, des erfolgreichen Alfons XI. Sohn, der 1350 dessen Nachfolger wurde und
als König zwei Beinamen erhielt: als »der Grausame« lebte er im
Adel, als »der Gerechte« im Volk fort, einen Gefolgsmann, Oberkel-
lermeister dem Range nach, namens Don Juan Tenorio hatte, der ein
Verwandter Maria Pandillas, der Geliebten des Königs, war und
»dessen treuer Genosse bei allen Ausschweifungen und Grausamkei-
ten«. Maria Pandilla wurde die Ursache schwerer Verwicklungen; da
Pedro um ihretwillen seine angetraute Gemahlin, eine bourbonische
Prinzessin, verstieß, verbündete sich Aragon mit Pedros Halbbruder

Enrique Trastamara, der von einer Geliebten Alfons XI., Eleonore de
Guzman, abstammte. 1369, nach Pedros Niederlage in der Schlacht
von Montiel, stach Trastamara den Besiegten nieder und wurde König von Adels Gnaden.

Ein großer Frauenheld ist im Jahre 1624, dem Ursprungsjahr des
»Burlador«, auch Philipp IV. – »ein Theater-, Weiber-, Jagd- und
Malerkönig«, dessen Liebschaften (man schrieb ihm zweiunddrei-
ßig außereheliche Kinder zu) die nachmaligen Ludwigs XIV. oder
Augusts des Starken bei weitem übertrafen; einen »Herkules im Ge-
nießen, aber einen Schwächling im Regieren« nennt ihn Ludwig
Pfandl. Sollte das Stück ihm ein warnendes Exempel geben? Aber
die Lebensweise des Monarchen ist über alle Kritik erhaben. »Das
Odium in concubinas«, schrieben noch hundert Jahre später drei
Rechtsgelehrte der Universität Halle, »muß bei großen Fürsten und
Herren cessieren, indem diese den legibus privatorum poenalibus
[dem zivilen Strafrecht] nicht unterworfen, sondern allein Gott von
ihren Handlungen Rechenschaft geben müssen, hiernächst eine con-
cubina etwas von dem splendeur ihres Amanten [dem Glanz ihres
Liebhabers] zu überkommen scheint.« Es war die jeunesse d'orée
der großen Familien, die dem spanischen Publikum mit Don Juan
Tenorio in Sicht kam.

Neapel ist im 14. Jahrhundert ein Königreich unter der Herrschaft
der französischen Anjous; viel später erst, im Jahre 1504, wird es Besitz der spanischen Krone. Es ist dieser, nicht der mittelalterlich-hi-
storische Zustand, der die folgende Wendung des Stückes erklärt.
Sie ist überraschend genug: Der König von Neapel, durch Isabels
Schreie aus seiner Nachtsitzung gerissen, übergibt seinem Verhand-
lungspartner, dem spanischen Botschafter, den Häftling ebensowohl
wie die Klärung der Angelegenheit. Hat er den jungen Herrn Tenorio
erkannt? Don Juan ist der Neffe des Botschafters, zudem der Sohn
des Oberkammerherrn des Königs von Kastilien; ihm den Prozeß zu
machen wäre eine politisch peinliche Angelegenheit. Der Monarch
kann, wenn er den Missetäter erkannt hat, nichts Klügeres tun, als
ihn dem zur Bestrafung übergeben, der unmittelbar für ihn verant-
wortlich ist: Onkel Pedro, dem Botschafter. Die Szene ist hochdra-
matisch: Der König geht hinaus, Don Juan widersteht der nun von
Pedro befehligten Wache mit dem Degen in der Hand, der Botschafter befiehlt, den Vermummten totzuschlagen, da gibt dieser sich als
Kavalier aus dessen Gefolge zu erkennen. Don Pedro schickt alle fort

Diego Velázquez: Isabella von Bourbon.
Gemälde, um 1625.

und steht Juan nun allein gegenüber; der läßt den Mantel sinken und bekennt seine Tat: er habe Isabel als Octavio verführt.

Den Botschafter fröstelt's, sein Posten und seine Politik stehen auf dem Spiel; der Neffe, stellt sich heraus, hat schon zu Hause »eine edle Dame so verraten«, nämlich »wütend mit Gewalt« – hat man

ihn deshalb ins Ausland geschickt? Don Juan, der die Sache anfangs
lässig nahm (»Ich bin jung und du warst jung, / hast die Liebe auch
erfahren«, sagt er zu Onkel Pedro), vollführt den Kotau und bietet
sein Leben zur Sühne: »Dir gehört mein Blut. Vergieß es!« Aber das
würde dem Onkel nichts helfen, und so schickt er den Übeltäter den
offenbar hochgelegenen Balkon herunter: Juan soll fliehen und nach
Mailand oder Sizilien gehen. Dieser gelobt es und widerruft sogleich
für sich selbst: er wird nach Spanien zurückgehen. Sein Abstieg gelingt, dem zurückkehrenden König berichtet Don Pedro mit dramatischer Ausschmückung, wie der Übeltäter entwischt sei; Isabel, fügt
er hinzu, habe bekannt, von Octavio entehrt worden zu sein. Der König läßt sie rufen, ohne sie anzuhören, und betraut Don Pedro mit
der Vollstreckung seines Urteils: Isabel und Octavio sollen, jeder für
sich, gefangengesetzt werden; dann soll Octavio die Entehrte heiraten. Mit empfindsamer Klage begleitet der Monarch seinen abrupten
Spruch:

> Es schützt keine Gewalt,
> Kein Wachen, Diener, Mauern,
> Keine noch so festen Zinnen
> Gegen Liebe, die ein Kind ist
> Und durch alle Steine dringt.

Don Pedro, dessen Machination in Gefahr käme, wenn Isabel und
Octavio einander sähen, eilt zu dem Herzog, der sich mit Ripio, seinem Diener, gerade über sein Verhältnis zu Isabel bespricht: es
macht ihm Sorgen. Wie sehr mit Recht, wird ihm an der Nachricht
des Botschafters deutlich. Der König, erklärt der im Morgengrauen
eintretende Don Pedro, habe Isabella »in den Armen eines Herrn«
angetroffen, der alsbald entflohen sei, Isabella aber habe Octavio als
den genannt, der »sie als Ehgemahl umarmt« habe. So sei nun Octavios Verhaftung verfügt – um einer Frau willen, die ihn zum Vorwand genommen habe, einen andern zu erhören; ein Ungeheuer
müsse der sein. Octavios Verwirrung ist grenzenlos: »Gestern nacht
bei ihr im Schlosse / war ein Mann! – Ich werd verrückt!« Er sagt es
immer wieder und sinnt dazwischen: »Traum nur ist das Glück und
Leid ist Wachsein.« Der Herzog denkt auf Flucht: zu Schiff nach
Spanien, und das ist, was der Botschafter will; die drei Betroffenen
sollen möglichst weit voneinander weg. Er weiß nicht: Auch Don
Juan, das Ungeheuer, ist auf dem Wege nach Spanien.

Am Strand
oder Die entbrannte Fischerin

Aus dunklen Tiefen quillt abgründge Glut
(III. Aufzug, 10. Szene)

Don Juan trifft dort ein, wo auch die Römer einst an Land gegangen
waren, an Spaniens Ostküste, ein Stück südlich von Barcelona, und
er trifft in höchst kläglichem Zustand ein: durchnäßt und ohnmächtig auf den Armen Catalinóns, seines Dieners, der sich mit ihm aus
einem Schiffbruch rettet. Aber nicht so hebt die Szene an. Auch bei
Don Juans zweitem Abenteuer hat die Frau das erste Wort: Tisbea,
die Fischerin, die am Strand von Tarragona ihre Angel ins Meer hält.
Der Szenenwechsel ist vollkommen: aus der Nacht an den Tag, aus
dem Burgschloß ans Meeresufer, aus dem Reich des Hochadels in
das des Volkes – Tisbea verdient ihren Lebensunterhalt mit ihrer
Hände Arbeit. Zu dem realen hat ihre Angelrute einen symbolischen
Sinn, so wie das Meer zu ihren Füßen; die Stolze und Kühle, die sich
»herrisch frei« von dem »Narrenseil« der Liebe glaubt, unerweicht
von den zarten Werbungen des an Leib und Seele vollkommen ausgestatteten Jungfischers Anfriso, sitzt dort wie Iphigenie am Strand
von Tauris und harrt des Außerordentlichen. Nicht verlorener, sondern zu gewinnender Heimat gilt ihr Ausblick: Auftauchen des
Neuen aus dem Meer der Möglichkeit. Es ist ein utopischer Blick,
und seine Hoffnung scheint sich zu erfüllen; zwar bleibt die Angel
leer, aber ein seltener Fisch taucht aus dem Meere auf: Don Juan, der
von Catalinón Gerettete. Tisbea nimmt das Opfer des Meeres, das
ihr der Diener als Sohn des ersten königlichen Kammerherrn präsentiert, in ihren Schoß, dort erwacht der Bewußtlose – die Situation
ist unwiderstehlich. Die schöne Fischerin, deren Stolz vor dem Blick
des in ihren Armen zum Leben Erwachenden dahinschmilzt, ist sich
der Gefahr bewußt; sie fürchtet, ein trojanisches Pferd auf dem
Schoß zu haben: »meergebornes Ungeheuer und im Innersten voll
Feuer«. »Ich schmachte«, sagt Juan zu dem mit zwei Fischern zurückkehrenden Catalinón, »nach der schönen Fischerin. Diese
Nacht muß ich sie haben.«

Don Juans zweites Abenteuer ist zu dem ersten komplementär,
und nicht nur den Umständen nach: dort die Herzogin, hier das Fi-

schermädchen, dort die Burg, hier die Küste, dort tiefe Nacht, hier
heller Tag – dort Juan, degenziehend und fassadenkletternd im Vollbesitz seiner Kräfte, hier ein nasses Bündel Elend, Tisbea an den
warmen Leib gelegt. An Isabel stillte Juan die Begierden der Nacht –
an Tisbea erfüllt er die Träume des Tages, und allemal die Stolzesten
sind es, die ihm erliegen. Er ist der Unerwartete, der der stets Erwartete ist – ein Ausbeuter der Träume, Erfüller und Verräter jener Uto-
pien, die der Frau gehören, ein Deflorator aus Passion, der das andere Geschlecht an seinen Sehnsüchten straft. Die Betrogenen, Aus-
gesogenen wirft er von sich wie eine leere Hülse – »Zuchtrute der
Weiber« nennt ihn Catalinón drastisch und treffend. Die Ambivalenz der Figur – »gesprenkelt« nennt sie Ernst Bloch* – liegt in der
Differenz von Sein und Schein, von Verheißung und Erfüllung, die
sich mit ihr verbindet. Sie liegt in dem Abstand dessen, was Don
Juan ist, und dem, als was er den Frauen erscheint; der Titel des Betrügers ist die bündigste Formel dafür. Wenn der Betrüger nicht auch
der Erfüller wäre, wenn er nicht immer auch hielte – nur nicht: auf
Dauer –, was er verspräche, wäre die Verheerung minder groß, die er
anrichtete.

    Don Juan kann Tisbea nicht mit fremder Maske überwältigen, er
muß es mit falschem Schwur tun: er gelobt ihr die Ehe. Während
sie – die Fischer haben derweil mit einem Fest begonnen – ihn in ihre
Hütte auf das »treu und eifrig« bereitete Hochzeitsbett führt, hält
Catalinón schon zwei Stuten für die Flucht bereit; es sind Tisbeas ei-
gene Pferde, und vergebens hat sich der Diener gegen den doppelten
Betrug aufgelehnt. Als sein Herr sich mit Äneas vergleicht, der auf
Dido auch keine Rücksicht genommen habe (das heißt, daß ihn der
Selbstmord der Verlassenen nicht weiter beschweren würde), hängt
Catalinón einen starken Moralanspruch zum theatralischen Fenster
hinaus:
            Die ihr solchen Trug und Schwindel
            An der Weiblichkeit verübt,
            Werdet's mit dem Tod bezahlen.

»Que largo me lo fiáis!« (Damit hat's noch gute Weile) ist die Antwort Juans; Tisbea bekommt in der folgenden Szene auf ihre Mahnung das Gleiche zu hören. Auch sie ist die Betrogene, die sich selbst
betrügt; ihre Skepsis ist groß (»Gebe Gott, daß Ihr nicht lügt!« ist
der Kehrreim ihrer Hingabe), aber ihre Leidenschaft ist noch größer; so glaubt sie, was nicht zu glauben ist: daß der Graf die Fische-

rin nach dem rasch gewährten Stelldichein heiraten werde. Als sie
sich dann betrogen, ihre Pferde entführt, Juan geflohen findet, entladen sich Liebe und Schmerz vor den Fischern, die tanzend und singend der beiden harren, in einem himmelschreienden Alarmruf:

> Feuer, Feuer, ich verbrenne!
> Meine Hütte steht in Flammen!
> Freunde, schwingt die Feuerglocke,
> Wasser stürzt mir aus den Augen,
> Meine Hütte bricht zusammen.
> Bringt Wasser, Freunde, Wasser! alles brennt!
> Sei gnädig, Amor, mir verbrennt die Seele!

Vor dem König will sie um Genugtuung flehen, aber ihre Not wird
durch die Aussicht auf Rache nicht beschwichtigt; das Meer, das ihn
gebar, soll den Schmerz enttäuschter Leidenschaft stillen:

> O Freunde, Feuer, Feuer! Wasser, Wasser!
> Sei gnädig, Amor, mir verbrennt die Seele!

Tisbeas Aufschrei, an den Schluß der ersten jornada (in jornadas,
Tage, teilt das spanische Theater seine comedias ein) gesetzt, ist der
lyrisch-dramatische Höhepunkt eines Stückes, das in der Fischerin
von Tarragona seine stärkste, leidenschaftlichste, reichste Figur besitzt; eben darum hat sie in späteren Don-Juan-Versionen keine Fortsetzung gefunden. Die Schichten der Gestalt, ihr Ge-Schichte und
ihre Geschichte, sind vielfältig, markant ihr gesellschaftlicher Stellenwert; der Dichter, dessen Publikum seinen Klassenstandpunkt
bestimmt, nimmt moralisch wie ästhetisch für die plebejische Figur
Partei. Mit Lope de Vegas »Fuente Ovejuna« hatte das spanische
Theater den Klassenkampf zwischen Bauern und Feudalherren zu
seinem Gegenstand gemacht; das Stück trug den Namen eines Dorfes, das sich in kollektivem Aufruhr seines mädchenschänderischen
Oberherrn entledigt und vom König begnadigt werden muß, da sich
auch auf der Folter die Solidarität derer bewährt, die in einem Akt
der Notwehr den Mächenräuber in seinem Schloß belagert und ge-
lyncht haben. Ein stolzer, ehrbewußter Bauernstand und eine
Krone, die sich dem Machtanspruch des Hochadels gegenübersieht,
waren die politische Basis des vor 1618 geschriebenen Stückes – dramatisches Warnbild an die Feudalklasse, den Zorn des Volkes so
wenig wie den des Monarchen zu reizen.

Der Herrenmensch in der Stunde der Katastrophe: ein Bündel
Elend in den Armen des Volkes; kaum ins Leben zurückgekehrt,
nimmt er das alte Spiel von Verführung und Betrug wieder auf. So
verläßt sich jede herrschende Klasse in der Stunde der Not auf die
Hilfe der Unterdrückten, um, wenn sie sich gerettet sieht, die alte
Praxis fortzusetzen. Die Szene gab ein politisches Modellbild, das
nicht entwertet, sondern differenziert wurde durch den Umstand,
daß die Betrogene als Komplizin des Betrügers erschien. Don Juans
Schwur und die starken Strafen, die Tisbea auf ihn setzt (»Denke,
Schatz, an Gott und – Tod«), sind beiderseits, und wie im Einverständnis, ein Spiel mit Worten, mit dem einzigen Unterschied, daß
Don Juan es bewußt und ruchlos, Tisbea mit dem Willen zur Illusion
spielt; sie macht sich, wie ihre herzogliche Vorgängerin, etwas vor,
was sie nicht glauben kann, aber glauben will.

So gilt zuletzt nicht dem Eidbruch, der Entehrung der Aufschrei
der Verlassenen, sondern der Flüchtigkeit ihres Glückes; der Ruf
nach dem König ist der hilflose Versuch, das entschwundene willent-
lich einzuholen. Don Juans ganze Existenz insistiert auf dieser
Flüchtigkeit der Erfüllung: die Flüchtigkeit des Beglückers symboli-
siert die des Glückes schlechthin. Sie ist die Essenz seines Umgangs
mit der Frau, und er vollzieht sie mit einer Schonungslosigkeit und
Unbeirrbarkeit, die auf einen Erfahrungsvorsprung deuten. Rächt
hier einer, was er selbst erfahren, an dem Geschlecht, das es ihm bereitete: daß Glück und Dauer ein Widerspruch in sich selbst sei?
Aber dieser psychologische Aspekt, so nahe er liegt, ist so wenig wie
der philosophische die authentische Ansicht der Figur. Gründe suchend, Folgerungen ziehend, sind beide relativierend, Don Juan
aber ist absolut; er lebt weder eine psychische Erfahrung noch eine
philosophische Ansicht aus, er ist weder Impressionist noch Freudia-
ner, obschon eine günstige Projektionsfläche für beide und alle andern romantischen Schulen. Seine Existenz kennt kein Weil, sondern
ist ein Sein, und nur die Fremdheit der Figur in nördlich-protestan-
tischer Sphäre hat ihn, den Unreflektierenden schlechthin, zum Gegenstand inständiger Reflexionen werden lassen – einer, der weder
vor noch hinter sich sieht, mußte einem in aussichtslose Introspek-
tion vertieften Zeitalter geradezu als die Verkörperung des Geistes
erscheinen. Nichts, das nach innen weise, ist an der Figur, deren Wesen es ist, im Augenblick aufzugehen – ein Mann, der reine Gegenwart ist, der kein Gestern kennt und kein Morgen, keine Reue und

keine Furcht, sondern einzig das als Kampf, als Umarmung – aber auch die Umarmung ist ihm Kampf – ergriffene, eroberte Dasein, das sich aus Witterung, Überfall, Flucht, Duell immer von neuem bildet. So ist der erfüllte Augenblick sein Teil, aber es ist der des feudalen Ausbeuters. Die beiden Gesten aber, zwischen denen Tisbeas Geschichte sich spannt: der angelauswerfende Ausblick auf das Meer der Hoffnung und der verzweifelte Drang, die brennend enttäuschte in seinen Wassern zu löschen, zu ertränken, werden zu unauslöschlich einprägsamen Daseinszeichen. Ein Solidarisches schützt ihr flammendes Herz vor Selbstvernichtung – Tisbeas Fischerfreunde halten sie zurück.

Sevilla
oder Die Tochter des Komturs

Für vertauschte Rollen schwärm ich.
(II. Aufzug, 13. Szene)

Der Don Juan Tirsos ist eine ganz und gar klassenmäßig fundierte Figur: der junge Herr aus großem Hause, der mit rücksichtslosem Einsatz einzig seinen Gelüsten lebt und weder Mäßigung noch Verantwortung dabei kennt; in den Träumen der Frauen findet er einen Verbündeten, der ihm die festesten Tore öffnet. Aber nicht nur durch soziale Repräsentanz, auch ganz handgreiflich stellt sich die Geschichte immer wieder als politische dar; mitten in die Tisbea-Szenen hinein ragt jene Königs- und Botschafterebene, die schon in den Anfang hineinspielte. Die jäh verwandelte Szene ist das Königsschloß zu Sevilla, und das Publikum vernimmt einen regelrechten Gesandtschaftsbericht: eine Säule des Reiches, Don Gonzalo de Ulloa, Großkomtur des Ordens von Calatrava, erstattet Alonso XI. Bericht über seine Verhandlungen mit dem König von Portugal; den Schönheiten Lissabons, dieses »achten Weltwunders«, gilt eine Beschreibung von hundertsechsunddreißig Versen. Soll sie das Informationsbedürfnis eines Publikums stillen, das zum geringsten Teil Gelegenheit hat, die berühmte Stadt jemals in Augenschein zu nehmen? Oder ist die Szene auf eine Beschwichtigung der Portugiesen berechnet, die, von Philipp II. ihrer Selbständigkeit beraubt, schwer

unter der spanischen Herrschaft litten? (»Tan largo«, die ältere
Fassung, enthält statt dessen eine Preisung Sevillas, die noch um
hundertvierundzwanzig Verse länger ist.) Der langen Rede kurzer
dramatischer Sinn ist die Belohnung des reisenden Würdenträgers;
der König gewährt ihm eine bedeutende Heirat: Doña Ana, dessen
Tochter, soll mit dem edlen Don Juan Tenorio vermählt werden, dem
Sohn des Oberkammerherrn. Abermals wechselt die Szene, mit dem
englischen Theater dieser Zeit teilt das spanische das Minimum an
Dekoration und also ein Maximum an Beweglichkeit*: am Strand
von Tarragona rüstet der in Sevilla also Beehrte zu seiner Schein-
hochzeit mit Tisbea.

Die Königsebene, in die Tisbea-Geschichte einfallend, setzt sich
nach deren dramatischem Beschluß fort; die ganze zweite jornada
spielt auf einem sevillanischen Territorium, das, mit dem Palast des
Königs im Mittelpunkt, ohne bezeichneten Ortswechsel den ver-
schiedensten Schauplätzen Raum gibt. Neue Figuren erscheinen,
aber sie bringen nicht eigentlich Neues zu Tage, sondern nur eine
Variation der Begebenheiten und Motive: wieder wird eine junge Adlige durch die Dunkelheit, ein Mädchen aus dem Volk durch das
Eheversprechen getäuscht; nicht der doppelte, erst der vierfache Betrug bringt den skrupellosen jungen Herrn zur Strecke. Die Wiederholung gehört zu den Bauprinzipien des barocken Schauspiels**; sie
bewirkt gradzahlige Strukturen, auf deren Symbolcharakter Alfons
Rosenberg verwiesen hat***: die Vierzahl als Zeichen einer Quater-
nität, die den Raum und die Sonne bedeutet und zuletzt das vom König, dem Sonnenherrscher, regierte Staatshaus als ein statisch-be-
harrungsmächtiges Gebilde.

Des Königs gute Absicht mit dem Sohn seines Oberkammerherrn
wird durch die Nachrichten durchkreuzt, die eben dieser, Don Juans
Vater, aus Neapel von der Verführung Isabels erhält. Er berichtet
dem König, und dieser muß umdisponieren: »Mit Isabella wird der
Bursch vermählt« – und bis dahin aufs Land verbannt. Als wenig
später Octavio, der betrogene Bräutigam, in Sevilla eintrifft, hat der
König einen Einfall betreffs Doña Anas: die Heirat mit ihr soll Octavio für Isabellas Verlust entschädigen. Tief beglückt über diese
Wendung seines Schicksals, trifft der Herzog im Vorzimmer des
Monarchen auf Don Juan, der ihm freimütig seine Dienste anbietet
– werden es die gleichen wie in Neapel sein? Sein Vater hat dem König die Qualitäten des unfolgsamen Sohnes gerühmt, den seine Ka-

Diego Velázquez: Don Diego del Corral.
Gemälde, um 1627.

meraden »den Hektor von Sevilla« nennten; auch Catalinón läßt seinem Herrn Gerechtigkeit widerfahren:

> Wenn Ihr ihm nicht grad ein Fräulein
> Oder Weibsbild anvertraut,
> Könnt Ihr Euch auf ihn verlassen.
> Räuberisch in diesem Punkt nur
> Ist er, sonst ein Edelmann.

Daß Don Juan nicht nur für sich steht, sondern für eine ganze Schar
weibertoller junger Aristokraten im Umkreis des Hofes, ergibt sich
bei dem Wiedersehen mit einem alten Kumpan, dem Marques de la
Mota. Gerührt fällt man einander in die Arme, Don Juan erkundigt
sich nach dem Ergehen alter gemeinsamer Freundinnen. Inés und
Constanza, Teodora und Julia werden der Reihe nach durchgenom-
men; die eine hat sich vom Kampfplatz der Liebe zurückgezogen,
die andere gerade die Syphilis überstanden; auch der Mutter Cele-
stina, einer berühmten Bordellwirtin der spanischen Literatur, gilt
eine Erkundigung. Die leichten Mädchen sind das eine, ein anderes
die »Liebe unterm Fenster«: Schmachten und Ständchenbringen
unter den Fenstern einer wohlbehüteten Standesgenossin. De la
Mota hat sich dazu seine Base ausgesucht, Doña Ana, »die höchste
Schönheit in dem ganzen Königreich«; leider hat sich der König ihre
Vermählung vorbehalten. Es ist eben das Mädchen (aber das wissen
beide nicht), das Alonso XI. dem jungen Tenorio zugedacht hatte
und nun als Entschädigung des geprellten Herzogs vorgesehen hat.
Heiraten innerhalb der herrschenden Klasse sind nicht der Ent-
schluß derer, die sie eingehen; sie sind ein Stück Politik, einzelner
Familien oder der Monarchie selbst, und werden über die Betroffenen verhängt, von den Vätern oder – ein Zeichen allerhöchsten
Wohlwollens – von dem Monarchen. So sind Isabella und Octavio zu-
sammengegeben worden (und die Bereitschaft, mit der jene sich düpieren ließ, hing mit dem inneren Widerstand gegen solche Wahl-lo-
sigkeit gewiß ebenso zusammen wie mit der Fremdheit zwischen ihr
und dem verordneten Zukünftigen); so werden nun Ana und Octavio zum Paar befohlen.

Weiß Doña Ana von dieser Wendung ihres Geschicks? Der Be-
schluß des Königs ist ganz neu, Ana kann nur von dem Ehegebot mit
Don Juan wissen. Auf jeden Fall weiß sie, daß sie heiratend nicht das
Subjekt eigenen Wollens, Wählens, Empfindens, sondern das Objekt

von Verfügungen ist, und sie rebelliert gegen dieses Verfügt-Werden, indem sie im Schutz der Dunkelheit etwas tut, was Tisbea, die Fischerin, bei Tage und mit der Selbstverständlichkeit des freien Menschen tat: selbst den Geliebten wählen. Will sie die Instanzen Vater und König überrumpeln, indem sie sie vor vollendete Tatsachen stellt? Damit würde sie die Verbannung ins Kloster riskieren. Oder

Diego Velázquez: Die Dame mit dem Fächer.
Gemälde, um 1638.

will sie dem unbekannten – nur dem schlechten Ruf nach bekannten – Bräutigam eins auswischen? An einem Fenstergitter (de la
Mota ist gerade gegangen) erscheint ihre Zofe und steckt dem jungen Tenorio einen Brief zu, den dieser an seinen Freund, den Marques, weitergeben soll; er enthält Beteuerungen ihrer Liebe und –
für elf Uhr nachts – eine Einladung zum Stelldichein.

Don Juan als Postillon d'amour? Die Zofe hat einen schlechten
Blick gehabt. In Juan – Catalinón hat es vorhergesehen – blitzt ein
böser Gedanke auf; de la Mota, der eben noch von einer grausamen
Fopperei gesprochen, die er tags zuvor in eroticis verübt, soll selbst
einer solchen zum Opfer fallen. Der Marques ist des Betrügers von
Sevilla – Don Juan nennt sich selbst (und selbstgefällig) bei diesem
Namen, den die Stadt ihm »neckisch gegeben« habe – wert und gibt
ihm seinen Mantel, damit dieser sich bei einer Freundin in der
Schlangengasse, Beatriz mit Namen, in seiner, de la Motas, Gestalt
einführe. Nichts kann Don Juan gelegener kommen: der helle Mantel ist das in Anas Brief bezeichnete Erkennungszeichen. Zuvor hat
er dem Marques zu dessen überströmendem Entzücken die Botschaft – nicht den Brief – der Zofe mitgeteilt: um zwölf – eine
kleine Zeitverschiebung – erwarte Doña Anas Vertraute ihn am
Pförtchen. Das Drama strebt seinem Kulminationspunkt zu, aber
auf seinem Weg in die Katastrophe ist dem Helden noch eine
Schwelle gelegt: zornig und betrübt tritt sein Vater, Don Diego Tenorio, auf den Plan. Er verkündet die vom König verfügte Verbannung
und mahnt den »Erzverräter« an die Strafen des Himmels. »Tan
largo me lo fiáis!« (Damit hat's noch gute Zeit) sagt der Sohn wiederum (es ist der Titel des unter Calderons Namen veröffentlichten
Stückes) und läßt den Alten mit zynischer Rede abblitzen. Das
»Schreckgespenst der Weiber« – so nennt ihn Catalinón in der folgenden Szene – hat seinen »Meisterstreich« im Kopf und läßt sich
durch nichts beirren.

Die Erscheinung des Vaters, der sich zwischen den Sohn und die
von diesem begehrte Frau stellt, ist ein dramatischer Archetyp. Neu
und besonders ist die Art, wie der Sohn diesem Widerstand begegnet: nicht mit Empörung, sondern mit Verachtung; geradezu höhnisch geht Don Juan über die Klage des Vaters, der ihn dem König gegenüber sein »wahres Leben« genannt hat, hinweg. Von seiner Mutter ist weder hier noch andernorts die Rede – liegt hier ein Schlüssel
für das Gebaren des Sohnes? Dem Stück sind solche Erwägungen

Diego Velázquez: Francesco I. d'Este (1610–1658),
Herzog von Modena. Gemälde, 1638.

fremd; nicht Hintergründe, sondern Gegebenheiten sind seine Sache. Insofern es psychologisch operiert, tut es das hinter seinem eigenen Rücken, und jeder Versuch, das hintergründige Moment zu
einem physiognomisch-vordergründigen zu erheben, hieße die Gestalt aus sich selbst treiben, sie einer andern Zeit, einem andern

Theater übereignend. Auch Don Juans Opfer erscheinen mutterlos, überhaupt sind Mütterrollen eine Seltenheit im spanischen Drama, ja im Drama überhaupt, soweit es sie nicht, wie in »Medea« oder in der Orestie, zu Hauptfiguren der Handlung macht. Speziell im spanischen Theater scheint es, als ob die Gegenwart von Müttern die Entfaltung von Drama bis zur Unmöglichkeit einschränke – ein Umstand, der eher für eine dominierende als eine untergeordnete Stellung der spanischen Hausfrau spricht. Nach außen hin, im gesellschaftlichen Leben ist die verheiratete Frau auf völlige Zurückgezogenheit festgelegt; um so größer hat man sich ihre Rolle im Innern zu denken. Aber die findet dramatisch nicht statt: »Die Frau als Mutter«, schreibt Ludwig Pfandl, »ist etwas, wovon man außerhalb des Hauses nicht spricht. Ihre Figur ist darum auch der comedia fast gänzlich unbekannt…«

Aber wo eine psychologische Motivation der Figuren für Stück und Autor außer Betracht bleibt, unterliegt das Drama doch einer soziopsychologischen Struktur, und sie erweist alsbald ihre Wirksamkeit: dem Übergehen der Vater-Autorität folgt die Katastrophe auf dem Fuß. Das Stück spart die Szene aus, in der Don Juan im Gewand des Marques – »Irrtum ist das ganze Leben«, sagt einer der mitgebrachten Musikanten, als beide ihre Mäntel tauschen – zu dem Pförtchen Doña Anas schleicht und Einlaß findet. Hinter der Szene entdeckt Ana den Betrug: »Lügner, du bist nicht der Markgraf!«, und schreit um Rache:

> Ist denn niemand da, der diesen
> Räuber meiner Ehre totschlägt?

Die Konstellation wiederholt und steigert die des Eingangs; nicht die Verhaftung, sondern den Tod des Eindringlings fordert der Schrei der Betrogenen: »Schlagt ihn tot!« ruft sie abermals. Nur aus diesem schrillen Schrei nach Rache und aus dem ein Faktum konstatierenden Ausruf »Räuber meiner Ehre«, nicht aus zuvor bekundeter Zuwendung läßt sich schließen, daß Juan auch bei ihr zum Ziel gekommen ist.* Ana ist nicht die nächtlich überraschte Verlobte eines kaum gekannten Bräutigams, sie war in Erwartung des von ihr erkorenen Geliebten; um so fürchterlicher die Entdeckung des Hintergangenseins – nur der Tod wäscht den Betrug ab. Irrational, eine blinde Affekthandlung ist auch *ihr* Rufen, wie das Isabels. Der Vater, Don Gonzalo, merkt es, herbeilaufend, zuerst:

Weh mir, und so unbesonnen
Ruft sie's in die Welt hinaus

sagt er, ehe er Don Juan mit dem Degen in der Hand stellt. Der Verführer will den Zweikampf vermeiden, aber der Komtur, die eigene
Entehrung empfindend:

Meiner Ehre Turm und Festung
Hast du mir verräterisch
Umgerissen, und der Burgvogt
Steht für sie mit seinem Leben

läßt nicht mit sich reden und greift an. Juan stößt zurück und trifft
tödlich, den Sterbenden bezichtigt er selbstmörderischen Verhaltens: »Nahmt Ihr selbst Euch doch das Leben.« Er flieht mit Catalinón, ohne daß Doña Ana auf den Plan getreten wäre; Isabels Alter
ego bleibt ohne Körper – sie ist bloßer Schrei im Hintergrund. Die
Entpersönlichung der Figur setzt die Szene ins Absolute: der Schrei
der Getäuschten steht für alle Opfer Juans, Don Gonzalo zieht für
alle Väter den Degen. Rache, die den Verräter einholen werde, ist des
Komturs letztes Wort.

Die Duell-Szene (II/16) bildet der Szenenzahl nach die genaue
Mitte des Stückes, sie steht in der vierunddreißigsten seiner sieben-
undsechzig Szenen. Mit numerisch ausgeklügelter Plazierung (will
der Autor seinen akademischen Widersachern bedeuten, daß auch
er seinen Aristoteles kennt?) stellt sie den Höhe- und Wendepunkt
des Dramas dar*; mit ihr setzt die Katabasis, der Abstieg der Handlung und ihres Helden ein. Zugleich klärt sich der Charakter des
Stückes. Das Leidensmoment verstärkend, das schon der Ausgang
der Tisbea-Episode der Geschichte hinzufügte, verläßt das Drama
die Bahn der Komödie, die der Charakter des Helden ihm nahelegt;
es wird durchaus und unwiderruflich ernst. Der spanischen comedia
ist die Mischung komischer und tragischer Elemente so vertraut wie
dem Theater Shakespeares; sie hat diese ihre Eigenart – ein Stück jener manieristischen *concordia discors*, die in der Vereinigung des
Gegensätzlichen die zuständige Weise sah, einer von Widersprüchen
zerrissenen Welt ästhetisch zu begegnen – gegen den auf Genre-
Reinheit erpichten Einspruch der neuaristotelischen Schule stets
verteidigt. Was sich hier begibt, ist jedoch eine Disparatheit tieferer
Art, und sie zeugt von der gesellschaftlichen Tragweite des vorge-

stellten Konflikts: es ist die Katastrophe des untragischen Helden.
Der erotische Düpierer ist schon darum keine tragische Figur, weil er
sich den Folgen seiner Handlungen niemals stellt; er ist immer auf
der Flucht begriffen, dieser Voraussetzung der Wiederholung. Erst
als er sich, ganz am Ende, doch stellt, zerbricht die Kette des Immer-
gleichen, aber auch darüber gewinnt der Burlador keine tragische
Dimension; seine späte Reue unterm rohen Zugriff der Geisterwelt
ist zu erzwungen, um zur Katharsis zu taugen.

Vue de la Prison des Grands Seigneurs à MADRIT.

Das Gefängnis für Angehörige
des Hochadels in Madrid. Kupferstich (anonym).

Don Juans verbale Vaterbeseitigung schlägt in dem nächtlichen
Zweikampf in die mörderische um – in dem Niederstechen von Anas
Vater erklärt sich die Zurückweisung des eigenen. Von nun an ist für
Don Juan keine Rettung mehr. Retardierende Momente legen sich
gleichwohl ins Mittel. Von Juan aus gesehen ist die Notwehr gegen-

über dem Alten, der töricht genug war, ihn mit der Waffe anzugreifen (Abwehr und Gegenstoß sind ein reflexhaft wirkender Fechtautomatismus), ein fataler Betriebsunfall, dessen Folgen es zu entrinnen gilt. An dem verabredeten Ort – der Text differenziert die schnell wechselnden Schauplätze nur implizit, auf der verwandlungslosen Bühne dieses unter freiem Himmel agierenden Volkstheaters schafft einzig das Wort sich den Ort der Handlung – wartet der Marques auf seinen Mantel; es ist kurz vor zwölf, eine Stunde nach des Doppelgängers Eindringen. Da erscheint in fliegender Hast Don Juan: der Streich, berichtet er, habe ein böses Ende genommen, es habe einen Toten gegeben. Der Marques, der an Beatriz und die Schlangengasse denkt, nimmt das nicht schwer, Don Juan stürzt davon, da kommen Fackeln auf de la Mota zu: Don Diego naht mit einer Wache (seit der Tat muß also genügend Zeit für Meldung und Urteilsspruch verstrichen sein) und verhaftet ihn im Namen des Königs.

Das Stück spart mit Erläuterungen, es wiederholt nur das Grundmuster: wieder trifft einen Falschen der Verdacht; vermutlich weiß man bei Hofe, daß der Marques seiner schönen Base nachstellt. Auch mögen Anas Dienerinnen, die den Eingelassenen für de la Mota hielten, gegen ihn ausgesagt haben. Der zornbebende König – auch dies eine Motivrepetition – gibt dem Einspruch des Festgenommenen kein Gehör, er befiehlt beschleunigtes Gerichtsverfahren und Hinrichtung am nächsten Tag. Dem Opfer aber stiftet König Alfons nebst einem Staatsbegräbnis ein monumentales Grabmal mit einer Inschrift, die angesichts von de la Motas Verurteilung merkwürdig genug bedünkt: In gotischen Lettern soll sie zur Rache auffordern. Die Unstimmigkeit – eine Textverderbnis? – nimmt vorweg, was auch in einer späteren Szene nicht gesagt wird, aber aus de la Motas Weiterleben geschlossen werden kann: daß das Gerichtsverfahren die Unschuld des Marques erweist. Vielleicht hat er für die Tatzeit ein Alibi vorweisen können: den Besuch bei einem Mädchen in der Schlangengasse. Der »burlador de España« – eine Wendung Catalinóns – und sein bös geprellter Freund sind einander wert.

Auf dem Lande
oder Bauernhochzeit

Diese wird die vierte sein
(II. Aufzug, 22. Szene)

Daß sich der Abstieg des Helden in die Katastrophe verzögert, hat außer dem dramaturgischen noch einen anders künstlerischen Grund: das kostbare Grabmal muß erst angefertigt werden. Wie schnell arbeiten Sevillas Bildhauer? Später stellt sich heraus, daß Juan nur wenige Tage auf Reisen ist; nach dem Brauch der Zeit hat sich der Großkomtur offenbar schon zu Lebzeiten ein Standbild setzen lassen. Auch für die gotischen Lettern sind vier Tage zu wenig – hat also Doña Ana die Rache-Inschrift schreiben lassen? Das Stück stellt solche Fragen nicht, kausale Naturalismen sind ihm so fern wie die psychologische oder kriminalistische Explikation; Standbild und Inschrift werden als Elemente der Handlung einfach gesetzt.

Immerhin: Don Juan hat ein paar Tage frei; er wendet seine Zeit auf die gewohnte Weise an. Denn das Verdoppelungsprinzip des Stückes will sein Recht: der Variation der Isabel-Episode folgt die der Tisbea-Geschichte. Tirsos nach Lopeschem Muster in drei jornadas eingeteiltes Stück ist, genau besehen, fünfaktig angelegt; in seiner episodischen Anlage folgt es doch jener fundamentalen ästhetischen Gesetzlichkeit, die auch Brechts epische Dramaturgie stets beachtet hat. Wie die Tisbea-Handlung eigentlich einen zweiten Akt bildet, so die nun folgende Aminta-Geschichte, in die die Zäsur zwischen der zweiten und dritten jornada spannungsvoll einfällt, den ersten Teil des vierten Aktes; beide umgeben symmetrisch den dramatischen Wendepunkt der Sevilla-Szenen als den (eigentlichen) dritten Akt, der seinerseits die Isabel-Handlung des ersten, in Neapel spielenden Aktes abwandelt. Von hier aus wird die strukturelle Herrschaft der Vierzahl, die Alfons Rosenberg dem Stück vindiziert, in Frage gestellt. Geradzahlig sind Juans Liebesabenteuer, nicht die Disposition der comedia; diese gehorcht jener Drei- bzw. Fünfzahl, die Rosenberg in altem zahlenmythischen Sinn als das mondhaft bezogene Symbol der Bewegung kennzeichnet. Es ist folgerichtig und bezeichnet den Grundkonflikt des Stückes, daß die Zahlensymbole beider Sphären, das solare räumlicher Ordnung und das lunare der Unrast, der Dynamik, an seiner Strukturbildung Anteil haben.

Das dramatisch Erstaunliche und Subtile, den Kanon des Tragischen ersichtlich Sprengende: Don Juan macht in diesem intentionellen vierten Akt weiter, als sei nichts geschehen. Weder äußerlich, als Furcht vor Aufdeckung und Strafe, noch innerlich hat der Unfall eine Spur in ihm hinterlassen. Frauen sind Freiwild, gegenüber dem Komtur aber hat er sich streng ritterlich betragen – sein stählernes Naturell schnellt weiter auf dem vorgezeichneten Weg; noch auf der Reise nach Lebrija, dem ihm vom König vorgeschriebenen Verbannungsort, setzt er die nächste Attacke in Szene. Wieder spielt die Geschichte bei Tage und in einer offenen Landschaft, die nun eine binnenländische ist; der Text gibt sie bei dem Dorf Dos Hermanos, südlich von Sevilla, an. Es ist die Tiefebene an der Mündung des Guadalquivir – der Atlantik liegt nahe, Arabien ist nicht fern. Wieder ist ein Mädchen aus dem Volk die Beute, keine freiheitsbewußte Fischerin, sondern eine der Hochzeitsnacht entgegengehende junge Bäuerin; der aufs Land verschlagene Don Juan, der es schon in der Stadt nicht ertrug, wenn andere zur Liebe rüsteten, bricht, wie der Fuchs in den Hühnerstall, in eine Bauernhochzeit ein. Aminta, die Tochter eines reichen Bauern, steht auf einer höheren sozialen Stufe als die leidenschaftliche Tisbea, so wie Isabel, die Herzogin, und Doña Ana, die Komturstochter, verschiedene Ränge innerhalb der Aristokratie einnehmen; es ist, als wolle das Stück den Nachweis erbringen, daß keine Schicht der Gesellschaft vor dem adligen Wilderer sicher sei. Eine Klasse nur wird ausgenommen, es ist die, aus der sich Tirsos Publikum rekrutiert, die aus Handwerkern und Beamten, Kaufleuten und Bediensteten zusammengesetzte mittelständische Stadtbevölkerung.

Die Motivwiederholung bedeutet auch hier kriminelle Steigerung: Don Juan verführt nicht ein in ihn verliebtes Fischermädchen, sondern er dringt – die Szene beginnt mit einem lyrisch beschwingten Hochzeitsreigen – in eine eben besiegelte Liebesbeziehung ein, nicht spontan, sondern mit Vorsatz und Bedacht; Catalinón ist vorausgeschickt, seinen Herrn anzukündigen. Batricio, der Bräutigam, ist voller Mißtrauen: »Ein Mächt'ger auf der Hochzeit bringt nichts Gutes«. Catalinón aber schlottert vor Angst: er will nicht »den Bauerntod sterben« – eine Anspielung auf die in »Fuente Ovejuna« beschriebene Lynchjustiz der ehrempfindlichen Bauernschaft? Seine

Sorge ist müßig: Gaseno, der reiche, prahlerische Brautvater, fühlt sich durch den Eindringling hochgeehrt, und der schon bei dem Hochzeitsmahl von Juan gedemütigte Bräutigam läßt sich widerstandslos abhalftern: der Gast macht ihm weis, daß er schon lange mit Aminta im Einverständnis stehe. Eine handfeste Drohung: »Schaut, daß Ihr Eu'r Leben rettet«, hilft Batricios Abgang nach.

Die Braut ist voller Zorn über die Anmaßungen des Gastes (»Hat in Spanien man die Frechheit / in den Ritterstand erhoben?«) und erwartet im Nachtgewand den Angetrauten – statt seiner erscheint, vom Vater begünstigt, Don Juan und bestürmt die Erschrockene mit dem Glanz seiner Stellung und der Aussicht, sie zu teilen. Mit furchtbaren Eiden läßt Aminta den Beredten Treue schwören, ehe sie sich ihm ergibt. Wieder ist Catalinón geheißen, die Pferde bereit zu halten, wieder läßt er es an Warnungen nicht fehlen, aber Don Juan pocht auf angestammte Privilegien: »Da doch mein Vater / oberster Gerichtsherr ist / und des Königs Gunst besitzt«. Amintas Irreführung soll »das besterlesne Possenspiel von allen werden« – das Wort ist verräterisch; die Lust am Betrug ist Don Juans tiefste Begierde, und es ist ein Betrug, der die Überwältigten moralisch und gesellschaftlich vernichtet; die sadistische Komponente seines Umgangs mit Frauen ist stärker als die erotische. Was rächt er am Weibe, das er in immer neuen Abwandlungen zu verderben strebt? Von den drei Monologen, in denen der Held sich vor dem Finale erklärt (in den Szenen II/8, III/3 und III/7), bekundet nur der letzte etwas wie Liebeserwartung; die Lust am Trug äußern alle drei. Nichts ist charakteristischer für Juan als der aufblitzende Triumph, als ihm in Sevilla ein Zufall die Freundin des Freundes in die Hand spielt.

> Der arme Liebling!
> Eine Fügung ohnegleichen!
> Das ist mir ein Streich zum Lachen.

Sevilla abermals
oder Die Treue zum Stein

Nun ist die wahre Spükezeit der Nacht.
(Shakespeare, Hamlet, Dritter Akt)

Die Personnage dieser zweiten Volksszene ist ungleich blasser als die der ersten. Der ängstliche Bräutigam, der prahlerisch-unterwürfige Brautvater, die nicht lang widerstrebende Braut – sie alle erliegen dem Herrenmenschen mit wenig Widerstand; das Klassenbewußtsein des Bauernstandes zeigt sich gegenüber Lopes großem Widerstandsstück im Niedergang. Ist es die Folge ökonomischen Verfalls? An Gaseno wird er nicht spürbar; Amintas Vater ist der reiche Bauer, der seine Stellung durch eine Adelsheirat krönen möchte – es ist der Parvenü, der hier düpiert wird.

Tirsos Kunstgriff, Don Juan nach der entscheidenden Untat sein Treiben fortsetzen zu lassen, als sei nichts geschehen, erhärtet die Rolle des Räubers, des Freibeuters als die Normalität, die Alltäglichkeit dieses Helden; um so unabwendbarer wird nun die Katastrophe. Von verschiedenen Seiten zieht sich das Verhängnis zusammen. Am Strand von Tarragona organisiert sich ein Bund der verlassenen Bräute des jungen Herrn Tenorio: Isabella, auf dem Weg nach Sevilla, um dort »unerwünschte Heirat« mit Don Juan zu halten (also hat die königliche Weisung sie in Neapel erreicht*), trifft auf die klagende Tisbea; sie nimmt sie mit in die Hauptstadt. Dort ist inzwischen das Grabmal fertig geworden, das schon lange fertig war. Der Anfang der Aminta-Szenen zeigt Juan auf dem Weg nach Lebrija, an deren Ende gibt er Catalinón den leichtsinnigen Befehl: Zurück nach Sevilla. Offenbar ist der Held niemals an seinem Verbannungsort angekommen.

Don Juan, der in Sevilla heimlich Quartier genommen hat, stößt in einer Kirche von ungefähr auf das Monument Don Gonzalos, des Großkomturs. Catalinón, der nicht lesen kann, bittet ihn, die Inschrift zu entziffern; sie lautet:

> Aqui agarda del Señor
> el más leal caballero
> la venganza de un traidor.

(Der getreuste Rittersmann / wartet hier, daß Gott ihn räche / am Verräter.) Zuvor hat Catalinón aus der Stadt schlechte Nachrichten gebracht, er büßt ihre Mitteilung mit einem Backenzahn, den sein Herr ihm ausschlägt: Alles ist aufgedeckt, Octavio weiß Bescheid, de la Mota klagt Juan an, Isabella naht, um ihn zu heiraten. Begreift Don Juan, daß sein Spiel verloren ist? Was nun, dramatisch wohlvorbereitet, vor sich geht (daß, wenn er eidbrüchig würde, ein toter Mann ihn töten solle, hat er Aminta in dem Glauben, den Eid damit aufzuheben, zugeschworen), scheint ein Akt verzweifelten Übermuts. Einer, der sich von lebendigen Feinden ausweglos umzingelt sieht, ruft auch noch die Unterwelt gegen sich auf; er greift das Standbild des von ihm Getöteten:

> Also, Ihr wollt Eure Rache,
> Guter Alter, grauer Steinbart?

an den Bart und lädt ihn für die Nacht in sein Gasthaus zum Essen.

Don Juan hätte Grund verzweifelt zu sein, aber er ist es nicht, er findet sich nur vor einem Rätsel, und da es nicht seine Art ist zu sinnieren, packt er das Rätsel am Barte und fordert Auskunft: Wieso ist er ein Verräter, der der Rache Gottes preisgegeben werden soll? Dem lebenden Komtur gegenüber hat er sich vollkommen regelrecht betragen, den Zweikampf nicht suchend, sondern zu ihm gezwungen; die Gegenparade ist ein Fechtreflex, der bei einem brillanten Fechter – und das ist Juan – zwangsläufig tödlich ausgeht. Was also will das Standbild, dessen Inschrift dasteht, als habe der Tote selbst sie dorthin gesetzt? Daß es um das Mädchen, Doña Ana, gehen könne, daß sie die Verratene sei – dieser Gedanke liegt außerhalb seiner Vorstellungskraft; Ehre ist etwas unter Männern, und nur unter Männern kann von Verrat die Rede sein. Frauen sind Freiwild – wenn sie sich übertölpeln lassen, haben sie selbst die Folgen zu tragen. Was hier nachwirkt, was in Don Juan, dem Sproß eines Geschlechtes, das sich im Kampf gegen die Mauren hervorgetan hat (er beruft sich gegenüber Aminta darauf), noch einmal Gestalt gewinnt, ist ein Verhältnis zur Frau, wie es Jahrhunderte islamischer Herrschaft auch dem christlichen Bevölkerungsteil der iberischen Halbinsel eingepflanzt haben: eine vorab objekthafte Beziehung, die auf Unterjochung unter die Macht- und Triebansprüche des Mannes hinausläuft. Die Frau, erst als Tochter, dann als Ehefrau, ist das Eigentum des Mannes, gefährdet wie alles Eigentum und darum sorgfältig un-

Diego Velázquez: Pablo de Valladolid, Hofnarr Philipps IV.
Gemälde, um 1633.

ter Verschluß zu halten; wer das versäumt (und beiderseits, bei
Mann und Frau, ist die Triebsphäre in ständiger und gespannter Ak-
tionsbereitschaft), muß sich nicht wundern, wenn ein anderer in

seine Rechte einbricht. Heirat oder Duell sind die Formen, die daraus erwachsenden Ehransprüche gültig zu begleichen.

So provoziert Don Juan nicht eigentlich, er fühlt *sich* provoziert und nimmt die Herausforderung an: er lädt das Standbild zu Tische. Und das Aberwitzige geschieht: der Eingeladene, der auf dem Friedhof kein Zeichen gegeben hat (die Szene spielt offenbar bei Tage), erscheint; als Juan mit Catalinón – er hat ihn neben sich Platz nehmen lassen – beim Essen sitzt, klopft es ans Tor. Ein anderer Diener, dann Catalinón gehen hin, um zu öffnen, und kommen mit allen Anzeichen des Entsetzens zurück. Nun sieht Don Juan selbst nach, »den Degen in der einen, das Licht in der andern Hand« – das Steinbild, das den Torriegel zerbrochen hat, kommt ihm entgegen. Ist es ein wandelndes Denkmal? Es ist der Komtur selbst, aber versteinert – die in Marmor gebannte Person des Getöteten. Der Ordensritter scheint nicht getötet, sondern verzaubert; das gibt der Szene ihre abgründige Melancholie.

Es ist, nach der Isabel-Szene des Anfangs, die andere Ur-Szene des Stückes: Dem gedankenlos dem Augenblick hingegebenen Erdensohn tritt jählings die ewige Gerechtigkeit in den Weg. Don Juan weicht »erschrocken zurück«, aber er ist auf der Höhe der Situation. Im Untergehen gewinnt der Held Züge, die ihn des transzendentalen Eingriffs wert erscheinen lassen: er macht eine Erfahrung, die außerhalb seiner Denkbarkeiten liegt, und hält ihr stand. Der Betrüger von Sevilla bewährt die Unerschütterlichkeit einer alten Kriegerrasse: er weist das wandelnde Marmorbild ohne weiteres an den gedeckten Tisch. Die Mahlzeit geht stumm vor sich, nur die Fragen des sich allmählich fassenden Catalinón bringen Bewegung in die Szene. »Geht's Euch gut?« fragt der wackere Diener. »Ist's drüben schön? / Fruchtbar? – Ebne oder Berge? – / Ehrt man auch die Dichtung dort?«

Der Steinerne Gast hat auf alles nur ein Nicken übrig, auch auf die Frage, ob es viele Schenken gebe und man »drüben eisgekühlt« trinke. Auch bei des Gastgebers Anfrage, ob er Gesang zur Tafel wünsche, nickt er; Don Juan gibt den Musikanten ein Zeichen. Der hinter der Bühne aufklingende Gesang gilt der Mahnung eines Liebenden an die Geliebte, ihn nicht warten zu lassen:

> Wollt Ihr Lieb und Seligkeit
> Erst im Tode mir gewähren,

Herrin, das ist ein Entbehren,
Da gebt Ihr mir lange Zeit.

»Que largo me lo fiáis!« (Da gebt Ihr mir lange Zeit) – der Vers beruft jene stereotype, das Stück wie ein Leitmotiv durchziehende Wendung, mit der sich Juan den Ermahnungen des Dieners wie seines Vaters entzogen hat (sie stammt aus der Sprache des Zahlungsverkehrs), und wendet sie ins Lebens-, ins Liebesbejahende. Don Juans Drang, das Dasein bei dem günstigen Moment zu fassen, ihm so das höchste Maß an Erfüllung abtrotzend, erscheint in der zweimal aufklingenden Strophe wie verklärt; eine instinktive Daseinsform, die sich aufhöbe, wenn sie zum Bewußtsein ihrer selbst käme, ist wie zur Haltung, zum Bekenntnis erhoben: Nur das schnelle Gewähren gewinnt dem Tod die Fülle des Lebens ab.

Erst, als die Tafel abgeräumt, die Dienerschaft weggeschickt ist, kommt es zu einem Gespräch zwischen dem Täter und seinem versteinerten Opfer, und nicht um *seine* Seelenruhe macht Juan sich Sorgen:

Geht Ihr um in Qualen oder
Braucht zu Eurer Ruh ein Mittel,
Eine Leistung, die erlöst?
Sagt's, ich gebe Euch mein Wort,
Daß ich tu, was Ihr anordnet.
Freut Ihr Euch der Gnade Gottes,
Oder fuhrt Ihr hin in Sünden?
Sprecht, ich häng an Eurem Mund!

Ist das Ironie? Es ist wirkliches Unschuldsbewußtsein. Das Standbild antwortet nicht auf Juans Angebote, es spricht »mit kaum vernehmbarer Stimme« eine Gegeneinladung aus: in die Grabkapelle zum Abendbrot, morgen um zehn. Don Juan hat schon vor der Einladung sein Ehrenwort verpfändet und dem Komtur die Hand darauf gegeben:

Ich und Furcht! Das sagt Ihr mir?
Wäret Ihr die Hölle selber,
Dennoch reicht ich Euch die Hand.

Nun ist er geradezu erleichtert, daß jener nichts anderes begehrt: »Ich versprech Euch, daß ich's halte, / ein Tenorio bin ich.« Worauf der Komtur antwortet: »Ich ein Ulloa.« Man ist einander ebenbürtig und gehorcht dem gleichen Ehrenkodex; derselbe Juan, der Frauen gegenüber jeden Wortbruch verübt, ohne an Ehrbewußtsein einzubüßen, gibt einem Gespenst, von dem er erwarten kann, daß es ihm nicht wohlgesinnt ist, ein Blankoversprechen und wird es selbstverständlich halten.

Bis ans Ende der Tafel werden Anstandsregeln eingehalten, Don Juan begehrt, dem abgehenden Standbild heimzuleuchten. Aber Don Gonzalo bedarf keiner Kerzen: »Brauchst nicht«, antwortet er, »mich erhellt die Gnade.« »Er geht langsam ab, immer den Blick auf Don Juan gerichtet, der ihm nachschaut, bis er verschwindet.«

Bei all seiner Unerschrockenheit: nach dem Abgang des Standbilds ergreift Don Juan eine Krise. Es schüttelt ihn physisch; in einem Monolog – es ist sein vierter – bekundet er seine Verstörung:

> Helf mir Gott, mein ganzer Leib
> Ist in Schweiß gebadet, während
> Innen ich vor Kälte schaudre
> Und das Herz im Leib erfriert.

Die Hölle hat sich durch die Gleichzeitigkeit von Hitze und Kälte angekündigt; die Empfindung »ungeheurer Glut« und einen Atem, »der so eisig wehte«. Die Hölle als ein Zugleich der Extreme, das ist alte theologische Bestimmung; noch Adrian Leverkühns Teufel greift sie auf, als sein Gegenüber ihn nach der Beschaffenheit der Hölle fragt: »... ihr Wesen oder, wenn du willst, ihre Pointe ist, daß sie ihren Insassen nur die Wahl läßt zwischen extremer Kälte und einer Glut, die den Granit zum Schmelzen bringen könnte, – zwischen diesen beiden Zuständen flüchten sie brüllend hin und her...« (»Doktor Faustus«, Kapitel XXV) Der Komtur, entgegen seiner Versicherung, er sei im Stand der Gnade, zeigt sich durch seine Temperatur als ein Höllenentstiegener an, wie der Geist von Hamlets Vater; er gibt seinem Gastgeber einen Vorgeschmack dessen, was auch ihn erwartet. Aber die *attritio cordis*, die Gepreßtheit des Herzens*, die Don Juan nach dem Abgang erfaßt, ist eine Anwandlung, aus der sich der Angefochtene alsbald in die gewohnte Selbstgewißheit zurückschnellt:

> Wenn ein herrlicher lebend'ger
> Körper voller Geist und Kraft,
> Ein beseelter, uns nicht schreckt,
> Sollen's tote Körper dann?

Noch, nachdem die Unterwelt zu ihm aufgestiegen ist, verweigert Juan, die physische Krise abschüttelnd wie ein Hund den Regenschauer, ihr die Anerkennung; in seiner Weltanschauung, die eine Weltergreifung ist, hat nur das Lebendige Raum. Es ist diese Konsequenz, die ihm, durchaus gegen die Absicht des Stückes, das nur den besonders hartgesottenen (hartzusiedenden) und um so sicherer der Strafe verfallenden Sünder vorführen will, etwas gibt, was ihm im bisherigen Gang der Handlung gänzlich abging: Größe. Das Zeitalter der Gegenreformation überwältigt den Renaissancemenschen, und er nimmt die Herausforderung an, den übermächtigen Widersacher negierend, noch da dieser die Hand nach ihm ausstreckt. Ein ganzes Zeitalter ist in Don Juan gefordert; es ist nicht aufrechtzuerhalten, aber es geht unerschrocken unter.

Nicht Reue oder Selbstprüfung ergreifen Juan nach dem Abgang des Gastes, sondern – die Eitelkeit:

> Morgen geh ich zur Kapelle,
> Wohin er mich eingeladen;
> Staunen und bewundern soll
> Ganz Sevilla meine Tat.

Der Sünder, zu dem die Hölle selbst aufsteigt, um ihn hinabzuholen, nimmt die Einladung an, um – zum Stadtgespräch zu werden. Erst damit – daß er sie nicht anerkennt – gibt er sich der Hölle endgültig preis, die als ein negativer Deus ex machina: Diabolus ex machina, über ihn hereinbricht. »Obs jemand seltsam vorkommen dörffte«, schreibt Andreas Gryphius in der Vorrede zu »Cardenio und Celinde«, »dass wir nicht mit den alten einen gott aus dem gerüste, sondern einen geist aus dem grabe herfür bringen, der bedencke, was hin und wieder von den gespensten geschrieben.«*

Don Juan hat sich Feinde nicht nur im Jenseits geschaffen. Auch auf Erden sammeln sich die Verfolger, und es ist ein spannungssteigernder Kunstgriff des Stückes, daß es sich nach dem Gastmahl die Miene gibt, als könne noch alles gut werden. Im Königlichen Schloß zu Sevilla geht der König mit salomonischem Ratschluß daran, die Fäden zu entwirren und alle durch Don Juans zügellose Aufführung bewirkten Verwicklungen zu lösen. Damit Isabel nicht unter ihrem Stande verheiratet werde, ernennt er den jungen Tenorio zum Grafen von Lebrija und belehnt ihn mit der Stadt dieses Namens. Zugleich beruft er ihn zum Kämmerer – nun ist Juan kein ämter- und verantwortungsloser Jüngling mehr, sondern ein in Pflichten und Rücksichten eingebundenes Mitglied des Hofstaats. Zugleich gibt Alonso der Fürbitte nach, die die Königin und Doña Ana – beide bleiben unsichtbar – für den Marques eingelegt haben; de la Mota, der noch in Haft ist (ist das Gerichtsverfahren ausgesetzt worden?), soll seine Base heiraten dürfen. Hat Anas Zeugnis, der, welcher bei ihr eindrang, sei nicht de la Mota gewesen, die Wende herbeigeführt? Das Stück gibt sich in diesen und andern Einzelheiten nachlässig, aber es wäre voreilig, daraus auf die Textverderbnis eines verschollenen Originals zu schließen; die comedia steht im Finale (die zweiten Sevilla-Szenen entsprechen einem fünften Akt) und kann sich den Aufenthalt von Begründungen nicht leisten. Der König regelt, der König versöhnt, nur einer geht leer aus: Herzog Octavio, von dem Alonso treffend bemerkt, daß er »mit Frauen wenig Glück« habe. Da kommt er auch schon und ergeht sich in Anklagen wider den Räuber seiner Braut; mit Mühe unterbindet der Monarch Tätlichkeiten zwischen ihm und dem die Familienehre verteidigenden Don Diego. Don Juan, äußert der König mit Autorität, sei nun »Kammerherr, also einer von den Meinen«, und setzt leichtsinnig hinzu, auch Octavio werde morgen Hochzeit halten – mit wem, läßt der galoppierende Text offen.

Brauchte nun Don Juan nur noch die sonderbare Einladung auszuschlagen, um ein gemachter Mann zu sein? Das Stück erweckt diesen Anschein, um ihn desto gründlicher zu zerstören. Denn schon setzt die Gegenbewegung ein; im Vorzimmer König Alonsos trifft Octavio auf Gaseno und Aminta, die ihr Recht beim König einfordern wollen. Sie gebärden sich albern genug; als »Christin alten Stammes, reinsten Blutes und mit guter Einkunft aus beträchtlichem Erbe« stellt der geprellte Bauer seine betrogene Tochter vor, und die betont, »daß sie Jungfrau war«, als sie zu Don Juan kam. Beide kommen Octavio höchst gelegen. Ehe nun Tisbea an der Hand Isabels eintrifft und der Marques Don Juan als den Mörder des Großkomturs verklagt, blendet das Stück mit jener Fähigkeit zum schnellen Ortswechsel, die dem Verzicht auf einen Illusionsapparat entspringt, zu Don Juan zurück, der Catalinón – er war inzwischen bei König Alonso – Bericht über die günstige Wendung seines Schicksals erstattet: Auf den Abend sei die Hochzeit angesetzt, der König und die Braut – »eine Rose, die am Morgen / aus der grünen Knospe bricht« – sähen ihm gnädig entgegen.

Aber Don Juan hat noch eine andere Abendeinladung, und er gibt ihr den Vorrang, denn er hat ja sein Wort gegeben: »Ehrlos kann mit lauter Stimme / mich der Tote nennen« – wenn er nämlich ausbliebe. Traut Juan dem bei Hofe ausgebrochenen Wohlwollen nicht? Oder fürchtet er die Ehe mehr denn den Komtur? Zieht er das spektakuläre Ende gesellschaftlicher Zähmung vor? Don Juan reflektiert nicht, er wäre sonst nicht Don Juan; er geht zu der Kapelle, weil er spürt, daß eine Rechnung zu begleichen ist – und es ist, außer bei Frauen, nicht seine Art, sich zu drücken. Der Ahasveros der Erotik, kein Paktbeladender wie Faust und doch dem gleichen Liebesverbot wie jener unterworfen, treibt der einzigen Umarmung zu, die ihn – vielleicht – zu fesseln vermag.

Catalinón bemerkt erleichtert, daß die Kirche schon geschlossen ist, aber es findet sich ein Hintertürchen. Don Gonzalo, von seinem Sockel herabgestiegen, kommt den beiden bei ihrem Eintritt entgegen, und der Marmorne ist verwundert:

> Hätte nicht geglaubt, du hieltest
> Wort, nachdem du alle spöttisch
> Hintergingst.

Dann bittet er zu Tische. Hinter dem Grabstein, den Don Juan beiseitezuschieben ersucht wird, kommt ein schwarz gedeckter Tisch zum Vorschein; zwei schwarze Gestalten tragen auf: ein Gericht aus Vipern, Skorpionen und Schneiderkrallen; dazu werden Galle und Essig eingeschenkt. Unerschüttert spricht der Gast dem schaurigen Mahl zu:

> Gewiß, ich esse,
> Selbst wenn Ihr mir Nattern reicht und
> Alle Schlangenbrut der Hölle.

Auch für Musik hat der Komtur gesorgt, ein unsichtbarer Chor singt die Gegenstrophe zu jenen Versen, die Don Juan ihm vorgesetzt hat; sie verkündet die Moral der Geschichte:

> Gottes großes Strafgericht,
> Merkt euch, ihr versteht es nicht:
> Keine Frist läßt sich verschieben,
> Jede Schuld wird eingetrieben.

Juan, der die Mahnung an Tod und Gericht (vor jedem neuen Betrug
ließ der Diener sie ergehen) in den Wind schlug: »Tan largo me lo
fiáis«, wird eines andern belehrt, kalt durchdringt es seine Brust:

> Nie in seinen Erdentagen
> Soll ein Mensch die Worte wagen:
> »O das hat noch gute Zeit!«
> Zahltag kommt, halt dich bereit!

Mit einem Trick bringt der Komtur ihn dazu, ihm die Hand zu geben. »Fürcht dich nicht, die Hand gib mir!« sagt er, Don Juan darauf: »Ich mich fürchten? meint Ihr das?« Schon hat der Komtur
seine Hand und gibt sie nicht wieder frei: »Ich verbrenne! Laß mich
los!« schreit der Festgehaltene vergebens. Der Himmel wolle, erklärt
Don Gonzalo,

> daß du deine Sünden
> Abzahlst in die Hände eines
> Toten: so bezahlst du sie
> Nach dem göttlichen Gesetz:
> Wie die Saat, so sei die Ernte.

Don Juan, der die Linke frei hat, greift nach seinem Dolch, aber er
trifft nur die Luft. Nun greift er zu Worten, aber die Versicherung, er
sei bei Doña Ana nicht zum Ziel gekommen, hilft ihm so wenig wie
die Bitte: »Erlaubt mir erst noch / Beichte und Absolution!« »Zu
spät erwachst du!« erklärt das Standbild – »Ich verbrenne, ich vergehe!« schreit der Festgeschmiedete, »er stürzt tot zusammen«. Die
Hölle verschlingt ihn mit dem Komtur: »Unter Donnergetöse versinkt das Grabmal mit Don Juan und Don Gonzalo.« Beide, der Täter und sein Opfer, die nun die Rollen getauscht haben, sind im Tode
vereint, als wären sie zwei Liebende. Wirklich war die Bindung an
den Komtur stärker als jede andre Beziehung Don Juans: vor die
Wahl zwischen Hochzeit und Standbild gestellt, hat er ohne Zaudern
das letztere gewählt. Den keine irdische Umarmung wärmen
konnte, stürzt in die Umarmung der Hölle.

»Die Kapelle steht in Flammen«, registriert der überlebende Catalinón, dem der Komtur, ehe er versank, seinen Mahnspruch wiederholt hat: »Das ist göttliches Gesetz: / ›Wie die Saat, so sei die Ernte.‹«
Zähneklappernd sucht er das Weite und läuft an den Königshof, um
Bericht zu erstatten. Ehe er noch eingetroffen ist, hat sich in fünf
schnell aufeinanderfolgenden Szenen das weltliche Schicksal Don

Juans entschieden. Vor dem bestürzten König erscheinen nacheinander Batricio, Tisbea und Aminta; de la Mota setzt ihren Klagen die Krone auf, indem er Juan der Tötung des Komturs bezichtigt.

Veuë de l'Eglise Cathedrale de Seville.

Die Kathedrale von Sevilla. Kupferstich (anonym).

»Nehmt ihn fest und bringt ihn um!« verfügt Alonso, und auch Don Diego, der sich einige Szenen zuvor noch für seinen Sohn schlagen wollte, gibt ihn nun preis; er sorgt sich um seinen eigenen Kopf. »So sind Günstlinge des Königs!« kommentiert Alonso — man weiß nicht, ob er den Vater oder den Sohn meint.

Da vernimmt er, daß die Hölle ihm zuvorgekommen ist: Catalinón bringt die Nachricht von dem schrecklichen Ende seines Herrn, bis hin zu dem von dem Komtur hinterlassenen Kernspruch. Die Szene löst sich ins Erbauliche auf, um so mehr, als Catalinóns Erzählung die Unschuld Doña Anas wiederherstellt; stark erleichtert vernimmt es der Marques. »Jetzt gehört es sich«, erklärt der König mit einem Stoßseufzer, »daß alle / sich vermählen, denn der Stifter / all des Unheils ist nicht mehr.« Das höllische Gericht hat den Weg zum lieto fine, zum guten Ende freigemacht, das dem didaktischen Gang der Handlung die Krone der wiederhergestellten Harmonie aufsetzt. Der folgsame Octavio erklärt Isabel zur Witwe – Don Juans Witwe – und trägt ihr die Ehe an, de la Mota heiratet seine Base, Batricio nimmt seine Ehe mit Aminta auf. Das schweifende Ungeheuer der entbundenen Sexualität ist durch den Eingriff der Unterwelt zur Strecke gebracht; aufatmend fügt sich alles in das vorherbestimmte Gleis. Ein zivilisatorischer Exorzismus hat sich begeben, doch etwas Unheimliches zittert nach; der König überweist Grab und Grabmal – man wird sie aus der Erde ziehen müssen – nach Madrid an die Kirche des Heiligen Franziskus. In Sevilla will König Alfons den steinernen Gast nicht behalten.

KAPITEL III

Revue der Quellen

Horcht, ob nicht zum zweiten Mal
Deutlicher der Ton erklinge!
(Calderón, Die Tochter der Luft,
Teil I, Erster Aufzug*)

»Dineros son calidad«
oder Erkämpfte Versöhnung

Don Juan, der Dramenheld, ist ein Geschöpf der Gegenreformation;
ein barockes Lehrstück setzt ihn in die Welt. Es baut einen doppelten
Schluß: erst wird der unbelehrbare Frevler vernichtet, dann freuen
sich die geretteten Frommen; dem Untergang des Wolfes folgt der
Blick auf die befreiten und sich aufrichtenden Schafe. Aber das
Merkwürdige geschieht: der Schluß, zwiefach die Ausstoßung des
Übeltäters vollziehend, gibt der Figur eine Höhe, die ihm im verdop-
pelten Gang der Handlung ersichtlich fehlte. Der junge Mann, der
den Frauen so skrupellos nachstellte, wird dem höllenentstiegnen
Komtur gegenüber zum furchtlosen Kontrahenten, und die wiederhergestellten Braut- und Ehepaare nehmen sich nach der Ausschaltung des Störenfrieds seltsam armselig aus. Wer ist diese Figur, die
an Reichweite zunimmt, da sie außer Sicht gerät? Die als tätige
schurkisch, als unterliegende heroisch, als eliminierte wesentlich erscheint? Worin liegt ihre unversiegliche Wirkung? Immer wieder zur
Hölle gesandt, zeigt sie sich unsterblich, und als unsterbliche muß
sie immer wieder in den Orkus hinabgestoßen werden.

Hat das Stück einen doppelten Schluß, so die Figur einen doppelten, und mehr als doppelten, Boden. Die Quellen, die die Forschung
zu dem 1630 veröffentlichten Stück ausfindig gemacht hat, erhellen
über den Text hinaus seine Dimensionen. Eine comedia des Lope,
»Dineros son calidad« *(Geldeswert)*, gehört zu ihnen, die das antike
Motiv der strafend von ihrem Sockel herabsteigenden Statue auf
ihre Weise aufnimmt. König Enrique hat seinen Gefolgsmann, den

Grafen Frederico, um sein Vermögen gebracht; Fredericos Sohn,
Otavio mit Namen, zieht mittellos durch die Welt, um sein Glück zu
machen und die Familie wieder zu Ansehen zu bringen. Er findet
sein Nachtlager in einem verfallenen Schloß, von dem es heißt, daß
es dort spuke; König Enrique, inzwischen von einem Usurpator er-
mordet, ist in seinem Innern beigesetzt worden. Otavio stößt auf das
Grabmal mit der alabasternen Statue, und der Zorn übermannt ihn:
er zieht seinen Degen und versetzt dem Standbild einige Hiebe.
Dann legt er sich schlafen. Mit rasselnden Ketten weckt der beleidigte König in der Nacht den Schlafenden und heißt ihm in den Garten folgen; als Strafe der angetanen Schmach verkündet er ihm dort
seinen Tod. Otavio will mit ihm kämpfen, da fragt ihn der König
nach den Gründen seines Grolls; er erfährt sie und erklärt sie für
haltlos. Otavio dringt mit dem Degen auf ihn ein, aber seine Klinge
trifft nur die Luft. Nun will Otavio mit dem steinernen König ringen,
das aussichtslose Ansinnen erweicht seinen Widersacher; dieser gibt
ihm einen Nagel: an der Stelle, wo er, König Enrique, jetzt stehe,
werde Otavio bei Tagesanbruch die zwei Millionen finden, die er seinem Vater schulde. Er selbst, fügt er hinzu, brauche diese Wieder-
gutmachung, um aus dem Fegefeuer erlöst zu werden. Ob die Qualen groß seien, fragt Otavio. Darauf der König: »Gib mir die Hand,
und du wirst Mitleid mit mir haben.« Otavio tut es und schreit auf:
»Gott schütze mich, du verbrennst mich, laß mich los, laß mich
los!«* Der König versinkt, Otavio stürzt ohnmächtig nieder. Am andern Morgen findet er den Schatz und weiß ihn anzuwenden: er
wirbt Truppen von der Königsschuld, befreit mit ihnen Camila, die
rechtmäßige Thronerbin, aus der Haft einer Usurpatorin und setzt
sie auf den Thron. Als ihr Gatte hat er an der wiederaufgerichteten
Königsmacht teil.

Das Theagenes-Motiv der beleidigten, zur Vernichtung des Frevlers von ihrem Sockel steigenden Statue ist hier in ein Bild der Versöhnung aufgehoben, wie es eindrucksvoller nicht gedacht werden
kann; es gilt dem Verhältnis von Vergangenheit und Gegenwart. Auf
den Tätern von einst liegt die Schuld der Geschichte und läßt sie so
wenig zur Ruhe kommen wie die überlebenden Geschlechter. Ein
einzelner wagt die Konfrontation, man mißt die Kräfte; der Lebende ist dem Versteinerten gegenüber aussichtslos im Nachteil.
Nicht seine Kraft, aber sein Mut bezwingt den Widersacher, die übermächtige Vergangenheit gibt sich ihm preis. Sie öffnet ihr Inneres, es

ist voller Qual. Dann gibt sie den Wink, der ihre Pein wie die Leiden der Lebenden endet: die verborgene Schuld liegt in der Erde und muß ausgegraben werden. Versöhnung scheint auf; ehe sie, bei Tagesanbruch, wirklich wird, durchfährt die Schuld des Toten glühend den Leib des Lebenden: er stürzt ohnmächtig zu Boden.

Leontius oder Der Triumph des Todes

Der aussichtslose Zweikampf zwischen der Gegenwart und einer versteinten Vergangenheit, zuletzt geschlichtet, versöhnt in dem Bekenntnis, dem sühnenden Zutagefördern der Schuld – das barocke Lehrstück von Schuld und Sühne gewinnt hier den weitesten Horizont; der Mythos selbst tritt in den Dienst der Humanität. Nicht dies ist die Sache von Tirsos »Burlador«. Nur die strafend vom Sockel steigende Statue entlehnt der Dichter seinem Freund und Meister Lope; sie mit einem Motiv anderer Herkunft verschmelzend, setzt er sie in ihre ursprüngliche Bedeutung wieder ein. Dieses andere Motiv läßt sich nicht in einer spanischen, aber in einer deutschen Gestalt fassen, in einem Ingolstädter Jesuitenkollegium findet sich seine Spur; ein dort im Jahre 1615 aufgeführtes Stück »Von Leontio einem Graffen, welcher, durch Machiavellum verführt, ein erschreckliches End genommen«, hat augenfällige Ähnlichkeit mit Tirsos wenig später entstehender comedia. Der Autor des »Burlador« hat dieses Stück schwerlich gekannt, wohl aber die spanischen Ausbildungen der ihm zugrundeliegenden Volkssage. Zu ihnen gehört eine im 19. Jahrhundert aufgefundene alte asturische Romanze: sie erzählt die Geschichte von dem Schürzenjäger, der nicht um Gottes, sondern um der schönen Mädchen willen in die Kirche geht und auf dem Weg dahin einen Totenkopf findet. »Er gibt ihm einen Fußtritt, ladet ihn zum Essen ein und bewirtet ihn. Darauf wird er seinerseits ersucht, den Toten um Mitternacht in der Kirche aufzusuchen. Der Spötter folgt der Einladung. Der Tote zeigt ihm ein offenes Grab und spricht:

> Tritt nur in das Grab, o Ritter,
> Ohne Scheu und ohne Argwohn,
> Du wirst mit mir darin schlummern,
> Speisen hier von meinem Mahle.*

Fast ebenso geht es in dem bayerischen Leontius-Stück von 1615
zu, dessen Inhalt – nicht der Text – sich überliefert hat. Das Jesuiten-
drama fügt dem Frevler einen Verführer hinzu – Machiavell, den Re-
naissance-Humanisten und Staatstheoretiker. Er erscheint als »der
Urheber aller Ränke und Gottlosigkeiten« (Theodor Schröder) und
bringt den Grafen Leontius dazu, »weder Gott noch ewige Strafen
der Verdammten« zu glauben – kein Streiter wider Gott, wie Marlowes Mephostophilis, sondern ein Bestreiter Gottes. Der Schluß des
Stückes mündet in jene Totenkopf-Sage ein, die in der asturischen
Romanze aufscheint (ihre früheste Ausprägung gibt eine bretoni-
sche Ballade von 1486). Auf dem Friedhof stößt Graf Leontius »mit
seinem Fuß an einen Totenkopf«, den er mit gotteslästerlichen Worten anredet, höhnisch fragend, »wo seine, des Toten, Seele sei und ob
es ein Leben nach dem Tod gebe«. Antworten könne jener ihm auf
diese und ähnliche Fragen bei einer Mahlzeit, zu der er ihn zu sich
bitte.

»Wie er nun heimkam«, erzählt die alte Inhaltsangabe, »mit seinen Herren zu Tisch sass, aller lustig und guter ding war, kombt an
die Thür ein grosser vngehewrer Mann, begert, man solt jhm auf-
thun vnnd hinein lassen. Aber wie solches dem Graffen angezeigt
worden, fieng jhm an grausen, verschaffte alle Thür vnd Thor fleissig zuuersperren. Diser klopfft eins klopffen, die Diener zeigens wider an; da fiengen erst recht dem Graffen die Har gen Berg zustehn,
befilcht wie vor alles fleissig zuuersperren. Aber der new geladne
Gast, wie er sicht, das man jhm nit auff wolte thun, fieng er an die
Händ an die Thür zulegen, vnd alssbald seind alle Schlösser vnd Ri-
gel wie die kleine Faden von einander gerissen worden. Nach dem er
jhm nun also Weg vnnd freyen Bass gemacht, trat er hinauff vber die
Stiegen vnd hinein für die Tafel, setzt sich dem Graffen an die Sey-
ten, fieng an dapffer zu essen. Aber den andern Gästen vnd Herren
fieng an zu eng weren bey solchem vnbekanten Gast, schraufften
sich einer nach dem andern daruon, wie dann auch Machiauellus nit
erwardt, biss jhm diser Zechgesell etwas fürlegt. Als der ellende
Graff gesehen hat, dass er vberal von seinen Freunden in der höchsten Not wäre verlassen, wolt er auch fliehen; aber es ist jhm nit also
gerathen. Der vnuerschambte Gast hebt jhn, stund auff vnnd sagt:
›Nun da bin ich kommen auss Göttlichem Beuelch, dir anzuzeigen,
was du begert, das nemblich nach diesem ellenden Leben noch ein
ewiges zugewarten. Ich bin dein Anherr [Gerontius] vnd verdambt

in die Höllische Pein, zu welcher ich dich mit mir solte wech reissen.‹
Als er dises geredt, nam der verdambte Geist den Grafen bey der Mitten vnd schlug jhn an die Wand, dass das Hirn zum Warzeichen
daran hieng, vnd führt jhn mit sich in die Höll.«

Dies ist, im Deutsch der Tirso-Zeit, die Grundgestalt des Don-
Juan-Stoffes. Was in dem so beschriebenen Stück ebenso wie in einer
Iglauer Abwandlung von 1635, die den Titel »Thanatopsychus«
trägt, Gestalt gewinnt, ist katholisch-barocke Didaktik in exempla-
rischer Fasson, ein bildmächtiges Lehrstück vom überführten Gottesleugner. Daß beide Stücke, der spanische »Burlador« und dieser
deutsche »Leontius«, eine gemeinsame Wurzel haben, macht der
Schluß der Beschreibung offenbar: die finale Schloß-und-Riegel-Si-
tuation gleicht sich in beiden Fällen bis ins Detail. Deutlich ist die
Beziehung zu der protestantischer Sphäre entsprungenen Faust-Ge-
schichte. Das deutsche Jesuitenstück bildet den Höllenboten des
Faust-Buches in den weltlich-realen, geschichtsnotorischen Verführ-
rer um; die spanische comedia, fern den Landen der Reformation,
wagt eine solche Explikation nicht. Der Versucher verwandelt sich
ihr in den Diener-Mahner; der Abfall des Helden zu den Höllen-
mächten wird praktiziert, aber nicht verbalisiert. Der spanische
Dichter geht nicht so weit, den jungen Tenorio zum Atheisten zu machen, noch dazu mit der Stimme des Verführers an der Seite; er zeigt
seinen Helden lediglich als einen, der den Hinweis auf Tod und Gericht hartnäckig beiseiteschiebt. Vor jeder neuen Untat ergeht die
Mahnung des weitblickenden Dieners, immer wieder schlägt Juan
sie in den Wind – nicht, indem er das himmlische Gericht leugnete,
sondern indem er vermeint, bis dahin sei es noch lang.

Diese stereotypen Dialoge, zu denen auch der Disput mit dem Vater in der Szene II/11 gehört, sind Fixpunkte der didaktischen Dramaturgie des Stückes; sie ordnen sich einer jesuitischen Pädagogik
zu, die mit theologischem Optimismus die Freiheit zur Umkehr gegen den Pessimismus der protestantischen Prädestinationslehre
setzt. Immer wieder erklärt Juan, »noch gute Weile« zu haben, *tan
largo me lo fiáis*, aber der nicht hören will, muß schließlich fühlen,
und die Antwort geben zuletzt die Stimmen in der Grabkapelle:
»Keine Frist läßt sich verschieben, / jede Schuld wird eingetrieben.«
Offen jenseitsleugnerische Reden hätte die spanische Theaterzensur
auch in einem Stück, das ihnen eine so effektvolle Widerlegung bereitete, schwerlich zugelassen; so vindiziert der Autor seinem Hel-

Tumba mit Grabfigur an der Außenwand der Kirche Santa Maria Formosa
in Venedig (16. Jahrhundert). Photographie.

den einen rhetorisch gedämpften, jedoch unmißverständlichen
Affront gegen jene Theologie des Todes, die das Zeitalter der Gegenreformation zu makabrer Blüte getrieben hatte.

   Die Anbetung des Todes ist das untrügliche Zeichen erschütterter
Zeitalter. Sie erwächst der Befindlichkeit herrschender Klassen, die

sich mit dem inneren Bewußtsein der Vergeblichkeit in den Abwehr-
kampf gegen mächtig heraufziehende Neuerungen verstricken, die
ihren ideellen wie materiellen Besitzstand bedrohen. Gerade die tief-
empfundene Aussichtslosigkeit des Kampfes entfacht ein Äußerstes
an Behauptungswillen und tut es im Namen einer ontologischen
Aussichtslosigkeit, die mit dem Namen des Todes gerufen wird. Die
ganze gegenreformatorische Bewegung ist von dem Todesgedanken
beflügelt, exemplarisch bei dem Gründer des Jesuitenordens, Ignatius von Loyola, der sich darauf verlegt, spezielle Todesmeditationen
auszuklügeln. Hatte die Renaissance, die Catonischen Regeln des
Mittelalters erneuernd*, die Losung ausgegeben: *Vitam non mortem
recogita* (das Leben bedenke, nicht den Tod), so werden nun Skelett
und Totenkopf zu »unentbehrlichen Attributen und Hilfsmitteln des
Gebets« (Jan Białostocki**). Trauerfeiern geraten zu einem sich von
ihrem Anlaß ablösenden Theater des Todes, das die Betroffenen am
liebsten selbst erleben würden. Man muß Kaiser gewesen sein, um es
dahin zu bringen; in dem spanischen Kloster, in das er sich, ein Jahr
nach dem Augsburger Religionsfrieden, der die konfessionelle Spaltung des Reiches besiegelt hatte, nach seiner Abdankung zurück-
zieht, ordnet Karl V. seine eigene Beisetzung an, mit allem Pomp und
Zeremoniell, und wohnt ihr als verhüllter Mönch an der Seite des
Katafalks bei. Sein Sohn und Nachfolger Philipp aber inszeniert
eine Heimholung seiner Vorfahren in das in einsamer Hochebene
von ihm erbaute Schloß, den Escorial, die aus der Reichsfeste die To-
tenburg macht, die ihre eigentliche Bestimmung war. Das Treiben
des Menschen ist fruchtlos und eitel, man hat dies rätselhaft an sich
selbst erfahren und feiert die Einsicht in düsteren Ritualen. Vanitas-
Darstellungen sind die bildnerisch-malerische Ausprägung dieser
Todesverherrlichung, und während das Stilleben – in Holland, aber
auch in Spanien – dem vernichtungsbewußten Geist der Zeit in einer Form huldigt, die ihre eigene Intention aufhebt und in der Allegorie der Vergänglichkeit das Leben der Dinge feiert, überbieten sich
andere Zweige der spanischen Malerei in Visionen vom Triumph des
Todes; sie reichen bis zu den »Hieroglyphen« des Juan de Valdés
Leal – magisch schimmernden Skelettdarstellungen, deren »tiefen,
gesättigten, goldenen« Ton die Kunstgeschichte rühmt.*** Eine Va-
nitas-Darstellung, die alle Ingredienzien manieristischer Funeralität
versammelt, ist auch die Kapellenszene des »Burlador« mit den ma-
kabren Requisiten ihrer schwarzen Ungenießbarkeit – phantasti-

sche Vergegenwärtigung der Vergänglichkeit und des Todes im Angesicht eines, der sich vermaß, beider zu spotten, und nun von dem Zeitgeist, der aus Stein ist, eingeholt wird.

Denn Don Juan gehört einem andern Zeitalter an – welchem, macht in dem Leontius-Stück die Gestalt des gotteslästerlichen Machiavell deutlich. Machiavell, Autor des »Principe« und der »Discorsi« wie zahlreicher erotisch-kecker Lustspiele und Novellen, hatte die Rückbesinnung auf die »starkmutigen Männer« des Altertums als Mittel gegen die durch das Christentum hervorgerufene Schwächung der menschlichen Natur empfohlen und sich der Kirche mit einer areligiösen, strikt rationalen Staatslehre entgegengestellt. Seinem Zeitalter, dem der Renaissance und ihrer leidenschaftlich-ichversessenen Diesseitigkeit, wird im »Burlador« ein flammend-düsteres Ende bereitet. Luther und dann Ignatius, sein katholischer Nach- und Gegenspieler, hatten, als die Erneuerer der Kirche und des Glaubens gegen das Papsttum der Alexander und Julius, das Ende der Renaissance eingeleitet; in den Dramen der Jahrhundertwende, Marlowes »Faust« ebenso wie Tirsos »Burlador«, vollendet sich ihr Abgesang. Der Glaube an die Autonomie des sich selbst bestimmenden, sich selbst verherrlichenden Menschen ist erschüttert, und wo er seine Bahn unbedenklich weiterzieht, wird ihm ein Höllenbann auferlegt – von Anbeginn seiner Laufbahn, wie im »Faust«, oder, so im »Burlador«, an deren Ende.

Der falsche Dionysos
oder Die Wurzel des Mangels

Die Bilder des Todes als »starke Droge gegen die Leidenschaften« – das war seit der Mitte des 16. Jahrhunderts ein Bestandteil des jesuitischen Programms; es richtete sich gegen den antiken Menschen, wie ihn das Quattrocento als eine Wiedergeburt aus verschütteten Quellen auf den Schild gehoben hatte. Don Juan, der von Tod und Gericht nichts hören will, ist seine lebendige Verkörperung. Tirsos Dramenheld ist nicht wie Faust ein Widersacher göttlicher Gewalt und er ist kein Abtrünniger des christlichen Glaubens, auch nicht, wie sein gleichfalls adliges Ingolstädter Alter ego, ein verführter Abtrünniger, sondern einer, den das Christentum außer in einem ganz äußerlichen Sinn niemals erreicht hat, das Gewächs eines von römi-

scher, nachmals maurischer Kultur geprägten Bodens, auf den sich
die christliche Kirche wie eine Glocke gestülpt hat: unter der erze-
nen Hülle lebt der heidnische Mensch wenig angefochten fort. Das
Ende, das das Stück ihm bereitet, teilt ihm von der mythischen Gewalt, die hier umgeht, mit – ist Don Juan selbst eine mythisch verwurzelte Figur? Liegt der Hintergrund dieses Mannes, der aus lauter
Vordergründen gemacht scheint, in jenem magischen Garten, in
dem sich Faune und Satyrn um Dionysos, den Gott des Weins und
der Ekstase, versammeln? Dem Betrüger von Sevilla fehlt zum Satyr
die Demut, zum Priapos die Fruchtbarkeit, zum Dionysos die Ekstase; ihm fehlt zu der mythischen Dimension insgemein der Zug
von Freude, von Unschuld, der die Spuren der Götter und Halbgöt-
ter bezeichnet. Erst am Ende seiner Jahrhundertlaufbahn wird der
Held, musikalisch illuminiert, diesen seinen Urgrund enthüllen können, aber selbst dort folgen ihm die Frauen nicht als Begeisterte, sondern als Rächende – er war nur der Ausbeuter ihrer Träume, keine
göttliche, sondern eine Truggestalt, der depravierte, herabgesetzte
Dionysos. Nicht in mythischer Überhöhung, sondern mit der Grimasse des Herrenmenschen verkörpert er die entfesselte Naturkraft
des Geschlechtlichen; der Reichtum, der mit ihm ist, ist mit Mangel
gepaart, von Mangel getrieben.

Erst von hier aus gewinnt die Erscheinung des Steinernen Gastes
Raum, von hier aus vermag Don Juan sich zu ihresgleichen aufzu-
schwingen. Was ihn mit dem Komtur verbindet, ist der sadistisch-
okkupative Gestus der Inbesitznahme. Don Juan liebt die Frauen
nicht, er will sie bloß haben; warum er sie haben will, ist weder ihm
noch seinem Dichter bewußt. Läßt es sich indiziell rekonstruieren?
Von der Unzuständigkeit psychologischer Deutung war bereits die
Rede, indessen: wie die heidnisch-antikische Dimension im Rücken
der Figur liegt, so steht die psychologische vor ihr. Die Schwäche der
Vaterfigur, die der Dialog mit Don Diego bekundet, deutet auf ein
Übergewicht der Mutter in Don Juans Dasein; von hier aus läßt sich
die Verstörung seines Verhältnisses zur Frau unschwer erschließen.
Identifizierungswünsche mit der übermächtigen Muttergestalt geben diesem Verhältnis ein narzißtisches Gepräge; es ist eins der Ge-
fühlsblockade und verschränkt sich mit dem Neid auf eine Erfüllung, die der phallische Okkupator zwar zu spenden, aber nicht zu
empfangen vermag, zu jener usurpatorischen Unrast, die seinen
Umgang mit Frauen bestimmt. Der psychisch-instanzielle Ausfall

der Vaterfigur führt zu der Umkehrung jener Situation, die Freuds Hypothese einer imaginären Urgesellschaft zuschreibt, mit dem Drang des Hordenchefs, dieses Urkönigs und archaischen Über-Vaters, alle Frauen mit Beschlag zu belegen und der Söhneschar zu entreißen, so daß sich diese in ihrer Not zur Tötung des Allgewaltigen aufraffen. Don Juan ist der *Sohn*, der alle Frauen mit Beschlag belegt; er raubt sie den Vätern, die über ihre Töchter verfügen wollen, ebenso wie der Bruderfigur des de la Mota; so verbinden sich alle zu seinem Untergang. Die Sehnsucht, die ihn treibt, ist zuletzt die Sehnsucht nach dem von einer übermächtigen Mutterfigur versperrten Vater. Er gibt ihr nach, da er mit bartzupfender Einladung Kommunikation mit seinem versteinerten Opfer begehrt, und er verfällt ihr, da er dessen Einladung folgt. Don Juan sucht seinen Meister und er findet ihn; sein Ringen mit dem Komtur ist die einzige Hingabe, die einzige Ekstase, in der das Stück ihn zeigt.

»Fuente Ovejuna«
oder Das Ende des Herrenrechts

Der Mangel, der Don Juan umtreibt, kleidet sich in den Schein des Überflusses. Es ist diese Diskrepanz, die ihn zu der modernen, weiterwirkenden Figur qualifiziert: er ist der Beglücker, der ein Getriebener ist. Sein Mittel ist nicht wie bei Fernan Gomez, dem mädchenschänderischen Feudalherrn in »Fuente Ovejuna«, offene Gewalt, sondern Verstellung und Betrug. Sei es, daß er andere Personen oder ehrbare Absichten vortäuscht: Don Juan kleidet sich in die Gestalt der Legitimität – der Frauenräuber in der Figur des Heiratsschwindlers. Zuletzt ist dies der Grund seiner Unrast: daß er, um seinen Begriff des Sexus zu leben, der aus ganz andern, viel älteren Quellen stammt als der gesellschaftlich gültige, dem sittlichen Konsens gegenüber nicht offenen Angriff, sondern betrügerische Anpassung üben muß; nur der Anschein von Unterwerfung führt ihn zum Ziel.

Auch Lopes »Fuente Ovejuna« (der Titel des Stücks, zu deutsch Schafsquelle, ist der Name eines Dorfes) gehört zu den Quellen des »Burlador«; die Verse, mit denen der unersättliche Komtur dieses Stückes sein Verhältnis zur Frau expliziert*:

Der liebestolle Mann bedrängt die Frau,
Daß sie ihn nicht zu lange warten lasse,
Doch wenn er seinen Zweck erreicht, denkt er
Nicht mehr daran, für diese Gunst zu danken,
Und auch der beste Mensch vergißt recht bald
Erfüllung, die ihn wenig Mühe kostet

könnten von Don Juan gesprochen sein, wenn dieser zu Betrachtungen neigte. Die Veränderung, die die Figur des erotischen Okkupan-
ten von dem einen zum andern Stück erleidet, kann als Symptom
gelten für die geschwächte Position des hohen Adels ebenso wie eines
gesellschaftlich unvermittelten Triebanspruchs. Lopes hochpoliti-
sches Dorfdrama zeigt Fernan Gomez, den Großkomtur des Ordens
von Calatrava (er hat denselben Rang desselben Ritterordens inne
wie im »Burlador« der Vater Doña Anas), in offener Rebellion gegen
die Krone ebenso wie gegen die Rechte des Volkes. Gomez kämpft an
der Spitze des Ordens gegen Ferdinand und Isabella, das vereinigte
Königspaar von Kastilien und Aragon, die Gründer der spanischen
Monarchie, und er beansprucht die Mädchen des ihm als Lehen zu-
gefallenen Dorfes als seinen sexuellen Besitz; als sich ihm eins der
Landmädchen verweigert, läßt er sie im Wald von seinen Knechten vergewaltigen; eine andere reißt er mit Gewalt aus ihrer Hoch-
zeitsfeier, um sie in sein Bett zu schleppen. Die geschändeten Mädchen — »Es soll zum ewigen Entsetzen aller Welt / die Zeit der
Amazonen wiederkehren!« sagt Laurencia, die Verschleppte, an
entscheidender Stelle — entfachen den Aufstand des Dorfes, der
alle Schichten, Tagelöhner und Bauern, mit sich reißt; der Ausweg
eines Beamten:

Mein Vorschlag wär, wir wandern alle aus

wird verworfen und ebenso der Vorschlag, für den beschlossenen
Aufstand einen Führer zu wählen; die Dorfarmut besteht auf der direkten kollektiven Aktion. Unter leidenschaftlich-grausamer Mitwirkung der Frauen stürmen die Dorfleute das Schloß und töten den
Großmeister und seine Zutreiber; bei dem Siegesfest, das zugleich
den Sieg des Königspaars über seine politischen Feinde feiert, wird
»das Haupt des Komturs auf einer Pike getragen«. Ein Untersu-
chungsrichter, den die Obrigkeit entsendet, foltert dreihundert Bauern, um die Täter herauszufinden, aber das Dorf hält stand, das Dorf

hält dicht; auch zehnjährige Kinder lassen sich unter der Folter nicht zu Aussagen erpressen. Vor dem Thron des Königs folgt auf die Treuebekundung des Ordensgroßmeisters, der alle Schuld an dem Aufstand auf den erschlagenen Komtur wälzt, der Bericht des Richters: Man müsse alle züchtigen oder allen verzeihen, kein einzelner Schuldiger sei in »Fuente Ovejuna« auszumachen. Auch eine Delegation des Dorfes ist zur Stelle; der Alcalde schildert die Tyrannei des Komturs und unterstellt das Dorf der königlichen Lehenshoheit. Der König, der zuvor den reuigen Ordensgroßmeister scharf zurechtgewiesen hatte, als dieser die Tötung des Komturs guthieß, vergibt den Frevel, »da man den Täter nicht entdecken kann«, und nimmt das Dorf provisorisch in seine Obhut. Der reale König Ferdinand hatte sich Ende des 15. Jahrhunderts zum Großmeister aller drei großen Ritterorden gemacht.

In dem erstaunlichen Stück gelingt die Revolte einer schwer bedrückten Gemeinschaft, da sie sich einer neuen, übergeordneten Macht unterstellt, die denselben Gegner wie sie hat, den Feudaladel, und bewußt darauf verzichtet, mit der Wahl eines Anführers selbständige Herrschaftsstrukturen zu bilden. Die Gestalt des Großkomturs entspricht sehr genau dem Freudschen Modell des frauenbeschlagnahmenden Hordenchefs, und das Stück könnte psychodramatisch nicht gut ausgehen, wenn dessen Tötung ungebüßt bliebe; in Gestalt der überstandenen Kollektivfolterung entrichtet das Dorf die Sühne der verübten Selbstjustiz. »Fuente Ovejuna« ist der dramatische Nachhall jener politischen und sozialen Kämpfe des 15. Jahrhunderts, in denen dem neuen Königtum durch sein Bündnis mit den Städten und der Bauernschaft jene Zähmung der feudalen Oberklasse gelang, die die Voraussetzung des absolutistischen Klassenkompromisses war. In Tirsos »Burlador« ist diese Zähmung vollzogen, der junge Tenorio übt gegen die Frauen des Volkes kein Herrenrecht mehr aus; nur als Heiratsschwindler kann er sie überwältigen, und sein Vater, das Haupt einer jener dreiundneunzig Familien, die um das Jahr 1600 die »Grandes de España« bilden, die ranghöchste und begütertste Schicht des Adels, versieht Hofdienste beim König. Er ist jenem Mittel verfallen, womit das absolutistische Königtum allerorten die widerspenstige Hocharistokratie politisch lahmlegt: der Betrauung mit höfischen Ämtern, die die Vertreter der großen Familien unter unmittelbare Aufsicht des Hofes stellen. Don Juan verweigert sich dieser Botmäßigkeit; sein Betragen an den Höfen zu Neapel und Sevilla ist als erotische Aufsässigkeit auch politischer Trotz, es ist Widerstand gegen die Entmachtung der adligen Existenz durch ihre höfische Regulierung. Darin liegt der politische Zeichenwert der Geschichte, darum spielt sie an zwei Königshöfen: Don Juan betreibt eine verzweifelt-einzelgängerische Rebellion wider die absolutistische Integration seiner Klasse.

Als der König von Kastilien durch die Ernennung zum Kammerherrn am Ende auch ihn in die Hofgesellschaft eingliedert, ist seine Sündenlast schon sehr angewachsen; als Störer des sozialen Friedens, der sich als ein absolutistisch balancierter Klassenausgleich darstellt, ist der junge Grande, dessen erotische Bedürfnisse sich keiner Politik fügen, in den Besitzstand fast aller Schichten eingedrungen. Er kämpft mit einer besonderen Waffe, die ihre defloratorische Spur durch die Betten zweier Klassen zieht – Nachspiel jener anders blutigen Kämpfe, die seine Klasse gegen die Krone längst verloren hat. Dennoch wäre es für den Monarchen bei Don Juan so schwer wie bei dem Marques de la Mota gewesen, seine Kraftworte von Schnellgericht und Todesurteil wahrzumachen; das Eingreifen des Himmels enthebt ihn eines Strafvollzugs, der zuletzt doch nur in einer Zwangsverheiratung bestanden hätte. Der steinerne Gast rächt mit der fehlenden Gottesfurcht auch die fehlende Königsfurcht des Helden, er rächt die Mißachtung himmlischer wie irdischer Instanzen; auch nach ihrer politischen Seite hin ist die comedia famosa barokkes Lehrstück.

Ihre Bedeutungen vereinigen sich zu dem Bild jenes Umbaus des Affekthaushalts, den der Soziologe Norbert Elias als charakteristisch für den »Prozeß der Zivilisation« ausgemacht hat. Der Hof des absoluten Herrschers ist die Zucht- und Pflanzstätte dieser »Verwandlung des Adels in der Richtung ›zivilisierten‹ Verhaltens«*; Dämpfung der Triebe, Psychologisierung des Menschenbildes, Rationalisierung des Verhaltens sind ihre Elemente. Kennzeichnend ist die Entwicklung eines kausal operierenden »Langzeitbewußtseins«, bei dem nicht mehr »Affekt in Affekt«, sondern Berechnung in Berechnung greift: »Die momentane Trieb- und Affektregung wird gewissermaßen durch die Angst vor der kommenden Unlust überdeckt und bewältigt, bis diese Angst sich schließlich gewohnheitsmäßig den verbotenen Verhaltensweisen und Neigungen entgegenstemmt...« (Elias)

Die Einpassung des Menschen in ein gesellschaftliches Gefüge, »bei
dem körperliche Gewaltanwendung und unmittelbare Affektaus-
brüche verboten sind und die Existenz bedrohen«, geht noch nicht
so weit wie später in der industriellen Gesellschaft; »die Selbst-
zwänge werden noch nicht so vollständig zu einer fast automatisch
arbeitenden und alle menschlichen Beziehungen einschließenden
Gewohnheitsapparatur« wie dort. Aber sie bilden sie vor; die kom-
plizierten Funktionszusammenhänge politischer und gesellschaftlicher Machtausübung belegen die spontane Gefühlsäußerung, das
unvermittelte Reagieren mit dem Bann der Asozialität. »Der veränderte Aufbau der Gesellschaft«, konstatiert Elias, »bestraft jetzt Af-
fektentladungen und Aktionen ohne entsprechende Langsicht mit
dem sicheren Untergang«. Eben das ist Don Juans Fall*, und die Parole, die der Schluß des Stückes ausgibt, der zweimal und zuletzt
von Catalinón ein drittes Mal wiederholte Spruch des Komturs, zielt
auf eben diese »Sicht auf längere Ketten« kausaler Verflechtung:
»Wie die Saat, so ist die Ernte« oder in Braunfelsscher Übersetzung:
»Wie die Taten, so der Lohn«.** Das ist im Licht jener Zeit kein Ge-
meinplatz, sondern eine gesellschaftliche Anforderung; sie zielt auf
die Kontrolle, Zurückdrängung, Sublimierung der Triebsphäre
nach den Maßgaben einer sich umbildenden Sozietät.

    In ihr gewinnt die Frau eine neue, individuell gesteigerte Stellung;
sie findet im »Burlador« ihren leidenschaftlich-beredten Ausdruck
vor allem in der Proletarierin Tisbea. Friedrich Engels*** hat darauf
hingewiesen, daß die Liebesgeschichten der Alten unter Besitzlosen
spielen. Hirten, Sklaven also, seien ihre Protagonisten; es sei die
Freiheit von Besitz, aus der die Freiheit zur Liebe, das heißt zur persönlichen erotischen Entscheidung, hervorgehe. Tirsos Tisbea bestätigt diese Perspektive, aber nicht sie nur besteht im »Burlador«
auf ihrem erotischen Eigenwillen. Doña Ana, die ihre Liebeswahl
gegen den Willen des Vaters wie des Königs trifft, erhebt denselben
Anspruch; nicht mit Worten, aber durch Taten opponiert sie dem
Selbstverständlichen: daß andere über ihr Gefühl verfügen. Ist es
die – in der Oberklasse – unerhörte Neuheit ihres Verhaltens, was sie
in dem überlieferten Stücktext mit Sprach-, mit Gestaltlosigkeit
schlägt? Am Meeresstrand wie im Palast: die Frau bekundet sich als
das individuelle Gegenüber, das in der Liebesbeziehung, aber nicht
nur in ihr, die Rechte der Persönlichkeit einfordert. Don Juan fällt
nicht nur als Rebell wider Königs- und Vatergebot, sondern auch im

Kampf gegen jene Subjektwerdung der Frau, die sich in späteren Zeiten den Namen der Emanzipation beilegt. »Fuente Ovejuna« – das ist das Stück über den Aufstand der Frau wider eine vorgegebene Objektsituation. Auch im »Burlador«, wo der Räuber in schon gezähmter Form, als Betrüger, erscheint, begibt sich eine Koalition der Opfer, die Herzogin, Fischerin, Bäuerin eint; nur in den Armen der Hölle findet Juan Rettung vor ihr.

»Ein neuer sittlicher Maßstab für die Beurteilung des geschlechtlichen Umgangs« – so Friedrich Engels 1884 – bilde sich aus; er führe von dem »einfachen geschlechtlichen Verlangen, dem Eros, der Alten« zu dem Phänomen der »individuellen Geschlechtsliebe«. Besteht es in der Verinnerlichung gesellschaftlich auferlegter Monogamie? Christian v. Ehrenfels, ein Prager Forscher des späten 19. Jahrhunderts, spricht von dem Übergang von der natürlichen zur kulturellen Sexualmoral und glaubt in der letzteren eine »Übertragung femininer Anforderungen auf das Geschlechtsleben des Mannes«* zu erkennen. In der absolutistischen Gesellschaft nimmt dieser Prozeß seinen Anfang, und er findet in Don Juan einen Widersacher, der als das Opfer seiner Anpassungsunfähigkeit fällt. Daß die Hölle selbst in Aktion treten muß, um sein Urteil zu vollstrecken, zeugt von der Schärfe und den Ausmaßen des Konflikts. Auch darum ist die Figur an sich selbst der psychologischen Dimension bar, weil ihr Widerstand gegen jene individuelle Verfeinerung und Vertiefung des Menschenbildes, die sich unter den Begriff des Psychologischen faßt, Gegenstand des Stückes selbst ist. Don Juan einer Kategorie zu unterwerfen, deren Nicht-aufkommen-Lassen sein ganzes Trachten ist, heißt eine Niederlage voraussetzen, die erst das Ergebnis der Handlung ist.

»L'Ateista fulminato«
oder Don Juan im Walde

Tirsos Stück ist in einem Destillationsprozeß, der vor allem über das italienische Theater verläuft, kanonisch geworden. Aber die Figur, der es Namen und Handlung gibt, gehört der ganzen Epoche, die den Autonomiegedanken der Renaissance begräbt und danach trachtet, den Menschen in neue Ordnungen einzupassen; dazu kommt ihr der aristokratische Anarchist und erotische Maniker als abschreckendes Beispiel gerade recht. Wie ein Magnet steht das spanische Ur-Stück im Feld der Analogien, Varianten, Bezugsfiguren. Eine fesselnde Abwandlung der Gestalt bietet ein anonymes italienisches Stück des späteren 17. Jahrhunderts, dessen Vorgestalt möglicherweise zu den Quellen des »Burlador« gehört. Aber »L'Ateista fulminato«, *Der vom Blitz erschlagene Gottesleugner*, wäre auch dann für Tirsos comedia aufschlußreich, wenn es sich, was wahrscheinlicher ist, um einen ihrer Abkömmlinge handelte. Vielleicht ist beides der Fall und ein Stoff, der zu den Quellen des Ur-Donjuan gehört, hat, in späterer Zeit abermals bearbeitet, Züge des von ihm beeinflußten Originals angenommen. Ursache und Wirkung wären dann interferierend eins.

Aurelio heißt die Hauptgestalt des Dramas: ein Graf, der mit einer Schar Getreuer als Räuberhauptmann im sardinischen Wald lebt. Er nimmt die Bauern aus, geht wegelagernd aber auch Klerus und Hochadel an und hat sich erdreistet, Leonora, die Schwester des Herzogs Mario, aus dem Kloster zu entführen; der König von Sardinien gibt Mario Vollmacht, den Friedensstörer mit militärischer Gewalt auszuheben. Im Walde zeigen sich Aurelio und Leonora als ein Liebespaar, aber der Räuber macht alsbald einen weiteren Fang: das Mädchen Angela, das mit ihrem – vermutlich bürgerlichen – Vater auf dem Weg in die Stadt ist, um dort verheiratet zu werden. Aurelio behält sie bei sich, Leonora protestiert, die Eifersuchtsszene, die sie dem Geliebten macht, trägt ihr einen Fußtritt ein; ein Einsiedler findet die zu Boden Geworfne und nimmt sie zu sich. Zuvor hat sich mitten im Walde ein Grabestempel geöffnet, in dem die Standbilder der Eltern Marios und Leonoras sichtbar werden; vergeblich warnen sie den Aufrührer mit biblischer Wendung: »Wer das Schwert nimmt, der soll durch das Schwert umkommen.«

Ein zweites Mal treten die beiden Standbilder am Ende des zweiten Akts in Erscheinung. Aurelio hat seinen Widersacher, den Herzog Mario, in eine Falle gelockt und ist im Begriff, ihn umzubringen; da bringt die Öffnung des Tempels eine Verwirrung hervor, in der Mario entflieht. »Bereue, der du nicht der alleinige Herr bist. Ein böses Leben nimmt ein böses Ende«, mahnen die Statuen den Grafen*; als »altes Lied« wird uns diese Sentenz nachmals in den Schlußversen der Mozartschen Oper begegnen. An Marios Diener, den er vor den Augen seiner Gefährtin, der treuen Olivetta, pfählen läßt, rächt Aure-

lio sich für das Entkommen des Herzogs. Seine Truppen sind sieg-
reich, und es gibt ein Festmahl im Walde, in dessen Verlauf Aurelios
beide Geliebten erscheinen: Angela in der Tracht eines Räubers, Leonora im Bußgewand. Als Aurelio sie verhöhnt, fällt sie tot zu Boden.

Abermals erscheinen die Statuen, den Leichnam der Tochter zu
ihren Füßen, abermals verweigert ihnen Aurelio den Respekt; er erklärt sich bereit, mit ihnen zu kämpfen. Es kommt zu einer Verabre-
dung für den Abend; als Aurelio sich einstellt, fordern die Versteinerten ihn dreimal zur Reue auf. Dreimal weigert er sich, da bitten die
steinernen Gestalten den Himmel um die Bestrafung des Übeltäters;
ein Blitz fährt nieder und erschlägt Aurelio. Durch Angela und den
Diener Bertolino, der seinen Herrn – Aurelio – stets zur Reue gemahnt hat, erfährt es der Hof. Die Schlußszene zeigt »Aurelio in der
Hölle von Dämonen gepeinigt«: »Darüber erblickt man im Himmel
die beiden Statuen mit Leonora im weißen Gewande. Das Stück
schließt mit einem Gesange der Engel und der Teufel über die Freu-
den des Himmels und die Qualen der Hölle, über den Lohn der Gerechten und die Strafe der Sünder.«*

Es liegt zutage, daß das episch verästelte, zuweilen konfuse
Stück, das wie die Dramatisierung eines zeitgenössischen Abenteu-
rer-Romans anmutet, auf wie immer vermittelten Wegen von Tirsos
»Burlador« abstammt. Darauf deutet die Inflationierung des Sta-
tuen-Motivs (es sind deren zwei und sie erscheinen in jedem Akt, im
letzten sogar zweimal) ebenso wie die Aufweichung seiner Funktion.
Nicht als rächende, sondern als warnende Instanz mischen sich die
Steinbilder in die Handlung; die Exekution selbst wird an ein Naturereignis delegiert. Neben diese Abwandlungen, von denen die
letztere dem Stoff dauerhaft verschmelzen wird, tritt ein alternati-
ves Moment: die Erscheinung eines unabhängigen, souveränen Don
Juan, dessen erotisches Freibeutertum sich nicht innerhalb der Gesellschaft und unter dem Zwang vorgetäuschter Anpassung, mit
dem Makel des Betrugs gezeichnet, sondern von außen und partisa-
nenhaft betätigt: aus dem Wald unternimmt Aurelio seine Feldzüge
gegen Staat, Gesellschaft, Sittenkodex. So muß er den Frauen nicht
in der Maske anderer Männer oder vorgespiegelter Absichten erscheinen, sondern darf er selbst sein, kein Verführer, sondern ein
Entführer: er befreit die Frauen aus den Zwängen der Männergesell-
schaft und entführt sie in ein Naturreich der Emanzipation. Dessen
Ungebundenheit aber – und das ist der eigentliche Gegenstand der

umschweifigen Handlung – wird durch die befreiten Frauen selbst bedroht: Leonora will Aurelio für sich haben; nur der Mann, der ihr allein gehört, ist ihr von Wert, bestätigt ihren Selbstwert. Mit Spott, Hohn und roher Gewalt setzt sich Aurelio gegen die monogame Prätension der entflohenen Nonne zur Wehr – Leonora geht daran zugrunde. Angela, das Bürgermädchen, behauptet sich, indem sie selbst Räuberin – und nicht bloß die Gattin des Räuberhauptmanns – wird.

Die Konfrontation mit dem König als dem Garanten jenes gesellschaftlichen Konsenses, den Aurelio verwirft, stellt sich wie in »Fuente Ovejuna«, aber aus anderer, individualistischer Position als offen militärische dar, und sie wird durch eine Bruderfigur ausgetragen: Mario, der königstreue Herzog, bekämpft mit Truppenmacht den waldbehausten Störenfried – und entrinnt dessen Überlegenheit nur durch himmlischen Eingriff. Auch in der Folge bleibt Aurelio unbesiegt; nicht die Übermacht des Königs, sondern ein zweifacher Deus ex templo wirft den im Vollgefühl individuellen Lebensrechts handelnden Grafen blitzeschleudernd zu Boden. Dies Ende setzt einen neuen Zug, er zeigt sich von größter dramatischer Tragweite: der Held bereut nicht mehr; die Vernichtung, die ihn bedroht, erschüttert nicht seine Selbstgewißheit.

Das zwiefache Schlußtableau: der Verworfene im Fegefeuer, darüber, himmlisch umflossen, die siegreichen Statuen, demonstriert pathetisch-dekorativ, mit jenem Überschwang, der *barocco* genannt zu werden verdient, die politische und soziale Brisanz eines Konfliktes, der nur durch den Einsatz überirdischer Mächte zu lösen war. Zu der Ausschaltung des aristokratischen Anarchisten, der sich weder der Einehe noch dem Klassenkompromiß fügte und aus dem Wald seinen Privatkrieg gegen die Kräfte der Domestikation führte, setzt das Theater Himmel und Hölle in Bewegung. Aurelio ist ein Don Juan, der nicht bei dem Grabmal des Komturs vorbeigekommen ist; gesellschaftlich exkommuniziert, hat er sich in den Wald geflüchtet, um mit Waffengewalt gegen absolutistische Entmachtung und zivilisatorische Zähmung zu Felde zu ziehen. Aber die Statue holt ihn, sich multiplizierend, ein, ohne sich noch vom Sockel bemühen zu müssen; Naturkräfte vernichten den, der sich selbst als Naturkraft gab. Um so auftrumpfender gibt sich das Triumphspektakel des Schlusses.

KAPITEL IV

Dichters Gegenwehr oder
Der Triumph der Beredsamkeit

Et touchant le style enjoué,
Plusieurs déjà m'ont avoué
Qu'il est fin, à son ordinaire,
*Et d'un singulier caractère.**
(»La Muse historique«,
14. Februar 1665)

Peters Gastmahl

Tirsos Don Juan, der erotische Partisan im Innern der sich höfisch verwandelnden Gesellschaft, der, ein unbeirrbarer Betrüger, den sozialen Konsens mit dessen eigenen Regeln unterläuft, ist, historisch wie entstehungsgeschichtlich, eine Figur zwischen dem Herrn über Fuente Ovejuna und dem Waldrebellen Aurelio, zwischen dem politisch organisierten und dem anarchisch vereinzelten, zwischen dem kollektiv und dem individualistisch kämpfenden Frondeur, und sie erweist sich als weiterwirkende: von Spanien aus geht sie in die Welt. Sie ist zeitgemäß und wesentlich; die Gestalt des übermütigen Aristokraten, der das ius primae noctis, das ihm nicht mehr zusteht, zu erschleichen versucht und von der Hölle selbst niedergeschmettert wird, muß, den Adel ausgenommen, allen Klassen sowie der Krone erfreulich sein.

So auch in Frankreich, wo die absolutistische Staatsform, die in Spanien schon von Symptomen des Niedergangs geschlagen ist, erst im Lauf des 17. Jahrhunderts auf ihre Höhe kommt. Sie tut es in Abwehr des Hochadels und des Ständeparlaments, die im Laufe eines wechselvollen Bürgerkriegs politisch entmachtet werden. Dieser Krieg, der Krieg der Fronde (er endet 1653), ist der entscheidende Kindheitseindruck eines Thronfolgers, für den der Kardinal Mazarin siebzehn Jahre lang die Geschäfte führt; 1661, nach Mazarins Tod, übernimmt Ludwig XIV., ein Zweiundzwanzigjähriger, selbst die Ausübung der Macht. Festarrangeur und – seit 1665 – Hoftheaterdirektor des jungen Monarchen, dem es aufgegeben ist, durch ein

Matthäus Merian d. Ä. (1593–1650):

Paris von Norden (Montmartre). Kupferstich.

wohltariertes Gleichgewicht zwischen Adel, Klerus und der andrängenden neuen Klasse, dem Bürgertum, die Handlungsfreiheit der Krone zu sichern, ist der Schauspieler und Komödiendichter Jean-Baptiste Poquelin (1622–1673), Sohn eines Pariser Hof-Tapezierers und königlichen Kammerdieners, der sich zur Schonung seiner Familie Molière nennt. An den Stufen des Throns findet er die übergeordnete Position, die es ihm ermöglicht, jene satirischen Attacken gegen die platte oder preziöse Lächerlichkeit des gesellschaftlichen Treibens vorzutragen, die ihm die unversöhnliche Feindschaft der jeweils Getroffenen zuziehen.

In dem Paris Ludwigs XIV. ist der Don-Juan-Stoff mehrfach zuhanden; über Italien, wo der »Burlador« schon bald nach seinem Erscheinen übersetzt und in Stücken von Cicognini und Giliberto dramatisch variiert wurde, hat er den Weg nach Frankreich gefunden. Zwei französische Don-Juan-Stücke, die in den Jahren 1658 und 1659 in Paris gespielt werden, gehen auf die verschollene Komödie von Giliberto* zurück, und die Comédie italienne, an der es in Paris nicht fehlt (Molière pflegt freundschaftliche Beziehungen zu ihr), hält Don Juan in einer Commedia-dell-arte-Version bereit, die auf dem Stück von Cicognini fußt.** Auch eine spanische Theatertruppe ist zuhanden, Frankreichs Königin, einer spanischen Prinzessin, zuliebe, und so ist es möglich, daß auch der originale Don Juan, Tirsos »Burlador«, Molière zu Gesicht kommt, der 1664 mit dem Schauspiel von Tartüff, dem betrügerischen Frömmler, wider das moralische Grundübel aller absolutistischen Ordnung, die Heuchelei, zu Felde zieht; der Haß einer ganzen Kaste, des Klerus, wirft sich auf den Autor. Der König, der die Anmaßungen aller Stände im Zaum zu halten hat und es mit keinem verderben darf, hat Vergnügen an dem Stück und muß sich nach der Uraufführung der Erstfassung (sie findet am 12. Mai 1664 in Versailles statt und besteht aus den ersten drei Akten des später fünfaktigen Werkes) doch entschließen, öffentliche Aufführungen zu untersagen; der Verein vom heiligen Sakrament (Compagnie du Saint-Sacrement), eine 1627 gegründete Kongregation, die in Molières Stück eine Bloßstellung eigener Machenschaften erkennt, wirft seinen Einfluß in die Waagschale, den auch die Fürsprache des päpstlichen Legaten nicht auszugleichen vermag. Das Pamphlet eines erhitzten Klerikers nennt Molière einen Teufel in Menschengestalt, den verruchtesten Gottesleugner, der je gelebt habe, und fordert den Scheiterhaufen für ihn.

Jacques Lubin (geb. um 1659, gest. nach 1703)
nach Pierre Mignard (1612–1695): Jean Baptiste Poquelin Molière.
Radierung.

Das Verbot erfolgt »in den huldvollsten Ausdrücken« (Max J. Wolff),
und im September 1664 läßt der Monarch sich im Palais seines Bruders, des Herzogs von Orléans, das Stückfragment ein zweites Mal
vorspielen; die Zentralinstanz gibt dem Druck der klerikalen Partei
nach, ohne ihre persönliche Sympathie für Autor und Stück zu verbergen.

Zwischen Verboten und Milderungen, Pamphleten und Erwide-
rungen (in einem »Plazet« an den König schlägt Molière gegen die
»Falschmünzer der Frömmigkeit« zurück) steuert der Dichter,
Schauspieler, Theaterdirektor das Schiff seiner von der Konkurrenz
schwerbedrängten Truppe und hält nach einem neuen Stoff Aus-
schau. Auf Don Juan, den die konkurrierende Theatertruppe im
Hôtel de Bourgogne sechs Jahre zuvor in der Fassung des Herrn de
Villiers gegeben hat, fällt sein Blick. »Le Festin de Pierre ou le fils criminel« hatte dessen 1660 veröffentlichtes Stück geheißen: *Peters
Gastmahl oder Der verbrecherische Sohn* – derselbe Titel, den ein
Jahr zuvor der Lyoner Schauspieler und Dramatiker Dorimond seiner zu Lyon gedruckten Don-Juan-Version gegeben hatte. Aus dem
italienischen Titel »Il Convitato di Pietra« (Der Gast von Stein), getreuer Übersetzung des spanischen »Convidado de Piedra«, ist in
der nach Frankreich gelangenden commedia dell' arte »Il Convíto di
Pietro«, *Das Gastmahl des Peter,* geworden, was voraussetzt, den
Komtur Don Pietro zu nennen, und die französischen Bearbeiter
übernehmen die Verballhornung; sie nennen den Komtur Don Pierre
und ihr Stück »Le Festin de Pierre«. So auch Molière, doch er setzt
den steinernen Gast, der sich so merkwürdig in Peters Gastmahl verwandelt hat, an die zweite Stelle; das Stück trägt bei ihm erstmals
den Namen seines Helden. Aus dem Drama über Don Juan ist Don
Juans Drama geworden, es heißt »Dom Juan ou Le Festin de Pierre«,
Don Juan oder Peters Gastmahl. Aber der Komtur, französisch Commandeur, heißt nicht Pierre, und er gibt gar kein Gastmahl. Da aber
pierre, kleingeschrieben, Stein bedeutet und das Gastmahl, das Juan
dem Steinernen bereitet, selbst einigermaßen steinern gerät, mag
der Titel angehen.

Molière gibt dem Stoff eine künstlerische Verdichtung und intellektuelle Zuspitzung, die den Leser – und wie zu seiner Zeit erst den
Zuschauer – mit den ersten Sätzen anspringt. Das spanische Stück
hatte vor allem Handlungen und Vorgänge ausgeführt; die individuelle Beglaubigung der Figuren war die Sache des Schauspielers, des
Theaters gewesen. Molière, der passionierte Menschenforscher, der
sich stundenlang in Friseurläden setzen kann, um das Gebaren und
das Gerede der Kunden zu studieren, interessiert sich vorab für die
Figuren und beglaubigt sie in genauer dialogischer Entfaltung;
nicht Verführung, Entdeckung, Verhaftung, Flucht machen den Anfang seines Stückes, sondern die Wechselrede zweier Diener. Nicht

Robert Nanteuil:
Ludwig XIV. (1638–1716).
Kupferstich, 1664.

aus der Aktion, sondern aus der Gestalt, ihrem Habitus, ihrer Welt-Anschauung, wie sie sich mehr noch erörternd als handelnd dar-stellt, gewinnt der Stückeschreiber die Spannung der Szene; das Ver-fahren bezeugt eine exzentrische Verfeinerung des dramatischen Me-tiers. Sie entfaltet sich an der Bekanntheit des Stoffes; in einer Stadt, die diesen Helden aus einer ganzen Reihe von Aufführungen und Drucken kennt, kann sich das Interesse von der Handlung auf die Behandlung des Stoffes verlagern.

Molières Stück ist in den grundlegenden alten Drucken ohne Zeit-
und Ortsangabe. Nur die Pariser Ausgabe von 1682*, nicht aber die
sehr viel genaueren Drucke, die 1683 in Amsterdam und 1694 in
Brüssel erscheinen (nur jenseits der Grenzen, in dem Ketzerstaat
Holland, kann der Text unverstümmelt erscheinen), geben Sizilien
als seinen Schauplatz an; offenbar lag der Pariser Zensur an einer
weiten Entrückung der Vorgänge. Wenn durch den Titel »Dom« –
die Französierung des spanischen Adelstitels – und die Vornamen
Juan und Carlos (alle andern Figuren heißen französisch) auch die
Vorstellung eines spanischen Ambiente genährt wird**, so ist doch
kein Zweifel: es spielt im Frankreich seiner Gegenwart; Dom Juan ist
der hochmütig-selbstherrliche Sproß einer Familie der französischen Hocharistokratie. Damit ist die Figur des Königs (schon Dorimon und de Villiers lassen sie weg) dramatisch unmöglich geworden: es wäre ja Louis XIV. selbst; in dessen Umkreis aber wäre ein
Verhalten wie dasjenige Don Juans undenkbar.

Der erste Akt spielt in Don Juans Palais.*** Nicht mehr als Vagant, wie bei Tirso, sondern als Inhaber eines Wohnsitzes tritt der
Held in Erscheinung: Don Juan führt einen eigenen Haushalt. Man
hat sich die Villa auf dem Lande, in der Nähe des Meeres zu denken;
Molière, die Wohnverhältnisse bewußt verunklarend, hält die Möglichkeit offen, daß Juan ein hauptstadtfern lebender Landadeliger
sei. Aber natürlich, er ist »un homme de cour«, ein Mann des Hofes;
Elvira sagt es (in der Szene I/3), und Pierrot bemerkt es: an des Helden Kleidung (II/1). Nur zu deutlich zielt das Stück auf den Hofadel
und seine hemmungslos-amoralische Lebensweise.

Sganarell, Don Juans Diener, eine der Commedia dell' arte ver-
wandte stehende Figur der Molièreschen Komödie, durch deren Namen schon, erst recht durch das Kostüm sich der Autor die Freiheit
des Komischen salviert (er spielte die Rolle selbst), plaudert mit einem Kollegen, dem Stallmeister der Donna Elvira, und schon der erste Satz, den er zu ihm spricht, kommt einer theatralischen Revolution gleich. Es ist ein Satz, der scheinbar nichts mit dem Stück zu tun
hat, der weder die Handlung befördert noch die Vorgeschichte be-
leuchtet und doch auf eben jene Frage des zivilisatorischen Ausgleichs, der Dämpfung der rohen Individualität zielt, die im Innern
des Stoffes haust; er geht von der Tabaksdose aus, die Sganarell in
der Hand hält, und schwingt sich von ihr auf die Höhe philosophischer Betrachtsamkeit: »Was Aristoteles und die ganze Philosophie

auch sagen mögen, es kommt doch nichts dem Tabak gleich. Er ist
die Passion der feinen Leute, und wer ohne Tabak lebt, ist nicht wert
zu leben. Nicht nur erfreut und reinigt er das menschliche Gehirn, er
leitet auch die Seelen zur Tugend, und man lernt durch ihn ein vor-

Molière als Sganarelle. Tuschzeichnung nach einer
zeitgenössischen Darstellung von Simonin.

nehmer Herr werden. Haben Sie nicht auch schon beobachtet, mit
welch liebenswürdiger Miene man, seit er in Gebrauch ist, sich mit
aller Welt in ihn teilt, mit welcher Begeisterung man ihn nach rechts
und links anbietet, wo man sich auch befinden mag? Man wartet
nicht erst, bis jemand darum bittet, man kommt den Wünschen der
Leute zuvor! Wahrhaftig, der Tabak flößt allen, die sich seiner bedienen, Gefühle der Ehre und der Tugend ein.«*

Vierzig Jahre und eine Entfernung von tausend Kilometern, die
aus einer abgestandenen, in Isolation und Sterilität verharrenden
Staatsform in eine moderne, dynamisch gespannte, dialektisch-
kommunikative führt (die Pyrenäen, diese natürliche Mauer, fungie-
ren wie eine Epochenscheide, ein Zeitwall), haben genügt, das Theater Don Juans von Grund auf zu verwandeln; ein Vorgang der Ver-
flüssigung hat stattgefunden und aus der lapidaren und elementaren Form eine von höchster artistischer und intellektueller Liquidi-
tät gemacht. In der Differenz der Eingänge malt diese Umwandlung,
die als Lösung zugleich Auflösung des Stoffes bedeutet, sich schlagend; kein größerer Abstand als von dem großartig schwingenden
»Hier hinaus, Herzog Octavio, ist der Weg am sichersten«, mit dem
Tirsos Isabel den nächtlichen Besucher hinausgeleitet, diesem Satz,
der, indem er alles verbirgt, alles enthält, was das Drama auszutra-
gen bestimmt ist, zu dem Konversationsschnörkel des gebildeten
Hausknechts, der die Redeweise der feinen Welt nachahmt und dadurch zweierlei parodiert: sich selbst und die feine Welt.

Eben dies wird sich als das Prinzip des Stückes herausstellen: daß
jede Rede nicht nur sich selbst, sondern auch ihren Gegenstand,
nicht nur ihren Gegenstand, sondern auch sich selbst ad absurdum
führt. Die Zweideutigkeit der Hauptfigur, der die seiner Opfer entspricht (Don Juan ist der Betrüger, mit dem die Frauen *sich* betrügen), schlägt in Molières Stück in die Ambivalenz der komödischen
Rede schlechthin um. Ironie als das Kunstprinzip einer Negation,
die alle Positionen, kaum daß sie eingenommen werden, durch die
Art, wie sie eingenommen werden, aufsprengt, nämlich von innen
her, nicht polemisch und also unwiderleglich. Don Juans erotisches
Diversantentum hat sich in das komödische Diversantentum des Autors verwandelt; mit jedem Wort, das eine Figur spricht, überführt
das Stück die Gesellschaft, der diese Figur entspringt, der Unhalt-
barkeit. In einer dialogischen Spiegeltechnik von höchster Virtuosi-
tät hebt ein Bild das andere auf; das Auditorium bleibt in äußerster

Verunsicherung auf einem gründlich unterminierten Platz zurück. »Für die einen«, beschreibt Werner Krauss Molières Wirkung auf seine Zeitgenossen, »galt das von Molière entfesselte Gelächter als ein krampflösender therapeutischer Vorgang im freien Beziehungsspiel der Gesellschaft, andere glaubten aber hinter dem Gelächter der belustigten Komödienbesucher eine teuflische Lache des Dichters zu vernehmen.« Er fügt hinzu, daß »der König und die maßgebende Intelligenz sich für die harmlose Lesart entschieden und Molière durch ihren Beifall förmlich ermunterten«.* Beide Auffassungen waren nicht sowohl falsch als unvollständig; in Wahrheit war die Molièresche Komödie — und namentlich dort, wo sie ins Zentrum der Probleme vorstieß — ein moralischer Prüfstand von äußerster Rigorosität.

Alexander und die andern Welten

Die Situation ist von äußerster Komik: zwei Diener reden wie ihre Herren; Sganarell, der Harlekin als Mann von Welt, macht Konversation und sagt en passant Wesentliches über den Zustand einer Gesellschaft aus, die einem Prozeß der Vereinheitlichung und Verfeinerung durch die Macht der Mode unterliegt. Dann kommt er zur Sache, und die Sache ist Donna Elvira**, seines Herrn neuestes Opfer. Dieser hat sie mit großem Aufwand an »Huldigungen, Geständnissen, Seufzern und Tränen, leidenschaftlichen Briefen, flammenden Protesten und wiederholten Schwüren« (es ist Gusman, der Stallmeister, der sich in dieser Schilderung ergeht) »der heiligen Abgeschlossenheit des Klosters« entrissen und dann sitzen lassen***; den Stallmeister zur Seite, hat sie sich auf die Spur des Verräters gesetzt. Keine frühere Don-Juan-Version — und es sind zwischen Tirso und Molière immerhin fünf überlieferte: von Cicognini, Giliberto, Dorimon, de Villiers und die der Commedia dell'arte — kennt das Motiv der Klosterentführung, das bei Molière die weibliche Hauptfigur, Donna Elvira, konstituiert; hat es der Autor dem »Ateista fulminato« entnommen? Er läßt dafür anderes weg: weder die Isabel noch die Ana des »Burlador« kommen in seinem Stück vor; das dramatisch-erotische Hauptmotiv des Ur-Donjuan und seiner italienisch-französischen Ableger findet bei Molière keine Aufnahme. Scheut der Rationalist vor den Abgründen einer Frauenseele zurück, die sich vormacht, ein Mann, der, nächtens bei ihr eindringend, vor-

Jean-Louis Anselin (1754–1823) nach Nicolas Monsiau (1754–1837):
Molière liest im Salon der Ninon de l'Enclos
aus seinem »Tartuffe«. Der Kupferstich aus den 1780er Jahren
ist »dem König« – Ludwig XVI. – gewidmet.
Von links nach rechts: Lully, Pierre Corneille, Thomas Corneille,

Racine, Lafontaine, (stehend) I. H. Mansard,
der Marschall von Vivonne, (stehend) Quinault und Baron,
Boileu Despréaux, Chapelle (Molières Schulfreund),
der große Condé, Ninon de l'Enclos, St. Evremont, Molière, La Bruyère,
(stehend) Mignard, der Herzog von la Rochefoucault, Girardon.

gibt, er sei ihr Bräutigam, sei dies wirklich? Dorimon und de Villiers hatten das Motiv umgestaltet; bei ihnen erkennt Doña Ana den Betrüger und wehrt ihn ab, ehe er zum Ziele kommt. Molière spart das Motiv der unter falschem Namen, falschem Gewand Betrogenen für eine radikale und absolute Gestalt auf, die nicht der Überführung der Aristokratie, sondern der ironischen Verherrlichung des Monarchen dient: drei Jahre später schreibt er seinen »Amphitryon«.

Sein »Dom Juan« beginnt mit einer neuartigen Untat des allseits bekannten Helden, nicht mit ihrem Vollzug (Charaktere, nicht Handlungen interessieren den souveränen Artisten), aber mit ihren Folgen, mit ihrer Deutung. Er nimmt sie zum Anlaß, schon in der ersten Szene alle Zweifel über die Natur Don Juans zu zerstreuen; die Erläuterungen, die Sganarell Elviras Begleiter gibt, leuchten die Beschaffenheit seines Herrn in einer Weise aus, daß bei einem schwächeren Autor das Stück zu Ende wäre, ehe es nur begonnen hätte. Sganarells Seelenporträt nimmt dem bestürzten Herrn Gusman alle Hoffnung auf einen Erfolg der Reise. »Vorsorglich«, setzt der beredte Diener an, als der Stallmeister gar nicht begreifen will, daß Don Juan nach so vielem Aufwand »das Herz haben kann, sein Wort zu brechen«, — »vorsorglich will ich dir ganz im Vertrauen mitteilen, daß du in Don Juan, meinem Herrn, den allergrößten Verbrecher sehen mußt, den die Erde jemals getragen hat, einen Rasenden, einen tollen Hund, einen Teufel, einen Ketzer, der an nichts glaubt, weder an den Himmel noch an die Heiligen, noch an Gott, noch an den Werwolf, der drauflos lebt wie ein wildes Tier, ein Schwein von Epikuräer, ein wahrer Sardanapal, der taub ist für alle christlichen Ermahnungen, die man an ihn richten könnte, und alles, woran wir glauben, für Hirngespinste erklärt. Du sagst, er habe deine Herrin geheiratet; glaub mir, er hätte noch mehr getan, um sein Verlangen zu stillen; er hätte mit ihr zugleich auch dich, ihren Hund und ihre Katze heiraten können. Einen Heiratsvertrag abzuschließen macht ihm gar nichts aus; er bedient sich gar keiner anderen Lockmittel, seine Schönen zu gewinnen. Er ist ein mit allen Wassern gewaschener Heiratsschwindler. Damen, Fräulein, Bürgerinnen, Bäuerinnen — nichts ist ihm zu heiß oder zu kalt, und wollte ich dir die Namen aller jener nennen, die er an verschiedenen Orten geheiratet hat, so wär ich bis zum Abend mit der Aufzählung noch nicht fertig.«

In seiner ersten Szene läßt der Autor alle Katzen aus dem Sack — was bleibt ihm nach einer solchen Enthüllung noch zu tun? Soll die

Wirklichkeit die Schilderung widerlegen, dem schwarzen Gemälde
ein helleres Original gegenüberstellend? Das wäre aus der Sicht dieses Dichters ein banales Verfahren; sein Stück macht wahr, was die
Zunge des Kammerdieners verkündet. Es setzt seinen Witz daran,

Gabriel Perelle (1603–1677): La Porte (das Tor) St. Bernard.
Im Hintergrund die Kirche Nôtre-Dame. Kupferstich.

daß Überraschungen ausbleiben; Sganarells Charakterdenunzia-
tion wird in der Folge mit dem Determinismus einer Rechenablei-
tung verifiziert. Daß die Dynamik des Ganzen dabei keinen Schaden
nimmt, ist das Geheimnis der dramatischen Leistung; sie hängt damit zusammen, daß die Offenheit des Diskurses ebenso unbedingt
wie trügerisch ist, eine ständige wechselseitige Aufhebung produzie-
rend. Das intrikate Verfahren, das es dem Autor ermöglicht, das Feld
der gesellschaftlichen Widersprüche von innen her aufzusprengen,
beschwingt seinen Erfinder mit einer Heiterkeit, die überschäu-
mend genannt werden darf; als das Timbre der Komödie durchdringt sie das Stück von Anfang bis Ende.

Sganarells Eingangsrede schon zeigt es: das Leontius-Motiv des
Gottesleugners, in dem spanischen Stück hintergründig und verkürzt am Werk, kommt bei Molière zu rhetorisch ungehemmter Erscheinung. Die andere Seite des Begriffs Libertin, das, was man das
Prinzip Untreue nennen könnte, tritt ihm mit gleicher Offenheit an
die Seite. Denn das Wort ist doppeldeutig, *libertin* – das ist der Freigeist und der Liederjan; *libertinage* meint »liederliches, ruchloses
Leben« ebenso wie »Verachtung der Religion, Freygeisterey« (François Roux: Nouveau Dictionnaire, Halle 1767). In der Wortbedeu-
tung selbst erscheinen die Freiheit von der religiösen und die Freiheit
von der erotischen Bindung als zwei Seiten einer Medaille. Wo das
spanische Stück die Spannung ins Innere der Figuren verschließt
und sie, von ein paar didaktischen Stützpfeilern abgesehen, nur in
den Verstrickungen der Bewegung, der Aktion offenbart, sprudeln
bei dem Franzosen die Katarakte diskursiver Explikation.

Gabriel Perelle: Die Nôtre-Dame-Brücke.
Blick von der Spitze der kleineren Seine-Insel nach Westen.
In der Mitte hinter der Brücke die Dächer des Louvre. Kupferstich.

Tirsos Stück, unter dem Zwang zensurieller Umstände, aber vielleicht auch, um den Helden stärker zu machen, als er sonst hätte werden können, hatte die Leontius- und die Faust-Konstellation – der Begleiter des Helden als Verführer zum Bösen – gewissermaßen umgekehrt: die Begleiterfigur war in ihm die Stimme der Kirche und der Moral, ein fruchtloser Mahner zum Guten. Das Verhältnis ist grundlegend für die Don-Juan-Geschichte und macht Don Juan um soviel stärker als Faust, als er nur von sich selbst regiert wird – eine Figur vollkommener, apriorischer Selbstgewißheit. Molière übernimmt es und treibt es ins satirische Extrem: der Herr ein »Rasender, ein toller Hund, ein Ketzer«, der Diener Sachwalter des Guten, Wahren, Schönen.

Was Molière hier in Szene setzt, was er mit einer Volte, die den Gegnern den Atem verschlagen mußte, auf eine Ebene hinüberspielt, die die feindliche Position zugrunderichtet, indem sie sie aufnimmt, ist der Tartüff-Streit, jene klerikale Polemik, die bis zur Autodafé-Drohung wider den unbelehrbaren Autor ging. Molière selbst ist dieser »allergrößte Verbrecher«, der »taub ist für alle christlichen Ermahnungen«; in der Rolle des »fils criminel«, des verbrecherischen Sohns, stellt er eine Figur auf, der gleich, zu der die Kirche ihn stempelt: einen Frevler am Glauben und am Sittengesetz, und bereitet sich selbst das Schicksal, das ihm die Feinde an den Hals wünschten: kraft Gottesurteils in Flammen aufzugehen. Die Stimme der Kirche aber ertönt, ernst mahnend, ohnmächtig hadernd, aus dem Munde des beflissenen Dieners, der der Verworfenheit seines Herrn auf den Grund sieht, ohne doch von ihm loszukommen: »... ein schlechter Mensch als großer Herr ist etwas Furchtbares. Ich muß ihm treu sein, so sehr ich ihn hasse; die Angst zwingt mich, ihm zu dienen, vergewaltigt mein Gefühl und läßt mich wider Willen gutheißen, was ich aus tiefster Seele verabscheue.«

Alles, was Sganarell über seinen Herrn äußert, ist ebenso zutreffend wie trivial, also komisch, und alles, was Don Juan äußert, ist ebenso ungeheuerlich wie in seiner inneren, durch die Bestimmtheit des Subjekts gesetzten Logik unanfechtbar. Eine Rollenzuweisung, wie sie der Klerus dem Dichter gegenüber vorgenommen hatte, wird nachvollzogen und dadurch ad absurdum geführt – keine raffiniertere Abfuhr konnte den kirchenhörigen Widersachern des Dichters begegnen. Eine Figur, die durch die Kommentare des Dieners fortgesetzt widerlegt wird, bekommt eben dadurch fortgesetzt recht – ein

Vorgang doppelter Negation (die verbale Negation hebt die reale auf, die die Figur an sich selbst verübt) und von wahrhaft halsbrecherischer Dialektik. Nicht sowohl durch sich selbst als durch die Art, wie der beigegebene Moralist ihn überführt, wird das parasitäre Scheusal unschlagbar, ein Ungeheuer, das, wie den Grafen Aurelio, am Ende wirklich nur der Blitzschlag des Himmels zur Strecke bringen kann – und nur dieser Blitzschlag bringt den Autor zum Schweigen. Das Stück, die Selbstverurteilung des Autors vollziehend, macht das Einverständnis mit dem klerikalen Verdikt zum Mittel der Selbstbehauptung; nie hat ein Dichter sich kühner, witziger, listenreicher gegen eine Sozietät zur Wehr gesetzt, die ihm den Untergang geschworen hat. Allerdings: nur der disputative, argumentierende Don Juan hat die Sympathien des Autors und ist gleichsam dessen Identifikationsfigur, nicht der praktische Immoralist. Zu ihm hält der Autor alle Distanz – es ist geradezu das Fazit des Stückes, daß sittliches Handeln nicht durch Reden, sondern einzig durch Tun, durch Verhalten, nicht durch Ableitungen erweisbar sei. Von hier aus gewinnt die Figur des Helden eine Ambivalenz, die ihm ein ganz und gar schillerndes Ansehen gibt; als ein dramatisches Vexierbild schreitet er durch eine Handlung, die sich als Diskurs verwirklicht.

Der Beschreibung des Dieners folgt die Erscheinung des Herrn. Er ist – Sganarell hat es zuvor bekundet – sehr jung und von derselben exzentrischen Wortgewandtheit wie sein Diener. Werner Krauss hat, mit etwas undeutlicher Wendung, die höfische Gesellschaft des Grand siècle als eine bezeichnet, in der sich »erstmals eine Gesellschaft ohne Standesgrenzen gebildet« habe, und damit offenbar einen sozialen Zustand bezeichnen wollen, in dem, ungeachtet scharf trennender Standesgrenzen, sich jeder jedem gegenüber redend zu explizieren vermochte, aus einer Gleichheit heraus, die aus der »Ungleichheit aller gegenüber dem vergotteten Herrscher« erwuchs, der den Adel gebunden und das Bürgertum dienstverpflichtet hatte. Die gleichmacherische Unterwerfung unter das Zentralgestirn als Basis eines Zustands, in dem »das Wesen des Menschen zur natürlichen Entfaltung kommen konnte« – der Autor, der so hoch greift, erkennt die hier entspringende Freiheit etwas später als eine rhetorische: »Was dem Menschen noch bleibt, das ist ein Dauergespräch, eine stete Bereitschaft, unbegrenztes Recht auf Kritik, wo immer sie keine Lebensentscheidung bedeutet.«*

Molières Theater entdeckt diese Diskursivität, die alles mit Namen nennen kann, da sie nichts auf Spiel setzt, und die, da sie alles nur aufs Spiel setzt, alles mit Namen nennen kann, als Spiegelfechterei und also als komödische Sprache. Sie ist die Lebens-, die Gesell-

Gabriel Perelle: La Porte de la Conférence.
Nôtre-Dame erscheint hier von der andern,
westlichen Seite der Stadt; vor ihr die Kuppel
des Justizpalastes. Kupferstich.

schaftsluft des Stückes und bekundet sich nach den Enthüllungen des Dieners in einem neuen Diskurs; er geht zwischen Diener und Herr. Don Juan gibt Sganarell das Wort der Kritik frei, und Sganarell nutzt diese Gunst; seinem Herrn ins Angesicht hinein findet er es »schändlich, nach allen Seiten hin zu lieben, wie Sie es tun«. Don Juan scheint auf dieses Stichwort nur gewartet zu haben. »Wie?« entrüstet er sich, »du willst, man soll sich für immer an die erste Person binden, die einen reizt, man soll ihretwegen der Welt entsagen und für niemand mehr Augen haben? Herrlich – sich durch einen falschen Ehrbegriff zur Treue zwingen lassen, sich für immer in *ein*

Gefühl vergraben und von Jugend auf tot sein für alle anderen
Schönheiten, die einem vor Augen kommen können! Nein, nein, Be-
ständigkeit taugt nur für die Narren; alle schönen Weiber haben ein
Recht darauf, uns zu begeistern, und der Vorteil der einen, die uns
zuerst in den Weg lief, soll die andern nicht der gerechten Ansprüche
berauben, die sie allesamt auf unsere Herzen erheben dürfen.«

Der Kritik des Dieners folgt hier die Apologie des Herrn, und sie
konstatiert: »Das ganze Vergnügen an der Liebe beruht schließlich
auf dem Wechsel. Es ist ein ganz einziger Genuß, durch tausend Huldigungen das Herz einer jungen Schönen zu gewinnen, Tag für Tag
die kleinen Fortschritte zu beobachten, die man macht, mit Schwüren, Tränen und Seufzern die unschuldige Schamhaftigkeit einer
Seele zu bestürmen, der es so schwer fällt, die Waffen zu strecken,
Schritt für Schritt all die kleinen Hindernisse zu überwinden, die sie
uns entgegenstellt, die Bedenken zu zerstreuen, die sie als Ehre für
sich ansieht, und sie ganz sachte dorthin zu führen, wo wir sie haben
wollen.* Aber hat man einmal gesiegt, dann hat man auch nichts
mehr zu sagen und nichts mehr zu wünschen; alles Schöne der Leidenschaft ist dahin…« Wie ein Kriegsheld gedenkt der philoso-
phisch bewanderte Panerotiker im Reich der Liebe zu hausen:
»Schließlich ist nichts so süß wie der Triumph über den Widerstand
einer schönen Frau, und ich habe hierbei den Ehrgeiz der großen Eroberer, die von einem Siege zum andern stürmen und sich nicht entschließen können, ihre Wünsche einzuschränken. Es gibt nichts, was
die Gewalt meines Begehrens hemmen könnte, ich fühle in mir die
Kraft, die ganze Welt zu lieben, und wie Alexander wünschte ich, es
gäbe noch andere Welten, auf die ich meine Liebeseroberungen aus-
dehnen könnte.«

Die Rede ist voller Aufschluß: nicht Herrschaft – Eroberung ist
Don Juans Lust, die Jagd, nicht die Beute sein Entzücken. Er ist kein
Wüstling, der dem gefallenen Opfer die Neige der Lust abpreßte, er
ist der Verführer, den das Wild, kaum daß es sich ergeben hat, kalt
läßt: er weiß nichts mehr mit ihm anzufangen. Der Widerspruch,
auf den der wackere Stallmeister Sganarells Augenmerk lenkte, das
eklatante Mißverhältnis von Aufwand – Zeit, Mühe, Künsten –
und Ertrag, ist damit aufgelöst: der Aufwand *ist* der Ertrag – die Bewegung alles, das Ziel (nachdem es erreicht ist) nichts. Die Verführung ist Don Juans ganze Lust, und sie ist darum auch sein ganzes
Können: er ist unwiderstehlich, weil alle seine Kräfte sich auf dies

eine Ziel, die Defloration und nichts anderes, spannen. Georges Bataille hat eine Theorie des ius primae noctis entworfen; sein Buch
»L'Érotisme« deutet es nicht als »das empörende Vorrecht eines Ty-
rannen, dem niemand Widerstand zu leisten wagte«, sondern als eine
in ihren Ursprüngen sakrale Handlung, die daraus entsprang, daß
»der Sexualakt immer den Wert eines Verbrechens« besessen habe, »in
der Ehe und außerhalb der Ehe, hauptsächlich aber dann, wenn es
sich um eine Jungfrau handelt«, so daß sein Erstvollzug denen übertragen wurde, »die im allgemeinen das besaßen, was dem Verlobten
abging, nämlich die Kraft, ein Verbot zu übertreten«. »Das Priester-
amt bezeichnete im Prinzip jene, die die Braut das erste Mal besitzen
durften. Aber in der christlichen Welt wurde es undenkbar, auf die
Diener Gottes zurückzugreifen, und es entstand der Brauch, den
Grundherrn für die Entjungferung in Anspruch zu nehmen.«*
   Auch dieser Brauch ist durch den Wandel der gesellschaftlichen
Struktur, die der des Individuums korrespondiert, unmöglich geworden; so erscheint Don Juan als die Figur des Deflorationsspezialisten, für den die Gesellschaft keinen Bedarf mehr hat, dessen archaisch gewordener Praxis aber von seiten der Frau ein ebenso
archaisch gewordenes Bewußtsein entgegenkommt; es ist die historische Wurzel für Don Juans Erfolgsliste. Die gesellschaftlich über-
ständige Figur aber wird die individuell pathologische, und die glän-
zende Fassade von Don Juans Beredtheit verbirgt es nicht: seine ge-
nußvoll-geduldige, skrupellos-hingebungsvolle Unermüdlichkeit
bei der Eroberung und seine sofortige, gewissermaßen schlagartige
Ermüdlichkeit nach dem Sieg sind Symptome der Aberration. Aus
dem anachronistisch gewordenen Deflorationsspezialisten ist ein
Verführungsfetischist geworden, dessen Liebesflüchtigkeit ihn auf
der fortgesetzten Flucht vor sich selbst zeigt. »So tauml ich von Begierde zu Genuß, / und im Genuß verschmacht ich nach Begierde«,
sagt Goethes anders beredter Held.
   Die Kaskade der Argumente sprudelt über mehr als eine Druckseite – was für eine Tirade, denkt sich der Leser, der Zuschauer!
Und was sagt der Bühnen-Hörer? »Gott steh mir bei, welch ein Vortrag. Es ist, als hätten Sie das alles auswendig gelernt.« Der Autor
gibt sich keine Blöße. Der wortgewaltige Diener bekennt sich über-
wunden; bei Gelegenheit, äußert Sganarell, werde er seine Ein-
wände schriftlich niederlegen. Mit dem Mittel der Logik ist seinem
Gebieter nicht beizukommen, also versucht er es von einer andern

Seite und gibt – eine zarte Anspielung auf Molières Hauptfeind – die Heiligkeit des Sakraments zu bedenken.* Wiederum, obschon minder wortreich, zeigt Don Juan sich gewappnet: »Geh nur, geh, das ist eine Angelegenheit, die nur mich und den Herrgott angeht, und wir werden sie schon erledigen, ohne daß du dir deswegen Sorge zu machen brauchst.«

Aber Sganarell läßt so wenig locker wie jene fromme Gesellschaft, die Kompagnie vom heiligen Sakrament. Seine Philippika gegen die Freigeister, insonderheit die aristokratischen Freigeister, gibt sich mit unerbittlicher Courtoisie die Miene, als sei es gar nicht Don Juan, den sie betreffe. »Ich rede auch gar nicht von Ihnen, da sei Gott vor! Sie wissen, was Sie tun, und wenn Sie an nichts glauben, so haben Sie Ihre guten Gründe. Aber es gibt so allerhand kleine Frechlinge, die Freidenker sein wollen, ohne zu wissen, warum, die sich als starke Geister aufspielen, weil sie glauben, es kleide sie gut, und hätte ich solch einen Herrn, so sagt ich ihm ganz offen ins Gesicht: Woher nehmen Sie den Mut, so des Himmels zu spotten? Fürchten Sie sich gar nicht, sich so über die heiligen Dinge lustig zu machen? Ziemt es Ihnen, dem kleinen Erdenwurm, dem winzigen Zwerg, der Sie sind – ich rede zu dem Herrn, den ich mir denke! –, zu lästern, was alle Menschen verehren? Glauben Sie, weil Sie von Adel sind, weil Sie eine blonde, gut frisierte Perücke und Federn am Hut, einen goldgestickten Rock und feuerfarbene Bänder haben – ich rede nicht zu Ihnen, sondern zu dem andern! –, glauben Sie, sag ich, daß Sie deshalb ein besserer Mensch sind, daß Ihnen alles erlaubt ist, und daß man Ihnen nicht die Wahrheit sagen darf? So hören Sie von mir, Ihrem Diener, daß der Himmel früher oder später die Gottlosen straft, daß ein schlechtes Leben auch zu einem schlechten Tode führt** und daß…« Jedes Wort, das der besorgte Diener spricht, ist lauteres Gold und verwandelt sich, da er es spricht, in Blech. Es sind Klischees, die dem Eifrigen vom Munde träufen, entlehnte, keine selbständigen Wendungen; kraftlos fallen sie vor ihrem Gegenstand, dem zynischen Selbstdenker, zu Boden.

Die Sache steht nach diesem Gedankenaustausch au pair, und: »Schluß!« schneidet Juan die Rede seines Dieners ab. Der Worte sind genug gewechselt, es drängt ihn zu neuen Taten: eine junge Braut hat ihn entflammt, »das niedlichste Geschöpf auf der Welt«. Er hat sie mit ihrem Verlobten tête à tête gesehen und kann das so wenig verwinden wie sein spanischer Vorgänger die Nachricht von der

Bauernhochzeit – Don Juan hat ein Monopol auf die Liebe. »Noch nie habe ich zwei Menschen gesehen, die so ganz voneinander erfüllt waren und einander so heiß liebten. Ihre offenkundigen Zärtlichkeitsbezeugungen brachten mein Blut in Wallung, ich war aufs tiefste getroffen, und meine Liebe begann gleich mit Eifersucht. Ja, es war mir unerträglich, sie so glücklich miteinander zu sehen; der Ärger darüber schürte mein Verlangen, und ich malte mir aus, welch ein Genuß es sein müsse, ihre Sinne zu verwirren und dies Verhältnis zu lösen, das mein empfindsames Herz so schwer kränkte.«

Eine Entführung, notfalls mit Waffengewalt, soll ihm Genugtuung geben; bei einer Lustfahrt, die das glückliche Paar aufs Meer zu unternehmen gedenkt, einem *embarquement pour Cythère**, will Don Juan die Braut kapern. Das ist in starker Verkürzung – man wird diese Schöne und ihren Bräutigam nie zu Gesicht bekommen – die Aminta-Geschichte des »Burlador«; mit noch knapperer Abbreviatur erscheint die Geschichte der Doña Ana, die die Pariser Thea-

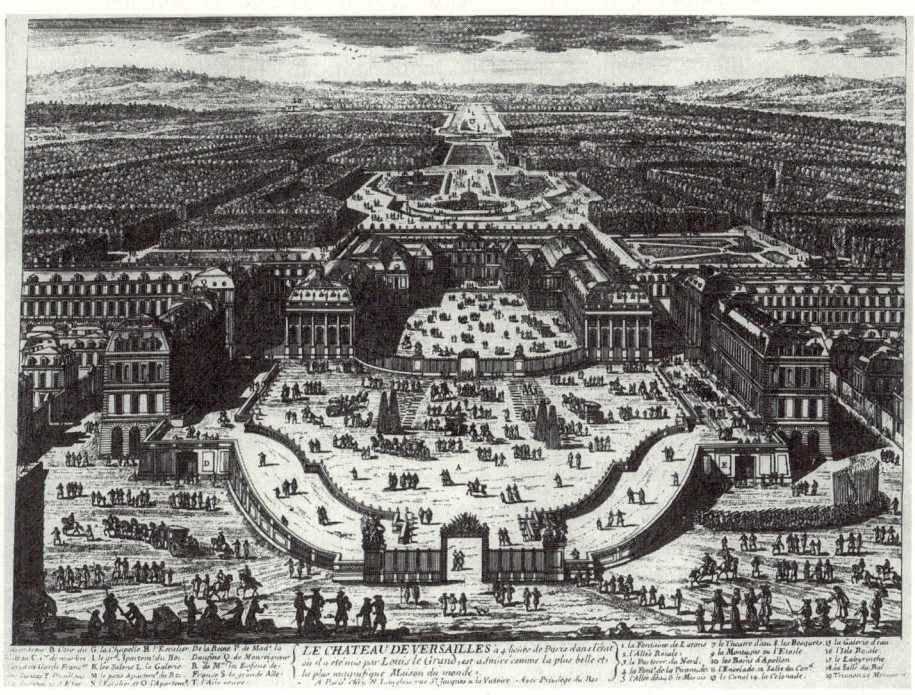

Gabriel Perelle: Das Schloß von Versailles. Kupferstich.

terbesucher von Dorimon und de Villiers unter dem Namen Amarille kannten. Sganarell, von der neuen Bezauberung hörend, erinnert Don Juan an eine verhängnisvolle Begebenheit: »Und fürchten Sie nichts, Herr, von dem Tode des Commandeurs, den Sie vor einem halben Jahr hier erstochen haben?« Nach der moralischen und der religiösen Ermahnung läßt der Diener eine elementare folgen, die Warnung vor drohender Familienrache – er scheitert auch damit; die Replik, mit der Juan ihn mattsetzt, ist von lakonischer Größe: »Was soll ich da fürchten? Habe ich ihn nicht gut getroffen?« Sganarell resigniert: »Nur zu gut, er hätte keinen Grund, sich zu beschweren.« Don Juan stößt noch einmal nach: »Habe ich mich nicht mit Glanz aus dieser Affäre gezogen?« Von der Tötung des Würdenträgers ist ihm nur die Erinnerung an ein glänzend bestandenes Duell geblieben.

Spätestens an dieser Stelle mußte dem Zuschauer im Théatre de la Salle du Palais-Royal das Wesen dieses Mannes aufgehen; es liegt in seiner vollkommenen Selbstgewißheit. Sie ist persönlicher und klassenmäßiger Natur: ein Klassencharakter, zum Personalcharakter kristallisiert, stahlhart, vollkommen durchsichtig und von schneidend reiner Kante. Don Juans Ataraxie ist nicht jener von Demokrit und Epikur bestimmte Zustand philosophischer Gelassenheit, der die Affekte zu meistern und Aufwand und Genuß sorglich ins Verhältnis zu setzen weiß (Molières Jugend-Lehrer Gassendi hatte die epikurische Ethik wieder zu philosophischen Ehren gebracht), sondern Unerschütterlichkeit in einem aktiven und affektiven Sinn. Sie wurzelt in dem Komment ritterlichen Verhaltens; ihn mit Selbstverständlichkeit erfüllend, fühlt er sich einig mit sich und der Welt; nicht Furcht noch Mitleid können ihn berühren. Es ist die Unverwundbarkeit dieses Helden, der mit dem Mut, dem Hoch- wie dem Übermut seiner Klasse wie mit dem Blut des Lindwurms gepanzert ist, was, über Stilmittel und ästhetische Verhältnisse hinaus, die Genrebestimmtheit seines Stückes verwischt. Denn der unverwundbare Held ist der komödische Held; just das Übermaß seiner Unerschütterlichkeit aber ruft den himmlischen Eingriff auf den Plan. Unter den ästhetischen Auspizien des barocken Lehrstücks und den sozialen Auspizien höfischer Domestikation vollzieht sich in Don Juans Drama die Identität von Komödie und Tragödie.

»Ach was!« wischt Juan die Rede seines Begleiters beiseite, der zu bedenken gibt, daß der Glanz jenes Zweikampfs »den Rachedurst der Verwandten und Freunde« vielleicht nicht auslösche: »Denken wir nicht an das Böse, das uns widerfahren könnte, sondern nur an das, was uns Vergnügen macht!« Er entwickelt den Plan des Schiffsüberfalls, da tritt eine Störung auf den Plan: Elvira, die Entführte, Verlassene; hat sie durch ihren Stallmeister inzwischen die Aufklärungen Sganarells übermittelt bekommen? Sie erscheint nicht als Klagend-Bestürmende, sondern mit der Gebärde überlegener Resi-

Der Schauspieler La Grange
in der Rolle des La Grange in »Les Précieuses Ridicules«.
Ölmalerei auf Marmor.

gnation: »Wollen Sie mir die Gnade erweisen, Don Juan, und mich erkennen? Und kann ich wenigstens hoffen, daß Sie mir Ihr Gesicht zuwenden?«

Don Juans Reaktion auf ihre Erscheinung gibt ihr Gewißheit über sein erkaltetes Herz, und nur der Form halber fordert sie eine Rechtfertigung seiner Abreise. Don Juan gibt die Antwort weiter: »Madame, hier steht Sganarell, der weiß, warum ich abgereist bin.« Molière hat diese Wendung dem Don-Juan-Stück der Comédie italienne (»Il Convitato di Pietra«) entnommen; bis in Mozarts Oper wird sich der Einfall fortzeugen. Sganarell, von Elvira und seinem Herrn bedrängt, windet sich vor Verlegenheit, dann platzt er heraus: »Madonna, die großen Eroberer, Alexander und die andern Welten sind die Ursache unserer Abreise.« Das ist die reine philosophische Wahrheit, aber wie könnte Elvira sie verstehen? Ihr Schmerz, ihre Demütigung entlädt sich in der bitter-ironischen Anklage, daß Don Juan nicht einmal soviel Geistesgegenwart aufbringe, ihr etwas vorzulügen, um sie loszuwerden. »*So* hätten sie sich verteidigen müssen und nicht bestürzt sein, wie Sie es jetzt sind.«

Don Juan verwirrt, Don Juan bestürzt – die Feststellung ist eine Herausforderung. Don Juan schlägt zurück und tut es grausam; wozu er Elvira verführt hat: den Bruch des Gelübdes, die Flucht aus dem Kloster, erklärt er zum Grund dafür, daß er sie verlassen habe. »Reue ergriff mich, ich fürchtete den Zorn des Höchsten. Mir wurde klar, daß unsere Ehe nichts anderes war als verkappte Buhlschaft, daß sie uns die Gnade Gottes entziehen werde, und daß es daher meine Pflicht sei, Sie zu vergessen und Ihnen die Möglichkeit zu geben, zu Ihrer früheren Bindung zurückzukehren.« Das ist eine infernalische Antwort, Elvira, die ihm vorwarf, daß er zu verwirrt zum Heucheln sei, hat sie herausgefordert, und sie wankt unter der Replik: »Ha, Schändlicher, nun erkenn ich dich ganz!« Sie hat, trotz der durch Gusman vermittelten Aufklärung, Don Juans Lebensgesetz nicht verstanden, das sich das Recht auf Verrat als das Recht auf Freiheit vindiziert. Wer den Usurpator erotisch festlegen will, greift ihn im Innersten seines Daseins an und verwirkt jegliche Rücksichtnahme.

In der knapp vierzig Jahre alten Tradition des Stoffes ist die Konfrontation so neu wie die Gestalt der Elvira selbst. Ist es bei Tirso die plebejische Figur der Tisbea, an der die Subjektwerdung der Frau sich erklärt, so bei Molière die aristokratische der ehemaligen

Nonne, die eine unerhörte Rolle auf sich nimmt: Auf eigene Faust, den Schutz der Sippe oder anderer Mächte verschmähend, stellt sie den Flüchtigen; nur ein Haushofmeister begleitet ihre Reise. Das Furchtbare an der Offensivverteidigung, mit der Don Juan sich Elviras erwehrt, ist ihre Unwiderleglichkeit: die dem Himmel die Treue brach, kann sie von dem, den sie für jenen einsetzte, nicht verlangen. Elvira, aufs höchste empört, ruft die Rache des Himmels an, aber Don Juan bleibt ungerührt: »Sganarell, der Himmel!« bemerkt er mit eisigem Spott, und der Diener weiß Bescheid: »Ja, ja, wir machen uns nichts draus!«* Dieses *wir* ist von wahrer Subtilität; im Angesicht des Feindes erprobt sich, wiewohl ironisch, die Solidarität zwischen Diener und Herrn. Mit einem zweiten Racheschwur, der den Himmel beiseite läßt, geht Elvira ab: »...wenn der Himmel nichts hat, was dir Furcht einflößen könnte, so fürchte wenigstens den Zorn eines geschändeten Weibes!«

Herr und Diener bleiben zurück, und Don Juan ist nicht unberührt von dem Auftritt. Er hat eine Gegenkraft erfahren, die nicht, wie die Ansprüche betroffener Väter, Brüder, Gatten, mit dem Degen des Duells und die auch nicht, wie die Predigten der Moralisten, mit den Dolchen der Skepsis erledigt werden kann, eine Gegenkraft, auf die er nicht gefaßt war: den vitalen Einspruch der verratenen Frau. Der Text zeigt Juan in »kurzem Sinnen«; die Gedankenpause ist der Ausschlag des Bebens, das er unter seinen Füßen verspürt. Ein Boden, auf dem die Frau ihm als seinesgleichen, als persönlich Fordernde entgegentritt, ist heißer, ist erschütterter Boden. Aber er faßt sich: »Komm, machen wir uns an die Ausführung unseres Liebesabenteuers.« »Ach«, seufzt Sganarell seinem Gebieter hinterdrein, »welch einem abscheulichen Herrn muß ich dienen!«

Die Töchter des Volkes

In vier Szenen, mit vier Personen hat der Autor eine dramatische Exposition entwickelt, wie sie sich bündiger und vollkommener nicht denken läßt. Der Held ist vorgestellt worden und hat sich vorgestellt; im Begriff, von der Betrachtung zur Tat zu schreiten, stellt sich ihm, dem ganz in Zukunft Aufgehenden (denn seine Gegenwart ist immer nur Anschlag auf eine Zukunft, die, wenn sie sich ihm als Gegenwart fügt, als schal und leer verworfen wird), Vergangenheit in

den Weg – die Frau, die aus der Rolle des Opfers heraustritt und sich
als Liebende, Rächende, Verfolgende an seine Fersen heftet. Der
ideelle Konflikt – Juan als der panerotische Autokrat, der keine moralische noch religiöse Autorität über sich duldet, da er sich selbst
gottähnliche Omnipotenz beimißt – ist mit ihrer Erscheinung in einen personalen Konflikt überführt; wie wird er die Bahn des Helden
beirren?

Der zweite Aufzug wechselt den Schauplatz, ein für das französische Theater, von zeitgenössischer Ästhetik auf die Einheit des Ortes
eingeschworen, wie es ist, exzentrischer Vorgang*, der durch die
Einheit der Zeit notdürftig ausgeglichen wird: das ganze Stück mit
seinen fünf Szenerien – Palast/Küste/Wald/Palast/Freie Gegend –
spielt zwischen dem Morgen eines und dem Vormittag des folgenden
Tages. Eine ländliche Gegend am Meer ist der Ort – es ist, ins Heitere gewendet, die Tisbea-Szene des »Burlador«. Das Geplauder eines bäuerlichen Paars macht den Eingang: Pierrot und Charlotte,
eine französierte Colombine, bereden sich über die Rettung zweier
Schiffbrüchiger; haarklein erzählt Pierrot seiner Freundin, wie alles
zugegangen ist. Nicht das Mädchen, wie bei Tirso, sondern Pierrot
hat die mit den Wellen Kämpfenden zuerst gesehen und seinen Augenschein gegen den dicken Lukas, seinen Spielgefährten, der ihn
gerade mit Erdklumpen beschmiß, durchsetzen müssen; Pierrots
phlegmatische Erzählung, wie er Lukas durch eine Wette veranlassen mußte, ihm Glauben zu schenken, ist ein Meisterstück charakte-
risierender Komik. Mit präziser Pointe stellt Molière das Gegenbild
zu der vom Blitz der Herzenserleuchtung getroffenen Tisbea auf:
Charlotte entflammt an einer Beschreibung. Als Pierrot berichtet,
wie der eine der Geretteten Mathurine, ihre Freundin, zärtlich ange-
blickt habe, ist sie bereits aufs höchste alarmiert und ist es erst recht,
als der gemächliche Pierrot dessen goldstrotzende Kleidung beschreibt; ehe der Held auf den Plan tritt, hat sie sich schon in seinen
Aufputz verliebt. Es ist ein horrender Aufputz: die Hoftracht eines
jungen Mannes von Familie; durch den Mund des Bauern überführt
der Autor diese Tracht und mit ihr den Stand, der sich durch sie bezeichnet, des Aberwitzes: »Mein Gott, ich habe noch nie einen Menschen so aufgeputzt gesehen. Mit was für Krimskrams behängen
sich diese Herren vom Hofe! ... Denk dir, Charlotte, sie haben kein
Haar, das fest auf ihrem Schädel wächst, daher stülpen sie sich so
was wie eine große Haube von Flachs auf. Sie haben Hemden mit Är-

Johann Jakob Thurneysen (1636–1711)
nach Charles Dauphin (gest. 1677): Der Schauspieler Millot.
Kupferstich.

meln, so weit, daß wir da ganz und gar hineinkriechen könnten, alle
beide, du und ich. Statt der Kniehose haben sie einen Hängerock, so
weit wie von hier bis Ostern; statt des Wamses ein enges Mieder, das
nicht mal bis zum Nabel reicht, und statt des Kragens ein großes
Tuch um den Hals mit vier dicken Quasten, die ihnen bis an den
Bauch herabhängen. Sie haben aber noch andre kleine Kragen um
die Ärmel herum und große Röhren mit Tressen um die Beine, und
zu alledem noch soviel Bänder, soviel Bänder, daß es einen gruseln
kann. Das geht hinab bis zu den Schuhen, die vom einen Ende bis
zum andern damit behängt sind, – und eine Fasson haben diese
Schuhe, daß ich mir darin sofort den Hals bräche.«

Charlotte, die zuvor begierig fragte: »Ist er noch splitternackt?«,
ist vollkommen hingerissen, und nun wird der von ihrer Tante aus-
erkorene Bräutigam doch etwas stutzig. Treuherzig-umständlich be-
klagt er sich über die Kälte der Anverlobten: »Versprich mir, daß du
dich bemühn willst, mich mehr zu lieben!« So ist die Wirkung des
nun im vollen Schmuck seines getrockneten Kostüms auftetenden
Don Juan nach allen Seiten vorbereitet. Was Charlotte trifft, ist
nicht, wie bei ihrem dramatischen Urbild, eine aus unberührtem Boden geysirgleich aufschießende Leidenschaft, sondern eine Liebe im
Spiegel, dreifach reflektiert: durch die Un-Liebe zu dem vorbe-
stimmten Bräutigam, die Eifersucht auf die geschwindere Freundin,
die Aufregung über den Kavalier à la mode. Die Komödie zeigt sich
in ihrem Element, dem Reich der unechten Gefühle, und mißt es in
der Folge bis an seine Grenzen aus.

Solcherart annonciert hat Don Juan leichtes Spiel. Er ist, mit Sganarell und einigen Ungenannten, der Gerettete, sein Piratenstreich
ist mißglückt; mit gewohnter Prägnanz erklärt er es auftretend
selbst: »Diese unvermutete Bö hat mit unserem Boot auch alle unsere Pläne umgeworfen.« Don Juan ist – man darf annehmen, zum
ersten Mal – etwas schiefgegangen, sein Anschlag auf das *embarquement pour Cythère* ist gescheitert; die Natur selbst hat sich ins
Mittel gelegt. Auch auf dem neugewonnenen Boden ist ihm das
Glück nicht hold – sein Pech ist, zuviel Glück zu haben.

Mathurine ist so gut wie gewonnen, die Dorfschöne verheißt Entschädigung für erlittenes Ungemach; Sganarell aber wird von einem
gleichsam metaphysischen Erstaunen über das unersättliche Lie-
besverlangen des eben erst durch die Hand der Vorsehung Geretten-
ten erfaßt. Er übersetzt sich, die zornige Miene seines Herrn bemer-

kend, selbst die Abfuhr, die die herrschenden Mächte dem warnenden Einspruch des beängstigten Intellektuellen zu erteilen pflegen: »Still, Dummkopf! Du weißt nicht, was du sprichst, der gnädige Herr aber weiß, was er tut. Geh!« Der dienstverpflichtete Mahner bleibt jedoch vor Ort, und wie von selbst löst sich der Knoten seiner Besorgnisse: durch Verdoppelung. Don Juan, dieser Impressionist des Erotischen, erblickt Charlotte und wird so unwiderstehlich von ihr entflammt wie zuvor von Mathurine: »Hoho! Wo kommt dies andere Bauernmädel her, Sganarell? Hast du je etwas Lieblicheres gesehen?«

Die Frage ist, ob beide wirklich so anziehend sind, wie der schnell Entzückte sie schildert. Don Juan ist ein erotischer Gourmand – kann er zugleich ein Gourmet sein? Dieser Erotomane ist ein Allesfresser, der der Frau an sich, in welcher Gestalt immer, nicht widerstehen kann, sich auch die widrige zur begehrenswerten Figur dichtend. Brecht, der seinem Ensemble 1954 das Molièresche Stück aufgab und nicht verfehlte, es zu bearbeiten, hat eben diese Frage auf Don Juan selbst gerichtet und den Witz der ländlichen Szene auf die Spitze zu treiben versucht, indem er die erotische Wirkung des Edelmanns einzig dessen Tracht und Stand beimaß: Don Juan als ein ältlich-unansehnlicher Roué, der nur durch seine Tressen und Bänder Eindruck schindet. Aber Molières sehr gespitzten Witz weiter zuspitzen zu wollen, heißt ihm die Spitze abbrechen; die Pointe verliert sich, wenn man sie zu weit treibt.

Dieselbe Steigerung, die Don Juans Jugendansehnlichkeit durch den modisch-aristokratischen Touch erfährt, erhofft das Dorfmädchen von der Berührung mit ihm, und schon seine Anrede gewährt sie; sein Erstaunen ist grenzenlos: »Wie komme ich zu dieser erfreulichen Begegnung, meine Schöne? Wie? In dieser ländlichen Gegend, unter diesen Bäumen, diesen Felsen findet man Wesen wie Sie?« Der Zuschauer erlebt den berühmten Verführer bei der Arbeit, und diese Arbeit ist die Spekulation auf die Eitelkeit der Betroffenen. Die Spekulation ist hemmungslos, eben darum geht sie auf – Don Juan verführt die Mädchen, indem er sie beschreibt: »Drehen Sie sich um, wenn ich bitten darf! Ah, wie entzückend ist diese Gestalt! Heben Sie ein wenig den Kopf, seien Sie so gut. Ach, dies süße Gesichtchen! Machen Sie die Augen ganz weit auf. Oh, sind die schön!« Juan läßt sich sein neuestes Opfer von dessen eigener Gefallsucht vorführen wie ein Paradepferd, er erwirbt es durch Applaus:

»Lassen Sie mich auch Ihre Zähne ein wenig sehen, ich bitte sehr. Entzückend! Und diese verführerischen Lippen! Ich bin ganz hin, ich habe noch nie eine so anmutige Person gesehen.« Noch ihre Hände, die Charlotte, sicherlich zutreffend, als ungewaschen bezeichnet, vergoldet der Entzückte, um dann zum Kern der Sache zu kommen: »Sagen Sie mir, schönste Charlotte, Sie sind doch gewiß noch nicht verheiratet?« Rede und Antwort springen hin und wider, aber Charlotte ist auf der Hut; es gelingt Don Juan in der Folge eher, das Mädchen davon zu überzeugen, daß sie für etwas Besseres geschaffen sei, als »die Frau eines einfachen Bauern« zu werden, als ihr ein Küßchen zu entlocken. Auch sein Heiratsversprechen öffnet ihm die Festung nicht. »Oh, Herr«, wehrt Charlotte ihren neuen Bräutigam ab, »warten Sie, bis wir verheiratet sind, ich bitte Sie. Nachher will ich Sie küssen, soviel Sie wollen.«

Die wortreich Bestürmte hat über die Toppen geflaggt, aber sie sticht nicht in See – ist es eine Frage der Zeit, daß Don Juan ihr die Anker löst? Wieder begibt sich eine Störung, es ist das Grundverhältnis des Stückes. Wenn es im Wesen des Tirsoschen Ur-Donjuan liegt, daß der Held immer und überall zum Ziele kommt, ein nur durch übernatürliche Mächte zu Fällender, erfüllt sich Molières Stück an einer Struktur, die den Komtur als die letzte und endgültige einer ganzen Reihe von Störungen, Eingriffen, Hinderungen beruft, die den Gang der Handlung von Anbeginn bestimmen. Die Umstellung entspricht der komödischen Anlage; sie bezeichnet eine Abnahme der Figur von Spanien nach Frankreich, von 1630 auf 1665, wie sie schon bei Dorimon und de Villiers, Molières unmittelbaren Vorgängern, zu bemerken war. Der Geist des Getöteten überholt nicht mehr die Opposition der Wirklichkeit, er besiegelt sie nur.

Don Juan, der sich mit einem Handkuß zufrieden gibt, findet sich von dem jäh erscheinenden Pierrot zurückgestoßen. Der gemächliche Bauer legt sich ernsthaft ins Mittel – kein leicht entwaffneter Bräutigams-Tölpel wie der Batricio des »Burlador«, sondern ein Widersacher, der mit derselben Hartnäckigkeit, mit der er Charlotte zur Liebe ermahnte, nun zu ihrer Verteidigung antritt. »Ei zum Teufel! Weil Er ein Herr ist, tätschelt Er unsere Weiber hier vor unserer Nase! Geh Er und tändle Er mit seiner eigenen!« Zum zweiten Mal innerhalb eines Tages vernimmt Don Juan, jenseits der beherrschbaren Opposition Sganarells, den Einspruch der Objekte. Nach der Frau rührt sich der Bauer – Don Juan ist sprachlos. Er bringt nur ein

fassungsloses »He?« hervor, das Pierrot sogleich parodiert: »He!«
Eine Ohrfeige ist sein Lohn. Der Edelmann läßt sich herab, seinen
Lebensretter zu ohrfeigen – Pierrot zeigt sich auf der Höhe der Situation. Weder schlägt er zurück (ein soziales Tabu schützt seinen
Widersacher) noch weicht er vom Platze, der Klassenkampf der
Liebe hält sich in der Schwebe. Charlotte gibt sich mit überwältigen-
der Unbefangenheit: »Geh, geh, Pierrot, mach dir das Herz nicht
schwer. Wenn ich eine feine Dame bin, sollst du auch deinen Vorteil
haben. Du kannst uns Butter und Käse bringen.« Da wird Pierrot
endgültig klar, daß es ein Fehler war, den feinen Herrn aus dem Wasser zu ziehen – wer einen Herrenmenschen rettet, ist selber schuld.
Don Juan quittiert die gewissermaßen politische Einsicht mit einer
neuen Ohrfeige, aber diesmal ist Pierrot auf der Hut: er verkriecht
sich, unter fortgesetzten verbalen Attacken, hinter Charlotte; ein andermal wendet er sich so, daß Sganarell die ihm bestimmte Kopfnuß
bekommt. Dann geht er doch, und sein Abgang ist so komisch wie
standhaft, Pierrot beschreitet den Instanzenweg: »Ich erzähle alles
ihrer Tante.«

Unter sehr andern Auspizien als bei Tirso und dessen italienisch-
französischen Nachfolgern (Cicognini hatte die Entführung der Bru-
netta als stumme Szene angelegt, und auch Dorimon und de Villiers
hatten den Verführer in der bäuerlichen Umgebung keinen Widerstand finden lassen) vollzieht bei Molière sich Auftritt und Abgang
des Bauern von jener Bühne, die als die dramatische zugleich die politische bezeichnet. Der komischen Charakteristik des Anfangs
(Pierrots Gefühlsstutzigkeit und Erzählumständlichkeit haben, wie
das Erdklumpenspiel, von dem er Charlotte erzählt, selbst etwas
Schollenschweres, das der Autor wie im Spiel bewegt) entwickelt
sich die Darstellung einer Widerstandszähigkeit, deren Lazzi nicht
über ihren Gehalt hinwegtäuschen. Pierrot läßt sich weder düpieren
noch zu Tätlichkeiten hinreißen, und die Tante, zu der er retiriert,
verspricht eine wirksamere Instanz zu sein, als es der König des Tirsoschen Sevilla je zu werden vermocht hätte. Der Bauer Pierrot,
hartnäckig und lernfähig, so komisch wie gewichtig, verhält sich
vollkommen politisch.

Charlottes Tante muß nicht aufkreuzen, wirksamer vertritt Mathurine Pierrots Interessen; das Doppelspiel des am Feuer getrockneten Meeresungetüms hebt sich selbst (und von selbst) auf: durch
Überdrehung. Molière hat das Motiv der Doppelverführung dem

Stück der Konkurrenz, dem »Festin de Pierre« des Herrn de Villiers
vom Hôtel de Bourgogne, entnommen, wo der Gerettete im vierten
Akt mit zwei Hirtinnen, Oriane und Belinde, anbandelt; er treibt es
nach Pierrots Abgang in eine Mechanik von bizarrer Symmetrie.
»Welch eine Wonne, wenn du meine Frau bist« – Mathurine, die Erst-
verlobte, vernimmt auftretend diesen Charlotte geltenden Satz und
legt sich quer. In der Folge wendet Don Juan seinen Kopf in stichomy-
thischem Staccato wie Bileams Esel zwischen den beiden Krippen –
ein Eiertanz von äußerster Komik; jeweils der einen prophezeit er
flüsternd, was die andre, offenbar Geistesverrückte gleich für Unsinn reden werde, um mit dem nächsten Satz ebendies der andern
zuzuraunen. Das Wechselspiel begibt sich mit Spieldosenpräzision,
es kommt zum Stillstand, als die beiden Mädchen unmittelbar an-
einandergeraten; dann geht es, Satz um Satz, von neuem an und
mündet schließlich in ein Statement, das beide Bräute gebieterisch
fordern. Don Juan beruft das Praxiskriterium: »Handeln muß man
und nicht reden, Tatsachen entscheiden besser als Worte. ... Und
wenn ich heirate, wird sichs zeigen, welcher von beiden mein Herz
gehört.« The proof of the pudding is the eating – worauf das Beisei-
tereden des von Krippe zu Krippe zuckenden Esels noch einmal anhebt. Wie ein Jongleur wirft der Autor die Bälle der dreifach falschen
Gefühle in die Luft (auch Mathurine, kann man voraussetzen, ist
nicht von dem Mann, sondern dem Edelmann, nicht von Gefühl,
sondern von Karrieredrang entfacht) und läßt sie in rhetorischer
Kaskade zerplatzen. Don Juans Drang, »die ganze Welt zu lieben«,
hebt sich komödisch selbst auf; er scheitert an den Frauen, von denen immer nur eine auf einen Ort geht – das Universum erweist sich
als endlich.

Don Juan geht besiegt, obschon mit überlegener Geste (»Ich habe
noch einige kleine Verfügungen zu treffen«), vom Platze, Sganarell
aber vertauscht die Rolle des Mahners wieder einmal mit der des
Aufklärers: »Mein Herr ist ein Schwindler... Der möchte alle Weiber
auf Erden heiraten.« Sganarell, der die Herrschenden ermahnt und
die Beherrschten aufklärt (da aber jene ihn in Brot setzen, muß er
diese düpieren helfen), ist der Intellektuelle des Stückes, und sein
Spielraum ist schmal; ehe Don Juan, der im Hintergrund gelauscht
hat, ihn am Ohr fassen kann, dementiert er auch schon, mit einer
Emphase, die die Selbstverleugnung durch Übertreibung wieder
aufhebt – sein Herr merkt es wohl.

Wird er nun Doppelhochzeit feiern? Eine neue Störung, die dritte, seit Pierrot ihn auffischte, wirft ihn aus der schon unwegsam gewordenen Bahn: La Ramée, ein Geselle, den das Personenverzeichnis schlicht als Bandit (spadassin) tituliert (offenbar gehört er zu der Besatzung des gekenterten Piratenschiffs), warnt den professionellen Polygamisten vor einem Trupp berittener Verfolger, zwölf Mann hoch: »Sie können jeden Augenblick hier sein.« Don Juan weicht der Übermacht; mit der Aussicht auf Bescheid »noch vor morgen« werden die Mädchen verabschiedet. Dann greift der Autor ein Motiv auf, das, von Cicognini in die Geschichte eingeführt, bei ihm und den folgenden Bearbeitern Gelegenheit zu effektvollen Düpierungsszenen gab; noch Mozarts Oper zehrt davon. Molière zitiert das Motiv nur und bestreitet mit ihm den Aktschluß – Don Juan nötigt Sganarell, die Kleider mit ihm zu tauschen: »Glücklich der Diener, der den Ruhm hat, für seinen Herrn zu sterben.« Der Vorgang bleibt folgenlos, um so deutlicher hebt seine Moral sich ab. Sganarell dankt für die Ehre und bittet den Himmel um die Gnade, »nicht für einen andern umgebracht« zu werden.

Bettler und Edelmann

In der Konfrontation mit dem Volk hat die Gestalt Don Juans eine andere Bedeutung als zuvor angenommen; der schlagfertige Panerotiker zeigt sich mit Deutlichkeit in seinem klassenmäßigen Umriß. Erging er sich anfangs in der ideologischen, so nun in der sozialen Provokation: der Lebensretter soll seine Braut, der Diener seine Haut zu Markte tragen. Mit dem dritten Akt leitet das Stück auf Ideenfragen zurück, und abermals erweitert sich der Kreis. Von allen Stücken Molières ist »Don Juan« das universellste: alle Zeiten des Tages, alle Klassen der Gesellschaft, viele Spielarten der Landschaft* durchmißt seine Szene. Der frühe Morgen zeigte den Helden in seinem Schloß in der Abwehr einer Dame von Stand, der späte Vormittag präsentierte ihn am Meeresstrand im Konflikt mit einem Bauern, alle Zeiten verschränken ihn in das Dauergespräch mit seinem getreuen Opponenten – wo und mit wem wird der hohe Mittag ihn sehen?

Ein Wald ist hier die Szene, ein Bettler – un pauvre – das Gegenüber. Was der Zuschauer erwarten kann: daß Sganarell als Don Juan in die Netze der Häscher fällt und sich ihnen effektvoll entwindet, bleibt aus, man kennt es in Paris schon von andern Autoren; Molière bleibt bei der Verkleidung als solcher und leitet mit ihrer Hilfe auf den Disput zurück, der im ersten Akt verlassen worden war. Sganarell hat eine bessere Verkleidung gefunden, als sein Herr, der nun »in ländlicher Tracht« erscheint, ihm übergeworfen hatte; er hat das Gewand eines Arztes erstanden und sieht sich, so berichtet er, in der angenehmen Lage, allseits gegrüßt und um Rat gefragt zu werden. Das erheitert Don Juan, der die echten Ärzte nicht besser findet als diesen falschen: »Ihre ganze Kunst ist Spiegelfechterei.« Zwischen Herrn und Diener erhebt sich ein Disput über Sinn und Unsinn der Medizin, der stark an das vormalige Gespräch über die Theologie erinnert. »Wie, Herr«, verwundert sich Sganarell, »Sie glauben so wenig an die Medizin?« Don Juan nennt sie »eine der größten Verirrungen der Menschheit«. Der Diener bezeichnet seinen Gebieter, der »nicht an Sennesblätter, nicht an Kassia, nicht an Brechwein« glauben will, als »eingefleischten Zweifler« und gedenkt ihn durch Tatsachen von der wunderbaren Wirkung des Brechweins zu überzeugen: eine kräftige Dosis davon habe den sofortigen Tod eines lange dahinsiechenden Kranken herbeigeführt. Juan gibt sich von der Macht der Tatsachen geschlagen, und Sganarell wechselt, nach solchem Sieg, zu seinem Lieblingsthema über, dem *religiösen* Unglauben seines Herrn. Ob er wirklich nicht an das Himmelreich glaube? Juan zuckt die Achseln. »Und an die Hölle?« Juan: »Ach!« Die dritte Frage gilt dem ewigen Leben, die vierte – dem Schwarzen Mann. »Hol ihn die Pest!« meint Don Juan, Sganarell ist erschüttert: »Es gibt nichts Wirklicheres als den Schwarzen Mann, und ich lasse mich dafür hängen. Aber an irgend etwas in der Welt muß man schließlich doch glauben. Woran also glauben Sie?« Sganarell wiederholt die Frage, und Juan bequemt sich zu einem Geständnis: »Ich glaube, daß zwei und zwei vier und daß vier und vier acht ist.«

Nun ist es heraus: »Ihre Religion ist demnach, wie ich sehe, die Arithmetik.« Es liegt nahe, die Vergötterung der Arithmetik, die Don Juan hier betreibt, zu jenem additiven Verhältnis zur Frau in Beziehung zu setzen, das Sganarell anfangs dem erschrockenen Gusman expliziert hat; in den Register-Ziffern Leporellos wird es einst seinen bündigsten Ausdruck finden. Wie die im Frankreich des 17. Jahrhunderts merkantilistisch verstärkte Kapitalwirtschaft die Wirklichkeit der Waren in eine quantitative Größe, den Geldeswert, auf-

Robert Nanteuil:
Le Bassin (Der Nachttopf).
Kupferstich.

löst, so verfährt die neue, mathematisch operierende Wissenschaft im Reich der Naturphänomene: sie zerlegt sie – Galilei ist der Bahnbrecher des Verfahrens – in Meßwertbeziehungen.* Don Juan betreibt die Übertragung dieses neuen Denkens auf die Sphäre der

Erotik. Vor allem die Quantität »zählt« für ihn, nicht das qualitativ Besondere: die einzelne Frau. So schon bei Tirso, aber erst bei Molière bildet sich der Held zu seiner erotischen Praxis die adäquate Theorie. Sie vollendet sich im Zentrum des Stückes durch die Verabsolutierung der Arithmetik.

Dabei zeigt sich: Sganarells Inquisition hat einen Cartesianer zutage gefördert. *De omnibus dubitandum*, an allem zu zweifeln, war die Losung gewesen, unter der der in Holland untergetauchte Analytiker die Vorstellungswelt des Menschen durchmustert hatte. Erst an der Mathematik hatte der dabei aufgebotene »Apparat der skeptischen Argumente« (Heinz Heimsoeth*) eine Schranke gefunden, zu der Erkenntnis gelangend, »daß zwar die Physik, die Astronomie, die Medizin und alle anderen Wissenschaften, die von der Betrachtung der zusammengesetzten Dinge abhängen, zweifelhaft sind, daß dagegen die Arithmetik, die Geometrie und andere Wissenschaften dieser Art, die nur von den allereinfachsten und allgemeinsten Gegenständen handeln…, etwas von zweifelloser Gewißheit enthalten. Denn ich mag wachen oder schlafen, so ist doch stets $2+3=5$, das Quadrat hat nie mehr als vier Seiten, es scheint unmöglich, daß so augenscheinliche Wahrheiten in den Verdacht der Falschheit geraten können.« (René Descartes, 1641**)

Wo nur mathematische Verhältnisse dem an sich und der Welt zweifelnden Denken den Anhalt der Gewißheit geben, liegt es nahe, auch das Verhältnis zum Mitmenschen, das – im engsten und weitesten Sinn – soziale Verhältnis, einem mathematischen Kalkül zu unterwerfen. In dem »alexandrinischen« Bedürfnis, den Don Juans Erotismus eingangs bekundet, läßt sich der anthropologische Widerschein jenes unendlichen Raums erkennen, der die Entdeckung der Astronomie und die Eroberung der Geometrie des 17. Jahrhunderts war. In den von Galileis Teleskop entgrenzten Raum hatte Descartes sein Koordinatenkreuz gesetzt, dessen Achsen nach vier Richtungen ins Unendliche ausgriffen, um jeden denkbaren Ort durch die Zuordnung auf den Schnittpunkt eindeutig festzulegen. Diesem beliebig wählbaren, unbedingt bestimmenden Kreuzungspunkt, von dem aus die Arme der Zählung ins Unendliche reichten, entsprach das Ich der Descartesschen Philosophie; unverkennbar färbt es auf Don Juans erotische Egozentrik ab. Das Dasein dieses Helden zieht gleichsam die praktische Folgerung aus einer philosophischen Axiomatik, die den Grund des Seins in der Denktätigkeit des Sub-

NATVS HAGÆ, TVRONVM PRIDIE CAL. APR. 1596. DENATVS HOLMIÆ, CAL. FEB. 1650

RENATVS DESCARTES, NOBILIS GALLUS, PERRONI DOMINUS, SUMMUS MATHEMATICUS & PHILOSOPHUS

Jonas Suyderhoef (1613–1686)
nach Frans Hals: René Descartes. Radierung.

jekts erkennt und den objektiven Gehalt dieser Denktätigkeit in der
Beweiswissenschaft Mathematik. Denn das Vor-Anker-Gehen des
vom Zweifel überwältigten Denkens bei den Elementen der Mathematik war nur das eine gewesen. Die Suche nach essentieller Gewißheit führte darüber hinaus; der Zweifel selbst, die Tatsache seiner
Geltendmachung, das Denken also, gab den letzten Anhalt. »Je
pense, donc je suis« – ich denke, folglich bin ich. Wo aber der Zweifel
umfassend wird und nur an dem Ich, das ihn übt, eine Grenze findet,

fallen in letzter Konsequenz auch die moralischen Verbindlichkei-
ten, die ein Dasein aufs andere beziehen. Das handelnd wie denkend
frei, also rücksichtslos für sich selbst einstehende Individuum ist das
Resultat eines Rationalismus, der als entschiedener Subjektivismus
auf den philosophischen Plan tritt.

Descartes' Ethik, dieser »Hochgesang des aktivistischen Stoizismus« (Fritz Neubert*), gipfelt in den Begriff der »generosité«, der
sich wesentlich unterscheidet von der epikurischen Ethik des Maßes
und der Sinnenvernunft, die Pièrre Gassend, der philosophische
Mentor des Gymnasiasten Molière, erneuert hatte. »Generosité«,
erläutert Wilhelm Halbfaß Descartes' Traktat von den »Leidenschaften der Seele«**, »ist Selbstvertrauen, Selbstbewußtsein in
emphatischem Sinn, ist Entschlossenheit, die eigenen Möglichkeiten
in optimaler Weise einzusetzen und das Ideal des freien Selbstbesit-
zes, der Souveränität im Denken und Handeln zu realisieren«. Eben
dies ist Don Juans Fall, in einem der Descartesschen Intention zuwi-
derlaufenden Sinn: »aktivistischer Stoizismus« als eine Haltung
nicht der Beherrschung, sondern der Durchsetzung der »passions«.
So erscheint Don Juan von mehreren Seiten als die aristokratische
Perversion (und Parodie) eines Cartesianers. Die Konstitutanten der
Descartesschen Philosophie – Evidenz des mathematischen Schlie-
ßens, Selbstgewißheit des autonomen Subjekts, unerschütterliche
Zielhaftigkeit des individuellen Willens –, diese insancta trinitas aus
Rationalismus, Subjektivismus und Voluntarismus, erscheinen in
der Person des exponentiellen Erotikers ad absurdum geführt. Da
dies zugleich die Elemente des neuen bürgerlich-kapitalbesessenen
Weltverhältnisses sind, geht ein neuerer Autor, Jean-Pierre Dubost,
nicht fehl, wenn er am Rand einer spekulativ gespannten Deutung
anmerkt, »daß Molières Dom Juan das Analogon des Kapitals«
sei.*** Zu ergänzen wäre: ein aristokratisch enthemmtes Analogon.
Nur, was man rechnen kann, ist wirklich: das ist das Credo der Figur
in dem Gespräch mit Sganarell; es ist nicht kaufmännisch gemeint
und dennoch ein bourgeoiser Standpunkt. Nimmt man Aktionismus
und Autonomismus der Figur hinzu, so erhellt der entfesselte Feudale als die finale Gestalt des neuen Bürgers, eine so paradoxe als
realistische Konstellation.

Es ist Descartes schwer genug geworden, von der gefundenen Ur-Gewißheit, dem Denken des Denkenden, zu der Gewißheit Gottes, als des vollkommenen Subjekts, zu gelangen. Wie ihm die Denk-tätigkeit des einzelnen zum Existenzbeweis des Menschen wurde, setzt er das Gedachtsein Gottes als eines vollkommenen Wesens, das dies nicht wäre, wenn es nicht auch wirklich wäre, als *dessen* Exi-stenzbeweis. Nicht diesen von Descartes verfeinerten ontologischen, sondern eine Trivialvariante des kosmologischen Gottesbeweises hält Sganarell dem radikalen Cartesianer entgegen, als der sein Herr sich entpuppt hat. Die Behauptung Gottes als eines Urvaters in strikt kausalem Sinn, der an sich selbst die Aufhebung der Kausalität ist, verkürzt sich ihm zu der Identifizierung des Gewordenseins der Dinge mit ihrem Geschaffensein. Seine hastig Metaphern häufende Einrede zerfällt, wie schon einmal, zur Asche der Klischeehaftigkeit; sie ist Nachplapperei, die sich ihrer Einfalt rühmt und sie dadurch verscherzt. »Was mich betrifft, Herr, so hab ich, Gott sei gelobt, nicht soviel studiert wie Sie; es kann sich keiner rühmen, etwas von mir ge-lernt zu haben; aber mit meinem geringen Verstand, meinem be-scheidenen Urteil sehe ich die Dinge besser als alle Bücher, und ich verstehe sehr wohl, daß unsere Welt kein Champignon ist, der ganz von allein in einer Nacht emporgeschossen ist. Ich möchte Sie gern fragen, wer all diese Bäume gemacht hat, diese Felsen, diese Erde und diesen Himmel da über uns, – ob das alles von selbst entstanden ist.«

Sganarell, nach Worten haschend, die nicht aus ihm selbst fließen, spürt seine Ohnmacht, er wird sich selbst unglaubhaft im Reden und bricht schließlich ab: »Oh, bitte, unterbrechen Sie mich doch, wenns Ihnen recht ist. Ich kann nicht disputieren, wenn man mir nicht widerspricht.« Er setzt noch einmal an und geht von dem kos-mologischen zu dem teleologischen Gottesbeweis über, der die Exi-stenz Gottes aus der Zweckmäßigkeit und Wohleingerichtetheit der Welt ableitet. Auf eine theologische Weise wird nun auch Sganarell zum Cartesianer und nimmt die Tatsache des Denkens als Beweis hö-herer Abkunft des Menschen: »Ist es nicht wunderbar, daß ich, der ich hier stehe, in meinem Kopf etwas habe, das hundert verschie-dene Dinge in einem Augenblick denkt, und meinen Körper alles ma-chen läßt, was er will? Ich will in die Hände klatschen, ich will die Arme ausstrecken, die Augen zum Himmel erheben, zur Erde sen-ken, die Füße bewegen, nach rechts gehen, nach links, vorwärts,

rückwärts, mich umdrehn…« Don Juans Widerredner kann den
Schluß, auf den seine Rede hinausläuft, nicht zu Ende führen: »Er
stolpert«, vermerkt die Szenenanweisung, »und fällt hin.« »Das hast
du von deinem Vortrag«, konstatiert Don Juan, »eine blutige Nase.«
Worauf der von seiner eigenen Argumentation Gefällte die Tonart
wechselt: »Glauben Sie, was Sie wollen. Mir genügt es, daß Sie verdammt sind.«

Sganarells Argumentation ist als theologische die poetische: der
Mensch als das Wunderwerk, das einen ihn übersteigenden Ursprung haben muß. Der Dichter läßt sie abprallen an einem Rationalismus, der auf die Spitze getriebener cartesianischer Subjektivismus ist: Wer den Grund des Seins, das Apriori seiner Existenz nur in
sich selbst findet, ist per se außerstande, sich als abgeleitet oder
wunderbar zu denken. Die ganze Welt geht ja aus ihm hervor; von
sich selbst ausgehend, kommt er immer nur bei sich selbst an. Das
Übergewicht, das der Dichter kraft seines komödischen Regenten-
tums, das die eine Rede dürftig, die andere ehern erscheinen läßt,
dem Donjuanschen Atheismus verleiht, hat die Zeitgenossen bestürzt, und nicht nur jene, deren Feindschaft ihm durch »Tartüff« sicher war. Baillet, der Biograph Descartes', nannte Molière 1686 »einen der gefährlichsten Kirchenfeinde, den das Jahrhundert oder die
Welt überhaupt hervorgebracht hat«. So wenig aber der Theismus
an dem Sganarell des Stückes Freude haben konnte, so wenig konnte
der Atheismus, den Molière hier dramatisch antizipiert (erst ein
Jahrhundert später, in dem Frankreich Diderots, wird er theoretisch
manifest), sich Don Juans erfreuen. Der radikale Skeptizismus, den
der Aristokrat verficht, jene Haltung, die nur das mathematisch Be-
weisbare als aussagefähig anerkennt, erscheint als die ideologische
Maske des Herrenmenschentums, der erkenntnistheoretische Subjektivismus als Außenseite eines moralischen Subjektivismus, der
auf die Idee der Verantwortung, des sozialen Bezugs pfeift. Dieses
Herrenmenschentum erscheint als die ethische Konsequenz eines zu
Ende gedachten Cartesianismus – es ist, als führe Molière die Kritik,
die Gassend (oder Gassendi), die Leitgestalt seiner Collège-Jugend,
einst an Descartes geübt hatte, mit den Mitteln der sozialen Komödie
fort.

Die Ambivalenz, die das Wesen des Helden ist, gewinnt an dieser
zentralen Szene (sie behauptet die genaue Umfangs-Mitte des Stükkes) eine neue, gleichsam ideengeschichtliche Dimension. Sie führt

PETRVS GASSENDVS DINIENSIS
Hic est Ille dedit cui se Natura videndam
Et Sophia æternas cui reserauit opes:
Inuida non totum rapuistis Sidera: Vultum
Nantolius, Mentem pagina docta refert.

Robert Nanteuil (1623–1678): Pierre Gassendi.
Kupferstich.

auf den Begriff der Ideologie, einen Terminus, der erst im 19. Jahrhundert – dem Wort nach bei Destutt de Tracy, einem Nachfolger der
französischen Materialisten, dem Sinn nach bei Marx und Engels –
in das Leben der Philosophie eintritt; Molière antizipiert ihn ebenso
wie den philosophischen Atheismus. »Glauben Sie, was Sie wollen.

Mir genügt es, daß Sie verdammt sind« – die Worte, mit denen Sganarell den Disput beschließt, besiegeln einen Funktionswechsel zwischen Diener und Herrn, der sich im Wechsel der dramatischen Beleuchtung spiegelt. Immer dort, wo sich die Szene dem theologischen Disput zukehrt, ist der Diener der Herr; er erscheint als der
Funktionär eines Ideologie-Apparats, der allemal bereit ist, das ver-
irrte Schaf durch geduldige Überzeugungsarbeit zur Herde zurück-
zuleiten, für den Fall aber, daß diese nicht verfängt, den Knüppel der
Ausstoßung bereithält: »Mir genügt es, daß Sie verdammt sind.«

So wird Sganarell dem Gelächter preisgegeben – der Apologet verfängt sich in den Schlingen seines eigenen, nicht wahrhaft geprüf-
ten, nicht wahrhaft geglaubten Denkens und fällt auf die Nase; seine
Argumentation, klapprig und vorgestanzt, wird gestisch ad absurdum geführt. Es ist der Ideologiecharakter seines Denkens, der
ihm dies zuzieht: der Autor überführt an Sganarell die geistige Hinfälligkeit einer zur Legitimation von Herrschaftsbedürfnissen her-
abgekommenen Religiosität; nicht der ideelle Gehalt, sondern die
gesellschaftliche Funktion seines Denkens läßt ihn stürzen. Sie ist es,
die für den unerbittlichen Realisten das Maß der geistigen Dinge
setzt; eine Weltanschauung, die, gesellschaftlich präjudiziert, zum
Herrschaftsvorwand herabkommt, gilt ihm als verwirkt – eine Beute
des Gelächters. Herr und Diener, die beiden Hauptfiguren des
Stücks, unterliegen einer changierenden Perspektive: Wo Don Juan
sich als Herrenmensch in Szene setzt, ist er, wo Sganarell die klerikale Unterdrückungsmaschinerie vertritt, ist dieser der Gegenstand
komödischer Überführung.

In der folgenden Szene geht Don Juans Obstruktion wider die
christkatholische Glaubens- und Gesellschaftsdoktrin noch einen
Schritt weiter. Der Aristokrat stößt auf einen Bettler, und das ist
keine beliebige Charge: der aller Lebenssicherheit entblößte
Mensch ist der ständischen Ordnung eine Erscheinung, so wichtig
wie der König; er ist die andere Angel, in der die soziale Hierarchie
hängt. An dem offen preisgegebenen Menschen, wie ihn feudale Ausbeutung – die Romane der Zeit bekunden es mit pittoresker Selbstverständlichkeit – als Massenerscheinung hervorbrachte, bewährt
sich die Solidarität einer Ordnung, deren Ausbeutungscharakter ihn
produziert; kein rechtlich verbürgter Anspruch, sondern das Gebot
christlicher Barmherzigkeit kommt ihm zu Hilfe: »Was ihr getan
habt einem von diesen meinen geringsten Brüdern, das habt ihr mir

getan« – das Christuswort (Matthäus 25) knüpft an die Fürsorge für die Hungrigen, Kranken, Gefangenen die Verheißung der Seligkeit und an die Verweigerung dieser Fürsorge die Aussicht der Verdammnis. Die Gottesnähe, Gottähnlichkeit des in Not befindlichen Menschen war in der katholischen Welt in ungeschmälerter Geltung; sie zeigt sich drastisch an jenem spanischen Höfling, der sich dazu hatte hinreißen lassen, einen Straßenfeger, der ihn versehentlich bespritzt hatte, zu ohrfeigen, und sich aus Bestürzung darüber selbst zum Bettler machte, indem er alle seine Güter an die Gründung eines Hospitals für mittellose Kranke wandte.* Anders anschaulich wird der Stellenwert des Bettlers in der katholischen Ständeordnung in den zahlreichen Geschichten von professionellen Bettlern, die es zu heimlichem Wohlstand bringen. In dem Lazarillo-Roman von 1554, der ein Bild von der ungeheuren Verarmung der spanischen Nation unter den Habsburgern gibt, ist der blinde Bettler, dem Lazarillo Dienste leistet, noch der begütertste von allen Herren, die der ins Erwerbsleben verstoßene Knabe findet; das wirkliche Elend lernt er bei dem hungernden Adligen, dem mittellosen Kleriker kennen. Auch in dem absolutistischen Frankreich ist Armut eine Massenerscheinung. »Es ist unzweifelhaft festgestellt«, schreibt der Gouverneur der Dauphiné 1675, »daß der größte Teil der Bewohner dieser Provinz während des Winters nur von Eicheln und Wurzeln gelebt hat und daß man sie gegenwärtig die Kräuter der Wiesen und die Rinde der Bäume verzehren sieht.«**

Der Hungerleider, auf den Don Juan stößt, ist ein Einsiedler, »der sich seit zehn Jahren in diesen Wald zurückgezogen hat«, und die Auskunft, um die Sganarell ihn angeht, mit einem kleinen Almosen zu begleichen bittet: »Ich werde nicht vergessen, zu Gott zu beten, daß er Ihnen alles Gute schenke.« Don Juan, der einmal im Zug ist, nimmt die fromme Versicherung zum Anlaß, den Eremiten ad absurdum zu führen: »Bitte ihn lieber, daß er dir Kleider gibt, als daß du ihn anderer Leute wegen bemühst.« Das ist nicht sowohl höhnisch als logisch gemeint; das Verhör, das er mit dem armen Mann anstellt, fördert dessen Lebenswiderspruch zutage: der »alle Tage zu Gott um das Wohlergehen der guten Menschen« bittet, die ihm etwas geben, muß bekennen, daß er »oft nicht einmal ein Stückchen Brot habe«, seinen »Hunger zu stillen«.

Mit schneidendem Syllogismus hakt Juan in diese Aporie ein: »Das ist ja höchst sonderbar! So schlecht werden dir deine Bemü-

hungen gelohnt! Ich gebe dir sofort ein Goldstück, wenn du Gott
fluchst.« Auch hier geht es um Ideologie, nicht um Theologie. Das
Goldstück selbst, ein goldener Ludwig (Louis d' or) zu zwölf Livres,
eine schwindelerregende Summe, macht es deutlich: die Münze mit
dem Bildnis des Königs und der martialischen Inschrift »Christus re-
gnat vincit imperat« (Christus herrscht, siegt, befiehlt) versinnbildlicht die dreieinige Herrschaft von Staat, Kirche und Ökonomie. Der
arme Mann trägt dem Reichen den sozialen Konsensus an: Wenn dieser ihm ein Scherflein von seinem Überfluß abgäbe, wäre er bereit,
den im Reichtum schwimmenden Aristokraten in sein Gebet einzu-
schließen, das heißt: ihn sozial zu akzeptieren. Don Juan verweigert
sich dem Angebot; mit doppelter Verführung, materieller wie ideel-
ler, versucht er, das Weltbild des Mannes aus den Angeln zu heben.
Es wäre oberflächlich, nur den zynischen Aristokraten in ihm zu sehen, der eine zwiefache Überlegenheit spielen läßt, um den armen
Mann zu Ansichten zu bringen, die dieser sich nicht leisten kann. In
Wahrheit verwandelt sich Juan hier in den sozialen Diversanten, der
an den Wurzeln der Ordnung rüttelt, der er seine eigene Stellung ver-
dankt. Der Autor leiht sich die Figur des Herrn aus, um den Elenden
und Preisgegebenen in seiner Demut gegen Gott, die in Wahrheit Demut gegenüber der Ausbeuterordnung ist, zu erschüttern.

Der junge Herr Tenorio treibt das Spiel weit und Sganarell spielt
es mit; er gönnt dem Bettler die Gabe: »Fluche getrost, es hat nichts
zu bedeuten.« Aber der Bettler läßt den Grund seines Daseins nicht
antasten. Das Goldstück würde ihn nicht zum reichen, der Fluch
aber zu einem auch innerlich haltlosen Mann machen: »Nein, Herr,
lieber will ich Hungers sterben.« Der Versucher gibt ihm, mit überraschender Wendung, das Goldstück dennoch: »Ich gebe dirs aus Menschenliebe.« Das Goldstück, das destruktiv nicht verfing, wendet
sich ins Positive, einer Losung verknüpft, die wie aus ferner Zukunft
scheint; mit gebieterischer Antizipation schlägt sie in eine Gegenwart unangefochtener Feudalität ein: »pour l'amour de humanité«.
»Aus Liebe zur Menschheit« lautet die wörtliche Übersetzung der
Stelle; ihre sinnrichtige ergibt sich aus der Antithese, die Juan zu der
religiösen Almosenformel bildet: »Pour l'amour de Dieu.« »Um Gottes willen« wäre deren adäquate Verdeutschung; ihr tritt hier ein anderes, »um des Menschen willen«, gegenüber. Menschheit und
Menschsein – das Changement dieser Begriffe, die im Französischen
ein Wort bilden (dieses kann auch noch Menschlichkeit, Freundlich-

keit heißen), bezeichnet genau den Punkt künftiger Entwürfe, künftiger Krisen. Zehn Jahre, nachdem im Namen der Menschheit der
Thron der Bourbonen gestürzt ist, bringt Goethe die beiden Gabenformeln in eins; der Faust-Vers des Molière-Kenners ist wie auf diese
Don-Juan-Stelle gemünzt: »Es reget sich die Menschenliebe / die
Liebe Gottes regt sich nun.« (Vers 1184/85) Der Teufel funkt alsbald
dazwischen.

Unter Rittern

Die blasierte Freigeisterei einer höfisch gelähmten, schon parasitären Adelskaste als Tarnschild antiideologischen Affronts — Molières
Spiel war von so exzentrischem Raffinement, daß auch die, die es
durchschauten, darüber erschauern mochten. Hier waren zwei
Mächte getroffen und in einer Person gegeneinander ausgespielt: die
wohlbepfründeten Hüter des ideologischen Konsenses auf der einen
und auf der anderen Seite die höfisch gebändigte, sich in luxuriösem
Nichtstun zersetzende Adelskaste. In der nächsten Szene zeigt sie
der Dichter in ihrem Glanze. Setzte Don Juan für den unbestechlichen Bettler ein Goldstück, so setzt er nun für einen Unbekannten
sein Leben aufs Spiel: »Doch was seh ich da? Ein Mann von drei andern überfallen! Der Kampf ist ungleich. Ich kann solch eine
Schändlichkeit nicht dulden.« Spricht's und stürzt davon, den Bedrängten herauszupauken. »Mein Herr«, kommentiert Sganarell,
»ist geradezu versessen darauf, sich in Gefahren zu stürzen, die ihn
gar nicht bedrohen.«
     Molière führt szenisch aus, was Tirsos Stück von seinem Helden
nur behauptet hatte: daß er in allen Dingen, die nicht mit Frauen zu
tun hätten, ein Ritter ohne Furcht und Tadel sei. Juans Unerschrokkenheit, so zeigt sich, ist eine durchaus moralische Eigenschaft.
Seine furchtlose Intervention hat Erfolg: die Räuber fliehen; der
aber, dem er das Leben gerettet hat, verfolgt, so stellt sich heraus,
ihn selbst als einen Räuber — es ist Don Carlos, einer der Brüder
Donna Elviras. Mit Don Alonso, dem zweiten Bruder, und einem
Troß von Knechten macht er Jagd auf den Schänder der Familienehre und ist dabei versprengt worden; nun hat er das Pech, dem Gesuchten sein Leben zu verdanken. Der dritte Akt wiederholt die Kon

stellation des ersten; wie dort der theologischen Disputation die Erscheinung Elviras, so folgen ihr hier deren Brüder – Vollzugsorgan der Rache, die die Verlassene dem Ungetreuen zuschwor. Der zweite Akt kündigte die Verfolger an, der dritte bringt sie mit verblüffender Volte zur Erscheinung; war der spanische »Burlador« ein Episodenstück gewesen, so zieht der Franzose den Stoff auf den roten Faden einer durchgehenden Fabel; sie lautet: Die Rache der Verführten.

Ehe sich aber das besondere Verhältnis des Retters zu dem Geretteten entdeckt, gibt Don Carlos einige melancholische Bemerkungen über die verheerenden Auswirkungen des adligen Ehrenkodex zum Besten. Es ist deutlich, die Strafexpedition macht ihm keinen Spaß: »Wir, mein Bruder und ich, sind gezwungen, die Umgegend zu durchstreifen – wegen einer jener peinlichen Angelegenheiten, derentwegen wir Edelleute uns und unsere Familien dem strengen Gesetz der Ehre opfern müssen, wobei am Ende auch der glänzendste Erfolg keine Freude bereitet, denn, wenn man auch nicht um sein Leben kommt, muß man doch das Land verlassen. Eben deswegen finde ich die Lage, in der sich unsereiner befindet, so trostlos, denn all unsere Lebensweisheit und Ehrenhaftigkeit können uns nicht helfen – wir sind durch die Gesetze der Ehre von dem liederlichen Tun anderer abhängig, sehen unser Leben, unsere Ruhe und unsern Besitz durch die Einfälle des ersten besten Raufbolds gefährdet, der uns jederzeit eine jener Beleidigungen zufügen kann, die einen Ehrenmann zugrunde richten müssen.«

Molière demonstriert es an einem Betroffenen: der adlige Verhaltenskodex funktioniert nicht mehr; die Gesetze des Königs haben der Anarchie des point d'honneur den Boden entzogen. Don Juan für sein Teil sieht es nicht so tragisch; hat sein Vater die Folgen seiner Duelle immer wieder von ihm abgewendet? Als er bemerkt, er selbst ist der Gesuchte, gibt er sich als einen Freund Don Juans zu erkennen: er werde veranlassen, daß dieser sich Don Carlos »an jedem von Ihnen gewünschten Ort zu jeder beliebigen Zeit« stelle. Da sprengt Alonso herbei und erkennt ihn: »Hilf Himmel! Was seh ich? Mein Bruder in Gesellschaft unseres Todfeindes!« Er zieht den Degen, aber Don Carlos legt sich ins Mittel; er fühlt sich seinem Lebensretter verpflichtet und erzwingt einen Aufschub der Tätlichkeiten. Alonsos wütendem Unverständnis begegnet er mit einigen wohlformulierten Kurzreferaten, die in der Versicherung gipfeln, er werde Don Juan »mit derselben Gründlichkeit die Kränkung heimzahlen wie die Wohltat«. Hinter der rhetorischen Zierlichkeit verbirgt sich entschlossene Friedfertigkeit; Don Carlos möchte den Weg zu einer »sanfteren Form der Satisfaktion« bahnen: der Verschwägerung. Und er gewinnt das Übergewicht über den blutrünstigen Alonso, sein Abgang ist glänzend: »Komm, Bruder, ein Augenblick Güte ändert nichts an der Strenge unserer Pflicht.« Des Autors komödisches Genie zeigt sich an dem Vermögen, eine Haltung rhetorisch zu glossieren, ohne sie moralisch zu entwerten; er charakterisiert sie sozial und tilgt doch nicht ihre individuelle Dimension.

Auch Don Juan ist beeindruckt, er hielte gern Frieden mit Don Carlos. Aber der Preis ist zu hoch: »Ich bin für Freiheit in Liebesdingen … und könnte mich nicht entschließen, mein Herz innerhalb von vier Wänden einzusperren.« Und noch einmal, wie zu Anfang, aber lakonisch gerafft, die panerotische Prätention: »Mein Herz gehört allen Schönen, und deren Sache ist es, es der Reihe nach an sich zu nehmen und es festzuhalten, solange sie's können.« Don Juan spricht sein Lebensgesetz fest, und die Folgen sind absehbar: er wird sich am nächsten Tag mit Alonso schlagen und ihn, Meisterfechter, der er ist, töten; dann wird Carlos ihn fordern und dasselbe Schicksal erleiden – eine Familienausrottung mehr auf dem Wege des unersättlichen Frauenfreundes. Da kommt Einspruch von unerwarteter Seite. Man befindet sich immer noch im Walde, an der Seite eines abgelegenen Friedhofs – zum ersten Mal fällt Juans Blick auf die Mauer: »Doch was für ein prunkvoller Bau erhebt sich dort hinter den Bäumen?« Sganarell weiß Bescheid: »Es ist das Grabmal, das der Komtur errichten ließ, als Sie ihn totstachen.« Das ist ein halbes Jahr her, der Erstochene muß es wohl schon früher in Auftrag gegeben haben, denn es ist als »Wunderwerk« (merveille) bekannt. Auch Juan hat es rühmen hören und verspürt ein Gelüst, es sich anzusehen. Sganarells Verweis: »Es ziemt sich nicht, daß Sie zu dem Manne gehen, den Sie umgebracht haben«, prallt an der unerschütterlichen Selbstgewißheit seines Herrn ab: »Im Gegenteil, es ist ein Besuch, durch den ich ihm meine Achtung erweise und den er dankbar entgegennehmen muß, wenn er ein höflicher Mann ist.«

Keine Ironie färbt seine Rede. Wie sollte ihm einer grollen, mit dem er einen ritterlichen Zweikampf austrug?! Der numinose Aspekt in bezug auf Friedhof und Grabmal liegt ihm so fern, daß er seine Visite ins Werk setzt, als gelte sie einem Lebenden. An dem marmornen Wunderwerk entdeckt er eine immanente Paradoxie:

»Ich finde es bewundernswert, daß sich ein Mann, der sich bei Lebzeiten mit einer recht bescheidenen Wohnung begnügte, eine so
großartige beansprucht, wo er nichts mehr von ihr haben kann.«
Auch das ist ohne Ironie gesagt – Don Juan ist niemals ironisch. Der
Aufklärer in ihm findet sich gereizt; er opponiert einem Totenkult,
der das Verhältnis von Leben und Tod maßlos zugunsten des letzteren verschiebt; die barocke Vergötterung des Todes findet in ihm keinen Komplizen. Keine Grabinschrift provoziert ihn, wie in allen vor-
angehenden Stücken, sondern nur Sganarells Zurückstutzen vor
dem Gesichtsausdruck der sprechend ähnlichen Figur; das Standbild, meint der Diener, sehe nicht aus, als sei es erfreut, »uns hier zu
sehen«. Da geht Juan zur Attacke über, sie richtet sich gegen den
abergläubisch schreckhaften Diener: »Frag ihn, ob er heute mit mir
zu Abend speisen will!« Don Juan will Sganarells Aberglauben eine
Lehre erteilen, und der Diener fragt tatsächlich – entsetzt sieht er die
Statue mit einem Kopfnicken antworten. Sganarell ist vor Schreck
wie gelähmt, dann bekennt er, was er gesehen hat, und Juan macht
die Probe aufs Exempel. Er wiederholt die Einladung mit eigener
Stimme – die Statue nickt abermals. »Nun, Herr?« erkundigt sich
der verspottete Diener. »Gehen wir«, gibt Juan ihm Bescheid.

Auch diesen Akt beschließt, wie die beiden vorangegangenen, ein
Satz Sganarells, und sein Sinn ist fraglich: »Das sind die starken
Freigeister, die an nichts glauben!« Triumphiert der Diener angesichts der Bestätigung, die ihm zuteil geworden? Oder zielt er auf seines Herrn Unerschütterlichkeit noch im Angesicht des Grauens? Die
folgende Szene – sie eröffnet den vierten Akt – deutet auf das letztere.

Der letzte Gast

Molières Abweichungen von Tirsos erster Komturszene sind höchst
zivilisiert: weder reizt Juan das Rachegebot einer Inschrift, die den
Anschein erweckt, der Getötete selbst habe sie verfaßt, noch ver-
steigt sich der Besucher dazu, die Statue am Bart zu fassen. Nicht
er – der Diener spricht die erste Einladung aus, und dessen Aberglauben zu heilen ist sie bestimmt. Als das Standbild kopfnickend
annimmt (Cicognini, der Italiener, hatte dieses Motiv in die Geschichte eingeführt), ist Don Juan keineswegs bereit, seinen Augen
zu trauen. »Es kann ein Spiel des Lichts gewesen sein«, sagt er zu

DOM JUAN.
ou le festin de Pierre.

Laurent Cars (1699–1771) nach François Boucher (1703–1770):
Dom Juan lädt die Statue des Commandeurs zum Souper ein (3. Akt, Szene 5).
Titelkupfer zu Molières »Dom Juan« im 3. Band der Edition de Voltaire,
Paris 1734.

Anfang des 4. Aktes, »oder ein plötzlicher Schwindelanfall hat unsere Sinne betört.«

Verschoben ist die geographische wie die dramaturgische Position des Monuments. Der Autor versetzt es in einen Wald, und er tut dies, um den dritten Akt mit ihm zu beschließen; anders als in allen übrigen Don-Juan-Stücken thront die Statue bei ihm inmitten des Dramas. Voran geht der von Don Carlos bewirkte Duell-Aufschub; wo der »Burlador« den tödlichen Zweikampf plaziert, steht bei Molière dessen Vermeidung, davor aber, in der mittleren Szene des mittleren Aktes, also dem Zentrum der Komposition, eine selbstlose Tat des Helden, der rettende Fünfkampf.* Er erscheint als der Höhepunkt der aufsteigenden Handlung, dem mit der Entdeckung durch Elviras Brüder der erste, mit dem Auftauchen des Grabmals der zweite Wendepunkt folgt – ein einziger wäre zu wenig für diesen Helden.

Anders als bei Tirso sind weder der Komtur noch Don Juans Vater als Widersacher zuvor in Erscheinung getreten. So kann die Einmischung des Marmorbilds nur einen Ursprung haben: Elviras an Juans Spott abprallende Himmelsanrufung am Ende des ersten Aktes. Mehr noch als die Brüder, die Juan ohnehin auf den Fersen sind, ist die nickende Statue das Werkzeug ihrer Rache; sie mischt sich genau in dem Moment ein, da Juan eine Heirat mit Elvira gewissermaßen aus Prinzip ablehnt. Der Komtur als Rächer der Frauen-, nicht der Väterwelt – die Umbildung ist fesselnd; zugleich ist die neue Motivation deutlich schwächer als die alte: keine gezeigten, szenisch vollzogenen, nur erzählte Untaten begründen die Erscheinung des Standbilds. Voran stehen Vorgänge des Abbiegens, der Entspannung; wie aus dem Nichts durchstößt das nickende Marmorbild inmitten des Stückes die Oberfläche des Dramas. Ist es nicht sowohl der Anfang der Tragödie als ein Bestandteil der Komödie, etwas, das, aus dem Nichts kommend, auch nichts bedeutet und ins Unwirkliche zurückgescheucht werden kann? Molières Komtur erscheint früh genug, um abwendbar zu sein. Erst im Lauf des vierten Aktes, endgültig erst im fünften entscheidet sich die Realität dessen, was Don Juan gesehen hat, ohne seinen Augen zu trauen – er verhält sich, als ob ein obskurantischer Illusionist ihm einen Streich gespielt habe. Was bei Molières Vorgängern, von Tirso an, als dicht und steil gefügter Schlußbau des Dramas dasteht: die Entdeckung und Einladung der Grabfigur, deren Erscheinen bei Tische, Don Juans Untergang, erstreckt sich bei Molière über drei Akte – ein langgezogener

Treppenbau, dessen Stufen jeweils Raum geben, das Verhängnis zu
wenden. Erst die dritte Begegnung und nicht, wie bei Tirso, schon
die erste macht es endgültig.

Juan traut seinen Augen nicht, aber er hat Mühe, das zu tun – sein
Scheitern als Aufklärer zeichnet sich ab. Er ist gereizt, und als Sganarell zu Anfang des 4. Aktes die Erscheinung mit schlichter Didaktik auf seinen Lebenswandel bezieht: »Ich zweifle nicht, daß der
Himmel, empört über Ihren Lebenswandel, dieses Wunder geschehen ließ, um Sie zu warnen«, ist er es, der aus der Bahn des Disputes
tritt und den Knüppel der Maßregelung hervorzieht: »Wenn du mich
noch weiter mit deinen dummen Moralpredigten belästigst, wenn du
mir nur noch ein Wort über diese Sache sagst, rufe ich meine Leute,
verlange einen Ochsenziemer, lasse dich von drei oder vier Mann
festhalten und dir tausend Hiebe verabfolgen.« Der Diener weicht
der Stärke dieses Arguments; er ist der Intellektuelle mit Realitäts-
sinn und trägt seinen Mund, nicht seine Haut zu Markte.

Dieser vierte Akt spielt im Behausten: ein Zimmer im Palais des
Helden ist sein umschlossener Ort. Es ist gegen Abend (die Waldbe-
gegnungen füllten den Nachmittag), und keine Liebesabenteuer
stellen sich in Juans Gemächern ein, sondern ein Besucher aus einer
Welt, die Juan noch ferner liegt als das marmorne Grabmal: Herr Dimanche kommt aus der Sphäre des Erwerbslebens. Der zweite Akt
hatte den adligen Herrn mit den Bauern, der dritte mit einem Bettler
zusammengebracht. Nun tritt das Bürgertum auf den Plan, und es
kommt mit Forderungen: Don Juan lebt auf Kosten des Herrn Dimanche, er hat Schulden bei ihm.

Als Juan mit Sganarell aus dem Wald zurückkehrt, sitzt Herr Dimanche – sein Name heißt Sonntag, und ein altes Wörterbuch* gibt
die Auskunft, daß man »so die Handwerksleute nennet, die ihre
Zahlung am Sonntage abfordern«, die Annahme ist also zulässig,
daß das ganze Stück an einem Sonntag spiele – schon eine Stunde da
und wartet. Sganarell, der in Finanzdingen ganz mit seinem Herrn
fühlt, rät, ihn weiter warten zu lassen, aber Juan weiß es besser; er
läßt den Kaufmann vor sich kommen und lähmt ihn durch *civilité***.
Dem Gläubiger einen Sessel anbietend, schneidet er ihm die Luft ab;
den Bürgersmann als seinesgleichen behandelnd, vernichtet er dessen Forderungen. Herr Dimanche wehrt sich verzweifelt gegen die
überströmende Herzlichkeit seines hoch über ihm stehenden
Schuldners – er kommt nicht zu Wort, und als Herr Tenorio ihn sogar

nach dem Ergehen seines Hündchens fragt, den er mit Namen
nennt: Brusquet, der Ungestüme, weiß er, daß er verloren hat; eine
Einladung zum Abendbrot vollendet seine Niederlage. Die Kluft, die
die Klassen scheidet, könnte nicht schneidender demonstriert werden als durch die niederschmetternde Wirkung ihrer Leugnung:
Herr Dimanche wird mit der Ehre bezahlt, daß ihm ein Stuhl ange-
boten wurde. Zum Schluß begehrt Don Juan den Abgehenden gar
hinauszubegleiten; dessen »Ach, Herr!« ist der Stoßseufzer eines,
mit dem nicht die Komödie, sondern die Ständegesellschaft ihr Spiel
treibt. Unter Sganarells Händen verwandelt die Szene sich zuletzt
noch in die Farce: als Dimanche, von ihm hinausgeführt, ihn an
seine Schulden mahnt, stößt er den Gläubiger zur Tür hinaus.

Ist Herr Sonntag nur eine brillante Episode in dem Aufmarsch der
Stände, der den Zug des aristokratischen Helden begleitet? Seine
besondere Funktion im Gewebe der Fabel wird erst der letzte Akt offenbar machen, sie besteht in der Demonstration, daß Don Juan
kein Geld mehr hat: seine Barschaft hat sich erschöpft. Molières
Stück besteht nicht, wie Tirsos »Burlador«, aus einer Serie erotischer Betrügereien, sondern aus einem Aufmarsch von Gläubigern –
Elvira, die Liebesgläubigerin, macht im ersten Akt den Anfang. Die
Untaten sind alle schon geschehen, nun werden die Rechnungen vorgelegt; das Stück ist vom Typ derer, die im Ganzen Schlußakt sind:
die Taten und die Krisen, eine ganze große Geschichte liegt *vor* dem
Drama. Dieses führt nur das Finale aus, eines, an dem die Gewichte
der Vorgeschichte wie eine verborgene Sprengladung hängen.
Hinter Ödipus liegt ein langes Regenten-, hinter Faust ein langes
Forscherleben, als beider Drama anhebt; Othello hat eine große militärische Karriere im Rücken – auch Juan sehen wir dergestalt mit
Vorgeschichte beladen; der zweite Akt ist wie ein Zitat, ein komischer Nachhall seines Jugendtreibens. Wechselt in den ersten Akten
noch der Versuch neuer Taten mit der Erinnerung an vergangene ab,
so ist dieser vierte nurmehr eine Staffel von Mahnungen; das Nicken
des Komturs hat sie eingeleitet, nun nehmen sie, Stufe um Stufe, ihren Fortgang. Am Ende steht wieder der Komtur – was Herr Dimanche einzufordern hat: Geld, ist noch das Harmloseste.

Eine besonders lange Rechnung hat Don Luis Tenorio, der Vater
Juans, vorzulegen, und er hat sich wohlpräpariert. Dem Eintretenden – Herr Dimanche gibt ihm gleichsam die Klinke in die Hand –
fließt seine Rede wie eine Parlamentsattacke von den Lippen: eine

Standpauke von mehr als einer Druckseite. Don Juan lebt auf Kosten des Herrn Papa, und nicht nur pekuniär, sondern auch moralisch und politisch: »Diese ununterbrochene Folge gemeiner Verbrechen, die uns immer wieder zwingen, an die Gnade des Fürsten zu
appellieren und die meine Verdienste um ihn und das Vertrauen meiner Freunde zunichte gemacht haben« drücken den Alten nieder. Es
ist jene Konfrontation, die Tirso ins Zentrum seines Stückes, vor die
entscheidende Untat gesetzt hatte, die Tirade vom fils criminel, dem
verbrecherischen Sohn, dessen Lied Giliberto, Dorimon und de Villiers gesungen hatten (dort war der Vater sogar vor Gram gestorben); nur bei Cicognini war die Vaterfigur entfallen.

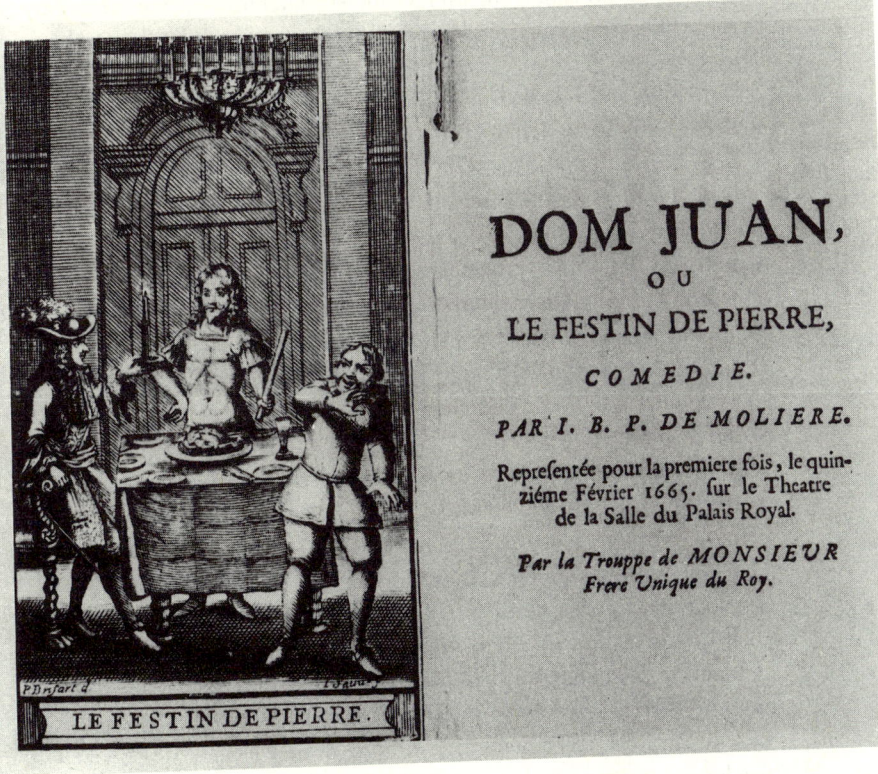

I. Sauvé nach P. Brisart: Die Statue des Commandeurs
folgt Dom Juans Abendeinladung (4. Akt, Szene 8).
Titelkupfer im Erstdruck von Molières »Dom Juan ou Le Festin de Pierre«,
Paris 1682.

Molière wendet die Standpauke ins Allgemeine und liest aus dem Munde Don Luis' einem ganzen Stand die Leviten: »Nein, nein, die Abstammung bedeutet nichts, wenn die Tugend fehlt. ... Begreife doch endlich, daß ein Edelmann, der ein schlechtes Leben führt, ein widernatürliches Ungeheuer ist, daß die Tugend der vornehmste Adelstitel ist, daß ich weit weniger auf den Namen sehe, mit dem man zeichnet, als auf die Taten, die man begeht, und daß ich den Sohn eines Lastträgers, der ein Ehrenmann ist, höher schätze als den Sohn eines Monarchen, der ein Leben führt wie du.«

Das ist, vor einem Parkett, in dem die ausschweifenden Söhne des Hochadels neben den verschwenderischen Vätern sitzen, unmißverständlich. Keine komödische Ironie färbt die Rede Tenorios des Älteren, der offenbar schon ein alter Mann ist; sein Hinweis, wie lange er, in seiner Verblendung, den Himmel um einen Sohn angefleht habe, deutet darauf.

Don Juan stellt sich der Anklage so wenig, als er sich gegen sie stellt, er läßt sie an sich ablaufen: »Herr Vater, wenn Sie sich gesetzt hätten, hätten Sie viel besser reden können.« Er qualifiziert die Tirade als Tirade – das ist furchtbarer als Einspruch. Don Luis entgegnet mit der Verstoßung des Sohnes: er werde »dem Zorn des Himmels vorgreifen« und seinem Treiben Schranken setzen. Auch nach dem Abgang des Alten zeigt sich Juan ungerührt, er findet es unziemlich von seinem Vater, noch am Leben zu sein: »Jeder muß seine Zeit haben, und es empört mich, wenn ich Väter sehe, die ebensolang leben wollen wie ihre Söhne.« Durch Eloquenz siegt auch hier die Komödie über ihren Stoff; indem der Akteur sein Betragen ausdrückend übergipfelt, hebt er gleichsam dessen Faktizität auf. Das Monströse, vollendet ausgedrückt, ist bereits das Erheiternde.

Keine ödipale Deutung kann sich im Körper des Konflikts einnisten: das hauteng sitzende Gewand der Rede trägt alle Implikationen sogleich nach außen. Der Vorgang schraubt sich in der Folge noch höher, Sganarell übernimmt nun den Part; zuvor allerdings meldet der getreue Opponent Einspruch an: »Ach, Herr, Sie haben unrecht.« Aber er kann ihn nicht aufrechterhalten; der Dialog, der diesem Satz folgt, ist der kürzeste und dramatischste des ganzen Stückes:

> Don Juan (*steht auf*) Ich – unrecht?
> Sganarell (*zitternd*) Herr...
> Don Juan Ich – unrecht?

Jacques Philippe Le Bas (1707–1783)
nach Jean-Michel Moreau le jeune (1741–1814):
Dom Juan bewirtet die Statue des Commandeurs
(4. Akt, Szene 8). Titelkupfer zu Molières »Dom Juan«
im 3. Band der Werkausgabe von M. Bret,
Paris 1773 (gestochen 1770).

Das Verhältnis zwischen Herrn und Diener ist auf seinen Elementarcharakter, den Ochsenziemer, zurückgeführt. Sganarell bemerkt es am *Aufstehen* seines Herrn, und er zittert: Wie wird er sich retten? Mit jäher Wendung schlägt er sich auf die Seite der Macht, die ihn bedroht, die ihn bezahlt, und redet Don Juan nach dem Munde, so maßlos, daß die Mimikry sich selbst aufhebt: »Ja, Herr, es war unrecht, sein Gerede ruhig anzuhören. Sie hätten ihn hinauswerfen sollen.« Nicht nur Juan, auch Sganarell ist eine Doppelnatur, aus konträren Klassengründen. Entspringt die Janusköpfigkeit seines Herrn dessen Herrentum (seine gesellschaftliche Stellung ist so erhaben, daß er es sich leisten kann, die Fassade der Ordnung einzureißen, die ihm diese Stellung einräumt), so repräsentiert Sganarell die Doppelnatur des Intellektuellen: Opponent und Apologet, Sprachrohr und Widersprecher, Odysseus und Kassandra in einem Wechsel, den nicht seine Wandelbarkeit, sondern einzig seine Abhängigkeit bewirkt. Mit schweykischer List hebt er seinen eigenen Umfall auf und klagt sich dennoch selber an, als könne ihn einer mißdeuten: »O verfluchter Diensteifer! Wohin treibst du mich?«

»Bekomme ich nun endlich mein Abendessen?« Don Juans unmutige Frage deutet auf ein Stärkungsbedürfnis, und in der Tat, die Anfechtungen dieses Tages waren groß. Aber die Skala der Störungen ist noch nicht erschöpft, die Erscheinung des Vaters wird überboten durch diejenige Donna Elviras, die sich abermals – diesmal verschleiert – Zugang verschafft hat; der Tag begann und er endet mit ihr. Aber sie ist nicht mehr dieselbe wie am Morgen, »jene Elvira, die Ihnen fluchte und deren erregtes Gemüt nur Drohungen ausstieß und Rache atmete«. Was Juan ihr zynisch anriet: wieder ins Kloster zu gehen, ist nun ihr eigener Wille – nicht um ihret-, um des Geliebten willen tritt sie auf den Plan: Im Namen des Himmels, der – woher hat sie die Information? – Anstalten zu dem »entsetzlichsten Strafgericht« treffe, mahnt sie ihn zur Reue. Nicht Don Juans Rückkehr zu ihr, einzig dessen Rettung ist ihr Trachten: »Retten Sie sich, ich flehe Sie an, aus Liebe zu sich selbst oder aus Liebe zu mir.«

Der dritte Mahner, nach dem Diener, dem Vater, ist Molières Vorgängerstücken fremd. Marlowes »Faust« aber kennt die entsprechende Figur: den alten Mann, der dem teuflisch Verstrickten in letzter Stunde die himmlische Gnade verheißt: »Ich spreche nicht im Zorn … aus warmer Liebe nur und Mitleid mit dem Weh, das deiner harrt.« Robert Weimann* erkennt ihn als »Erbteil der Moralitä ten« – eine Figur aus jener allegorischen Sphäre, mit der die Kirche des Mittelalters die szenische Darstellung der Heilsgeschichte umkleidet hatte. Molière treibt den Funktionscharakter des Urbilds – der gütige Mahner, der in letzter Stunde zur Reue rät – in ein Individuelles, das diesen Ursprung ebenso hinter sich läßt wie den typenhaft absteckenden Rahmen der Komödie; die Figur der Entsagenden, die ihre Liebe von allem Besitzenwollen, ihre Enttäuschung von allem Rachegelüst geläutert und nur noch eins im Sinn hat: die Rettung dessen, der sie verriet, ist seine persönlichste Findung. Was ihr erster Auftritt anzeigte und sich in der Folge nur mittelbar bekundete, erklärt sich in diesem zweiten Auftritt vollends: Elvira ist die Gegenspielerin Juans, an der sich sein Schicksal erfüllt. Ihm an Kraft, an Behauptungswillen ebenbürtig, vertritt sie die neue Welt der Frau, die eine des individualisierten Gefühls ist, der Liebeswahl mit allen ihren Risiken und Forderungen, und erweist durch Entsagung deren Überlegenheit. Sie macht Juan vor, was dieser nicht vermag: Einkehr – die Reinigung von einem Egoismus, der in ihr nicht schwächer loderte als in dem begehrten Mann.

Wie wird Juan dieser Erfahrung standhalten? Sganarells Rührung ist offenbar; sein Herr bemerkt sie gleichsam mit hochgezogenen Brauen. Der Dialog, in Elviras Rede einfallend (es ist ein Strukturprinzip des Stückes, die Tirade durch den Einwurf zu kontern, der den Redestrom an unvermuteter Stelle aufbricht), ist einzigartig:

DON JUAN Mir scheint, du weinst?
SGANARELL Verzeihen Sie.

Aber am Ende von Elviras Rede scheint auch Juan betroffen; hat die selbstlos Warnende in dem diamantenen Egoisten das Unvorstellbare erregt, Gefühl? »Madonna, es ist spät«, sagt er, als sie geendet hat, »bleiben Sie hier. Wir bringen Sie aufs beste unter.«

Elvira lehnt ab, und man kann sich denken wie: mit zitternden Knien; sie reißt sich, die Warnung erneuernd, los. »Tigerherz«, sagte Sganarell vor der Einladung mit einem Blick auf seinen Herrn, aber er täuscht sich. Don Juan ist nachdenklich geworden und war es schon nach dem ersten Auftritt Elviras; sie ist die einzige Gestalt des Stückes, die ihn zu irritieren vermag. Schreckt ihn die Warnung nicht, so berührt ihn doch die Frau; sich ihm entziehend, erneuert sie erloschene Gefühle. Was ihm widerstrebt, entflammt ihn, was sich ihm fügt, ist verloren – kein Zweifel: Juan ist von der leidenschaftli-

chen Warnerin erotisch berührt; er verspürt ein Gelüst, sie noch einmal in sein Bett zu ziehen. Aber die Empfindung geht tiefer, Ironie
sucht sie aufzuheben. »Sganarell«, meint der Ermahnte, »man wird
doch wohl daran denken müssen, wie man sich bessert.« Er wiederholt es und setzt hinzu: »Noch zwanzig oder dreißig Jahre so gelebt,
und dann wird es Zeit, an sich zu denken.« Er sagt: an sich, nicht:
an sein Heil. Sganarell ist wortkarg, und diesmal stört es seinen
Herrn.

Was folgt, ist Possenspiel vom Schlag der commedia dell'arte: Der
Diener mit der geschwollenen Backe, die der Herr chirurgisch behandeln will – Sganarell, der vor Hunger fast umfällt (er hat »seit
heute früh nichts gegessen«), hat von der Tafel stiebitzt. In die Es-
sensposse fällt ein Klopfen – Herr und Diener sind aufs empfindlich-
ste berührt. Der letzte Besucher ist der unerwartetste von allen, es ist
das Standbild des Komturs. Juan (»Wir wollen ihm zeigen, daß uns
nichts erschüttern kann«) begegnet dem steinernen Gast mit eherner Zuvorkommenheit, er läßt auftischen und bringt einen Trink-
spruch aus: »Auf das Wohl des Komturs!« Dann gibt er den Befehl
zu singen. Molière zitiert die Szene mehr, als daß er sie ausführte; er
verknappt sie auf die pure Struktur. Den Singbefehl durchkreuzt die
Stimme des Komturs: »Es ist genug, Don Juan. Ich lade dich ein,
morgen abend mit mir zu speisen.« Der Gastgeber sagt zu, der Gast
verläßt ihn, kaum daß er sich gesetzt hätte. Auch sein Abgang, den
Sganarell erleuchten will, ist Zitat: »Man braucht kein Licht, wenn
man vom Himmel geleitet wird.« Es ist der einzige Aktschluß, der
nicht an Sganarell geht – eine höhere Macht hat den Part übernommen.

KAPITEL V

Schwierigkeiten mit dem Komtur

Gespenst, Geist, Teufel, ich will sehen, was es ist!
(Fünfter Akt, Szene 5)

Das unsträfliche Laster

Nicht als Vollzug des Gerichts – als Gipfel der Mahnungen ist der
Komtur bei Juan erschienen; es ist deutlich: der Himmel (oder die
Hölle, es läßt sich bei dem Komtur keinesfalls unterscheiden)
nimmt besonderen Anteil an dem exzentrischen Herrenmenschen.
Auch ist er zwiefach herausgefordert: durch die Leugnung seines
Daseins und durch die Mißachtung seiner Gebote. Weiß der Betrof-
fene es zu würdigen? Der fünfte Akt macht es furchtbar klar: Don
Juan nimmt den Komtur auch in seiner zweiten Erscheinung nicht
ernst; dieser wird abermals kommen müssen, um ihn von seiner
Realität zu überzeugen. Sganarell ist bestürzt: »So hat das Wunder
des wandelnden und redenden Standbilds Sie gar nicht erschüttert?« Sein Herr konzediert: »Es ist wohl etwas daran, was ich nicht
verstehe. Aber was es auch sein mag, es kann weder meinen Geist
verwirren noch meine Seele erschüttern.« Es ist gerade vierzehn
Jahre her, daß ein irrgläubiger Prinz, der protestantische Johann
Friedrich von Braunschweig, in Italien durch spiritistisch-jesuiti-
sche Machenschaften, die ihm Geistererscheinungen vorgegaukelt
hatten, zum Katholizismus bekehrt worden war – Don Juan gedenkt
nicht, es ihm nachzutun. Dennoch beschließt er, sein Leben zu ändern. Er gibt nach, indem er beharrt, und er beharrt, indem er nach-
gibt; im fünften und letzten Akt treibt es der Autor mit seinem Helden auf die Spitze. Und er treibt es mit seinem Theater auf die
Spitze; was nun kommt, wird das Stück unaufführbar machen: auf
dem Höhepunkt der Bedrängnisse verwandelt sich Don Juan in –
Tartüff.

Der Umschlag ist vollkommen, und er verbindet sich mit einer
zeitlichen Zäsur: der 5. Akt spielt am andern Tag, auf den Elvira

(»Vielleicht nur noch einen Tag«) bedeutsam genug verwiesen hat.
Es ist Vormittag (eine Spanne von sechsunddreißig Stunden ließ die
klassizistische Dramaturgie als äußerste Grenze für die »Einheit der
Zeit« auf dem Theater gelten) – spät genug, daß Don Luis, Juans Vater, etwas läuten gehört haben kann: die Glocken der Bekehrung.
Auf freiem Feld begegnet er seinem Sohn und will es, mit Recht,
kaum glauben: »Wie, mein Sohn, wäre es möglich, daß der gütige
Himmel meine Bitten erhört hätte?« Die »freie Gegend« ist ein Be-
helf des Autors, die Einheit des Ortes wenigstens für den einzelnen
Akt zu retten (schon das Standbild im Walde war eine ziemlich ge-
zwungene Invention gewesen); eigentlich müßte der Schauplatz im
letzten Aufzug von Szene zu Szene wechseln. Diese erste hat man
sich rechtens im Schloß des Vaters zu denken: der Sohn hat ihn reuevoll aufgesucht, um seine Einkehr zu bekunden. »Seit gestern abend
bin ich ein anderer geworden, der Himmel hat mit einem Mal eine
Wandlung in mir bewirkt, die alle Welt in Erstaunen setzen wird. Er
hat mein Herz erschüttert und meine Augen geöffnet, und mit
Schrecken sehe ich die lange Verblendung, in der ich gelebt habe,
und die Schändlichkeit des Wandels, den ich geführt.« Juan geht so
weit, den Vater um Rat in betreff einer Person zu bitten, die ihm
»Führerin sein könnte« – da gibt sich der Alte bezwungen und
schließt den verlorenen Sohn in seine Arme. Ganz Versöhnung, Er-
weichung, Güte eilt er, Juans Mutter die freudige Botschaft zu über-
mitteln.

Auch Sganarell ist begeistert – und muß sich nach Don Luis' ent-
zücktem Abgang sagen lassen, daß alles Täuschung ist, »ein rein politischer Schachzug, ein schlauer Kniff, eine unvermeidliche Grimasse«. Don Juan braucht den Vater zur »Deckung gegen hundert
peinliche Händel«; daß er ihn auch zur Sanierung seiner Finanzen
braucht, hat die Erscheinung des Herrn Dimanche klar gemacht. In
einer großen Rede, die er Sganarell hält, damit doch einer »über
meine tiefsten Gedanken und die wahren Beweggründe meines Tuns
Bescheid« wisse (sie ist noch ein Stück länger als die Standpauke des
Vaters, die Mahnrede Elviras), legt Don Juan mit der ihm eigenen
Prägnanz die Zweckmäßigkeit seines Handelns dar: sie erwächst
aus dessen Übereinstimmung mit den gesellschaftlichen Interessen.
Freiheit ist Einsicht in die Notwendigkeit, die Notwendigkeit aber ist
Heuchelei; sie ist das Mode-Laster (vice à la mode) – er sagt nicht:
des absoluten Staates, er sagt: heute, »und alle Mode-Laster gelten

für Tugenden«. »Heutzutage bietet der Beruf des Heuchlers uns die größten Vorteile. Das ist eine Kunst, die gerade um ihrer Verlogenheit willen aufs höchste geschätzt wird. Und selbst wenn sie entlarvt wird, wagt man nichts gegen sie zu sagen. Alle andern menschlichen Laster werden bekrittelt, jeder hat die Freiheit, sie offen anzugreifen; nur die Heuchelei ist ein privilegiertes Laster, das mit eigner Hand der ganzen Welt das Maul stopft und sich einer behaglichen Straflosigkeit erfreut. Man schließt mit Hilfe seiner Schliche ein enges Bündnis mit allen ähnlich Denkenden. Wer bei einem von ihnen Anstoß erregt, hat die ganze Gesellschaft auf dem Halse, und jene, von denen man sehr wohl weiß, daß sie in gutem Glauben gehandelt haben, und die jeder als die ehrlich Berührten kennt, – jene sind, sage ich, immer die Narren der anderen. Sie gehen gutgläubig in die Falle der Heuchler und unterstützen blindlings die Affen ihrer Handlungen.«

Don Juan – niemand, der ihn von der Bühne hörte, konnte im Zweifel darüber sein – spricht aus der Erfahrung seines Autors; worauf er zielt, ist das von der Kirche gegen Molière entfesselte Kesseltreiben. Den Angriff abwehrend, überbietet er ihn mit schwindelerregender Kühnheit; die Kampagne wider den komödischen Entlarver des Heuchlers erhellt als Kabale der Heuchelei. Aus dem einzelnen Übelstand, den der »Tartüff« beschrieben hatte, rückt diese in den Rang eines fundamentalen Zeitlasters auf: der Mantel der Religion als undurchdringlicher Schild der Gemeinheit.* »Was meinst du, wieviel Leute ich kenne, die durch diesen Kniff die Verfehlungen ihrer Jugend vergessen machten, sich aus dem Mantel der Religion einen Schild verfertigten und unter diesem Ehrfurcht heischenden Gewand die Genehmigung erhielten, die gemeinsten Menschen auf Gottes Erdboden zu sein? Man kann genau Bescheid wissen über ihre Ränke und sie ganz und gar durchschauen – sie stehen trotzdem in hohem Ansehen bei den Leuten; ein Neigen des Kopfes, ein schwerer Seufzer, ein Augenrollen rechtfertigen vor der Welt alles, was sie auch tun mögen. Unter diesen sichern Schutz will ich mich jetzt stellen und meine Geschäfte in Ordnung bringen. Ich werde meine süßen Gewohnheiten nicht aufgeben, aber ich will ihnen im Geheimen frönen und ich will mich ohne Lärm vergnügen. Wenn ich entdeckt werden sollte, werde ich, ohne mich sonderlich anzustrengen, meine Interessen mit denen der ganzen Gesellschaft zu verquicken wissen und werde dann von ihr gegen alle verteidigt

werden.« Die Ideologiekritik, die das Stück durch den Mund seines
Helden vorträgt, kommt in Gestalt ihrer Zurücknahme auf den Gipfel. Indem der hartnäckige Gottesleugner auf die Gegenseite über-
läuft, entdeckt er vollends den Funktionscharakter der offiziellen
Religion: er besteht in der Rechtfertigung von Herrschaftsverhält-
nissen. Da ihr Wesen in diesem Sinn Schein ist, ist ihr die scheinbare
Anhängerschaft adäquat; als die wesenlose ist sie die gefügige – und
dem sozialen System darum erwünschter als die überzeugte Gefolg-
schaft, die mit ideellen Ansprüchen einhergeht: ideologische Heuchelei als der Kitt absolutistischer Zentralisation.

Molière sagt dies nicht, er läßt es durchblicken, und die Geschichte gibt ihm recht: der junge König, jetzt noch über den Ausgleich auch der geistigen Strömungen wachend, wird, dem Don Juan
dieses Schlußakts nicht unähnlich, bald selbst der Frömmelei und
Intoleranz verfallen und erst die Protestanten, später die Jansenisten
aus einem Lande jagen, das als sein Eigentum zu betrachten er sich
vermißt. Die Diagnose des Dichters findet Anhalt an dem Befund
des Porträtisten, Robert Nanteuils (1623–1678), der von 1660 an
die ganze Gesellschaft im Umkreis Ludwigs XIV. mit untrüglichem
Griffel auf die Kupferplatte ritzt: die Feldherrn, die Räte, die Ärzte
des Königs, den hohen Adel und die hohe Geistlichkeit. Und es zeigt
sich: das Gesicht dieser Äbte und Bischöfe, Prälaten und Monsignori
variiert mit einigen asketischen Ausnahmen *einen* Typus, den Tar-
tüffschen. Der Geist der Verstellung befällt den Künstler selbst,
wenn er sich religiösen Gegenständen zuwendet; mit sentimentaler
Schein-Heiligkeit, tränenseliger Unwahrhaftigkeit sehen Jesus und
Maria aus den Blättern des unerbittlichen Realisten, der noch, wo er
lügt, Wahrheit zu erkennen gibt, in Gestalt ihrer Negation. Eine un-
überbrückbare Kluft trennt diese und andere religiöse Darstellungen französischer Meister der Epoche von den gleichzeitigen biblischen Radierungen Rembrandts; die Wahrheit des Christentums ge-
deiht nicht im Umkreis Ludwigs XIV.

Molières »Don Juan« ist eine Attacke gegen die falsche Frömmigkeit, der gegenüber das »Tartüff«-Stück schier ins Harmlose zurücktrat, diese in wohllautend-reimgepaarte Alexandriner gesetzte Geschichte des kleinen Betrügers, von dem ausdrücklich versichert
wird, daß er nicht für das Ganze von Kirche und Religion stehe, des
habgierigen Kleinbürgers, den der Scharfblick der Behörden in die
Schranken weist. Juan, der sich in gespitztester Prosa ergeht, wird

auch durch die wachsamste Behörde nicht zu entlarven sein; was ihn
unschlagbar macht, ist die Übereinstimmung seines Handelns und
Verhaltens mit dem Wesen der Staatsmaschine. Aber Juan überbietet
sein Vor-Bild nicht nur von Standes und jenes Selbstbewußtseins
wegen, das ihn zu analytischer Selbstaussage befähigt. Seine vorge-
spielte Bekehrung hat überdies eine theologische Dimension, für die
Molière der Hellhörigkeit seines Publikums sicher sein konnte. Sie
geht auf die Moraltheologie Luis de Molinas zurück, jenes spanischen Jesuiten, dessen Buch über die »Eintracht der Willensfreiheit
mit dem Geschenk der Gnade« gegen Ende des 16. Jahrhunderts gegen den Pessimismus der protestantischen Lehre von der Gnaden-
wahl angetreten war: Nicht nur im unerforschlichen und unbeein-
flußbaren Ratschluß Gottes soll das Heil des Menschen liegen, sondern auch in dessen eigener Hand, in der Freiheit seiner Hinwendung zu dem »nach irdischen Maßstäben hinreichend Guten«.

Die Kehrseite dieses positiven Menschenbilds war eine »Tendenz
zur Formalisierung und Relativierung der Moral« gewesen: das Gel-
tenlassen einer bloß formellen Befolgung von Geboten und Verboten*; *attritio cordis*, die bloße äußere Furcht vor den Strafen der
Hölle, und nicht die innere Hinwendung zu Gott, galt als hinreichend, der Gnade teilhaftig zu werden. In den Händen der Jesuiten
nahm der Molinismus, der den alten Gnadenstreit zwischen Augu-
stin und Pelagius erneuert und – so der Vorwurf der Gegner – die
Partei des im 5. Jahrhundert verworfenen Pelagius genommen hatte,
ein Doppelgesicht mit Zügen offenbarer Korruption an, denn es war
der Orden, der bestimmte, was als das »nach irdischen Maßstäben
hinreichend Gute« zu gelten habe (ein feiner, den Bruch mit Augu-
stin umgehender Sophismus unterschied es von dem himmlischen
Heil, das der Zuständigkeit Gottes überlassen blieb), und er bestimmte es nach der Maßgabe politischer Opportunität: Je höher die
gesellschaftliche Stellung des Sünders war, um so mehr war man geneigt, es mit der bloßen Reverenz vor der kirchlichen Moral, der At-
titüde der attritio, bewenden zu lassen. Schon der spanische »Burlador« mit den von Episode zu Episode wiederkehrenden Ermahnungen des unbußfertigen Sünders hatte den Auspizien des molinistischen Menschenbilds unterstanden, das in dem Spanien des frühen
17. Jahrhunderts eine religiöse Volksbewegung entfacht hatte. Molières Komödie demonstriert seine jesuitische Entartung, die den
dem Christentum innerlich fremden Glauben an die moralische Wil-

lensfreiheit, also die selbständige Heilbarkeit des Menschen zur bloßen Bemäntelungstheologie herabsinken läßt.

Eben hier setzte die Kritik einer starken antijesuitischen Strö-
mung innerhalb des französischen Katholizismus ein, die, dem protestantischen Pietismus in seiner gleichzeitigen Opposition gegen
die lutherische Orthodoxie nicht unverwandt, auf der Unersetzlich-
keit einer innerlichen und existentiellen Gottesbeziehung bestand
und in dem diplomatisch instrumentalisierten Molinismus die Aus-
höhlung wahrer Religiosität bekämpfte. Aber mochten die Jansenisten vom Kloster Port-Royal (Blaise Pascal, Molières Altersgenosse,
der Moralphilosoph und Mathematiker, war einer der ihren gewesen) der Selbstoffenbarung Don Juans mit Genugtuung entnehmen,
bis in welche Abgründe der Verworfenheit die Irrlehre ihrer weltklu-
gen theologischen Widersacher zu führen vermochte – Sganarells
anschließende Entgegnung konnte, wie schon seine früheren Gegen-
reden, keine Freude in ihnen aufkommen lassen. Nicht in der jesuitischen Nachgiebigkeit gegenüber weltlichen Interessen, Neigungen
und Leidenschaften, Kunst und Theater eingerechnet, sondern in
dem Glaubensrigorismus der Sakraments-Kompagnie und der Jansenisten fand Molière seinen entschiedenen Gegner.*

Molière plaziert die weltanschaulichen Dialoge des Stückes mit einer Regelmäßigkeit, die ihre Bedeutung bekräftigt; sie stehen mit jener Zentralsymmetrie, die das Fundament barocker Ästhetik ist, jeweils am Anfang des ersten, des dritten und des fünften Aktes. Die
Struktur dieser Zwiegespräche ist festgelegt: angesichts der unerschütterlichen Prägnanz seines Herrn verzwirnt sich die Rede des
rechtgläubigen Opponenten ins Schnörkelhaft-Gewundene, Klap-
pernd-Banale. Wie aber Juans analytische Logik in diesem Schlußakt kulminiert, so tut es Sganarells opponierende Verzagtheit. Der
Faden des Gedankens verflattert ihm in die Arabeske, die didakti-
sche Rede zerfasert zu der sinnreichen Absurdität eines rein assozia-
tiven Verheftens – aus dem Objekt des einen wird das Subjekt des
folgenden Satzes. Eine Redensart jagt die andre, und heraus kommt,
was ohnedies feststeht: »Denken Sie daran, Herr, daß der Krug solange zu Wasser geht, bis er bricht, und, wie jener mir unbekannte
Autor so treffend sagt: der Mensch ist in dieser Welt wie der Vogel auf
dem Zweig. Der Zweig ist an den Baum gewachsen; wer sich an den
Baum hält, folgt guten Lehren. Gute Lehren sind mehr wert als
schöne Worte. Schöne Worte hört man bei Hofe. Bei Hofe treiben sich

die Schranzen herum; die Schranzen folgen der Mode. Die Mode entspringt der Phantasie; die Phantasie ist eine Fähigkeit der Seele. Die
Seele gibt uns Leben, das Leben endet mit dem Tode. Der Tod läßt
uns an den Himmel denken. Der Himmel ist über der Erde, die Erde
ist nicht das Meer. Das Meer ist Stürmen ausgesetzt, die Stürme bedrohen die Schiffe, die Schiffe brauchen gute Piloten. Ein guter Pilot
ist vorsichtig. Vorsicht findet sich nicht bei jungen Menschen, junge
Menschen müssen den Alten gehorchen. Alte Leute lieben irdische
Schätze; Schätze machen die Menschen reich. Die Reichen sind
nicht arm, die Armen leiden Not. Not kennt kein Gebot. Wer keine
Gebote kennt, lebt wie ein wildes Tier. Und daraus folgt, daß Sie allen Teufeln verfallen sind.« Mithin: nur der von Not und Armut Ge-
triebene ist befugt, Gebote zu übertreten. Molière, der konkrete Moralist, versteckt sich hinter der Komik des Absurden. Es ist ein genia-
les Stück Theaterprosa.

Juans neue Rolle vollzieht sich in einem szenischen Dreischritt.
Der Kundgebung folgt die Apologie, dieser die gesellschaftliche Praxis, und sie ist glänzend: an Don Carlos, dem braven Mann, der so
gern sein Schwager würde, macht Juan die Probe aufs Exempel. Die
»freie Gegend« gibt auch dieser Szene Raum − die Frist ist um und
Carlos drängt auf Heirat; Juan aber hat die Stimme des Himmels
vernommen und sie gebietet, daß Elvira ins Kloster zurückgehe. Der
Einspruch des empörten Bruders hat gegen Juans Himmelsergeben-
heit keine Chance; zum Duell ist der Bekehrte, auch wenn ihm »der
Himmel verbietet, daran auch nur zu denken«, gleichwohl bereit. In
jener »entlegenen Gasse, die zum großen Kloster führt«, werde er
alsbald zur Verfügung stehen.*

Nun wird es Zeit, daß der Himmel eingreift. Erst als Tartüff ist
Don Juan der vollkommene Asoziale geworden: einer, den man nicht
mehr stellen kann; wenn der frei wildernde Wolf noch Schutzvor-
kehrungen zuließ − vor dem Wolf im Schafspelz ist niemand mehr sicher. An und für sich praktiziert Don Juan nun das Wesen von Ideologie, das in der Einheit von praktizierter Freiheit und deklarierter
Notwendigkeit liegt: jeden Schritt auf dem Weg des eigenen Interes-
ses deckt fortan der Panzer höherer Notwendigkeit. Mit Schaudern
sieht es Sganarell: »Herr, welcher Teufel heißt Sie so reden? Das ist
ja schlimmer als alles Bisherige ...«

Ehe der Himmel eingreift, gewährt er eine letzte Frist; »ein Gespenst in Gestalt einer verschleierten Frau« erscheint und verheißt

dem gleisnerisch Gewandelten nicht mehr einen Tag, »nur einen
Augenblick noch«, um durch Reue und Einkehr die himmlische
Barmherzigkeit zu erlangen. Elvira, die subtile Individualisierung
der alten Figur des gütigen Mahners, nimmt hier selbst allegorische
Züge an; im Finale heftet der Autor seinem Stück, das im Ganzen die
souveräne Umbildung des alten Mysterienspiels ist: der sündhafte
Mensch zwischen Mahnung und Strafe, das Zeichen seiner Herkunft
an. Der Himmel, der auf seiten der Jansenisten ist, läßt sich durch
Juan nicht betrügen und bietet noch einmal seine Hand, aber Don
Juan schlägt sie aus; bis zuletzt bleibt er der ungerührte Empiriker:
»Wer wagt es, so zu reden? Ich glaube deine Stimme zu kennen?«
Hält er die verhüllte Gestalt für Elvira oder glaubt er, ein obskurantischer Mummenschanz wolle ihn Gespensterfurcht lehren? »Gespenst, Geist, Teufel, ich will sehen, was es ist!« Da übergipfelt sich
die Reminiszenz an eine Kunstform, deren vom Geist der Zeit verlassener Hülle der Dichter seinen Esprit eingehaucht hatte: »Das Gespenst ändert seine Gestalt und erscheint als die Zeit mit der Sense
in der Hand.« Die himmlische Gnade ist verschmäht, der richtende
Chronos holt zum Schlag aus. Der Degen, den Juan wider die allegorische Gestalt zückt, erscheint als die Waffe seines Autors; die neue
Zeit, die neue Kunst geht gegen den barocken Geist der Ideen-Ver-
körperung an und schlägt ihn in die Flucht: »Das Gespenst verschwindet.« Der Dichter zeigt, was er, es verwandelnd, hinter sich
ließ; keine Wiederkehr ist möglich.

Das ist die eine Dimension der überraschend verwandelten Erscheinung. Eine andere liegt in ihrem rationalistischen Gehalt: nicht
für Himmel und Hölle, sondern für ein reales und immanentes Lebenselement, die Endlichkeit der Zeit, steht der allegorische Sensen-
mann. Vor das Mirakel des Höllenrachens setzt der Autor ein Vor-
Ende, das jenes wie ins Epilogische verweist: Nicht der Komtur –
Chronos, die Zeit, mäht den an die unbedingte Intensität des genos-
senen Augenblicks Verlorenen nieder. »Don Juan« als Trauerspiel der
verronnenen Zeit, die barocke Allegorie als rationalistische Suspen-
dierung des theologischen Gerichtsschlusses.

Das Reich des Schweigens

Auf diesen aber läuft es nun zu, und wie sich zeigt, ist er durch das Doppelgespenst des alten Theaters nicht sowohl suspendiert als spezifisch vorbereitet worden. Die himmlische Geduld, die in die Sense der Zeit mutiert, ist ästhetische Reminiszenz und allegorisch-rationalistischer Vor-Schluß. Vor allem aber ist sie dramatisches Funktionselement und ihr Sinn ist, zu zeigen: Nicht als Heuchler wird Don Juan von der Hölle verschlungen. Dies – ein Juan, der nicht mehr um des erotischen, sondern um des theologischen Betrugs willen vom Teufel geholt würde – wäre die vollendete Säkularisierung des Stoffes: das barocke Lehrstück, umfunktioniert zu einem Lehrstück gegen barocke Theologie. Mit Hilfe der Doppel-Allegorie biegt der Dichter sie ab: Nicht als ein Über-Tartüff wird Don Juan vom Teufel geholt, sondern als einer, der nicht bereuen kann. Die Hölle straft ihn nicht, weil er falsche Reue vortäuscht, sondern weil er wahre Reue verweigert; zu Sganarell spricht Don Juan nach dem Verschwinden der Erscheinungen den entscheidenden Satz:

SGANARELL Herr, verzichten Sie auf alle Proben und bereuen Sie!
DON JUAN Nein, es soll nicht heißen, daß ich imstande wäre zu bereuen, geschehe was da will!

Es ist dieses Wort, das den Komtur zum dritten und letzten Mal auf den Plan ruft. Der Stoff, der schon ganz in die Gesellschafts-, die Ideologiesatire aufgelöst schien, rettet mit den Mitteln barocker Allegorik seine metaphysische Dimension; es ist die der Tragödie. Mit seiner letzten Verweigerung übersteigt Molières Held den Don Juan des »Burlador«; schon seine italienisch-französischen Vorgänger hatten dies getan und jenes Moment freigelegt, das das spanische Stück verstellt und abgebogen hatte: den Trotz des Helden im Angesicht des Untergangs. Cicognini findet ihm den elementaren dramatischen Ausdruck: »Bereue!« ruft in seinem »Convitato« der Komtur Don Giovanni zu, den er mit eisiger Hand gepackt hält, »doch nur kurze Schmerzenslaute kommen aus dem Munde des Frevlers«*. Das ist exorbitant *und* realistisch: Don Juan will Nein sagen, aber die Höllenfolter erstickt ihm das Wort im Munde. Auch die Commedia-dell'arte-Version des Stoffes fügt in die finale Kapellenszene jene Reueaufforderung ein, die dem »Burlador«, der Juan im Griff des

Standbilds nach Beichte und Absolution verlangen läßt, fehlt; der Held widersetzt sich. Dorimon, der französische Bearbeiter von 1658, führt das Moment dialogisch aus; in einem theologischen Verhör, das der Komtur mit seinem Gast anstellt, trotzt Don Juan im Namen Gottes wider das Schicksal: »Er hat mir Geist, Seele, Bewußtsein, Kraft, Vernunft, Herz, Intelligenz gegeben, und das alles, um die Geschicke zu besiegen und ihnen zu trotzen, und nicht, um das Werk seiner Hände zu betrügen.« Als der Komtur dann sein Reuegebot ergehen läßt, spielt er mit fatalistischem Pathos das Schicksal wider den Himmel aus: »Sprich nicht vom Himmel, daß er strafe oder verzeihe! Ich bereue gar nichts, und es gibt nichts, was mich erstaunt. … Mein Geschick steht von der Wiege an geschrieben, und der Ort ist bestimmt, der mein Grab sein wird.« Daß Juan der Gegeneinladung des Komturs folgt, geschieht bei Dorimon, der den Umschlag ins Tragische in den Untertitel hineinnimmt und sein Stück eine »tragi-comédie« nennt, nicht mehr, wie bei Tirso, aus Eitelkeit, im Sinn einer Mutprobe, sondern mit grandiosem Affront: er wolle, sagt Juan zu seinem besorgten Diener, »nachdem er alles auf Erden gesehen« habe, »auch Himmel und Hölle kennen lernen«.

Friedrich Nietzsche, der Dorimons Stück schwerlich kannte, hat diesen Gedanken mit philosophischem Selbstbezug erneuert; sein Don-Juan-Kommentar steht im Vierten Buch von »Morgenröte / Gedanken über die moralischen Vorurteile« (1881) und handelt von dem »Don Juan der Erkenntnis«: »Er ist noch von keinem Philosophen und Dichter entdeckt worden. Ihm fehlt die Liebe zu den Dingen, welche er erkennt, aber er hat Geist, Kitzel und Genuß an Jagd und Intrigen der Erkenntnis – bis an die höchsten und fernsten Sterne der Erkenntnis hinauf! – bis ihm zuletzt nichts mehr zu erjagen übrig bleibt als das absolut *Wehetuende* der Erkenntnis, gleich dem Trinker, der am Ende Absinth und Scheidewasser trinkt. So gelüstet es ihn am Ende nach der Hölle – es ist die letzte Erkenntnis, die ihn *verführt*. Vielleicht, daß auch sie ihn enttäuscht, wie alles Erkannte! Und dann müßte er in alle Ewigkeit stehen bleiben, an die Enttäuschung festgenagelt und selber zum steinernen Gast geworden, mit einem Verlangen nach einer Abendmahlzeit der Erkenntnis, die ihm nie mehr zuteil wird! – denn die ganze Welt der Dinge hat diesem Hungrigen keinen Bissen mehr zu reichen.«

Schon bei Cicognini, erst recht bei Dorimon schlägt der Verführer und Betrüger jäh in den Titanen um, den Frondeur wider den Him-

mel, der sich mit prometheischem Trotz der Strafgewalt entgegenstemmt.* Auch de Villiers, seinerseits die Gattungsbezeichnung *tra-
gicomédie* anziehend, wandelt in dieser Bahn und läßt seinen Helden Himmel und Hölle noch im Innern des Grabmals verachten.
»Wahrlich, ich bin es sehr leid, dich predigen zu hören«, schleudert
er dem Komtur entgegen, »habe ich dich nicht meine Denkungsart
erkennen lassen? Glaubst du, Don Juan könnte durch deine albernen und dummen Räsonnements jemals in Schwäche fallen und
ließe sich zu der geringsten Niedrigkeit hinreißen?« Er hält es für
niedrig, zu bereuen. »Wisse, daß weder Hölle noch Himmel mir na-
hegeht und daß dies das letzte Wort aus meinem Munde ist«, lautet
sein Schlußwort, ehe Blitz und Donner ihn vernichten.

Molière, der eine *comédie* schreibt, folgt seinen Vorgängern, indem er sie abwandelt: nicht an den Komtur, an Sganarell adressiert
Juan seine letzte Verweigerung, und das ist zwiefach sinnvoll. Denn
nun *bewirkt* diese Verweigerung das Erscheinen des Komturs – Juan
kann sich den Weg zu der im Wald liegenden Kapelle ersparen. Er
muß sich diesen Weg schon deshalb ersparen, weil die Szene für den
von Tirso gesetzten und seinen italienisch-französischen Nachfolgern befolgten Schauplatz, das Kapelleninnere, gar keinen Platz
hätte. Die Einheit des Ortes (und das heißt: der Dekoration) muß
für den einzelnen Akt aufrechterhalten werden, und diese eine Lo-
kalität kann von der Verschiedenheit der Szenen her nicht das Grabmal sein. So geht nicht Juan zu dem Komtur, sondern der Komtur
kommt zu ihm, und er tut es nicht von ungefähr: jener Verweige-
rungssatz ist das Stichwort seines Heraufkommens. Mit ihm entfällt
der Titanismus einer Opposition in das Gesicht der übermächtigen
Erscheinung hinein; da das Wort schon gesagt ist, muß es nicht wiederholt werden. War das umschleierte Frauengespenst die fortge-
setzte Elvira, so ist – auch das Degenmotiv zeigt es an – die Chronosfigur der vorweggenommene Komtur. Die Verweigerungsrede, die
Don Juan an ihre Erscheinung knüpft, hebt die Tartüff-Metamor-
phose auf und setzt, in den Maßen und Verhältnissen der *comédie*,
jene tragische Dimension frei, die der Figur bei Tirsos Nachfolgern
auch explizit zugewachsen war.

Die »Einsamkeit«, das »starre Trotzen in sich selbst« hat Franz
Rosenzweig als Kennzeichen des tragischen Helden berufen, dessen
Verfassung, hinter aller ihm dramatisch auferlegten Redenotwen-
digkeit, eine des Schweigens sei. »Der tragische Held hat nur eine

Sprache, die ihm vollkommen entspricht: eben das Schweigen. ... In der erzählenden Dichtung ist das Schweigen die Regel, die dramatische kennt im Gegenteil nur das Reden, und dadurch erst wird das Schweigen hier beredt. Indem der Held schweigt, bricht er die Brükken, die ihn mit Gott und Welt verbinden, ab und erhebt sich aus den Gefilden der Persönlichkeit, die sich redend gegen andre abgrenzt und individualisiert, in die eisige Einsamkeit des Selbst.«* Don Juans Rolle fehlt bei Molière jede monologische Passage; kein Selbstbekenntnis bringt ihn zum unmittelbaren Aufschluß seiner selbst. Sein Wort ist allemal Explikation gegenüber andern; erst mit seiner letzten und definitiven Verweigerung entzieht sich Juan der Sphäre des dialogischen Scheins: »Sein Wille sammelt als auf den eigenen Charakter gerichteter Trotz alle Wucht nach innen.« Jene eisige Einsamkeit tritt ihn an, die Rosenzweig als die spezifische Verfassung des Helden beruft; von den »Mauern ihres Selbst«, in die die Helden der Tragödie eingeschlossen seien, ist an anderer Stelle die Rede. Beide Bestimmungen, das Steinerne und das Eisige, sind in dem nun auftretenden Standbild verkörpert, als wäre es die mythische Projektion dessen, was Juan, der nicht länger Argumentierende, im Angesicht des Todes zu werden sich anschickt. Mit der Erscheinung des Komturs tritt er in jene Sphäre, »wo die Welt mit ihrem Wechsel von Schreien und Schweigen den Menschen anfremdet, in die Sphäre der reinen erhabenen Stummheit, des Selbst«, und es gilt von ihm: »Das Selbst, der ›Daimon‹, nicht im Sinne von Goethes orphischer Stanze, wo das Wort grade die Persönlichkeit bezeichnet, sondern im Sinn des Heraklitworts ›Sein Ethos ist dem Menschen Daimon‹, dieser blinde und stumme, in sich verschlossene Daimon überfällt den Menschen das erste Mal in der Maske des Eros, von da geleitet er ihn durchs Leben bis zu jenem Augenblick, wo er die Maske ablegt und sich ihm enthüllt als Thanatos.«

Don Juan *setzt* seine an Sganarell adressierte Verweigerung, er begründet sie nicht mehr – es ist dieser Lakonismus, der den Komödienhelden in den tragischen umschlagen läßt. Indem er bewußt, nicht bloß aus Leichtsinn und Übermut, keine Lehre annimmt, entzieht er sich vollends den Fügungen des barocken Lehrstücks. So nimmt die Opferung ihren Lauf. Die archaische Figur mythisch richtender Gewalt, durch eine Aura von Bußpredigt und Höllenfeuer der christlichen Sphäre äußerlich vermittelt, entfaltet sich an jener »Schroffheit des heroischen Selbst« (Walter Benjamin), die die Brükken der Rede abbricht: in der Komturszene wird nicht mehr argumentiert, es wird nurmehr gehandelt. So kurz diese Schlußszene ist, so kompreß oder, zuständiger gesprochen, lapidar ist sie, ein Stück reiner Handlung, mit blockhafter Starre aus dem Klima dialogischer Explikation herausgehoben, das, das nächtliche Gastmahl ausgenommen, das ganze Stück durchdringt. Das kurze Zwiegespräch gibt der Erläuterung oder, was bei Molière dasselbe ist, der Ironie keinen Raum. Don Juan kommt weder dazu, seinen wirklichen Degen noch den seines Witzes zu zücken; seine zwiefache Schlagfertigkeit versiegt angesichts einer Situation, deren Neuheit ihn entwaffnet: Ein Überlegener ist wider ihn aufgestanden. Don Juan – die Szenen mit Don Luis haben es demonstriert – ist ein Vaterloser, sein Tun und Treiben war zuletzt die Suche nach der übermächtigen, Einhalt gebietenden Vatergestalt; nun steht sie vor ihm und er fügt sich sprachlos. »Gib mir deine Hand!« gebietet das jäh auftauchende Standbild. »Da!« gehorcht ihm Juan; als der Steinerne sein Schlußwort spricht, hat er den Unbußfertigen schon fest im Griff: »Don Juan, das Verharren in der Sünde führt zu einem grauenhaften Tode. Und wer die Gnade des Himmels verschmäht, den treffen seine Blitze.« Dem also Angesprochenen vergeht alle Erwiderung; vor der Gewalt, die ihn gefaßt hält, bleibt nur Schrei und Beschreibung: »O Himmel! Wie wird mir? Ein unsichtbares Feuer verbrennt mich. Ich kann nicht mehr! Mein Körper wird ein flammender Scheiterhaufen. Ach!«

Was danach geschieht, bezeichnet die Szenenanweisung der Pariser Ausgabe von 1682*: »Unter starkem Donner fällt der Blitz auf Don Juan; die Erde öffnet sich und verschlingt ihn; aus der Tiefe steigen Flammen auf.« Von der Statue ist nicht die Rede; hielt man es für selbstverständlich, daß sie mit dem Getöteten in der Versenkung verschwand? Daß der Komtur, wie es Goethe 1787 in einer römischen Opernversion des »Steinernen Gastes« erlebte, »als seliger Geist gen Himmel« fuhr, ist ebenso auszuschließen wie da Pontes Lösung, daß der Komtur vor der Höllenöffnung in die Kulisse abgeht. Kein Zweifel: Molière hat es wie Tirso gehalten; Juan der Hölle überliefernd, nimmt der Marmorne ihn mit sich als seinen Genossen.

Welch ein Ende

Dieselbe Verkürzung herrscht hier wie am Ende des vierten Aktes. Auf zwei Sätze war dort die Rolle des vermeintlichen Pierre, der in Wahrheit *de pierre*, von Stein, ist, herabgesetzt; nicht mehr als fünf hat er in der Schlußszene. Glaubt aber der Dichter diesem Ende, das er, dergestalt reduzierend, gleichsam als Stereotyp beruft, als die Abbreviatur eines allbekannten Theaterereignisses? Welchen Grad an Authentizität gesteht er dem mythisch hereinbrechenden Gerichtsvollzieher zu?* Der Held selbst, der eben noch in der Chronosfigur einen obskurantischen Spuk witterte (und sein Degen wirkte), legt die Frage nahe. Gilt ihm das jäh erstehende Standbild wohl gar als die mörderische Maskerade eines jener klerikalen Femegerichte, die sich in dem Frankreich des Louis Quatorze einer unterirdisch richtenden Gewalt vermaßen? Nichts in dem Text deutet auf eine solche Möglichkeit; als eine Trivialisierung des Höllensturzes, die doch nicht Komödie wiederhergestellt hätte, wäre sie ästhetisch uneinlösbar gewesen.

Deutlich ist die sinnliche Abschwächung der Komturerscheinung. Nicht in seiner eigenen Sphäre, sondern auf freiem Feld holt das wandelnde Standbild, gleich der Glocke in Goethes Gedicht, die eine durchaus unheimliche Figur macht, den Unbußfertigen ein. Die Reduktion liegt – buchstäblich – zu Tage und verbindet sich der des Textes; auch geht sie mit einem Moment von Unzuständigkeit einher. Denn es ist die Frage, ob der Komtur bei Tage und außerhalb seiner Sphäre überhaupt Macht über Menschen habe. Nur an seinem zugemessenen Ort, dessen Bann der Duellant brach, wächst ihm richtende Gewalt zu – als Flaneur in »freier Gegend« (erstand die Figur aus der Versenkung? der Text gibt es nicht an, und so ist wahrscheinlicher: sie kam aus der Kulisse) muß seine Rolle a priori herabgesetzt erscheinen. Nimmt man die (dramatische) Unmotiviertheit seiner ersten Erscheinung, im Walde nach Juans Rettungstat, hinzu, so legt sich der Lakonismus dieses Finales vollends als ein Element der Formalisierung nahe; ein Stereotyp wird berufen, der dem Autor vor allem deshalb notwendig ist, damit sein Held zuvor alles das sagen kann, worauf nun einmal die Hölle steht. Aber der Stereotyp verfällt nicht der Relativierung; die Figur des richtenden Standbilds bleibt, in ihrer Verkürzung und Formalisierung, eine mit

Sinn beladene. Sie suspendiert die Sphäre der Komödie, der der Autor Stoff und Figur bis dahin mit vollendeter Konsequenz überliefert hatte, und der Dichter stellt sich diesem Umschlag, indem er ihn auf die Komödienszene selbst verlegt: der Komtur bricht in sie ein und bricht sie. Wo die räumliche Verselbständigung auf dramatische Integration geführt hätte (das »Festin de Pierre«, von Molière ausgeführt, wäre zur Komödienszene geraten), wird räumliche Integration zum Mittel wirklichen Bruchs, der sich durch das Aussetzen des Dialogs beglaubigt.

Aber worin liegt der Sinn, den die Erscheinung austrägt? Unter Molières artistisch formenden Händen sind alle jene Elemente zurückgetreten, die den Stoff in Spanien als einen gesellschaftlich eingreifenden konstituiert hatten. Tirsos comedia war ein Volksstück wider den adligen Frauenräuber, ein Königsstück wider den aufsässigen Granden, ein Mönchsstück wider furchtlose Lebens-, ungezügelte Geschlechtsmacht gewesen. Auch Molières Komödie kennt und benutzt diese Momente, aber sie handhabt sie als dramatisch herabgesetzte. Die erotische Untat – Elviras Verführung – liegt *vor* dem Stück, die Jagd auf die Töchter des Volkes verstrickt sich parodistisch in sich selbst, statt der Tötung des Würdenträgers steht im Zentrum des Stückes die selbstlose Rettung eines Überfallenen; der König, bei Tirso vielfach und unmittelbar einbezogen, kommt nicht einmal verbal in Sicht. Die Hauptelemente des Stoffes sind zurückgedrängt zugunsten eines bei Tirso beiseite gerückten und nun völlig beherrschenden Motivs, der Attacke auf die klerikale Ideologie; Don Juans sozialer Rang dient nicht zuletzt dazu, seiner Suada Nachdruck und Glanz zu verleihen. So führt die Figur auf ambivalente Weise des Dichters eigenen Kampf; daß der Autor auf seinem Theater nicht den Titelhelden, sondern dessen getreuen Widerredner, Sganarell, spielte, verdeckte diese Befindlichkeit.* Sie konnte dem Publikum gleichwohl nicht verborgen bleiben. Was Don Juan von den Figuren des Heuchlers und später des Geizigen, des Snobs, des Misanthropen unterscheidet, diesen Charaktermasken, die so wenig wie er der inneren Revision fähig sind und mit jener »Schroffheit des Selbst«, die nach Benjamin dem tragischen Helden ansteht, durch ihre Stücke gehen, unberührt von allem, was sie widerlegt, ist ein Unterstrom von Sympathie, der seine Erscheinung umfließt – ein Fluidum, das der Autor ihm mitteilt; es kommt aus der inneren Bezogenheit beider.

Max J. Wolff, der ausgezeichnete Molière-Biograph, unterschätzte dieses Verhältnis, als er in »Don Juan« nur die dramatische Überführung jener hochadligen Höflinge sah, die ihren Dünkel und Übermut auch an dem von dem König begünstigten Dichter ausließen. Brecht, jenen Unterstrom wohl bemerkend, tadelte ihn, just aus der Wolffschen Perspektive, als einen Irrtum, den er bearbeitend richtigzustellen suchte. Wie könne, lautete die Frage, die seine Umarbeitung übers Knie brach, eine Figur, von ihrem Autor mit soviel innerem Einverständnis ausgestattet, auf die Entlarvung des aristokratischen Parasiten zurückgeführt werden? Was er übersah, war, daß es dem Autor nur noch teilweise um den adligen Parasiten – daß es ihm in einer tieferen Schicht um sich selbst gegangen war, unter den Auspizien des Tartüff-Streits, aber nicht nur unter diesen. Wenn Molières »Don Juan« weder zum Volks- noch zum Königs- noch zum Sittenlehrstück recht taugen will, so taugt es jedenfalls als Kunst-, im tieferen Sinne als Künstlerstück. Einen Epikuräer glaubte Brecht in Molières Don Juan erkennen zu können und sah darin den Grund, daß der Autor für seinen Helden votiere: »Wir befinden uns nicht auf der Seite Molières. Dieser votiert für Don Juan: der Epikuräer (und Gassendischüler) für den Epikuräer.« Aber Don Juan ist kein Epikuräer, jedenfalls nicht im moralischen Sinn: einer, der mit Weisheit und Kunst die zu gewinnende Lust ins Verhältnis zu den damit verbundenen Ungelegenheiten setzt, klug genug, die Vermeidung von Leid höher zu schätzen als die Befriedigung der Begierden. Don Juan ist ein Mann, der weder die Lust – in einem hedonistisch-epikuräischen Sinn – sucht noch das Leid fürchtet. Eroberung ist sein Glück, und fern liegt ihm, die Unkosten in Betracht zu ziehen: er pfeift auf sie, vorab bei den andern, aber auch bei sich selbst. Er ist der Anti-Epikuräer schlechthin, der die Ewigkeit, die ihm als versperrte, das Totum, das ihm als verweigertes vor Augen steht, in den Augenblick setzt als einen räuberisch gesteigerten, unumschränkt genußvollen. Sein Atheismus scheint die Apologie seiner Unersättlichkeit; in Wahrheit ist diese die Frucht seines Rationalismus. Unrast ist sein Los – ein Verdammter, der insgeheim auf der Suche ist nach dem, was ihn übersteigt. So ist, was seine Verdammnis scheint, in Wahrheit seine Erlösung, und er ergreift sie wie eine solche: an der steinernen Gewalt des Komturs findet er sein Maß.

Dem lebenden, unangefochtenen Don Juan ist keine Akkumulation vergönnt. Was erobert ist, gilt ihm schon als verloren und treibt zu neuer Eroberung weiter; da ist kein Sieg, auf dem zu bauen, kein Hafen, in dem zu ankern wäre – Liebesfeuer hat alle Tage neu, und allgewaltig, zu glühen. Nicht anders ergeht es dem Künstler, auch ihm – dem Schauspieler auf, dem Stückeschreiber hinter der Bühne – ist Besitz verwehrt: jeden Abend neu will die Menge bezwungen sein. Wo es den neuen gilt, zählt kein vergangener Triumph; so wenig wie die Liebesmacht Don Juans hat die der Kunst, eine Eroberungs- und Ausbeutungsmacht wie jene (Brecht verdrängte es, indem er den Helden umstellte), eine Stätte, auf der sie epikuräisch ausruhen könnte.* Molière macht diese Affinität nicht herrschend, aber er läßt sie, gleichsam auratisch, durchschimmern und verteidigt in der glänzenden und ruchlosen, von eigener Unrast und dem Widerstand der Welt umgetriebenen Figur sein eigenes, herrscherliches und an- gefochtenes, freiheitsdurstiges und erfolggewohntes Künstlerdasein gegen die Anmaßungen der Trivialität und die Ansprüche der Liebe. Von hier aus gewinnt das formelhaft verkürzte Ende seinen schick- salhaften Sinn.

Von seinem Autor her gibt es an Don Juan nichts zu bestrafen als eines: die Tartüfferie. Wenn den sich frömmelnd verstellenden Juan der Komtur holte, so hätte der finale Höllensturz den Charakter ko- mödisch-subjektiver Verfügung, den Brecht ihm, mit anderer Be- deutung, unterstellte: das Gericht des Theaters über den nur durch übernatürlichen Eingriff aufzuhaltenden Betrüger. Das aber ge- schieht nicht – es ist der trotzende, nicht der betrügende Juan, vor dem das Standbild aufwächst, scheinbar als das fait accompli, des- sen Realität den Unglauben des Helden zunichte macht, als der be- leidigte Tote, der seine Gerechtsame verteidigt, in Wahrheit als das Sinnbild jener der Gesellschaft wie eine Schicksalsmacht eingesenk- ten Versteinerung, an der sich Ungebundenheit und Eroberungs- drang, Wahrheitssinn und Liebesmacht der künstlerischen Existenz brechen. Don Juans Höllensturz ist nicht das Gericht des Autors über seinen Helden, sondern das der Gesellschaft. Es theatralisch berufend, bestimmt der Dichter die Realität der steinern-übermäch- tigen Instanz – und diagnostiziert sein eigenes Scheitern: Wer sich nicht überzeugen läßt, wird verschlungen.

Beharrende insgemein sind die Charaktermasken der Molière- schen Komödie und bleiben Komödienhelden, indem sie nicht unter- gehen außer in Lächerlichkeit; der Autor erledigt sie, indem er sie als Überführte, Entmachtete fortbestehen läßt. Don Juan bereitet er

den wirklichen Untergang, und dieser ist die Gewähr seiner Fort-
dauer, im Sinn und mit dem Range jenes tragischen Helden, der
»nach der Einsamkeit des Untergangs« verlangt, »weil es keine größere Einsamkeit gibt als diese«. »Deshalb stirbt der Held eigentlich
auch nicht. Der Tod sperrt ihm gewissermaßen nur die Temporalien
der Individualität. Der zum heldischen Selbst geronnene Charakter
ist unsterblich.« (Franz Rosenzweig) Eben dies bestimmt auch Molières Don Juan als Figur des Trauerspiels.

Der Komtur setzt den Endpunkt unter eine dramatische Kurve,
die als fallende schon mit dem Anfang des Stückes einsetzte.*
Nichts, was in diesem geschah, rechtfertigt den Einsatz solcher Gewalt, wohl aber, was in ihm gesagt wurde: deren Leugnung. Don
Juan, der unbeirrbare Rationalist, scheitert an einem Steinern-Irra-
tionalen, und er tut es symbolisch-tatsächlich, nicht nur als Fiktion
eines theatralischen Stereotyps. Eben darin liegt der Realismus des
Schlusses und, in historischem Sinn, seine Prophetie.** Für ein Drei-
faches steht, mit dreifacher Staffelung der Aspekte, der Komtur, für
sein eigenes Urbild und für die Macht der Verhältnisse, die den in
nichts als sich selbst verliebten Aufklärer einholt. In seinem konkre-
testen Sinn begreift er sich von dort, woher er kommt: aus der Vergangenheit und dem Reich der Toten. Die Chronosgestalt, das
Zeichen der verstrichenen Zeit, konnte Juan noch vertreiben, der
Komtur aber ist stärker; in ihm zeigt sich Vergangenheit nicht als
quantitative, sondern als qualitative Macht. Er ist die Macht der Vergangenheit, die als übergangene, aufgestörte wider die Gegenwart
des Menschen aufsteht, um ihn seiner Zukunft zu berauben, ein versteinertes Gewesenes, das sich, unerlöst und aufgereizt, als das Fort-
wirkende, Tödlich-Übermächtige erweist. Zuletzt steht er für jene
numinose Gewalt, die den gewonnenen Augenblick an der verlorenen Ewigkeit mißt und sich als deren Anwalt katastrophisch-
richtend in die Geschicke der Menschen mischt. In dem Komtur
vollzieht sich der Aufstand des Raums wider das Fadenkreuz des
Ichs, das sich ihm Maß zu geben vermaß. Die Unendlichkeit schlägt
über jenem cartesianischen Ego zusammen, das sich als messendes
und zweifelndes ins Unbedingte setzte.

Aber nicht Schrei und Schweigen, sondern die menschlich lösende
Rede hat das letzte Wort – an Sganarell ist es, nach der höllischen
Strafexpedition die Dimension der Komödie wiederherzustellen. Er
tut es allein; »der beleidigte Himmel, die verletzten Gesetze, die ge-

schändeten Mädchen, die entehrten Familien, die beschimpften
Eltern, die verführten Ehefrauen, die betrogenen Männer« triumphieren nur in seiner Rede, nicht, wie in allen Vorgängerstücken,
szenisch-gegenständlich, mit einem Epilog, der in breitausgemalter
Figuration, als Happyend der Geschädigten und Allegorie der
Strafe, die moralische Konklusio vorträgt; noch Dorimon und de Villiers hatten das Stück solcherart in den Rahmen barocker Didaktik
zurückgeführt. Schon Sganarells Aufzählung vernichtet den kon-
ventionellen Schluß: die Bühne hätte nicht Raum, die Masse der
Geschädigten zu fassen. Indem der Diener die Genugtuung der
»ganzen Welt« über das Ende seines Herrn beruft, herrscht sogleich
wieder jene komische Ambivalenz, die den Sinn auflöst und entwertet; die von dem Diener rhetorisch zusammengeschaufelten Opfer
verblassen zu einer Agglomeration düpierter Ohnmacht. Die Komödie restituierend, verweigert der Diener, der der Autor ist, der Autor,
der den Diener spielt, dem Stück die Rundung zur Moralität; Don
Juans Untergang wird der Ratifizierung durch die weltlichen Instanzen deutlich entzogen. Dieser Untergang geht, so zeigt sich, einzig
die beiden Beteiligten etwas an: Don Juan und den Komtur; allenfalls Sganarell, der opponierend Getreue, hat noch ein Wörtchen
mitzureden. Er hat es von Cicognini und der commedia dell'arte und
es ist eins der Klage: Alle können aufatmen, einer, der am nächsten
Beteiligte, am längsten Ausgebeutete, kann es nicht. Mit *einem* Wort
verweist er die außerordentlichen Begebenheiten, deren Zeuge zu
sein er und der Theaterzuschauer gewürdigt wurde, an die Herren-
welt. Der Plebejer, der so heftig auf seiten des Standbilds focht, besinnt sich am Ende jäh auf sein wirkliches Interesse, er macht seinen
Klassenstandpunkt geltend, er ruft: »Die ganze Welt ist zufriedenge-
stellt. Ich allein bin der Unglückliche. Mein Lohn, mein Lohn, mein
Lohn!«

Nachspiel auf dem Theater

Kaum vierzig Jahre, nachdem die Gestalt in Spanien zutage getreten
ist, kommt sie in Molières Text auf die Höhe weltliterarischer Vollendung. Sie tut es als entschwindende: mit einer Brillanz ohne-
gleichen, aber schon als Verfolgter betritt der Held die Bühne des
Palais-Royal. Seine Unanfechtbarkeit ist die Signatur seiner Ange-

fochtenheit. Und eben dies, daß Abwehr, zuletzt aussichtslose, der Part dieses Unbesiegbaren ist, begründet die Aura des Einnehmenden, die ihn umkleidet. Wie er selbst nurmehr als Redender, nicht als Handelnder sich unmöglich macht, ist die Realität seines überweltlichen Widerparts herabgesetzt; in dem von der Fronde gereinigten

Veüe du Louvre, et de la Porte de Nesle, du costé du Fauxbourg St. Germain.
Auec priuilege du Roy.   A Paris chez Pierre Mariette rue S.t Iacques à l'Esperance.

Nicolaus Perelle (geb. 1631) nach Israel Silvestre (1621–1691):
Blick auf den Louvre (links im Bild)
vom Fauxbourg St. Germain aus. Kupferstich.

Paris gehören beide schon nicht mehr der Wirklichkeit – sie gehören der Kunst an. Die Komödie – nicht die comedia der Spanier, sondern die comédie der Franzosen – ist der zuständige ästhetische Ort eines Stoffes geworden, dessen beide Seiten: der ichversessene Renaissance-Autokrat und der ihm mit Todesmacht entgegnende Höllenentstiegne, eine Generation zuvor noch Chiffren realer gesellschaftlicher Konfrontation, archaisch geworden sind, kraft eines Königtums, das dem Adel politisch den Garaus gemacht hat und sich seinem kaum verschleierten Selbstbewußtsein nach selbst an die Stelle Gottes setzt.

Marx' schöne Bestimmung, wonach die entmachteten Gestalten der Wirklichkeit als komödisch-leichtgewordene auf der theatralischen ihren Abschied von der gesellschaftlichen Bühne nehmen, gilt auch für Molières Stück, doch ist die Eule der Minerva, die erst in der Dämmerung der Gewalten ihren Flug beginnt, kein leichter Vogel. Ein Musikalisches tritt mit dieser Substanzentlastung an die Figur heran: in wahren Koloraturarien witzig-glänzender Rhetorik verströmt der Held seine Gaben. Von allen Waffen, die er führt, kommt einzig die der Tirade zu vollem Austrag; in ihr wird Don Juan, der Mann des Degens, selbst zur Damaszenerklinge, gestählt und geschärft unter den Händen eines unvergleichbaren Kunst- und Waffenschmieds. Sein wirklicher Degen tötet nicht mehr, sondern hilft Leben retten, und seine vormalige Hauptwaffe, die priapische, findet, ein von zu vielen Polen verwirrter Kompaß, überhaupt kein Ziel. Wo bei dem Spanier Episode um Episode die tätige Gefährlichkeit des Helden ins Auge sprang, lebt Molières Stück von Sganarells Eingangsrede bis zu seinem Schlußwort von deren Behauptung – und ehe der junge Herr ein Mitglied der *cabale des dévots* wird, holt ihn auch schon der Teufel. Eben dies gibt die Figur der Komödie preis.

Die Vereinheitlichung, die den Begebenheiten, die Verkünstlichung, die der Erscheinung, die Geschmeidigung, die der Rede des

Israel Silvestre: Bauarbeiten am Louvre.
Der Architekt Perrault begann 1667 mit der Erweiterung
des alten Königsschlosses, das bald hinter
Versailles zurücktrat. Radierung.

Helden widerfährt, folgen auch dem Wechsel des theatralischen Ortes, der seinerseits die Signatur gesellschaftlicher Umwandlung ist.
Aus dem unbedachten ist das Theater in den bedachten Raum, aus
dem Licht des Tages in das der Rampe eingetreten, und Don Juan,
auf seinem Weg von Madrid nach Paris, der über Venedig führte, ist
es mit ihm. Die Kulissenbühne, die den szenischen Ort nicht mehr
mit dem Worte setzt, sondern in Bildern ausmalt, bindet den unge-
bärdigen Helden in ihre zentralperspektivische Ordnung; in ihr teilt
der Akteur sich die Rolle mit dem Apparat. Das Don-Juan-Stück gehorcht ihr jedoch weniger als Molières andere Komödien; mit Erfolg
sperrt sich das barocke Sujet wider die Regelzwänge jenes Klassizismus, der in Frankreich früh Staats-Kunst wird. Nicht nur durch den
Prosadialog, auch durch den Wechsel der Schauplätze – an fünfzehn
sind es bei Tirso, immerhin fünf bei Molière – entzieht sich das Stück
jener *haute comédie,* auf der die Ästhetiker der Epoche, Molières
Freund Boileau an der Spitze, insistierten. Nicht das schleppende
Geklingel paarweis gereimter Sechsheber* und nicht jenes Haus-
innere, das Orgon und den Geizigen, Herrn Jourdain und den einge-
bildeten Kranken, den Misanthropen und Georg Dandin so beständig umgibt, ermüden die Aufmerksamkeit des Hörers und Zuschauers, und die schillernde Zweideutigkeit des Helden, dessen Zynis-
mus durch Brillanz entwaffnet und dessen Dogmatik zum Zeichen

Israel Silvestre: Blick durch einen Bogen
des Pont Neuf auf die südliche Louvre-Galerie.
Kupferstich.

Israel Silvestre: Die Bastille von der Rue St. Antoine aus gesehen.
Die aus dem 14. Jahrhundert stammende Zwingburg auf der Ostseite
der alten Stadtbefestigung diente seit Richelieu
als politisches Gefängnis. Radierung.

der Rebellion wird, überragt die typologische Eindeutigkeit, die die
meisten andern Komödien Molières konstituiert.

So wenig wie Tartüff oder der Geizige ist Juan eine komische Figur. Er erzielt komische Wirkungen, an sich selbst komisch ist er nie;
dazu müßte ihn eine Situation der Unterlegenheit treffen – die erste,
die das tut, ist, nicht anders als bei Tartüff, seine letzte überhaupt.
Es ist die Kompromißlosigkeit der Figur, die den Mangel an habitu-
eller Komik bewirkt wie sie den Überfluß an rhetorischer stiftet. »In
den Zeiten«, schreibt Nietzsche, »da die Charaktermasken der
Stände für endgültig fest, gleich den Ständen selber gelten, werden
die Moralisten verführt sein, auch die *moralischen* Charakatermas-
ken für absolut zu halten und sie so zu zeichnen«. Er begrenzt von
daher die Wirksamkeit des Dichters: »So ist Molière als Zeitgenosse
Ludwigs XIV. verständlich; in unserer Gesellschaft der Übergänge
und Mittelstufen würde er als ein genialer Pedant erscheinen.«* Indessen: wer Pedanten überführt (und das ist das Geschäft der Molièreschen Komödie), muß darum selbst nicht für einen Pedanten
scheinen. Eine absolute moralische Charaktermaske, nämlich der
Amoralität, ist auch Don Juan, der solcher Kritik am weitesten über-
hoben ist; es ist die Doppeldeutigkeit dieser Maske und der dialogi-

sche Furor, der ihren Umriß aufschmilzt, was ihn aller Pendanterie entsetzt. So weit Max J. Wolff vom Ziele irrt, wenn er »Don Juan« als ein »Trauerspiel im Sinne Shakespeares« rühmt (»ein Charakterdrama, in dem die ungezügelte, ungebrochene, natürliche Leidenschaft ihren Träger zu Verbrechen und Untergang führt«), so recht hat er, die Einzigartigkeit des Stückes auf seinem Felde, »in der klassischen Periode Frankreichs«, hervorzuheben: »Als einziges Zeugnis von dem, was hätte sein können, lebt dieses eine Stück, in seiner Bedeutung von den Mitlebenden nicht erkannt, ja nicht einmal von dem Verfasser selber.«

Diese letztere Bestimmung erschöpft sich in der Vermutung. Man hat dem Dichter das Bewußtsein von der Höhe des Niveaus, das er, unabhängig von Shakespeare und diesem in keiner Weise vergleichbar, in und mit dem Don-Juan-Stück erstiegen hatte, ebenso zuzutrauen wie das Gefühl für die Bedrohtheit dieser Höhe, die ohne Chance war, zum Standard zu avancieren. (Auch Brecht hat die Gipfel, die er fragmentweise erklomm, schnell wieder verlassen.) Wenn Molière für den skandalbeladenen »Tartüff« einen jahrelangen

Israel Silvestre (1621–1691):
Blick auf Pont Neuf und den dahinterliegenden Louvre.
Links der Quai des Augustins, rechts die Wasserfront
des Justizpalastes. Kupferstich.

Kampf auf sich nahm, so tat er es im Bewußtsein der Durchsetzbarkeit dieses Stückes, deren Garant der König selber war. Wenn er »Don Juan« diesem Kampf entzog, so in dem Wissen, die Grenzen der Zeit durchstoßen zu haben. Er war mit diesem Werk auf die Spitze gekommen; dort konnte des Bleibens nicht sein.

Protest folgte der Uraufführung am 15. Februar 1665 auf dem Fuße, nicht, wie bei »Tartüff«, in Form des Verbotes, sondern in der der Auflage. Die Bettler-Szene, Gipfel theologischer Anstößigkeit, wurde drastisch beschnitten, die Religionsgespräche zwischen Juan und Sganarell stark verkürzt; am Ende der Handlung war das Aushängeschild der moralischen Konklusio anzuheften, dem sich der Autor durch Sganarells dynamisch verflatterndes »Mes gages! Mes gages!«* entzogen hatte. Immerhin, das Stück wird weiter gespielt; der König, der im Fall des »Tartüff« dem Druck jener Cabale des Dévots, die ihm selbst überlästig war (sie verleidete ihm seinen persönlichen Donjuanisme), hatte nachgeben müssen, vermeidet ein zweites Verbot, das, als erneuter Einnahmenausfall, die Truppe seines geschätzten Spaßmachers und Festarrangeurs unheilbar geschädigt hätte. Einen zweiten Eklat, binnen weniger Monate, zu vermeiden, liegt auch im eigenen Interesse der kulturpolitischen Instanzen. Polemik flammt gleichwohl auf, die Sakraments-Kompanie, orthodoxer Flügel der klerikalen Ideologieverwaltung, muß sich durch das Stück im Nerv getroffen fühlen; sie reagiert, wie bei »Tartüff«, mit plump-denunziatorischer Attacke. Einen »Teufel in Menschengestalt« hatte der Pfarrer Roullé den Autor des »Tartüff« genannt, und der pseudonym getarnte Parlamentsadvokat, der gegen »Don Juan« antritt, nimmt das Stichwort auf; Molière gilt ihm als »ein fleischgewordener Teufel, dem man zwar mit der leider aus der Mode gekommenen Inquisition nichts anhaben könne, dem aber die Flammen des Jenseits um so sicherer seien«. Der Blitz, mit dem Molière den Don Juan zerschmettre, bemerkt dieses Mitglied der organisierten Heiligkeit, sei nur ein Theaterblitz, was einen Verteidiger Molières zu der Bemerkung veranlaßt, daß ein anderer dem Dramatiker nicht zu Gebote stehe – die öffentliche Debatte verfängt sich in der Deutung des Schlusses.

Noch ein zweiter Fürsprecher, auch er ungenannt bleibend, steht in einer Gegenschrift wider die aufgeregten Diatriben des frommen Rechtsgelehrten auf, dann erlischt der Streit über dem Verschwinden des Gegenstands, das, so scheint es, durch die nachlassende

Robert Nanteuil: Ludwig II. von Bourbon,
Fürst von Condé (1621–1686). Kupferstich, 1662.

Aufnahmefähigkeit des Publikums begünstigt wird. Von dem Ein-
nahmenmaximum der fünften Aufführung (2390 Livres) sinkt der
Ertrag in der fünfzehnten und letzten am 20. März auf 500 Livres
herab; spielt Molière das Stück so schnell ab, weil er weiß, daß es
nicht zu halten sein wird? Nach diesem 20. März nimmt die Truppe
»Dom Juan« aus dem Repertoire; er wird nie wieder darin vorkommen. Auch im Druck erscheint das Stück nicht, obschon Molière die
Genehmigung dazu erhält; sein Dasein erschöpft sich in fünfzehn
Aufführungen am Winterende 1665.

Ist es ein Wink des Monarchen, der dem Autor und Intendanten nahelegt, seine Kräfte zu schonen und einem Verbot zuvorzukommen? Molière legt seinen »Dom Juan« in das Archiv der Immortalité

Robert Nanteuil:
Philipp I., Herzog von Orléans (1640–1701), der jüngere Bruder Ludwigs XIV., und seine Mutter, Anna von Österreich (1601–1666). Kupferstiche.

und konzentriert sich auf die Freigabe des »Tartüff«. Mit einer lyrischen Appellation an Ludwig tritt ihm Boileau im Don-Juan-Jahr zur Seite:

Sie fliehn bewußt das Licht, verachten Gott,
und fürchten nur Molière und den »Tartüff«

heißt es am Ende des an den König gerichteten Gedichtes von »der Mucker heuchlerischem Tun«*. Ludwig ist für »Tartüff«, und er bezeugt es, indem er Molières Truppe, die bis dahin der Protektion von Monsieur, seinem Bruder, dem Herzog von Orléans, unterstand, als »Truppe des Königs« unter seine eigene Obhut nimmt. Auch genehmigt er geschlossene Vorstellungen: im Hause Condés, des großen Heerführers und einstigen Chef-Frondeurs, an dem Molière seine sicherste Stütze hat, kommt es im November 1665 abermals zu einer

Privataufführung. Für die öffentliche Freigabe des »Tartüff« wartet
Ludwig auf den politisch günstigen Moment, der aber will sich nicht
einstellen, und die Ungeduld seines Komödienautors schlägt hohe
Wellen. Molière hält ihn für gekommen, als eine Hauptstütze der Cabale, Anna von Österreich, die Mutter des Königs, 1666 das Zeitli-
che segnet; während der Kriegsabwesenheit des Monarchen – Ludwig steht in Flandern gegen die Holländer im Felde – setzt er, das
fortwährende Verbot umgehend, den »Tartüff« unter anderem Titel,
mit geändertem Namen auch der Hauptfigur und allerlei mildern-
den Strichen und Einschiebseln, als »L'Imposteur« (Der Betrüger)
auf das Programm seines Theaters. Die Sensation ist groß, aber der
Parlamentspräsident gebietet ihr Einhalt: Herr Lamoignon, ein
Mann der Cabale, untersagt den also verkleideten »Tartüff« in ange-
maßter Vertretung des Königs. Molière und Boileau, die gemeinsam
bei ihm vorsprechen, können ihn nicht umstimmen; zuletzt emp-
fiehlt sich der Würdenträger fast ebenso wie die Theaterfigur, die er
nicht dulden will: mit dem Hinweis, es sei an der Zeit, zur Messe zu
gehn.

Er hat die Opponenten in Audienz empfangen (die Szene, wo der
Dichter und der Philosoph, dieser wortführend, jener, wie berichtet
wird, gehemmt und unsicher, ihm Paroli bieten, ist eine, die nie geschrieben wird); es zeugt von dem enormen Respekt, in den dieser
Intendant, Autor, Starschauspieler kraft königlicher Gunst sich zu
setzen gewußt hat. Aber Molière weiß es nicht zu würdigen, er führt
sich auf, als wäre er, der Künstler, selbst eine politische Macht (offenbar ist er es wirklich), und entsendet eine Delegation ins königliche
Feldlager. Sie überbringt ein Memorandum, das einem Ultimatum
sehr ähnlich sieht: für den Fall, daß es bei Lamoignons Verbot
bleibe, kündigt Molière dem König einen künstlerischen Streik an;
tatsächlich hält er sein Theater seit jenem Eingriff geschlossen. Die
Kunst, die als gesellschaftliche Kraft sui generis bei der ins Feld entrückten, in Kriegsangelegenheiten verstrickten Zentralgewalt auftaucht und Klage wider die Intransigenz der ideologischen Orthodoxie erhebt – auch dies Schauspiel ist denkwürdig, und das Wunder-
bare geschieht: der königliche Schlachtenlenker entläßt die beiden
Gesandten, Schauspieler aus Molières Truppe, in Gnaden, obschon
ohne bindenden Bescheid; da macht Molière sein Theater wieder
auf. Ehe aber der König seinem Wohlwollen freien Lauf lassen kann,
schlägt der klerikale Flügel unwiderruflich zu: Hardouin de Péré-

fixe, Erzbischof von Paris, einst der Erzieher des Königs, belegt am 11. August 1667 das staatlich verbotene Stück zusätzlich mit einem kirchlichen Interdikt, und er hat, über das Prinzipielle der Sache

Robert Nanteuil:
Hardouin de Beaumont de Péréfixe (1605–1671)
und Guillaume de Lamoignon (1617–1677). Kupferstiche, 1663.

hinaus, zwingende Gründe dafür. Péréfixe ist als Vielfraß bekannt, und der Zufall will es, daß auch Tartüff, der nun Panulphe heißt, sich durch besondere Eßlust auszeichnet.

Es scheint, daß des Dichters Ungeduld – was sind drei Liegejahre bei einem Theaterstück so dauerhaften Ranges! – alles gründlich verdorben habe. Doch auch seine Fürsprecher regen sich: der Fürst Condé, Maréchal de France, gestattet sich (und Louis gestattet ihm) 1668 eine dritte Privatvorstellung. Noch im selben Jahr fügt sich die politische Konjunktur überraschend zugunsten des hartverfolgten Stückes. König und Papst entschließen sich zu der Beilegung des langjährigen Zwists, der zwischen der römischen Kurie und den Jansenisten ausgebrochen war, jenen auf eigene Hand Frommen, die sich durch Molières Stück kaum minder getroffen gefühlt hatten als

Molière als Saint-Jean-Baptiste (Johannes der Täufer),
den »Dom Juan« in der Hand.
Anonymes Medaillon (17. Jahrhundert).

die Cabale des Dévots. Die Kurie aber hatte durch den Mund ihres
Legaten, des Kardinals Chigi, schon anno 64 für Molière votiert, vermutlich, weil das Stück dazu angetan war, dem Rigorismus der Aufsässigen einen Dämpfer zu versetzen. Am 19. Januar 1669 ergeht
des neuen Papstes versöhnliches Breve, am 3. Februar wird es in Paris überbracht – zwei Tage später findet unter ungeheurem Publi-
kumsandrang die erste öffentliche Aufführung des freigegebenen
Stückes statt; Molières Theater verzeichnet einen Einnahmenre-

kord: 2860 Livres. Ein flinker Reimer vergleicht die Gewalt der Neugier, die das Theater bedrängt, mit dem horror vacui in der physikalischen Natur; in einem zwölf Seiten langen Gedicht »Der Ruhm des Domes Val-de-Grace« hat Molière zuvor der Kirche eine Treueerklärung und der verstorbenen Königin-Mutter eine postume Huldigung dargebracht.

Der Kampf ist, vorerst, ausgefochten – für „Dom Juan" wird dennoch kein Raum. Wie anhaltend die Gefährdung ist, die von dem schnell verschwundenen Stück ausgeht, zeigt sich, als nach Molières Tod seine Freunde La Grange und Vinot eine Gesamtausgabe ins Werk setzen, die das Stück mit den Kürzungen und Modifikationen präsentiert, zu denen sich Molière nach der Premiere verstanden hatte. Es wird 1682 in Paris so gedruckt, aber die Exemplare werden eingezogen (nur drei erhalten sich); noch einmal greift die Zensur ein und verordnet stärkere Eingriffe; die Bettler-Szene schrumpft nun auf die bloße Wegerkundigung. Zwei Jahrhunderte lang behält der Text diese zensurverstümmelte Gestalt; erst im späteren 19. Jahrhundert rekonstruiert die Philologie aus einem holländischen Druck der Premierenfassung (wie war der Text über die Grenze gelangt?) und den erhaltenen Exemplaren der ersten Pariser Ausgabe das unterdrückte Original. Die Pamphlete von 1665 werden dabei, als Inhaltsangaben der Urfassung, zu wichtigen Fingerzeigen. Auch die freigegebene Druckfassung von 1682 ist für das französische Theater ihrer Zeit untragbar – einem Kollegen Molières, Thomas Corneille, bleibt es vorbehalten, das Stück, das nicht den lauten und belegbaren, sondern den stillen, unheilbaren Skandal gemacht hatte, bühnentauglich zu machen, mit einer Bearbeitung, die die schneidende Prosa des Originals in wohllautende Alexandriner umschmilzt. Sganarell denkt hier zum Schluß nicht mehr an seinen Lohn; unter dem Eindruck des furchtbaren Ereignisses beschließt er, ins Kloster zu gehen.

KAPITEL VI

Erdbeben auf dem Hoftheater

*Das erste, was sich unserer Aufmerksamkeit
darbietet, ist, daß der Boden, über dem wir
uns befinden, hohl ist.*
(Imannuel Kant: Von den Ursachen der
Erderschütterungen, 1756)

Seismische Havarie
oder Die Kruste des Optimismus

Wenn die Kunst das Schattenspiel der Gehalte auf der Nasenspitze
der Wirklichkeit ist, so ist Kulturpolitik das Schattenspiel der Instanzen in dem Rücken der Werke; mit schmerzenden Striemen
zeichnet es sich in die Haut der Urheber. Bestimmt, die Festigkeit der
gesellschaftlichen Form, auf die es, in Ansehung des Haltes, einzig
ankommt, wider die Anforderung des Sinnes zu verteidigen, ist ihre
Rolle aufopferungsvoll; indem sie das Versteifte vor dem Bewegenden sicherstellt, verteidigt sie das Temporäre vor dem Dauernden.
Doch leistet sie, wahrhaft monarchisch gehandhabt, zuweilen ein
anderes und gibt der Religion gegen die Kirche, dem freien Geist gegenüber dem gebundenen, dem schöpferischen gegenüber dem
knechtseligen Anhalt, bis dann wohl, bei längerer Regierungszeit,
der Souverän selbst glaubt ins Lager der Devotion überwechseln zu
müssen, das seiner Herrschaft Bestand zu geben verspricht.

Eines aber ist die kulturpolitische Proskription, ein anderes die
gesellschaftliche Konstellation der Werke. Der in der Krise der Renaissance neu aufbrechende Konflikt zwischen Individuum und Gesellschaft, Anarchie und Gesetz, Ausbeutung und Emanzipation,
Unendlichkeit des Bewußtseins und Endlichkeit des Subjekts wird
in Molières »Dom Juan« mit aufklärerischem Affront zugleich überboten und eingeebnet; klassizistische Ratio geschmeidigt den barok-
ken Dualismus. Das Interesse des Dichters läßt die Intention seines
Stoffes hinter sich; dessen artistische Vollendung entspringt dem

Abstieg seiner gesellschaftlichen Dringlichkeit. Dieser greift nach Molière (und, vermöge und unvermögens der Corneilleschen Versifizierung, *an* ihm) auf die Form über. Hatte der Stoff in seinem Zerfall die Emanation des Genies freigesetzt, eine schmerzhaft durchdringende Strahlung, so folgt nun der artifizielle Niedergang; Molière selbst kann ihn im Jahr seines Tartüff-Siegs in Augenschein nehmen. 1669 erscheint im Théâtre du Marais ein Don-Juan-Stück, dessen Titel – hat sein eigenes Opus ihn provoziert? – an den italienischen »Ateista fulminato« anklingt: »Le *nouveau festin de Pierre ou* l'Athée foudroyé«, *Peters neues Gastmahl oder Der vom Blitz erschlagene Gottesleugner.* Durch die Verlegung der Geschichte in die Antike stellt der Autor, Claude Rose, Sieur de Rosimond (hinter dem aufwendigen Pseudonym verbirgt sich der Schauspieler Du Mesnil), sich vor theologischen Einwänden sicher und erzeugt neue: Es ist Jupiter, dessen Dasein dieser absurd versetzte Don Juan anficht, und Jupiter ist es, der ihn durch den tödlich niederfahrenden Blitz von seiner Existenz überzeugt.*

In den Spuren Rosimonds und sich vielfach an ihn anlehnend, betreibt der Engländer Thomas Shadwell (1640–1692) 1676 die Abplattung des Stoffes in einer Tragödie namens »The Libertine Destroyed« *(Der erschlagene Libertin)*, die er selbst das ungebührlichste (»most irregular«) aller Bühnenstücke nennt, »so zügellos und ausschweifend wie das Zeitalter«. Don Juan, bemerkt Leo Weinstein, präsentiere sich hier als ein Monster; er ist »sechsmal verheiratet gewesen und verlobt sich sechzehnmal im Monat, aber wenn seine Gattinnen auf ihren Rechten bestehen, so überantwortet er sie seinen Kumpanen. Als ihm sein Diener auf seinen Befehl hin die erstbeste Frau von der Straße heraufholt – es ist eine alte Jungfer –, vergewaltigt er sie mit sichtlichem Mißvergnügen... Andererseits bewahrt er die Naturwirkung von Rosimonds Held, und sein widerspenstiger Mut ist übermenschlich.« Als Ballett hat das Schauerstück, in dem Don Juan als Giftmörder umgeht und seinen Vater tötet, in London einen sich durch das ganze 18. Jahrhundert ziehenden Erfolg.

Zu Anfang des 18. Jahrhunderts steigt auch in Spanien Don Juan von früh gewonnener Höhe herab. Das Stück, das den »Burlador« den Spaniern theatergerecht macht (es ist ungleich erfolgreicher als das Original), hat einen ausladenden Titel (»No hay deuda que non se pague y convidado de piedra«) und stammt von dem Hofdichter und königlichen Kammerherrn Antonio de Zamora (1664?–1728). 1714 in Madrid uraufgeführt, steht es in dem Ruf, Mozarts Oper durch den dramatischen Einfall vorgearbeitet zu haben, Don Juans Zweikampf mit dem Komtur an den Anfang der Handlung zu setzen. Aber das geschieht erst in dem Venedig des Jahres 1787; die Veränderungen, die Zamora der Handlung des »Burlador« zufügt, bleiben durchweg hinter der Vorlage zurück und beschädigen deren Spannungs- und Motivgefüge empfindlich. Die Tötung des Komturs – eines von vielen Duellen, die Don Juan im Laufe des Stückes bestreitet – steht auch bei Zamora im Innern der Handlung; es steht *vor* der (versuchten) Vergewaltigung Doña Anas, die Juan als Braut zugesprochen ist, ohne daß ein anderer Anwärter störend zur Stelle wäre. Der Überfall mißlingt, führt aber zu einer Verstärkung der dramatischen Rolle des Königs, wie sie dem Hofpoeten Philipps V. naheliegen mußte. Die wirkliche Neuerung des Stückes, das seinen Helden zum »händelsüchtigen Raufbold« stempelt und die Vergröberung der Effekte »bis zum Punkt der Verzerrung« treibt (Leo Weinstein), liegt in der Beleuchtung des Schlusses. »Wenn Gott mein Leben nimmt, mag er meine Seele retten«, sagt Don Juan hier, als ihn die Bildsäule ins Grab zieht; er stellt sich der himmlischen Gnade anheim, die so, fern dem molinistischen Insistieren auf der durch Willensfehl verscherzbaren Gotteshuld, in ihre kanonische Rolle eintritt, auch den hartgesottenen Sünder annehmen zu können. Das qualifiziert die comedia zum Allerseelenstück, das länger als ein Jahrhundert am 2. November, dem Totengedenktag der katholischen Kirche, in allen Theatern Spaniens gespielt wird.

Allerorten in Europa siegt das Don-Juan-Drama zu dieser Zeit in Gestalt der Verflachung, die mit mehr oder weniger Aufwand ins Werk gesetzt wird. Ein zivilisatorisch verfeinertes Zeitalter, dessen romantisch webender Zartsinn in den Bildern Watteaus Figur wird, enträt des Helden so wenig, als es ihn erträgt. Bis in das frühe 19. Jahrhundert halten sich in Paris die Vaudeville-Versionen des Stoffes, die 1713 im Théâtre de la Porte Saint Germain ihren Anfang nehmen. Der Komponist Le Tellier schreibt die Musik zu diesem »Festin de Pierre«; er beschließt den Abend mit einem Divertissement in der Hölle. Während die Geschichte vom frauenverschlingenden Grundbesitzerssohn, wider den die Hölle selbst sich erhebt, in den Zentren der westlichen Zivilisation auf das Maß großstädtischen Unterhaltungsbetriebs gebracht wird, sinkt sie in Deutschland nach kurzer

Auff gnädigfte Erlaubnuß/
Seynd die allhier angelangte Königliche Pohlni-
fche und Chur-Sächifche Italiänifche Hoff-
Compædianten/

Einem Hochlöblichen Hohen Adel
zu gehorfamfter Bedienung/ und denen Liebhabern aus-
geklaubter Italiänifchen Schau=Spiehlen/ zur
Gemüths=Unterhaltung/

Gefonnen heut den 16. September 1723.

Ihr auffgerichtetes Theatrum zu eröffnen / und
darauff folche Hiftorifche und Moralifche Schau-Spiehle
vorzuftellen / daß ein Hochlöblicher Adel/ und Liebhabere/
darob; befonders bey der dabey mit untermifchten
Mufic, und Balleten/ ein ungezweiffeltes
Vergnügen finden werden.

Und wird fich die heut producirende
Comœdi nennen:

Das groffe fteinerne Gaftmahl.

Eine Opera mit fchönen Erfcheinungen/ und lächerlich.

Der Schauplatz ift auff der Königl. Alten Stadt Prag/ in der
Zeltners Gaffen / in dem von Manhardifchen Hauß/ und wird præcife
um 6. Uhr angefangen.

Programmzettel eines Prager Gastspiels
der Kursächsischen Italienischen Hofkomödianten
aus Dresden mit dem Stück »Das große steinerne Gastmahl«,
am 16. September 1723.

Bekanntschaft mit der Molièreschen Fassung (in Dresden spielt man das Stück 1684 in einer deutschen Übersetzung) auf die Ebene der Volksbelustigung ab. Im Puppenspiel und bei Wandertruppen, aber auch in den festen Ensembles der Wiener Vorstädte fristet das rächende Standbild, dieser höchst gegenständliche Spuk, jenes Leben,

das die aufgeklärte Oberwelt ihm abspricht. Und wenn einmal das
Hoftheater nach dem Stoff greift, so deutet, wie 1752 in Dresden,
schon der Titel darauf, daß auch hier das Puppenspiel nicht fern ist:
»Das steinerne Todten-Gastmahl oder die im Grabe noch lebende
Rache oder die aufs höchste gestiegene endlich übelangekommene
Kühn- und Frechheit«.

In Italien, wo Tirsos Stück sein erstes, nachhaltiges Echo gefunden hatte, artikuliert Goldoni das Verhältnis der Aufklärung zu dem
Stoff. In dem »reformierten ›Steinernen Gast‹«, den er 1736 den Ve-
nezianern zum Besten gibt, um eine treulose Aktrice zu bestrafen (er
läßt sie das betörte Landmädchen spielen und gibt seinem Nebenbuhler, dem Schauspieler Vitalba, die Rolle des Don Giovanni), ist
der Komtur außer Kraft gesetzt und das Strafgericht an die Naturge-
walten abgetreten. Tirsos Isabella ist hier auf Elviras Spuren weiter-
geführt: Goldoni steckt die Verfolgerin in Männertracht und läßt die
so Verkleidete einen Zweikampf mit dem Treulosen führen; ein fes-
selnder Zug ist die erotische Annäherung, die sich zwischen Isabella
und Ottavio, Annas ungeliebtem Anverlobten, begibt. In seinen Memoiren beschreibt der Autor die Lage, in der er den Stoff antraf, und
die Mittel, die er zu seiner Erneuerung aufbietet:

»Alle Welt kannte jenes schlechte spanische Stück, das im Italienischen ›Il Convitato di Pietra‹ und im Deutschen ›Der steinerne Gast‹
heißt. Ich habe es in Italien immer scheußlich gefunden und nicht
begreifen können, daß diese Posse sich so lange auf der Bühne halten
konnte, daß sie solchen Zulauf hatte und in einem gesitteten Lande
so begeistert aufgenommen wurde. Die italienischen Schauspieler
waren selber darüber erstaunt, und einige behaupteten – sei es aus
Spaß, sei es aus Unwissenheit –, der Verfasser des ›Steinernen Gastes‹ habe einen Pakt mit dem Teufel geschlossen, damit das Stück
sich hielte. Ich hatte nie daran gedacht, dieses Werk zu bearbeiten;
doch hatte ich genug Französisch gelernt, um es lesen zu können,
und angesichts der Tatsache, daß auch Molière und [Thomas] Corneille sich damit befaßt hatten, wollte ich es meiner Vaterstadt nicht
vorenthalten, schon damit ich dem Teufel unter etwas ehrenvolleren
Umständen Wort halten konnte. Freilich konnte ich das Stück nicht
unter demselben Titel bringen, denn in meiner Fassung spricht die
Statue des Komturs nicht, bewegt sich auch nicht und begibt sich
nicht zum Festmahl in die Stadt; daher nannte ich meine Fassung
›Don Giovanni‹ wie Molière und fügte hinzu ›oder der Wüstling‹

[o sia il Dissoluto]. Indessen glaubte ich auf den Blitz nicht verzichten zu können, der den Don Juan erschlägt, denn der Böse muß bestraft werden; doch verwendete ich das Ergebnis in einer solchen Weise, daß es die unmittelbare Auswirkung des Zornes Gottes sein konnte oder auch die Folge des Zusammentreffens nebensächlicher Ursachen, die jedoch immer durch die Gesetze der Vorsehung gelenkt werden. Das Lustspiel hatte fünf Akte und war in reimlosen Versen geschrieben; da ich weder Harlekin noch andere italienische Masken auftreten ließ, ersetzte ich die Komik durch einen Hirten und eine Hirtin, die im Verein mit Don Giovanni die Passalacqua, Goldoni und Vitalba erkennen lassen sollten und auf der Bühne das üble Verhalten der einen, die Vertrauensseligkeit des anderen und die Schlechtigkeit des Dritten darstellten. Der Name der Hirtin war Elise, und die Passalacqua hieß Elisabeth; der Name Carino, den ich dem Hirten gab, war bis auf einen Buchstaben die Verkleinerungsform meines Taufnamens (Carlino), und Vitalba verkörperte unter dem Namen des Don Giovanni ganz genau die eigene Wesensart.«*

Das ist das Credo des Rationalismus: Es geht, in der physischen wie in der moralischen Welt, alles mit rechten Dingen zu; Gott spricht durch die Stimme der Naturgesetze. Zwanzig Jahre nach Goldonis Stück durchbricht das Erdbeben von Lissabon mit der physischen Erdkruste auch die zerbrechliche Schale dieses Weltbilds. Voltaire läßt vier Jahre später seinen Candide, diese Demonstrationsfigur satirischer Widerlegung der harmonisch eingerichteten Welt, mitten in die epochale Katastrophe hineinfahren, um der Haltlosigkeit der Theodizee innezuwerden. Zuvor hat er ein »Gedicht über das Unglück von Lissabon oder Untersuchung des Axioms: Alles ist gut« verfaßt, das zum Bruch mit Rousseau führt. Dieser sucht das allgemeine Walten, den Sinn und die Zielhaftigkeit der Geschichte, durch die Berichtigung des Satzes: »Alles ist gut« zu: »Das Ganze ist gut« und gesteigert: »Alles ist gut für das Ganze« sicherzustellen – die geistig-politischen Hauptpositionen der kommenden Jahrhunderte zeichnen sich ab.

Bis nach Deutschland hinein spürt sich die seismische Erschütterung und die geistige erst recht. In Frankfurt am Main trifft sie einen Sechsjährigen; ein halbes Jahrhundert später erinnert er sich:

»Durch ein außerordentliches Weltereignis wurde jedoch die Gemütsruhe des Knaben zum erstenmal im tiefsten erschüttert. Am 1. November 1755 ereignete sich das Erdbeben von Lissabon und ver-

breitete über die in Frieden und Ruhe schon eingewohnte Welt einen
ungeheuren Schrecken. Eine große, prächtige Residenz, zugleich
Handels- und Hafenstadt, wird ungewarnt von dem furchtbarsten
Unglück betroffen. Die Erde bebt und schwankt, das Meer braust
auf, die Schiffe schlagen zusammen, die Häuser stürzen ein, Kirchen
und Türme darüber her, der königliche Palast zum Teil wird vom
Meere verschlungen, die geborstene Erde scheint Flammen zu
speien, denn überall meldet sich Rauch und Brand in den Ruinen.
Sechzigtausend Menschen, einen Augenblick zuvor noch ruhig und
behaglich, gehen miteinander zugrunde, und der glücklichste darunter ist der zu nennen, dem keine Empfindung, keine Besinnung
über das Unglück mehr gestattet ist. Die Flammen wüten fort, und
mit ihnen wütet eine Schar sonst verborgener oder durch dieses Ereignis in Freiheit gesetzter Verbrecher. Die unglücklichen Übrigge-
bliebenen sind dem Raube, dem Morde, allen Mißhandlungen bloßgestellt; und so behauptet von allen Seiten die Natur ihre schranken-
lose Willkür.

Schneller als die Nachrichten hatten schon Andeutungen von diesem Vorfall sich durch große Landstrecken verbreitet: an vielen Orten waren schwächere Erschütterungen zu verspüren, an manchen
Quellen, besonders den heilsamen, ein ungewöhnliches Innehalten
zu bemerken gewesen; um desto größer war die Wirkung der Nachrichten selbst, welche erst im allgemeinen, dann aber mit schrecklichen Einzelheiten sich rasch verbreiteten. Hierauf ließen es die Got-
tesfürchtigen nicht an Betrachtungen, die Philosophen nicht an
Trostgründen, an Strafpredigten die Geistlichkeit nicht fehlen. So
vieles zusammen richtete die Aufmerksamkeit der Welt eine Zeitlang
auf diesen Punkt, und die durch fremdes Unglück aufgeregten Gemüter wurden durch Sorgen für sich selbst und die Ihrigen um so
mehr geängstigt, als über die weitverbreitete Wirkung dieser Explo-
sion von allen Orten und Enden immer mehrere und umständlichere
Nachrichten einliefen. Ja vielleicht hat der Dämon des Schreckens
zu keiner Zeit so schnell und so mächtig seine Schauer über die Erde
verbreitet.

Der Knabe, der alles dieses wiederholt vernehmen mußte, war
nicht wenig betroffen. Gott, der Schöpfer und Erhalter Himmels
und der Erden, den ihm die Erklärung des ersten Glaubensartikels
so weise und gnädig vorstellte, hatte sich, indem er die Gerechten
mit den Ungerechten gleichem Verderben preisgab, keineswegs vä-

terlich bewiesen. Vergebens suchte das junge Gemüt sich gegen diese Eindrücke herzustellen, welches überhaupt um so weniger möglich war, als die Weisen und Schriftgelehrten selbst sich über die Art, wie man ein solches Phänomen anzusehen habe, nicht vereinigen konnten.

Der folgende Sommer gab eine nähere Gelegenheit, den zornigen Gott, von dem das Alte Testament so viel überliefert, unmittelbar kennenzulernen. Unversehens brach ein Hagelwetter herein und schlug die neuen Spiegelscheiben der gegen Abend gelegenen Hinterseite des Hauses unter Donner und Blitzen auf das gewaltsamste zusammen, beschädigte die neuen Möbeln, verderbte einige schätzbare Bücher und sonst werte Dinge und war für die Kinder um so fürchterlicher, als das ganz außer sich gesetzte Hausgesinde sie in einen dunklen Gang mit fortriß und dort, auf den Knien liegend, durch schreckliches Geheul und Geschrei die erzürnte Gottheit zu versöhnen glaubte, indessen der Vater, ganz allein gefaßt, die Fensterflügel aufriß und aushob, wodurch er zwar manche Scheiben rettete, aber auch dem auf den Hagel folgenden Regenguß einen desto offnern Weg bereitete, so daß man sich nach endlicher Erholung auf den Vorsälen und Treppen von flutendem und rinnendem Wasser umgeben sah.«*

Die Erde, die sich feuerspeiend und menschenverschlingend auftut, das Gesinde, vor Blitz und Donner in die Knie brechend, indes der kaltblütige Aufklärer das Übel durch seine Vorkehrungen unerschrocken vergrößert – kein Zweifel, wir sind in die Sphäre des Komturs eingetreten. Ein Naturereignis von übermenschlicher Gewalt, das wie strafend über eine selbstgewisse Zivilisation hereinbricht, menschenvertilgend, menschenentfesselnd, macht eine in die Welt des Jahrmarkts abgesunkene, von den Gebildeten teils dem Lachen, teils der Reform preisgegebene Gestalt auf einmal zu einer bedeutungsgeladenen; die Kunstfigur übernatürlicher Katastrophe wird durch die Erscheinung des wirklichen Verhängnisses in neue Rechte eingesetzt. Das gilt für die Oberwelt des Geistes, für das Bewußtsein der tonangebenden Schichten; das Volk, dessen Gedankenwelt sich zu der der herrschenden Klasse wie im einzelnen Menschen das Unterbewußtsein zum Oberbewußtsein verhält: als ein bildkräftiger Speicher verdrängter Wahrheiten, bedarf solcher Aktualisierung nicht; es hat die alte Geschichte von jeher verstanden. Seine eigene Lage, abhängig, kärglich, befuchtelt, bewahrt es vor dem voreiligen Glauben an die Macht der Vernunft über das Treiben und die Triebe der Herrschenden; der Blick von unten ist a priori keine optimistische Perspektive.

Es ist nicht der alte Aberglaube schlechthin, Gespensterfurcht und -lust, was Handwerkern und Kammerdienern, Kanzlisten und Mägden die Geschichte so anziehend macht, sondern auch die Tendenz, mit der sich die Geisterwelt hier in die irdischen Angelegenheiten mischt; der bestrafte Ausschweifende und niedergeschmetterte Lüstling ist ja kein wildgewordener Ladenschwengel, sondern ein Don, ein Grande, Aristokrat und Latifundist. Zweierlei mußte das volkstümliche Publikum, das der Geschichte gegen die Meinung der vernünftigen Leute die Treue hielt, an ihr entzücken: Der Komtur tränkte es denen ein, die da glaubten, an nichts glauben zu dürfen und sich noch etwas darauf zugute hielten, die sich nicht einmal auf Friedhöfen fürchteten und die Geisterwelt, die sich doch ständig in die menschlichen Belange einmischte, schlechtweg für unvorhanden erklärten, und er schickte die zur Hölle, welche mit den Dienstboten umsprangen, wie es Gelüst und Herrenrecht ihnen eingab, und sich dabei noch für persönlich unwiderstehlich hielten. Wo die Herren nicht einmal mehr Gott fürchteten, war das Volk ganz verloren: die Religion war die Instanz einer Sittlichkeit, die den Schwachen wenigstens intentionell schützte und das Interesse des Ganzen wider die Eigensucht der Bevorteilten behauptete. Daß gegen den Übermut der Herren, die nicht nur der Arbeit, sondern auch noch der Person gebieten wollen, mit Betrug und Gewalt den ganzen Menschen mit Beschlag belegend, von unten nicht List: die Kunst des Ausweichens, Ablenkens, Sich-Verstellens, und von oben nicht Vernunft: das ist Einsicht, Reform, Belehrung, sondern zuletzt nur die Hölle, Gewalt also, fruchte – es ist dies Volkswissen, das auch ein Wunsch-, ein Tagtraum ist, was den Stoff über das Zeitalter des Vernunftglaubens hinweg lebendig erhält. In dem Maß, wie die Ahnung davon auch das Bürgertum des Zeitalters ergreift, lädt sich die alte Geschichte mit neuen Energien auf.

Ballet d'action

In Lissabon hatte sich dem entsetzten Europa gezeigt, wie der Aufruhr der Erde den Aufruhr des Menschen nach sich zog; die Hefe des
Volks war inmitten des allgemeinen Schreckens so furchtbar aufgegangen wie der Erdboden unter den Füßen der Stadtbewohner. Von
dem Naturverhängnis entfacht, verhängte die Masse der Unteren ein
Strafgericht über die Welt der Reichen, Wohllebenden, das selbst wie
eine Naturmacht wütete. Der Komtur verkörpert die mythisch-sym-
bolische Einheit von Gericht und Naturverhängnis; er verfährt ge-
zielt und in höherem Auftrag so, wie die Naturkatastrophe zufällig-
elementar. Einem Europa, dessen geistigen Boden jenes kaum merk-
liche Zittern durchbebte, das dem seismographischen Empfinden
die kommende Erschütterung anzeigt, mußte die Geschichte von
Don Juans sündhaftem Treiben und infernalischem Untergang aufs
neue bedeutsam werden. Ist es der Wunschtraum, daß die drohende
Katastrophe mythisch geregelt statt in alles überflutendem Ausbruch vor sich gehe, was den Stoff wieder auf die Tagesordnung
setzt? Eine Theaterfabel, die der Krise der Renaissance entsprungen
war und von Anfang an ein Doppelgesicht getragen hatte, als die
dramatische Überführung von Lebensübermut und Augenblicksver-
götterung auf der einen, von Junkerzynismus und Ausbeuterruchlo-
sigkeit auf der andern Seite, kommt in der Krise der Aufklärung zu
neuen Ehren. Das *Et respice finem!* (Bedenke das Ende), das Tirsos
Catalinón seinem rastlos eroberungswütigen Herrn entgegenhält,
wird einem auf anderer Stufe erschütterten Fortschrittsglauben wiederum bedeutsam; die theatralische Beschwörung der Übermacht
des Todes wird zum Indiz einer intellektuellen Verunsicherung, deren hymnisch-poetischer Ausdruck sich in Youngs »Nachtgedan-
ken« und in Klopstocks »Messias« schon in den 1740er Jahren Bahn
bricht. Die soziale Verunsicherung kündigt sich um das Jahr 1760 in
England mit der ersten Maschinenstürmerbewegung an.

Die seit Tirso, seit Molière eingetretene Verschiebung des gesellschaftlichen Kräftefelds modifiziert dabei die Akzente. Der Don
Juan Tirsos war als Übertreter des Königsgebots, Molières Komö-
dienheld als Verächter klerikalen Ideologieregiments verschlungen
worden – der Don Juan jenes Fin de siècle, das sich zunehmend als
solches erahnt, wird von keiner dieser Bedeutungen mehr getragen,

LE FESTIN DE PIERRE

BALLET PANTOMIME

COMPOSE PAR MR. ANGIOLINI
MAITRE DES BALLETS DU THEA-
TRE PRE'S DE LA COUR A VIENNE,
ET REPRESENTE' POUR LA PRE-
MIERE FOIS SUR CE THEATRE
LE   OCTOBRE 1761.

Segnius irritant animos demiſſa per aures,
Quam quæ ſunt oculis ſubjęĉta fidelibus.
          HORAT. De Arte Poëtica.
Ce qui ne frappe que l'oreille fait moins d'impreſſion ſur
Les eſprits, que ce qui frappe les yeux.
          Traduĉtion du Pére TARTERON.

A VIENNE,
CHEZ JEAN THOMAS TRATTNER LIBRAIRE ET
IMPRIMEUR DE LA COUR.

M. DCC. LXI.

Titelblatt und erste Seite der Programmbroschüre
Gasparo Angiolinis zu der Premiere seines Balletts
»Le Festin de Pierre« am 17. Oktober 1761.

mehr gestützt. Er ist auf andere Weise anachronistisch geworden, nicht mehr als Königs- oder als Kirchenverächter (beide Bedeutungen sind vom Gang der Geschichte eingeholt), sondern durch den Feudalcharakter seines Herrentums selbst – als einer, dessen ökonomische Existenz nicht auf erworbenem Kapital, sondern auf ererb-

Le Spectacle que je préfente au Public eft un Ballet Pantomime dans le goût des Anciens. Ceux qui ont lû les auteurs Grecs ou Latins, qui, foit en Original, foit en Traduction, font dans les mains de tout le monde; connoiffent les noms célébres de *Pylade* & de *Bathylle* qui vivoient fous le Regne d'Augufte. Les merveilles de leur Art font immortalifées par les Hiftoriens, les Orateurs & les Poëtes. *Lucien* nous a même laiffé un Traité de cet Art célébre, qu'on peut regarder comme une efpéce de Poëtique des Danfes Pantomimes, quoi qu'il foit imparfait.

a 2   Le

tem Landbesitz gründet und dessen vitale Existenz nicht auf Profit, sondern auf Genuß, auf Lust-, nicht auf Geldgewinn zielt. Es ist diese Beschaffenheit, die ihn zu einer überständigen Figur macht, und sie ist es, die ihm einen Glanz, eine Höhe gibt, deren er bei Tirso gänzlich ermangelt. Nicht gegenüber der Allgewalt des Monarchen wie bei dem Spanier, nicht gegenüber der Übermacht der Tartüffs wie bei Molière, sondern gegenüber der schwarzröckigen Emsigkeit erwerbsversessenen Bürgertums bestimmt sich sein Höllenmaß. Es gilt seinem Stand und der von ihm geprägten Gesellschaft im Ganzen und erzeugt, aus solcher Allgemeinheit, mit genauer Paradoxie eine Aura von Verklärung – der Musik obliegt es, sie der Figur abzugewinnen.

Denn es ist das musikalische Theater, Ballett und Oper, das die Zwiegestalt jener beiden, die einander wechselweise zum Opfer fallen, aus den Versenkungen des Rationalismus wieder ans Licht der höheren Bühne hebt. Don Juan und der Komtur – mehr denn je sind diese zwei, die schon lange nicht mehr nur sich selbst und die wechselnden Konstellationen der Wirklichkeit, sondern dazu ihre eigene Theatergeschichte bedeuten, die Imagination von Ängsten und Sehnsüchten, von Wunsch- und Schreckensträumen geworden – dem Wunsch, am Taumel des sinnenhaft behaupteten Augenblicks teilzuhaben, der Furcht, den Preis des Abgrunds dafür zu bezahlen. Die Musik aber ist das Medium, das Träume zum Tönen bringt – Kunstreich jener Gestalten, die anfangen, sich aus der Wirklichkeit zurückzuziehen, um als Traumfigur ein neues, anders kräftiges Leben anzuheben.

Sechs Jahre nach der Zerstörung Lissabons findet das Erdbeben in Wien auf der Bühne des kaiserlichen Hoftheaters statt; es verschlingt einen Prominentenfriedhof und steht am Ende eines Stükkes, auf dessen Höhepunkt der Komtur als ein steinerner Schrecken in eine tanzbesessene Festgesellschaft hineintappt. Das Ganze ist ein Ballett und der siebenundvierzigjährige Gluck hat es komponiert; vorangegangen ist, auf der gleichen Bühne, der »Dom Juan« Molières* – das alte Stück, in seiner gemilderten Fassung, hat ein neues induziert. Glucks Protektor, der Graf Durazzo, vormals genuesischer Gesandter in Wien und seit 1754 Intendant der beiden Hoftheater an der Hofburg und am Kärntnertor**, hat gerade, um Glucks willen, eine heftige Leitungskrise, mit Abreise und Rücktrittsofferte, hinter sich gebracht und benutzt seine gefestigte Stellung, um dem Hof, der jährlich 150 000 Gulden für den Durazzo unterstehenden Theaterbetrieb ausgibt, etwas nie Dagewesenes zu präsentieren: ein tragisches Ballett. Das Ballett, gewöhnlich am Ende von Singspiel- oder Schauspielaufführungen in Erscheinung tretend, als krönender Abschluß des Theaterabends, hat den höchsten Teilposten seines Etats

. inne, fast dreißig Prozent, und an der Spitze der Ballettgehälter steht der Name des dreißigjährigen Solotänzers und Ballettmeisters Gasparo Angiolini; gegenüber den 4200 Gulden, die er – Tanzstars sind selten – im Jahr bekommt, steht der für das Ballett und die Opéra comique musikalisch zuständige Gluck sich mit 1237 Gulden eher bescheiden. Das Vorhaben, dem beide sich zuordnen, zielt auf nichts Geringeres als auf die Durchsetzung einer neuen Kunstform, des *ballet d'action* – die Tanzkunst nicht mehr als Exekutor brillant-gefälliger Einzelnummern, sondern als ein durch pantomimischen Ausdruck gesteigertes und erweitertes Darstellungsmittel im Dienst schlüssiger dramatischer Vorgänge. Es ist das alte Lied aller Theaterreform, und es ist zu dieser Zeit und gegenüber dieser Gattung ein sehr neues Lied: dramatische Wahrheit, bis hin zu tragischer Erschütterung, statt der Virtuosenstückchen einer aristokratischen Amüsierkunst; statt der Vereinzelung von Tongestalten und Vortragskünsten in der eleganten Pièce, dem rauschenden Divertissement die Zusammenfassung aller Wirkungskräfte – Tanz und Pantomime, Musik und Dekoration – im Dienst anrührender theatralischer Vorgänge.

Die Ballettgeschichte registriert diesen Wiener »Don Juan« als das »erste pantomimische Ballett in der Geschichte der Tanzkunst, ja das erste Ballett überhaupt im modernen Sinn« (Angelo Foletto*). Angiolini, sein Urheber (er lebte von 1731 bis 1803**), ist der Schüler und Nachfolger des einige Jahre zuvor an den Zarenhof übergegangenen Holländers Franz Hilverding von Waven; auch Angiolini nimmt später, im Wechsel mit seinem Lehrer, starken Einfluß auf die Entwicklung des Petersburger Balletts. Mit ihm und Gluck, dem Kapellmeister und Komponisten, sind der Librettist Raniero de Calzabigi (1714–1795) und der in den Adelsstand erhobenen Theatermaler und General-Ingenieur Giovanni Maria von Quaglio (1700–1765) am Werk, und alle vier sind sich der Tragweite des Unternehmens bewußt; in einer französisch gedruckten Programmheft-Broschüre, an deren Abfassung Calzabigi mitwirkt, verbindet Angiolini die Beschreibung der Handlung mit der Erläuterung seines ästhetischen Konzepts. Es ist rousseauistisch in seinem Gehalt, klassizistisch in seiner Begründung – ein exemplarisches Zeugnis jener mit dem Namen Aufklärung umschriebenen Bewegung, in der sich bürgerlicher Anspruch und monarchische Einsicht zu einer Konstellation verbanden, deren Parole in der dem Verlagssignet ein-

Ballet Pantomime executé à Vie
Presenté à S.Exc.Mons. le Comte de Durazzo Col
General des Plaisirs et Spectacles &. &. &.

Bernardo Bellotto,
genannt Canaletto
(1721–1780):
»Le Turc Généreux«
(Der großzügige
Türke),
Ballett-Pantomime,
aufgeführt im
Wiener Burgtheater
am 6. April 1758.
Radierung, 1759.

beschriebenen Losung aufscheint: *Labore et favore*, durch Arbeit und Gunst. Angiolini knüpft an die Ballettpantomime des augusteischen Rom an, deren Poetik ein Fragment des Lukian überliefert. »Das Höchste der antiken Tanzkunst war die Pantomime, und sie war die Kunst, nachzuahmen die Sitten, die Leidenschaften, die Handlungen der Götter, der Heroen, der Menschen, durch Bewegungen und Stellungen des Körpers, durch Gebärden und Zeichen, die taktmäßig ausgeführt wurden. Diese Bewegungen, diese Gebärden mußten sozusagen eine fortlaufende Rede bilden: es war eine Art von Deklamation, deren Verständnis man den Zuschauern durch die Hilfe der Musik erleichterte, die ihren Ausdruck änderte, je nachdem der pantomimische Schauspieler die Liebe oder den Haß, die Wut oder die Verzweiflung darstellen wollte. Alles das nannte man *Saltation*. Der Ausdruck kommt nicht von saltare = springen, sondern von einem gewissen Salius, der als erster die Römer diese Kunst gelehrt hat. Alle Schriftsteller überliefern uns übereinstimmend, daß man sie ausführte durch sprechende Gebärden, durch ausdrucksvolle Zeichen und durch Bewegungen des Kopfes, der Augen, der Hand, der Arme, der Beine. Die pantomimischen Schauspieler waren also, um mich eines Ausdrucks des Abbé *Du Bos* zu bedienen, Nachahmer von allem: sie spielten Fabeln und Geschichten, manchmal in Bruchstücken, manchmal vollständig. ... Der berühmte Pylades war der Erfinder der Kunst, auf diese Art ganze Stücke zu tanzen. Die Pantomimiker nannten diese neue Art des Tanzes den Italienischen Tanz. Sie umfaßte alle Gattungen des Schauspiels: die Tragödie, die Komödie, die Satire und die Farce.«*

Wenn der Tanz zum Organ dramatischen Ausdrucks werden will, bedarf er der Hilfe der Musik. Sie ist Dienerin, aber eine unentbehrliche, und nachdem Angiolini mit zwei als Motto gesetzten HorazVersen die Vormacht des Sehens über das Hören festgeschrieben hat:

Segnius irritant animos demissa per aures,
Quam quae sunt oculis subiecta fidelibus

(Fehlbarer werden die Seelen durch die von den Ohren stammenden Eindrücke beirrt als durch jene, die von den zuverlässigen Augen stammen), gibt er Gluck in den Schlußsätzen seiner »Dissertation« die Ehre: »Die Dekorationen dieses Balletts sind mit viel Verständnis von Herrn Quaglio gefertigt. Herr Gluck hat die Musik dazu komponiert. Er hat vollkommen das Schreckliche der Handlung erfaßt. Er hat die verschiedenen Leidenschaften, die hier spielen, und das Entsetzen der Katastrophe auszudrücken unternommen. Die Musik ist wesentlicher Bestandteil der Pantomime: sie spricht, wir machen nur Gebärden, ähnlich den antiken Schauspielern in der Tragödie und Komödie, die die Verse des Stückes deklamieren ließen und sich selbst auf das stumme Spiel beschränkten. Es würde uns fast unmöglich sein, uns verständlich zu machen ohne die Musik, und je mehr sie angenähert ist dem, was wir ausdrücken wollen, desto leichter machen wir uns verständlich.« Kein Zweifel: der Regisseur, der als Erfinder einer Tanznotation später im Wortsinn zum Choreographen, Tanzbeschreiber wird, ist der Gebieter des neuen Gesamtkunstwerks.

Die Reform des Tanzes vom verspielten ballet de divertissement zum dramatisch verantwortlichen ballet d'action geht zu dieser Zeit an zwei Orten, durch zwei Choreographen vor sich. In Lyon erscheint 1760 das Reform-Manifest Jean-Georges Noverres (1727 bis 1810), die »Briefe über den Tanz und die Ballette«; sie ziehen die Summe aus Erfahrungen, die der im gleichen Jahr in Stuttgart engagierte Autor in London an dem Theater David Garricks, des berühmten Shakespeare-Protagonisten, bei der Umwandlung des Balletts zur dramatischen Pantomime gemacht hatte. Angiolini kennt diese Schrift zweifellos, aber er legt Wert darauf, einen eigenen Weg zu gehen – sein Lehrer Hilverding habe ihn gewiesen. »Wir haben«, schreibt Angiolini über seinen in »Don Juan« erstmals erprobten Begriff vom dramatischen Tanz, »so etwas bis zur Gegenwart nicht gehabt, wenn man allein unsere Bühne und die Pantomimen ausnimmt, die hier von meinem Lehrer, dem berühmten Hilverding, gegeben worden sind.« In Mailand kommen sich beide, Noverre und Angiolini, später ins Gehege; in einer Vorrede aus dem Jahr 1773 versucht Noverre, den Kollegen, dessen »Don Juan« er verschweigt, »zu seinem bloßen Nachahmer zu stempeln« (Robert Haas). Ein Prioritätsstreit über die Urheberschaft an dem neuen Handlungsballett entbrennt, dessen Nachhall, als Unterschätzung der Angiolinischen Leistung, bis weit ins 20. Jahrhundert reicht. Der »mit besonderer Gehässigkeit« (Richard Engländer) geführte und fortgeführte Disput übersah, daß hier zwei Tanz-Koryphäen aus derselben Intention und verschiedener Erfahrung gleichzeitig und in Wechselwirkung aufeinander zwei keineswegs deckungsgleiche Konzepte entwickelt hatten. Während Noverre dem pantomimischen Aus-

Francesco Bartolozzi (1728–1815):
Porträt eines Herrn Angiolini.
Die in Wien aufbewahrte Zeichnung stellt möglicherweise
Gasparo Angiolini (1731–1803) während eines seiner London-Aufenthalte dar.

druck Vorrang vor dem tänzerischen gab, zielte Angiolini auf die
Synthese beider im Sinn der »gemäßigten Pantomime« (A. Foletto);
sie sollte so sprechend sein, daß eine Textbeschreibung der Handlung – »für die Kunst demütigende Erläuterungen« – sich erübrige.
»Der grundlegende ästhetische Unterschied zwischen Noverre…
und Angiolini«, schreibt der Gluck-Biograph Max Arend, »ist die Ne-

gierung einer allzusehr ins einzelne gehenden Programm-Unterlage, also die Erkenntnis von der Unbestimmtheit und Vieldeutigkeit sowohl des pantomimischen Tanzes als der Musik.«*

Auch Richard Engländer konstatiert Angiolinis »Abneigung gegen das detaillierte Programm, gegen eine ausführliche und wortreiche textliche Gebrauchsanweisung«.** Lehnte Angiolini für seine neue Ballettpantomime das detaillierte dramatische Programm als solches oder lediglich als dem Zuschauer an die Hand zu gebendes ab? Sollte der Tanz alles sagen und *darum* das Programmheft wenig oder war der Tanz seiner Natur nach so vieldeutig, daß die Festschreibung durch das Wort ihm Gewalt antun mußte? Die letztere Auffassung wäre mit Angiolinis Drang zu dramatischer Bestimmtheit, »sprechenden Gebärden« nicht zu vereinen. Was der Ballettreformator wirklich meint, sagt seine Wiener Don-Juan-Einführung. »Der Tanz hat die *Erzählung* nicht. Wir können den Zuschauern nicht berichten lassen, daß ein Held getötet worden ist oder daß er sich den Tod gegeben hat. Sie haben nur *Augen*, um uns zu hören, die Ohren nützen ihnen nichts, und wir müssen sie die ganze Handlung *sehen* lassen. Die Einheit des Ortes ist daher unvereinbar mit der ›Saltation‹. Und da es uns nicht verstattet ist, die Handlung durch den Dialog aufzuhalten, wir vielmehr beständig handeln müssen, Bewegungen vollführend, die uns ermüden, so sind wir genötigt, die ausgedehntesten Sujets in einen Zeitraum von Minuten zusammenzudrängen, und es ist unmöglich, die Einheit der Zeit in ihrem engen Sinne zu bewahren. *Lucian*, der uns Vorschriften über den pantomimischen Tanz gibt, sagt kein Wort von den Einheiten; einen anderen Theoretiker haben wir nicht. Unsere zuverlässige Regel ist die Wahrscheinlichkeit; von uns aber die peinliche Beobachtung der Regeln des Dramas fordern, heißt Unmögliches von uns verlangen.«

Wie Lessing fünf Jahre später in seinem »Laokoon« das episch-anekdotische Moment von der bildenden Kunst abwehrt, so tut dies Angiolini von der Tanzkunst als der dynamischen Erscheinung dessen, was die Skulptur in statische Spannungen faßt. Zugleich wehrt er, auch hierin Lessing nahe, die Fessel der beiden Einheiten – der des Ortes und der der Zeit – von seinem neuen Tanzdrama ab, um auf der einzig wesentlichen Einheit, der der Handlung, desto nachdrücklicher zu bestehen. Da er, in Anlehnung an die altrömische Pantomime, gleichzeitig den Anspruch erhebt, »ganze Stücke zu tanzen«, von dem »Steinernen Gast« bis hin zu den großen tragi-

schen Gestalten der Antike: Iphigenie, Coriolan, Medea, Klytemnä-
stra, kommt er, wenn er den Stoff nicht ganz und gar als bekannt voraussetzen will, ohne die Texterläuterung nicht aus. Worauf es ihm
ankommt, ist, die dramaturgisch vereinfachte Handlung tänzerisch
zu einer deklamatorischen Prägnanz zu bringen, die es erlaubt, die
Textbeigabe auf ein Minimum zu beschränken.

So auch im »Steinernen Gast«, dem *coup d'essai*, Versuchsstück,
des »Unternehmens, ein ganzes Stück als pantomimischen Tanz zu
dichten«. Angiolinis Programmheft-Szenar gibt die Handlung auf
weiten Strecken detailliert wieder, bis hin zu psychologischen Nuan-
cen wie dem Stutzen Juans, als dieser den Komtur vor seinem Grabmal stehend antrifft. Anderes dagegen – der zweite Teil des ersten
und der erste des zweiten Aktes – ist umrißhaft behandelt; war es die
Sittenpolizei Maria Theresias, die berüchtigte Keuschheits-Kom-
mission, die den Autor bewog, sich hier zurückzuhalten? Sein Szenarium lautet (in der Übersetzung Max Arends) wie folgt:

»Ich habe das Ballett in *drei Akte* eingeteilt. Der *erste* stellt eine
öffentliche Straße dar. Das Haus des Kommandeurs liegt auf der einen, das Don Juans auf der anderen Seite. Die Handlung beginnt mit
einer Serenade, die Don Juan seiner Geliebten, Donna Elvira, der
Tochter des Kommandeurs, darbringt. Er erlangt Eintritt ins Haus
und wird von ihrem Vater überrascht. Er schlägt sich mit ihm; der
Kommandeur wird getötet; man trägt ihn weg.

Im *zweiten* Akt gibt Don Juan bei sich ein großes Gastmahl für
seine Freunde und Mätressen, dem ein Ball vorhergeht. Nach dem
Tanz setzt man sich zu Tisch. In der lautesten Freude klopft der
Kommandeur als Steinbild grob an die Tür. Man öffnet, er tritt in
den Saal ein, die Gäste sind entsetzt und fliehen. Don Juan bleibt allein mit dem Steinbild und bittet dieses zum Hohn mitzuspeisen.
Das Steinbild lehnt ab und ladet seinerseits Don Juan ein, mit ihm
auf dem Kirchhof zu speisen. Don Juan nimmt die Einladung an und
begleitet den Kommandeur hinaus. Der Lärm ist verhallt, die Gäste
kehren, ein wenig beruhigt, in den Saal zurück, doch der Schrecken
begleitet sie, und dies gibt Anlaß zu einem *Eintritt der Zitternden*.
Don Juan kommt zurück. Er versucht sie zu beruhigen, sie verlassen
ihn aber. Er bleibt mit seinem Diener allein, gibt seine Befehle und
geht.

Der *dritte* Akt spielt sich auf dem Kirchhof an einem Platze ab,
der für das Begräbnis vornehmer Personen bestimmt ist. Das Mauso-

leum des Kommandeurs, das soeben vollendet ist, befindet sich in
der Mitte. Er selbst steht aufrecht vor seinem Grabe. Don Juan ist etwas erstaunt, als er ihn sieht. Er nimmt indessen eine verwegene
Miene an und nähert sich dem Kommandeur. Dieser ergreift ihn
beim Arme und ermahnt ihn, sein Leben zu ändern. Don Juan bleibt
hartnäckig, und trotz der Drohungen des Kommandeurs und der
Zeichen des Himmels, die er sieht, verharrt er in Unbußfertigkeit.
Darauf öffnet sich das Innere der Erde und speit Flammen aus. Aus
diesem Vulkan nahen sich eine Menge von Larven und Höllengeistern, die Don Juan ergreifen und peinigen. Sie fesseln ihn, und in
seiner wilden Verzweiflung wird er mit allen Ungeheuern von der
Erde verschlungen. Ein Erdbeben verwandelt die Umgebung in einen Trümmerhaufen.«

»Le festin de Pierre« nennt Angiolini sein Versuchsstück nach einer
»spanischen Tragikomödie, die die Stimmen aller Nationen auf sich
vereinigt hat«; was aus Elementen Tirsos und Molières entsteht, ist
eine selbständige und neuartige Auslegung des Stoffes. Schon Noverre hatte, in Knobelsdorffs neuerbauter Hofoper, eine von ihrem
Sockel herabsteigende Statue zum Gegenstand der Tanzkunst gemacht; Grauns »Pigmalion«-Ballett, das auf einem »Pygmalion«
Rousseaus fußte, war ein Hauptereignis seines kurzen Berliner Wir-
kens gewesen. Angiolini, der die Eignung seiner Kunst für die Darstellung des Tragischen und Erschütternden erweisen möchte, hält
sich an die düstere Gestalt des Motivs – sie ist die zeitgemäße und
zeigt sich bei ihm in charakteristischer Abwandlung. Das Szenar, bei
dem ein Anteil Calzabigis, des künftigen Librettisten von Glucks Re-
formopern, in Betracht zu ziehen ist (»Orfeo«, mit Tanzzwischen-
spielen von Angiolini, folgt dem Don-Juan-Ballett auf dem Fuße),
faßt Tirsos Ana und Molières Elvira zu einer Figur zusammen; sie
heißt Elvira und ist Don Juans Geliebte, zugleich die Tochter des
Commandeurs (so heißt der Komtur auf französisch), der sich der il-
legitimen Verbindung widersetzt; sein Tod, bei Tirso wie bei Cicognini Kulminationspunkt des Stückes, steht bei Angiolini am Ende
des ersten Aktes. Die Veränderung ist gravierend; die Szene zeigt die
Frau nicht mehr als Betrogene oder Verlassene, als nächtlich Beschli-
chene oder tags Verfolgende, als das zu spät rebellierende Opfer des
Helden, sondern als seine freiwillige Partnerin; die tödliche Verwicklung geht einzig von dem Eingriff der Vater-Instanz aus.

Der zweite Akt setzt die Neuerungen fort – eine Szene strahlenden Selbstgenusses, wie sie sich nie zuvor mit der Figur verbunden hatte. Das sich in zahlreichen Tänzen entwickelnde Bild zeigt Don Juan nicht als den erotischen Beutemacher, dessen Unrast nicht zuletzt daraus resultiert, daß er, bei aller Unersättlichkeit, strikt monogam zu Werke geht, immer *eine* Frau um *einer* andern willen aufgebend, was – Molières zweiter Akt zeigt es drastisch – natürlich auch an den Frauen liegt, die sich von Fall zu Fall als ausschließlich zu liebende verstehen, sondern, wie in Shadwells Don-Juan-Variante von 1676, als Haremsfürsten und sultanischen Genießer. Die Don-Juan-Figuren Spaniens, Italiens, Frankreichs waren Unersättliche in der Zeit gewesen, dieser getanzte Juan – und seine Musik stimmt dazu – ist ein Ersättlicher im Raum; jene rafften Fülle als ein rastloses Nacheinander, dieser akkumuliert sie als ein beschwingtes Zugleich. Karl Mickel* hat die Wurzeln der Figur in die erlaubte Polygamie des islamischen Orients gesetzt – der von Eroberung zu Eroberung eilende und niemals bei ihrem Genuß verharrende Alexander der Erotik gleichsam als ein in die Gefilde christlicher Monogamie verschlagener Orientale, dessen polygame Disposition in einer so andersartigen Welt zwangläufig Züge des Abnormen annimmt. Nicht so bei Angiolini: hier ist Don Juan mit den Frauen, sind die Frauen – so scheint es jedenfalls – mit Don Juan versöhnt; urwüchsige Polygamie lebt sich harmonisch aus.

Elvira ist seine Geliebte, der er auf öffentlicher Straße eine Huldigung darbringt, um hernach – es ist Nacht – Einlaß zu finden; bei seinem Fest versammelt er Freunde und Mätressen – wäre Elvira dabei, wenn der Geliebte nicht ihren Vater erstochen hätte? (Das Szenarium läßt ihre Anwesenheit offen, die Musik – und spätere Quellen – machen sie jedoch wahrscheinlich.) Der Commandeur ist der einzige Störenfried des Stückes; weder ein König noch der eigene Vater noch die Eifersucht verlassener Frauen, enteigneter Bräutigame kreuzt die Pfade dieses getanzten – von Angiolini selbst getanzten – Juan; Elviras Vater faßt sie alle in sich. Schon der lebende Commandeur zeigt sich als leidiger Spielverderber, nicht von Betrug, Verführung, Tochternot, sondern einzig von seinem Vaterinteresse auf den Plan gerufen (offenbar lauert er hinter der Tür). Als wandelndes Standbild tappt er im zweiten Akt aufs gröblichste in die Festfreude hinein, nicht nur ein steinerner, sondern – der Zug ist neu in der Geschichte der Geschichte – ein gänzlich ungebetener Gast; kein Fried-

Norbert Grund (1717–1767): Das Opfer der Venus.
Gemälde, Prag.

hofsfrevel ist vorausgegangen, keine zynische Behelligung hat die
Ruhe des Toten gestört. Es ist nicht die hybride Verletzung jener
Grenze, die Diesseits und Jenseits, die wirkliche Welt von der numi-
nosen, die faßbare von der unfaßbaren trennt, jene metaphysische

Provokation, wie sie Tirsos Held aus Aristokratenübermut, derjenige Molières aus einer Art von Besserwisserei verübt – es ist nicht die Beleidigung seiner marmornen Majestät, sondern das sardanapalische Festtreiben, was Angiolinis Standbild in Bewegung setzt; nicht Juan ist sein – er ist Juans Ruhestörer. Dieser Frauenheld scheint nicht mehr ruchlos – ein Hedonist, kein Provokateur; was Mephisto dem Faust nahelegt und dieser mit dem unwilligen Ausruf: »Schlecht und modern! Sardanapal!« abweist, ist diesem Lebens- und Liebeskünstler eingefleischte Gewohnheit:

> Dann aber ließ ich allerschönsten Frauen
> Vertraut-bequeme Häuslein bauen;
> Verbrächte da grenzenlose Zeit
> In allerliebst-geselliger Einsamkeit.
> Ich sage Fraun; denn ein für allemal
> Denk ich die Schönen im Plural.

Um so gelassener widersteht er dem Eindringen des gespenstischen Kolosses.

Der Schlußakt kommt dem durch Tirso begründeten Kanon des Stoffes am nächsten: Don Juan löst sein Wort und erscheint auf dem Friedhof; vor dem jüngst vollendeten Grabmal – zwischen dem ersten und dem zweiten Akt liegt die gemessene Frist (ein Jahr? ein halbes?), deren es zu seiner Fertigstellung brauchte – erwartet ihn der Versteinerte und mahnt zur Umkehr – vergebens. Das von Cicognini eingeführte, von Dorimon und de Villiers gesteigerte, von Molière abgebogene Motiv des Titanentrotzes kommt wieder in die Geschichte – es ist von höchster tragischer Kompetenz und kann sich hier, wo Don Juan an den Frauen nicht schuldig wird, freier denn je entfalten. Der Held ist mit sich im reinen – sollte er aus Furcht seine Identität aufgeben, das Glück verscherzend, indem er sich verernstet? Er tut es nicht, und die Erde öffnet sich; es ist um ihn geschehen und nicht nur um ihn – der ganze Platz verwandelt sich in ein Trümmerfeld.

Die Don-Juan-Geschichte tritt mit Angiolinis Ballett in jene Zone ein, da Aufklärung in ein Fin de siècle übergeht, das sich selbst als solches erahnt – als Zeitenwende, Epochenende in fundamentalem Sinn. Die Idee der Gesellschaftspädagogik nach Vernunftgrundsätzen zieht ihr Scheitern in Betracht, ohne noch an sich selbst irre zu

Jakob Adam (1748–1811)
nach Joseph Ducreux (1735–1802): Maria Theresia, Kupferstich,
Wien 1770.

Franz Xaver Messerschmidt (1736–1783): Joseph II. als Kronprinz
im Alter von etwa zwanzig Jahren. Bronzerelief,
Wien, zwischen 1760 und 1763.

werden. Angiolini nimmt ein Motiv wieder auf, das bei Tirso noch
nicht und bei Molière nicht mehr, wohl aber bei Cicognini und Dorimon zur Erscheinung gekommen war: das Standbild als furchtbar-
fruchtloser Mahner zu Reue und Umkehr. Bei Tirso und bei Molière
war die Ermahnung Sache des Vaters und des Dieners gewesen, der
Komtur erschien als Gerichtsvollzieher freventlicher Friedhofs-

störung. Nun wird *er* – und ausschließlich – zum Organ der Ermahnung, die als verworfene nicht nur den unerschütterlichen Lebemann, sondern die Stätte des Geschehens verschlingt, einen Platz, den Angiolini als Begräbnisstätte der Aristokratie benennt; er steht für deren ganzes Dasein. Mit der Eliminierung Don Juans als des Verführers, der räuberisch und betrügerisch die Gunst des Augenblicks erzwingt, ist die Figur um jene metaphysische Dimension gebracht, die ihrer spanisch-barocken Erscheinung unabdingbar eignete; sie verdichtete sich in der Friedhofsprovokation. Aus dem rastlosen ist der festfrohe Don Juan geworden, kein Getriebener, sondern ein Genießender – ein Abbild nicht mehr zügellos-aufsässiger, unbändig-ausbeuterischer Adelselemente, sondern der höfischen Welt in ihrer verschwenderisch ausgelebten Üppigkeit schlechthin. Diese erhöhte soziale Repräsentanz wird durch den Wegfall der internen Kritik, die in den Schauspielversionen einerseits der Diener, andererseits der Vater vortrug, noch verstärkt. In seiner eigenen Sphäre ist Angiolinis Juan unangefochten. Nur von außen, durch den Komtur ergeht Einspruch; ihm kommen, als Don Juan sich mit heroischem Starrsinn als der Unbelehrbare, Unänderbare erweist, die Mächte der Unterwelt zu Hilfe: der Steingewordene als das Organ richtender Katastrophe.

Die radikalbürgerliche Wendung, die Angioloni (1797, als Sechsundsechzigjähriger, wird er in Mailand sein Eintreten für die Französische Revolution und ein demokratisches Theater mit Gefängnishaft büßen) der alten Geschichte gibt, ist an dem Hoftheater Maria Theresias gleichwohl an ihrem Platz; die Königin, persönlich nur zu sehr von den donjuanesken Gewohnheiten ihres kaiserlichen Gemahls bedrängt, repräsentiert den Wandel des Herrscherbilds unter den Auspizien der Aufklärung. Angiolinis Bühnenheld ist die Kontrastfigur solchen Wandels: der Feudale – und im weiteren Sinn der Monarch – im alten, überständigen Sinn als der Vitalitätsprotz, der nicht durch den Dienst am Staat, sondern durch dessen genußversessene Aussaugung das Recht seiner Stellung erweist. Die Rolle war zu ihrer Zeit funktionabel gewesen: die Demonstration unbegrenzter Appetite als persönlich-leibhaftige Beglaubigung absolutistischen Herrschaftsanspruchs. Herrschertum nicht als Pflicht zur Tugend, sondern als Recht zur Untugend – als König wird anerkannt, wer die meisten Rebhühner zu verspeisen, die größten Becher zu leeren, die meisten Frauen zu beschlafen weiß. Mit dem Vordringen

bürgerlicher Rechnungsführung war eine solche Legitimation archaisch geworden; der neue, aufgeklärte, auch über seine eigene Bedrohtheit aufgeklärte Absolutismus, den Maria Theresia als Frau
und ihr Potsdamer Widersacher als Mann vorlebten, beide die Differenz des Geschlechts ins Übermenschlich-Rollenhafte steigernd: die
Staatsmutter und der Schlachtenasket, konnte nur in Anlehnung an
die Lebensführung, Lebensgesinnung der bürgerlichen Klasse bestehen. Mit den Klassenkräften, die er im Gleichgewicht halten
mußte, hatte sich das Bild des Herrschers selbst verschoben; hatte
sich der Barockfürst auch dadurch zum Herrn über die Feudalität
aufgeworfen, daß er ihr in seiner Person, leibhaftig, den unersätt-
lichsten aller Feudalherren vorlebte (die Don Juans hatten sich im
Umkreis solcher Höfe vor allem deshalb in acht zu nehmen, weil der
Herrscher nebst vielen anderen Privilegien auch das der Libertinage
monopolisierte), so mußte der Monarch des Aufklärungszeitalters
die Opposition der nunmehr stärksten, bürgerlichen Klasse dadurch
paralysieren, daß er sich, wie der preußische Friedrich, als der unbe-
dingteste aller Selbstausbeuter oder, wie die habsburgische Maria,
als die fruchtbarste aller Staatsmütter bekundete. Und wenn er die
neue Rolle nicht als Vorspiegelung, sondern mit Leidenschaft, aus
Affinität behauptete, so war die Aussicht, den Zeitgeist zu bändigen,
indem man ihn verkörperte, um so größer.

Was aber, wenn sich die Herrscher – aus Schwäche oder Stolz,
Trägheit oder Übermut – außerstande zeigten, den Wandel der
Dinge zu verkörpern, und weitermachten wie bisher? An dieser
Stelle, der nachmaligen Bruchstelle der französischen Monarchie,
setzt Angiolinis Don-Juan-Lesart ein; der von dem Tanzreformer
wieder ans Licht gebrachte Held zeigt sich, wie in dem Jahrhundert
seines Ursprungs, als eminent politische Figur.

Tanzstücke

Und Glucks Musik? Wie verhält sie sich zu den Implikationen der Fa-
bel? In welchen Farben zeichnet sie den Liebling der Frauen, der die
Erträge verpraßt, die seine Leibeigenen mühsam erwirtschaften?
Schildert sie seinen Untergang triumphierend oder mit Schrecken,
beifällig-warnend oder ernst-betroffen? Wie alle Kunst, die diesen
Namen verdient, enthält auch die Glucksche, unbeschadet der An-

sichten, die der Komponist als Person über die Ständegesellschaft haben mochte, sich allen Moralisierens. Sie führt aus, was die Szene ihr anträgt – Glucks Musik ist mit ihren Figuren. Diese Musik ist heiter, zärtlich, entsetzt mit Don Juan, sie ist festlich, vergnügt, angstvoll mit seinen Gästen; ihre Klimax geht von dem Unbefangenen und Munteren bis zum Dumpf-Schreckensvollen, von der zärtlichen Serenade bis zum posaunendurchbebten Höllenreigen; auf knappbemessenem Raum entfalten und verwandeln sich ihre plastisch-dramatischen Charaktere.

Mit einem Reigen musikalischer Miniaturen fügt sich der Komponist in die tanzdramatische Aufgabe: eine einleitende Sinfonia und einunddreißig Tanzsätze haben (in der Schallplattenaufnahme von Neville Marriner) eine Gesamtdauer von 46 Minuten; wenn man von dem furiengepeitschten Finalsatz absieht, dem mit vier Minuten bei weitem längsten Satz der Partitur (der kürzeste hat 41 Sekunden), kommt man auf eine mittlere Satzdauer von 1:22 Minuten; die Sinfonia hat 1:37 Minuten. Trotz dieser kurzen Gesamtspanne, die man für die Theateraufführung, in Anrechnung von Zwischenapplaus, um eine halbe Stunde zu erweitern hätte (die beiden Kulissenverwandlungen gingen nicht im Hand-, aber im Rollenumdrehen vor sich), ist Richard Engländer in der Ausgabe von Glucks Sämtlichen Werken, Kassel 1966, zu dem Schluß gekommen, daß bei der Uraufführung am 17. Oktober 1761 (sie folgte im Burgtheater der Aufführung eines fünfaktigen französischen Lustspiels, »Le joueur« von Regnard) nur dreizehn* der einunddreißig Sätze der in zwei Abschriften des 18. Jahrhunderts überlieferten Gesamtpartitur vorgetragen wurden, sei es, daß Gluck die andern achtzehn Stücke** bei der Premiere weggelassen oder daß er sie für eine spätere, nicht bezeugte Aufführung hinzukomponiert habe.

Das von Angiolini der Wiener Uraufführung beigegebene Programmheft-Szenarium ist an einigen Stellen ausgedehnter als jene (in der Marriner-Aufnahme) 22 Musikminuten in Anspruch nehmende Kurzfassung, die Engländer für die bei der Uraufführung realisierte hält (auch sie existiert, in zwei Fällen mit alten szenischen Hinweisen, nur in späteren Abschriften); eine Passage wie das Wegtragen des toten Commandeurs ist in der Musik der Kurzfassung auch bei großer Elastizität in der Unterlegung von Bedeutungen nicht unterzubringen. Andererseits enthält die Musik der Langfassung (Gesamtpartitur) im ersten Teil des Ballaktes einen ausgedehn-

ten Komplex, der ohne Entsprechung in dem gedruckten Szenarium
ist. Hat ein jäher direktorialer Eingriff, aus bloßen Zeiterwägungen
oder mit Rücksicht auf die Anforderungen der theresianischen Sittenpolizei, die einer prononciert erotischen Szenerie unter »Freunden und Mätressen« im Wege stehen mochten, den Übergang von der
Lang- zur Kurzfassung im Vorfeld der Premiere erzwungen? Angiolini hätte dann nicht nur streichen, sondern auch umzuchoreogra-
phieren (eine gegebene Musik mit neuen Bedeutungen zu versehen)
gehabt. Es ist nichts dergleichen überliefert. Plausibler scheint, daß
statt der Tanzhandlung eingangs des zweiten Aktes nur deren Darstellung *im Programmheft* wegblieb. Engländer selbst erwägt, daß
der Druck des Szenariums wesentlich einer Anforderung der Zensur
entsprach.

Ob aber vierzehn oder zweiunddreißig Musikstücke an jenem
Burgtheaterabend des 17. Oktober 1761: die Knappheit der musikalischen Formbildung ist davon nicht berührt; sie ist, gemäß Angiolinis Vorgabe, konstitutiv für das Ganze. Doch Kürze und Verdichtung
sind zweierlei; schon von ihrer Tanzfunktion her steht Glucks Komposition im Banne dessen, was sie zu überwinden trachtet, des Diver-
tissement-Charakters des zeitgenössischen Balletts. Das Neue ist oft
nur ein Altes mit verschobenen Akzenten, auch war das Neue, das es
hier durchzusetzen galt, vorab ein Tänzerisches – die Musik hatte
diese Revolution zu befördern, nicht ihrer eigenen nachzuhängen.
Glucks angewandte, auf Anwendung berechnete Musik zeigt sich als
eine Aneinanderfügung von Kleinformen, die sich in der Tonsprache
des barocken Concerto bewegen und in ihrer Struktur (es überwie-
gen mehrteilige Liedformen, bei schnellen Sätzen fallen oft trio-
artige Mittelteile ein) wie in ihren Tonartenverhältnissen jene Faß-
lichkeit und Leichtgängigkeit bekunden, die dem Klassizismus
gegenüber den strengen Fügungen barocker Polyphonie als der Ausdruck des Natürlichen galt. Man wird dieser Ballett-Suite nicht gerecht, wenn man sie von dem, was nach ihr kam: Glucks neue Oper,
die große, oratorisch geweitete Seelenform des musikalischen Theaters, und von dem, was ihr vorausging: Bach und Händel, hört; sie
verlangt das Mithören der Besonderheit, mit der sie innerhalb ihres
Funktionscharakters, als Basis und Gerüst des *Ballet pantomime*,
ihren Zeitgenossen ins Ohr fiel. Auf eingängige, sich zum Schluß
furios übergipfelnde Weise zeigt sich die Vielgestalt ihrer Ausdrucks-
charaktere, von Satz zu Satz, aber nicht selten auch innerhalb einer

Nummer; eine dramatisch akzentuierende Verwandlungskunst
bricht und schattiert dann auf engem Raum den musikalischen Vollzug.

Jean-Antoine Houdon (1741–1828):
Christoph Willibald Gluck (1717–1787).
Bildnisbüste aus patiniertem Ton, Paris 1775.

Der Don Juan der Gluckschen Paritur ist ein D-dur-Held von unge-
trübter Lebensheiterkeit; mit trompetenüberglänzten Dreiklängen
malt die einleitende *Sinfonia* (Allegro) seine Sphäre. Ihre frohge-
mute Selbstgewißheit weiß nichts von Taumel, Tumult, Überschwang, Gefahr; so ist auch die Musik Lullys oder Rameaus von der
zierlichsten Gefaßtheit, einer geschmeidigen clarté. Erst als die fêtes
galantes aus der Wirklichkeit verschwinden, besinnt sich die Musik
ihrer dionysischen Kräfte; erst als die Feste austrocknen, wird die
Musik exzessiv: So wenig man aus sächsischen Tafelmusiken vom
Anfang des 18. Jahrhunderts auf die Nüchternheit der von ihnen ak-
kompagnierten Gelage schließen darf, so wenig hat man aus Skrja-
bins »Poème de l'extase« auf die Hemmungslosigkeit bürgerlich-
russischen Lebens um das Jahr 1910 zu schließen. Dem Ausdruck
beschwingter Munterkeit, den die Sinfonia mit quasi punktiert aufsteigenden D-Dur-Schritten vorgibt (rätselhafterweise erscheint sie
einigen Kommentatoren »als dämonischer Prolog« oder »mit Unheil
geladen«*), erwidern im weiteren Verlauf Stücke von zärtlicher Hin-
gegebenheit, einem bezwingenden erotischen Air; die Partitur hält
hier, jenseits ihrer dramatischen Höhepunkte, ihre eigentlichen Ent-
deckungen bereit.

Schon das *Andante grazioso* (Nr. 1, D-Dur), mit dem Don Juan,
vermutlich von Musikanten begleitet, die Bühne betritt, hat diesen
lieblich-eingängigen Ton. In der als Nr. 2 *(Andante)* folgenden Serenade, deren Bedeutung durch die seltene Moll-Disposition bekräftigt wird (nur fünf der zweiunddreißig Sätze stehen in Moll, nicht
zufällig zählen sie zu den gewichtigsten der Partitur), verdichtet sich
das Liebeswerben zu einer melodischen Inständigkeit, der Mozart
durch den thematischen Anklang im Schlußsatz seines d-Moll-
Quartetts (KV 421) Reverenz erwiesen hat. Über Streicherakkor-
den, deren Pizzicato die zupfende Weise der Gitarre nachahmt, erhebt sich die Oboe mit unwiderstehlicher Liebesklage.

Man kann annehmen, daß der im Szenarium vermerkte Einlaß
ins Haus (Serenade heißt nächtliches Ständchen, die Szene ist also
bei Nacht) am Ende des nicht ganz kurzen Stückes (1:37 Minuten
bei Marriner) stattfindet, denn der in Zweiunddreißigstelläufen de-
gengleich auffahrende Gestus des folgenden *Allegro maestoso* (Nr. 3,
D-Dur) mit seinen erregten Partien deutet bereits auf Störung und
Konflikt: Der Commandeur überrascht die beiden. (Daß die Auseinandersetzung zunächst im Innern des Hauses spiele, ist eine von den

Szenenerläuterungen der Kurzfassung genährte Vermutung.) In den Schlußakten dieses ersten dramatischen Stückes der Paritur begibt sich eine Art von Beruhigung, als ob Elvira die Streitenden beschwichtige.

Das als Nr. 4 folgende *Allegro furioso / Adagio* (D-Dur), ein kontrastreiches, prononciert dialogisches Stück, nimmt die Auseinandersetzung wieder auf; die empfindsamen Einwürfe der 48-Sekunden-Pièce lassen sich als der scheiternde Versuch Elviras deuten, den drohenden Zweikampf abzuwenden; mit einer klagend-verlangsamten Passage tritt sie am Ende zurück. Das anschließende *Allegro forte risoluto / Andante / Allegretto* (Nr. 5) steht abermals in D und malt das Sausen der Klingen in auf- und niederfahrenden Zweiunddreißigstelfiguren so plastisch, daß über seine Auslegung kein Zweifel herrscht: Don Juan und der Commandeur im Gefecht. Klagende Momente schalten sich ein und gewinnen am Ende, den Tod des Komturs begleitend, mit großer Geste Raum; Juan aber geht mit Siegerkeckheit von dannen.

Das Stück dauert 1:19 Minuten – lang genug, um am Ende, wie Angiolini angibt, den toten Commandeur wegtragen zu lassen? Das als Nr. 6 fungierende *Risoluto moderato* (D-Dur), dessen Anfang mit schreitendem Frohmut einherkommt, könnte das Nahen ahnungsloser Passanten, vielleicht der heimkehrenden Dienerschaft, meinen; es wendet sich in den Ausdruck betroffenen Innehaltens, klagenden Verweilens. Wie dieses Moderato fehlen der Kurzfassung auch die beiden Allegro-Sätze zwischen der Serenade (Nr. 2) und dem Duell (Nr. 5); die Aufstörung des Liebespaares ging hier unmittelbar in den Zweikampf über. Der tote Commandeur blieb entweder, von Elvira beweint, auf der Bühne liegen oder wurde in einer musiklosen Pantomime hinausgetragen, was – als Aktschluß – allerdings schwer vorstellbar ist.

Die Sätze 1, 2 und 5: Auftrittsmusik, Ständchen und Duell, gehören zu den wenigen Stücken der Partitur, über deren dramaturgische Zuschreibung die Gluck-Kommentatoren im Anschluß an das alte Pariser Szenarium der Kurzfassung einig gehen. Eine solche Übereinstimmung ist sonst nur noch für die beiden finalen d-Moll-Sätze, die Musik der Friedhofsschrecknisse, gegeben, allenfalls für den Anfang des Ball-Akts, der für die Langfassung mit Recht in die festlichfühlsam einherschreitende *Gavotte* Nr. 7, das zweitlängste Stück des Ganzen, gesetzt wird; auch der Tonartenwechsel: A-Dur nach sechsfachem D-Dur in den ersten sieben Sätzen, legt dies nahe. Ihre oboenüberhöhte Melodie scheint die Schönen der ganzen Stadt zum Tanz zu laden. Aber dieses Stück und die zehn ihm folgenden fehlen der Kurzfassung; in ihr beginnt Don Juans Ball erst mit der Nr. 18, einem *Allegro gustoso* (A-Dur), dessen breiter und lieblicher Duktus sich seinerseits zur Balleinleitung eignet. Ihm folgt in a (*Moderato*) das zweite Moll-Stück der Partitur, außerodentlich auch dieses und wiederum von Mozart aufgenommen, in dem Fandango in »Figaros Hochzeit«, ein ernst-gespanntes, düster ausgehendes Tanzstück, dessen dringliche Eleganz von hochdramatischen Passagen gekreuzt wird – Akzente, deren Deutung Angiolinis Szenar offenläßt. In dem Pariser Szenarium der Kurzfassung fungiert es als Chaconne Espagnole.

Die Nr. 20 der Partitur, ein sanft zuredendes, gelassen schreitendes *Andante* in A, fehlt der Kurzfassung; in den folgenden Sätzen (Nr. 21/22), beide in A, einem schlichten *Grazioso* und einer Forlana (*Allegretto*), deren munter springender Gestus sich im Mittelteil eindrucksvoll nach Moll verfärbt, ist die unbeschwerte Ballstimmung wiederhergestellt. Wie viele andere Stücke der Partitur hat Gluck auch diese beiden später wiederverwandt; sie erscheinen, wie auch die Nr. 18, 1773 in der Ballettmusik zu »Iphigenie in Aulis«. Andere Sätze sind in »Orphée«, »Armida«, »Cythère assiégée« eingegangen.

»Nach dem Tanz setzt man sich zu Tisch« – tanzen Bauernpaare den Gästen dieses Forlana vor? Oder tanzen sie selbst diesen friaulischen Werbetanz, der in dem Venedig des Settecento gesellschaftsfähig geworden war, um sich hernach zu Tische zu setzen? Dann wäre das Niedersitzen nur eine Andeutung gewesen, denn das Klopfen des Komturs bricht nun unverkennbar in die Musik ein; das 48 Sekunden kurze Streicher-Stück (*Moderato/Presto/Moderato/Presto*) in D (Nr. 23) ist in seinem Wechsel drohender Akzente (Marriner gibt sie an die der Partitur fehlenden Posaunen) mit Passagen tremolierender Erregtheit (die Flucht der Gäste) einer der beredtesten Sätze der Partitur.

Man sollte annehmen, daß über die szenische Zuschreibung des Stückes so wenig Unklarheit besteht wie bei Gitarrenständchen und Duell-Musik. Aber es ist nicht an dem; Robert Haas, der erste Herausgeber der Partitur (Wien 1923), und, ihm folgend, Hans Joachim Moser* setzen den Beginn der Friedhofszene in dieses Moderato Nr. 23 (als ob der Komtur bei sich selbst anklopfen müßte); das Türpochen des Komturs inmitten des Ballspektakels erscheint ihnen am Ende des von einem punktierten Motiv beherrschten Tanz-Allegros Nr. 12. Das ist so unsinnig wie das Hereinlesen dämonischer Züge in die Sinfonia oder »marionettenhafter Zierlichkeit« (Moser) in das gefühlvolle Ständchen und doch nicht ganz unbegreiflich; im Hintergrund der Fehlzuschreibung (am Ende ist sie es, die Engländer dazu veranlaßt hat, die Kurzfassung der Partitur zu favorisieren) steht die Schwierigkeit, Angiolinis Szenenbeschreibung zu der Gesamtpartitur ins Verhältnis zu setzen. Der Gavotte Nr. 7 folgen fünf Sätze (Nr. 7–10 stehen in A, Nr. 11 in E), deren festliche Gehobenheit sie zu Bestandteilen des von Angiolini angegebenen Balles qualifiziert; in dem *Allegro / Presto* Nr. 12 (A-Dur) aber bricht in Gestalt eines jagenden Streichertremolos mit blitzartig hineinfahrenden Flöten- und Violinenfiguren eine dramatische Erregtheit in den unbeschwerten Tanz ein, für deren Deutung das Wiener Szenar keinen Anhaltspunkt gibt.

Auch das folgende *Andante grazioso* (Nr. 13, D-Dur) gibt einem Krisenmoment Raum; nach der Beruhigung der Stimmung in dem schwingend-getragenen *Andante* Nr. 14 (in A) wird das *Presto* Nr. 15 (E-Dur) zum Ausdrucksfeld heftiger dramatischer Spannung – von wem geht sie aus? Gewiß nicht, wie Haas und Moser meinen, von dem Commandeur (sie sehen ihm Don Juan in diesem Stück »mit dem Becher in der Hand« gegenübertreten). Aber ist in dem folgenden (16.) Satz *(Allegretto / Presto / Andante / Tempo primo*, A-Dur), einem reinen Streicher-Stück, nicht wirklich ein schnelles Pochen zu vernehmen (ständiger Forte-piano-Wechsel zwischen Sechzehntel-Triolen und einer punktierten Figur), das in die gefühlvolle Tanzfigur einfällt und sie immer wieder unterbricht? Nach erregten Streichermomenten und einem elegischen Andante-Einschub hebt das Widerspiel von Tanz und Pochen von neuem an.

Das düster-gemessen einherkommende, sehr kurze 3/4 Takt-*Andante* Nr. 17 (A-Dur) mit seinen Staccato-Unisono-Vierteln am Anfang und dem peitschend-punktierten Akkordeinschlag läßt sich vortrefflich als Eintritt des Commandeurs deuten. Wäre dann das zärtlich schwingende *Allegro gustoso* (Nr. 18, A-Dur), das in der Kurzfassung für den Ballbeginn steht, Don Juans tänzerische Selbstbehauptung gegenüber dem ungebetenen Gast und der spannungsvoll gesteigerte Fandango Nr. 19 dessen tänzerisch-musikalische Entgegnung? Man hätte sich dann die liebliche Getragenheit des An-

dante Nr. 20 als Don Juans erneute, umgestimmte Entgegnung zu
denken; das der Kurzfassung fehlende Stück ist in seiner lyrischen
Wärme, seiner gehaltenen Klage eines der wesentlichen Stücke der
Partitur. Keinesfalls passen die beiden gänzlich unbeschwerten
Tanzstücke Nr. 21 und 22 in den Rahmen einer solchen Deutung,
und das mit der Nr. 23 noch sehr viel plastischer als in Nr. 16 herein-
brechende Klopfen (es ist fast ein Türaufbrechen) schon gar nicht.
Der Commandeur kann ja nicht zweimal klopfen.

Überlagern und durchdringen einander in der in zwei Abschriften* überlieferten Gesamtpartitur womöglich zwei Fassungen, die
die Komturszene des zweiten Aktes jeweils verschieden realisierten?
Oder hat man mit Erik Smith, dem Schallplattenkommentator von
1968**, für die der Kurzfassung fehlenden Stücke 7−17 einen eigenen Aufzug anzunehmen? Dann allerdings wäre der Premieren-Pri-
mat der Kurzfassung, wie ihn Engländer annimmt, naheliegend.
Smith verlegt seinen hypothetischen zweiten Akt in eine ländliche
Gegend und bevölkert sie mit dem Personal der Straßenszenen von
Mozarts Oper: Don Juan wirbt um Zerlina und wird in Nr. 12 von
einem Gewitter, in Nr. 13 von Donna Elvira gestört. Unterderhand
ist hier Bezug auf ein fünfaktiges Szenarium genommen, das der
Noverre-Schüler Peter Vogt der Gluckschen Musik »nach Angiolini«*** in den 1770er Jahren für die Balletttruppe des Theaterun-
ternehmers Johann Böhm unterlegte; die Aufführung, üblicherweise
an das Ende eines Singspiel- oder Schauspielabends gesetzt, blieb
länger als ein Jahrzehnt im Repertoire der seit 1782 in Frankfurt am
Main ansässigen Truppe. Der zweite Akt spielt hier in einem Gasthaus auf dem Lande; Don Juan tritt, ähnlich wie bei Tirso, als Störer
einer Bauernhochzeit in Erscheinung und trifft in dem dritten Akt,
ähnlich wie bei Molière, in einem Garten auf das Reiterdenkmal des
Komturs. Zu der Deutung des Gluck-Angiolinischen Originals kann
diese Vogtsche Variante jedoch nur von weitem beitragen.

Richard Engländer zieht für die Sätze 12−17 »einen verfrühten
Einbruch aus der Welt der Furien und Geister« in Betracht und
fürchtet einen Absatz später, damit schon zuviel gesagt zu haben:
Solange Näheres nicht bekannt sei, habe man »die betreffende Num-
mernfolge einfach als Einschiebsel eines kontrastreichen Divertisse-
ments ›mit Hindernissen‹ zu betrachten«. Greift das eine zu weit, so
das andere zu kurz. Da die Vorverlegung des Statueneintritts, wie
Moser und Walther Vetter† sie Robert Haas nachschrieben, in Wider-

spruch zu Glucks Partitur und die Annahme eines selbständigen
Schauplatzes für die Nummer 7–17 in Widerspruch zu Angiolinis
Szenar gerät, legt sich, falls man nicht überhaupt die Nummernzu-
sammenstellung und -abfolge der Gesamtpartitur zwischen Nr. 7
und 29 in Frage stellt, eine ausgedehnte Konfliktentwicklung innerhalb der Festszene, zwischen Ballausklang (Nr. 11) und Komturerscheinung (Nr. 23), nahe. Gab es in der Langfassung eine Eifer-
suchtszene zwischen den anwesenden Freundinnen Don Juans? Für
die Wiener Premiere von 1761 sind drei Tänzerinnen namentlich bezeugt: Paganini, Le Clerc und Buggiano, vielleicht kam noch Angiolinis spezielle Partnerin Geoffroy-Bodin (Luise Bodin geb. Joffro)
dazu – sie alle müssen in diesem ersten Teil des zweiten Aktes zur
Geltung gekommen sein und die Konflikte agiert haben, die die Musik vorträgt.

Unter ihnen war zweifellos auch die Darstellerin der Elvira –
kommt die Verwaiste, vermutlich Verlassene (sie wohnt gegenüber)
herein, um das Fest zu stören? Dann wären die Klopfzeichen der
Streicher in Nr. 16 als ihr Eindringen erklärt – und die Sätze 17 und
19 als ihre, nicht des Vaters Vorhaltungen und Ermahnungen, in
Übereinstimmung mit Molières viertem Akt. Ein solcher dramatischer Komplex wäre als vor der Aufführung gestrichener ebenso wie
als nachträglich hinzugefügter denkbar. Die in Paris und neuerdings
in Regensburg aufgefundenen Szenenkommentare zur Kurzfassung
bezeugen die Anwesenheit Elviras im zweiten Akt für das Grazioso
Nr. 21 (dort Nr. 6), das als Pas de deux zwischen Don Juan und seiner
Mätresse bestimmt wird; hat man also eine Versöhnung zwischen
beiden in Betracht zu ziehen? Wie immer Don Juan sich der präsumptiven Störung erwehrt, abweisend (dann würde Elvira nach
Nr. 20 abgehen) oder neu verführend: daß die Szene (in der Langfassung) mit den unbeschwert-heiteren Tänzen Nr. 21 und 22 wieder in die Bahn von Ball und Gelage einmündet, ehe der Versteinerte
an die Tür schlägt, ist dramatisch plausibel. In beiden Fällen, dem
der Zurückstoßung wie der Neuverführung, wäre sein Erscheinen
wohlvorbereitet. Die warnende, klagende Elvira als Vorbotin des
Komturs nach Molièreschem Muster – wahrscheinlich liegt hier die
dramaturgische Lösung für jenen von unverkennbaren Spannungen
durchzuckten musikalischen Komplex.

Der Komtur erscheint, jäh und drohend, in Nr. 23, die Gäste stie-
ben – noch innerhalb des Satzes – auseinander; vermag das seinem

Eintritt folgende *Risoluto e moderato* (Nr. 24, D-Dur) – es hat bei Marriner 52 Sekunden – all jene Gesten, Bedeutungen, Konfrontationen aufzunehmen, die das Szenar expliziert: Don Juans spöttische Tischeinladung, deren Ablehnung, die Gegeneinladung in die Grabstätte, ihre Annahme, das Geleit zur Tür? Die alten Pariser Szenenanmerkungen attestieren dem Stück eine achtfache gestische Unterteilung: »Nr. 9 [= Nr. 24]. Die Statue bewegt sich auf Don Juan zu, der alleingeblieben ist. f) Don Juan lädt die Statue zu Tisch. g) Sie setzt sich. h) Sie erhebt sich, um Don Juan ihrerseits aufzufordern. i) Er zögert. l) Er sagt zu. m) Der Komtur zweifelt. n) Don Juan beteuert sein Kommen. o) Die Statue entfernt sich, von Don Juan geleitet.«

Das anschließende *Allegro/Allegro gustoso/Allegro* (Nr. 25), ein in Sechzehntelfiguren daherjagender Moll-Satz in d, erscheint in jenen »indications« als die *Entrée de Trembleurs*, der zitternde Wiedereintritt der geflüchteten Gäste; der lyrische Einwurf inmitten und die anschließende Allegro-Wiederholung bieten Angiolinis Bestimmung Raum: »Don Juan kommt zurück. Er versucht sie zu beruhigen, sie verlassen ihn aber.« Ganz unsinnig ist die Deutung Mosers, der, mit Haas, in dem furiosen Stück den Komtur auf dem Friedhof »dringlich mahnend auf Don Juan einreden« zu vernehmen glaubt.

Für die Nr. 26, ein stark und gemessen schreitendes *Andante staccato*, ist die Rolle von Don Juans Diener in Betracht zu ziehen, der hier – und nur hier – von Angiolini erwähnt wird: »[Don Juan] bleibt mit einem Diener allein, gibt seine Befehle und geht.« »Don Juan«, erläutern die Pariser indications, »läßt Hut und Degen bringen, um zum Grabmal zu gehen. p) Er heißt seinen Diener ihm zu folgen. q) Er droht ihm, um ihn zu bestimmen. r) Der Diener läßt ihn allein gehen und zeigt in Gebärden, daß er lieber Entlassung, ja selbst Tod erdulde, als seinem Herrn zu allen Teufeln zu folgen.« Don Juans Hinweis auf den Friedhof spiegelt sich in der Tonart des Stükkes: nachdem in den (einschließlich der Sinfonia) sechsundzwanzig vorausgegangenen Stücken einundzwanzigmal D- und A-Dur (und zweimal d-Moll, einmal a-Moll, zweimal E-Dur) erschienen ist, tritt hier, in Dur-Erwiderung des zuvor erklungenen d-Moll, erstmals F-Dur in Kraft. Die Wendung erscheint als die musikalische Vorwegnahme jenes Szenenwechsels, auf den sich Don Juans Zurüstungen beziehen.

In der Kurzfassung endet der zweite Akt mit diesem Andante staccato (und auch Angiolinis Szenar reicht nicht weiter). In der Lang-

fassung folgen zwei Haupteingebungen der Partitur – hat man sie
sich als bei der Uraufführung fehlend vorzustellen? Dem ernst-ge-
wichtigen Andante erwidert in C-dur (die bis Nr. 24/25 grundlegende D-Dur-Ebene ist nun definitiv verlassen) ein hochgespanntes
Allegro (Nr. 27); in seiner von Halbtonschritten und Dissonanzen-
aufgipfelungen durchzuckten Panik (nach einem aus achtfach ge-
setztem g bestehenden Zweiaktmotiv leiten dis und fis zu der
Wiederholung auf f über) ist der Satz einer der kühnsten und mar-
kantesten der ganzen Suite. Es liegt nahe, ihn als einen zweiten, solistischen Zittertanz aufzufassen: Der Diener bekundet seine entsetzte Weigerung gegenüber dem ergangenen Befehl. Alfred Einstein

Das alte Burgtheater, Uraufführungsstätte des Don-Juan-Balletts
und dreier Mozart-Opern. Auch Mozarts »Don Giovanni«
wurde 1788 hier aufgeführt. Photographie.

bezieht ihn auf die Titelfigur und attestiert dem Stück »den Hohn eines pfeifenden Gassenjungen«* − Musik ist, auch und gerade bei den
Meistern, eine so vieldeutige Sprache, daß sie zwar Ruhe von Aufregung, das Lyrische vom Dramatischen, das Ernste vom Heiteren zu
unterscheiden erlaubt, das Motiv der Erregung − Furcht oder Hohn
− aber nicht eindeutig zu erkennen gibt. Die immanente Vielsinnig-
keit des musikalisch gefaßten Affekts öffnet sich nach verschiedenen Seiten.

Anders als die ähnlich strukturierte Nr. 25 hält sich dieser zweite
Zittersatz mit immer neuen chromatischen Effekten, dissonanten
Spitzen unbeirrt in seiner exzitativen Stimmung. Kein ruhiger Moment läßt den Widerstrebenden Atem schöpfen − er stürzt, kann
man annehmen, am Ende angstvoll davon. Was der bebenden Affek-
tation folgt, ist in seinem musikalischen Charme und seiner psychologischen Feinheit so überraschend wie bezwingend: der zurückge-
bliebene Don Juan hängt der Erinnerung an den Anfang dessen
nach, was nun mit magischem Schrecken über ihn hereinbricht; zu
einer pianissimo gezupften Streichermeldodie (*Allegretto pizzicato*
in F, Nr. 28) tanzt er ein kurzes Ständchen. Es ist nicht das anfängliche, aber es beschwört dessen Gestus; in dem zärtlichen Raunen der
Violinen verklingt der Akt. Daß es sich hier, wie Richard Engländer
im Anschluß an das Pariser Hauptszenarium vermeint, »um eine
buffoneske Soloszene des Dieners« handelt, »der froh ist, seinen
Herrn los zu sein«, läßt sich der Musik keineswegs abnehmen.

Dieses zweite Ständchen ist der Aktschluß der Langfassung; die
Szene wandelt sich danach mit knarrenden Winden zur Friedhofs-
szenerie. Sie beginnt mit einer musikalischen Wiederholung: die
Nr. 29 ist mit jenem markant schreitenden Andante in F (Nr. 26)
identisch, das sich als Solo Don Juans gegenüber dem Diener nahe-
legte. Die Gleichheit der Stücke wäre unsinnig, wenn beide in denselben Aufzug fielen; da die Ständchen-Reminiszenz der Nr. 28 aber
in keiner Weise auf das Friedhofsbild beziehbar ist, muß der Bild-
wechsel zum dritten Akt *nach* diesem Ständchen stattgefunden haben.

Das der Kurzfassung, aber auch der Dresdner Abschrift der Gesamtpartitur fehlende F-Dur-Andante (nur die ältere Berliner Abschrift verzeichnet die Wiederholung) nimmt das Stutzen des An-
kömmlings vor dem vor seinem Grabmal stehenden Commandeur
auf: »Don Juan ist etwas erstaunt, als er ihn erblickt. Er nimmt in-

dessen eine verwegene Miene an und nähert sich dem Commandeur.
Dieser ergreift ihn beim Arme und ermahnt ihn, sein Leben zu ändern.« Das Anderthalb-Minuten-Stück steht, in all seiner strengen
Bestimmtheit, in Dur, noch hat der Universalliebhaber die Chance
zur Umkehr – er schlägt sie aus. Mit dem *Larghetto* Nr. 30 (d-Moll)
brechen dann, von trostlos-wimmernden Bläserakkorden erwidert,
die Posaunen des Gerichts über ihn herein – Begleitmusik jener »Zeichen des Himmels«, mit denen der Komtur den Unbußfertigen
schreckt. Auf engem Raum (1:58 Minuten) malen sich Akzente der
Drohung, des Grauens, der Höllenbängnis und des Widerstands.

Der Kurzfassung fehlt die Nr. 29; die Friedhofsszene beginnt hier
mit dem Posaunen-Larghetto, dem, unmittelbar anschließend, das
Finale der aufgetanen Erde und losgelassenen Rachegeister folgt.
Dieses peitschende *Allegro non troppo* (d-Moll) ist das längste und
berühmteste Stück der Partitur; Gluck verwendet es 1774 als Zwi-
schenaktmusik der französischen Fassung seines »Orpheus«. »Diese
Musik«, schreibt Max Arend 1921, »mit ihren starren Synkopen, ihren sprechenden Gruppierungen, schreienden Dissonanzen, ihrer
fatalistischen Gebundenheit, der Unermüdlichkeit des rasenden Or-
chesters, das auf das Auge fast wie ein Höllenschlund wirkt, läßt
uns, indem wir Schauer über Schauer empfinden, die ewigen Schick-
salsmächte selber vernehmen.« Alfred Einstein verweist auf »alte
Ahnen« des Stückes, »die Chaconnen in den Opern Lullys«. »Aber
es ist neu in der Unerbittlichkeit seiner Rhythmik, in seiner wilden
Dynamik und Figuration, in seinem übermenschlichen Atem. Kein
anderer Komponist der Zeit konnte dergleichen schreiben. Bach
und Händel waren beide tot; Gluck steht auf dem Plan: ein neuer, re-
volutionärer, von stilistischen Bedenken, von den strengen Gesetzen
der Meisterschaft, des Kunst-Handwerks befreiter Geist.« Weder
Bach noch Händel hätten eine solche Weltuntergangsmusik schreiben können; dieses Tongemälde von Höllensturz und Erdöffnung ist
ein kompositorisches Novum, das seiner Zeit, und ihr allein, angehört. Die Katastrophe ist nicht, wie in all seiner tonmalerischen Dra-
stik das Erdbeben in Bachs Passionen, das transitorische Element eines transzendentalen Heilsprozesses, sondern eine Figur immanen-
ter Finalität, trostlos verhauchend in den Klangseufzern unabwendbarer Vernichtung. Und wie ein Wirkliches – die Katastrophe von
Lissabon – im Erfahrungshintergrund des ein obstinates Thema
durch alle Register der Furcht und des Schreckens treibenden Musik-

stücks steht, tritt ein Wirklich-Katastrophales aus ihm hervor: bei der dritten Aufführung, die am 3. November 1761 in dem andern Haus der Hoftheater, dem Theater am Kärntnertor, stattfindet, setzt Angiolinis Höllenszene das ganze Theater in Brand; der Kassier und seine Frau kommen in den Flammen um.

Hat Herr von Quaglio, der Bühneningenieur, zuviel für Glucks Teufelsmusik gewagt? Daß Höllenszenen auf dem Theater der Zeit allemal ein Spiel mit dem Feuer sind, macht jedes Theaterhandbuch des 18. Jahrhunderts deutlich. Der Erfolg des revolutionären Tanzdramas, dessen düsteres Ende die Zuschauer mit Befremden, aber gepackt wahrnehmen, wird durch das aus ihm aufschlagende Unheil nicht aufgehalten; schon im Februar 1762 ist es wieder im Burgtheater zu sehen. Im gleichen Jahr gibt der Komponist seinem musikalischen Höllenreigen einen neuen Sinn, eine neue Gestalt; wo dem Usurpator des Eros das Dreivierteltakts-Moll der Höllengeister zu einem musikalischen Orkus wird, der ihn verschlingt, wächst es vor dem treu-bekümmerten Liebhaber der Einen, Unersetzlichen zu einer Klangmauer auf, die treues Sehnen, beharrliche Klage schließlich zum Schmelzen bringt. In den Furienchören von »Orfeo ed Euridice« erklingt, zu monumentaler Vokalgebärde umgebildet, ein dem Allegro non troppo des Don-Juan-Finales verwandtes Thema. »Chi mai dell'Erebo / fralle caligini / sull'orme d'Ercole / e di Piritoo / conduce il piè?« (Wer naht dem nächtigen / Dunkel des Erebos? / Wer stieg gleich Herakles / und gleich Peirithoos / nieder zu uns?) singen die Geister des Hades wider den eindringenden Orpheus und wenden, nach sechsfach den Eingang sperrendem »Nò!«, das Motiv zuletzt ins Milde, Nachgiebige: »Ha, welch ein unbekannt liebliches Hochgefühl zarter Barmherzigkeit bannt unsren starren, unnahbaren Trotz?« Abermals, aber mit umgekehrtem Sinn, öffnen sich die Pforten der Unterwelt; das Höllenmotiv, in balsamischem Chorpiano nach Dur gewandt, wird zum Vorschein glückender Wieder-Vereinigung.

In enger theatralischer Nachbarschaft, vermittelt durch *eine* musikalische Figur, treten zwei Arten der Liebe, zwei Bilder des Eros, das eine aus spanisch-katholischem, das andre aus griechisch-antikem Stoff gefügt, einander gegenüber: ein feudal-expansives und ein bürgerlich-intensives. Seelenvoll-inständig sind beide Protagonisten, der Mann der Leier und der Mann des Degens, gegenüber der Frau, aber sie sind es auf verschiedene Weise, mit verschiedenem

Ziel: schweifend-erraffend der eine, unbedingt-festhaltend der andre. Beide auch zeigen sich radikal; der eine verströmt sein Leben in der Klage, daß die eine, Unersetzliche ihm genommen sei, der andere gibt sich der Hölle preis, weil die vielen ihm verwehrt sein sollen: Lieber viele Furien als nur ein einziges Weib. So huldigen, auf ihre Weise, beide der Frau, aber nur dem einen steht Amor zur Seite; den andern trifft die Hand des steinernen Dämons. Eine Generation später vollzieht ein anderer Komponist in dem Nacheinander zweier Werke die gleiche Polarität, nicht mit musikalischer, aber elementarischer Umdeutung: die Flammen des Giovanni-Finales verwandeln sich in das Feuer der Probe, das Tamino und Pamina mit Flötenhilfe durchschreiten.

KAPITEL VII

Formierung eines Teams

Da ist es am besten, wenn ein guter Komponist,
der das Theater versteht und selbst etwas anzu-
geben imstande ist, und ein gescheiter Poet,
als ein wahrer Phönix, zusammenkommen.
(Mozart an seinen Vater, 13. Oktober 1781)

Frühe Eindrücke

Mozart, so wird vermutet, habe Glucks und Angiolinis Ballett als
Sechsjähriger im Burgtheater gesehen, und wirklich: *le petit Salz-*
bourgeois (so nennt ihn der junge Graf Zinzendorf), der auf dem
Klavier und manchmal sogar auf der Orgel glänzt, ist im Herbst
1762 in Wien. Er macht gerade die Bekanntschaft Maria Theresias
und ihrer Tochter Maria Antonia, die später Marie Antoinette heißt;
gut möglich, daß er, von einer Knotenrose genesen, am 12. November mit seinen Eltern ins k. k. Hoftheater nächst der Burg geht.
Wenn es so war, so haben ihn die Eindrücke dieses Abends, Festglanz
und Höllenfeuer, Serenadenliebreiz und Furienekstase, schwerlich
wieder verlassen. Mit Sicherheit hat Mozart die berühmte Ballett-
Pantomime als Dreiundzwanzigjähriger gesehen, in seiner Heimatstadt Salzburg, in der sich im September 1779 die Truppe des Thea-
terunternehmers Johann Böhm niederließ, mitsamt einer stattlichen
Ballettkompanie, die unter der Leitung Peter Vogts, eines Wiener
Noverre-Schülers, auch den »Steinernen Gast« im Repertoire hatte
und, im Anschluß an Schauspiele und Singspiele, zuweilen als furiosen Kehraus des Theaterabends ansetzte. Mit Vogt wie mit Böhm, für
den Wolfgang Amadè in diesen Herbstwochen das Singspiel »Zaide«
schreibt (ein Jahr später führt die Truppe in Augsburg »La finta gar-
diniera«, die Buffa des Achtzehnjährigen, in deutscher Übersetzung
auf), pflegen die Mozarts freundschaftlichen Umgang.
   Das Don-Juan-Ballett, das der tatendurstige Paris-Heimkehrer in
Salzburgs Theater sieht, ist nicht, lang oder kurz gefaßt, das Wiener

Original, sondern eine Bearbeitung; Peter Vogt hat Glucks Musik
(zweifellos deren Langfassung) ein fünfaktiges Szenarium unterlegt, das den im Wiener Szenar unerläuterten Komplex der Sätze
7–17 gleich auf zwei Akte verteilt. Der zweite Akt spielt in einem
Gasthaus auf dem Lande; Don Juan tritt, wie bei Tirso, als Störer einer Bauernhochzeit in Erscheinung: er »mischt sich unter die Tanzenden« und entführt die Braut. Der folgende (dritte) Akt zeigt ihn
in einem Garten in zärtlichem Tête-à-tête mit seiner Beute, als Pe-
drillo, sein ihm von den ergrimmten Bauersleuten nachgesandter
Diener, die beiden aufstöbert. Das Mädchen entflieht, im Hintergrund des Parks wird die Statue des Komturs sichtbar; es folgt die
Molièresche Einladungsszene. So platzt das Standbild nicht, wie bei
Angiolini, unvorbereitet in das den vierten Akt bildende Fest; der
Kanon des Stoffes, zu dem die Provokation der Statue ebenso wie die
Perlenschnur der Eroberungen – eine nach der andern, in linearer
Progression – gehört, ist, im Anschluß an Tirso und Molière, wieder-
hergestellt.

Im ersten Bild, das Angiolinis Szenar entspricht, schafft sich ein
Einfall Raum, der nicht dem Ur-Stück, aber einer auch schon mehr
als hundertjährigen Überlieferung angehört – Cicognini war der erste gewesen, der ihn, in der Fischerin-Szene seines um 1650 geschriebenen Stückes, dem Stoff eingepflanzt hatte: die Erfolgsliste
des Dieners. »Welch netter kleiner Käfer«, sagt Don Giovanni dort
zu Passarino von dem Mädchen Rosalba, und dieser entgegnet:
»Nun, wieder eine für die Liste«*. Hier tritt, im Anschluß an Catalinóns Rede im dritten Akt des »Burlador«**, jenes publikative Moment an den Frauenhelden heran, das dem Prinzip der Perlenschnur
entspricht; es ist das des Jägers, der zum Sammler wird, indem er
sich die Trophäen seiner Siege an die Wand heftet. »Man wird bemerken«, sagte Stendhal in seiner Abhandlung über »Werther und Don
Juan«, »daß für Don Juans Triumph, zum Nachteil seiner Wertschät-
zung bei zarten Seelen, die Öffentlichkeit eine ebenso notwendige
Voraussetzung ist wie die Heimlichkeit für den Werthers.« Man kann
annehmen, daß, mit dem ganzen Salzburger Abend, sich Mozart
auch dieses Detail eingeprägt hat.

Drei Jahre später kann er den »Steinernen Gast« in Wien sehen, in
einer Gestalt, der entsprechend, in der die Figur zuerst ins theatralische Leben getreten war: als Volkskomödie. In seinem neuerbauten
Vorstadttheater – es liegt in der Leopoldstadt, vor den gewaltigen

Wallanlagen der Metropole – gibt der Theaterunternehmer Marinelli »Dom Juan oder der steinerne Gast nach Molière und dem Spanischen des Tirso de Molina bearbeitet mit Kaspars Lustbarkeit«. Als Hanswurst-Stück hatten die Wiener den Stoff am Anfang des Jahrhunderts kennengelernt (der berühmte Prehauser hatte in der Dienerrolle einer Don-Juan-Posse sein Debüt gegeben), und als Hanswurst-Stück war »Don Juan« bis 1772 in Wien zur Stelle gewesen; nun ist, mit einiger Verspätung, auch in Wien die beliebte Improvisationsfigur der um sich greifenden Verfeinerung der Sitten zum Opfer gefallen. Aber die Operation, in Norddeutschland ein deutlicher äs-

Johann Nepomuk della Croce (1736–1819):
Die Familie Mozart. Gemälde, Winter 1780/81.
Rechts Leopold Mozart mit der Violine,
seinem Hauptinstrument; am Hammerflügel seine beiden Kinder
Maria Anna, genannt Nannerl, und Wolfgang Amadè.
An der Wand das Bildnis der Mutter,
Anna Mozart geb. Pertl, die 1778 in Paris verstorben war.

thetischer Einschnitt, ist nicht ganz geglückt, unter anderm Namen hat sich der von der Bühne Vertriebne wieder Eingang ins Theater verschafft; er heißt nun Kasperl und extemporiert nicht mehr, sondern spricht in druck- und zensierbaren Sätzen. Der Schauspieler Laroche kreiert die Figur bei Marinelli und spielt vermutlich auch Don Juans Diener. Aus einer Hanswurstiade ist »Don Juan« ein Kasperlstück geworden, und der Erfolg bleibt ihm treu; Marinelli erhält die Posse über Jahrzehnte in seinem Repertoire.

Spricht Mozart mit Gluck über dessen Don-Juan-Ballett? Am 8. August 1782 – der historische Fußtritt, mit dem die Feudalität die Musik aus dem Fürstendienst in die Erwerbsfreiheit, aus dem Lakaien- in den Hungerstand entläßt, liegt vierzehn Monate zurück, Mozart hat sich in Wien selbständig gemacht – speist man miteinander, Mozart ist gerade vier Tage verheiratet. Der Chevalier (aber auch Mozart ist Ritter, kraft eines vom Papst ihm verliehenen Ordens) hat das Burgtheater zu einer Wiederholung der »Entführung« veranlaßt, damit er das Wunderwerk denn doch auch zu Gehör bekomme; danach lädt er den um vierzig Jahre Jüngeren in seine Wohnung zu Tische. Zwei Antipoden des musikalischen Theaters sitzen einander gegenüber – der Schöpfer der lyrisch-oratorischen und der der dramatisch-sinfonischen Oper, der Protagonist eines antikisch gewandten Idealismus und der eines Realismus, welcher über den Klassizismus hinaus und hinter ihn zurück greift, mit dem verstoßenen Rokoko wie mit künftiger Romantik in Fühlung.

Sie sitzen einander gegenüber, der alte Mann und der junge, der hochgewachsene und der unscheinbare, der Hofkapellmeister und der Freischaffende, der, dem die Gegenwart, und der, dem die Zukunft gehört, und verstehen sich offenbar aufs beste; sie sind so verschieden, daß sie einander nicht in die Quere kommen. Im künftigen Jahr verdichtet sich die Beziehung; Gluck besucht ein Konzert Aloisia Langes, in dem Mozart, Aloisias Schwager, vormals ihr Anbeter, der musikalische Hauptakteur ist, und lädt danach beide Familien zu sich ein. Acht Tage später hört er sich ein weiteres Mozart-Konzert an; im Burgtheater gibt der Siebenundzwanzigjährige eine eigene Akademie und improvisiert zu Glucks Ehren über ein Thema des Altmeisters. Auch Joseph II., der 1780 als König von Österreich, Ungarn und Böhmen die Nachfolge seiner Mutter angetreten hat, ist zuhörend zur Stelle – zwei Neutöner auf dem Gipfel der Hoffnung und der Tätigkeit.

Wiens jungfräuliche Muse

Der politische Neutöner, der, endlich im Vollbesitz der Macht, darangeht, ein von Rechtsungleichheit und Rückständigkeit eingezwäng-
tes Staatswesen auf die Höhe der Zeit zu heben, der schon 1765, bei
Antritt der Mitregentschaft in den österreichischen Staaten (im gleichen Jahr war er zum deutschen Kaiser gewählt worden), mit Energie in abgestandene Bräuche eingegriffen hatte und nun aufs Ganze
geht, auf die Revolution »von oben«, aus monarchischer Einsicht
und Machtvollkommenheit, schickt dem musikalischen Neutöner
nach dem Konzert fünfundzwanzig Dukaten. »... und wie vergnügt
er war, und was für lauten Beifall er mir gegeben«, schreibt Mozart
am 29. März 1783 an seinen Vater.

    Kein Zweifel, der Kaiser ist ihm gewogen, aber auch genug? Jo-
sephs musikalische Bildung ist italienisch geprägt, Gluck ist sein
Meister, Salieri, der Veroneser, fungiert als Glucks Statthalter an der
Spitze der Hofkapelle; der junge Mann aus Salzburg, dieses erwachsen gewordene Wunderkind, aber hat in seiner deutschen Oper Töne
angeschlagen, die, bei allem Respekt, befremden. Mozart, der Wien
im Sturm zu nehmen gedachte, merkt bei aller Aufmerksamkeit, die
ihm der Kaiser nach der »Entführung« erweist, auch eine Art von
Vorbehalt; im August 1782 denkt der frischgebackene Ehemann
ernstlich an Auswanderung: »Die H[erren] Wiener, worunter aber
hauptsächlich der kmyolr verstanden ist, sollen nur nicht glauben,
daß ich wegen Wien allein auf der Welt seie. Keinen Monarchen in
der Welt diene ich lieber als dem Kaiser – aber erbetteln will ich keinen Dienst. Ich glaube soviel imstande zu sein, daß ich jedem Hofe
Ehre machen werde. Will mich Teutschland, mein geliebtes Vaterland, worauf ich, wie Sie wissen, stolz bin, nicht aufnehmen, so muß
im Gottes Namen Frankreich oder England wieder um einen geschickten Teutschen mehr reich werden; und das zur Schande der
teutschen Nation. Sie wissen wohl, daß fast in allen Künsten immer
die Teutschen diejenigen waren, welche exzellierten – wo fanden sie
aber ihr Glück, wo ihren Ruhm? In Teutschland wohl gewiß nicht!
Selbst *Gluck* – hat ihn Teutschland zu diesem großen Mann gemacht? Leider nicht! Gräfin Thun, Graf Zitschy, Baron van Swieten – selbst der Fürst Kaunitz ist deswegen mit dem Kaiser sehr un-
zufrieden, daß er nicht mehr die Leute von Talent schätzt – und sie

Friedrich John (1769–1843) nach Heinrich Füger (1751–1818):
Joseph II. (1741–1790). Punktierstich.

aus seinem Gebiete läßt. Letzterer sagte jüngsthin zum Erzherzog
Maximilian, als die Rede von mir war, daß *solche Leute nur alle 100
Jahre auf die Welt kämen, und solche Leute müsse man nicht aus
Teutschland treiben – besonders wenn man so glücklich ist, sie wirk-
lich in der Residenzstadt zu besitzen.«**

»kmyolr«, das ist – mit Postöffnung wird gerechnet – die Brief-
chiffre für den Kaiser, aber Mozart gebraucht sie nur das erste Mal;
in der Folge rutscht ihm der Titel offen heraus. Der Brief gilt dem Vater, und der Schreiber bemerkt, im Diskurs mit »den Großen« pflege
er hinzuwerfen (das tue mehr Wirkung, »als wenn man es so diktato-
risch hindeklamiert«), daß er, wenn in Wien nicht etwas für ihn geschehe, nach Paris gehen werde – es geschieht tatsächlich etwas. Bei
einem Empfang des russischen Botschafters im Dezember 1782
kommt der Chef der Hoftheater, Graf Orsini-Rosenberg, ein Vertrau-
ter Josephs, auf ihn zu: Ob er dem Hoftheater nicht »eine Welsche
opera schreiben« wolle? Mozart steht sogleich in Flammen: »Ich
habe schon Commission gegeben, um von Italien die neuesten opera
buffe Bücheln zur Wahl zu bekommen, habe aber noch nichts erhalten.«

Das ist am 21. Dezember 1782 geschrieben; am Anfang des neuen
Jahres führt Mozarts Hauswirt, der Baron Raimund Wetzlar von
Plankenstern, seinen Mitbewohner mit einem Italiener zusammen,
der in dem Ruf steht, etwas vom Theater zu verstehen; er heißt Lorenzo da Ponte. Der Venezianer ist vierunddreißig und noch nicht
lange in Wien; ein Empfehlungsbrief, den ein Dresdner Kollege, Caterino Mazzolà, ihm an Salieri mitgegeben hat, hat dem Heimatvertriebenen die Türen des Wiener Theaterlebens geöffnet.

Zwei Außenseiter stehen sich gegenüber, und das ist auch der
Dritte im Bunde, der Stifter der Begegnung, Raimund v. Wetzlar,
ältester Sohn des Bankiers Karl Abraham Freiherr Wetzlar von Plankenstern (1716–1799); man schätzt sein Vermögen auf fünf Millionen Gulden. Die Wetzlars sind jüdischer Herkunft; als Dreißigjähri-
ger hatte Karl Abraham in Wien sein Glück zu machen versucht und
war durch ein judenfeindliches Edikt Maria Theresias vertrieben
worden; zehn Jahre später als reicher Mann zurückkehrend, hatte er
sich bei Ausbruch des Siebenjährigen Kriegs durch Heereslieferun-
gen verdient gemacht. Joseph II. will den sechzigjährigen Hofagen-
ten nobilitieren, aber das setzt dessen Übertritt zur katholischen
Kirche voraus. Karl Abraham vollzieht ihn 1777, da ist sein Sohn
fünfzehn; ein Jahr später erhebt ihn der Kaiser in den Freiherrn-
stand. Ein Kriegsgewinnler und Konvertit, der, alter Bindungen ledig und unter seinen neuen Standesgenossen schwerlich angesehen,
außer seinem Beruf, seinen Geschäftsbeziehungen nur einen einzigen Halt hat: den Kaiser. Sein Sohn Raimund, etwas über Dreißig,

nimmt sich Mozarts mit Tatkraft an und gibt der jungen Familie mietfreie Wohnung in seinem eigenen Hause. Als Rosenberg mit der welschen Oper winkt, schafft er den denkbaren Autor zur Stelle – einen »großen Verehrer und Freund« des Komponisten nennt da Ponte Raimund v. Wetzlar im Altersrückblick.

Auch da Ponte ist Jude und auch er ist konvertiert, als Vierzehnjähriger in dem Städtchen Ceneda (heute Vittório Véneto), das am nördlichen Alpenrand des venezianischen Staatsgebiets liegt. Sein Vater, der Lederhändler Geremia Conegliano, tritt neun Jahre nach dem Tod seiner ersten Frau, Rachel Pincherle, mit seinen drei Söhnen zum Christentum über, um eine Katholikin heiraten zu können. Der Bischof von Ceneda nimmt selbst die Taufe vor und gibt dem 1749 geborenen Ältesten der Familie seinen Namen: Lorenzo da Ponte; mit einem seiner Brüder wird Lorenzo Emmanuele ins theologische Seminar der Stadt aufgenommen. Fünf Jahre später setzt der Tod seines Protektors den fast Zwanzigjährigen in Freiheit, aber die Armut läßt ihm keine Wahl; er muß, gegen alle Neigung, auf dem eingeschlagenen Weg bleiben. In dem Priesterseminar von Portogruaro empfängt er 1770 die niederen Weihen. Zugleich reüssiert er in der Poesie, mit der er sich schon in Ceneda hervorgetan hat; ein Lied zum Lobe des Heiligen Ludwig trägt ihm die Stelle eines Professore di belle lettere ein. In der Folge macht er besonderen Eindruck mit einer Dithyrambe über die Gerüche, diesen hervorstechenden Faktor des öffentlichen Lebens; der begabte padre, dem die Gunst des Bischofs und die Ranküne der confratres gilt, wird Vizerektor und liest 1773 seine erste Messe.

Aber Venedig, die Hauptstadt, liegt zu nahe, um nicht zur Versuchung zu werden, und nicht nur durch das »Café der Literaten«. Der junge Professor, nach Frauen dürstend, tritt in den Höselberg Europas ein, jene »Hochburg des ausstudiertesten Lebensgenusses« (Gustav Gugitz), in der die Erwachsenen die Hälfte des Jahres maskiert herumlaufen; sogar der Doge bindet sich zuweilen eine Maske vors Gesicht. In der von den schweigenden Sendboten der drei Staatsinquisitoren beherrschten Wasserstadt, an deren Roulette-Tischen die jeunesse d'orée des europäischen Adels, umgarnt von Abenteurern und Kurtisanen, die den heimischen Untertanen abgepreßten Gelder verschleudert, wird auch da Ponte zum Spieler, Unsummen einstreichend und wieder verlierend. An einer Patrizierin namens Tiepolo, von dem »gefährlichen Typus der blonden Venezianerin«

(Gugitz), macht er die Liebesgeschichte seiner Jugend durch, der sich – in nächtlichen Gondeln und verschwiegenen casini – andere Abenteuer verweben. Sie stechen wie epische Kleinformen aus seinen Erinnerungen hervor: Autobiographie als Rahmenhandlung eines Novellenkranzes; ein jeder Venezianer sein eigener Boccaccio. Auch der König des Genres ist, nach langer Abwesenheit und zu leider fatalen Bedingungen (er hat sich, um wieder zugelassen zu werden, als Agent der Staatsinquisition verdingen müssen), zu dieser Zeit wieder in Venedig: Giacomo Casanova.

Mit knapper Not reißt sich da Ponte von Angela Tiepolo los und kehrt – eine andere Zuflucht gibt es nicht – in den Schoß der Kirche zurück. Am Seminar von Treviso, einer weiteren Provinzstadt auf dem Staatsgebiet der Kaufmannsrepublik, wird ihm unter der Ägide eines wohlwollenden Bischofs als Professore di umanità der Lehrstuhl für klassische Literatur zuteil; sein Bruder Girolamo wird Professor der unteren Grammatik. Sind zwei jüdische Konvertiten als frischgebackene Dozenten zuviel für ein Institut? Lorenzo stößt wie in Portogruaro auf Neid, Anfeindungen, Intrigen; der kleine, von Eitelkeit nicht freie Mann mit den bedeutend ausgeprägten Gesichtszügen und dem augenscheinlichen Talent polarisiert, wohin er kommt, die Gemüter. Auch der Bischof von Treviso hat Feinde, und sie halten sich an den Schützling; eine in der Lehranstalt vorgetragene »dichterische Grille« des jugendlichen Professors, die der dem Zeitalter naheliegenden Frage nachgeht, ob der Mensch »ein größeres Glück in gesellschaftlichem Verbande mit andern oder im einfachen Zustande der Natur« finde, verfällt ideologischer Denunziation. Der Mensch, hat da Ponte zur Beunruhigung der Kontrollorgane herausgefunden, sei »frei geboren, die Gesetze aber machten ihn zum Knecht«. Mit poetischem Schwung und einiger Anzüglichkeit (der Doge trägt eine hornartig zugespitzte goldene Mütze) hat er sich über die Realität der *Signoria* – Herrin: so nennt sich die Republik vor ihren Bürgern – erhoben: »Das Girren der Herren, welche voll Hoffahrt die vergoldeten Hörner emporheben, scheint mir ein leichtes Gezisch in der Morgendämmerung, und während ihnen die untertänigen Haufen ihre Huldigung darbringen, betrachte ich, ganz in mich selbst vertieft, mit gleichgültigem Gesichte, aufmerksam bald den vorüberziehenden Kranich, bald in den Wolken ein fliegendes Ungeheuer oder die Statuen von Pasquino oder von Marforio.«

Das klingt nicht aufrührerisch, eher selbstgenügsam, auf freilich allzu erhabene Weise; auch war die antike Figurengruppe beim Haus des Römers Pasquino schon im Cinquecento für das Anbringen von Pasquillen (daher der Name) bekannt. Vor dem Senat von Venedig kommt es in Gegenwart des Angeklagten zur Verlesung dieser und anderer Textstellen; da Pontes Freunde denken schon an die Bleidächer. Aber es kommt gelinder: dem siebenunzwanzigjährigen Professor wird nur die Lehrbefugnis entzogen – auf Lebenszeit. Den vom Staat Verfemten fängt Venedigs politisch-literarische Opposition auf, die sich in einigen Patrizierhäusern sammelt. Da Ponte tritt Bernardo Memmo nahe, dem Schriftsteller und Mäzen, und auf nicht ganz durchsichtige, jedenfalls krisenhafte Weise auch dessen jugendlicher Hausfreundin Teresa Felicita; er wird Privatsekretär bei dem ehemaligen Senator Zaguri, schließlich Hauslehrer bei Giorgio Pisani, dem Reformpolitiker und Haupt der Barnabotti (das sind die armen Patrizier). Aber die Widersacher behalten den brillanten Literaten im Auge, und dieser, in einer Stadt, wo jede Regung des öffentlichen Lebens sogleich in Schriften und Gegenschriften, Spottversen und Entgegnungen widerhallt, verfehlt nicht, sich Blößen zu geben. Eine venezianische Alltäglichkeit, die Liebschaft mit einer verheirateten Frau (allerdings: da Ponte, der mit ihr zusammenlebt, ist Abbé und man hat ein Kind miteinander), wird, einer anonymen Denunziation zufolge (dafür gab es in Venedig besondere Briefkästen), zum Anlaß, ihn des Landes zu verweisen: auf fünfzehn Jahre und unter Androhung einer siebenjährigen Kerkerstrafe. Ist der wirkliche Grund seiner Vertreibung ein Sonett, in dem er Pisani verherrlicht und den herrschenden Ämterschacher gegeißelt hat? Da Ponte will es so scheinen, er hat vermutlich recht. Doch haben die Lebenserinnerungen, denen er diese Erwägung anvertraut, nur einen begrenzten Wert – keine Bekenntnis-, eher eine Rechtfertigungsschrift; nicht Autobiographie, sondern bloß Memoiren, das Werk eines nach Amerika verschlagenen Sechzigjährigen, der hofft, daheim noch einmal einen Gönner zu finden. Die Frau, um derentwillen ihm 1779 der Prozeß gemacht wird, Angioletta Bellaudis, kommt darin gar nicht vor.

Dergleichen wäre einem Mann nicht begegnet, den er in diesen venezianischen Jahren im Hause Zaguris, des ehemaligen Senators, kennenlernt. Er ist vierundzwanzig Jahre älter als da Ponte und geht, als Bekannter Durazzos in Wien und erfolgloser Anbeter der ih-

rerseits in Angiolini verliebten Tänzerin Fogliazzi, schon im Vorfeld
des Gluckschen »Festin« um – eine Gestalt, die, absichtslos und
doch nicht zufällig, ein Unbeteiligter, aber nicht Unbezüglicher, immer wieder durch die Kulissen der hier aufgeschlagenen Szene laufen wird: Giacomo Casanova. Casanova, der seine Memoiren in anderer Lage verfaßt: als festbesoldeter Schloßbibliothekar, und eine
Veröffentlichung zu Lebzeiten nicht in Betracht zieht, hat jene
Schärfe und Unbefangenheit der Selbstanalyse, die ihn befähigt,
zum Enzyklopädisten seiner Lebensgeschichte und der seines Zeitalters zu werden. Da Ponte, seinem Landsmann, der sein Sohn sein
könnte, geht beides ab; sein Charakterbild schwankt in der Geschichte, da er es selbst allzu fest zu stellen sucht.* So wird der eine
zum Schöpfer eines mit dem Realismus des Rokoko ausgeführten
Riesenepos panerotisch-ichbesessener Rastlosigkeit, der andere zu
dem mit schnellbereiter Meisterschaft operierenden Dramaturgen
einer sehr verwandten und ganz verschiedenen Figur: Don Giovannis. Sie werden es in der gleichen Gegend und zu der gleichen Zeit.

Der ausgebürgerte Liederschreiber mit dem Stöckchen im Rük-
ken und dem Abbé-Titel am Hals (als einen »vollendeten Stutzer, der
auf eine gezierte Weise immer seinen Spazierstock hinter sich gehalten« habe, schildert ihn nachmals der Wiener Sänger O'Kelly) wendet sich gen Osten, nach Görz (Gorizia), Hauptstadt der gleichnamigen österreichischen Grafschaft an den Ufern des Isonzo (sie liegt
heute an der Grenze zwischen Italien und Jugoslawien), und
schreibt sich mit einer Ode auf den Teschener Frieden, der Österreichs letzte Niederlage gegen Friedrich II. besiegelt, in die Gunst des
ortsansässigen Adels. Eine Berufung an den Dresdner Hof, von der
ihn Caterino Mazzolà, ein Freund aus venezianischer Zeit, nunmehr
Hofdichter des sächsischen Kurfürsten, brieflich unterrichtet (er
wird Mozart 1791 den Text der »Gnade des Titus« schreiben), läßt
ihn ein Jahr später, nach großem Abschiedsfest, weiterziehen. Aber
es gibt gar keine Berufung, Mazzolàs Brief ist die Mystifikation eines
durch ein Spottgedicht da Pontes »im Innersten verwundeten«
Görzer Buchhändlers; der Dresdner Kollege weiß von nichts und
kann nichts für den Ankömmling tun. Es gibt keine Stelle, aber
es gibt einen venezianischen Kupferstecher mit zwei schönen blut-
jungen Töchtern in Dresden, die sich beide gleichzeitig in da Ponte, in die beide gleichzeitig sich da Ponte verliebt – es ist, aus der
Sphäre aristokratischen Übermuts in die bürgerlicher Lyrik ver-

setzt, die Strandszene aus Molières »Don Juan«: symmetrische Verführung.

Mit einer nachdrücklichen Empfehlung an Salieri − so froh ist
Mazzolà, des begabten Freundes ledig zu werden − geht da Ponte, die
Töchter Meister Cameratas weinend zurücklassend, im Sommer
1781 zurück in den Süden, nach Wien, wo mit dem Herrschaftsan-
tritt Josephs II. jene »neue Ordnung der Dinge« heraufgekomen ist,
die der König von Preußen beim Tode Maria Theresias prophezeit
hatte. Da Ponte war damals gerade auf der Reise nach Dresden gewesen, ein Flüchtling auf dem Weg ins Leere wie nachmals Richard
Wagner, der 1864, auf der Durchreise in München, von der Thronbe-
steigung des neuen bayerischen Königs erfährt. Joseph II. wird, wie
König Ludwig für Wagner, sein Retter. Überall im nördlichen Europa beherrschen zu dieser Zeit italienische Künstler − Musiker,
Dichter, Sänger, Tänzer, Bühnenbildner − das Theater der Höfe, und
auch Joseph II., dessen Deutsches National-Singspiel trotz Mozarts
»Entführung« an Leitungsschwäche zu zerfallen droht, will wieder
ein festes italienisches Ensemble haben; dazu kommt ihm da Ponte
gerade recht.

Antonio Salieri vermittelt die Bekanntschaft − nicht ohne Bangen
naht da Ponte dem Mann seines Schicksals. Er findet einen einfach
gekleideten Mann, der »sowohl in seinem Benehmen als in seiner
Kleidung durchaus nichts von allem dem hat, was man sich von einem König vorstellt«. Die Nahbarkeit, mit der der Kaiser, alle
Schranken des Zeremoniells niederlegend, seinen Untertanen zu begegnen weiß, posenlos und mit wirklicher Unmittelbarkeit, gehört
zu seinen stärksten politischen Waffen. Der Mann mit der ausgeprägten Nase, den »kaiserblauen« Augen fragt den Besucher gründlich
aus, und da Ponte besteht; Joseph entdeckt in ihm den Mann, den er
für sein »welsches Theater« braucht: er ernennt ihn zu dessen Haus-
poeten. Aber da Ponte ist Lyriker und hat noch gar keine Dramen
geschrieben − er bekennt es, sein Zuhörer, ein Mann schnellen Re-
gierens und Reagierens, geht mit einem Scherz darüber hinweg:
»Gut, gut, da werden wir eine jungfräuliche Muse haben.«

Es ist da Pontes alte Situation: durch Talent, Charme, Gesinnung
gewinnt er die Herren, solche nämlich, die es mit dem Fortschritt,
der Geistesbefreiung, dem Rechts- und Gleichheitsstaat halten und
sich in dem Kampf darum aufreiben. Das tut Franco Giustiniani, der
Bischof von Treviso, der 1787 als Zweiundsiebzigjähriger wegen

Freigeisterei abgesetzt wird und sich danach wahrscheinlich das Leben nimmt; das tut Giorgio Pisani, das politische Haupt der Barnabotti, der 1780 zum Prokurator gewählt und drei Monate später von der geheimen Staatspolizei in eine Dauerhaft genommen wird, die erst nach zehn Jahren endet; das tut Joseph II., den Ungarns Großgrundbesitzer 1790 zur politischen Kapitulation zwingen. Da Ponte gewinnt die Herren und hat es danach mit den Chargen, dem Apparat zu tun; auch er hat, Salieri ausgenommen, nur einen einzigen Halt in Wien, den Kaiser.

Aber das ist ein starker Halt, und er beflügelt ihn aufs äußerste – das Wissen, mit dem monarchischen Umstürzler im Einverständnis zu sein, ist ihm »eine mächtigere Hilfe als alle Vorschriften, als alle Regeln des Aristoteles, die ich wenig gelesen und noch weniger studiert hatte«. Es ist die Seele seines »ganzen poetischen Triebes« und führt ihm »die Feder bei [einer] großen Menge Dramen, die ich für sein Theater geschrieben habe«. Der von den Häuptern eines korrupten Regimes verbannte Dichter findet Anhalt bei einem Monarchen, der darangeht, den Feudalstaat in seinen Grundfesten zu erschüttern, und stellt sich, in vollem Bewußtsein der Tragweite seiner Aufgabe, in dessen Dienst. Die Gleichberechtigung der Klassen und Religionen, auf die Joseph mit übermenschlich angespanntem, die Realität vielfach überfliegendem Regenteneifer hinarbeitet, trifft den jüdischen Literaten, der Priester werden mußte, um zu geistiger Arbeit, geistiger Ausbildung zugelassen zu werden, im Innern seiner Existenz, und wenn der Kaiser nichts von da Pontes Herkunft weiß, so kennt dieser doch Josephs Toleranzpolitik, die die Juden mit einem Blick umfaßte, den ein Zeitgenosse, Carl v. Rotteck, nicht ohne Pathos benennt: »Auch auf die Juden fiel des Landesvaters liebender Blick. Er nahm sie in Schutz gegen die Unbilden barbarischer Gesetze und noch mehr barbarischer Volks-Vorurteile und Übungen.«* Wie alle Nicht-Katholiken erfuhren auch die Juden in der Monarchie staatsbürgerliche Gleichstellung.

Erst die Musik und dann der Text?

Mozart ist weder Jude noch Konvertit, er ist kein verbannter Satiriker und kein entlaufener Abbé – ein Außenseiter ist auch er und ist es mehr als Wetzlar oder da Ponte. Er ist es an einem zu italienischer Musik, italienischem Theater gestimmten Hof als Deutscher, und um so mehr, da er sich in seiner Kunst deutlich, ja leidenschaftlich als solcher empfindet. Die musikalische Vorherrschaft der Welschen ist erdrückend; immer wieder schlägt in seinen Briefen der Zorn über die Unfähigkeit der Deutschen durch, sich auf die Höhe einer eigenen, selbständigen, nicht am Ausland klebenden Kunstgesinnung zu heben. Mozart, der sich 1782, bei Gelegenheit des englischen Seesiegs bei Gibraltar*, einen »Erz-Engelländer« nennt, ist nicht nur ein Mann der sozialen, er ist auch einer der nationalen Emanzipation; beide Haltungen kommen aus vielfacher Kunst- und Lebenserfahrung. »Ich glaube nicht«, schreibt er dem Vater im Februar 1783, »daß sich die welsche Oper lange soutenieren wird – und *ich* – halte es auch mit den Teutschen. Wenn es mir schon mehr Mühe kostet, so ist es mir doch lieber. Jede Nation hat ihre Oper – warum sollen wir Teutsche sie nicht haben?«

Die Sätze sind berühmt (sie führen auf das Projekt, Goldonis »Diener zweier Herren« als deutsche Oper zu vertonen), und sie stehen keineswegs allein. Den kräftigsten Ausbruch dieser Art erhält (das heißt zugleich: bewahrt) im Mai 1785 der Professor Klein, ein Mannheimer Bekannter, der Mozart für die Vertonung seines Operntextes »Kaiser Rudolf von Habsburg« gewinnen will; der Geheimrat hat leider versäumt, über die Möglichkeit der Aufführung nachzudenken. An den Wiener Hoftheatern besteht keine Aussicht für eine solche Produktion; Mozart durchschaut einen in diese Zeit fallenden Versuch, das deutsche Singspiel wiederherzustellen, als scheinhaft: »Meine Schwägerin Lange nur allein darf zum teutschen Singspiele. Die Cavallieri, Adamberger, die Teuber, lauter Teutsche, worauf Teutschland stolz sein darf, müssen beim welschen Theater bleiben – müssen gegen ihre eigene Landsleute kämpfen!« Das Klagelied mündet in den Ausruf: »Wäre nur ein einziger Patriot mit am Brette – es sollte ein anders Gesicht bekommen! Doch da würde vielleicht das so schön aufkeimende *Nationaltheater* zur Blüte gedeihen, und das wäre ja ein ewiger Schandfleck für Teutschland, wenn wir Teutsche einmal mit Ernst anfingen, teutsch zu denken – teutsch zu handeln – teutsch zu reden, und gar teutsch – zu singen!!!«

Noch die Schlußsätze atmen Zorn über die Inferiorität nationaler Kulturbemühungen: »Nehmen Sie mir nicht übel, mein bester Herr geh. Rat, wenn ich in meinem Eifer vielleicht zu weit gegangen bin! Gänzlich überzeugt, mit einem *teutschen Manne* zu reden, ließ ich meiner Zunge freien Lauf, welches dermalen leider so selten geschehen darf, daß man sich nach solch einer Herzensergießung kecklich einen Rausch trinken dörfte, ohne Gefahr zu laufen, seine Gesundheit zu verderben.«

Aber nicht nur als deutscher Patriot in einem überfremdeten Kulturleben ist Mozart, der aus dem Erzbistum Salzburg eingewanderte Reichsdeutsche, ein Außenseiter in Wien. Er ist es, auf andere Weise und noch viel einschneidender, vor allem durch sein Können, seine Kunst. Genie – das Zeitalter kennt den Begriff; die Straßburger Stürmer und Dränger, eine literarische Jugendgruppe, die die Fahne des Aufstands auf die Zinnen der Gesellschaftskunst gepflanzt hatte, haben ihm zehn Jahre zuvor mit eigennütziger Angelegentlichkeit gehuldigt. Aber auch Kant und Klopstock, Lessing und Gellert beschwören unter diesem Namen das Phänomen hochgespannten Schöpfertums, die Kraft des einzelnen als Urhebers einer neuen Welt.

Schwieriger als den Terminus hochzuhalten ist es, sich der Erscheinung zu stellen, wo sie, mit sprudelnder Unscheinbarkeit, auf einmal Wirklichkeit wird. Mozart agiert den Ausnahmemenschen nicht, wie später Beethoven, er ist dieser einfach. Ein Fünfundzwanzigjähriger, von dem der Staatskanzler und leitende Außenpolitiker des Reiches, der alte Fürst Kaunitz (von Musik verstehen hier alle etwas, auch die Staatsdiener), zu einem Mitglied des Erzhauses sagt, einer wie der käme »nur alle hundert Jahre auf die Welt«, ein Universalmusiker, dessen Konzertreihen in der High Society mehr als doppelt soviel Abonnenten finden als die zweier nahmhafter Kollegen und in dessen Akademien der Kaiser, was sonst nie geschieht, bis zur letzten Zugabe bleibt (ein andermal, 1784, ruft er, unerhörter Vorgang in den Annalen der Musikgeschichte, mit dem Hut in der Hand: »Bravo Mozart!«) – ein solcher Mann, auf dem Gipfel des Ruhms und zugleich in ganz preisgegebener, auf Tageseinnahmen angewiesener ökonomischer Stellung, wird Ranküne, Haß, Intrigen auf sich ziehen, und um so mehr, als er nicht durch weltmännischüberlegenes Gebaren mit seiner Exklusivität zu versöhnen weiß. Sturzflut der Produktivität aus einer kleinwüchsig-unrastvollen, deutlich unproportionierten Gestalt von kapriziöser Vehemenz und größter geistiger Entschiedenheit – die Erscheinung, an der nichts Herrscherliches, zu Unterwerfung Verlockendes, sondern nur die pure Überlegenheit ist, macht manchen Minderbegabten an der Gerechtigkeit der Weltordnung zweifeln.

Leopold, der Vater, übersieht das Problem, und auch die Seelenspannung im Innern des Sohnes, aus der Ferne: »Es sind zween einander entgegenstehende Sätze, die in ihm herrschen – zu viel oder zu

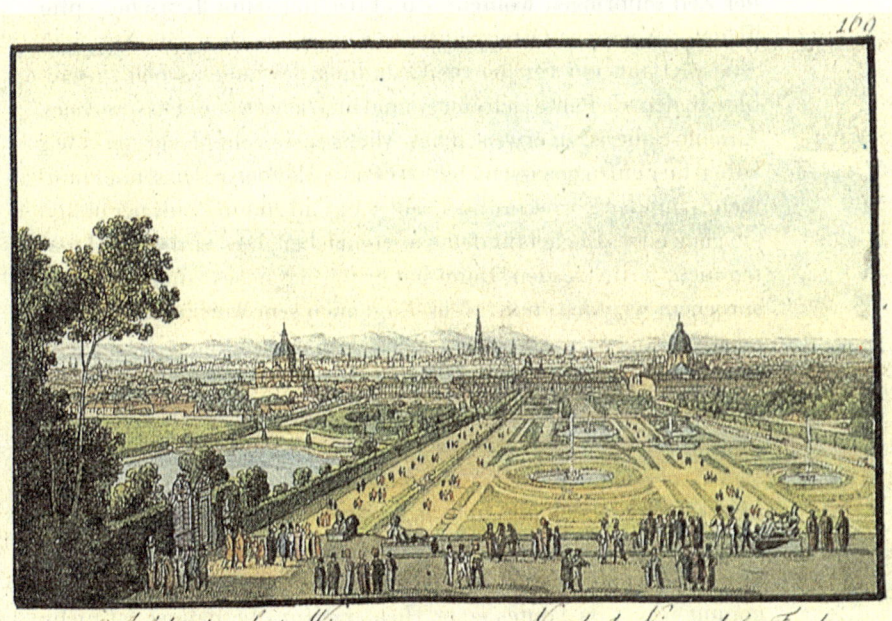

»Ansicht der Stadt Wien,
mit seinen Vorstädten und umliegenden Gegend.«
Kolorierte Radierung aus der Bergerschen Buch- und Kunsthandlung
Dresden, um 1800 (anonym).
Der Blick fällt von Süden, vom Oberen Belvedere,
auf die Stadt; links die Karlskirche, in der Mitte
hinten der Stephansdom, rechts die Kirche des Klosters
der Salesianerinnen.

wenig und keine Mittelstraße. Wenn er keinen Mangel hat, dann ist er alsogleich zufrieden und wird *bequem* und *ohntätig*. Muß er sich in die Aktivität setzen, dann fühlt er sich und *will alsogleich sein Glück machen*. Nichts soll ihm im Weg stehen: und, leider, werden eben nur den geschicktesten Leuten, den besondern genies die meisten Hindernisse in den Weg gelegt.« (23. August 1782)

Die Begegnung des Deutschen und des Italieners im Hause Wetzlar, Anfang 1783, bleibt lange folgenlos. Das deutsche Singspiel spielt und singt sich gerade mit Opern von Umlauf und Gaßmann zugrunde: »Es ist«, schreibt Mozart am 5. Februar 1783, »als wenn sie, da die teutsche Oper ohnedies nach Ostern stirbt, sie noch vor der Zeit umbringen wollten; – und das tun selbst Teutsche – pfui Teufel!« Noch vor Ostern löst der Kaiser das Deutsche National-Singspiel auf und verfügt die Gründung des italienischen Ensembles, in dem da Ponte sich erst einmal im Dienst seines Fürsprechers, Antonio Salieris, zu erweisen hat. Mit Skepsis sieht Mozart zu: »Wir haben hier einen gewissen abate da Ponte als Poeten. Dieser hat nunmehro mit der Korrektur im Theater rasend zu tun. Muß per obligo ein ganz neues Büchel für dem Salieri machen. Das wird vor 2 Monaten nicht fertig werden. Dann hat er mir ein neues zu machen versprochen; wer weiß nun, ob er dann auch sein Wort halten kann – oder will! Sie wissen wohl, die Herrn Italiener sind ins Gesicht sehr artig! Genug, wir kennen sie! Ist er mit Salieri verstanden, so bekomme ich mein Lebtage keins – und ich möchte gar zu gerne mich auch in einer welschen opera zeigen.« (7. Mai 1783)

Wird er jemals einen Text von da Ponte bekommen? »Il ricco d'un giorno« (*Der Reiche für einen Tag*), heißt die Story, für die sich Salieri unter drei Vorschlägen des Librettisten entscheidet, und was unter mancherlei Hindernissen und Beeinträchtigungen herauskommt (es ist da Pontes erste Theaterarbeit überhaupt), ist nicht dazu angetan, die Wahl des Kaisers zu bestätigen. Bei der Premiere am 6. Dezember 1784 fällt die Oper durch; eine Kanonade von Spottversen und Pamphleten (die Konkurrenz liegt immer auf der Lauer) ergießt sich über den Theaterneuling. Dem ist schon vorher übel mitgespielt worden; abermals sticht eine Novelle aus da Pontes Lebensgeschichte hervor. Sie geht böse aus: ein abgewiesener Liebhaber, der in dem Abbate – er ist Italiener wie dieser – den glücklichen Rivalen vermutet (der aber weiß nichts von der Geschichte), bewegt den Ahnungslosen dazu, ein Zahngeschwür, das ihn plagt, mit einer Wundertinktur zu behandeln – es ist Scheidewasser, und da Ponte, der pflichtschuldig sein Gebiß damit bestreicht, verliert sechsundzwanzig Zähne; er kann monatelang kaum essen. Unter Italienern, so zeigt sich, lebt man von Natur aus dramatisch – das Leben selbst eine Szene, in der fortwährend Schurken, Liebhaber, Intriganten aus der Kulisse treten. Was da Ponte immer wieder gefährlich wird, ist seine Gabe, andere vor den Kopf zu stoßen, ohne es zu bemerken; so ist er zumeist Täter und Opfer zugleich.

Wie groß ist Mozarts Chance, einen Text von dem geplagten Mann zu bekommen? Der Abbé Casti, Dichterhaupt von Rang und Ruf, ein Meister erotisch-lasziver Poesien (Goethe, dem er sie 1787 in Rom vorliest, rühmt seine galanten Erzählungen als »übermäßig genial«) und Günstling, man munkelt: Frauenzutreiber des Grafen Rosenberg, sitzt ihm im Nacken; er hat für den berühmten Paisiello einen Operntext geschrieben, der besser ankommt als der »Reiche eines Tages«. Wie unmittelbar-politisch der Kaiser auf seine neue italienische Bühne Einfluß nimmt, zeigt sich an der Vorgabe, die Casti von ihm erhält: die neue Oper, »König Theodor in Venedig«, soll satirisch-verdeckt dem König von Schweden eins auswischen. Aber Josph II. läßt niemanden fallen, der nicht gleich Erfolg hat – auch er selbst spürt weit mehr Widerstände als Erfolge. Es kommt zu einer jener Szenen, in denen sich das Triebwerk einer Kulturepoche anekdotisch enthüllt und der Zusammenhang zwischen Kunst, Gesellschaft, Staatsleben mit jener personalen Unmittelbarkeit hervortritt, die die Voraussetzung des großen Ertrags ist. Der zahnlos gewordene, beruflich niedergeschmetterte da Ponte trifft Joseph II. »zufälligerweise auf einem seiner Morgenspaziergänge«, und wenn es vielleicht nicht *ganz* zufällig geschieht, so ist dies eben doch möglich: daß man dem Kaiser auf dessen Morgenspaziergang begegnet. Der blauäugige Monarch im einfachen Bürgerrock zeigt sich unerschüttert von jenem »Reichen eines Tages«, der über vier Abende nicht hinauskam. »Wissen Sie«, sagt er zu da Ponte, »Ihre Oper ist dennoch nicht so schlecht, als sie uns glauben machen wollen. Sie müssen Mut fassen und uns eine andere geben.«

Inzwischen hat Mozart auf eigene Faust nach einem Libretto gesucht. Er hofft auf da Ponte, aber er ist seiner nicht sicher: »Ist er mit Salieri verstanden, so bekomme ich mein Lebtage keins«, nämlich ein welsches Büchel. Mozart weiß genau, was er mit der italienischen Oper will, und er spannt den Vater in die Suche nach dem rechten

Carl Schütz (1745–1800): »Ansicht des Kohlmarkts«
zu Wien. Kolorierte Radierung aus dem Verlag Artaria, Wien;
ursprünglich 1786.

Text ein: »Das Notwendigste dabei aber ist, recht *komisch* im ganzen. Und wenn es dann möglich wäre, *2 gleich gute Frauenzimmer-Rollen hineinzubringen.* Die eine müßte Seria, die andere aber Mezzo Carattere sein, aber *an Güte* – müßten beide Rollen ganz gleich sein. Das dritte Frauenzimmer kann aber ganz Buffa sein, wie auch alle Männer, wenn es nötig ist.« Das ist im Mai 1783 geschrieben – kennt er den »Tollen Tag« schon, das Sensationsstück, um dessen öffentliche Uraufführung (sie findet im April 1784 statt) das literarische Paris seit Jahren mit der Zensur ringt? Oder denkt er nur an Rollen für Aloisia, die Schwägerin, einst Geliebte, und Nancy Storace, die schöne Britin mit der eminenten Stimme, deren Stern am Wiener Theaterhimmel aufgegangen ist?

Abbé Varesco, der Salzburger Hofkaplan, einstmals Librettist des »Idomeneo«, soll den Text schreiben, eine bunt schillernde Komödie wie von Gozzi, der »Entführung« ähnelnd, aber einen ungleich komplizierteren Intrigenapparat aufbietend, der sich um eine künstliche Gans bewegt; sie ist das Titelrequisit der Oper »Die Gans von Kairo«. Der Vater wird gemahnt, dem Kaplan in den Ohren zu liegen, aber Herr Varesco hegt Zweifel an der Solidität des Projekts; mit seinem preziösen Gebaren entlockt er Mozart ein Bekenntnis, wie er am Text, wie er mit Texten zu arbeiten pflegt: »Daß aber Herr Varesco an dem incontro [Anklang] der opera zweifelt, finde ich sehr beleidigend für mich. Das kann ich ihm versichern, daß sein Buch gewiß nicht gefällt, wenn die Musik nicht gut ist. Die Musik ist also die Hauptsache bei jeder opera; – und wenn es also gefallen soll, und er folglich Belohnung hoffen will, so muß er mir Sachen verändern und umschmelzen, so viel und oft ich will, und nicht seinem Kopfe zu folgen, der nicht die geringste Practic und Theaterkenntnüss hat. … Den Plan weiß ich nun – und folglich kann's mir ein anderer so gut machen als er; und überdies erwarte ich heute 4 der neuesten und besten Opernbücheln von Italien, worunter doch eines sein wird, welches gut ist.« (21. Juni 1783)

Die Musik ist die Hauptsache bei der Oper – um so weniger kann man davon absehen, nach dem rechten Text zu suchen. Der Primat der Komposition über den Text, den Mozart hier statuiert, bezieht sich auf die sprachliche Ausführung, nicht auf die dramatische Anlage, den »Plan«. Mozart weiß nur zu gut, daß die Hauptsache, die seine Sache ist, für sich allein auf der Bühne nichts ausrichtet; er würde sonst nicht so unermüdlich Libretti wälzen. »Ich habe«, heißt es einige Wochen zuvor, »leicht 100 – ja wohl mehr Bücheln durchgesehen – allein – ich habe fast kein einziges gefunden, mit welchem ich zufrieden sein könnte; wenigstens müßte da und dort vieles verändert werden. Und wenn sich schon ein Dichter mit diesem abgeben will, so wird er vielleicht leichter ein ganz neues machen. Und neu – ist es halt doch immer besser.«

Findet der Vater die Gründlichkeit der Suche übertrieben? Seine Antwort ist verschollen; die Erwiderung des Sohnes überführt die Legende von der sich unterbewußten Quellen plan- und mühelos überlassenden, wie aus sich selbst schöpfenden Inspiration (und neben ihr, wie abgelöst, steht dann das »Kind« Mozart). Dem Mirakel muß vorgearbeitet werden – Mozart tut es mit Sorgfalt: »Da ich … gerne langsam und mit Überlegung arbeite«, schreibt er am 5. Juli 1783, »so glaubte ich nicht zu frühe anfangen zu können. Es hat mir izt ein wälscher Poet hier ein Buch gebracht, welches ich vielleicht nehmen werde, wenn er es nach meinem Sinn zuschnitzeln will.« Nämlich nach seinem Theater- wie Musiksinn. Daß und wie ihm beide zusammengehen, bekundet auch ein früherer Brief, der 1781, durch die Kritik des Vaters herausgefordert, von der Arbeit an der »Entführung« berichtet. Die Poesie, schreibt Mozart, habe in der Oper »der Musik gehorsame Tochter« zu sein – das bezieht sich auf das Detail der Textausführung, nicht auf die dramatische Anlage; diejenige Oper werde die beste sein, »wo der Plan des Stücks gut ausgearbeitet, die Wörter aber nur bloß für die Musik geschrieben sind« (13. Oktober 1781). Mozart unterscheidet zwischen der »Verseart«, die auch dann musikalisch produktiv sein könne, wenn sie, literarisch gesehen, »nicht von den besten ist«, und »die in dem Stück selbst sich befindende Poesie«. Das meint die dramatische Substanz: Grundriß und Timbre des Textes; Abert spricht sehr schön von dessen »poetischem Goldgehalt«. Die Librettisten kommen ihm »fast vor wie die Trompeter mit ihren Handwerkspossen! Wenn wir Komponisten immer so getreu unsern Regeln, die damals, als man noch nichts Bessers wußte, ganz gut waren, folgen wollten, so würden wir ebenso untaugliche Musik als sie untaugliche Bücheln verfertigen.« Am besten sei es, »wenn ein guter Komponist, der das Theater versteht und selbst etwas anzugeben imstande ist, und ein gescheiter Poet, als ein wahrer Phönix, zusammenkommen«.

Das ist fern jener romantisch-synkretistischen Verheißung, die über Richard Wagners Wiege steht – der Einheit von Dicht- und Tongabe, verkörpert in einer Person. Die Welt, hatte Jean Paul 1813 in einem Vorwort zu E. Th. A. Hoffmanns »Fantasiestücken« geschrieben und Hoffmann selbst damit gemeint, harre »noch bis diesen Augenblick auf den Mann, der eine echte Oper zugleich dichtet und setzt«. Das liegt Mozart fern – er will das aus der Spannung zweier Disziplinen erwachsende Kollektivwerk. Dabei muß der Dichter etwas von Musik verstehen, der Komponist von der Poesie.

Wieviel Mozart nicht nur von Handlungs- und Figurenführung, sondern auch von Sprach- und Verskunst versteht, zeigt seine Kritik an einigen Versen des Librettisten Stephanie, die der Brief vom 13. Oktober 1781 überliefert. Ein falsches Bild, das er bemerkt (es ergibt sich aus Reimzwängen, die er schlechthin für überflüssig und schädlich hält), läßt er notgedrungen stehen; eine Jargon-Schlamperei wird beiläufig berichtigt. Daß er dazu kommt, dergleichen mitzuteilen, (und der Brief sich dann auch erhält) ist allemal Zufall; man kann aus der Einzelheit auf das Ganze schließen – auf den intensiven Anteil des Komponisten, der selbst ein witziger, sprachgewandter Gelegenheitsdichter ist, an allen seinen Operntexten. Daß der musikalische Bau nur bestehen kann, wenn der Text ihm ein sicheres Fundament unterlegt, weiß niemand besser als er. »Ein elendes Stück«, heißt es in jenem Brief von 1782, in dem erstmals von der »welschen opera« die Rede ist, über ein Singspiel von Ignaz Umlauff, »welches ich hätte schreiben [d. i. komponieren] sollen, aber nicht angenommen habe, mit dem Zusatze, daß, wer es schreibt, ohne es sich ganz abändern zu lassen, Gefahr läuft, ausgepfiffen zu werden – und wäre es nicht Umlauff gewesen, so wäre es gewiß ausgepfiffen worden; so ist es aber nur ausgezischt worden; es war aber kein Wunder, denn auch mit der schönsten Musik würde man es nicht aushalten können...«

Hätte man auch »Die Gans von Kairo« mit der schönsten Musik nicht ausgehalten? Das Projekt mit Varesco bleibt auf halbem Wege stecken; einem andern, der Buffa-Oper »Lo sposo deluso« (*Der verhinderte Bräutigam*), geht es ebenso. Nicht nur Mozart denkt in diesen Jahren über die Grundfrage aller Opernarbeit nach. Zu einem winterlichen Lustfest, das Joseph II. im Februar 1786 seiner Schwester Marie Christine und deren Mann, dem Herzog Albert von Sachsen-Teschen, in der Orangerie von Schönbrunn gibt, steuern Salieri und Casti ein Operchen bei, das die Lösung vorschnell im Titel führt; das Stück heißt »Prima la musica e poi le parole« (*Erst die Musik und dann der Text*). Wenn es wirklich so wäre, würde Mozart nicht so angelegentlich Büchel lesen. Er ist mit von der Schönbrunner Lustfestpartie und hat sich seinerseits mit Theaterproblemen befaßt: »Der Schauspieldirektor« heißt die »Komödie für Musik«, an der er mitwirkt; der Text stammt von dem »Entführungs«-Librettisten Gottlieb Stephanie. Bei seiner Honoraranweisung an die Mitwirkenden geht Joseph II. streng nach Arbeitsumfang: Salieri, der eine kleine Oper geschrieben hat, bekommt hundert, Mozart für eine Ouvertüre und vier Gesänge fünfzig Dukaten. Auch da Ponte kommt bei dem Theaterfest vor, nämlich als komische Figur; der Abbate Casti hat sich die Freiheit genommen, seinem Capriccio über die Wort-Ton-Beziehung »eine galante Satire auf den gegenwärtigen Theaterdichter« einzuverleiben.

Das kleine Theaterfest, auf zwei Bühnen vor sich gehend, zwischen denen die Spitzen des Reiches dergestalt Tafel halten, daß sie sich einmal vor der italienischen, dann vor der deutschen Szene versammeln, ist ein Stück kaiserlicher Außenpolitik: Marie Christine und der Herzog Albert sind von Joseph II. zu Generalgouverneuren

der österreichisch-katholischen Niederlande ernannt worden und
werden, wie einstmals der Herzog Alba, entsandt, um den ständischen Eigensinn der flämischen Oberschicht zu brechen. Nur daß es
diesmal nicht um die Vernichtung, sondern um die Aufrichtung geistiger Freiheit geht, nicht um die Wiederherstellung, sondern die
Beseitigung klerikaler Bevormundung. Doch das Volk, so scheint es,
will gar nicht befreit werden; der große Staatsverwandler ist ein Po-
litiker, der die Macht der Vernunft zu hoch und den Widerstand der
Wirklichkeit zu gering ansetzt; er macht den Fehler vieler Revolutio-
näre: er heißt Voluntarismus.

Dies auch und verhängnisvoll in der äußeren Politik. Zu der gleichen Zeit, da der innere Umbau der Kronländer seine ganze Kraft erfordert hätte, betreibt Joseph eine expansive Außenpolitik; zwei
Jahre nach dem Fest in der Orangerie stürzt er sich gegen die Türken
in Kriegsabenteuer, offenbar in der Hoffnung, seinem Reformwerk

Carl Schütz: »Der Stock am Eisen Platz«, Wien.
Kolorierte Radierung, Wien 1779.
Im Hintergrund der Stephansdom.

durch militärische Erfolge Glanz und Nachdruck zu verschaffen. Er betreibt das Hazardspiel des jungen Friedrichs II., aber er ist kein Feldherr – gegen die Flamen wie gegen die Türken, gegen Preußen und gegen Ungarn: alles wird schiefgehen. Doch bis dahin ist es noch eine Weile; noch ist Friedens- und also: Mozartzeit.

Eine Oper für Herrn von Wetzlar

Salieri als Komponist eines Festoperchens, in dem sein Protegé da Ponte auf den Arm genommen wird, karikiert nach Liebschaften, Kleidung, Frisur? Die Erscheinung zeugt von einer gewissen Entfremdung. Hängt es damit zusammen, daß da Ponte seit einiger Zeit mit andern Komponisten zusammenarbeitet? Mit einem Text von da Ponte ist Salieri in Wien durchgefallen – und mit einer Musik von Martini, dem berühmten Spanier (er heißt eigentlich Martín y Soler, stammt aus Valencia und ist zwei Jahre älter als Mozart) hat sich da Ponte in Wien durchgesetzt; die Premiere von beider Oper – sie heißt »Il burbero di buon core« (*Der Polterer mit dem guten Herzen*) und folgt einer Komödie von Goldoni – liegt gerade vier Wochen zurück. »Wir haben gesiegt«, raunt nach der Aufführung, »beim Austreten aus dem Theater«, der Kaiser seinem Schützling zu. »Der Erfolg dieses zweiten Versuches und mehr noch die Gnade, welche der Kaiser mir offen bezeugte«, schreibt da Ponte im Rückblick, »schufen aus mir einen neuen Menschen«.

Schon 1785, bald nach dem Desaster mit der Salieri-Oper vom »Reichen für einen Tag«, ist er darangegangen, das Mozart gegebene Wort einzulösen. Der Text von »Figaros Hochzeit« ist bei der Premiere des »Polterers« längst fertig, die Komposition weit vorgeschritten. Da Ponte (und nicht er nur) bezeugt: es ist Mozart, der sich Beaumarchais' skandalumwitterte Komödie als Opernvorlage bestimmt. Er findet hier die beiden »gleich guten Frauenzimmmerrollen«, die eine Seria, die andere – die Storace wird sie singen – Mezza Carattere, und er findet noch einiges mehr. Das französische Stück, um dessen Aufführung in Paris ein zähes kulturpolitisches Ringen stattgefunden hat, steckt voller sozialen und politischen Sprengstoffs; nicht ohne Grund hat Louis Seize, der König von Frankreich, die Aufführung jahrelang unterbunden (und die Stimmung dadurch nur noch mehr angeheizt). Joseph II., der die Zensur,

die er aufgehoben hat, nicht verfehlt fortzusetzen, verbietet die von
der Wiener Theatertruppe Emanuel Schikaneders auf den 3. Februar 1785 angesetzte Aufführung einer deutschen Übersetzung
drei Tage vor der Premiere. Ganz offenbar hat das Projekt dieser
Aufführung Mozart auf das Stück gebracht; er kannte Schikaneder
aus Salzburger Tagen und mag sich die deutsche Fassung im Pro-
benstadium angesehen haben. Der Text von Johann Rautenstrauch
erscheint bald darauf unbehindert als Buch (und schon vorher als
Zeitungsvorabdruck); Mozart erwirbt den Band, der sich mit einem
auf das Titelblatt gedruckten Zitat-Motto prophylaktisch der Zensur erwehrt: »Gedruckte Dummheiten haben nur da einen Wert, wo
man ihren freien Umlauf hindert. Fünfter Aufzug, dritter Auftritt.«
Das kaiserliche Verbot scheint einen Strich durch den Opernplan zu
ziehen, aber Raimund v. Wetzlar weiß einen Ausweg: er erklärt sich
bereit, Text- und Kompositionsarbeit aus eigener Tasche zu finanzie-
ren, und will dann versuchen, das fertige Werk in London oder Paris
unterzubringen. Seinen »echten Freund« nennt Mozart den jungen
Freiherrn, des Komponisten »großen Verehrer und Freund« nennt
ihn da Ponte – Wetzlar beweist es einmal mehr, und der Vorgang hat
nicht nur diese persönliche Seite. Ein Bankier und Großkaufmann
als Auftraggeber einer abendfüllenden Oper: es ist ein einzigartiger
Fall in der Geschichte der Gattung.

Wetzlars Plan ist ebenso großherzig wie kühn: im Westen, an der
Stätte seines Ursprungs, soll das daheim von allerhöchster Instanz
verbotene Stück als Oper erstehen. Ist er da Ponte *zu* kühn? Er denkt
in die Nähe, auf Wien und macht sich anheischig, den Kaiser für die
Oper zu gewinnen: mit der fertigen Partitur. Mozart arbeitet schon
Anfang November 1785 mit größter Anspannung und läßt es den
Vater wissen, der die Nachricht an Nannerl weiterleitet: »Endlich
habe vom 2. November einen Brief von deinem Bruder erhalten und
zwar in 12 Zeilen. Er bittet um Verzeihung, weil er Hals und Kopf die
opera, *le Nozze di Figaro*, fertig machen muß. … Ich kenne die
pièce, es ist ein sehr mühesames Stück, und die Übersetzung aus
dem Franz[ösischen] hat sicher zu einer opera frei müssen umgeän-
dert werden, wenn's für eine opera Wirkung tun soll. Gott gebe, daß
es in der Aktion gut ausfallt; an der Musik zweifle ich nicht. Das wird
ihm eben vieles Laufen und Disputieren kosten, bis er das Buch so
eingerichtet bekommt, wie er's zu seiner Absicht zu haben wünschet
– und er wird immer daran geschoben und sich hipsch Zeit gelassen

haben, nach seiner schönen Gewohnheit, nun muß er auf einmal mit Ernst daran, weil er vom Gr[afen] Rosenberg getrieben wird.« (11. November 1785)

Ein merkwürdiger Vater, der diesem Sohn gegenüber nicht von der Vorstellung loskommt, er sei eigentlich ein Faulpelz und müsse zur Arbeit angetrieben werden. Die völlige Überlegenheit des Sohnes auf allen Feldern des Berufs, der Kunst, der gesellschaftlichen Geltung läßt dem Vater nur ein Gebiet, wo er mithalten, auf dem er sich in die Brust werfen kann, das moralisch-lebenspraktische; er behauptet es mit einer Steifheit und latenten Gekränktheit, die durch kein tieferes Empfinden angefochten wird.

Stimmt es, daß Rosenberg drängt? Mozart weiß von der Ängstlichkeit des Vaters und würde ihm nie gestehen, an einem ungedeckten Projekt zu arbeiten. Aber auch da Ponte kann irren; er irrt oft im Rückblick seiner Memoiren. Im Fachlichen jedenfalls überblickt der alte Mann in Salzburg die Problematik der Aufgabe; er kennt die Ansprüche des Sohnes ebenso wie die Schwierigkeiten der Vorlage. Was er nicht kennt, sind die Fähigkeiten da Pontes. Sie erweisen sich aufs glücklichste; der Venezianer ist ein schwacher Erfinder, aber ein starker Bearbeiter. Mozart, der ihm mit Beaumarchais' Stück Grundriß und Figuren vorgegeben hat, findet in ihm den rechten Mann für jenes Feld, auf dem der Musiker nicht führen kann, ohne einen Partner zu haben, der auf gleicher Ebene mithält: bei der Arbeit an jener Textbasis, die den Musiker sowohl inspirieren wie seiner Inspiration sich anschmiegen muß. Offenbar mühelos und gewiß mit Vergnügen findet man zueinander; zwei Sanguiniker, die sich in vielem ähneln (beide sind kleingewachsene Leute von prononciertem Geltungsbedürfnis, verwandt in Lebenshaltung wie Gesinnung), haben sich lange gesucht und endlich gefunden. Mit fabelhafter Geschwindigkeit geht es vorwärts: »Ich machte mich also an das Unternehmen, wir arbeiteten Hand in Hand, sowie ich etwas vom Texte geschrieben hatte, setzte er es in Musik und in sechs Wochen war alles fertig.«

Ist da Ponte im Januar 1786, nach dem Erfolg der »Burbero«, mit der fertigen oder doch fast fertigen Partitur zu Joseph gegangen? »Das Glück«, fährt er fort, »begünstigte Mozart, das Theater hatte Mangel an neuen Partituren. Ich ergriff diese Gelegenheit, und ohne mit jemand darüber zu sprechen, bot ich dem Kaiser selbst den ›Figaro‹ an.« Es gelingt ihm, den Monarchen davon zu überzeugen, daß es, hinsichtlich politischer Skandalfähigkeit, ein Unterschied

sei, ob ein Stück in deutscher Sprache gesprochen oder in italienischer gesungen werde; auch habe er »alles das weggelassen und ab-
gekürzt, was gegen den Anstand und die Sittlichkeit ist«. Unter dieser Bedingung ist der Kaiser bereit, sich auf das Vorhandensein des
Werkes einzulassen. Seine Neugier ist so groß, daß er den Komponisten stehenden Fußes durch einen Lakaien zu sich rufen läßt. Mozart, erinnert sich der Textautor, »gehorchte sofort dem kaiserlichen
Befehl und ließ einige Stücke aus der Oper hören, die dem Kaiser außerordentlich gefielen, ich darf selbst ohne alle Übertreibung sagen,
die ihn ganz in Erstaunen setzten. Er hatte in der Musik sowohl als
in allen schönen Künsten einen auserlesenen guten Geschmack.«

Es ist sehr wahrscheinlich: auf höchster Ebene überspielen da
Ponte und Mozart den Oberstkämmerer, Konferenzminister und Ge-
neral-Spektakel-Direktor Franz Xaver Wolf Graf Orsini-Rosenberg
und erreichen das Plazet für ihr Opus. Das kann den Intendanten
nicht erfreuen und den Hofkapellmeister Salieri auch nicht; da
Ponte muß sich nicht wundern, daß er am 7. Februar in der Orangerie von Schönbrunn vor einem illustren Publikum durch den Kakao
gezogen wird. Noch in der Generalprobe Ende April macht da Ponte
mit kaiserlicher Hilfe einen Anschlag der Theaterleitung zunichte.
Unter Berufung auf ein allerhöchstes Reskript ist der Oper das
kleine Ballett im dritten Akt herausoperiert worden; da Ponte richtet
es so ein, daß der kaiserliche Generalprobenbesucher – mit ihm ist
»die Hälfte des Adels von Wien« zur Stelle – auf die Lücke aufmerksam wird, und hat gewonnenes Spiel. Nach Figaros Arien-Ansprache
an den zum Kriegsdienst beorderten Cherubino: »Non più andrai,
farfallone amoroso«, kommt es gegenüber Mozart, der selbst dirigiert, zu einem Begeisterungsausbruch aller Mitwirkenden, der die
Furcht der Konkurrenten – eine Zeitung nennt sie »die Rosenbergi-
schen Lieblinge« – weiter angeheizt haben mag. Auch Leopold Mozart in Salzburg hört von den Umtrieben gegen die Oper. »Es wird
viel sein, wenn er reüssiert«, schreibt er drei Tage vor der Premiere
dem seit 1784 verheirateten Nannerl, »denn ich weiß, daß er erstaunliche starke Cabalen wider sich hat. *Salieri* mit seinem ganzen
Anhang wird wieder Himmel und Erden in Bewegung zu bringen
sich alle Mühe geben. H[err] und Madame Duscheck sagten mir es
schon, daß dein Bruder eben deswegen so sehr viele Cabalen gegen
sich habe, weil er wegen seinem besonderen Talent und Geschicklichkeit in so großem Ansehen stehe.«

Schon bei der Uraufführung der »Entführung« im Juli 1782 hatte es Zisch-Anschläge gegeben. Was heute Mozart-Inszenierungen bewirken, bewirkt damals Mozarts Musik: die Spaltung des Publikums in die Bravos der »unparteiischen Kenner« und das Zischen »gedungener Lungen«; so schreibt die »Wiener Realzeitung« über die »Figaro«-Premiere. Nervosität liegt am 1. Mai über dem Ganzen: »Weil die Komposition sehr schwer ist«, sei, so meint der Berichterstatter, die erste Aufführung »nicht am besten vonstatten« gegangen. Die beiden Autoren wissen, daß sie ein Werk von nie dagewesener Art hervorgebracht haben: Oper als kritisch-komödisch pointierende Beschreibung des aktuellen Gesellschaftszustands. Mit einer zweisprachig gedruckten Programmheftadresse bereitet der Librettist das Publikum auf die Länge und Kompliziertheit der neuen »comedia per musica« vor, die »nicht eine der kürzesten sein« werde, »die auf unserem Theater aufgeführet worden«. »Darin, hoffen wir, wird uns genugsam entschuldigen die Verschiedenheit der Fäden, welche die Handlung dieses Schauspiels durchweben, das Neue und die Größe desselben, die Vielfältigkeit und Verschiedenheit der musikalischen Stücke, die man hineinbringen mußte, um nicht leider oft die Akteurs untätig zu lassen, um den Ekel und die Einförmigkeit der langen Rezitativen zu vermeiden, um verschiedene Leidenschaften, die da vorkommen, mit verschiedenen Farben auszudrücken, besonders aber wegen der fast neuen Art des Schauspieles, so wir diesem gnädigsten, verehrungswürdigsten Publiko zu geben wünschten.«

So neu, so umstürzend es ist: das Werk setzt sich durch; nach der dritten Vorstellung, am 9. Mai, dämpft der Kaiser die hochgehende Begeisterung durch ein über alle Opern verhängtes Da-capo-Verbot für alle »aus mehr als einer Singstimme bestehende Stücke«. Der fühlsame Rezensent hält es nach der fünften Vorstellung, im Juli, für ein Zeichen von Voreingenommenheit oder Geschmacklosigkeit, zu bestreiten, daß »die Musik des Herrn Mozart ein Meisterstück der Kunst sei«. »Sie enthält so viele Schönheiten und einen solchen Reichtum von Gedanken, die nur aus der Quelle eines angeborenen Genies geschöpft werden können.«

Der Berichterstatter, so zeigt sich, ist auf der Höhe der Situation; die Presse hält mit der Kunst Schritt. Aber was sagt jene Crème der Gesellschaft, von der, inner- und außerhalb des Hoftheaters, die Musik, auch die Mozartsche, in Wien lebt? »L'opera m'ennuyer« (Die

Nach der Natur gezeichnet und gestochen von C. Schütz in Wien, 1781.

Ansicht vom Graben gegen den Kohlmarkt.

Carl Schütz: »Ansicht vom Graben gegen den Kohlmarkt«,
Wien. Kolorierte Radierung aus dem Verlag Artaria, Wien 1781.

Vue du Graben vers le Kohlmarkt.

Rechts die hochbarocke Pestsäule von 1692.

Oper verdroß mich), notiert der immer noch tagebuchschreibende
Karl v. Zinzendorf nach der Premiere; er ist nun fast fünfzig und Finanzminister (Präsident der Hof-Rechenkammer) des Kaisers. Im
Juli geht er noch einmal in »Le Nozze di Figaro« und stellt fest: »La
musique de Mozart singuliere des mains sans tête« (Mozarts Musik
ist von einzigartiger Kopflosigkeit). Zinzendorf, der Finanzexperte
und Ex-Protestant, ist nicht nur gegen den »Figaro«; im Ministerrat
opponiert er »gegen die Emanzipation der Bauern und die Vernichtung der ständischen Freiheit« (Adam Wolf). Hängt eins mit dem andern zusammen? An der »Entführung aus dem Serail« hatten Mozart und Stephanie zu arbeiten begonnen, als Joseph mit seiner Hof-
kanzlei und dem Staatsrat um Ausmaß und Gestalt des bevorstehenden Toleranzedikts rang; nur Kaunitz und Tobias v. Gebler, der Autor des »Thamos«, eines von Mozart mit großer Musik versehenen
Schauspiels aus dem alten Ägypten, hatten die radikale Fassung des
Kaisers unterstützt. Die Botschaft der Oper hatte sich diesem Ringen
zugeordnet: auch Muselmanen, war die Lehre, sind Menschen und
manchmal bessere als Christen (des Bassa moralische Großtat ist
Racheverzicht). In der Figur Osmins, des polternden Sadisten, war
die Partei *jeder* Intoleranz der Lächerlichkeit überführt worden. Mit
dem »Figaro« nehmen Mozart und da Ponte unverhohlen für jene
Abschaffung feudaler Vorrechte Partei, mit der der Kaiser den Adel
in Aufruhr gegen sich gebracht hatte. Das ius primae noctis, Inbegriff feudalen Herrenrechts (Almaviva, der Scheinaufklärer, gedenkt das pro forma abgeschaffte durch die Hintertür wieder einzuführen), spielt in der Oper ebenso eine Rolle wie das alte Eherecht
und die Patrimonialgerichtsbarkeit, d.i. die Gerichtshoheit des
Grundadels über seine Untergebenen.

  Joseph hatte diese Rechtsungleichheit aufgehoben und – eine unerhörte Provokation – Grundherrn und Bauern den gleichen staatlichen Gerichten unterstellt. Es war vorgekommen, daß ein ungari-
scher Graf, einer Fälschung wegen verurteilt, die Gassen hatte fegen
müssen; ein schmuggelnder Fürst war durch eine hohe Geldstrafe
gedemütigt worden. Zu den rechtlichen Einschnitten in eine lang-
verwurzelte Adelsherrschaft waren finanzielle Beschränkungen
durch neue Steuergesetze gekommen; es brodelt in der Wiener Aristokratie 1786 gegen den Monarchen, der seit seinem Amtsantritt einen offenbaren Klassenkampf zugunsten von Bauern und Bürgern
betreibt.* Der Zeitgenosse sieht es schärfer als jene Biographen des

20. Jahrhunderts, die, im selbstverständlichen Genuß des josephinischen Gesetzeserbes aufgewachsen, der Vorstellung entraten, daß dessen Durchsetzung mit Kampf, Umtrieben, Aufruhr verknüpft war. »Also«, schreibt Carl v. Rotteck 1820 »denkenden Geschichtsfreunden« ins Stammbuch, »hob der menschenfreundliche Monarch die Leibeigenschaft auf, schaffte die ungemessenen Fronden ab, gab den Grundholden überall einen Vertreter von Staats wegen, den Fiskalprokurator, gegen die Bedrückungen der Grundherrschaften, schränkte allenthalben durch sorgfältige Anstalten und Gesetze den Mißbrauch der adeligen Vorrechte ein und setzte sich als Ziel des Strebens die Idee der vernünftigen Gleichheit, d. h. Verhältnismäßigkeit in Tragung der Staatslasten, und des ohne Ansehen der Person oder des Standes über allen Bürgern gleichmäßig waltenden Gesetzes und Rechtes.«

»Es war unvermeidlich«, fährt der Geschichtsschreiber fort, »daß solche Wiederherstellungen *natürlicher* Rechte gegen das seit Jahrhunderten bestandene *historische* Recht den Haß aller derer aufregte, welche aus den barbarischen Einsetzungen Vorteil gezogen. Hochmut und Habgier der Herren schlossen jetzt den Freundschaftsbund mit der Lichtscheu und Herrschsucht der Pfaffen und erklärten den Krieg wider Joseph. Der Hinterlist und Macht dieser ergrimmten Feinde gelang es, selbst das betörte Volk aufzuwiegeln gegen seinen Wohltäter und Vater.« Joseph II., resümiert der Freiburger Historiker mit scharfem Blick auf Klassen- und Ideologieverhältnisse, »griff die *Vorurteile* der Menge, noch mehr, er griff das *Interesse* der privilegierten Stände an; und er wurde verdammt und unterdrückt durch die Leidenschaft und Macht dieser furchtbaren Gegner alles Guten. Vergebens ruft man uns heute unablässig ins Ohr: ›Revolutionen, d. h. Verbesserungen, des gesellschaftlichen Zustandes durch den *Volks*-Willen bewirkt, seien heillos; dagegen *Reformen*, durch die legitime Autorität der Herrscher bewirkt, ehrwürdig und heilbringend.‹ Auch der legitimste *Herrscher*, sobald er *reformieren*, d. h. den ungerechten Besitzstand nach Grundsätzen des ewigen Rechts und der Humanität verbessern will, wird gehaßt und geächtet. Nichts soll heilig sein, als der Privilegierten *historisches* Recht.«

Josephs Verbot eines deutschsprachigen Schauspiel-»Figaro« im Januar 1785 war offenbar eine Vorsichtsmaßregel gewesen; der aufgebrachte Adel hatte nicht auch noch auf dem Theater gereizt wer-

den sollen. Wenn Ludwig XVI. aus dem *Mangel* an gesellschaftlicher
Realveränderung gegen das Stück votiert hatte, so Joseph II. aus
dem Überfluß daran. Nun erregt die Oper in der Hocharistokratie
offenbar die Wirkungen, denen der Kaiser durch das Verbot des
Schauspiels hatte begegnen wollen. »Was in unsern Zeiten nicht erlaubt ist, gesagt zu werden, wird gesungen«, eröffnet, Beaumarchais
zitierend, der Berichterstatter der Wiener Realzeitung seine Bespre-
chung. Läßt man Mozart sein Werk entgelten? Es ist auffällig: nach
dem »Figaro« gibt es für Mozart keine Akademien mehr in Wien; er
tritt nur noch in den Konzerten befreundeter Musiker auf. Die letzte
Akademie, die er selbst veranstaltet, findet drei Wochen vor der Premiere im Burgtheater statt; ob die vier Adventskonzerte, die er für
Ende 1786 im Trattnerschen Casino plant, zustande kommen, ist
fraglich (nur die Absicht, nicht die Realisierung ist bezeugt). Dem
Kaiser kommt man noch immer nicht bei, da Ponte ist festangestell-
ter Theaterdichter, Mozart aber, der Freischaffende, ist treffbar —
und er wird getroffen. Vielleicht nicht *nur* wegen des »Figaro«. Gibt
auch sein Privatleben Anlaß zur Distanzierung? Vermutlich gibt es
Affären mit Sängerinnen, es gibt Szenen mit der Gattin — beides ist,
weder in der Society noch unter Theaterleuten, etwas Ungewöhnliches. Aber es läßt sich als Vorwand brauchen; man zieht sich zurück
von einem Mann, der sich nicht entblödet, Politik in die Oper zu tragen, der auf musikalischen Schleichwegen verbotene Skandalstücke
einschleust und im Gespräch von provokanter Offenherzigkeit ist.
Zuletzt geht es Mozart wie seinem venezianischen Librettisten: das
privat Anstößige dient als Anlaß, wo das politisch Anstößige der
Grund ist. Jene Adelskaste, die, außer dem Kaiser, das Wiener Mu-
sikleben unterhält, ist gewohnt, ihre Motive zu kaschieren; sie ist wesentlich musikalischer, aber kaum weniger empfindlich als das Pa-
triziat von Venedig. Es gibt keinen Prozeß und es gibt keine Auswei-
sung in Wien, aber es gibt offenbar einen kleinen Boykott.

Der Auftrag

Mozart spürt das Umschlagen der Stimmung und denkt abermals an
Auswanderung: der Erz-Engelländer, der einer Britin eine so be-
strickende Musik zuschreibt (Susanna, nicht Figaro, ist die Hauptfigur seines »Tollen Tags«, und die Storace hat sie kreiert), strebt nach

London. Aber Constanze ist wieder schwanger – wohin mit dem
Neugeborenen? In einem »sehr *nachdrücklichen*«, das heißt: äußerst groben Brief erwehrt sich Leopold Mozart, der siebenundsech-
zigjährige Witwer, bei dem ein kleiner Leopold, der 1785 geborene
Sohn des Nannerl, aufwächst, des Ansinnens, den Säugling zusammen mit dem zweijährigen Karl in Pflege zu nehmen. Als er dem
Sohn das schreibt, ist der vier Wochen alte Säugling schon zwei Tage
tot.

Carl Postl (1769–1818): »Der Michaels-Platz gegen die K.K. Burg«,
Wien. Kolorierte Radierung aus dem Verlag Artaria,
um 1800.

Wird die Übersiedlung nach England nun möglich? Eine andere
Reise liegt näher: Prag verlangt nach Mozart; im neuen Nationaltheater macht der »Figaro« Furore. Es ist nicht das erste Werk Mozarts, das die Prager erobert. 1783 – der Theaterbau des Grafen
v. Nostitz und Rieneck war als deutsches Nationaltheater kurz zuvor
eröffnet worden – hat die »Entführung« hier eingeschlagen; Mozart
schreibt es am 6. Dezember 1783 dem Vater (und spricht von seiner

»teutschen opera«, als ob der Vater vergessen haben könnte, daß sie
keine welsche sei): »Meine teutsche opera *Entführung aus dem Serail* – ist in Prag und in Leipzig – sehr gut – und mit allem Beifall
gegeben worden. Beides weiß ich von Leuten, die sie alldort gesehen
haben.« Mit starken Worten bekundet ein Prager Zeuge, Franz Xaver Niemetschek, rückblickend das Ereignis: »Es war, als wenn das,
was man hier bisher gehört und gekannt hatte, keine Musik gewesen
wäre! Alles war hingerissen – alles staunte über die neuen Harmo-
nien, über die originellen, bisher ungehörten Sätze der Blasinstru-
mente. Nun fingen die Böhmen an, seine Kompositionen zu suchen;
und in eben dem Jahre hörte man schon in allen bessern musikalischen Akademien Mozarts Klavierstücke und Sinfonien. Von nun an
war die Vorliebe der Böhmen für seine Werke entschieden!«

So ist der Boden für »Figaro« bereitet – der Premierenerfolg der
Oper ist stürmisch. »Es ist die strengste Wahrheit, wenn ich sage,
daß diese Oper fast ohne Unterbrechen diesen ganzen Winter gespielt ward und daß sie den traurigen Umständen des Unternehmers
vollkommen aufgeholfen hatte. Der Enthusiasmus, den sie bei dem
Publikum erregte, war bisher ohne Beispiel; man konnte sich nicht
genug daran satt hören. Sie wurde bald von einem unserer besten
Meister, Herrn Kucharz, in einen guten Klavier-Auszug gebracht, in
blasende Partien, ins Quintett für Kammermusik, in teutsche Tänze
verwandelt: kurz, Figaros Gesänge widerhallten auf den Gässen, in
Gärten, ja selbst der Harfenist auf der Bierbank mußte sein *non più
andrai* tönen lassen, wenn er gehört werden wollte.« Niemetschek
schreibt das 1808; hat er damals die Notiz für die »Prager Oberpostamtszeitung« verfaßt? Unter dem 11. Dezember 1786 vermeldet das
wohlunterrichtete Blatt: »Kein Stück (so gehet hier die allgemeine
Sage) hat je soviel Aufsehen gemacht als die italiensche Oper: *Die
Hochzeit des Figaro*, welche von der hiesigen Bondinischen Gesellschaft der Opernvirtuosen schon einigemal mit dem vollsten Beifalle
gegeben wurde... Die Musik ist von unserm berühmten Herrn Mozart. Kenner, die diese Oper in Wien gesehen haben, wollen behaupten, daß sie hier weit besser ausfalle; und sehr wahrscheinlich, weil
die blasenden Instrumenten, worin die Böhmen bekanntlich ent-
schiedene Meister sind, in dem ganzen Stück viel zu tun haben...
Unserem Großen Mozart muß dieses selbst zu Ohren gekommen
sein, weil seitdem das Gerücht gehet, er würde selbst hieher kommen, das Stück zu sehen, zu dessen so glücklicher Ausführung das

wohlbesetzte Orchester und die Direktion des Herrn Strobachs viel beitragen.«

Es ist mehr als ein Gerücht: die Einladung ist schon ergangen, von dem Prager »Orchester und einer Gesellschaft *großer* Kenner und

Das 1710−20 erbaute Palais Thun-Hohenstein in der Spornergasse
(heute Nerudagasse) der Prager Kleinseite. Photographie.

Liebhaber«, wie Leopold Mozart von seinem Sohn erfährt. »Großer«, das heißt im Sprachgebrauch der Mozarts (noch im 1. Finale
der »Zauberflöte« macht Wolfgang Amadé aus dem »großen Pfad«
»der Großen Pfad«) hochadeliger Gönner. Und wirklich hat Mozart
eine starke Stütze in der Prager Hocharistokratie: den alten Grafen
Thun, Johann Joseph Anton v. Thun und Hohenstein (1711–1788).
Er kennt ihn von Linz her, wo er 1783 auf der Rückreise aus Salzburg Station gemacht hatte; der Bericht, den er dem Vater damals
gab, setzt die Beziehung ins Licht: »Da kam gleich der junge Graf
Thun, Bruder zu dem Thun in Wien, zu mir und sagte mir, daß sein
Herr Vater schon 14 Tage auf mich wartete, und ich möchte nur
gleich bei ihm anfahren, denn ich müßte bei ihm logieren.« (31. Oktober 1783) Der alte Graf, der, Haupt der böhmischen Linie seines

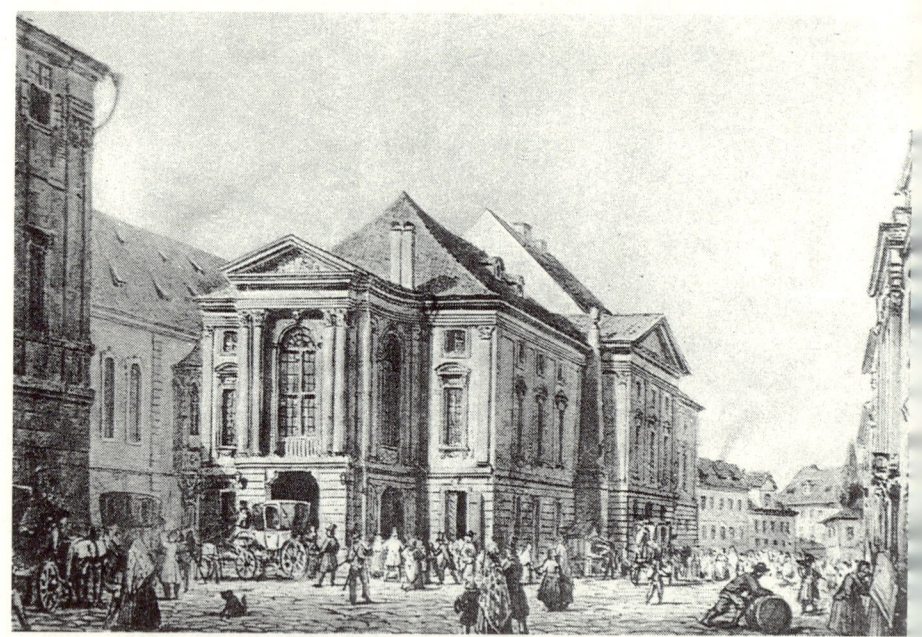

Das Nostitzsche Nationaltheater. Zeichnung, von 1830.
Das 1783 eröffnete Haus fungierte bis 1920 neben den tschechischen Bühnen
der zweisprachigen Stadt als Deutsches Landestheater
und heißt seit 1945 Tyl-Theater.

Geschlechts, abwechselnd in Prag und in Linz residierte, schickt nicht einen Angestellten, sondern seinen Sohn, um Mozart einzuholen; der aber ist ruhebedürftig und stellt sich erst anderntags ein: »Ich sagte, ich würde schon in einem Wirtshause absteigen. Als wir den andern Tag zu Linz beim Tor waren, war schon ein Bedienter da, um uns zum alten Grafen Thun zu führen, allwo wir nun auch logieren. Ich kann Ihn nicht genug sagen, wie sehr man uns in diesem Hause mit Höflichkeit überschüttet.«

Es ist nicht nur schön, sondern auch produktiv beim alten Grafen Thun, dessen Schwiegertochter, die Gräfin Wilhelmine, in Wien das Zentrum eines Kreises ist, in dem sich der Kaiser ebenso wohl fühlt wie Georg Forster, in dem Mozart so auflebt wie später Beethoven. »Dienstag als den 4. November«, schreibt Mozart aus Linz an den Vater, »werde ich hier im Theater Akademie geben. Und weil ich keine einzige Symphonie bei mir habe, so schreibe ich über Hals und Kopf an einer neuen, welche bis dahin fertig sein muß. Nun muß ich schlüßen, weil ich notwendigerweise arbeiten muß.« Es ist die Linzer Sinfonie, Mozarts einziges sinfonisches Werk in einem Zeitraum von vier Jahren, zwischen der Haffner-Sinfonie vom Sommer 1782 und der D-Dur-Sinfonie von Ende 1786. Hat der Vater am Ende recht, wenn er meint, daß der Sohn nur unter Druck zum Arbeiten zu bewegen sei? Hermann Abert spricht von Mozarts »ungeschriebenen Werken« – jenen, die er im Kopf gehabt habe, abrufbereit, ohne sich der leidigen Mühe zu unterziehen, sie zu Papier zu bringen. Es ist der manuelle Vorgang des Aufschreibens, zu dem dieser unbegreifliche Kopf sich allemal durchringen muß, den er oft nur – und manchmal mit einer gewissen Koketterie – unter äußerstem Zeitdruck auf sich nimmt und dann in fliegender Eile bewerkstelligt, weil »eigentlich« alles schon fertig ist.

Es ist dieser Pate der Linzer Sinfonie, der nun in Prag Mozarts harrt. Von ihm vor allem geht die Einladung aus. »Die Bewunderung für den Verfasser dieser Musik«, schreibt Niemetschek, »ging so weit, daß einer unserer edelsten Kavaliere und Kenner der Musik, Graf Johann Joseph Thun, der selbst eine vortreffliche Kapelle unterhielt, ihn nach Prag zu kommen einlud und ihm Wohnung, Kost und alle Bequemlichkeiten in seinem Hause anbot.« Sagt Mozart »Bruder Thun« oder »Bruder Großmeister« zu ihm? Thun ist das Haupt der böhmischen Freimaurerei; Mozart, seit Januar 1785 Geselle der Wiener Loge »Zur Wohltätigkeit«, in deren Schwesterloge

(man tagt oft zusammen) 1784 auch Georg Forster, der Weltrei-
sende, Schriftsteller und nachmalige Revolutionär, aufgenommen
worden war*, findet durch ihn sogleich Eingang in die Prager Or-
densbruderschaft. Der Graf Canal, Pionier der Rübenzuckerherstel-
lung und Gründer eines berühmten botanischen Gartens (auch er
hat, wie alle großen Adelshäuser, eine Privatkapelle), führt die Mozarts am Tag nach ihrer Ankunft – das ist der 11. Januar 1787 – auf
einen Ball, Dr. Ungar, der mit Canal die Loge »Zur Wahrheit und
Einigkeit« leitet, zeigt ihnen die Sehenswürdigkeiten des Clementi-
nums.

Aber nicht nur Graf Thun hat Mozart die Prager Wege geebnet.
Eine Freundin aus Salzburger Tagen tritt dort seit Jahren für ihn ein:
Josepha Duschek, die gefeierte Sängerin, eine schöne, anziehende
Frau, die mit zweiundzwanzig Jahren ihren Lehrer, den Pianisten
Franz Xaver Duschek, geheiratet hat; er ist achtzehn Jahre älter als
sie. Josephas Mutter stammt aus einer Salzburger Patrizierfamilie,
ihr Vater hat in Prag eine Apotheke, die Tochter aber ist so eindrucksvoll, daß der sächsische Kurfürst, als er ihrer in Dresden ansichtig
wird, sie von Anton Graff auf der Stelle malen läßt. Josepha Duschek ist die Geliebte des Grafen Clam-Gallas, eines führenden Prager Aristokraten, den Leopold Mozart einen »schönen, freundli-
chen, lieben Mann, ohne allen Cavalierstolz«, nennt. Auf Josephas
Gesang ist er minder gut zu sprechen: er sei von »übertrübner ex-
pressions Kraft« (21. April 1786). Wolfgang Amadé ist 1777 in Salzburg von der um zwei Jahre Älteren so charmiert, daß er zwei große
Gesangsstücke für sie komponiert; in Wien, wo die Duschek im April
1786 im Vorfeld der »Figaro«-Premiere gastiert, erneuert sich die
Bekanntschaft. Josepha gibt eine glanzvole Akademie und hat bei
Joseph II. einen ganz persönlichen Erfolg; Mozart assistiert ihr dabei. »Der Monarch blieb vom Anfange bis an das Ende, klatschte
selbst oft Pravo und bezeugte seine ganze Zufriedenheit. Nach
einigen Tagen hatte Madame Duschek extra Audienz. Ihr accomba-
gnierte der famose Fliglist Mozart…« So schreibt es Herr Klein-
hardt aus Wien an den Grafen Sternberg, Prags berühmten Kunst-
sammler.

Diese offenbar faszinierende Frau erlebt in den Apriltagen des
Jahres 1786 die Wiener Opernwelt im Fieber und in den Krisen der
»Figaro«-Vorbereitung. Was sie in Prag von den Umtrieben Salieris
gegen das Werk und seinen Komponisten zu erzählen weiß, facht die

Begeisterung für »Figaro« nur um so mehr an; bei seiner Ankunft im Januar 1787 taucht Mozart in ein Wohlwollen ein, das vorab enthusiastisch ist. Ein Preisgedicht empfängt ihn: Huldigungsverse des Arzneibeflissenen Daniel Breicha, der – auf einer Liebhaberbühne – Prags Hamlet ist. Die kunstreichen Strophen (vierfüßige Daktylen, die sich zu Doppelterzinen gruppieren) feiern den Ankömmling als »Herrscher der Seelen«, aber nicht nur dieser:

> Wenn Liebe dein schmelzendes Saitenspiel tönt,
> Sucht trunken der Jüngling sein Liebchen und stöhnt,
> Und heftiger hämmert der Busen dem Liebchen,
> Sie winkt dem Geliebten zum Göttergenuß,
> Und mit in Dein Saitenspiel lispelt ein Kuß
> Von Lippen des Jünglings, von Lippen des Liebchen.

Auf *Liebchen*, zeigt sich, ist nicht leicht ein Reim zu finden.

So wirkt »Figaros Hochzeit« in einer Stadt, deren Bevölkerung, vom deutschstämmigen Grafen bis zum tschechischen Handwerksgesellen, zwischen ihnen ein deutsch-tschechisch-jüdisch gemischtes Bürger- und Kleinbürgertum, es an Musikbesessenheit mit dem Wiener Publikum aufnimmt und dies an Kennerschaft weit überbietet. »Diese Erscheinung«, schreibt Niemetschek von dem Prager »Figaro«-Rausch, »hat freilich größtenteils in der Vortrefflichkeit des Werkes ihren Grund; aber nur ein Publikum, welches soviel Sinn für das wahre Schöne in der Tonkunst und soviel gründliche Kenner unter sich besitzt, konnte den Wert einer solchen Kunst auf der Stelle empfinden; dazu gehört auch das unvergleichliche Orchester der damaligen Oper, welches die Ideen Mozarts so genau und fleißig auszuführen verstand. Denn auf diese verdienten Männer, die zwar größtenteils keine Konzertisten, aber desto gründlichere Kenner und Orchestersubjekte waren, machte die neue Harmonie und der feurige Gang des Gesanges den ersten und tiefsten Eindruck!« Ein Opernorchester, das für neue Musik brennt – es ist dieses erstaunliche Phänomen, das Mozarts Prager Siege entscheidet; auch an der Einladung ist das Orchester beteiligt. In einem Land, wo Bürger und Bauern, Herren und Knechte, Deutsche, Tschechen, Juden in *einem* zusammengehen, der Liebe und dem Talent zur Musik, und den Dorfschulmeistern von der Obrigkeit auferlegt ist, jedes Jahr eine neue Messe nicht etwa nur aufzuführen, sondern auch zu komponieren (in den großen Häusern Prags wird niemand eingestellt, der nicht minde-

stens ein Instrument beherrscht), ist das Genie kein Außenseiter
mehr, sondern ein Repräsentant – der Gipfel, in dem die Größe des
Bergmassivs sich versinnbildlicht.

Nicht nur durch seine Kunst wächst Mozart auf diesem musikalischen Boden Repräsentanz zu. Die Haltung, die Gesinnung, die ihr
eingeschrieben ist und sich in den Widerständen, die Wien ihr bereitet, deutlich genug abmalt, trägt das Ihre dazu bei. Die letzte Strophe des arznei-, theater- und poesiebeflissenen Anton Breicha, der
sich mit seiner Epopoë berechtigter in eine kleine Unsterblichkeit
schreibt als der Graf Zinzendorf mit seinen sechzig schweinsleder-
nen Tagebuchbänden, kehrt jenes patriotische Moment hervor, das
Mozart mit deutlichem Selbstbewußtsein verkörpert. Während die
tschechischen Prager sich der Sprachregelungen des josephinischen
Zentralismus zu erwehren haben (der Kaiser versucht Deutsch als
Einheitssprache seines labilen Imperiums durchzusetzen), kämpft
das deutschstämmige Prag gegen welsche Kunstvorherrschaft und
hat die Tschechen dabei auf seiner Seite:

> Sieh! Deutschland, Dein Vaterland, reicht Dir die Hand,
> Nach Sitte der Deutschen, und löset das Band
>   Der Freundschaft mit Fremdlingen auf, und verehret
> In Dir nun den deutschen Apoll, und versöhnt
> Sich so mit Germaniens Musen, und höhnt
>   Des schielenden Neides, der selbst sich verzehret.

Das geht gegen Mozarts Wiener Widersacher, nicht gegen die einhei-
mischen Italiener, die den »Figaro« gerade so vortrefflich exekutie-
ren.

Nicht nur die nationale Frage heftet sich in deutsch-tschechischer,
gleichsam nationalböhmischer Eintracht an Mozarts deutsch-italie-
nisch-französische Oper. Daß (und wie) die soziale Frage in ihr ru-
mort, entgeht dem Prager so wenig wie dem Wiener Adel. Aber es
gibt Neuerer auch in der Hocharistokratie (sie sammeln sich in den
Freimaurer-Logen), und der Sinn für Musik ist in der Oberschicht zu
leidenschaftlich und kennerisch ausgebildet, um dem Unbehagen
Raum zu geben. Erst im Herbst, bei Mozarts Rückkunft, wird ein
Widerstand gegen »Figaro« bemerkbar.

Als Mozart sich am sechsten Tag seines Besuches in der »Figaro«-
Aufführung des Nationaltheaters zeigt, bricht der Beifall los; zwei
Tage später, am 19. Januar 1787, gibt er am gleichen Ort eine große

1787.   Nro. 7.

von Schönfeldsche

k. k. Prager Oberpostamtszeitung.

(Dienstags den 23. Jenner.)

Politische inländische Neuigkeiten.

Prag den 21. Jänner.

Freytags den 19ten gab Hr. Mozard auf dem Fortepiano im hiesigen Nationaltheater Konzert. Alles was man von diesem großen Künstler erwarten konnte, hat er vollkommen erfült. Gestern wurde die Oper Figaro, dies Werk seines Genies, von ihm selbst dirigirt.

In dem Königgräßer Kreise haben in dem verflossenen 1786. Jahre 13 Personen, welche mit ihrer eigenen Lebensgefahr Menschen aus dem Wasser retteten , die von dem größten Schätzer der Menschheit, unserm unsterblichen Monarchen ausgesetzte Prämie pr. 25 fl. erhalten.

Laut einem Briefe aus Slavonien kroch in E** ein H** von J—f— während der Abwesenheit seines Dieners in den geheißten Stubenofen, und würde ba unfehlbar sein Leben geendigt haben, wenn nicht noch zu rechter Zeit sein Diener ihn vom Tode gerettet hätte ; er ist aber doch seit dem wahnwitzig.

Im Dezember verflossenen Jahres wurde in Horßiniowes königgräßer Kreises ein Brudermörder bestrafet. Er schlich seinem Bruder im Walde nach, und nachdem er an ihm die greuliche That halb vollbracht hatte, bat er ihn um Vergebung, und erhielt sie von dem Sterbenden. Hierauf grief er aber neuerdings nach dem Mordgewehr und vollendete die ungeheure That. Im ersten Verhöre gestand er das Faktum, sagte aber, was denn das die Richter angienge, nachdem ihm sein Bruder verziehen habe? auch entschuldigte er sich; er hätte nicht gewußt,

S   nußt,

Vier Meldungen aus dem Prag des 21. Januar 1787.

Akademie, und damit er beim Grafen Thun, dessen Hausorchester
täglich seiner Winke harrt, nicht wieder »über Hals und Kopf« arbeiten muß, hat er die neue Sinfonie – seine erste seit Linz – schon Anfang Dezember in Wien geschrieben; sie steht in D-Dur, seiner Lieb-
lingstonart, hat nur drei Sätze und heißt fortan »die Prager«. Das ist
ein Stück Lichtmusik von eigener Art – tönender Inbegriff der Epoche. In dem Allegro des ersten Satzes herrscht eine flirrende Hellig-
keit, die den Geist der Zeit aufs genaueste malt, ihren Optimismus,
ihre Anspannung, ihr Zielbewußtsein, das ein menschheitliches,
menschenrechtliches ist: Befreiung des Menschen »aus den Fesseln
des Vorurteils« kraft der Übermacht vernunfterhellter Tätigkeit.
»Licht«, schreibt Rotteck und setzt es gesperrt, »über alle Stände
verbreitetes Licht, war hiezu die erste Bedingung.«

Der Licht-Mythos der Epoche ist in dieser Sinfonie vollkommen
Bewegung geworden. Ein Thema, das auf zwei Ebenen spielt und
der Hauptfigur, einem über fünf Takte hin beharrlich wiederholten,
synkopisch beunruhigten d, einen sich in Terzen bewegenden Bläser-
einwurf überlagert, setzt eine Motorik in Gang, die sich in der
Durchführung in die strengen Künste des Kontrapunkts fügt und zu
einer grandios geweiteten Architektur aufwächst. Das ist eine gleichsam schattenlose Musik, deren beflügelter, zuweilen in triumphale
Fortissimi ausbrechender Aktionismus jenem gleicht, den der Monarch dem Staatswesen vorlebt. Zu ihm gehört, als die Kehrseite des
josephinischen Lichteifers, ein Mangel an Unterbau, an Tiefengrün-
dung, der dem Verhältnis der Aufklärung zum Menschen entspricht;
er zeigt sich bei Mozart auf höchster Stufe musikalischer Sublima-
tion. Zuletzt ist es die Übereinstimmung seiner eigenen psychischen
Konstitution mit der Beschaffenheit jenes geheimnisvollen, in vieler-
lei Individualitäten schöpferisch ausbrechenden Wesens, das Zeitgeist heißt, was Mozarts Produktivität entfacht. Er ist, weit mehr als
Goethe, die künstlerische Verkörperung seiner Epoche, deren Dauer
seine Lebenszeit nicht überschreitet – ein vollkommen zeitgemäßer,
eben deshalb überzeitlich lebensvoller Künstler.

Schon aber ist auch das Wissen um Krise, Anfechtung, Bedrohung
wach und schafft sich in einer Adagio-Einleitung Raum, deren drohende Einschläge, auffahrende Gebärden auf eine Oper vorauszu-
weisen scheinen, von der noch niemand etwas weiß; dann erst bricht
strahlende Gegenwartsgewißheit sich Bahn. Das Andante breitet
zärtlich-ausholend den Geist der Empfindsamkeit aus, und da

schon hier, lyrisch-wiegend, der Dreivierteltakt in Kraft gesetzt ist,
kann das Menuett überschlagen werden. Statt dessen der Sprung ins
Heitere, Brisante mit dem Thema jenes »Figaro«-Duettinos, in dem
Susanna den bei der Gräfin eingeschlossenen Cherubino befreit. Im
Schlußsatz der Sinfonie führt es einen Presto-Reigen von vibrieren-
der Eleganz an; Einwürfe, Aufschwünge aller Art: humoristische,
gefühlvolle, sieghaft-auftrumpfende, fahren gliedernd dazwischen.
Von dem »raschen, feurigen Gang« des Ganzen und einem Totalein-
druck »süßer Bezauberung« spricht Niemetschek, der Chronist;
man kann es nicht besser sagen.

Zwischen einer vorhandenen und einer künftigen Oper spannt
diese Sinfonie ihre Lichtschwingen. Man muß sich das Werk an seinem Aufführungsort, in Prags neuem Theater mit seinem strengge-
fügten Logenbau, dem zierlich aufwallenden Schmuckwerk − Architektur und Gewänder ein leichter Rausch von Farben und Formen − vorstellen, umjubelt von einer Festgesellschaft, die lustvoll
nach Neuem greift und schon unter dessen Andrang bebt, so wie
diese Musik drängt, jubelt, bebt, um den Grad von Repräsentanz zu
ermessen, der Mozart an dieser Stelle zuwächst. Er dirigiert die Sinfonie und spielt selbst ein oder mehrere Klavierkonzerte, wahrscheinlich sein neuestes in C-Dur, das gleichfalls von Anfang Dezember stammt; der Jubel ist grenzenlos und zwingt dem Pianisten eine
Improvisationszugabe nach der andern ab. Schließlich beginnt er
»zum dritten Male mit gesteigerter Begeisterung, leistete, was noch
nie gehört worden war, als auf einmal aus der herrschenden Todes-
stille eine laute Stimme im Parterre sich erhob mit den Worten: ›Aus
Figaro‹, worauf Mozart in das Motiv der Lieblings-Arie ›Non più andrai farfallone‹ einleitete und ein Dutzend der interessantesten und
künstlichsten Variationen aus dem Stegreif hören ließ und somit unter dem rauschendsten Jubellaute diese merkwürdige Kunst-Aus-
stellung endigte, die für ihn gewiß die glorreichste seines Lebens
und für die wonnetrunkenen Böhmen die genußreichste war.« So
steht es einem Ohrenzeugen, dem Theaterdirektor Stepanek, vor
Augen.

Den Berichten der Prager entspricht Mozarts eigenes Zeugnis von
diesen Tagen. Es ist nicht an den Vater gerichtet, zu dem das Verhältnis nachhaltig gestört ist und nicht erst seit der November-Abfuhr.
(Von beider Briefwechsel seit Leopolds Wienbesuch Anfang 1785
haben die Erben nur einen einzigen Brief Wolfgangs übriggelassen.)

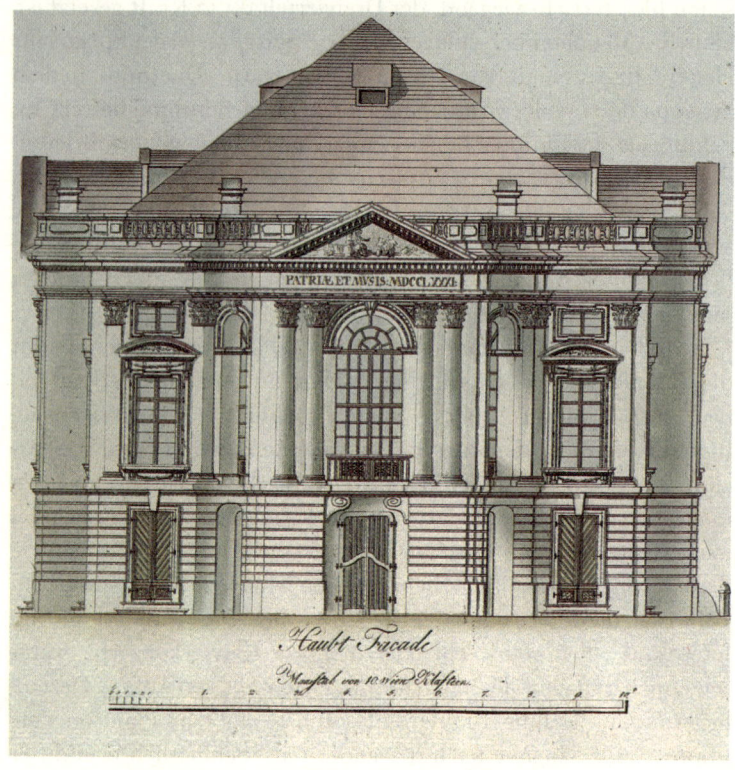

Johan Berka (1758–1815) nach Philip und Frantz Heger:
Hauptfassade und Saalquerschnitt des Prager Nationaltheaters.

Der Bericht geht an einen jungen Wiener Freund; der zwanzigjährige
Gottfried v. Jacquin, Sohn eines berühmten Botanikers, Bruder einer
von Mozart unterrichteten und gelobten Pianistin, wird am dritten
Tag des Prager Aufenthalts zum Adressaten seines Wohlgefühls. In
seinem Sprachwitz, der alles, was dem Absender widerfährt, mit
schließender Logik als ein Zwangsläufiges und Notwendiges statuiert, dem komödisch sprudelnden Behagen, das sich gelegentlich ins
Förmliche und Ernste zurücknimmt, um hernach um so übermüti-
ger loszulegen, ist dieser Brief ein wahrhaft sprechendes Zeugnis.

    Er ist am 15. Januar 1787, vier Tage vor der Akademie, geschrie-
ben; am 20. Januar* dirigiert Mozart »Figaros Hochzeit« im Nationaltheater. Aber man kann nicht immer »Figaro« spielen, und so

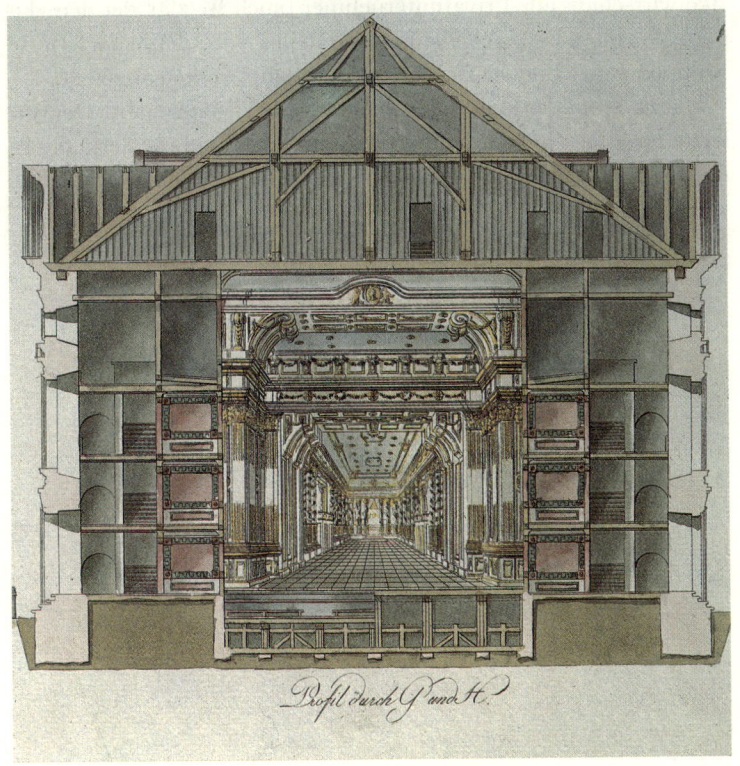

Kolorierte Radierung, Prag 1793.
Ausschnitt aus dem auf Seite 402 abgebildeten Blatt.

geht die Triumphreise in einen Opernauftrag aus: Pasquale Bondini,
der Impresario des italienischen Theaters, schließt mit Mozart für
eine neue Oper ab, deren Sujet und Text erst noch zu finden ist; im
Herbst soll Premiere sein. Mozart bekommt hundert Dukaten (das
sind 344 g Feingold), soviel wie in Wien für den »Figaro«; da Ponte
bekommt halb soviel. Wie nachmals bei der »Zauberflöte« gibt ein
reines Geschäftstheater die Basis: Bondinis Truppe, die im Sommer
in Leipzig spielt, ist kein Hoftheater (es gibt keinen Hof in der alten
Kaiserstadt Prag), sondern ein Privatunternehmen. Das enorme Niveau des allgemeinen Theater- und Musiklebens, aber auch die Inte-
grationsfähigkeit der Kunst gegenüber dem Publikum wird an diesem Umstand deutlich; durch zwei auf eigene Rechnung, eigenes Ri-

siko wirtschaftende Privatunternehmer (auch Wetzlar, der den »Figaro« vorfinanzierte, gehört in diese Reihe) wird der avancierteste
Komponist der Epoche zu seinen Opernhauptwerken angeregt.

Hat Breicha, der Huldigungsdichter, eine Vision gehabt? Die vor-
letzte Strophe seines Dezember-Hymnus deutet auf ein Werk, das es
noch gar nicht gibt, das zu werden aber nun Anstalten macht:

> Wenn ängstig und fiebrisch Dein Saitenspiel bebt,
> Durchfrieren uns Schauer und Angst. Doch belebt
> Uns Freude, wenn Töne sich necken und scherzen.
> Wenn wimmernd und dumpf, wie des Grabes Getön,
> Die klagenden Lieder die Ohren umwehn,
> Ertönen auch Wehmut die Saiten der Herzen.

Am 8. Februar treten die Mozarts die Rückreise an.

KAPITEL VIII

Venezianische Entdeckung

*Und abends gehn sie ins Theater und sehn und hören
das Leben ihres Tags, nur künstlich zusammenge-
stellt, artiger ausgestutzt, mit Märchen durchfloch-
ten etc., und freuen sich kindisch und schreien wieder
und klatschen und lärmen. ... Sie haben im Guten
und Bösen immer etwas zusammen.*
(Goethe aus Venedig, 4. Oktober 1786)

»Haben Sie Angst
vor dem Steinernen Gast?«

Während sich Mozart in Prag dem Eigenleben eines Werkes gegenübersieht, in dessen Aneignung eine ganze Stadtbevölkerung sich
findet, erkennen die Venezianer sich in einem andersartigen Opernhelden: er heißt Don Giovanni. Es ist nicht seine erste Opernerschei-
nung in der Lagunenstadt. Im Fin de siècle schießen die Komture
überall aus dem Boden hervor; eine Drachensaat, die in dem Zeitalter selbst sich bereitet, treibt die gewappneten Männer opernhaft
in die Höhe. Das der klassischen Ästhetik spottende Stück, die Burleske, die in die Katastrophe umschlägt, wird zum Gefäß eines Zeit-
geistes, dem sich die Brüchigkeit des Seienden in dem jähen Kontrast des Komischen und des Tragischen erfüllt. Ist das Bestehende
nicht mehr ernst zu nehmen, so doch sein drohender Untergang.

1776, fünfzehn Jahre nach Glucks und Angiolinis Wiener Ballett,
macht Vincenzo Righini (1756–1812), der in Prag, später in Wien,
Mainz, Berlin tätige Komponist und Kapellmeister, am Prager Kot-
zen-Theater den Anfang*; sein *dramma tragicomico* reüssiert und
erscheint im folgenden Jahr am Wiener Kärntnertor-Theater. Dringt
die Kunde davon nach Venedig? Im gleichen Jahr (1777) ist dort
Giuseppe Calegari mit einem »Convitato di pietra« zur Stelle; von
seinem an Tirso angelehnten »heiteren Musikdrama« (dramma giocoso per musica) hat nur das anonyme Textbuch sich erhalten.** Es

setzt wie der »Burlador« mit dem Abschied Giovannis von Isabella
ein. »Hoffe nicht, mir zu entfliehen«, singt die Donna und hält den
Verführer am Arm fest – unter den Zuschauern ist gewiß auch der
Sekretär des Senators Zaguri, Lorenzo da Ponte.

Sieben Jahre später geht die zweite venezianische Don-Giovanni-
Oper in Szene, ihre Musik stammt von Gioacchino Alberti, der Text
ist eine Abwandlung des Librettos, das schon Righini vertont hatte;
am Anfang steht die Molière nachgebildete Meereserrettung des
Eros-Piraten. Sie fehlt ganz in einem neapolitanischen »Convitato«
von 1783; die Oper von Giacomo Tritto und dem Librettisten Giovanni Battista Lorenzi macht aus »Don Giovanni« ein reines Land-
stück. Es beginnt, wie Angiolinis Ballett, mit einem Ständchen Giovannis an Donna Anna, die ihn für Ottavio hält (dieser hat, ganz wie
der Marques bei Tirso, dem vermeintlichen Freund Hut und Mantel
überlassen); dem Rendezvous im Innern folgt, wie im Ballett, der
Zweikampf mit dem Commendatore.

Auf breiter Front, der wichtigsten Vorgängerstücke deutlich inne,
greift die Buffa-Oper, die die antikisch gewandte Seria mit ihrer
Verpflichtung aufs Edle und Erhabene längst in den Schatten gestellt hat, in diesen Jahren nach dem alten Volkstheaterstoff. Aber
erst Giovanni Bertati, dem Librettisten des Teatro Giustiniani in Venedig*, gelingt, mit den Komponisten Valenti und Gazzaniga, der
durchschlagende Erfolg. Am 5. Februar 1787 – Mozart rüstet gerade
zur Heimreise – ist die Premiere seines Doppelstücks, das die Herkunft des Stoffes komödisch umspielt; ein Vorspiel beruft dessen Ab-
gestandenheit und macht aus seiner Wiederberufung ein Drama vor
dem Drama, »Il capriccio drammatico«. Es spielt in Deutschland,
bei einer reisenden italienischen Theatergruppe, und der Direktor,
Herr Policastro, ist in Nöten: »Die Stücke sind schön, die Musik ist
ausgezeichnet, alles ist gut, aber nichts will gefallen.«** Es müsse
am Publikum liegen, meint Ninetta, die zweite Primadonna, aber
das nützt Herrn Policastro nicht viel; er hat kein Subventionsthea-
ter, er braucht einen Kassenschlager – er setzt auf eine musikalische
Komödie in einem Akt, die man, so meint er, in Deutschland nicht
kenne: »Don Giovanni oder Der steinerne Gast«.

Ninetta und ihr Kollege Valerio geben einen Unmutslaut von sich.
»Haben Sie Angst vor dem Steinernen Gast?« fragt der Direktor,
und Ninetta bejaht: die Handlung sei unwahrscheinlich, das Textbuch gegen alle Regeln – man werde vom Regen in die Traufe kom-

men. Der Direktor setzt auf das Publikum, nicht auf ästhetische Normative: »Glaubt ihr denn«, sagt er zu den beiden, »daß die Leute sich um Regeln kümmern? Sie gehen dahin, wo es ihnen gefällt, und zahlen oft für das Unvernünftige am meisten.« Der theoretische Einwand ist abgeschlagen, Valerio erhebt einen praktischen: man habe für das Stück keinen Buffo caricato (»Baß-Narr« übersetzt Friedrich Chrysander) zur Hand. Aber Herr Policastro zeigt sich unerschüttert: er selbst werde die Kasperrolle singen. Der Theaterdirektor als die Lustige Person – in einer Arie verbreitet er sich über seine diesbezüglichen Qualitäten.

Das ist die erste Szene von Bertatis »Capriccio«, dem ein Vorbild aus dem Jahre 1775 zugrundeliegt (»Novità«, *Die Novität*, hieß dieses ältere Vorspiel und die ihm folgende Oper »Die Italienerin in Pa-

Michele Marieschi (1710–1743):
Der Campo San Basso mit der gleichnamigen Kirche zur Rechten,
der nördlichen Seite des Markus-Doms zur Linken.
Im Hintergrund die später von Napoleon abgerissene Kirche San Gimignano
an der Schmalseite des Markus-Platzes.
Radierung.

ris«). In zwei weiteren Szenen erheben sich neue Hürden auf Direktor Policastros Weg zu »Don Giovanni«. Das Theater hat einen adligen Protektor, den Cavaliere Tempesta, und es hat, außer der zweiten, eine erste Primadonna, Signorina Guerina; beide lassen nicht mit sich spaßen. Tempesta hat die Plakatkündigung der »Commedia in Musica« gelesen und eilt voller Bestürzung zu der Ersten Dame: Komödien, äußert er, könne es nur in Prosa, keinesfalls in Musik geben; hier stehe wohl »una bella e stupenda porcheria«, eine schöne und erbauliche Sauerei, ins Haus. Fräulein Guerina, empört, daß ihr Rat nicht eingeholt wurde, schickt zum Direktor, der in der folgenden Szene mit seinem ganzen Personal erscheint. »Fort mit Don Giovanni!« ist der allgemeine Schlachtruf, und der Cavaliere liefert die Argumente: Was der Direktor als neues Stück ausgebe, sei älter als die Erfindung des Bratenwenders, ein Pöbelstück, dem seit zwei Jahrhunderten das Geschrei der Komödianten gelte. Das ist die Stimme der Bildung und des Rationalismus, des vernünftigen Theaters der Goldonischen Reform; Policastro wehrt sich mit dem Hinweis auf die erlauchten Ahnen des Werkes: von Tirso de Molina und Molière habe er das Stück genommen, und für die Musik sei die Fassung in einem einzigen Akt genau das Rechte. Aber die Sänger sind nicht zu bekehren, die Truppe droht auseinanderzulaufen; da findet der Theaterdirektor das allem Widerspruch gebietende Zauberwort: er droht mit Gagensperre, und alsbald tritt Ruhe ein – die Probe kann beginnen.

Das ist ein Vorspiel von der Art, wie es zehn Jahre später Goethe seinem »Faust« und mehr als hundert Jahre später Hofmannsthal der Straussschen »Ariadne« voransetzt – beredtes Zeugnis einer theatralischen Hochkultur, die mit Hilfe Gozzis, des Goldoni-Überwinders, den Reformeifer des Rationalismus schon vor einem Vierteljahrhundert hinter sich gelassen hat und sich bei der Erneuerung dessen, was, nach den Maßstäben jener Reform, »nicht geht«, das Vergnügen macht, der Sache selbst die Erörterung ihrer ästhetischen Bedenklichkeit voranzusetzen, ein »Messingkauf« für Musik und, wie bei Brecht, wider das klassizistische Ideal der Stil- und Handlungseinheit die bunten Wimpel des Volkstheaters hissend. Ästhetik als Komödienthema, wie in Mozarts und Salieris Schönbrunner Opernspielen und in Cimarosas »Impresario in angustie«, das Theater als Gegenstand seiner selbst – es ist ein Fin-de-siècle-Phänomen, Indiz einer überreifen Kunstepoche; ihm entspricht die überreife Figur, die die Fortsetzung des Abends bestreitet. Nachdem alle kulturellen Vorurteile dem Stück gegenüber zur Sprache gekommen sind, öffnet sich im Teatro Giustiniani di San Moisè der Vorhang ein zweites Mal und dieses selbst tritt hervor, unter Molières Titel: »Don Giovanni o sia Il convitato di Pietra«, *Don Giovanni oder Der steinerne Gast.* »Rappresentazione per musica« (Aufführung für Musik) lautet der Untertitel in Bertatis venezianischem Librettodruck; Partiturabschriften geben die Gattungsbezeichnung »Dramma giocoso in un atto«, Lustspiel (heiteres Drama) in einem Akt. Der Komtur wandelt hier weder, wie bei Molière, auf freiem Feld noch ist er, wie bei Goldoni, in den Blitzstrahl naturalisiert; er erscheint, wie schon bei Bertatis Buffa-Vorläufern, wieder als wandelndes Standbild bei dem tafelnden Giovanni und überläßt den unbußfertigen Sünder den Höllengeistern. Das musikalische Theater nimmt, unter komödisch ausgespielten Vorsichtsmaßregeln, einen Stoff auf, den die venezianische Komödie vor Zeiten fallengelassen hat, und der Erfolg übertrifft alle früheren Wiederbelebungsversu-

Titelblatt einer zeitgenössischen Abschrift
der Opernpartitur von Giuseppe Gazzaniga.
Der originale Titel lautet:
»Don Giovanni o sia Il convitato di pietra«.

che. Das Werk eines Librettisten und zweier Komponisten (Valenti hat das »Capriccio«*, der in Wien wohlbekannte Giuseppe Gazzaniga »Don Giovanni« vertont**) schlägt in Venedigs Karnevals-Saison so ein, daß die Konkurrenz im Theater des heiligen Samuel nicht umhin kann, ihrerseits einen »Don Giovanni« herauszubringen; er heißt »Nuovo convitato di Pietra«, *Peters neues Gastmahl*, und ist von Francesco Gardi vertont. Es ist, als ob man ohne Don Giovanni gar nicht mehr auskommen könne, und nicht nur Venedig fällt dem musikalisch wiedererstandenen Verführer zur Beute: wie ein Lauffeuer verbreitet sich Bertatis und Gazzanigas Stück über Italiens Bühnen.

Das verspielte Kriminalstück

Venedig sieht sich in der neuen Oper selbst ins Gesicht. Es nimmt in ihr – heiter, wie es sich ziemt – nicht bloß von seiner Vergangenheit, sondern gleichsam von seiner Existenz, als einer nicht länger zu fristenden, Abschied. Wenn das Prager Publikum mit dem Dienerpaar fühlt, das darangeht, die Handlungen seiner Herrschaft zu lenken, statt sich ihnen zu unterwerfen, erkennt sich das venezianische in dem tolldreisten Frauenjäger und seinem Diener, der zugleich der Vertraute, *servo confidente*, ist, ein unwiderstehliches Paar. Bertati, der sich im Vorspiel auf die Ursprungs- und die Hochgestalt seines Stoffes, auf Tirso und Molière, beruft und zugleich entschlossen ist, die Geschichte in einen einzigen Akt zu verdichten (»Per la musica basta«, sagt Policastro: Für die Musik ist das genug), gelangt gegenüber beiden (und seinen unmittelbaren Opernvorgängern) zu einigen einschneidenden Veränderungen. Drei Begegnungen der im Titel durch ein »oder« getrennten, nicht durch ein »und« kopulierten Kontrahenten bilden Anfang, Mitte und Ende des Stückes: der nächtliche Zweikampf, das Friedhofsrencontre, die Tafelerscheinung. Der Sieg des Jungen am Anfang, die einholende Übermacht des Alten am Ende, inmitten der peripetische Einstand der antagonistischen Kräfte – in den Angeln dieser schlüssig gerafften Struktur hängt Bertatis Text; was dazwischen liegt, sind Einlagen von heiterillustrativer Beschaffenheit: Elvira, das Gespenst der Verhinderung, als die bei Tage umgehende Parallelfigur des Commendatore, das Mahl, an dem sich Giovanni nach ihrem Abgang delektiert, als seine Henkersmahlzeit.

Molières Dialogstück, sich in Rede und Widerrede erfüllend, hatte der Tat am Anfang entraten können, der Geist der Oper aber heischt Handlung – Bertati folgt ihm anders als seine Buffa-Vorgänger: er zieht die beiden großen Nachtszenen am Eingang und auf der Höhe von Tirsos »Burlador« – Don Juans Abschied von Isabella und seinen Zweikampf mit dem Komtur – in eins zusammen und bildet so einen Introitus von nicht zu überbietender Spannkraft. Die Szene ist ein Gartenstück vor der Wohnung Donna Annas, die einen gesonderten Eingang hat; Giovanni, nach der betrügerischen Liebesnacht (daß sie stattfand, ist kein Zweifel), will, in den Mantel verborgen, weggehen, Anna hält ihn fest und fordert seine Enthüllung, auf ihre Hilferufe – »Soccorso, genitor!« – kommt ihr Vater, der Commendatore, hinzu und erzwingt den Zweikampf, in dem er fällt.

Der Vatermord nicht als Kulmination, sondern als Exposition der Handlung – wo Angiolini einige lyrische Episoden voransetzt, springt Bertati mit kürzestem Anlauf hinein: die Katastrophe als dramatisches Apriori. Nämlich einer Komödie – das Lustspiel hat, wie bei Molière, das erste und auch das letzte Wort, in Gestalt Pasquariellos, des Dieners, der aber nicht mehr die Befindlichkeit seines Herrn, sondern seine eigene Lage ins Licht setzt: während Don Giovanni sich an Jagd und Beute ergötzt, muß er im Finstern Wache stehn und hat durchaus keine Freude daran. Molières Sganarelle führt sich mit einem Porträt seines Herrn ein, Bertatis Pasquariello (der Name erinnert an den Passarino Cicogninis) heftet den Blick mit arioser Gedrängtheit auf sich selbst – der Vierte Stand hat gelernt, sich selbst in Betracht zu ziehen, und er tut es kritisch:

La gran bestia è il mio padrone!
Ma il grand' asino son' io.
Che per troppa soggezione
Non lo mando a far squartar.

(Die große Bestie ist mein Herr, aber ich bin der große Esel! Weil ich Angst vor ihm habe, kann ich ihn nicht schlachten lassen.) Der anders mörderischen Zuspitzung der Angelegenheit (der Komtur, bemerkt Friedrich Chrysander, der die Oper 1867 wiederentdeckte, mache denselben Reaktionsfehler wie seine Tochter, es sei halt eine hitzige Familie) sieht Pasquariello aus dem Garten zu; als Don Giovanni dann nach ihm ruft, lenkt er mit beispielloser Wendung auf die komödische Ebene zurück, die er selbst vorgegeben hat: »Seid Ihr es?« »Ich bin's.« »Lebendig oder tot?« »Esel! Hörst du mich nicht reden?« »Und der Alte?« Der sei tot, antwortet der fechtgewandte Don. »Zwei heroische Stücklein«, bemerkt der Diener, »Donna Anna vergewaltigt und der Vater erstochen.« Beide verlassen den Tatort.

Die Tragikomödie, jene widerklassische Mischform, die am Ende der Renaissance in dem englischen, dem spanischen Theater zu höchster Blüte aufgestiegen war, zeigt sich hier auf dem Gipfel ihrer Kontrastfähigkeit. Aus der von dem schmierestehenden Diener mürrisch betrachteten Liebesnacht schlägt jäh das Kapitalverbrechen, der Vatermord, hervor – und ebenso jäh, mit einer einzigen Frage (da Ponte wird sie noch zuspitzen), stellt der Buffo caricato das Lustspiel wieder her; auch nicht bei Shakespeare gibt es eine Szene von solch drastischem Lagenwechsel. Auf höchster artifizieller Ebene hebt Bertati den Unterschied zwischen Tragödie und Komödie auf, indem er, bei voller Erhaltung ihres Gegensatzes, die eine zum Moment der andern macht; die Katastrophe schlägt aus dem Witz so unvermittelt auf wie der Witz aus der Katastrophe. Mit geschärfter dialektischer Potenz – Mozarts Musik wird sich an ihr entfachen – treten beide zu einer Form zusammen, die von der Komödie umfaßt wird; die katastrophischen Begebenheiten, alle Wucht der Szene auf sich versammelnd, erscheinen in ihrem Rahmen.

Nicht nur das ästhetisch reflektierende »Vorspiel auf dem Theater«, das das Triviale vor dem Regelrechten, das Volksstück vor der rationalistischen Ästhetik in Schutz nimmt, auch diese spielerisch-hochgespannte Relativierung der Genres kennzeichnet Bertatis Libretto als Erzeugnis eines Fin-de-siècle-Bewußtseins, das die Abgrenzung der Formen, der Begriffe als trügerisch erkennt und in ihrer artistisch spielenden Auflösung ein Genügen findet, das souverän genug ist, in der Gestalt des Spielers, der verspielt, auch die eigene Hinfälligkeit in Betracht zu ziehen. Es ist diese ironische Gesinnung, die Bertati daran hindert, ein neues Genre zu kreieren, das in dem mörderischen Introitus seines Stückes schon beschlossen liegt: das Kriminalstück. Der Mord am Anfang ist ein dramaturgisch-ästhetisches Novum, das die Buffa so wie die Seria, das Lust- wie das Trauerspiel sprengt; es konstituiert eine dritte, erst noch zu erfindende Gattung, das Kriminalspiel. Es ist nicht tragisch, denn die Katastrophe ist vorgegebenes Faktum; der Gang der Handlung besteht in der Auffindung des Täters, nicht in der Entwicklung der Tat. Nur

als Ergebnis, nicht als Vollzug, nur als Folge, nicht als Ausgangs-
punkt kann aber die Untat die Dimension des Tragischen annehmen; zu ihr gehört, als Freiheitsraum der Akteure, die – verfehlte –
Möglichkeit ihrer Vermeidung. Erst recht ist das Kriminalspiel nicht
komisch; die geschehene Tat liegt als ein Verhängnis über der Handlung, das durch die Ermittlung des Täters keineswegs aufgelöst
wird. Was sich am Ende lichtet, ist das Dunkel über der Person des
Täters, nicht das Dunkel, das von der Tat selbst ausgeht; es findet
nur einen moralischen Ausgleich.

Ernst Bloch* erläutert den Kriminalroman als ästhetische Frucht
des Indizienbeweises, der seinerseits ein Ergebnis der Aufklärung
ist: Wo die Folter als Mittel der Geständniserpressung wegfällt, tritt
der Kausalnexus der Spuren als Beweismittel ein; ihm entspricht
eine epische Form, die deren Auffindung und Verknüpfung roman-
haft vorführt. Zugleich ist auf einen dramatischen Archetyp verwiesen, Sophokles' »Ödipus«-Tragödie, die eben das vorführt, was im
Kriminalroman des 19. Jahrhunderts strukturbestimmend wird: die
Überführung des Täters durch stufenweise Beibringung von Zeichen, Beweisen, Zeugenschaften; das tragische Moment des Stückes
liegt einzig darin, daß der Täter zugleich der Strafverfolger ist, der,
die Tat aufklärend, sich über sich selbst aufklärt. Bertatis »Don Giovanni« folgt dieser Grundform mit einer gravierenden Verschiebung: die böse Tat ist nicht entrückte, im Laufe der Handlung stu-
fenweis aufgeschlüsselte Vorgeschichte, sondern, als deren Anfang,
Bestandteil der Bühnenhandlung selbst; seine *commedia in musica*
bildet kein Gerichtsstück, sondern tatsächlich – ein Kriminalspiel.
Anders als in »Ödipus Tyrann« weiß der Täter so wie der Zuschauer,
wer es war; jener Typus von Kriminalstück bildet sich, bei dem die
Spannung einzig aus der Ungewißheit der *Verfolger* über die Identität des Täters hervorgeht. Der Zuschauer weiß so gut Bescheid wie
der Täter selbst und verfolgt, wie andere zu einem Wissen gelangen,
das ihm selbst vorgegeben ist. Bei dieser Spielart der Kriminalgeschichte ist der Zuschauer/Leser auf seiten des Gehetzten, Gejag-
ten, der zuletzt erliegt – erliegen muß, da er die Tat auf sich geladen
hat, aber doch zum Unbehagen des Betrachters erliegt, der mit dem
Wild fühlt, auf dessen Spur die Jagd geht; nicht vor ihm – einzig vor
den Jägern, den Instanzen des Gesetzes, verbirgt er sich ja. Der tragische Akzent, der hier einfällt, ergibt sich aus der Diskrepanz von
Einfühlung und Ausgang; mit dem – schließlich gestellten – Verbre-

Templum et platea F.F. Ord: min: Conuentualium usque ad uiam, qua ite

Michele Marieschi: Die Frari-Kirche (Santa Maria gloriosa dei Frari).
Vorn hat sich ein Überfall begeben, vor dem die Frau
in der Mitte davonläuft. Ein Mann flieht,

; cum schola D: Antonij ad dexteram, et alteram Passionis ad sinistram.   Mich! Marieschi del! et inci!

ein Hund schnuppert an dem am Fuß der Treppe
kopfüber Gestürzten; der neben ihm scheint gerade losrennen
zu wollen. Radierung.

cher fühlt auch der mit ihm durch das Stück gegangene Zuschauer
sich festgenommen.

Sehr anders, wenn auch er in Ungewißheit schwebt. Sein Interesse,
als eines der Aufklärung, ist dann mit dem der Verfolger identisch;
daß sich der Täter auch vor ihm, dem Zuschauer, verbirgt, ist, von
diesem aus gesehen, dessen wahres Verbrechen. So ist die Befriedigung, die seine Aufspürung erzeugt, weniger moralischen als detektivischen Charakters, der gleichend, die von einem gelösten Kreuz-
worträtsel ausgeht. Dies ist die zum Komödischen tendierende Variante des Kriminalstücks: durch einen ästhetisch-dramaturgischen
Trick wird der Betrachter in die Rolle des Moralisten gelenkt, der sich
mit den Strafbedürfnissen der Gesellschaft identifiziert; die Beunruhigung, die der Schluß hinterläßt, entsteht einzig durch die Zusam-
menziehung vieler im Laufe des Stückes auftauchender Möglichkeiten auf eine einzige, triftige hin. Damit am Ende ein wirklicher Täter
entdeckt werden kann, müssen zuvor viele mögliche in Betracht kommen, und es ist, aus Gründen des Spannungserhalts, der am wenig-
sten verdächtige, der sich als der faktische entdeckt. Eine Konstellation, in der jeder der Täter sein kann (und jeder vom Zuschauer einmal für ihn gehalten wird), relativiert aber die von der Entdeckung
bewirkte Befriedigung; wo jeder der Täter sein kann, fällt die Frage,
wer es denn war, intentionell auf den Zuschauer zurück – auch er, das
unverdächtigste aller Subjekte, muß sich im Lauf des Geschehens,
spätestens bei dessen Ende, als tatfähig begreifen. Wo der Täter, wie
in »König Odipus«, dem Ur-Krimi schlechthin, ohne Bewußtsein der
Tat ist, verschärft sich diese Beunruhigung noch. Das Dunkel der Existenz selbst entdeckt sich hier als schuldhaft; die Unentrinnbarkeit
eines Verhängnisses, dem entgehen zu wollen nur desto sicherer in es
verstrickt, hängt als ein Damoklesschwert über dem Haupt des aus
dem Theater entlassenen Zuschauers.

So fühlt der Zuschauer zuletzt immer mit dem Täter: Dort, wo er
ihn nicht kennt (und darum und so lange gegen ihn ist), muß er sich
in der Auflösung, als ganz überraschender, in ihm erkennen, dort,
wo er ihn kennt, ist er von vornherein auf seiner Seite; die Strafe, die
jenen ereilt, trifft ihn mittelbar immer auch selbst. Dies um so un-
fehlbarer, wenn das anfängliche Verbrechen nicht aus Vorsatz und
Eigennutz, sondern aus Verwicklung, Zufall, Affekt hervorgeht, mit
Wünschen und Konstellationen von existentieller Unergründlichkeit
besetzt. Das trifft für Ödipus wie für Don Giovanni zu. Beide suchen

den Widerstand nicht, auf den sie – der eine im Hohlweg, der andre vor dem Zimmer der Geliebten – treffen: sie beheben ihn reflexartig und notgedrungen, in der Hitze des Augenblicks, und es ist ein Ur-Widerstand, der sich ihnen in den Weg stellt, Vatergewalt steht gegen Sohnesanspruch auf; mit dem frischer geführten Degen setzt dieser unschuldig-schuldhaft sich durch.

Bertatis Stück hat von hier aus alle Möglichkeit, ein neues Genre heraufzuführen – der Geist des Relativismus verschenkt sie mit generöser Gebärde. Genreauflösung, nicht -aufrichtung ist seine Sache; im Namen der Komödie wie der Musik verzichtet der Autor auf die Etablierung einer Form, die einem künftigen, bürgerlichen Zeitalter vorbehalten bleibt. Nach dem unbeschwerten Abgang des Täters gibt das Stück sich die Miene, einen detektivischen Verlauf zu nehmen: Donna Anna, die ins Haus lief, als der Vater erschien, kommt mit ihrem Verlobten, dem Herzog Ottavio (wohnt er im Hause?), und trifft auf die Leiche des Vaters. Ottavio will sie mit seiner Liebe trösten, aber Anna denkt nur an Rache: sie will ins Kloster gehen, bis der Mörder gefaßt sei; Ottavio, den sie einzig mit seinem Titel: Duca, anredet, soll ihn finden und strafen. Hier scheint die Weiche des Kriminalstücks gestellt, aber die Komödie verstellt sie wieder – der Herzog, ganz die Tirsosche Figur des düpierten Bräutigams, ist gar nicht der Mann für eine solche Aufgabe (wäre er es, so hätte ihm Giovanni nicht die Braut weggeschnappt). Nur einmal noch kommt er im Verlauf der Handlung vor: im dritten Bild, wo er an der zu Lebzeiten des Komturs errichteten Reiterstatue eine Tafel mit der Racheinschrift anbringen läßt. Das Kriminalstück, kaum erschienen, löst sich humoristisch auf: der bestallte Detektiv, der zugleich der betrogene Bräutigam ist, delegiert den Fahndungsauftrag per Inschrift an den Himmel.

»Ci venirò!«

Nicht der von Anna berufene Tataufklärer – eine sehr viel wirksamere, zugleich hochkomödische Instanz heftet sich im zweiten Bild an Giovannis Fersen: es ist die Elvira des Molièreschen Stückes, die hier als verlassene Verlobte (*sposa promessa*) Don Giovannis fungiert. Aus Burgos ist sie dem Ungetreuen hinterhergereist; von zwei Dienern begleitet, entsteigt sie einer Kalesche und singt – sie will

sich, um die Fahndung nach ihm aufzunehmen, im Gasthaus einlo-
gieren – die Arie der Enttäuschung und Verlassenheit. Der Schauplatz ist eine ländliche Gegend nahe der südostspanischen Kleinstadt Villena, mit Bauernhäusern und einem kleinen Landhaus
(»Nobile Casino«); Giovanni, der eingangs die Vorhaltungen Pasquariellos durch einen Beutel Goldes beschwichtigt hat, nimmt die
Reisende ins Visier und entdeckt, sich ihr nähernd, daß er es ist, den
sie sucht – er verweist sie an seinen Diener. Dieser, so zeigt sich, hat
seinen Molière gelesen: er hilft sich mit Alexander dem Großen; sein
Herr ist zuvor ins Casino retiriert. In Gestalt einer Arie folgt die von
Cicognini vor mehr als hundert Jahren ins Spiel gebrachte Liebes-
liste: »etliche Hundert«, so versicherte bei diesem frühen Tirso-Be-
arbeiter der Diener Passarino der verführten Fischerin, seien dort
schon verzeichnet; da sie eine von so vielen sei, habe sie die Sache ge-
fälligst leichtzunehmen. Auch Pasquariello operiert mit der Zahl
Hundert (»Dell' Italia, ed Alemagna / Ve ne ho scritte cento, e tante«
– Aus Italien und Deutschland habe ich hundert und mehr aufge-
schrieben«) und fügt eine geographisch-soziologische Aufschlüsse-
lung hinzu: Italien und Deutschland, Spanien und Frankreich sowie
alle möglichen Stände und Berufe als das Jagdrevier seines unersättlichen Gebieters. »Adlige und Bürgerliche, Handwerkerinnen und
Bäuerinnen, Zimmermädchen, Köchinnen und Mägde« – in Don Juans klassenüberschreitendem Liebesimperium sind alle Frauen
gleich: Frauen.

Nicht diese aus Cicognini und Molière gewonnene Szene ist das
Neue an Bertatis Stück; neu ist, daß die Schocktherapie nicht verfängt: Elvira bleibt dem Ungetreuen auf den Fersen. Sie verkündet
es und geht ab, inzwischen ist Giovanni zu seinem Rendezvous gekommen: es gilt Donna Ximena, einer Dame aus Villena, und begibt
sich in deren Lusthaus. Beide kommen hervor, in einer Arie versichert Giovanni Frau Ximena seiner Treue. Etwas später (Ximena hat
sich wieder in das Casino zurückgezogen) überwältigt ihn der Anblick einer Bauernhochzeit: er sieht die hübsche Maturina im Wech-
selgesang mit einem Hochzeitschor; der Anblick reizt ihn so heftig
wie Tirsos Burlador. Pasquariello, der mit der Braut anbandelt, muß
vor seinem Herrn zurückstehen, Biago, der Bräutigam, aber wird
mit Gewalt fortgestoßen – in einer Arie bekundet er seinen Protest;
er beschließt, seinerseits ein Molière-Leser, die Verwandtschaft:
Mutter, Tante und Großmutter der Braut, zu Hilfe zu holen. Gio-

vanni und Maturina bleiben allein zurück, und es geht wie bei Tirso
und Molière: mit einem Treueschwur erweicht der Heiratsschwindler die schöne Bäuerin; in einer Arie verheißt sie ihm Gewährung.
Beide gehen in Maturinas Haus; Pasquariello erscheint und erklärt,
seines Herrn leid zu sein; da kommt Donna Ximena aus dem Casino

Michele Marieschi: Der Canal Grande an der Rialto-Brücke.
Links am Rand das Haus der deutschen Kaufleute
(Fondaco dei Tedeschi), in der Mitte der Camerlenghi-Palast.
Radierung.

hervor: der Diener soll ihr Auskunft über das Privatleben seines
Herrn geben. Das wiederum ruft Don Giovanni auf den Plan: De-
menti und Versöhnung; in die fortgesetzten Zärtlichkeiten platzt Elvira hinein, Ximena wird abermals mißtrauisch und zieht sich auf
Giovannis Drängen in ihr Casino zurück. Durch ein Eheversprechen
für den nächsten Tag sucht Giovanni sich der *sposa promessa* zu entledigen, aber er macht seine Rechnung ohne Maturina: sie hört diese
Worte und setzt ihre eigenen Ansprüche dagegen. Giovanni erklärt
nach Molièreschem Muster eine bei der andern für verrückt und

räumt das Feld; ein Zankduett zwischen Elvira und Maturina beschließt die Straßen-Szene.

Hier herrscht, nach der Hochspannung der Nacht, die reine
Buffa-Turbulenz: ein rasendes Liebeskarussell, auf dessen kreisende
Pferdchen der Held in raschem Wechsel auf und wieder ab springt.
Wie das erste Bild zwei Szenen Tirsos vereinigt, so dieses zweite (es
kommt einem zweiten Akt gleich) zwei Akte Molières: die Verfolger-
figur der Elvira platzt in die Doppelliebschaft mit den beiden Bau-
ernmädchen hinein; nicht nur zwei, sondern drei Damen hat Don
Giovanni bei Bertati auf dem Hals. Maturina knüpft auch nament-
lich an Molières Mathurine an, aber eigentlich spielt sie die Rolle von
dessen Charlotte; die französische Mathurine aber zeigt sich in die
Edeldame Ximena verwandelt – alle Stände entrichten ihren Tribut
an den unersättlichen Listenfüller. Auf wahrhaft schöpferische
Weise löst Bertati sein Vorspiel-Versprechen ein, aus beiden Quellen,
Tirso und Molière (er hätte Cicognini dazunehmen können), zu
schöpfen. Da Elvira die Störenfriedin ist, dürfen sich Ximena und
Maturina nicht in die Quere kommen und müssen, eine dramatische
Schwäche des Bildes, immer eine der andern, wie die Figuren eines
Wetterhäuschens (tatsächlich haben beide ihr Häuschen auf der
Szene), den Schauplatz überlassen; statt Ximena und Maturina –
das entspräche der Konstellation Charlotte-Mathurine – raufen sich
zum Schluß Elvira und Maturina um Giovanni. Dieser hat, anders
als bei Molière, den Rückzug angetreten: das Spiel mit dreien wird
auch diesem geübten Jongleur zuviel. Ins Netz seiner Täuschungen
verstrickt, wird er zu einer vollkommen komischen Figur.

Indem Bertati Tirso und Molière synthetisiert, verbindet er zwei
konträre Konzepte der Figur. Tirsos Juan ist der überall siegreiche –
und *darum* zuletzt gestrafte – Liebes-Betrüger, Molières Juan ist
vom Anfang des Stückes an im Scheitern begriffen; die Erscheinung
des Komturs vollendet hier eine Anti-Klimax, die schon mit dem ersten Bild einsetzte. Anders die venezianische Oper: sie zeigt den bei
Nacht Ruchlos-Siegreichen als einen bei Tage komisch Verstrickten;
nach Tirsos Juan führt Bertati denjenigen Molières herauf. Der bestimmt auch das dritte Bild: in einem Zypressenhain gerät Don Giovanni an das Grabmal des Commendatore; zuvor ist der Duca zu
sehen, wie er einen Steinmetzen die Inschrift anbringen läßt.

Auch – und erst recht – bei Bertati bleibt das Ganze von episo-
discher Beschaffenheit. Nur das Herr-Diener-Paar verbindet die

Handlungskomplexe des Garten- und Straßenbildes; Ottavio, der im ersten Bild dramatisch Beauflagte, kommt erst in diesem dritten, und ganz undramatisch, wieder zum Vorschein. Die Szene glossiert seine Untätigkeit, indem sie einen Widerspruch des Ur-Stücks behebt: die Statue, die hier – man ist in Venedig, der Stadt des Colleoni – zu Pferde sitzt (das Reiterstandbild mit der Graburne steht unter einer von Säulen getragenen Kuppel) ist schon zu Lebzeiten des Ordensritters gefertigt, ein bei der Unsicherheit aller Herrscher, ob ihre Nachfolger sie zu ehren geneigt seien, keineswegs ungewöhnlicher Brauch; nur die Rache-Inschrift ist neuesten Datums. Molière hatte der Inschrift entraten, Bertati führt sie, mit parodistischer Note, wieder herauf; was bei Tirso und Cicognini wie das Wort des Erstochenen dastand, die Anrufung des Himmels als Vollzugsorgans der Rache, erscheint nun als die Ausflucht eines ängstlichen Schwiegersohns.

Von Molière (und Cicognini) stammt die durch den Diener, nicht den Herrn ergehende Einladung, zu der sich der Diener, wie bei Molière, nur unter Zwang hergibt. Als Pasquariello ein Nicken des Steinhaupts zu bemerken glaubt, läßt sein Herr, der es nicht glauben will, sich herab, selbst das Wort an die Statue zu richten. »Ci venirete?« (Kommt Ihr?) fragt er, und das Standbild nickt nicht bloß, sondern öffnet seinen Mund: »Ci venirò« (Ich komme) – es bleibt kein Zweifel über den bevorstehenden Besuch. Fünfzig Jahre nach Goldoni, fünfundzwanzig nach Angiolini ist der Kanon des Stoffes wieder in Kraft gesetzt, und wie bei Molière steht die Konfrontation im Zentrum des Stückes: Bertatis drittes Bild ist die aller diskursiven Momente entledigte Kurzfassung von Molières drittem Akt. Mit dem Unterschied, daß die Erscheinung des Grabmals nun vorbereitet ist: durch die Doppel-Untat der Nacht. Eine Niederlage, die sich im zweiten Bild scherzend erklärte, wird nun geisterhaft manifest; das grausige Nicken des steinernen Hauptes markiert die Peripetie des Stückes.

Wie die ungeraden Teile der Bertatischen Komposition miteinander korrespondieren, so tun es die geraden: das nun folgende vierte Bild bringt Donna Elvira wieder in Sicht. In einem Zimmer Don Giovannis erwartet die verstoßene Braut den Ungetreuen und setzt ihm, als er mit Pasquariello heimkommt, in Form einer Arie mit Ermahnungen zu, die sich, wie bei Molière, nurmehr auf sein Seelenheil beziehen. Aber Giovanni, der von der sprechenden Statue kommt, ist unbeirrbar, und so geht auch Elvira ins Kloster – Giovanni und die Kirche arbeiten einander in die Hände. Der Elvira-Teil dieses vierten Bildes entspricht genau der Molièreschen Szene und ist im Ganzen die opernhaft raffende Abbreviatur von Molières viertem Akt. Der Kaufmann Dimanche entfällt ebenso wie Don Tenorio, Juans Vater; da ein Vatermord am Eingang des Ganzen steht, hat die Vaterermahnung keine dramatische Funktion mehr.

Nach Elviras Abgang hebt eine auch musikalisch reichbesetzte Schmauserei an, die den fünften und letzten Teil der Oper einleitet. Auf allerlei Eßscherze – ein von dem Servo confidente aufgeschnappter Fleischbrocken erscheint Giovanni als ein Mundgeschwür – folgt ein Concertino der die Bühne einnehmenden Musikanten; das Finale beginnt mit einem Preislied Pasquariellos auf die Schönen Venedigs. Dann kommt der Komtur, und er kommt nur einmal: die beiden Gastmähler Tirsos sind in eines zusammengezogen; wie Bertati die beiden Nachtszenen des »Burlador« miteinander verschmilzt, so vereinigt er die beiden convitati. Dieses Gastmahl bildet mit den vorgelagerten Tafelszenen den fünften Teil seines Librettos, der dem ersten, als der Synthese der beiden Nacht-Unfälle, das genaue Gegengewicht hält.

Der Commendatore klopft – nach dem »Ahimè!« der nacheinander zurückprallenden Diener öffnet Giovanni selbst die Tür und lädt den Eintretenden zu Tische: Das Mahl sei karg, aber es komme von Herzen. Der zitternde Pasquariello erhält Weisung, den Gast zu unterhalten; als dieser seine Gegeneinladung ausspricht, mischt der um seinen Herrn besorgte Diener sich ein: »Nein, mein Herr, er kann nicht.« Diese Solidarisierung des geplagten Dieners mit seinem Gebieter im Angesicht des Schreckens scheint Bertatis eigenste Erfindung zu sein. Aber Don Giovanni überhört die Stimme seines Getreuen, furchtlos nimmt er die Einladung an und soll dem Steinernen die Hand darauf geben; er tut es und fühlt sich nicht, wie bei Tirso, bei Molière, von glühender Hitze, sondern eiseskalt durchfahren: »Oimè, qual gelo!« (Himmel, was für ein Eis!) So schon bei Cicognini, und der Grund ist der gleiche: es muß physisch Raum für einen letzten, entscheidenden Wortwechsel bleiben. »Bereue und fürchte den Himmel!« mahnt das Standbild – »Laß mich los, alter Narr!« gibt Giovanni, unentrinnbar gepackt, zur Antwort; noch einmal die Statue: »Bereue, Don Giovanni!« Den immer noch Widerstehenden befällt »grausame Atemnot«, aber sein Herz, stößt er hervor,

zittre nicht: »Ma il cor non trema in me.« Da verwandelt sich sein
Zimmer in die Hölle; Furien quälen den Unbeirrbaren und ziehen
ihn hinab.

Aber nicht dies ist der Schluß; auch im Finale geht die Oper auf
die barocke Urgestalt zurück. Der aus der Versenkung auflodernde
Flammenschlund schließt sich wieder und gibt der Scena Ultima
Raum: in dem wiederhergestellten Zimmer erstattet Pasquariello
den von Lanterna, dem zweiten Diener, herbeigerufenen Herrschaften Bericht. Drei Frauen (Elvira, Maturina und Ximena) und drei
Männer (Ottavio, Pasquariello und Lanterna) geben in einem Sextett ihrer Befriedigung über die Wendung der Dinge Ausdruck: »Che
bellissima pazzia! / Che stranissima armonia! / Così allegri si va a
star.« (Welch herrlicher Wahnsinn! Welch sonderbare Harmonie!
Wie fröhlich werden wir sein.) Nur Donna Anna fehlt und das hat
technische Gründe: die Sängerin, die ihre Partie innehatte (es ist die
Prima buffa assoluta des Vorspiels), singt auch die der Maturina.
Auch Biagio und der Commendatore bilden dergestalt eine Doppelrolle, die, wie Pasquariello, als *Primo buffo caricato* fungiert. Es sind
Baßpartien; Giovanni und Ottavio, der *Primo mezzo carattere asso-
luto* und der Secondo, singen Tenor; alle Damen bewegen sich im So-
pran. Die Komödie, die mit Pasquariello das erste Wort hatte, hat
mit diesem Sextett auch das letzte, und, anders als bei Molière, wo
die Lohnklage des Dieners das Ende macht, anders auch als bei
Tirso, wo der König das Schlußwort spricht, ergeht es im Kollektiv:
alle Akteure außer den gerade verschwundenen erscheinen dazu auf
der Bühne. So will es die opera buffa; es gehört zu den eisernen Regeln, die Wiens jungfräulichem Theaterdichter beim Studium der
Gattung aufgingen: »In einem Finale müssen nach theatralischem
Gebrauch alle Sänger auf der Bühne erscheinen, und wären es auch
deren dreihundert; um einzeln, zu zweien, zu drei, zu sechs, zu zehn,
zu sechzig, um Arien, Duette, Terzette, Sextette und große Chöre zu
singen, und wenn der Inhalt des Dramas es nicht erlauben sollte, so
ist es die Aufgabe des Dichters, sich einen Weg zu suchen, auf dem er
es bewerkstelligen kann, wäre es selbst gegen alle gesunde Vernunft
und gegen alle aristotelischen Vorschriften und Regeln der Welt; findet man dann, daß es schlecht geht, um so schlimmer für ihn.«*
Antiaristotelisch, alle Katharsis buffonesk verscherzend, ist auch
dieses Bertatische Finale, und nicht alle Bühnen übernehmen es; in
Bologna zum Beispiel endet man mit Don Giovannis Höllenfahrt.

Was in Glucks und Angiolinis Ballett nur pantomimisch erschien, ist bei Bertati und Gazzaniga gesungener Wortlaut: die Reueverweigerung des von der numinosen Gewalt schon Gepackten. Sie ist weder bei Tirso noch, in dieser ausdrücklichen Form, bei Molière anzutreffen, wohl aber bei Dorimon, dessen unmittelbarem Vorgänger, und hebt den klosterbevölkernden Nimmersatt erotischer Usurpation zu Rang und Höhe eines tragischen Helden; was als Leichtsinn, Manie erschien: das immer schneller, immer aberwitziger kreisende sexuelle Karussell, entdeckt sich im Angesicht der Folter als das Unbedingte. Die Widerstandskraft, die der von dem Listenführer begleitete Sammelliebhaber untergehend bekundet, wirkt von seinem Ende her auf das Treiben zurück, das er so heroisch behauptet; mit eben der Hartnäckigkeit, die er dem Komtur entgegensetzt, widersetzte er sich der Domestizierung des Sexus, mit der die erstarkende Bürgerwelt die Gesellschaft überzieht. Oder fürchtet Don Giovanni die Hölle nicht, da er sich immer schon in der Hölle fand – der Hölle nie erlangbarer Befriedigung? Wo Angiolinis Juan sich in festlich-expansivem Genuß seiner Eroberungen zeigte, tafelt Bertatis Giovanni allein mit seinen Dienern – und nur hier, bei Essen und Trinken, zeigt er Momente des Behagens. Mit dem wiederhergestellten Kanon des Stoffes verwandelt der Haremsfürst sich in den Jäger zurück, der immerfort jagen muß, da er nicht zu speisen versteht – ein Tantalos des Sexus, den die Hölle nicht schreckt, da er immer schon in der Qual war.

So ist sein Widerstand doppeldeutig, und nicht nur in diesem Betracht. Der heroisch Reueverweigernde ist zugleich der Unbelehrbare; auch als solcher fällt er der Vernichtung anheim. Der individuelle Gehalt der Figur schlägt an dieser Stelle in den sozialen um – es ist dieser, den Bertatis Buffa vorab entfaltet. Don Giovanni, dieser Spieler der Liebe, der seine Klassenexistenz immer mit ins Spiel bringt und Bäuerin wie Bürgerin als ein Nobile, ein Adelsmann betört (an den Ebenbürtigen, Anna und Elvira, erleidet er sein Schicksal), ist der Selbstbesinnung so unfähig wie jener Kirchenfürst, den Casanova zu Zeiten der sittenstrengen Maria Theresia in seinem Preßburger Schloß erlebt. Jeder, der sich durch seine Kleidung als gesellschaftsfähig erweist, kann sich unter die Ballgäste mischen und gegen den die Pharaobank haltenden Würdenträger im Spiel antreten; ein bankrotter Graf schneit herein, setzt nichts auf eine Karte und nimmt dem bischöflichen Bankhalter auf einen Schlag vierzehntausend Gulden ab – das Vergnügen beginnt, wo es an die Nerven geht. Die Frauenhelden der Dixhuitième-Salons sind fast durchweg zwanghafte Spieler, sie spielen um Geld und um Frauen mit der gleichen Leidenschaft – und beides zerrinnt ihnen so schnell, wie es errafft wurde. Daß hier Unrecht im Spiel, Besinnung am Platze sei, fällt ihnen im Traum nicht bei – und käme eine Marmorfigur zur Türe hereinspaziert.

Was Casanova 1753 in dem Reich der frommen Kaiserin erlebt, ist in der Inselstadt Venedig der Alltag – und eine Gegenmaßnahme des Senats, der in einem Akt von Selbstschutz die Spielsäle des Ridotto schließen läßt (die Abkömmlinge der alten venezianischen Familien bringen sich dort um ihr Vermögen), hat nicht lange Bestand. Jeder Reformversuch, so zeigt sich, geht an die Substanz der gesellschaftlichen Verhältnisse; diese können nicht reformiert, sie können nur zerschlagen werden. Es ist diese Einsicht, um derentwillen Bertati den Steinernen Gast aus den Abgründen des Trivialtheaters auf die Bühne des Teatro Giustiniani holt, und mit um so bereiteren Sinnen empfängt das Publikum des *carnevale* 1787 die Botschaft, als sie mit dem Realismus der Komödie, bar allen Moralisierens ergeht. Unvermittelt wächst Widerstand vor dem unbedenklichen Helden auf, und dieser lernt nicht, selbst als das Unheil ihn schon bei der Hand gepackt hält: Lieber untergehen als sich ändern. Bei Bertati markiert keine Königsfigur mehr den besonderen politischen Stellenwert des Helden, keine Vaterfigur gibt ihm den Umriß des verlorenen Sohns, der die Reputation des Standes und der Familie schändet; wie bei Angiolini steht Giovanni für die ganze Existenz seiner Klasse, und das Publikum, das in Gestalt Pasquariellos, des buffo caricato, seinen nutznießend-beigeordneten Vertreter auf die Bühne entsandt hat, sieht ihrem Treiben kritisch, aber nicht feindselig und ihrem Untergang mit einer Art wehmütiger Genugtuung zu: es lebt ja von ihrer Verschwendung. Bei dem parasitären Gebaren fällt für alle etwas ab; so mag ihm die alte Welt in jugendlicher Figur, mit der Aura juvenilen Leichtsinns, erscheinen.

Zehn Jahre später und kein steinerner, aber ein eherner Gast stürzt die von den Spielen des Überdrusses, von dem Überdruß der Spiele aufgeriebene Adelsrepublik in den Abgrund der Geschichte; er kommt, ein plündernder Barbar, Kirchen schleifend und Kunstkammern ausraubend, als der Vollstrecker des Gerichts, ein kleiner Mann mit scharfem Degen und wenig Glück bei den Frauen, der General der Revolution, Napoleon Bonaparte. Aber der der Komtur scheint, eine parasitär gewordene Welt zerschlagend, ist in Wahrheit Don Giovanni; unter Spaniens Himmel, in Rußlands Eis wird *ihm* der Komtur begegnen.

Komture überall

Während die Venezianer in Bertatis Karnevalsoper und das Konkurrenzerzeugnis des Teatro di San Samuele drängen, schnürt in Rom ein aus Deutschland entwichener hoher Staatsbeamter ein Manuskript seiner Jugend auf, das er ein Jahrzehnt lang verschlossen gehalten hat. Auch dieser Text ist vom Jahrmarktstheater, vom Puppenspiel hergenommen; er entstammt jenem Ort, an dem auch der »Steinerne Gast« sein Theaterrecht behalten hatte, und greift, wie dieser, in höllische Sphäre – nach fast zwei Jahrhunderten erneuert sich die Parallelität zweier Endzeitfiguren: Goethe erwägt die Fortsetzung seines »Faust«. Zur gleichen Zeit bringt er einen der Antike entlehnten Stoff, »Iphigenie in Tauris«, zu dramatischer Reife; ein mythisches Standbild, die Tempelfigur der Diana-Artemis, steht in ihrem Mittelpunkt; drohend ragt ihr Todesgebot, das die rätselhaft berufene Priesterin lange Zeit hat abwenden können, in die Handlung. Mit einem großen Aufwand an Kunst, von seiten des Dichters wie seiner Heldin, gelingt es, das Verhängnis vom Haupt des mordbeladenen Jünglings abzuwenden; die dämonische Statue läßt sich durch ihre Hüterin in Schranken zwingen, die die der Humanität sind. Aber der Sieg ist fragil, und während die Geretteten enteilen wie in Mozarts Singspiel die beiden Liebespaare, erhebt sich die Frage nach der Zukunft der Insel, auf der Thoas, der König, mit dem mythischen Bilde zurückbleibt: Wird er den alten, tödlichen Sinn erneuern?

Am 13. Januar 1787 beendet Goethe die neue Fassung des Schauspiels, die der Botschaft der Versöhnung mit einer Verssprache von höchster musikalischer Intensität entspricht. Im weiteren Verlauf des Jahres trifft dann auch er auf den »Steinernen Gast«: Rom erliegt dem Giovanni-Fieber. Schier unwiderstehlich überzieht das musikalisch wiedererstandene Paar Italien: Varese, Bologna, Treviso, Cittadella, Cremona, Padua fallen dem unerschütterlichen Verführer anheim*, und auch der Kirchenstaat öffnet ihm seine

Theaterpforten, in einer eigens für Rom gefertigten Gestalt; der Komponist heißt Vincenzo Fabrizi. Offenbar ist es diese Oper, die der von den Agenten des Fürsten Kaunitz überwachte Dichter (vielleicht – kann man es wissen? – konspiriert der Weimarische Minister gegen Österreich) in der Ewigen Stadt sieht. Nicht Frau v. Stein erfährt von der Theaterlustbarkeit; wie sollte Iphigenie sich für Giovanni interessieren, den auch sie nicht vor der Statue zu erretten vermöchte? Zelter, der Altersfreund, empfängt Jahrzehnte später die Kunde; im April 1815, gelegentlich der Berliner »Epimenides«-Premiere, sinnt sein Weimarer Briefpartner über die Unsterblichkeit gewisser Theaterfiguren nach: »Daher kommt's nun, daß bei lebhafteren Nationen die Stücke, die einmal gegriffen haben, ins Unendliche wiederholt werden können, weil die Schauspieler das Stück und das Publikum die Schauspieler immer mehr durchdringen, ferner auch ein Stadt-Nachbar den andern aufregt ins Theater zu gehen, und das allgemeine Wochengespräch zuletzt die Notwendigkeit hervorbringt, daß jeder die Neuigkeit gesehen habe. So erlebte ich in Rom, daß eine Oper, Don Juan (nicht der Mozartische), vier Wochen, alle Abende gegeben wurde, wodurch die Stadt so erregt ward, daß die letzten Krämers-Familien mit Kind und Kegel in Parterre und Logen hauseten, und niemand leben konnte, der den Don Juan nicht hatte in der Hölle braten und den Gouverneur, als seligen Geist, nicht hatte gen Himmel fahren sehen.«

Das begibt sich im Winter 1787/88 – der Dichter nimmt es zu dieser Zeit selbst mit der Hölle auf; er schreibt eine Hexenküche und versetzt den Teufelszauber aus Auerbachs Keller in klassische Jamben. Als Zeit der Magie faßt Endzeit sich allerorten. Als im folgenden Jahr die verborgenen Geister ans Licht kommen und in Frankreich Revolution machen, ist es mit der Weiterarbeit an »Faust« alsbald zu Ende. Zuvor ist dem Romfahrer der Komtur erschienen. In einer Mondnacht durchstreift er, schon zur Heimreise gerüstet, das Innere der Stadt und findet sich auf dem Kapitol vor jenem Reiterstandbild, das Michelangelo einst an diesen Platz gestellt hatte: »Die Statue Marc Aurels rief den Kommandeur in ›Don Juan‹ in Erinnerung und gab dem Wanderer zu verstehen, daß er etwas Ungewöhnliches unternehme.« Hier schließt sich ein Kreis von anderthalb Jahrtausenden. Die gebieterische Erscheinung des reitend die Hand ausstreckenden Kaisers verschmilzt mit einer Theaterszene, deren Wurzeln in jene Zeit hinabreichen, da Statuen Verkör-

Reiterstandbild des römischen Kaisers Mark Aurel
auf dem Kapitol in Rom. Die Statue des Marcus Aurelius (121–180)
ist die einzige vollständig erhaltene Reiterfigur der Antike;
Michelangelo entdeckte sie 1538 in einer römischen Villa und stellte sie
auf dem nach seinen Plänen gestalteten Kapitolsplatz auf. Photographie.

perungen im Sinne magischer Personalität waren, den Zweifel bannend, den Frevler schlagend, den Fühlsamen erhebend: Weltordnung im Bilde herrscherlich gebietender Weisheit. Wenn sich – so die Volkssage – der in Spuren kenntliche Goldüberzug des Pferdes erneuere, werde das Ende der Welt gekommen sein.

Nicht mit dämonischen Statuen, aber mit einer blutig dräuenden Geistererscheinung ist Anfang des Jahres 1787 ein anderer deutscher Dramatiker beschäftigt, der sich, um doch auch einmal Geld zu verdienen, aufs Romanschreiben, in Fortsetzungen, verlegt hat und von dem Erfolg schier umgeworfen wird: Friedrich Schiller. Er bewohnt einen Weinberg vor den Toren Dresdens und hat eine Zeitschrift, »Thalia«, gegründet, um sein neuestes Theaterstück, »Don Karlos, Infant von Spanien«, unters Publikum zu bringen. Der jugendliche Held des Werkes ist in eine einzige Frau, seine Stiefmutter, verliebt und kommt keineswegs dazu, deren Besitzer, seinen Vater, der zugleich der König ist (König, Vater und Komtur, diese bei Tirso wohlgetrennten Gewalten, sind hier eine einzige übermächtige Figur), niederzustrecken; er wird vernichtet, ohne ans Ziel seiner Träume gekommen zu sein. Don Karlos und Don Giovanni – zwei Kontrastfiguren jugendlicher Unreife? Es ist der Unterschied der Nationen, der Mentalitäten, der in dem erotischen Schicksal beider Gestalten sich malt: hier der träumende Anbeter, dort der hitzige Angreifer, hier der Individualismus des Seelenhaften, dort der Pluralismus der Körperlichkeit, und es ist die Differenz der historischen Konstellation. »Don Karlos« behandelt die Zukunftsaussichten von Deutschlands bürgerlicher Klasse, »Don Giovanni« beschreibt die Perspektiven des europäischen Adels.

Um durch sein literarisches Journal den Faden der Spannung zu ziehen, ersinnt der Autor einen Kriminalroman (es ist der erste der deutschen Literatur), der die Zeitgenossen elektrisiert, und das ist kein Anachronismus: in der Geschichte selbst kommt eine *Elektrisiermaschine* vor; die Funken, die sie sprüht, dienen dazu, einen Geist, der aus dem Projektor kommt, Schemen aus der laterna magica, geheimnisvoll zu umblitzen. Ein Burlador, ein Betrüger, gibt sich mit Mitteln neuester Wissenschaft den Anschein, der Geisterwelt zu gebieten, und er wird entlarvt, indem er überboten wird; das wirkliche Gespenst macht das künstliche erbleichen. »Hier erzitterte das Haus von neuem. Die Tür sprang freiwillig unter einem heftigen Donnerschlag auf, ein Blitz erleuchtete das Zimmer, und eine andere *körperliche* Gestalt, blutig und blaß wie die erste, aber schrecklicher, erschien an der Schwelle. Der Spiritus fing von selbst an zu brennen, und der Saal wurde helle wie zuvor. ›Wer ist unter uns?‹ rief der Magier erschrocken und warf einen Blick des Entsetzens durch die Versammlung – ›*Dich* habe ich nicht gewollt.‹« An dieser andern Erscheinung prallen Pistolenkugeln und Degengriffe ab, der Prinz aber, dem diese wie die vorangegangene Beschwörung gilt, steht »furchtlos und ruhig, die Augen starr auf die Erscheinung gerichtet«. »›Ja! Ich erkenne dich‹, rief er endlich voll Rührung aus, ›du bist Lanoy, du bist mein Freund – – Woher kommst du?‹ ›Die Ewigkeit ist stumm. Frage mich aus dem vergangenen Leben.‹«

Die Geschichte spielt eben dort, wo gerade mit schwerem Schritt der Steinerne Gast in ein erneutes Opernleben tritt, in dem Venedig der Spielcasinos und der Staatsinquisitoren, der Kaffeehäuser und der Geheimgesellschaften, der Abenteurer und der Kokotten – jener Stadt, in der Aufklärung und Aberglaube, Weisheit und Betrug, Ausschweifung und Spekulation ein Gebräu bilden, wie es sonst, brodelnd und betäubend, nur noch in Paris, allenfalls in Wien anzutreffen ist, das Odeur einer Endzeit verströmend, die ihrem Einhalt entgegentaumelt. »In diesem Gewölbe fand man eine Elektrisiermaschine, eine Uhr und eine kleine silberne Glocke, welche letztere, so wie die Elektrisiermaschine, mit dem Altar und dem darauf befestigten Kruzifixe Kommunikation hatte. Ein Fensterladen, der dem Kamine gerade gegenüber stand, war durchbrochen und mit einem Schieber versehen, um, wie wir nachher erfuhren, eine magische Laterne in seine Öffnung einzupassen, aus welcher die verlangte Gestalt auf die Wand über dem Kamin gefallen war. Vom Dachboden und aus dem Keller brachte man verschiedene Trommeln, woran große bleierne Kugeln an Schnüren befestigt hingen, wahrscheinlich um das Geräusch des Donners hervorzubringen, das wir gehört hatten. Als man die Kleider des Sizilianers durchsuchte, fand man in einem Etui verschiedene Pulver, wie auch lebendigen Merkur [Quecksilber] in Phiolen und Büchsen, Phosphorus in einer gläsernen Flasche, einen Ring, den wir gleich für einen magnetischen erkannten, weil er an einem stählernen Knopfe hängen blieb, dem er von ungefähr nahegebracht worden, in den Rocktaschen ein Paternoster, einen Judenbart, Terzerole und einen Dolch. ›Laß doch sehen, ob sie geladen sind!‹ sagte einer von den Häschern, indem er eines von den Terzerolen nahm und ins Kamin abschoß. ›Jesus Maria!‹ rief eine hohle menschliche Stimme, eben die, welche wir von der ersten Erscheinung gehört hatten – und in demselben Augenblick sahen wir einen blutenden Körper aus dem Schlot herunterstürzen. – ›Noch nicht zur Ruhe, armer Geist?‹ rief der Engländer, während wir andern mit Schrecken zurückfuhren. ›Gehe heim zu deinem Grabe. Du hast geschienen, was du nicht warst; jetzt wirst du sein, was du schienst.‹ ›Jesus Maria! Ich bin verwundet‹, wiederholte der Mensch im Kamine. Die Kugel hatte ihm das rechte Bein zerschmettert.«

Hier hat man das Laboratorium des Zeitalters, mit den Instrumenten der wirklichen und der falschen, der wissenschaftlichen und der abergläubischen Magie; die Stimme des Komturs aber ertönt aus dem Rauchfang und kommt von dem Helfer eines Trickbetrügers. Schillers Erzählung ist von pronociert aufklärerischer Tendenz: in ihrem Mittelpunkt steht ein deutscher Prinz, entfernter, aber durch Todesfälle allmählich vorrückender Thronanwärter seines Heimatlandes, der durch ein jesuitisches Truggespinst zum Geistergläubigen, *Geisterseher* gemacht und dergestalt für die Konversion in den Schoß der katholischen Kirche zubereitet werden soll. »In Rom wirst du es erfahren«, sagt denn auch das zweite, übertreffende Gespenst, ehe es vor den Augen der Zuschauer zerfließt. Eine bedrängende politische Erfahrung steht im Hintergrund der Geschichte: drei deutsche Fürsten, die Regenten Sachsens, Württembergs und Hessens, waren im Lauf des 18. Jahrhunderts vom Protestantismus abgefallen; von einem württembergischen Prinzen, der sich 1786 in der »Berlinischen Monatsschrift« zum literarischen Anwalt des Mystizismus gemacht hatte, befürchtete Schiller – und nicht nur er – ein Gleiches.

Doch hat die Aktualität des Romans noch einen dringlicheren Anhaltspunkt. Preußen wurde seit dem Tode Friedrichs II. von einem Rosenkreuzer-König, Friedrich Wilhelm II., regiert, dessen leitender Minister und engster politischer Berater, der aus Thüringen stammende General v. Bischoffwerder (1740–1803), Anfang der 1770er Jahre – er war damals Stallmeister des in Dresden lebenden Herzogs von Kurland – zu einem Kreis von Adepten gehört hatte, die sich durch einen Geisterbeschwörer namens Johann Georg Schrepfer hatten düpieren lassen. Schrepfer, ein Okkultist von Erfindungsgabe und Suggestion, hatte mit subtil konstruierten Projektionsapparaten operiert, und es ging das Gerücht, daß sein Freund Bischoffwerder den Apparat von ihm geerbt habe. Schrepfer hatte Bischoffwerder ins Leipziger Rosenthal mitgenommen, als er sich dort im Oktober 1774 erschoß.

Außer Frage ist (Fontane beschreibt es in seinen »Wanderungen«), daß der Minister v. Bischoffwerder, der ein kühner Außenpolitiker war und Preußen jenen Frieden mit Frankreich bescherte, den eine andere Hofkamarilla 1806 verspielte, im Park seines nahe Potsdam, in dem Dorf Marquardt gelegenen Schlosses 1794 eine mystische Grotte errichten ließ, in der er — vermittels einer Doppelwandung, in deren Zwischenraum die Geisterstimmen Platz fanden — Séancen inszenierte. Der König, dem Bischoffwerder auch in Berlin und Potsdam solche Erbauungen bereitete, kam zuweilen zu Gast. Der Mystizismus des Rosenkreuzer-Kreises um Friedrich Wilhelm II. schlug in dem Religionsedikt des Ministers v. Wöllner repressiv gegen die in Preußen stark vertretene Aufklärung aus und mußte auch Schiller alarmieren, der in Dresden und Leipzig die Details der Schrepferschen Projektionsmagie ebenso wie die Geschichte des jungen Bischoffwerder erfahren konnte. Offenbar ist es dieser ganz unmittelbare Zeitbezug gewesen, der ihn den Stoff des »Geistersehers« hat aufgreifen und — fallen lassen; auch der enorme Erfolg des bis in den Mai 1789 in der »Thalia« fortgesetzten Romans hat hier seine Wurzel. Ihn zu Ende schreiben hieß das Schicksal der preußischen Regierung deuten; dazu fühlte sich Schiller nach den Pariser Begebenheiten weniger denn je imstande.

Aber das Scheitern seiner Erzählung hat auch immanenten Charakter. Die Geschichte, die er gegen Obskurantismus und Fürstenverführung schreibt, nimmt unterhand eine Wendung, die mit der durchschaubaren Zauberei des entlarvten Projektionskünstlers auch die Intentionen des Autors, der sie regiert, übersteigt. Jene rätselumwitterte Persönlichkeit (als »der Armenier«, »der russische Offizier« geht sie in der Erzählung um und führt sich zu Anfang mit einer ebenso unwahrscheinlichen wie schnell bewahrheiteten Prophezeiung ein), die als der raffiniertere Betrüger erscheinen soll, steht als der wahre Magier, der glaubhafte Geisterherr da; wo er die Machenschaften des Trickbetrügers zerschlägt, erscheinen die von ihm heraufgeführten Gestalten — zuerst der tote Freund, später ein ermordeter Bruder — mit so elementarer erzählerischer Kraft, daß Konzept und Tendenz auf der Strecke bleiben. Der Leser selbst verwandelt sich in den Prinzen, dem der falsche Magier entlarvt wird, damit er dem wahren, der der noch falschere ist, insofern der erste, von ihm entlarvte vermutlich in seinem Dienst steht, Glauben schenkt. Der der überbietende Machinateur sein soll, erscheint als der übermenschliche Gebieter einer unerlösten Vergangenheit.

Nicht Aufklärung, sondern Verdunkelung, so zeigt sich, ist die immanente Tendenz des Stoffes; als Erzähler erliegt der Autor dem, was er zu bekämpfen gedenkt – er selbst wird zum Geisterbeschwörer. Die Kriminalgeschichte suspendiert sich an dieser Stelle selbst: der Verfasser erscheint als ein epischer Zauberlehrling, der den Magier, den er rief, nicht wieder los wird; es ist nur folgerichtig, daß er die Erzählung, trotz dem Erwartungsdruck einer hochgespannten Leserschaft, nicht zu Ende bringt. Was als Kunstfehler erscheinen könnte, springt aus der Sache selbst hervor, die die der Zeit ist; Aufklärung hebt sich, ihre Bahn verfolgend, selbst auf. Aus ihrem Innern schlägt ein Überbietendes auf, dessen die, die sie zu lenken glauben, nicht mehr Herr werden. Der tiefe Pessimismus des »Karlos«-Ausgangs und die Leichtigkeit, mit der in dem gleichfalls zu dieser Zeit vollendeten »Egmont« der schwarze Mann sich des lichten, zukunftsgewissen bemächtigt, die exklusiven Bedingungen, die Goethe aufbieten muß, um seinen griechischen Geschwistern das gute Ende zu sichern, deuten auf die Krisis, die im Innern des Zeitalters schwelt; von ihr zeugt Schillers unauflösbarer Armenier ebenso wie Bertatis Steinerner Gast. Mit seinem unzertrennlichen Widersacher überschreitet er bald nach der venezianischen Premiere die Alpen; während Mozart, einen Opernauftrag in der Tasche, von Prag gen Süden fährt, reist Bertatis Text von Venedig gen Norden. In Wien treffen beide zusammen.

KAPITEL IX

Ein Text für Mozart

Pentheus: *Was ist denn deiner Orgien Sinn und Wesen?*
Dionysos: *Unkündbar dem, den Bakchos nicht erleuchtet.*
(Euripides: Die Bakchen*)

Ankunft eines Stoffes

In dem venezianischen »Don Giovanni« verwebt sich der nahe Untergang des Ancien régime mit dem Ende jener Bewegung, die ihm mit Vernunftberufung opponiert hatte. Beide Figuren, Giovanni und der Komtur, sind, mit changierender Bedeutung, die Träger solcher Dialektik – das ineinander verkeilte Paar als Rebus der geschichtlichen Stunde. Es tritt nun an, sich in dem Zusammenhang eines andern Landes zu erproben; aus zwei Himmelsrichtungen bewegt eine Oper, die noch keiner kennt, sich im Februar 1787 auf den Ort ihrer Entstehung zu. Wie der kaiserliche Hof seine Diplomatie bemüht, um auf der Höhe der internationalen Operangelegenheiten zu sein, hat auch da Ponte seine Berichterstatter, und in Venedig zumal; auch kennt er Gazzaniga, den Komponisten der neuen Karnevalsoper, von einer Wiener Zusammenarbeit ein Jahr zuvor. Dem »verdienstvollen Komponisten, der aber einen etwas veralteten Stil hatte« (und, wie da Ponte verrät, in Wien von einer seltsamen Liebesaffäre okkupiert gewesen war), hatte er damals in aller Eile eine komische Oper bearbeitet; »Der hellsehende Blinde« (Il finto cieco) war nur auf drei Aufführungen gekommen.

Vielleicht ist Gazzanigas Oper schon bei da Ponte, als Mozart eine Woche nach der venezianischen Premiere in Wien eintrifft. Hat dieser, wie der Legende nach Beethoven vor der Paërschen »Leonora«, gerufen: »Das ist gut, das werde ich komponieren«? Der von Prager Triumphen Heimgekehrte geht schwerlich sogleich an die Opernarbeit. Nicht der Prager, sondern der Londoner Saison gelten seine Erwartungen; der Januar-Brief an Gottfried v. Jacquin deutet auf nah bevorstehende Abreise: »Wenn ich bedenke, daß ich nach meiner Zurückkunft nur eine kurze Zeit noch das Vernügen genüssen kann, in Ihrer werten Gesellschaft zu sein, und dann auf so lange – und vielleicht auf immer dieses Vergnügen werde entbehren müssen...« (15. Januar 1787, aus Prag) Das klingt nicht nur nach Reise-, sondern, wie anno 82, nach Übersiedlungsplänen; Mozart, dessen Wiener Situation nach dem »Figaro« bodenlos geworden ist (der sehr wahrscheinliche Ausfall seiner Weihnachtsakademien macht es deutlich), sinnt auf Emigration.

Glaubt er, daß seine englischen Freunde ihn mit nach London nehmen? Es sind vier: Nancy Storace, die »Figaro«-Susanna und vermutlich auch *seine* Susanna, deren Bruder, Stephen Storace, der

»Patience and tranquillity of mind contribute more
to cure our distempers as the whole art of medecine. –
Wien den 30ten März 1787. Ihr wahrer aufrichtiger Freund
und O: Br: [Ordensbruder] Wolfgang Amadè Mozart
Mitglied der sehr [Ehrenwerten Loge] zur Neu gekrönnten Hofnung im O: V: W:«
Eintragung Mozarts in das Stammbuch seines Logenbruders
und Englischlehrers Johann Georg Kronauer.

Sänger O'Kelly, als Basilio und Curzio am »Figaro« beteiligt, und
der Pianist Thomas Attwood. Am 26. Februar, zwei Wochen nach seiner Rückkehr aus Prag, treten sie die Heimreise an, ohne Mozart,
den der Vater brieflich von der Unternehmung abgeschreckt hat,
aber offenbar mit der Zusage, den Boden für ihn zu bereiten. Mozart
lebt wie auf Abruf und übt sich in Geduld sowie der englischen Sprache: »Patience and tranquillity of mind contribute more to cure our
distempers as the whole art of Medecine« – Geduld und Ruhe des
Geistes befördern die Heilung unserer Krankheiten mehr als alle
Kunst der Medizin. So schreibt er sich selbst mehr als dem Adressaten, seinem Englischlehrer, ins Stammbuch. Er sitzt in Wien,
schreibt ein paar kostbare Kleinigkeiten und wartet auf den Londoner Auftrag, eine Oper oder ein Subskriptionskonzert betreffend.
Aber weder das eine noch das andere stellt sich ein; Vater Leopold
hat schon im Februar vermutet, Stephen Storace, der im Dezember
in Wien mit einer von da Ponte verfaßten Buffa durchgefallene
Opernkomponist, werde wohl zuerst für sich selbst sorgen. Die Überlegenheit des Kindes hatte man ertragen wie die Schriftgelehrten
den zwölfjährigen Jesus. Die des Mannes wird, wohin er kommt, zur
Existenzbedrohung für die Kollegenschaft. Die Furcht, von Mozart
überglänzt und gewissermaßen außer Kurs gesetzt zu werden, mag
auch Attwoods Eifer dämpfen – und die Reise auf eigene Faust zu
wagen wäre riskant. Zweitausend Gulden, warnt der Vater, stets auf
Entmutigung des Sohns bedacht, müsse man für eine solche Unternehmung »im Sack haben«, und im Sommer anzukommen sei, unter Konzert-Gesichtspunkten, keinesfalls ratsam.

So bleibt Mozart einstweilen in Wien. Er schreibt zwei Baß-Arien,
eine davon für Gottfried v. Jacquin, und ein Klavierrondo von schwe-
reloser Kühnheit; dann mag er erwägen, daß die ihm für Prag aufge-
gebene Oper auch für London zu brauchen sei – er geht da Ponte um
einen Text an. Der Hausdichter des italienischen Theaters steht in
vollem Flor; mit dem Spanier Martini, der ihm ein Jahr zuvor seine
erste Erfolgsoper, den »Gutmütigen Polterer«, komponiert hatte,
hat er im November 1786 fabelhaft reüssiert: »Una cosa rara ossia
Bellezza ed Onestà«, *Eine seltene Sache oder Schönheit und Ehrbarkeit*, heißt die neue Oper, gegen deren musikalische Simplizität die
noch im Bann des »Figaro« stehenden Sänger sich zunächst aufgelehnt hatten. »Matt und gemein« sei die ihnen zugemutete Musik
(sie enthielt die Urform des Wiener Walzers); der Kaiser schlichtet

den Aufruhr mit einem Satz aus da Pontes Libretto: »Quel ch' è fatto è fatto e non si può cangiar« (Was gemacht ist, ist gemacht und läßt sich nicht mehr ändern). Der Erfolg des Stückes gibt dem Regenten recht; die Stadt, schreibt ein Chronist, sei durch »Cosa rara« beinahe in Raserei gebracht worden; bei jeder Vorstellung müßten drei- bis vierhundert Personen nach Hause geschickt werden. »Alles in Wien«, notiert ein anderer Zeitgenosse, »ist aus Mode *Cosa rara* geworden.« Die Oper ist dieser Zeit keine Angelegenheit von Kulturpflege, sie ist Lebensbedürfnis, Lebenselement. Ein Werk, das den Nerv des Publikums trifft, kreiert neue Moden, neue Haltungen; das musikalische Theater spielt im Leben der Gesellschaft eine Rolle, wie sie heute allenfalls den Protagonisten der Trivialmusik – der Rockband, dem Schlagerstar – zukommt.

Der »Cosa rara«-Triumph trägt da Ponte über einige Mißerfolge hinweg, die zweit- und drittrangige Komponisten ihm einbringen. Für Vincenzo Righini, den Komponisten des alten Prager und Wiener »Don Giovanni«, der sich in Wien festgesetzt hat (Mozart hält nichts von ihm), hat er einen »Verwirrten Philosophen« (»Il Demogorgone ovvero il Filosofo confuso«), für Stephen Storace »Die Doppelsinnigen« (»Gli Equivoci«), eine Bearbeitung von Shakespeares »Komödie der Irrungen«, geschrieben, und beide sind, im Juli und im Dezember 1786, durchgefallen. Für einen dritten Text, mit dem er dem Komponisten Piticcio zu Hilfe kommt (in Juni 1787 ist die Premiere) sieht er das gleiche Schicksal voraus – da Ponte muß, trotz »Cosa rara«, sehen, daß er nicht unter die Räder kommt. Das meint auch der Kaiser: »Da Ponte«, rät er seinem Protegé, »schreiben Sie nur für die Mozart, Martini und Salieri Opern, aber lassen Sie sich nie wieder mit solchen armseligen, unwissenden Leuten ein wie dieser hier!« So jedenfalls steht es Jahrzehnte später dem Memoirenschreiber vor dem inneren Ohr.

Mozarts Bitte um einen neuen Text findet bereitwillige Aufnahme, aber auch Martini und Salieri haben Libretto-Wünsche – Anfang April vermutlich kreuzen sich die Anforderungen bei dem begehrten Autor. Auf Virtuosenweise zieht dieser sich aus der Klemme: er beschließt, die Arbeit zusammenzulegen. »Salieri forderte von mir kein Originaldrama. Er hatte in Paris die Oper ›Tarare‹, geschrieben, wollte sie sowohl im Charakter als in der Musik in eine italienische Oper umarbeiten und verlangte daher von mir nur eine freie Übertragung. Mozart und Martini überließen mir ganz die Wahl. Ich

Michele Pekenino nach Nathaniel Rogers (1788–1844):
Lorenzo da Ponte (1749–1838). Punktierstich, New York.

wählte für jenen den ›Don Juan‹, der ihm außerordentlich zusagte, und den ›Baum der Diana‹ für Martini, welchem ich ein angenehmes Sujet geben wollte, das für seine zarten, weichen Melodien passend wäre, die man nur mit der Seele fühlen kann und die sehr wenige nachzuahmen vermögen. Nachdem ich diese drei Sujets gefunden hatte, ging ich zum Kaiser, entdeckte ihm meine Pläne und unterrichtete ihn zugleich von meiner Absicht, alle drei Opern zu gleicher

Zeit zu schreiben. ›Sie werden nicht damit zustande kommen‹, antwortete er. ›Vielleicht gelingt es mir nicht‹, erwiderte ich, ›aber ich werde es versuchen. Nachts werde ich für Mozart schreiben und werde mir denken, ich lese die ›Hölle‹ von Dante, am Morgen für Martini und meinen, ich studiere den Petrarca, am Abend für Salieri und mich meines ›Tasso‹ erinnern.‹ Er fand meine Vergleiche passend, und als ich kaum zu Hause angelangt war, fing ich an zu schreiben.«* Da Ponte hat Glück: die rechte Muse stellt sich ihm für das exzessive Unternehmen ein; sie wohnt nebenan, ist sechzehn Jahre alt und hält den überlasteten Autor nicht nur mit Zwieback und Kaffee bei Laune. Es geht, mit so beflügelnder Hilfe, hurtig voran; schon am ersten Tag, »zwischen Tokaier, Tabak von Sevilla, Kaffee, dem Glöckchen und der jungen Muse«, sind »die ersten zwei Szenen von ›Don Juan‹, zwei andere vom ›Baum der Diana‹ und mehr als die Hälfte des ersten Akts vom ›Tarare‹, ein Titel, den ich in ›Assur, König von Ormus‹ verwandelt hatte, fertig.«

Der Erfolg des »Figaro« zeigt es wie der der »Cosa«: hier sind Kunst und Gesellschaft noch eines. Da Pontes Bericht, mag er auch novellistisch zugespitzt, von Erinnerung übergoldet sein, bezeugt es von der Subjektseite: auch *Leben* und Kunst sind eines; nicht dergestalt, daß die Kunst das bürgerlich eingepreßte, auf sich selbst zurückgeworfene Leben aufwiege, sondern daß sie, mit Handwerksleichtigkeit, aus dem vollen Leben hervorsprudle. Der da, seine Zerlina auf dem Schoß, ein Simultanschreiber des Operndichtens, drei Projekte gleichzeitig vorantreibt, lebt in seinen Stoffen, seinen Versen − nicht im Sinn krisenhaft-hochgetriebener Verinnerlichung, sondern entschlossener Veräußerlichung; nicht nur in der Lebenshaltung der Figuren, auch in der Kunsthaltung der Autoren sind »Werthers Leiden« und »Der bestrafte Ausschweifende« Antipoden. Hier spornt nicht die Qual gesellschaftlicher Verlorenheit des Autors wie seines Helden, sondern allenfalls die Eifersucht der Neider und Konkurrenten − und es beflügelt das, was man mit Fug den gesellschaftlichen Auftrag nennen kann: das Bewußtsein, mit jeder Arbeit unmittelbar vor der zentralen politischen Instanz als einer individuell kenntlichen, auch subjekthaft interessierten zu stehen.

In dem heimatvertriebenen Poeten, der ein entlaufener Abbé und problematisch assimilierter Jude ist, ist das Gefühl dieser Bezüglichkeit, die ihn in einer Welt voller Intrigen und Ränke trägt und stützt, hochentwickelt. Zwei einander wechselseitig übergeordneten In-

stanzen unterstellt sich seine Arbeit: dem Publikum, von dem auch
der Kaiser nur ein Teil ist, und dem Monarchen; beiden zu genügen –
und das heißt auch: zwischen beiden zu vermitteln – ist sein höchs-
tes Ziel. Der »Baum der Diana« scheint da Ponte »das Beste«, was
er je gemacht habe, »sowohl in betreff des Gegenstandes als in den
Versen«. »Meine Dichtung«, so beschreibt der Autor seinen Text,
»bestand nämlich darin, daß Diana, die fabelhafte Göttin der
Keuschheit, in ihrem Garten einen Baum hätte, dessen Zweige Äpfel
von ganz außerordentlicher Größe hervorbrachten; und wenn Nymphen dieser Göttin unter dem Baum durchgingen, die in Gedanken
und in der Tat keusch waren, so wurden die Äpfel sehr glänzend und
aus diesen sowohl als aus allen Zweigen ertönten heilige, himmlisch
schöne und angenehme Melodien. Wenn aber eine von denselben
sich gegen das Heilighalten dieser Tugenden ein Versehen hatte zu-
schulden kommen lassen, so wurden die Früchte schwärzer als
Kohle, fielen ihnen auf den Kopf und auf die Schultern und bestraften sie durch Entstellung und Zerquetschung ihres Gesichts, bra-
chen ihnen selbst zuweilen die Glieder entzwei, nach Maßgabe ihrer
Vergehen.

Amor, der ein so beleidigendes Gesetz für seine Gottheit nicht dulden konnte, schleicht sich in weiblichen Kleidern in den Garten der
Diana, macht die Gärtner der Göttin verliebt und lehrt sie die Art,
alle Nymphen verliebt zu machen. Noch nicht zufrieden damit,
führt er den schönen Endymion ebendahin, in welchen sich am
Ende die Diana selbst verliebt. Der Priester der Göttin entdeckt bei
den Opfern, daß Verbrechen von den Jungfrauen begangen worden
sein müssen, und mit der ihm von der Göttin selbst übertragenen
priesterlichen Gewalt befiehlt er, daß alle Nymphen und Diana
selbst sich der Probe des Baumes unterwerfen sollen. Diese, weil sie
wohl einsah, daß sie entdeckt werden würde, ließ den wunderbaren
Baum abhauen, und Amor, der in einer hellstrahlenden Wolke erscheint, befiehlt, daß der Garten der Diana sich in den Aufenthalt
der Liebe verwandle.«

Ein Rokokospiel, »lasziv, ohne wollüstig zu sein«, antikisch-alle-
gorisch tändelnd mit den Figurationen der Liebe, der Keuschheit –
wer dürfte sich erkühnen, es als soziales Gleichnis, als ein politisch
bestimmtes Stück zu erkennen? Es ist der Autor, der den Zusammenhang offenlegt; sein Märchen von den bekehrten Diana-Prieste-
rinnen nimmt einen für jeden zeitgenössischen Zuschauer einseh-

baren Bezug auf die heftig umstrittene Säkularisationspolitik
Josephs II. Da Ponte schreibt eine Oper, »die außer dem Verdienst
einiger Neuheit noch den besonderen Vorteil« hat, »ganz im Geschmack meines kaiserlichen Protektors und Monarchen zu sein
und seinen vollkommenen Beifall zu erlangen, da er gerade zu der-

Johann Ziegler (um 1750 bis um 1812)
nach Lorenz Janscha (1749–1812):
»Versammlung der schönen Welt bey den Kaffée-Häusern
in der großen Prater-Allée«. Kolorierte Radierung
aus dem Verlag Artaria, Wien 1794.

selben Zeit mit einem heiligen Dekret in allen seinen Erbstaaten die
barbarischen mönchischen Stiftungen unterdrückt hatte«. Schon
1782 hatte der Kaiser ein Gesetz erlassen und gegen die persönliche
Intervention des Papstes behauptet, das die Schließung zahlreicher
Klöster verfügte; 1784–86 war er, trotz heftigen kirchlichen Widerstands, auf diesem Weg fortgeschritten: 82 Abteien, 395 Männer-

und 261 Frauenklöster waren binnen vier Jahren in Österreich aufgehoben worden. Martinis und da Pontes »dramma giocoso« von dem magischen Baum, dessen Bann Natur und Liebe brechen (es hat am 1. Oktober 1787 Premiere und wird bis Ende 1788 neunzehnmal gespielt) setzt den spielerisch-heiteren Schlußpunkt unter eine dramatisch umstrittene, unbeirrt durchgeführte Politik. Und es übt Gerechtigkeit, insofern es den Preis des Fortschritts nicht verschweigt: mit den Klöstern ging eine Bastion gerade auch musikalischer Kultur zugrunde. Die Kunst sinkt, wenn die Menschen zur Freiheit gelangen. Wo die Natur leidet, treibt die Kultur goldene Früchte. Auch dies konnte man dem »Baum der Diana« entnehmen.

Wo Kunst und Leben, Kunst und Gesellschaft dergestalt in eins wirken, erscheint der politische Sinn des Kunstwerks nicht als etwas, das sich als Tendenz von ihm ablöste und der Idee seiner Autonomie antinomisch gegenüberträte (beides sind Kategorien jenes Beziehungszerfalls, den das industrielle Jahrhundert heraufführt), sondern als eine konstitutive Eigenschaft wie der Unterhaltungswert des Stückes und die Kunstfertigkeit, Kunstgerechtheit seiner Ausführung. Auch »Don Giovanni« untersteht einem gesellschaftlichen Auftrag, der sich aus den Absichten und Leistungen der kaiserlichen Politik ergibt. Wie »Der Baum der Diana« auf Josephs Kirchenpolitik abhebt, so »Il dissoluto punito« auf dessen Vorgehen gegen den feudalen Grundbesitz; der sich im Vollgefühl seiner Privilegien hemmungslos auslebende Landadelige ist jener negative Held, dem Josephs Land- und Steuerreform Mittel und Rechte beschneidet. Der alte Stoff, der immer ein eingreifend politischer gewesen war, nimmt im josephinischen Österreich Bedeutungen auf, die die früheren weiterführen. War es der spanischen Monarchie zur Zeit Tirsos und der französischen zur Zeit Molières um die *politische* Unterwerfung der Latifundienbesitzer, ihre Zähmung durch höfische Integration gegangen, so greifen die josephinischen Reformen die rechtliche und ökonomische Stellung des Adels an; die Grundherren sollen gleichberechtigte, gleichverpflichtete Staatsbürger werden. Dagegen läuft da Pontes Giovanni erotisch-moralisch Amok; sein sexueller Anarchismus, der sich an den Widerständen, die ihm von Szene zu Szene entgegenschlagen, hybrid überhitzt, fungiert als Allegorie einer Privilegiertheit, der die kaiserliche Politik den Stempel des Parasitären aufgedrückt hat. Aus der morbiden Kaufmannsrepublik in das reformgeschüttelte Österreich eintretend, gewinnt

Nicola Monachesi (1795–1851):
Lorenzo da Ponte in hohem Alter.
Gemälde, New York.

Don Giovanni einen neuen Stellenwert, der sich aus den Koordina-
ten der kaiserlichen Politik ergibt; es ist der einer zentralen gesellschaftlichen Figur.

Warum verschweigt da Ponte, woher er sie nimmt? Das ist nicht
seine Art; zu allen entlehnten Stoffen – und er entlehnt fast immer,
die Bearbeitung, nicht das Originaldrama ist seine Force – gibt er be-
reitwillig Herkunft und Autor an. Der 1785 geschriebene »Burbero«, so erläutert der Memoirenautor, beruhe auf einem Stück von
Goldoni, der 1787 für Salieri entstehende »Axur« auf einem von
Beaumarchais; »Cosa rara« fuße auf Calderón, »Gli Equivoci« auf

Shakespeare – da Ponte verschweigt seine Quellen um so weniger, als sein Zeitalter den Begriff des Originaldramas weder als ästhetischen noch als juristischen kennt. Man schreibt nicht für die Nachwelt oder gar für die Ewigkeit, sondern für den Tag, für die Premiere, und wenn es nottut, für drei Premieren gleichzeitig; statt eines historischen Repertoires gibt es einen Fundus von Sujets, den jeder von Vorgängern übernimmt, wie er ihn weiterarbeitend für andere vermehrt.

Nur von seiner venezianischen Don-Giovanni-Vorlage sagt da Ponte nichts, und die philologische Nachwelt hat es ihm, als das Modell 1868 aus einem Londoner Antiquariat zutage trat (Friedrich Chrysander fand die Partitur und veröffentlichte zwanzig Jahre später das Libretto), krumm genommen. Aber es sind ganz persönliche Gründe, die dies bewirken: die beiden sind Feinde, vielleicht schon seit venezianischen Tagen, mit Sicherheit von dem Zeitpunkt an, da Bertati unter Leopold II. da Pontes Stelle in Wien einnimmt (sie war zuvor interimistisch mit Mazzolà besetzt worden). Da Pontes Memoiren-Bericht über einen Besuch, den er seinem Nachfolger 1791 abstattet, zeugt, obschon Bertati keinen Anteil an seinem Sturz hat, von einem hochbelasteten, geradezu giftgeschwollenen Verhältnis. An einer früheren Stelle, die von dem miserablen Niveau der gängigen italienischen Librettistik (als Folge schlechter Entlohnung) handelt, stellt da Ponte Bertati ohne weiteres in die Reihe der Stümper – und nun soll er memoirenschreibend dem als Feind angenommenen Mann einen Anteil an jenem Werk einräumen, das dem nach Amerika verschlagenen Greis mit dem »Figaro« als der wahre Ertrag seines Lebens vor Augen steht? Es ging offenbar über seine Kräfte, wie in gewisser Weise das Memoirenschreiben überhaupt. Der Autor sieht sich nicht, wie Rousseau, wie Casavona, ins Gesicht, er stellt sich vor die Welt hin; er bearbeitet sich wie einst die Stücke der andern, und nicht mit dem gleichen Ingenium.

Über Kreuz

Daß der Giovanni, den da Ponte der Vorlage Bertatis abgewinnt, die vieldeutige Figur, die er von allem Anfang an war, nicht nur bleibt, sondern gesteigert *wird*, ist Sache des Standbilds. Es tritt nicht nur Don Giovanni – es tritt auch dessen Autor in den Weg, der das dramma giocoso mit souveränem Zugriff in dem Sinne umbildet, den Bertati vorgegeben, aber nicht durchgeführt hatte, dem Sinn des Kriminalstücks als jener ästhetischen Säkularisierung des Sujets, die dem Wandel seiner gesellschaftlichen Bestimmung entspricht.

Da Ponte übernimmt, mit einer Abweichung, die Disposition von Bertatis erstem Bild und folgt seinem Muster – nicht in den Versen, aber in der Anlage – bis in das zweite hinein; erst nach Masettos Abgangsarie (Nr. 7, Szene I/8) löst er sich von der Vorlage. Allerdings ist Donna Ximena, Giovannis Casino-Rendezvous, nurmehr kryptisch in seinem Text enthalten; sie ist jene schöne Dame, von der Giovanni seinem Diener erzählt, ehe eine andere seine Aufmerksamkeit fesselt: »Ich sah sie – sprach sie – zu mir ins Häuschen wird sie heute nacht kommen.« In diesem Moment riecht er den andern, vermeintlich frischen Weiberduft: Donna Elvira betritt die Bühne. Die für die Nacht angekündigte Ximena bleibt scheinbar aus – doch dieser Schein trügt: sie kommt nur nicht auf die Bühne. Als Giovanni der Elvira-Szene davonschleichend entrinnt, strebt er offenbar zum Rendezvous in das dem Zuschauer verborgene Häuschen. Denn als mit der siebenten Szene die Bauernhochzeit die Bühne einnimmt, ist es nicht mehr Nacht, sondern längst Tag.

Da Ponte kommt mit den drei Sängerinnen aus, die der Bestand des venezianischen wie des Prager Ensembles sind (drei Damen, vier Herren sind die übliche Besetzung der italienischen Theater), aber er setzt sie anders ein. Das Episodenstück, das »Don Juan« immer gewesen und auch als »Don Giovanni«, von Cicognini bis Bertati, geblieben war, wird bei ihm zum ersten Mal auf den Rahmen einer durchgehenden Handlung gespannt; was sich Bertati, indem er die Voraussetzung dafür schuf, noch versagte, führt da Ponte durch: die vereinheitlichende Struktur des Kriminalstücks. Das Verbrechen am Anfang, danach, in Bertatis Geleise, der Held auf neuen Beutezügen, gestört von dem unversehens auftauchenden Opfer eines früheren, Molières Elvira, die Tirsos Aminta vor dem drohenden Zugriff rettet, statt sich, wie bei Bertati, komisch mit ihr anzulegen – da kommen zwei trauernde Nachbarn, Anna und Ottavio, des Wegs, und wieder kreuzt Elvira die Spur des Ungetreuen. Eine Abwehrgeste, die ihm unterläuft, wird Anna zum Indiz: dieser, Don Giovanni, war es, der sie im Bett überraschte, mit ihm ist sie, die sich erst nachher wehrte, am Tod des Vaters schuldig.

Diese Wendung – Annas aktiver Wiedereintritt in die Handlung –
ist da Pontes (und Mozarts, dessen Mitwirkung am szenischen Bau
außer Frage steht) eigenste Schöpfung, und sie verwandelt den Stoff
von Grund auf, das Episodische ins Bündige, das Burleske ins Ernst-
hafte setzend. Nun erst erstattet Anna ihrem Verlobten jenen Bericht, den Bertati gleich nach die Untat setzte: die Beschreibung des
nächtlichen Überfalls, und gibt sich den Anschein, sie habe ihn
abgewehrt. Fortan hat Giovanni nicht mehr nur eine Verfolgerin,
sondern deren zwei; maskiert mischen sie sich unter sein Verfüh-
rungsfest, um ihn auf frischer Tat zu ertappen. Denn Annas jähes
Wiedererkennen ist ein subjektives, kein juristisches Indiz; der vor-
sichtige Ottavio, über ihre Schilderung nachdenkend, verlangt stärkere Beweise: »Die Wahrheit zu entdecken, sei mir jedes Mittel
recht.« (Szene I/14) Die Ballnacht, meinen die drei, könnte den Beweis liefern. Aber sie vermehrt nur die Zahl der Verfolger; fortan hat
Don Giovanni auch noch Masetto auf dem Hals.

Dieser Ball (»gran festo di ballo«, großes Ballfest, schreibt die
Szenenanweisung) hat nur ein Vorbild, und es ist weit überboten:
Angiolinis Ballett, das Mozart kannte – hat er da Ponte zur Einfügung des Fest-Bilds angeregt? Nicht, wie bei Molière, bei Bertati, die
Konfrontation mit dem Grabmal, sondern ein Bacchanal, bei dem
die Erfolgsliste um Stücker zehn anschwellen soll (dazu sind Zerlina
und ihre Mit-Bäuerinnen in den Palazzo geschleust worden), steht
im Zentrum des Stückes, und es wächst aus der Zerlina-Begegnung
hervor: Don Giovanni nimmt die Bauernhochzeit in eigene Regie
und stellt seinen Palast mit allem Drum und Dran – Wein und Schinken, Lakaien und Leckereien – dafür zur Verfügung. Bei Angiolini
hatte der Komtur an die Tür des Festsaals geklopft, bei da Ponte treten die drei Kriminalisten an seine Stelle: Elvira, Anna, Ottavio.
Maskiert (dieses Spanien liegt in Venedig) finden sie Einlaß und die
Szene gewinnt darüber eine schier filmische Mobilität: Während der
Zuschauer den Ball beginnen sieht, sind die drei noch auf dem Weg
in den Saal. Als die in ein Hinterzimmer verschleppte Zerlina sich
wehrt, helfen sie sie schützen, aber Giovanni kommt ungeschoren
davon – der Aktschluß erschöpft sich in einer Prophezeiung. Mann-
haft hält Giovanni ihr stand. »Si fractus illabatur orbis, / impavi-
dum ferient ruinae« (Wenn das Weltall krachend zusammenstürzt,
werden die Trümmer einen Unerschütterten treffen) – aus dem hora-
zischen Vers wird bei da Ponte: »Se cadesse ancor il mondo / nulla

IL
DISSOLUTO
PUNITO.
O SIA
IL D. GIOVANNI.

DRAMMA GIOCOSO
IN DUE ATTI.
DA RAPPRESENTARSI
NEL TEATRO DI PRAGA
PER L'ARRIVO DI SUA ALTEZZA REALE
MARIA TERESA
ARCIDUCHESSA D' AUSTRIA: SPOSA DEL
SER. PRINCIPE ANTONIO DI SASSONIA
L'ANNO 1787.

IN VIENNA.

Titelseite des im Sommer 1787 in Wien vorausgedruckten
Librettos der Oper »Il dissoluto punito o sia Don Giovanni«
mit dem Hinweis auf den protokollarischen Anlaß der
Prager Aufführung: »für die Ankunft Ihrer Königlichen
Hoheit Maria Teresa, Erzherzogin von Österreich,
Verlobte des erlauchten Prinzen Anton von Sachsen«.

mai temer mi fa.« (Wenn auch die Welt zusammenstürzte, nichts
wird mir Furcht machen.)

Zerlinas, der Stunden zuvor noch so Gläubig-Nachgiebigen,
Angst- und Protestschrei, der die Orgie verhindert, ist die Peripetie
des Stückes, das ihm voranstehende »Viva la libertà!« des Gastge-

Die ersten beiden Textseiten des Wiener Librettos von 1787,
mit der Szenenanweisung: »Nacht. Straße und Häuser.«

bers, in das die Maskierten einstimmen, deren Höhepunkt: »Es ist
offen für alle, es lebe die Freiheit!« Was Don Giovanni hier in Gestalt
der venezianischen Maskenfreiheit ausruft, ist nicht, wie neuere
Ausleger meinen, eine Verkleidung bürgerlicher Freiheit, als habe da
Ponte hier eine politische Losung unterbringen wollen.* Sondern es
ist dionysische Freiheit, zum Rausch, zur Ekstase einladend – alle
können, alle sollen daran teilnehmen. Vor allem der Hausherr sel-

ber; was er im Namen der Freiheit verkündet, ist, genau besehen, die Volksgemeinschaft des Ausbeuters: allen ist der Herrensitz geöffnet, damit alle auf seine Liste kommen können. Da Pontes Szene ist von höchster Gewagtheit; um der Bauernmädchen habhaft zu werden (die Arie des Gastgebers singt es aus: es geht keineswegs nur um Zerlina), öffnet der Latifundienbesitzer dem Volk seinen Palast: Bauernvolk, von Lakaien bedient, lagert auf Parkbänken, füllt den Festsaal. Um, Pfau ganz und gar, seiner Lüste Glanz zu entwickeln, statuiert Don Giovanni, der Fin-de-siècle-Held, verkehrte Welt; um als der orgiastisch enthemmte, dionysisch-schrankenlose Ausbeuter der Triebwelt zu walten, lädt der Schloßherr die Revolution in sein Haus. Die Musik, die Mozart zu dieser Szene schreibt, entspricht deren desperater Verwegenheit; sie malt die verkehrte Welt in dem Gegen- und Übereinander von dreierlei Tanzrhythmen, in deren Taktüberlagerungen – gleichzeitig erklingen Menuett, Kontertanz und ein »Deutscher« – die Welt musikalischer Ordnung sich kunstreich aufgibt.

Die Ballszene macht es deutlich: »Don Giovanni« ist die Steigerung, die Radikalisierung von »Le Nozze die Figaro«; wenn Almaviva das ius primae noctis mit den intensiven Mitteln der Intrige, des verdeckten Spiels von Offerte und Drohung, erneuern will, so Giovanni mit den extensiven von Rausch und Gewalt. Das Bauernvolk soll durch Prunk und Trunk gelähmt werden, dann will er, der Grundherr, als eine priapisch waltende Fruchtbarkeitsgottheit über die betäubten Mädchen herfallen; Zerline soll den Reigen anführen. Was würde geschehen, wenn die »signore maschere« sich nicht unter die Veranstaltung gemischt hätten? Zwar laufen alle, »die Musikanten und alle andern«, also die Bauern, bei Zerlinas Schrei aus dem Saal – spontane Reaktion von teils Lohn-, teils Fronabhängigen, die nicht zu Zeugen der Schandtat werden wollen, da sie sich fürchten, sie zu verhindern. Aber Masetto ist auf der Hut (es ist diese Beobachtung mehr als die Sorge um sich selbst, was Zerlina Widerstand leisten läßt), und seine Mit-Bauern sind, wie der zweite Akt zeigt, so wehrhaft wie wehrbereit; wären sie mit dem Vergewaltiger der Braut allein – aus der scheinbaren Revolution könnte blutiger Ernst werden. Don Giovanni spielt mit dem Feuer, und die ihn retten, sind die Maskierten. Indem sich die Standespersonen auf seiten Zerlinas stellen, dämpfen sie den latenten Aufruhr; nicht in Tätlichkeiten – in die Verweisung an Donner und Blitz geht die Szene aus.

Die vornehmen Eindringlinge vertreten gleichsam die Obrigkeit, und alles wäre gut, wenn Ottavio, der Mann mit der Pistole (auch Giovanni hat eine, er zückt sie im zweiten Akt gegen Leporello), der Kriminalbeamte wirklich wäre, der den auf frischer Tat ertappten Rechtsbrecher in Gewahrsam nähme. Dann wäre das josephinische Stück zum schlüssigen Ende gebracht: Ottavio als der Beauftragte jener vom Grundadel unabhängigen Polizeidirektionen, die Joseph II. 1786 als Organe der Landesregierungen geschaffen hatte; das Kriminalstück mit der Ergreifung des in flagranti ertappten Täters zeigte sich als die vollendete Säkularisierung des Stoffes im Rahmen und mit den Mitteln josephinischer Rechtsstaatlichkeit.

Aber »Il dissoluto punito« kommt ohne den steinernen Gast nicht aus – um seinetwillen geht das Balldrama aus wie das Hornberger Schießen. Der Komtur suspendiert da Pontes Kriminalspiel; die am Ende des zweiten Aktes mit Ottavio auftretenden Gerichtsbeamten sind wie ein hilfloses Signal dessen, was in dem alten Stoff auch hier nicht zum Zuge kam: die weltliche Gewalt. Eine überweltliche greift ein, die den Rahmen rationaler Immanenz, eines stimmigen Nexus von Tat, Entdeckung, Festnahme, außer Kraft setzt; sie geht von dem Friedhof aus. Die Begegnung mit dem Grabmal nimmt in da Pontes dramatischer Konstruktion dieselbe Stelle ein wie in Tirsos Ur-Stück: Umschlag der Handlung auf dem absteigenden Ast, dort, wohin Molière die *zweite* Komturerscheinung gesetzt hatte. Auch, was sich vorher begibt, steht Tirso näher als andern Vorgängern: der Held, in dem Nimbus seiner Unwiderstehlichkeit getroffen, verliert alles Maß, auch das der Selbsterhaltung. Offenbar ist ihm dieser Nimbus existenznotwendig; Don Juan verträgt keine Niederlagen.

Giovanni hat sich zu Lasten Leporellos aus der Ball-Affäre gezogen (und der streicht zu Anfang des zweiten Aktes eine Entschädigung dafür ein); die allgemeine Empörung hat mit knapper Not vor ihm haltgemacht. Ottavio war nicht so selbstmörderisch, sich Giovannis Degen auszuliefern, und die Pistole abzudrücken, war er zu edelmütig oder zu ängstlich – vielleicht zog er sie auch nur zum Schutz Leporellos. Dennoch: Giovanni müßte nun auf der Hut sein, er müßte sich von dem Felde der Unehre zurückziehen und in dem europäischen Haus, das, nach Leporellos Bekundung, sein Liebes-Schlachtfeld ist, das Zimmer wechseln. Aber er reagiert nicht rational, er handelt wie ein Gezeichneter – kein Zweifel, Don Giovanni dreht durch.

Elvira ist die Ursache seiner Fehlschläge, sie hat ihm Zerlina abspenstig gemacht und Anna und Ottavio auf seine Spur gesetzt, die mißglückte Orgie kommt auf ihr Konto – Elvira muß bestraft werden, und Giovanni ersinnt eine fürchterliche Strafe. Ihre Voraussetzung ist musikalischer Art: Mozart (schon dies zeugt von der innigen dramatischen Kooperation zwischen Librettisten und Komponisten) hat Bertatis Tenorhelden in den Baßbariton versetzt; Herr und Diener haben ähnliche Stimmlagen. So können beide in der Dämmerung füreinander einstehen – eben dies benutzt Giovanni für seinen Anschlag auf Elvira. Hinter Leporello, dem er seinen Mantel übergeworfen hat, verborgen, versichert er die im Gasthaus Abgestiegene von der Straße aus seiner wiedererwachten Liebe und lockt sie damit ins Freie, wo Leporello an seine Stelle tritt. Der Diener als der verkleidete Tröster der abgelegten Braut seines Herrn – als er die Rolle ablehnt (»Ich meine, Ihr habt eine Seele von Erz«), ist es Giovanni, der die Pistole zieht; mit ihr erpreßt er Leporellos Gefügigkeit. Der geht, zärtlich umschlungen, mit Elvira davon (Giovanni macht ihnen durch einen Scheinüberfall Beine) – nun ist für Giovanni der Weg zu der Zofe der Dame aus Burgos frei; mit einem Ständchen, das dem Zerlina-Duettino den Wein der Süßigkeit reicht, sucht er sie zu betören. Ein Schatten am Fenster – mehr ist von ihr nicht zu bemerken; die so zärtlich angesungene Schöne ist mit Fräulein Ximena die zweite unsichtbare Frauenrolle der Oper.

Denn nun droht die Selbstjustiz des aufgebrachten Bauernvolks – »Fuente Ovejuna« unter Waffen; Masetto naht an der Spitze eines Bauerntrupps, um den Mädchenschänder zur Strecke zu bringen. Und wieder taucht Giovanni unter dem drohenden Schlag weg; kaltblütig und behend (und wiederum auf Leporellos Kosten) springt der Gesuchte zur Seite. Und ist noch immer nicht gewarnt. Ein Dämon, sagt er, als Elvira das Zerlina-Rendezvous durchkreuzt, mache heute alle seine Pläne zuschanden, aber er läßt den verpfuschten Tag nicht auf sich beruhen, er treibt das Spiel immer weiter, immer höher. Während sich in Donna Annas Hausflur das üble Spiel mit Elvira enthüllt und die Mitte-Links-Koalition gegen den adligen Wüstling sich festigt (Anna und Ottavio, Elvira, Masetto und Zerlina fallen, Sextett singend, gemeinsam über den Diener-Stellvertreter her), kommt seine Infamie, die Aberwitz ist, ein Verzweifelt-Selbstzerstörisches, auf den Gipfel: der Herr, der immer noch des Dieners Mantel trägt, macht sich daran, dessen Freundin zu verführen, und hat, als Herr und Diener, beide auf der Flucht, auf dem Friedhof zufällig zusammentreffen, die Stirn, dies dem Getreuen, der eben den Kopf für ihn hingehalten hat, mit Triumphgebärden zu berichten.

Einen »Verrückten« hat Leporello vor der Champagner-Arie, die eine Wein-Arie (»Fin ch'han dal vino calda la testa«) ist, seinen Herrn genannt — wenn es noch eines Beweises dafür bedurfte, so liefert ihn diese Szene. Leporello ist der einzige, der, widerwillig genug, zu Giovanni hält — und nicht einmal vor seinem Mädchen macht dessen erotische Habgier halt; der Getreue kann es selbst nicht fassen:

LEPORELLO Und das sagt Ihr mir mit solchem Gleichmut?
DON GIOVANNI Warum nicht?
LEPORELLO Und wenn es nun meine Frau gewesen wäre?
DON GIOVANNI *(mit sehr lautem Lachen)* Um so besser!

Da ist das Maß voll; im Hintergrund erhebt sich eine Stimme: »Ehe der Morgen graut, wird dir das Lachen vergehen.« Das Rache- und Verfolgungsstück, zweimal aufgenommen, zweimal scheiternd, mit einem komischen Übermut, der die Bedrohlichkeit der Vorgänge geschmeidigt, aber nicht außer Kraft setzt (die buffoneske Form herrscht als die Folie gespitztesten Ernstes), wird durch eine höhere Macht suspendiert; Stück und Handlung treten in eine neue Sphäre ein. Keiner von da Pontes Vorgängern hat das Standbild seelisch feiner und dramatisch sinnreicher einzuführen gewußt, als es in dieser Opernszene geschieht. Bei Tirso zupft der zynische Jüngling den Steinernen am Bart, bei Cicognini wirft er ihm einen Handschuh an den Kopf, bei Molière geht er unverzüglich zu der Abendeinladung über — das Grabmal antwortet auf die Attacken eines, der der numinosen Welt aggressiv seine Nichtachtung bezeugt. Nicht so bei da Ponte: hier gilt die Verletzung, auf die der Komtur reagiert, einem andern. Redend erweicht sich der Stein, da Giovannis Herz sich als ganz versteinertes zeigt.

Zweimal, am Anfang und am Ende des zweiten Aktes, stellt Leporello seinem Herrn diese Diagnose: die Seele aus Erz (II/2), das Herz von Stein (II/14); was dem Standbild Macht über Giovanni gibt, ist dessen Ähnlichkeit mit ihm. Giovannis Hohngelächter bei der Vorstellung, Leporellos Frau zu verführen, macht es unzweifelhaft: es ist nicht Leidenschaft, Naturkraft, Geschlechtsbegierde, was ihn umtreibt — es ist, *vor* allem dem, Schadenfreude und Menschenhaß. Hier sündigt kein übermäßig Liebender, sondern ein maßlos Has-

sender verausgabt seine Kräfte – nur eine überweltliche Macht kann
ihm Einhalt gebieten. Denn sein Verbrechen ist nicht justiziabel,
Herzensrohheit nicht vor Gerichten einklagbar; nur eine jenseitige
Instanz kann aus der wirklichen Immanenz – der des Motivs, nicht
bloß der Tat – richten. Nicht der sittenwidrig, sondern der herzlos
Liebende fällt bei da Ponte der Hölle anheim – keine andere Instanz
steht dafür zur Verfügung.

Das ist die eine, die seelisch-moralische Dimension der Einmischung, die die Szene an dieser Stelle aufbricht: »Di rider finirai pria
dell'aurora.« Sie löst das ideologisch provokative Moment ab, das
der Figur von alters her anhaftet und in der ersten Friedhofsbegeg-
nung allemal kulminierte. Der Don Giovanni der Buffa-Oper ist
schon deshalb kein Ateista fulminato mehr, weil die Oper den dialogischen Spielraum nicht bietet, Weltanschauliches zu entfalten; die
Gestalt wird zur singenden, als der Stoff seine ursprüngliche Dimension – die Überführung des Atheismus – einbüßt. Dennoch trägt die
Figur, die bei da Ponte und Mozart in die Endphase ihrer Authentizität eintritt, von ihrer Überlieferung her jenen Doppelsinn in sich,
den das englische *libertine*, das französische *libertin* verwörtlicht:
Wüstling und Freigeist, der Sittenlose als der Religionsverächter und
zynische Rationalist. In Tirsos barockem Volksstück ist Don Juan
eine Figur depravierter Emanzipation, genauer: einer durch Zur-
Schau-Stellung von feudaler Depravierung denunzierten Emanzipation; Molière, dessen Prosa-Urtext das 18. Jahrhundert nicht
kennt, verwandelt den Stoff in eine tragisch-magisch endende Welt-
anschauungskomödie. Von seinen Wurzeln her, die das frühe 17.
Jahrhundert treibt, ist Don Juan der Aufklärer als Sitten-, als Gesell-
schaftsverwüster – und bei Molière der Sittenverwüster als Aufklärer.

Auch der Giovanni da Pontes steht in diesem Bezug; er erfüllt ihn
in einem gleichnishaften, den ursprünglichen paradox übersteigenden Sinn. Der Friedhof des Librettos ist anders als in den Vorgängerstücken: ein kleines, ummauertes Areal mit *mehreren* Reiterfiguren.
Eine Ansammlung, ein wahres Gedränge aufragender Monumente
umsteht übermächtig den Eindringling – hilflos und wild schlägt
sein Degen gegen die Grabmäler der Vergangenheit. »Ruchloser, Verwegener, laß die Toten ruhn!« erhebt der Komtur zum zweiten Mal
seine Stimme. Das Publikum der Habsburger-Monarchie kannte
diese Lage, diesen Gestus, und es kannte ihn nicht von dem skrupel-

losen Feudalen, sondern von der Instanz, die ihm, Mittel und Rechte
beschneidend, entgegengetreten war, von dem kaiserlichen Despo-
ten, der auch die Kirche nicht geschont und sogar das Totenreich angegriffen hatte. Daß Friedhöfe zu verlegen und die Toten nicht mehr
in Särgen, sondern in Säcken zu begraben seien, nicht in Erde, sondern in ungelöschtem Kalk, war jene Polizeiverordnung des den Lebenden und der Hygiene zugewandten Monarchen gewesen, die das
Volk, dem er diente ohne es zu fragen, am heftigsten wider ihn aufgebracht hatte. Auf dem Lande vor allem hatte sich Widerstand erhoben; der Unmut, den das Verbot der herkömmlichen Bestattungs-
gebräuche unter den Bauern erregte, bot der klerikalen Agitation
wider Josephs Politik einen willkommenen Nährboden. Aufklärung
hatte despotisch versucht, das Dasein der Menschen nach dem Gut-
dünken einer Vernunft einzurichten, die sich für allmächtig hielt, da
sie über die Wahrheit zu verfügen glaubte, und hatte auf einem Ne-
benschauplatz der angestrebten Säkularisation eine Niederlage er-
litten, die weitere vorwegnahm; die überspitzten Verordnungen
mußten zurückgenommen werden. Wie merkwürdig mußte den
Kaiser, als er, ein kranker Mann, im Dezember 1788 aus dem glück-
losen Türkenkrieg in die politisch aufgestörte Heimat zurückkehrte
und sich im Burgtheater »Don Giovanni« vorspielen ließ, eine Oper
berühren, in der das Grabmal eines vorschnell niedergestochenen
Granden sich zuletzt als die stärkste aller Mächte erweist. Das war
seine eigene Lage; Mozart und da Ponte hatten, der Politik des Kaisers beispringend, dessen Tragödie geschrieben.

So sind die Beziehungen über Kreuz. Der Kaiser ist gegenüber
Don Giovanni der Komtur, und er ist gegenüber dem Komtur Don
Giovanni; die Überlagerung der Bilder malt den Zwiespalt der historischen Konstellation und ihres heroisch-glücklosen Protagonisten.
Der Dissoluto vertritt jenen Typus, dem Joseph im Begriff ist, das
Handwerk: feudale Ausbeutung, zu legen, und insofern ist dieser,
die einschreitende Zentralgewalt, der dem Degen entfesselter Lüste
entgegnende Komtur. Zugleich ist Don Giovanni der Monarch
selbst, wider dessen vernunftgläubigen Veränderungsdrang die
Übermacht einer zu schnell überholten Vergangenheit sich steinern
erhebt. Das Feudal-Voluptuöse und das Rationalistisch-Rebellische
sind nicht mehr, wie bei Tirso, jesuitisch-didaktisch oder, wie bei
Molière, listig-satirisch eines, sondern unter dem Druck geschichtlichen Wandels auseinandergetreten zu jenem erstaunlichen Bilde,

das den Kaiser als diktatorischen Opponenten seines eigenen
Systems, als den asketischen Rebellen mit stürmisch zustoßendem
Vernunftsdegen zeigt und den vormals wider Königtum und Klerus
aufbegehrenden Feudalen als die Figur einer komisch hypertrophie-
renden Begehrlichkeit, in deren Abwehr sich Bürger und Bauer einen.

IL
DISSOLUTO
PUNITO.
O SIA
IL D. GIOVANNI.

DRAMMA GIOCOSO
IN DUE ATTI.

DA RAPPRESENTARSI

NEL TEATRO DI PRAGA L' ANNO 1787.

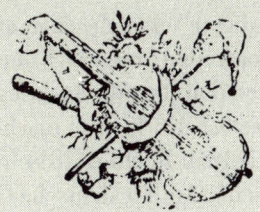

IN PRAGA.

di Schœnfeld.

Titelseite des im Oktober 1787 in Prag gedruckten Librettos.

Herr und Knecht

»Il dissoluto punito«, die Fin-de-siècle-Buffa, die sich zum Instrument der Reform macht und zugleich die Allegorie ihres Scheiterns bildet, ist ein ganz und gar vorrevolutionäres Stück. Eine Kette von Aufständen, Aufkündigungen zieht sich durch ihre Handlung und macht, noch vor dem Verbrechen, deren Anfang: Leporello ist es leid zu dienen – er will selbst Herr sein. Die Disposition, nicht der Wortlaut dieses ariosen Introitus stammt von Bertati; bei da Ponte und Mozart wird aus dem Unmut des im Finstern Schmiere stehenden Bedienten ein sechsfach wiederholtes »No!« an die ständische Ordnung: »Voglio far il gentiluomo, / e non voglio più servir / no, no, no, no, no, no, / non voglio più servir.« Die Eindeutschung Christian Gottlob Neefes, des Bonner Singspielkomponisten und Lehrers Beethovens (sie entstand im Dezember 1788), hat sich als so schlagend erwiesen, daß kein späterer Übersetzer von ihr losgekommen ist*; sie lautet in Neefes um 1790 in Bonn erschienenem Klavierauszug:

> Keine Ruh bei Tag und Nacht,
> Nichts, was mir Vernügen macht,
> Schmale Kost und wenig Geld,
> Das ertrage, wem's gefällt!
> Ich will selbst den Herren machen
> Und nicht länger Diener sein,
> Will nicht länger Diener sein!
> Nein, nein, nein! Ich will nicht länger Diener sein!

Das politische Gewicht dieser Verse, die einer auch für Deutschland explosiven Situation vorgreifen, zeigt sich an der Redaktion, die Neefes Übertragung nach den Revolutionskriegen erfährt; aus dem provokanten »Ich will selbst den Herren machen« (es ist wörtliche Übersetzung) macht Friedrich Rochlitz 1814 in Dresden: »Kann ja selbst den Herren machen!« Andere deutsche Fassungen dieser Zeit verlassen den Sinn des Textes völlig.

Nicht daß der Diener von seinem maßlos eigensüchtigen Herrn wegstrebt, ist das Signifikante der Szene (der Zwiespalt zwischen Diener und Herr ist eine Standardsituation der alten Komödie, wie es eine Standardsituation der ihr entsprechenden Sozietät ist), sondern mit welchen Worten und an welcher Stelle er es tut: ganz am

Anfang, vor aller weiteren Handlung und diese dergestalt in Perspektive setzend. Die Diener-Ermahnung, von Tirso begründet, von den Italienern komisch ausgebaut, von Molière ironisch-rhetorisch verfeinert, gehört zum Kanon des Stoffes; auch da Ponte nimmt sie

PERSONAGGI

D. *Giovanni.*   Giovane Cavaliere es-
                tremamente licenzioso

D. *Anna.*   Dama promessa sposa di

D. *Ottavio.*

Commendatore.

D. *Elvira.*   Dama di Burgos abbando-
                nata da D. Gio.

Leporello   Serv. di D. G.

Masetto.   amante di

Zerlina.   Contadina

Coro di contadini,

E di contadine.

Suonatori.

La Scena si finge in una città del-
la Spagna.
La Poesia è dell' Ab. Da Ponte Poeta
de' Teatri Imperiali di Vienna.
La musica è del Sig. Wolfgango Mozzart,
Maestro di Cap. tedesco.

ATTO PRIMO.

SCENA. I.

Giardino.

Notte.

Lep. con ferrajuolo che passeggia davanti la casa
di D' Anna : poi D. Giovanni e D. Anna ; indi
il Commendatore.

Lep. Notte e giorno faticar
     Per chi nulla sa gradir;
     Piova e vento sopportar,
     Mangiar male e mal dormir....
     Voglio far il gentiluomo,
     E non voglio più servir.
     Oh che caro galantuomo.
     Voi star dentro colla Bella,
     Ed io far la sentinella!—— Ma

Personenverzeichnis und erste Textseite des Prager Librettos,
mit der Szenenanweisung: »Garten. Nacht.«
Der Wiener Druck diente offenbar als Satzvorlage.

am Anfang der Straßenszene (I/4) auf. Aber Leporello erkennt rascher als Catalinón und Sganarelle, daß Ermahnungen hier nicht fruchten; schon in der Szene I/15 zieht er die Folgerung: »Ich muß mich unbedingt von diesem Verrückten trennen!« Daß er das nicht vermag (er hat gerade treffliche Vorkehrungen zum Gelingen der Landmädchen-Orgie getroffen), bezeichnet den Widerspruch, aus dem die Figur lebt: Leporello durchschaut seinen Herrn tiefer als

alle und ist ihm tiefer als alle verfallen, und das nicht nur, weil er seinen Anteil dabei herauswirtschaftet, Entschädigungen, deren Erhebung auch seine Kündigungsdrohung am Anfang des zweiten Aktes
dient: mit vier Dublonen – einer Menge Geld – ist der Getreue zufrie-
dengestellt. Auch hier ist die Plazierung von Belang: die Kündigung
macht den Anfang des zweiten Aktes; *beide* Akte beginnen mit dem
Protest des Dieners.

Dessen Aufkündigung zu Anfang des zweiten ist zwar bald beschwichtigt, aber doch kein bloßer Schein: als er das Geld hat, versucht er es, in demütigem Plural, noch einmal mit einer Ermahnung: »Wenn wir nur die Frauen lassen!« Das ist wie der Arzt am
Bett des Säufers: Wenn wir doch bloß nicht soviel trinken würden!
Seine schüchterne Ermahnung verfällt schneidender Abweisung:
»Die Frauen lassen! Narr! Die Frauen lassen! Du weißt, daß sie mir
nötiger sind als das Brot, das ich esse, als die Luft, die ich atme.«
Don Giovanni sagt nicht: so nötig *wie* die Luft, die ich atme, sondern: noch nötiger, er bestimmt sich selbst als rettungslosen Maniker. Es folgt der von Molière vorgegebene Panerotismus. »Und Ihr
bringt es übers Herz, alle zu betrügen?« fragt Leporello. »Aus lauter
Liebe«, ist die Antwort, Giovanni verweist auf sein »ausgedehntes
Gefühl«. Leporello flüchtet sich in Ironie – er leidet an seiner Rolle,
aber er kommt nicht von ihr los; der Voyeur und Schildknappe,
Prellbock aller bösen Streiche, ist tiefinnerlich auf seinen Herrn be-
zogen. Das ist Buffa-Weise und ist doch etwas mehr; Leporello, der
notorische Spaßmacher, Masochist einer Stellung, die ihn, mehr als
seine dramatischen Vorgänger, in eine prekäre Situation nach der
andern bringt, ist die eigentlich rührende Figur des Spiels. Kein
Zweifel, er liebt seinen Herrn – noch im letzten Moment sucht er ihn
vor dem Höllenschlund, der ihn von ihm befreit, zu bewahren. Die
Stelle findet sich weder bei Tirso noch bei Molière, sie ist Bertatis Erfindung, aber da Ponte baut sie aus. »Wirst du kommen und mit mir
speisen?« fragt der Steinerne, und Leporello nimmt, sein Zittern bezwingend, für seinen Herrn das Wort: »Er hat keine Zeit, Entschuldigung!« Und bei der erneuten Anfrage des Komturs flehentlich zu
Giovanni: »Sagt nein!«

Leporello, der revoltierende Lohnarbeiter, liegt an der Kette nicht
nur ökonomischer, sondern auch seelischer Abhängigkeiten. An
zwei Gesangsstellen sieht er sich unter weiblichem Vorzeichen:
»Glaubt nicht, Ihr könntet meinesgleichen wie die Frauen mit Geld

herumkriegen«, versichert er nach dem Duett Nr. 14, ehe er die Dublonen nimmt, und sieht sich in der Flucht-Arie (Nr. 20) schier als Donna: »mit Gewalt« habe sein Herr ihm »die Unschuld geraubt«. Er ist immer um Giovanni, anders als die Frauen, die scheinbar die Hauptsache sind, aber eigentlich wie Luft – eine besonders aromatische Luft – behandelt werden. »Still, mir ist – der Duft der Frauen –«, sagt sein Herr, als er in der Szene I/4 Elviras Witterung aufnimmt; er hat kein reales, er hat ein atmosphärisches Verhältnis zum Weibe. Leporello spielt – und dazu stimmt die latent homoerotische Disposition seines Gebieters – die Rolle der Ehefrau, zankend, aber ausharrend; man ist sich ja so nahe, und im Protest ganz besonders.

Anders steht es um Masettos Revolte: Der Bauer ist unabhängig von Giovanni, und er macht Gebrauch davon. Wenn er in der Szene I/8 den Platz räumt, so nur, weil er von beiden weggeschickt wird, von Giovanni, der an seinen Degen greift (der Bräutigam ist unbewaffnet), und von Zerlina, die mit den Männern noch besser fertig wird als Giovanni mit den Frauen. Aber Masetto gibt nicht auf und bleibt, in Park und Palast, der Treulos-Getreuen auf den Fersen; nach dem Vergewaltigungsversuch ist er dann selbst mit Waffen versehen: die Bauern jagen den frevelnden Gutsherrn. Daß dieser, witzig genug, entkommt, sagt nichts gegen den Ernst der Aktion: die Bauern proben den Aufstand; nur größte Kaltblütigkeit rettet den Verfolgten.

Es waren solche Empörungen, denen die Politik Josephs II. zuvorzukommen suchte, ohne die mitwirkende Einsicht des Adels. »Die feudale Aristokratie«, schrieb Adam Wolf, Mitglied der königlichen Akademie der Wissenschaften in Wien, ein Jahrhundert später, »warf dem Kaiser auch vor, daß sie in allen ihren Rechten verletzt, daß an der Geschichte Österreichs Verrat geübt worden sei.«* Da Pontes Bauern-Szene zeigt, wovor die Gesetzgebung des kaiserlichen Bauernfreunds – so hieß Joseph im Volk – die österreichische Feudalität bewahrte. Masettos Selbstjustiz läuft komödisch ins Leere, mit den andern Geschädigten vereinigt sich das Bauernpaar auf dem Weg regulärer Strafverfolgung – hätten sie eine Chance vor einem der neueingeführten Kreisgerichte? Das Eingreifen der Hölle überhebt den Autor des Nachweises.

Bakchos ruft

Masettos Aufstands-, Leporellos Aufkündigungsversuch ist das eine Moment der vorrevolutionären Situation, in die da Ponte seinen Helden stellt. Das andere Moment, scheinbar in Widerspruch dazu (die Geschichte zeigt: es ist ein dialektischer Widerspruch), ist jener Zerfall der Figur, wie er sich nach der Verbrechensnacht, die den Helden auf der Höhe seiner Energie zeigt, in Leporellos Registerarie (die Bezeichnung stammt von Neefes und Schröders Übersetzung: »Holdes Fräulein! Sehn Sie hier das Register aller Damen…«) vollzieht. Neu ist nicht diese Arie (Bertati hatte sie für Gazzaniga geschaffen), neu ist ihr Aberwitz. In jähem Umschwung macht sie aus dem Untäter des vorangegangenen Bildes eine komische, fast närrische Figur: den Wüstling, der seine Public-relations-Abteilung mit sich führt – Leporello, den Buchhalter der Ausschweifung, der, um Zweifel an der Solvenz des Unternehmens zu zerstreuen, mit genauen Zahlenangaben aufwartet, die er sich freilich nicht merken kann: achtzehnhundert sind es in der rezitativischen Angabe (nach Elviras erster Arie), zweitausendfünfundsechzig, aus vier europäischen und einem außereuropäischen Land, in der ariosen.

Die Figur, um die einstmals Könige sich sorgten, parodiert sich selber; der quantitative Sexus, der durch Dick und Dünn, Jung und Alt, Schön und Häßlich geht und, wie gewisse Ökonomen, nur noch für die Statistik arbeitet (»Ah, meine Liste mußt du morgen um Stücker zehn erweitern!«), dreht sich, wie ein Zirkuspferd, im Kreise – dieser Safari-Held der Defloration läuft, eine neue Beute witternd, auf sein eigenes Opfer auf. Der Don Giovanni der Straßenszene ist absurd geworden, und er wird dessen komödisch überführt; mit Donna Elvira, die er (es ist Bertatis Einfall) zum zweiten Mal verführen will, heftet sich ein großes Gelächter an die Fersen dessen, dem, nach der teurer bezahlten Einstiegsnacht, nichts mehr gelingen will.

Ein neuerer Kommentator nennt jene Arie, in der Leporello der Getäuschten ein Licht aufsteckt, »diabolisch«: »In der ausgekosteten Erbarmungslosigkeit, mit der [Leporello] Elvira in ihrer menschlichen Würde verletzt«, tun sich, so Stefan Kunze*, »Abgründe auf«. Hier walten Mißverständnisse. Wenn man die Arie – und das liegt nahe – dramatisch ernst nehmen will und nicht bloß als eine Extremvariante jener Standard-Buffa-Situation, in der der

Diener hinter dem Rücken seines Herrn über diesen herzieht, so hat man sie eher als einen Dienst an dem Opfer, im Sinn seelischer Entlastung, zu verstehen: Leporellos horrende Liste soll Elvira klarmachen, daß es keinen Sinn hat, Giovanni erotisch ernst zu nehmen. Die Registerarie ist burleske Denunziation und psychotherapeutische Roßkur; sie betreibt eine schmerzhafte, aber keineswegs grausame Aufklärung, die nur eben nicht verfängt – Elvira, blind vor Eifersucht, begreift überhaupt nichts.

Leporello agiert an dieser Stelle wie die Ehefrau eines Suchtkranken, der sich mit List und Tücke, mit Charme und Gewalt seinen täglichen Stoff besorgt und dadurch in die abstrusesten Situationen gerät. Der Begleiter, der die Rolle der Gattin spielt (und natürlich ein Interesse daran hat, daß niemand anders seine Stelle einnimmt), fängt die Folgen auf, indem er zu verstehen gibt: Der Mann ist krank, verschwenden Sie um Himmels willen keine Gefühle! Giovannis Sucht sind die Frauen; er braucht jeden Tag eine neue und reagiert, wenn er sie nicht bekommt, wie ein Fixer, dem der Stoff ausgeht: Er beschafft ihn sich unter Aufbietung all seiner Kräfte und Künste. Wenn man die zweitausend Frauen, die da Ponte seinem Helden attestiert, numerisch ernst nähme, so käme man auf fünfeinhalb Jahre mit einer (neuen) Frau pro Tag – es sind, als satirische und durch sie hindurch, pathologische Relationen, und da Giovanni in da Pontes und Mozarts Vorstellung nicht der reife Junggeselle ist, als den ihn die Theater gemeinhin präsentieren,* sondern ein junger Mann Anfang zwanzig (*giovane cavaliere*, einen jungen Adligen, nennt ihn das Rollenverzeichnis, und der Sänger der Uraufführung realisiert das: er ist, giovane Giovanni, einundzwanzig Jahre alt), so hätte er es seit dem Ausgang der Pubertät so gehalten – ein Sexkranker, dem mit Nachsicht zu begegnen ist. Eben das gibt Leporello Elvira heilsam zu verstehen.

Don Giovanni, meint Stefan Kunze, sei »ebensowenig positiver wie negativer Held«; seine Taten seien zwar Untaten, doch sei er kein Bösewicht, insofern diese Taten »untrennbar mit den Vorzügen seiner Persönlichkeit verbunden seien«. In der Tat: wenn Giovanni keinen sex appeal hätte, würde Zerlina ihn nicht so schnell heiraten wollen – wenn Wallenstein keine Armee hätte, könnte er nicht zum Abtrünnigen werden. Tragödienhelden eignet eine doppelte Qualifikation: bedeutende Eigenschaften und ein Handeln, das nicht bloß fehlbar ist, sondern ihnen selbst, früher oder später, als solches erscheint; sie fehlen als Zögernde, sich Verstrickende oder als mit Irrtum und Blindheit Geschlagene. Nichts von alledem bei Don Giovanni, der sich an keiner Stelle, auch angesichts des sicheren Untergangs nicht, in Frage stellt. Dennoch taugt er zur Hauptfigur, freilich einer Komödie; in einer Tragödie könnte er nur als Nebenrolle bestehen. Ist er der Schurke, den niemand ernst nimmt? Vielleicht ist er wirklich kein Schurke; im Verlauf des Stückes gelingt ihm keine einzige Untat. Gewiß: er hat Anna nächtens übermannt, aber: erst hinterher fängt sie an zu schreien. Gewiß: er hat ihren Vater erstochen, aber: dieser hätte sonst ihn umgebracht. Er hat Elvira verführt, aber das liegt *vor* dem Stück, und sie hat sich eben auch verführen lassen; eine Trauung hat nicht stattgefunden, nicht einmal, wie bei Bertati, eine Verlobung.* Er will Zerlina verführen, aber sie will das – bei der ersten Begegnung – auch. Giovannis Magnetismus ist so groß, daß die Opfer diese Rolle immer erst nachträglich einnehmen – eigentlich und ursprünglich sind sie Beglückte. Darin liegt die innere Komik des konfliktreichen Geschehens; was Untaten scheinen, sind, genau besehen, Streiche, wenn auch böse.

Aber ein anderer, tieferer Grund noch disponiert Giovanni zum Komödienhelden. Die Konflikte, in die er gerät, sind, recht betrachtet, Mißverständnisse; seine Kollision mit den geprellten Bräuten, den düpierten Bräutigamen ist in tieferem Grunde irreal. Die Parteien bewegen sich nicht auf der gleichen Ebene – dieser wildgewordene Frauenfreund ist kein wirklicher Widerpart; nichts liegt ihm ja ferner, als den Verlobten, Gatten, Vätern die Mädchen, Frauen, Töchter wegzunehmen. Die Bräute wie ihre rechtmäßigen Inhaber – alle mißdeuten ihn; dieses Sich-auf-verschiedenen-Ebenen-Bewegen der antagonistischen Kräfte nimmt, wo kein Blut fließt, den Zusammenstößen die tragische Dimension und sichert ihre komische. *Wenn* aber Blut fließt, so fließt es *infolge* dieses Mißverständnisses; Annas Drang, die Identität dessen aufzudecken, der als Ottavio bei ihr war, führt, als eine ebenso zwanghafte wie unsinnige Anwandlung, geradewegs in die Katastrophe. Giovanni will niemand die Braut wegnehmen – er will sie nur alle entjungfern; was als pathologisches Moment seiner Existenz erscheint, ist ein archaisches, das in dem Zeitalter bürgerlich-christlichen Liebesindividualismus sowohl die seelische wie die gesellschaftliche Basis verloren hat: es ist die priesterliche Rolle des Deflorationsspezialisten, der der Braut den Entjungferungsschock mit all seinen psychischen Risiken – Frigidität, Liebesunfähigkeit – erspart. Sie ist archaisch, aber nicht überflüssig geworden, und wenn die moderne Sexuologie zu erkennen gibt, daß an die Stelle des bevorrechteten Gutsherren bei »sensiblen Mädchen«* heute der mit Anaesthetica hantierende Arzt trete, so wirft dies ein nachgerade parodistisches Licht auf die von Don Giovanni hinterlassene – obschon vielleicht nicht ganz hinterlassene – Lücke.

Giovannis Antwort an die ihn um Lüftung seiner Identität bedrängende Anna: »Chi son io tu non saprai«** (Wer ich bin, erfährst du nie), ist von daher ebenso ein Schlüssel seiner Existenz wie Leporellos Arie. Beides, die ernste Verweisung und die groteske Buchführung, nimmt wechselseitig aufeinander Bezug und setzt die Gestalt, einmal ernst, das andere Mal burlesk, in ein Mythisch-Vorzivilisatorisches, das sich unter den Bedingungen des bürgerlichen Individualismus als ein Komisch-Pathologisches darstellt. Hinter dem aberwitzigen Jüngling, der pro Tag eine neue Frau, am liebsten: eine kleine Anfängerin (*la giovin principiante*), braucht und sich in einer guten Nacht deren zehn zutraut***, verbirgt sich, in depravierter Form, ein Satyr, der das ius primae noctis nicht als feudales Vorrecht, sondern als heiliges Amt ausübt.

Dionysos ist der Herr der Satyrn – verbirgt der Gott selbst sich hinter ihm? Die orgiastischen Feste, die ihm geweiht waren, lassen sich als Residuen von Promiskuitätsritualen auffassen, die in prähistorischer Zeit kollektiv-orgiastische Zeremonien bildeten.**** Giovannis Arie (Nr. 11) – die erste, die die Oper ihm zubilligt, nachdem Elvira, Leporello, Masetto ihre Vorstellung längst abgeliefert haben (der Held enthüllt sich als letzter) – gibt sich als Dionysosgesang zu erkennen; sie feiert den Weinrausch und verkündet orgiastische Vermischung, die Auflösung aller Ordnung, für die nicht nur ein erotisches, sondern auch ein musikalisches Programm gemacht wird, jenes Übereinanderspielen der drei Tanzweisen, das – der Komponist schreibt am Textbuch mit – die Ballmusik dann vollzieht. Ein Menuett macht, als Giovanni im ersten Finale nach seinem vitalen Imperativ »Es lebe die Freiheit!« die Tanzmusik in Gang setzt, den Anfang: Ottavio tanzt es mit Anna; wenig später – folgen die Musiker einem Wink ihres Herrn oder den Schritten der Tanzenden? – fällt die zweite Kapelle mit dem Kontertanz ein, diesen auf die Follia, den alten Narrentanz, zurückgehenden Rhythmus. Es ist Giovannis Tanz mit Zerlina, und er steht rhythmisch konträr sowohl

zu dem Menuett der Maskierten wie zu dem Deutschen, zu dem Leporello nun den widerstrebenden Masetto um die Taille faßt – geord-
netes Chaos kontrastierender Rhythmen, das bei Zerlinas Entführung wie ein Ballon zerplatzt. »Hier erwächst Unheil«, bemerkt Leporello – man kann es nicht knapper sagen.

> Das Evoe muntrer Thyrsusschwinger
> Und der Panther prächtiges Gespann
> Meldeten den großen Freudebringer,
> Faun und Satyr taumeln ihm voran,
> Um ihn springen rasende Mänaden,
> Ihre Tänze loben seinen Wein,
> Und des Wirtes braune Wangen laden
> Lustig zu dem Becher ein

– Schiller schreibt diese Verse 1788; was bei ihm wehmütiger ge-
schichtsphilosophischer Rückblick auf »die Götter Griechenlandes«
ist, nimmt bei da Ponte und Mozart in der Verweigerung noch einmal
Gegenwart an. Statt der rasenden Mänaden – schlafende Bauerndir-
nen auf den Rasenbänken; einzig Zerlina sieht dem Freudebringer
blankäugig entgegen. Nicht nur dessen Arie, die Wunschtraum
bleibt, auch jene Humanitätsbestimmung, die Giovanni im zweiten
Finale mit programmatischer Emphase gegen Elviras Flucht setzt:

> Vivan le femmine,
> Viva il buono vino,
> Sostegno e gloria
> D'umanità!

(Hoch die Frauen, hoch der gute Wein, der Menschheit gloriose Stützen!) hat den dionysischen Zug. »Was ist denn deiner Orgien Sinn
und Wesen?« fragt in des Euripides »Bakchen« König Pentheus den
Dionysos, und dieser antwortet: »Unkündbar dem, den Bakchos
nicht erleuchtet.« So könnte Giovanni Elvira auch antworten.

Da Pontes Oper ist, im Anschluß an Angiolinis Ballett, die einzige
Don-Juan-Oper, die eine – obzwar verhinderte – Orgie in den Mittelpunkt der Handlung zu stellen wagt. In ihrem Zerfall gibt die Figur
die mythische Identität preis, die hinter ihrer sozialen steht. Der
Mann, der sich nachts in fremder Gestalt bei den Mädchen ein-
schleicht und alle Bräute als erster beschlafen will, vertritt jene
rauschgebietende Phallos-Gottheit, in deren Gefolge Pan und Silen

sich mit Satyrn und Mänaden vereinen, und da es zu ihren Eigen-
tümlichkeiten gehört, daß, wer ihr anhängt, ihr gleich wird (das
macht sie zum Stifter der Schauspielkunst), ist die Frage, in welchem genauen Verhältnis Giovanni zu ihr stehe, gewissermaßen ir-
relevant. Dionysos führt den Thyrsos, den weinlaubumwundenen,
in einen Pinienzapfen endenden Stab in der Hand, der den Festen gebietet, aber auch zur Waffe werden kann; er vereinigt weinbeflügel-
ten Rausch mit der Wucht des Stieres, die Grausamkeit des Löwen
mit der Sprungkraft des Panthers; in den ihm zu Ehren veranstalteten Umzügen fehlt als feierlich vorgewiesenes Symbol niemals der
Phallos. Seine Epiphanie ist gebieterisch; wer seine Verehrung verweigert und sich bei seinen Festen der orgiastischen Entsicherung
des Daseins widersetzt, erfährt nicht nur die Macht, sondern auch
die Grausamkeit des Gottes. Als Pentheus, der König von Theben,
den Dionysoskult unterbindet, verhängt der von einer irdischen
Mutter, Semele, stammende Gott mänadischen Wahnsinn über The-
bens Frauen – sie zerreißen den König; dessen eigene Mutter, die
Schwester der Semele, trägt seinen abgetrennten Kopf an der Spitze
des Mänadenzugs in die Stadt. Eine der letzten Tragödien des Euripides, »Die Bakchen« (Bacchantinnen), beschreibt den grausigen
Vorgang und stellt einen Feuerzauber in die Mitte der Handlung: der
in Jünglingsgestalt von Pentheus in einem Netz gefangene Gott befreit sich und läßt den Palast seines Widersachers und Vetters unter
Donner und Blitz zusammenstürzen. Aber die in dem Drama hervor-
gekehrte orgiastisch-terroristische Erscheinung des Gottes ist nur
ein Teil seines höchst zusammengesetzten Wesens*; nach der andern
Seite schützt er den Weinbau und die Fruchtbarkeit der Saaten; auch
als Herrn der Seelen, der die Geister Verstorbener beruft, kennt ihn
der Mythos. Das ihm gewidmete Fest der Anthesterien ist in diesem
Sinn doppelgesichtig, »einerseits ein weltliches, sehr ausgelassenes
Freudenfest, andererseits ein Toten- und Seelenfest« (Martin P. Nilsson). Bewahrt Giovanni, als fehlschlagenden, auch diesen Zug der
antiken Gottheit?

Von den drei Frauen, die da Pontes Text in Beziehung zu Giovanni
setzt, ahnt nur Zerlina, die Bäuerin, was für eine Bewandtnis es mit
dem Mann hat, der sich unversehens zum Herrn ihrer Hochzeit auf-
wirft. Furchtlos und fasziniert tritt sie vor, als er den Hochzeitszug
stört: »Ja, mein Herr, und die Braut bin ich«, und schickt Masetto
weg; was zwischen ihr und Giovanni spielt, geht den Bräutigam

nichts an. Als dieser, trotz aller von der Braut gespendeten Tröstung
(Mozart gibt ihrer Arie eine Innigkeit, die von Betrug nichts weiß),
im Schloßgarten nicht von ihr weicht, ist sie voll Furcht für ihn, den
aufrichtig Geliebten – und voller Erwartung für sich selbst. »Verrà!«
(Er kommt!) hebt sie den Kopf, als sie Giovannis Stimme hört – es
ist einzig die Nähe Masettos, die ihr in der Ballszene den Schrei ein-
gibt. Giovannis Scheitern erfüllt sich an Zerlina: die einzige, die ihm
gewachsen ist, bleibt ihm unerreichbar; dreimal entgeht sie seiner
Verführung (und widersteht ihr nur einmal). Sie ist Giovanni auch
deshalb gewachsen, weil sie, anders als er, anders als alle, weiß, was
Liebe ist: ein Heilmittel; sie singt es gleich zweimal. Das *rimedio* betrifft die Mädchen, denen das Herz im Busen wogt (Nr. 5), so gut wie
den verprügelten Bräutigam: »Es ist ein Balsam, den ich mit mir
trage; wenn du willst, werde ich dich damit behandeln.« (Nr. 18) Die
Offerte der Liebesapothekerin ist durchaus unwiderstehlich.

Zerlina begreift Giovanni und kommt davon, indes die abstrakt
und naturfern lebenden Edeldamen sich, »vom Gott geschlagen«,
nach innen und außen verwirren. Sie verkennen Giovanni nicht, indem sie ihm erliegen, sondern indem sie ihn verfolgen, und müssen
dafür büßen; jede von ihnen bekommt, vor der Scena ultima, einen
traurigen Extraschluß. Der Elviras (II/14) ist kurz und bündig: eine
schnöde Abfuhr; derjenige Annas (II/12) ausgedehnt und selbstquä-
lerisch. Aber auch Dionysos kommt nicht davon, seine Macht, so
zeigt sich, ist zerbrochen; der Versuch, die Rechte des Rausches als
eines festlich entfesselten, rituell gebändigten Chaos zu behaupten,
scheitert komisch-hybrid in immer neuen Anläufen. Diese lassen zugleich seine Unverwundbarkeit, eine fundamentale Ungreifbarkeit
erkennen – Masettos Häscherschar fängt Don Giovanni so wenig wie
Pentheus den Dionysos-Jüngling. In seiner dritten Arie, die seine
Selbstdarstellung vollendet, enthüllt der Held seine Unverletzlich-
keit; er stellt sich selbst als eine mythische Figur auf: »Gehen ein
Mann und ein Mädchen auf dem Platz spazieren, hört ihr, wie sie unter einem Fenster von Liebe reden – stoßt zu, stoßt zu! es kann nur
mein Herr sein.« (Nr. 17) Seine Verfolger foppend, enthüllt Giovanni
sein Wesen: ungreifbare Allgegenwart des anarchischen Eros.

So muß sich die Statue auf den Weg machen; der Feuerzauber, den
die »Bakchen« ins Zentrum der Handlung stellen, bildet hier, mit
tödlichem Ausgang, das Ende. In beiden Stücken verkündet ein
Schlußwort die Moral der Geschichte, und es ist, mit anderem Vor-

zeichen, jeweils die gleiche Moral. »So ist das Ende derer, die Böses tun«, singen am Ende der Oper in einem grandiosen Fugato Don Giovannis Hinterbliebene, und das Böse ist, wie in den »Bakchen«, Widersetzlichkeit gegen die Macht der Himmlischen: »Wer geistesstolz dem Götterglauben trotzt, der blick auf Pentheus' Tod und glaub an Götter!« Aber in »Don Giovanni« ist Dionysos selbst der Getroffene; die Pentheus-Macht, aus Gräbern aufsteigend, erweist sich als die stärkere. Nicht daß dies geschieht, ist das Neuartige an da Pontes Text; es ist schon das Fazit von Tirsos »Burlador«. Die Unbefangenheit der orgiastischen Selbstdarstellung macht dessen Besonderheit aus. Daß sie so prangend erscheinen darf, zeigt, wie schwach die Figur objektiv geworden ist. Die romantische Deutung des 19. Jahrhunderts wird diesen Zug ins Absolute treiben. Er ist aber selbst schon ein Element romantischer Deutung, wie sie – seit Gluck – mit der Musikalisierung des Stoffes einhergeht.

Topographie

Giovannis Begierden schweifen ins Grenzenlose, aber nur im Lied erfüllt sich der mythisch-panerotische Anspruch; universell, nach Zahl und Raum, ist sein Wirkungsfeld nur in Leporellos Arie. Stefan Kunze* sieht ihn als einen, der »aus dem Gefüge der Gesellschaft ausgebrochen« sei und gleichsam vogelfrei umherschweife.** Er vermißt in da Pontes Oper jene »vorfindliche Gemeinschaft von Personen«, die die gesellschaftliche Voraussetzung von Komödie, als, nach Hofmannsthal, einem »erreichten Sozialen«, sei; da Giovanni »nirgends zu Hause« sei, könne sie sich nicht bilden. So wenig aber »Don Giovanni« eine Komödie im Hofmannsthalschen Sinn ist, so wenig ist der Titelheld ein bloßer Vagant; der Ort seiner Asozialität ist ein sozial genau bestimmter. So schon in Tirsos »Burlador«, in dem die episodische Struktur sich in Zeit und Raum ungleich lockerer entfaltet als in da Pontes Drama, das sie, wie kein anderes vor ihm, dramatisch bündelt. Tirsos Juan operierte von Neapel bis Sevilla, von Tarragona bis Dos Hermanas, dennoch entfaltet sich seine comedia an einem genau bestimmbaren gesellschaftlichen Zusammenhang; der königliche Hof fungiert als dessen realer und symbolischer Ort. Auf ihn bezieht sich Juans Treiben schon in Neapel, erst recht in Sevilla; an ihm, als dem Inbegriff des Reiches, entscheidet sich sein Schicksal. Don Juans Begierden reichen so weit wie die Gewalt des Monarchen und umgekehrt; beide, die politische und die erotische Gewalt, messen sich aneinander.

Molière zieht den Kreis enger und setzt die episodisch gebrochene Einheit des gesellschaftlichen Gefüges in den Umkreis eines ländlichen Besitztums, in dem es den Helden allerdings nicht hält. Der Autor versetzt ihn als scheiternden Eros-Piraten auf »des Meeres und der Liebe Wellen« und malt, wie schon Tirso, mit dem Ozean, aus dem er schiffbrüchig auftaucht, den Universalismus seiner Begierden. Aber erst auf dem Land geht die Handlung weiter, und die Küste, an die er sich rettet, liegt nicht sehr weit von seinem Palast. Bertati verzichtet auf die Wasser-Ankunft des Dionysos anadyomene, die drei seiner Opernvorgänger – Calegari, Righini und Albertini – noch für unerläßlich hielten; daß auch die griechische Gottheit als aus dem Meer kommend vorgestellt wurde (sie hielt in vielen Städten auf einem Schiffskarren ihren Einzug), sei am Rande vermerkt. In Bertatis Libretto wird »Don Giovanni«, wie vorher schon bei Lorenzi und Tritto, ein reines Land-Stück: die Taten des Helden beschränkt der Landkreis um sein Besitztum. Von Giovannis Reiselust zeugt einzig Donna Elvira – nicht, indem er wegfährt, sondern indem sie ankommt, mit Kutsche und Dienerschaft aus dem nordspanischen Burgos; weil es so weit dahin ist, konnte Giovanni sich in Sicherheit wiegen. Dieser ist kein Unbehauster, kein heimatlos oder heimatvertrieben Schweifender wie Odysseus oder Felix Krull; er wohnt auf seinem Schloß als ein Raubritter der Liebe, der von dem festen, wohlversorgten Platz zu immer neuen Beutezügen auszieht.

So auch bei da Ponte, in dessen Text sich dieser Hausstand als besonders funktionstüchtig zeigt. Er ist so gut in Schuß, daß Leporello im Nu eine große Fête auf die Beine stellen kann, mit einer dreifach geteilten, sofort einsatzfähigen Tanzkapelle und »Schokolade, Kaffee, Wein, Schinken«, Eis und Pralinen nicht zu vergessen, für Scharen von Gästen. Nur in Leporellos Arie ist ganz Europa mit Vorderasien Giovannis Aktionsfeld, in der Wirklichkeit des Stückes beschränkt es sich auf die Umgebung seines Palazzo; Donna Anna und Ottavio sind nahestehende Standesgenossen, und von der Straße, in der sich der Hochzeitszug bewegt, bis zu Giovannis Schloß sind es nur ein paar Minuten. Eine ländlich-kleinstädtische Gemeinschaft bildet jenes soziale Gefüge, das der übermütige Gutsherr effektvoll verstört; Don Giovanni ist in dieser späten Gestalt fast schon domestiziert. Als ehrsamen Nachbarn, vertrauenswürdigen Mitbürger grüßen ihn Anna und Ottavio auf der Straße – der nächtliche Überfall ist wie das Ausbrechen aus einer Lage, in der die große Liebespiraterie nur noch in stark verkleinertem Maßstab stattfindet. Dieser Fin-de-siècle-Don-Juan ist sichtbar verlandet.

Prüft man die Topographie des Stückes, so erhellt Giovannis üppig ausgestatteter Palazzo als der architektonische und gesellschaftliche Mittelpunkt einer Kleinstadt. »Villena in Aragonien« heißt diese bei Bertati; da Ponte, der festgestellt haben mag, daß Villena – ein Flecken mit einem Schloß, wie ein zeitgenössisches Lexikon bekundet – gar nicht in Aragonien liegt, schreibt einfach »eine Stadt in Spanien«. Wo Bertati im zweiten Bild eine Gegend mit Bauernhäusern, außerhalb der Stadtmauern, angibt, setzt da Pontes zweites Bild eine Straße, die der bäuerliche Hochzeitszug als Dorfstraße erscheinen lassen könnte. Aber die pauschal voranstehende Ortsangabe (»Die Handlung spielt in einer Stadt in Spanien«) wird hier nicht, wie bei Bertati, in der Szenenweisung durchbrochen – warum sollte Masetto nicht reich genug sein, ein Haus in der Stadt zu haben? Nichts deutet darauf, daß es sich um arme Bauern handelt; hingegen setzt Masettos bewaffneter Widerstand ein ausgeprägtes ständisches Selbstbewußtsein voraus.

Die Straße des fünften Bildes, mit der der zweite Akt anhebt, mit Elviras Gasthaus, aus dem Giovanni die *dama di Burgos* herauslockt, ist dieselbe wie in zweiten Bild (I/4–15), in dem Elvira nicht, wie bei Bertati, ankommt, sondern bereits angekommen ist; offenbar tritt sie aus dem Gasthaus heraus. Der weitere Verlauf – der als Giovanni verkleidete Leporello tappt mit Elvira im Finstern ohne weiteres in die Vorhalle des Hauses von Donna Anna – macht die kleinstädtische Topographie, die da Pontes Ortsbezeichnung vorgibt, vollends plausibel. Wie in Angiolinis Ballett hat man sich eine Straße vorzustellen, wo das Haus des Komturs und der Palast des Stadt und Land beherrschenden Don Giovanni (beide gehen rückwärts auf einen Garten hinaus) nahe beieinander liegen. Das Gasthaus des Ortes ist nicht weit, und Masetto, der reiche Bauer, wohnt ebenfalls innerhalb der Stadtmauern – die Vorstellung, daß er mit seinen Kumpanen von außerhalb eindringe, ist wenig wahrscheinlich. Aber wo wohnt Ottavio? Daß er im Hause der Braut logiert, wäre eine ungewöhnliche Konstellation; er ist wohl als Nachbar zu denken.

So wenig Giovanni noch in den Umkreis des königlichen Hofes gehört, so wenig ist der Commendatore noch ein Großwürdenträger des Reiches. Man hat ihn sich als einen berühmten, aber nicht sonderlich begüterten alten Offizier vorzustellen – eine *casa* (Haus), nicht ein *palazzo* (Palast) ist sein Wohnsitz. Hat der alte Krieger sein ganzes Vermögen an die Anfertigung eines Grabmals gewandt und ist darüber so verarmt, daß ein reicher, womöglich bürgerlicher Schwiegersohn herhalten muß, seine Finanzen wiederherzustellen? Das Standbild, kanonisches Requisit der Geschichte, entspringt der Königssphäre ihres Ursprungs; da diese wegfällt, ist die Statue nicht mehr ein normales, sondern ein sehr auffälliges Akzidens – schon Molières Juan nimmt es in diesem Sinn. Ottavio ist bei da Ponte kein Herzog mehr, die Anrede Don aber ist im Italien des 18. Jahrhunderts so konventionell geworden wie im Deutschen Herr, ursprünglich ebenfalls eine Adelsanrede; sie deutet nicht mehr mit Sicherheit auf einen Aristokraten. Um so plausibler wäre Giovannis nächtlicher Einstieg: der schneidige Jüngling torpediert die von dem selbstsüchtigen Militär verhängte Geldheirat. Sein sexuelles Doppelspiel als ein Stück aristokratischen Klassenkampfs gegen die aufkommende Bourgeoisie – und als ein Streich, den er der Militäreitelkeit des Commendatore spielt, der für ein Grabmal (ein Marmormonument ist teurer als ein Palastbau) seine Tochter in Kauf gegeben hat.

Don Giovanni als ein Robin Hood der Liebe, der die erosfeindlichen Gespinste der Zweck- und Geldheiraten zerschlägt und freie Liebe an ihre Stelle setzt? Auch Elvira, die aus dem Kloster, der Ehe mit Gott, Freigesetzte (da Ponte drängt diesen Hintergrund allerdings zurück), ließe sich in diese Deutung einbeziehen, nicht Zerlina, die ihrem Masetto – sie widmet ihm zwei Versöhnungsgesänge, so betörend wie zuvor Giovannis Verführungslied an sie – aufrichtig zugetan ist. Doch eine Deutung, die Giovanni aus der Fragwürdigkeit der ihm entgegnenden Männerfiguren – des Komturs und Ottavios – zum erotischen Befreier stilisiert, hat schon romantische Züge. Sie übersieht den Herrschaftsanspruch der Figur, eine Usurpationsgebärde von eherner Selbstgerechtigkeit, die kein Motiv kennt außer der Befriedigung des eigenen Willens, des eigenen Gelüsts. Don Giovanni ist ohne Furcht und ohne Mitleid, eine antikathartische Existenz; alle individuelle Psychologie prallt an dem Panzer einer Unerschütterlichkeit ab, die man dämonisch nennen dürfte, wenn das Wort noch bei seinem Ursinn zu haben wäre.

Verfolger

In der Anlehnung ebenso wie in der Abweichung von Bertati, ob er eine Dialogstelle des Vorgängers pointiert oder eine ganze Figur umbildet, zeigt sich da Ponte als ein souveräner Meister im Dienste dessen, der seine Kunst lenkt, wie er ihrer bedarf. Donna Anna hält es zu Anfang der Oper wie bei Bertati; als ihr Geschrei den Vater auf den Plan gerufen hat, läßt sie »Giovanni los und geht ins Haus«. Sie müßte voraussehen, daß es zu einem Duell kommt, und sich, den Vater schützend, dazwischenwerfen – statt dessen flieht sie, von der Absurdität ihres Verhaltens überwältigt: erst läßt sie den fremden Mann zu sich ein, dann ruft sie das Haus zusammen. Da Pontes Korrektur – statt nach dem Vater, wie bei Bertati, ruft Anna nach der Dienerschaft – ist subtil und deutet darauf, daß Ottavio es ist, dem ihr Schrei eigentlich gilt: der Bräutigam soll mit dem kämpfen, der sich an seine Stelle setzte. Daß der Vater kommt, ist ein Mißverständnis, das sie, Ottavio holend, berichtigen möchte; als sie mit ihm zurückkommt, ist es schon zu spät – und Giovanni hat den Komtur schon deshalb töten müssen, weil dessen Fechtangriff ihn zwang, sein Gesicht zu enthüllen.

Ihr Duett mit Ottavio (Nr. 2) ist um die – schönfärberische – Erzählung des Überfalls verkürzt, die Bertati an dieser Stelle (als Rezitativ vor einer Arie Ottavios) einsetzt. Da Ponte verlegt sie ins zweite Bild – es ist sein Einfall, und er ist von großem dramatischen (und dann, durch Mozart, musikdramatischen) Griff: Erst, als Anna in Giovanni ihren nächtlichen Liebhaber erkennt, erzählt sie dem Bräutigam den Hergang, sich dabei von vornherein jene Wehrhaftigkeit zuschreibend, die sie – es ist seit Tirso die psychologische Pointe des Introitus – erst *nach* der Liebesnacht entfaltete. Zu den Feinheiten, mit denen da Ponte Mozarts Erfindung zuarbeitet, gehört das: »Fuggi, crudele, fuggi!« (Flieh, Grausamer, flieh!), mit dem Anna sich an der Leiche des Vaters *gegen Ottavio* wendet. Sie steht so sehr noch im Bann der Umarmung, daß sie Ottavio mit Giovanni, wie zuvor Giovanni mit Ottavio, verwechselt: »Flieh, Grausamer!« – der Ruf gilt dem, den sie zu ihrem und des Vaters Unheil festgehalten hatte.

Donna Elvira kommt, wie bei Molière und Bertati, als Reisende, aber weder Kutsche noch Dienerschaft begleiten ihr Erscheinen*;

offenbar hat sie bereits Logis im Gasthaus genommen. (Daß es ein
Gasthaus sei, wo sie wohnt, läßt sich allerdings nur dem Bertatischen Text entnehmen.) Als Entwurzelte und Preisgegebene nimmt
sie die Bühne ein, geschützt weder durch die Etikette, wie bei Molière, noch, wie bei Bertati, durch das Ambiente der großen Dame;
»wie ein Meteor, allein, in erhabener Aufgebrachtheit« erscheint sie
Stefan Kunze. Aber Elvira ist nicht erhaben, sie ist exaltiert, und die
gezackte, mit Kunstpausen effektvoll angereicherte Rhetorik, die
der Komponist ihrem Auftritt gibt, entspricht dem. Es ist ein Kolora-
turzorn, den Mozart der Donna zugesteht; er überträgt Leporellos
Zwischenruf: »Sie redet wie gedruckt«, ins Musikalische. Im zweiten Akt bewahrt die Musik die Figur dann vor jenem Äußersten, das
die Szene ihr durch die Diener-Vertretung zufügt. Daß die Figur un-
beschädigt daraus hervorgeht, bewirkt die Komposition, im Terzett
und dann im Sextett, dieser von einem untergründigen Erzittern
durchbebten Musikszene, in der die Buffonade von der bangen Komplexität der Empfindungen völlig aufgesogen wird. Bei aller humori-
stischen Färbung ist auch Elvira eine Gestalt von innerer Dringlichkeit, wie alle Frauenrollen, die Mozarts Musik mit und über da Pontes Text baut.

     Dieser Text vermeidet geflissentlich die Eifersuchtskomik, die bei
Molière, bei Bertati die Situation des Helden entschärft und den
Mann, Giovanni, um soviel erhabener macht, als sie die Frauen burlesk herabsetzt. Statt dessen führt da Ponte ein Moment aus, das Tirsos Ur-Drama – mit der Vereinigung Isabels und Tisbeas bei ihrem
Marsch auf Sevilla – nur angedeutet hatte; er statuiert eine Koalition
der Getäuschten: die betrogenen Mädchen vereinigen sich erinnyen-
haft auf der Spur des Verführers. Elvira führt die Verbindung an, sie
ist im ersten Akt die Gegenspielerin des Helden; zweimal, auf der
Straße und im Festsaal, bewahrt sie Zerlina vor seiner Unwiderstehlichkeit. Wenn Anna wankt (»Mir bangt um den lieben Bräutigam
und mir bangt auch um uns«, I/19), spricht sie ihr Mut zu; als Ottavios Anverlobte angesichts Zerlinas die Fassung verliert (»Ich
sterbe!« sagt sie, nämlich vor Eifersucht, das Wort enthüllt ihre Ver-
fallenheit an den nächtlichen Besucher), mahnt sie sie mit Ottavio
zur Disziplin. Elvira gibt sich als Warn- und Rachegeist, aber sie will
nur eins: den Mann, der sie aus dem Kloster entführt hat, für sich gewinnen. (Das Skandalon der Klosterentführung, in Molières Stück
noch klar benannt, ist bei Bertati wie bei da Ponte selbst nonnenhaft

verschleiert; von Elviras Haus spricht der Text und einem »heiligen Recht«, das aber das eheliche nicht sein kann – die beiden sind weder verheiratet noch, wie bei Bertati, verlobt.) So hat es Giovanni leicht, sie aus dem Bund der Bräute des Herrn Tenorio herauszubrechen; im zweiten Akt verfällt die Verfolgerin jener Buffa-Komik, der sie da Ponte im ersten nur mittelbar, durch Leporellos Arie, aussetzte. Es ist ein grausam-übermütiger Strafakt*; wer dem Einmaligen, Unhaltbaren, Unerkennbaren eifernd nachstellt, soll als doppelt Betrogene dem Spott aller verfallen. Elviras Demontage ist total, aber vermöge der Musik bleibt sie nicht an ihr haften; das Sextett nimmt sie von einer Figur, deren Gattinnenprätension auf einen tragischen Gipfel kommt, als sie den vermeintlichen Giovanni vor der degenzückenden** Mordlust Ottavios in Schutz nimmt: »Er ist mein Mann, Erbarmen, Erbarmen!«

Eine »große, finstere Eingangshalle« in Annas Hause ist der Ort des Verwirrspiels***; hier erneuert sich, vom Zufall und drei Türen geführt, die alte Koalition und erlebt eine neue Niederlage. Die fünf stehen vor dem als Leporello enttarnten Giovanni wie König Pentheus, der glaubt, den Dionysos gefangen zu haben – das Netz ist nicht gewebt, durch dessen Maschen der verwirrende Jüngling nicht schlüpfte. Die Szene – als Sextett erhebt Mozart sie in den Rang einer musikdramatischen Großform und gibt ihr einzigartige Spannweite – erwidert jener brachial festhaltenden Geste, mit der Anna zu Anfang des Stückes die Enthüllung des Ummantelten erzwingen will. Nun gelingt die Ent-Deckung – heraus kommt ein ganz anderer. Giovanni, so zeigt sich (dies war der dritte Versuch), ist unfaßbar; das Verfolger-Bündnis zerfällt über dieser Erfahrung. Anna geht nach der mißglückten Enttarnung mit Dienern, deren Auftreten nicht erwähnt wurde, ab; Leporello, den Masetto gern statt seines Herrn totschlüge, entschlüpft mit arioser Eloquenz. Zurück bleiben Ottavio und Elvira, Zerlina und Masetto, und Ottavio wirft sich in die Kriminalistenbrust – nun, meint er, seien genug Indizien beisammen, um die Behörden mit dem Fall zu befassen.

Auch der düpierte Bräutigam ist kraft der Musik aus dem Buffa-Klischee gesetzt, das seine Gewalt bis hin zu Bertati bestimmt. Noch da Pontes Text zeigt ihn eher als klägliche denn als erhebliche Figur – ein Schönredner und Pedant, dem nur formelle Gesten zu Gebote stehen; eine Rezitativstelle im »düsteren Zimmer« (vor der Rondo-Arie Nr. 23) deutet an, daß er schon einmal bei Anna abgeblitzt ist.

Mozarts Musik nimmt auch ihn ernst; durch sie wird er zu dem erotischen Antipoden des Helden, dem Mann der Gefühlsliebe (gegenüber der Okkupationserotik Giovannis), der sich der Frau in liebender Demut statt mit leidenschaftlicher Eroberung naht, ihr Gleichberechtigung statt Unterwerfung zumutend. Im übrigen ist er ein
Methodiker von ebenso vorsichtiger wie zäher Effizienz, der sich, bei
aller Liebe, die die Musik ihm arios konzediert, von Anna nicht ins
Schlepptau jener Erregbarkeit nehmen läßt, der diese – mit ihrem
Vater – ja gerade zum Opfer gefallen ist. Ehe er annimmt, was seine
hitzige Anverlobte für wahr hält, will er Beweise haben und sammelt
sie, ein perfekter Bürokrat, Schritt um Schritt. Nicht die eifernd-ak-
tiven Frauen, die dem Verfolgten allesamt verfallen sind, – Don Ottavio, der kein Herzog mehr ist und vielleicht ein Bürgerlicher, ist Giovannis wirklicher Kontrahent; nur der Komtur, so scheint es, kann
ihn vor dem Vollzugsbeamten des neuen, Beweise und Argumente
sammelnden Denkens retten.

   Aber der kriminalistische Optimismus, der Ottavio zum Schluß
»mit Justizbeamten« erscheinen läßt, steht auf schwachen Füßen.
»Denn ein Haifisch ist kein Haifisch, wenn man's nicht beweisen
kann« – das gilt nicht nur für Mackie Messer, der heiratet und doch
nicht davonkommt (der Schwiegervater wird ihm zum Komtur).
Giovanni des Duells zu überführen bedürfte es des Zeugnisses Leporellos, der nicht leicht zum Reden gebracht werden könnte. Falls es
gelänge, könnte er seinen Herrn entlasten: dieser focht in Notwehr.
Nicht, um ihn vor dem weltlichen Arm zu bewahren, der allenfalls
versuchte Vergewaltigung (so würde es Anna darstellen) zu ahnden
hätte, sondern weil nur der überweltliche ihn erreicht, muß der
Komtur erscheinen – wie sich zeigt, läßt er sich nicht lange bitten.

   Ottavio, der Mann der Logik und des Bedachts, der Gefühlsliebe
und der Gleichberechtigung, der Behörden und der Schlußfolgerun-
gen, ist gleichwohl der Mann der Zukunft; nur zu Annas Mann hat
er gar keine Eignung. Giovanni, dies erfühlend, hat das Verhältnis
zerstört, und wenig Hoffnung ist auf Wiederherstellung; wie Elvira,
so bleibt auch Anna dem *dissoluto punito* treu. Für den Zuschauer,
der im Final-Sextett die entsprechenden Wendungen überhört, fügt
der Dichter eigens eine von Seelenqual durchzitterte Szene ein, die
zwischen den Heiterkeiten, die der ungerührte Herzensbrecher erst
auf dem Friedhof, dann bei Tische entfaltet, die Dimension des Opfers ins Spiel bringt. Die von Ottavio vorgestellte Aussicht auf Be-

strafung des Übeltäters entlastet Anna nicht mehr; ihre bedrängte Seele gibt dem Bräutigam alle Ehre und weiß sich dem Verführer hoffnungslos verfallen. Das »düstere Zimmer«, in dem das spielt, ist, wenn sie denn zustande kommt, der Antizipationsraum ihrer Ehe; gegen ihn steht Giovannis abendliche Tafel mit sonderlichem Glanz.

Nachtstück

So herrscht hier, in und mit aller überlieferten Komik, aller gesellschaftlichen Allegorik, Psychologie in vielen Schattierungen; sie dehnt den Stoff (und dehnt ihn an dieser Stelle, kurz vor der Auflösung, dramatisch prekär*), indem sie ihn vertieft. Die zwei Akte, in die da Ponte sein Stück aufteilt, enthalten in neun Bildern sechsunddreißig Szenen; sie haben, die Pause ebensowenig gerechnet wie Mozarts Wiener Zusatzarien, eine Spieldauer von etwa zweidreiviertel Stunden. Die zweiaktige Struktur, hinter der sich eine fünfaktige verbirgt**, zertrennt die Oper in zwei Teile, die in gewisser Weise für sich bestehen; nach der Pause beginnt alles wie von vorn, obschon mit anderm Ausgang. Das Symmetrie- und Wiederholungsprinzip, das dem Stoff von Tirso an als das Strukturprinzip barocker Dramaturgie eingesenkt ist, bleibt auch bei da Ponte in Kraft. Die beiden Teile verhalten sich, abzüglich der Katastrophe, spiegelbildlich zueinander; der zweite Teil ist, ehe der Komtur in Erscheinung tritt, die verkürzte Wiederkehr des ersten. Elviras unsichtbare Zofe übernimmt die Rolle Zerlinas, Masetto diejenige Elviras – und das Sextett Nr. 19 ist die Abbreviatur des ersten Finales.*** Wieder richtet sich Ottavios Waffe im Beisein aller Geschädigten auf den Frevler, wieder ist es verlorne Strafensmüh; auch diese Konfrontation mißlingt. Der Komtur erlöst den Helden wie den Zuschauer von der Wiederkehr des immer Gleichen, und alle ariosen Reflexionen, die diesen Vorgang nach dem Sextett retardieren (es sind drei: von Leporello, Ottavio und Anna), wirken dramatisch lähmend – meditative Stillegung eines unvermeidlichen Vollzugs.

Dieses Lust-, das in ein Trauerspiel ausgeht, liegt, wenn man sich an Mozarts Partiturhandschrift und den ersten (Wiener) Textdruck hält, fast völlig im Dunkeln. Seine Realzeit umfaßt eine Spanne von vierundzwanzig Stunden, und Giovannis Aktivitäten sind, wenn man dieser Angabe glauben soll, wahrhaft übermenschlich: in *einer*

Nacht beschleicht er Donna Anna, tötet ihren Vater und leitet orgienbegierig den Brautzug in seinen Palazzo. In der folgenden Nacht entrinnt er den Bauern, gelangt »due della notte« (wörtlich »zwei Uhr nachts«, das bedeutet zehn Uhr abends) auf den Friedhof und wird – zweifellos zur Geisterstunde, um Mitternacht – von dem Komtur betroffen. Die Möglichkeit, daß die Verwandlung zum Straßenbild einen Zeitsprung in den der Mordnacht folgenden Abend vollzieht, ist vom Wortlaut des Textes nicht auszuschließen, aber ganz offenbar nicht gemeint: die Szene I/4 schließt unmittelbar an I/3 an.

Zwischen beiden Nächten wird es – zu Anfang des zweiten Aktes – nur dämmernd hell; schon in der folgenden Szene (II/2) »bricht allmählich die Nacht an« und weicht nicht mehr bis zum Ende der Oper. Einen Widerspruch ergibt die herrschende Finsternis nur für das Straßenbild des ersten Aktes: Elviras Auftritt, der Hochzeitszug der Bauern, die Promenade des trauernden Paars – dies alles läßt sich bei Tageslicht besser denken als im Dunkel einer nächtigen Kleinstadtstraße, von fackeltragenden Dienern erhellt. Der von da Ponte zweifellos kontrollierte Prager ebenso wie der zweite Wiener Librettodruck setzen vor der Szene I/4 statt des ursprünglichen »notte« (Nacht) »alba chiara« (helle Morgendämmerung), offenbar mit der Vorstellung, daß über den Untaten im Haus des Komturs die Nacht vergangen sei; Hochzeitszug und Ballfest geraten dann – und das ist ebensowenig plausibel – in den frühen Morgen. Daß »notte« die ursprüngliche Intention ist, macht auch Leporellos Bemerkung: »Ma essendo così tardi« (Da es schon so spät ist), in Mozarts Partiturautograph und dem Wiener Ur-Librettodruck (Szene I/4) deutlich. Für »così tardi« setzt da Ponte in den beiden späteren Drucken »alba chiara« ein; eine fremde Hand überträgt es in Mozarts Partitur.

Die durchgehende Nächtigkeit der ursprünglichen Fassung wird nur teilweise von der Realität der Szenen* und gar nicht durch die literarischen Vorbilder gedeckt (Molière und Bertati verzichten auf jede Zeitangabe). Man hat sie symbolisch zu nehmen: die Dunkelheit der Bacchanalien hüllt, mit einer flüchtigen Aufhellung, das Ganze ein. Die Dionysos-Orgien – da Ponte, der Kenner antiker Dichtung, konnte es aus dem Plutarch und anderen Quellen wissen – waren winterliche Feste, von einem Fackelschein erhellt, der dem Wintermonat Dadaphorios (November / Dezember) seinen Namen gab. Es ist diese winternächtige Beleuchtung, die Autor und Komponist der Opernhandlung ursprünglich geben, und man kann sich den Frauen-Bund, der in ihr dem Stier-Menschen nachsetzt, als irregeleitete Mänadenschar denken, die statt der Tiere, in denen sie den Gott erblicken, den Gott selber zerreißen wollen. In Mozarts und da Pontes »Don Giovanni« muß die Nacht der Liebe weder, wie in Wagners »Tristan«, zum Herniedersinken noch, wie in Molières »Amphitryon«, zum Verweilen aufgefordert werden – sie ist einfach da und geht, eine abendliche Aufhellung zu Anfang des zweiten Aktes ausgenommen, nicht wieder weg. Die ganze Oper gehört jener dionysischen Zeit, von der der Schattendichter schreibt:

> Die Nacht ist Feindin aller Polizei,
> Die Welt wird Chaos und der Mensch wird frei.

Achim v. Arnim schreibt es im Prolog eines Stückes, das schon von seiner Technik her – es ist ein Schattenspiel – an die Nacht verwiesen ist; es trägt den romantischen Titel »Das Loch oder das wiedergefundene Paradies«.

Da Pontes Titel ist nicht romantisch, sondern didaktisch; er stellt nicht, wie die Stücküberschriften Molières und Goldonis, die Hauptfigur vornan, sondern was diese lehrt, und läßt die magisch-mirakulöse Sensation des Stoffes, den Steinernen Gast, Haupttitel fast aller italienischen Versionen, ganz weg. Goldonis Titel von 1736, »Don Giovanni Tenorio ossia il dissoluto«, erscheint seitenvertauscht, wobei der Nachname entfällt und, in Anklang an den »Ateista fulminato« des 17. Jahrhunderts, ein Adjektiv hinzutritt: »Il dissoluto punito o sia il Don Giovanni«. Die zeitgenössischen deutschen Übersetzungen schwanken: »Der gestrafte Ausschweifende, oder: D. Jean« setzt das Prager Ensemble im Sommer 1788 bei seiner Leipziger Aufführungsserie (und im Herbst auch in Prag) auf den Theaterzettel, und in Wien heißt es im gleichen Jahr: »Don Juan, oder: der bestrafte Bösewicht«. In Mannheim setzt Christian Gottlieb Neefe im September 1789 »Don Juan, der bestrafte Wüstling«. Das ist keine falsche, aber doch nicht die einzige mögliche Übersetzung; Wörterbücher des 18. Jahrhunderts übersetzen »dissoluto« auch mit »ausgelassen, unbändig«. Hat der Blick auf die kaiserliche Zensur, die die Oper für einen hochrangigen protokollarischen Anlaß zu genehmigen hatte, Anteil an da Pontes Titel? Oder leitet ihn das Bestreben, sich von Bertati und Gazzaniga abzuheben, die einfach »Don Giovanni« geschrieben hatten? Der originale Titel mit der vorgesetzten moralischen Perspektive hält sich nicht; im März 1789 setzt Hein-

rich Gottlieb Schmieder, der – in Mainz und Frankfurt am Main – die
Oper erstmals in deutscher Sprache herausbringt, den neuen Titel
»Don Juan« aufs Programm. Und dabei bleibt es, auf deutsch heißt
die Oper spanisch: »Don Juan«.

KAPITEL X

Musikwerk

Wenn Mozarts Meisterspiel ertönt,
Wenn ungeteilter Ruhm ihn krönt,
Dann ist das Musenchor,
Dann ist Apoll ganz Ohr.
(Joseph Hurdálek am 12. November 1787)

Doppelter Schluß

Mozarts Anteil an der da Ponteschen Dichtung steht außer Frage; ein Detail wie die dritte Strophe der falsch, aber einprägsam so genannten Champagner-Arie, die die – gewiß nicht von da Ponte ersonnene – musikalische Anlage der Ballszene beschreibt, macht es unmittelbar deutlich. Aber was fügt er, in Gestalt der Komposition, dem Stoff und der Dichtung hinzu? Es ist jenes Moment, das schon den »Dom Juan« Molières durchdrang und über alle Vorgänger hinaustrug – es ist die geheime Identifikation zwischen Autor und Figur. Beider Werke, das Mozarts und das Molières, unterstehen verwandten Auspizien, für die der Gleichklang des Namensanlauts wie eine Chiffre dasteht. Beide sind in ihrem Metier – hier der Komödie, dort der Oper – die völlig überragenden Erscheinungen der jeweiligen Hauptstadt, und beide stehen in der Gunst des Hofes und der Meinung der Öffentlichkeit an zweiter Stelle, zwei Meister, die ihre Zeit, ihr Publikum so wenig verkennt als es sie kennt. Beide legen sich in einem Theaterstück auf gefährliche Weise nicht mit dem Staat, aber mit einer seiner herrschenden Klassenmächte an, beide bekommen, der eine in offener Feindschaft, der andere mit dem verschwiegenen Mittel der Isolation, die Quittung dafür – und beide setzen, im Vollgefühl ihrer Übereinstimmung mit dem Gemeinwesen und seinem monarchischen Lenker, mit dem folgenden Stück noch eins drauf: »Dom Juan« übertrifft den »Tartüff« an intellektueller und politischer Radikalität ähnlich wie »Il dissoluto punito« die »Nozze di Figaro«.

Wie Molière, so gibt auch Mozart dem negativen Helden des Stükkes (und dieser bestimmt sich, als Inbegriff aristokratischen Übermuts, negativ auch und gerade gegenüber dem Autor und dessen Erfahrung) soviel von sich selbst, der eigenen Lage, der eignen Person
ab, daß ihr Umriß auratisch zu leuchten beginnt – bei Molière durch
die dialogisch geschmeidigende Macht der Rede, bei Mozart durch
die hinreißende Energie musikalischer Agogik in ihrer vielstufigen
Komplexität. So wird das dionysische Element auf dem Grunde des
Helden aus seiner eigenen Substanz heraus verwandelt: aus *maino-
menos*, dem rasenden, wird *melpomenos*, der singende Dionysos,
aus *bakchos*, dem herrschsüchtigen lärmenden, wird *lysios*, der lösende; die Maskengottheit, deren Kult das höhere Theater stiftet,
wird, komödisch-musikalisch beschworen und gebannt, zum Gegenstand ihrer eigenen Fest-Schöpfung. Diese zeigt sie, wie in den
»Bakchen«, als Übermächtig-Verheerende, triumphal allen Netzen
Entkommende – Masetto hat Glück, daß er nur verprügelt und nicht
von einem Mänadenheer zerrissen wird. Und es zeigt sie als von einer
stärkeren Gewalt zuletzt Überwundene. Mozart und da Ponte sind
von zwei Seiten in diesen Prozeß involviert, sie vertreten die siegreiche und die unterliegende Partei, und immer eine bei der andern;
das macht die Ambivalenz des Werkes aus, dessen anderer Name
Realismus ist. Was sie schaffen, ist ein Spätwerk im Dienst der neuen
und ein Ausbruchswerk in den Formen der alten Zeit, eine Figuration von vollkommenem Doppelsinn.

Euripides' Tragödie – darin liegt ihre dramatische Schwäche –
gibt dem Widersacher des neuen Kultus keine Chance. Alle Macht,
alles Recht ist auf seiten von dessen Sachwalter, dem jugendschönen
Mänadenführer; damit der barbarische Ausgang, die Zerreißung
des Königs durch die hyänengleich über ihn herfallende Weiber-
schar, Raum gewinnt, muß der schon in der Mitte des Stückes geschlagene Pentheus in einen Zustand wahnhafter Verblendung versetzt werden, der ihn in die Falle des Gottes tappen läßt. Züge eines
solchen dramatischen Opportunismus eignen auch Tirsos »Burlador«, dessen Titelheld schon bei dem ersten Gastmahl – dem, das er
selbst gibt – auf verlorenem Posten steht. Daß er in die Falle der fu-
neralen Gegeneinladung läuft, entspringt einer ähnlichen Verblendung, wie König Pentheus sie schlägt, der noch nach dem Einsturz
seines Palastes an der Mänadenverfolgung festhält. Louis Dorimon
(1628–1693) war der erste Don-Juan-Autor, der durch die Reuever-

Dorothea Stock (1760–1832): Wolfgang Amadè Mozart.
Silberstiftzeichnung (1945 verschollen);
Dresden, April 1789.

weigerung im Angesicht der übermächtigen Gewalt diesem opportunistischen Zug des Ur-Stückes entgegnet hatte. Auch bei ihm folgt
Juan leichtsinnig-übermütig der Einladung ins Grabmal, aber das
Strafgericht, das über ihn hereinbricht, ist nicht mehr vorentschieden; es trifft nicht begangene Übertretungen, sondern die im Angesicht numinoser Übermacht festgehaltene Reuelosigkeit.

Molière ist fünf Jahre später der erste, der das zweite Gastmahl
wegläßt, obschon nicht die dritte Begegnung mit dem Komtur. Juan

geht nicht ein zweites Mal auf den Friedhof, sondern das Standbild
holt ihn auf der Straße ein; der Handschlag, mit dem er den Gegen-
besuch zusagt, wird ihm – Bertati und da Ponte übernehmen diesen
Zug – zum Verderben. Erst Bertati läßt das dritte Rencontre überhaupt weg, und das ist mehr als bloße Straffung; indem er Giovanni
nicht mehr in offenbarer Verblendung in die todsichere Falle laufen
läßt, macht er ihn stärker denn je, und das um so mehr, als die Reueverweigerung in aller Schärfe erhalten bleibt. Wie den Anfang des
Stückes, so übernehmen da Ponte und Mozart auch diese Schluß-
konstellation von Bertati; indem sie die Hauptfigur dramatisch
stärkt, bekundet sie deren objektive Schwächung. Denn die Last
wahnhaften Übermuts, die Euripides wie Tirso auf die Figur des
Himmelswidersachers – hier Pentheus, dort Juan – häuften, war ein
Indiz der gesellschaftlichen Kraft der von ihm vertretenen, in ihm
gemeinten Opposition. Die individuelle Erhöhung, die Molière und,
entschiedener noch, Bertati und da Ponte ihm zufügen, zeugt von
seiner geschwundenen sozialen Potenz. Don Giovanni ist am Ausgang der Aufklärung ein vom Welt- und Gesellschaftslauf schon Geschlagener; darum können die Autoren darauf verzichten, ihn sich
verdoppelt im eigenen Übermut verfangen zu lassen: der Komtur
holt ihn gleich beim ersten Mahl.

Realismus ist die Frucht von Spätzeiten; wie die Eule der Minerva,
so beginnt auch die Kunst der Gerechtigkeit erst in der Dämmerung
ihren Flug. Erst, wenn eine Klassenmacht schon erschüttert ist,
kann die Kunst dem, der dramatisch für sie einsteht, jene Gerechtigkeit erweisen, die Licht und Schatten nach Gebühr statt nach Opportunität verteilt. Weil die Figur als wirkliche eine niedergehende
ist, kann Mozart (und konnte auf andere Weise, in anderm Zusammenhang vor ihm Molière) sie durch jene Identifikation erhöhen, die
ihr von sich selbst mitgibt. Sie besiegelt ihren Untergang auf sonderlich sublime Weise. Denn der Dichter, der Musiker, die die Gestalt
derart zu sich emporheben und ihrer eigenen, un- und widerfeuda-
len Exzentrizität verbinden, sind ja die Protagonisten der neuen, gewandelten Zeit. Deren Timbre bestimmt, vermittels des Kunstregi-
mes der Autoren, das dramatische Ganze in allen seinen Verkörpe-
rungen. In dem Konflikt zwischen Ottavio und Giovanni nimmt Mozart nicht Partei; er stattet jede Seite, über den Text hinaus, mit der
ihr eigentümlichen Vollkommenheit aus. In der Belcanto-Hingabe,
mit der Ottavio sich der ihm immer weiter entrückten Anna an-

schmiegt, wird der Gefühlsindividualismus bürgerlicher Empfindsamkeit ebenso gültig Tongestalt wie in Giovannis Weinarie orgia-
stisch-herrische Begehrlichkeit. Indem sie aber Klang wird, ist sie
schon gemildert, humanisiert; das gilt erst recht von der tändelnden
Zärtlichkeit der Canzonetta, von der lieblich-sehnsüchtigen Gebärde des »La ci darem di mano«.

Von hier zu den Tonfiguren jener inbrünstigen Resignation, der
Ottavio Stimme gibt, ist ein Unterschied nur des Ausdrucks, nicht
des Wesens als dessen Wesen, der diesen Ausdruck als den seiner eigenen, einheitlichen Kunstperson regiert.* Es ist Mozarts Kunst, die
hier Spielarten der Liebe bildet; sie gehen aus einer Natur – seiner
eigenen – hervor, die, nicht anders als die seines Librettisten, eine
bürgerlich bestimmte und getönte ist. Von dem Wesen der Kunst her
wird, wenn er die Tragödie stiftet, aus Dionysos, dem bakchos, lysios, der Lösende; von der Person des Musikers her wird aus dem rasenden Junker eine Gestalt, der Individualität dessen anverwandelt,
der sie in Töne faßt. Mozart kennt an sich selbst alles dies, die lyrische Resignation vor der unerreichbar scheinenden, jäh sich entzie-
henden Frau und das *La ci darem* des drängend-impulsiven Flirts,
die Entfesselungsgeste der wein- und musikbeschwingten Fête
galante und den foppenden Übermut dessen, der sich allen Widersachern überlegen weiß. Er ist in allen Figuren des Stückes, wie diese –
Männer wie Frauen – in ihm sind; die dramatischen Kontraste, ge-
spielten Antagonismen lösen sich wie die Themen einer Sinfonie in
dem vielfältigen Kosmos der Partitur.

Es ist nur scheinbar ein Paradox: Da es nicht Giovanni ist, der
»Don Giovanni« schreibt und komponiert, ist Don Giovanni *nicht*
Don Giovanni, der erotische Allesfresser, junkerliche Listenfüller,
sondern – der Sänger der Canzonetta. Als singende, spielende überhaupt, erst recht als von Mozart zum Singen gebrachte hebt die Figur
sich in gewisser Weise selbst auf; sie nimmt aus dem feudalen Grundriß heraus, der sie konstituiert, bürgerliche Züge als solche einer individuellen Sensibilität an, die sich im Klangraum verwirklicht.

Sie eignen auch jener Gestalt, die, wie ein Doppelgänger in der
Wirklichkeit, im Hintergrund des Werkes umgeht und, kurz vor
dessen Vollendung, wie im Identitätstausch mit dem Librettisten
plötzlich aus der Kulisse tritt, dem Verfasser politisch-historischer
Traktate sowie des utopischen Romans »Icosameron« – eine Figur,
die, wie Don Juan, die Auszeichnung erfährt, redensartlich zu wer-

den: Giacomo Casanova. Die Umgangssprache macht einen richtig
empfundenen, aber nur schwach ausgeprägten Unterschied zwischen diesen beiden Symbolfiguren extensiver Verführung; ein
Casanova ist ihr so etwas wie ein gehobener Don Juan, ein Frauenheld von feinerer Artung, höherem Anspruch. In Wahrheit ist die soziale wie die moralische Differenz zwischen beiden Spielarten des
multiplen Erotikers fundamental. Don Juan ist die selbstherrlich-
ausbeuterische Gestalt, die immer siegt, da sie sich nie auf ein Gegenüber einläßt; das Objekt des Begehrens ist ihr nicht mehr als
dies: bloßes Objekt, ein sexueller Wegwerfartikel. Gegen diese feudale, auf Besitz, Privilegien, verbrieftes Übermenschentum gestützte Figur steht Casanova als eine von Grund auf bürgerliche, die
freilich, so wenig wie das Bürgertum dieser Zeit, für sich besteht,
sondern – als Unterhaltener und Unterhalter, als Nasführer, Agent,
Hochstapler, Geschäftemacher – nur an den Tischen, in den Häusern, zuletzt: in den Bibliotheken der Aristokratie. Er ist der Selfma-
deman kraft Talent, Energie, Esprit, und er ist der, der sich auf die
Frau, die er begehrt (und die ihn begehrt), als leib- und seelenvolle
Person immer einläßt und *dadurch* siegt, *wenn* er siegt, denn er
kennt auch Niederlagen und gesteht sie ein. Da Ponte und Casanova
– die beiden Landsleute sind Freunde und Briefpartner über Jahrzehnte hin – sind einander so ähnlich, wie sie Don Giovanni, dem
beutemachenden Junker, unähnlich sind. Indem da Ponte und
Mozart Don Giovanni ins Bühnenleben rufen, nimmt dieser eine
Zuwendungsfähigkeit an, deren der authentische, der spanisch-
barocke Juan gänzlich ermangelte; das Duett mit Zerlina ist dem
sanglich-beredtes Zeugnis. An der Figur selbst vollzieht sich, sanft
und wirksam, auf die auratische Weise der Musik, eine Veränderung,
die sich in der Folge ihrer Arien malt: bacchantisch-imperatorisch
gibt sich die erste, lyrisch-werbend die zweite, mythisch-entrückend
die dritte. Ehe den Helden die Hölle einholt, ist er sich selbst legen-
där geworden.

So gewinnt der Schluß, des Helden Scheitern an numinoser Übermacht, einen andern Sinn als den von alters in ihm angelegten. Er
untersteht nicht mehr, wie bei Tirso, einem ideologisch-didakti-
schen Auftrag; der Komtur muß nichts mehr beweisen. Mozarts Musik legt die metaphysische Dimension als solche frei, mit einer Unbe-
dingtheit, die jenseits von Apologie steht. Auch das Transzendentale
steht hier im Zeichen des Realismus: es ist wahrhaftig. Don Gio-

vanni ist ein Metaphysiker eigener Art – einer, der glaubt, das All in das Ich, das Unendliche in den Augenblick, nicht geistig konstruierend, sondern sinnlich-unmittelbar, zwingen zu können. Dieser wunderliche Unheilige scheint der antimetaphysische Mensch schlechthin, ohne Empfinden für jene Endlichkeit und Bedingtheit der Existenz, an dem das Bewußtsein von der Rätselhaftigkeit der Welt sich schärft und entzündet. Nicht, wie ehedem, durch Gottesleugnung, die ausdrückliche Verachtung aller sittlich-numinosen Übermacht, sondern existentiell: durch die eherne Egozentrik des sich selbst als unbedingt, also gottgleich setzenden Bewußtseins, wird er zum Auslöser des transzendentalen Eingriffs. Sein Dasein, nicht, wie ehedem, seine Expektorationen, zwingt die Überwelt, sich zu erklären, nunmehr: sich musikalisch zu erklären. Sie tut dies auf eine unerhörte Weise, fern sakraler Weihe wie religiöser Inbrunst oder des apokalyptischen Schreis, vielmehr mit einer individuellen Gebärde, die sich auf den einzelnen, der hier Widerstand leistet, in einer Weise einläßt, die nicht nur richtend, sondern auch gerichtet ist, auf eben diesen Widerpart, der, indem er an den eroberten Augenblick einen so hohen Anspruch setzt, schon wieder ein Partner der Überwelt wird. Die aphoristische Knappheit, mit der sich die jenseitige Instanz, von Giovanni zunächst überhört, auf dem Friedhof in seine selbst- und weltgewisse Existenz einmischt, wird dem zum auch durch die entwickelte Szene nicht mehr überbietbaren Ausdruck.

Der Zwischenruf, mit zwei baßgewaltigen Sätzen innerhalb des Rezitativs ergehend (in dem folgenden Einladungsduett, einem Stück von immer wieder zusammenbrechender Komik, begnügt sich der Versteinte mit einem einzigen Laut: »Si!«), schallt wie aus dem Nichts. Erst bei dem Gastmahl wird die Figur, die da Ponte durch Leporellos Mund als weißen (marmorweißen), nicht als schwarzen Mann angibt, als wandelnde faßbar und selber fassend, eingehüllt in einen dunklen Klangmantel aus Posaunen und tiefen Streichern. So, abzüglich der Posaunen, schon in der Ouvertüre, wo der, der das Ende verhängt, den Ton angibt, mit schweren synkopierten d-Moll-Akkorden, denen sich eine bedrohlich auf- und abschwingende Streicherbewegung entwickelt. Beides, die akkordisch-wuchtige und die vibrierend-flutende Unruhe, kehrt in der Gastmahlszene wieder, als nach dem Zurückprallen Elviras, dann Leporellos Giovanni selbst dem nicht ungebetenen Gast die Türe öff-

net. Leporello, der hinter der Szene seiner ansichtig wurde, hat zurückkehrend die Zimmertür hinter sich zugeschlagen und den
Schlüssel herumgedreht, so daß das kanonische Klopfen der Statue
möglich wird – da Ponte arbeitet mit genauestem szenischen Bedacht. Wie aber im Finale dem Moll der Katastrophe die Dur-Helle
der Scena ultima folgt, so in der Ouvertüre das D-Dur des brisanten
Allegro-Teils; Schluß und Anfang der Oper unterliegen dem gleichen
Kontrastverhältnis.

Musikalisch wie dramaturgisch hat die Komturerscheinung ein
Gegenstück an jener anders überirdischen Einrede, die in »Idomeneo« die Katastrophe nicht einleitet, sondern aufhebt. Eine Orakel-
stimme wendet in Mozarts Seria von 1781 die Opfertötung des Sohnes ab, entthront die Vater- und Königsmacht und bahnt dem siegreichen Sohn, der sich für die Rettung des Vaters aufopfern will, mit
göttlichem Ratschluß den Weg zu Frau und Herrschaft. »Idomeneo«
ist die durch himmlischen Einspruch abgewendete Tragödie eines
Sohnes, dessen – durchaus liebevoller – Vater sich seiner entledigen
will; dabei findet er seinen stärksten Tatverbündeten an der Liebe
des Sohnes zu ihm. »Don Giovanni« ist die durch Einmischung des
Himmels abgewendete Komödie des Sohnes, der die Vatergewalt,
die sich zwischen ihn und die eroberte Frau stellt, mit scharfem Degen durchkreuzt und schrankenlos auf dem Weg der Triebbefriedi-
gung fortschreitet. Die kontrastierende Identität der beiden posau-
nengestützten Einsprüche ist augen- und ohrenfällig: Idamantes
will sich für den Vater opfern und wird erhoben; Don Giovanni hat
die Vatergestalt geopfert und wird gestürzt. Merkwürdig genau
stimmt Mozarts eigene Lage zu beiden Stücken und ihrer kontrastie-
renden Korrespondenz. Mozart hatte (der Münchner Briefwechsel
mit dem Vater bezeugt es vielfältig) »Idomeneo« in der Situation eines Vatereinverständnisses geschaffen, das die Oper selbst – der
Gang ihrer Handlung – in die Krise brachte. Anderthalb Jahre später ist diese Vater-Sohn-Eintracht, die die Oper mit tiefer dramatischer Intuition als lebensgefährlich auswies (nur der Orakeleingriff
rettet Idamantes), zerbrochen: an Mozarts Heirat, mit der sich der
Vater – der verschollene Brief vom November 1786 ist dem ein letztes, drastisches Zeugnis – niemals abgefunden hatte. Nun, in zuneh-
mender Vaterentfernung, geht Mozart an eine Oper, die den Sohnes-
abfall als bedrohlich ausweist; nicht als rettende, sondern als ver-
nichtende Instanz tritt die Stimme aus der Tiefe hier in Erscheinung.

Als Seelendrama stehen »Idomeneo«, das Werk des Vierundzwan-
zigjährigen, und »Don Giovanni«, das des Einunddreißigjährigen,
komplementär zueinander; sie bilden ein Diptychon, das die Spannung eines Vater-Sohn-Verhältnisses von gefährlicher Intensität
nach ihren Extrempunkten ausschreitet. Durch die Gerichts-
Stimme schlägt der Verlauf in beiden Fällen um; sie ertönt einmal
wider den siegreichen Vater, das andere Mal wider den siegreichen
Sohn – jeweils gegen den, der auf Kosten des andern im Begriff ist,
ein definitives Übergewicht zu erlangen. In der »Zauberflöte« erst
gewinnt der Ausgleich der in agonale Identität verstrickten Kräfte
Bild- und Klanggestalt. Die Frau zur Seite, eine Gefährtin in zweifa-
chem, Fahrt wie Gefahr umschließendem Wortsinn (mit der Drohung des Selbstopfers erzwingt sie die Teilhabe an dem lebensge-
fährlichen Weg), durchmißt Tamino die Wegstrecke, die ihm mit
denselben Feuergluten, deren Giovanni nicht Herr wird, Untergang
droht; er besteht sie kraft dieses Beistands, dieser Teilhabe. Wie sich
Pamina ihm rettend beigesellt*, tritt zu den Gerichtsposaunen, die
mit der dumpf dröhnenden Pauke den Marsch grundieren, die ret-
tungbringende, rettungverheißende Flöte. Zweisamkeit bestimmt
folgerichtig auch die Stimme des überirdischen Spruches, der po-
saunengestützt aus dem Mund der Geharnischten ergeht – kein
Richtspruch wie in »Idomeneo« und »Don Giovanni«, sondern ein
zweideutig-offensinniges Orakel; erst der Ausgang des Marsches
wird seine Bedeutung enthüllen. So bildet »Die Zauberflöte« die
dramatische Synthese eines Konflikts, dessen katastrophische Varianten »Idomeneo« und »Don Giovanni«, die gut ausgehende Seria
und die schlecht ausgehende Buffa, nach entgegengesetzten Seiten
ausgeschritten hatten – die späte Oper als die Spitze eines Dreiecks,
dessen Grundlinie zwischen den beiden früheren Werken verläuft.
Das magisch-maurerische Walten der Dreizahl in Text und Musik
hat auch von daher einen Sinn; sie ist wie das Abbild solcher Syn-
thesefunktion.

Der da im »Giovanni«-Finale marmorn hereintappt, ist ein anderer als der zornig dreinschlagende Vater der Introduktion, der Giovannis gleichen, nur in anderer Rolle, war. Der hier hereinkommt, ist
niemandes gleichen mehr; das alte Theatergespenst erscheint in der
musikalischen Rüstung metaphysischen Ernstes. Mozarts Komtur-
Musik klingt nicht nach Degen und nicht nach Stein, sondern nach
der Ewigkeit. Nämlich jener zwiefach kantischen des Sternenhim-

mels wie des Sittengesetzes; mit einer Effektgebärde, die das Theater keineswegs verleugnet, dringt diese kosmisch-sittliche Ewigkeit auf den Mann des phallisch eroberten, fechtend behaupteten Augenblicks ein. Er widersteht, nicht physisch, aber moralisch und um so heroischer, noch der kalt zupackenden Hand: Ein »Ohimè!«, kein Widerruf kommt von den schmerzverzerrten Lippen. Giovanni zeigt sich als ein ebenbürtiger Metaphysiker; respektvoll-enttäuscht läßt das Standbild ihn los und überantwortet ihn abgehend nicht den Furien (da Pontes Text verzeichnet sie nicht), aber der entfesselten Naturgewalt: Erdbeben und Feuer.

Sollte das Stück hier zu Ende sein? Es könnte, es müßte das, wenn Mozart den Flammen, die zu dem Gesang eines unsichtbaren Chores aufzüngeln (er ruft den Sünder in die Hölle und ist also, trotz des getragenen Tons, ein Teufelschor), eine Musik gegeben hätte – die Höllencoda als eine der beiden Finalformen, die der Stoff im Lauf von anderthalb Jahrhunderten ausgebildet hat. Aber die ist schon geschrieben, 1760 von dem nun dreiundsiebzigjährigen Gluck, und so tritt jene andere, von Bertati und vormals von Calegari vorgegebene Wendung in Kraft, die Stretta der von dem Unhold, der der unwiderstehliche Hold war, Befreiten – aufatmende Schlußbekundung eines solistischen Chorus. Vor der Moralverkündung: »So ist das Ende derer, die Böses tun. Der Tod der Treulosen kommt ihrem Leben gleich«, erklärt in einem Larghetto-Satz jeder noch schnell, was er, von Giovanni befreit, fernerhin vom Leben erwarte.

Wo das Furienfinale, Schau- und Höreffekte der Naturkatastrophe bildend, den transzendentalen Eingriff verweltlicht, erhält ihm die Scena ultima, als dialektisch umschlagende, Würde und Höhe. Eben indem sie nicht bei ihm verweilt; mit scharf antinomischer Wendung tritt nicht die Trivialität der Hölle, sondern die des Lebens in entgegennende Kraft. Das sich in seinem Presto-Schluß fugisch aufgipfelnde Finalsextett, das die Nemesis Divina, die göttlich verfügte Einheit von Tat und Schicksal als »altes Lied« feiert, weiß so wenig von der vorangegangenen Katastrophe wie der nun wieder geschlossene Erdqua Bühnenboden; vermöge der strahlenden Unberührtheit dieses Schlusses leben die beiden Streiter um das Sein und das Nichts, um die Ewigkeit und den Augenblick, Giovanni und der Komtur, ungeschwächt fort. Ein Widerspruch, drastisch-unvermittelt, macht das Ende, keine Auflösung; daß das Schlußsextett sie verkünde, ist eine verbale Vorgabe, die der strahlende Zugriff der Töne überwölbt. Mit einer dialektischen Energie, die sich den dritten Schritt, die Synthese, versagt, wird die Frage des Lebens, als durch Begrenztheit offene, an den Zuhörer, den Zuschauer zurückverwiesen.

Arbeit in Wien

Die Komturmusik in allen ihren Teilen: Ouvertüren-Einleitung, Friedhofs-Einwurf, Finale, ist das Letzte, was Mozart von der Oper zu Papier bringt. Er schreibt es, sich selbst unter Druck setzend, in Prag erst kurz vor der Premiere, fast als trage er Scheu, den steinernen Mann in Don Giovannis unhaltbar gewordene Ausgelassenheiten tappen zu lassen. Sein Arbeitsablauf im Vorfeld der Prager Aufführung, deren Premierentermin früh feststeht: der 14. Oktober, ist seltsam zersplittert, weit mehr als während der »Figaro«-Komposition in der zweiten Hälfte des Jahres 1785. Anfang April, kann man mutmaßen*, geht da Ponte an seine dreifache Textarbeit und im Laufe des Juni ist er damit fertig; zweifellos hält er in dieser Zeit ständigen Kontakt mit den präsumptiven Tonsetzern; da er ihnen die ersten Szenen gleich nach der Niederschrift bringt, wird er es mit den folgenden nicht anders gehalten haben. Daß er Mozart von seiner Vorlage, dem Libretto Bertatis, in Kenntnis setzte, ist schon deshalb unzweifelhaft, weil einige musikalische Anzeichen darauf deuten, daß Mozart auch Gazzanigas Partitur gekannt hat.** Gewiß ist die Umarbeitung des venezianischen Modells in engem Austausch mit Mozart entworfen worden.

Hat dieser schon während der Entstehung des Textes musikalisch an der Oper gearbeitet? Für einige Auftrittsarien ist das denkbar; es muß da Ponte beflügelt haben, wenn ihm der Komponist musikalische Porträts der sich dialogisch entwickelnden Figuren vorspielte. Ob es sich dabei um Skizzen oder weitergehende Fassungen handelte, bleibt so offen wie die Tatsache selbst und der ganze Arbeitsprozeß, über den von Mozarts Seite nichts und von da Ponte das Minimum der Memoiren-Mitteilungen überliefert ist. Erst das vollendete Werk trägt der Komponist, einen Tag vor der verschobenen Prager Premiere, mit den Anfangstakten der kurz zuvor fertig gewordenen Ouvertüre als »opera Buffa in 2 atti« in das seit 1784 geführte Werkverzeichnis, diese Leporelloliste seiner musikalischen Liebestaten, ein. Welche Teile der Partitur schon vor der Prag-Reise fertig waren, läßt das Notenpapier, vor allem durch seine Rastrie-

rung, erkennen; von den vierundzwanzig Nummern der Prager Auf-
führungspartitur (sie zählt die Ouvertüre nicht mit), sind, so erweist
sich, neunzehn in Wien zu Papier gebracht worden.

Deckenstukkatur von Albert Camesina (um 1730)
in Mozarts Arbeitszimmer in seiner Wohnung
in der Schulerstraße in Wien. Photographie.

April und Mai 1787 – da Pontes Libretto-Arbeitszeit – vergehen
dem Komponisten mit der Arbeit an drei Streichquartetten von so
außerordentlicher Schönheit, Tiefe, Kunstfertigkeit, daß auch ein
Meister wie dieser sie nicht im Handumdrehen geschrieben haben
kann; eine große Sonate für Klavier zu vier Händen (KV 521)
kommt in der zweiten Maihälfte noch hinzu. Im Juni folgt ein exzeptioneller Jux: Mozart schreibt das Orchesterstück eines schlechten
Komponisten, »Ein musikalischer Spaß, bestehend in einem Allegro, Menuett und Trio, Adagio und Finale« (KV 522), der in vier
ausgewachsenen Sätzen vormacht, wie man eine Sinfonie *nicht*
komponieren sollte. Das ist ein exorbitantes Opus: Mozart, der Mas-

kenkünstler, der auf einer Faschingsredoute des Jahres 1786 als indischer Philosoph erscheint, in der Rolle eines Komponisten, dem nichts einfällt, genauer: der mit aller Anstrengung und Handwerksbiederkeit so tut, als fiele ihm etwas ein, und immer wieder sowohl an seinen Einfällen, die manchmal furchtbar trivial, dann wieder von schwindelerregender Kühnheit sind, wie an deren Verarbeitung, Verknüpfung, Entwicklung scheitert, auf eine Weise, die ganz nur dem geübten Ohr kenntlich wird, obschon zuweilen auch die Unzulänglichkeit der Ausführenden glossiert wird; namentlich den Hörnern verrutschen die Noten manchmal um einen vollen Ton (und das steht so, als komponierter Spielfehler, in der Partitur). Das Stück hat nicht seinesgleichen; das Genie, Gratwege wandelnd, macht sich über die wackere Stümperei lustig, die in der Ebene umgeht.

In den August fallen so gewichtige Stücke wie »Eine kleine Nachtmusik« (Mozart selbst hat ihr diesen Titel gegeben), eine fünfsätzige Sinfonietta, nach deren zweitem Satz – einem Menuett – immer noch gesucht wird, und die Violinsonate in A-Dur (KV 526); nur der Juli ist von eingetragenen Werken frei. Offenbar hat Mozart von Mitte Juni (der »Musikalische Spaß« ist am vierzehnten fertig) bis Anfang August und dann den ganzen September hindurch an der Opernpartitur gearbeitet. Lange genug, um fertig zu werden? In Prag wird es sich zeigen.

So viele und so exzeptionelle Partituren Mozarts Arbeit zwischen den beiden Prag-Reisen bezeugen, so kärglich steht es um briefliche Zeugnisse, mit einer einzigen Ausnahme. Das ist der Brief an den Vater vom 4. April 1787 (der Sohn arbeitet gerade an dem C-Dur-Quintett); er ist von einem existentiellen Ernst, wie er so nirgendwo sonst in der erhaltenen Korrespondenz durchschlägt. Der Brief ist nicht der erste an Leopold seit dessen Wien-Besuch von Februar bis April 1785 (damals war Leopold in Wolfgangs Freimaurer-Loge aufgenommen worden), aber er ist der erste erhaltene seit dieser Zeit. Daß zwei andere, der eine aus Prag, der andere aus Wien, durch Nachlässigkeit der Besteller – Nancy Storaces im einen, eines Bedienten des Grafen Thun im andern Falle – verlorengegangen seien, ist die Bekundung, mit der er anhebt. Gab es diese beiden Briefe wirklich? Oder schützt Mozart ihre Existenz nur vor, um die Wiederanknüpfung nach des Vaters unmäßigen Grobheiten vom November zu erleichtern? »Von deinem Bruder hab seit der Zeit keinen Brief mehr, werde auch vermutlich so geschwind keinen erhalten«,

schreibt Leopold am 29. November 1786 an seine Tochter, schickt
ihr dann aber neun Tage später einen »sehr unlesbaren Brief« von
diesem, der sicher kurz war.

Nach Bemerkungen über die Verluste begibt sich der Briefschreiber übergangslos auf jene praktisch-musikalische Ebene, auf der
sich Vater und Sohn allezeit verstanden haben; ein berühmter Londoner Oboist, der sich in Wien hören läßt und, wie Mozart befindet,
»wie ein elender scolar« spiele, gibt den Gegenstand ab. Er ändert
den Ton, als er, mitten im Schreiben, wie er erklärt, von des Vaters
Erkrankung hört. »Diesen Augenblick höre ich eine Nachricht, die
mich sehr niederschlägt – um so mehr als ich aus Ihrem Letzten vermuten konnte, daß Sie sich gottlob recht wohl befinden; – nun höre
aber, daß Sie wirklich krank seien! Wie sehnlich ich einer tröstenden
Nachricht von Ihnen selbst entgegensehe, brauche ich Ihnen doch
wohl nicht zu sagen; und ich hoffe es auch gewiß – obwohlen ich es
mir zur Gewohnheit gemacht habe, mir immer in allen Dingen das
Schlimmste vorzustellen. Da der Tod, genau zu nehmen, der wahre
Endzweck unsers Lebens ist, so habe ich mich seit ein paar Jahren
mit diesem wahren, besten Freunde des Menschen so bekannt gemacht, daß sein Bild nicht allein nichts Schreckendes mehr für mich
hat, sondern recht viel Beruhigendes und Tröstendes! und ich danke
meinem Gott, daß er mir das Glück gegönnt hat, mir die Gelegenheit – Sie verstehen mich – zu verschaffen, ihn als den *Schlüssel* zu
unserer wahren Glückseligkeit kennen zu lernen. Ich lege mich nie
zu Bette, ohne zu bedenken, daß ich vielleicht, so jung als ich bin,
den andern Tag nicht mehr sein werde – und es wird doch kein
Mensch von allen, die mich kennen, sagen können, daß ich im Um-
gange mürrisch oder traurig wäre –, und für diese Glückseligkeit
danke ich alle Tage meinem Schöpfer und wünsche sie vom Herzen
jedem meiner Mitmenschen. – Ich habe Ihnen in dem Briefe, so die
Storace eingepackt hat, schon über diesen Punkt, bei Gelegenheit
des traurigen Todfalls meines liebsten besten Freundes Grafen von
Hatzfeld, meine Denkungsart erklärt – er war eben 31 Jahre alt, wie
ich. Ich bedaure *ihn* nicht – aber wohl herzlich mich und all die, welche ihn so genau kannten wie ich. – Ich hoffe und wünsche, daß Sie
sich, während ich dieses schreibe, besser befinden werden; sollten
Sie aber wider alles Vermuten nicht besser sein, so bitte ich Sie
bei ....., mir es nicht zu verhehlen, sondern mir die reine Wahrheit
zu schreiben oder schreiben zu lassen, damit ich so geschwind, als es

menschenmöglich ist, in Ihren Armen sein kann; ich beschwöre Sie bei allem, was – uns heilig ist.«

Das ist gewiß ein bedeutender Brief (seine Gedankengänge fußen, wie die Forschung ermittelt hat, auf einem in Mozarts Besitz befindlichen Buch von Moses Mendelssohn); es ist zugleich ein seltsam unherzlicher. Aber woher soll der Sohn Empfindungen nehmen, die er schon lange nicht mehr gegenüber sich selbst verspürt hat?* Auf die bedrohliche Nachricht – er rechnet sogleich mit dem Schlimmsten und sagt dies – reagiert er mit dem Hinweis auf freimaurerische Einweihungen (darauf beziehen sich Pünktchen und Gedankenstrich in dem letzten Satz) – und tut es auf eine Weise, die lehrhaft anmuten müßte, wenn sie nicht so persönlich gefaßt wäre; es ist, als wolle er dem Vater vorbeugend dartun, daß er es, entgegen dessen Meinung, auch an philosophischer Besinnung mit ihm aufnehme. Leopolds Befinden verschlechtert sich in der Folge, aber er ruft den Sohn, den er in einem Brief an die Tochter vom 16. März »Wolfgang Mozart« nannte, nicht zu sich, und dieser kommt auch nicht – scheut er, nach dem Verhalten des Vaters im November, Konfrontation und gute Lehren? Es ist offenbar: der brüderliche, nicht sohnliche Ton des April-Briefes soll beiden zuvorkommen. Ein Brief an den Vater von Anfang Mai, der über dies und anderes Auskunft geben könnte, ist verschollen; Nanette, die Erbin, hat ihn, wie viele andere, offenbar vernichtet. Nur indirekt ist dieser Brief bezeugt, durch eine Äußerung Leopolds an seine Tochter vom 10. Mai. »Dein Bruder«, schreibt er der nach St. Gilgen verheirateten Marianne, »wohnt itzt auf der Landstraße No. 224. Er schreibt mir aber keine Ursache dazu. Gar nichts! Das mag ich leider erraten.«

Es war nicht schwer zu erraten, warum die Mozarts ihre schöne Sechs-Zimmer-Wohnung im innersten Wien, nahe dem Stephansdom, aufgegeben hatten und in die östliche Vorstadt mit Namen Landstraße gezogen waren. Nach dem »Figaro« sind Mozarts Konzerteinkünfte drastisch zurückgegangen; die Wiener society, vor allem der Adel, hat angefangen, sich zurückzuziehen: aus der Hauptstadt, von Joseph II., von dem affrontgeladenen Komponisten.** Daß man den »Figaro« übelgenommen habe, ist eine naheliegende Vermutung, aber auch Mozarts kritische Offenheit im Gespräch fällt ins Gewicht; Niemetschek gibt einen deutlichen Hinweis. »Ich überlasse es jedem Leser«, schreibt der Prager Musikfreund über Mozarts späte Betrauung mit einem Hofamt, dem Amt eines Kammer-

Kompositeurs, »darüber Beobachtungen anzustellen, um die Ursachen der langen Vernachlässigung eines so großen Künstlers auszuforschen. An ihm lag die Schuld gewiß nicht; man müßte denn seinen geraden und offenen, zum Bücken und Kriechen untauglichen Charakter als Schuld annehmen.« Offenbar hat es Mozart niemals über sich gebracht, seine Ansichten über Welt und Menschen diplomatisch in sich zu verschließen. Eine Kostprobe gibt einer der Sprüche, »Bruchstücke aus Zoroasters Fragmenten«, die er als indischer Philosoph auf dem Maskenball des Jahre 1786 verteilt; Leopold Mozart läßt sie ohne Angabe des Verfassers in eine Salzburger Zeitung einrücken. »Bist du ein armer Dummkopf – so werde K – – r [Kleriker?]. Bist du ein reicher Dummkopf, so werde ein Pächter. Bist du ein adelicher, aber armer Dummkopf – so werde, was du kannst, für Brod. Bist du aber ein reicher, adelicher Dummkopf, so werde, was du willst, nur kein Mann vom Verstande – das bitte ich mir aus.«

Gartenseite des Hauses Hauptstraße 224
der Wiener Vorstadt Landstraße. Photographie von August Stauda.

In der alten Wohnung am Stephansdom, zwischen Schulerstraße und Domgasse, vollendet Mozart kurz vor dem Umzug noch das C-Dur-Quintett (KV 515) mit seinem in der Cellostimme mit schwebender Heiterkeit über zweieinhalb Oktaven den Tonika-Akkord hinaufspringenden Hauptthema – und empfängt das Wunderkind, den Wunderjüngling aus dem Westen, er ist sechzehn Jahre alt: Ludwig van Beethoven. Stand etwas davon in dem verschollenen Brief an den Vater?

Leopold Mozarts Brief vom 10. Mai ist der letzte der vielen und wahrhaft herzlichen, die er im Laufe von drei Jahren an seine Tochter nach St. Gilgen schreibt. Am Tag seines Todes, dem 28. Mai, setzt der Abt des Salzburger Stiftes St. Peter, Dominikus Hagenauer, einen Nekrolog in sein Tagebuch und beschließt ihn mit dem Satz: »Er war in Augsburg geboren, verbrachte seine Lebenstäge meistens in hiesigen Hofdiensten, hatte aber das Unglück, hier immer verfolget zu werden, und war lang nicht so beliebt wie in andern größten Ortens Europens.« Das hätte er auch über den Sohn schreiben können; wahrscheinlich hatte der Vater immer gefürchtet, es werde dem Sohn wie ihm selbst ergehen. Wolfgang Mozart (er hat gerade die vierhändige Sonate abgeschlossen) erhält die Trauernachricht in den letzten Maitagen. In den folgenden Wochen ergeht er sich in Scherzhaftem; er schreibt – am 4. Juni – ein gefühlvolles Gedicht auf den Tod seines Stars, der so musikalisch gewesen war, daß er das Rondothema eines seiner Konzerte hatte pfeifen können: »Denn wie er unvermutet / sich hat verblutet, / dacht er nicht an den Mann, / der so schön reimen kann«, lauten die Schlußverse. Dann geht es an jene Parodiesinfonie, die launigste seiner musikalischen Hervorbringungen, in der man eine Huldigung an den Vater, seinen Lehrmeister, der ihn platte Musik nie schreiben ließ, aber vor der sonderlich guten doch auch immer Angst hatte, erkennen kann, aber nicht muß.

Es scheint paradox: ein Todesfall, der im engsten Familienkreis einschlägt, berührt ihn wenig, fast gar nicht (es gibt freilich Erbschaftsverhandlungen mit der Schwester und deren Mann), ein anderer Verlust hat ihn Wochen zuvor tief und nachhaltig getroffen. August Clemens v. Hatzfeld (1754–1787) ist jener »liebste beste Freund«, dessen der April-Brief so inständig gedenkt; die Gestalt des musikalisch hochbegabten Aristokraten steht im Hintergrund der im April und Mai geschriebenen Streichquintette. Hatzfeld war Domkapitular in dem nordwestlich von Ingolstadt gelegenen Kleinfürstentum Eichstätt gewesen und hatte sich, schon als Kind für den geistlichen Stand und die Domherrenpfründe bestimmt, zu einem hervorragenden Quartettgeiger ausgebildet. Auf einer dreimonatigen Wien-Wallfahrt im Winter 1786 hatte er sich mit Mozart zu einem Freundschaftsbund gefunden, der in der musikalischen Welt nicht unbemerkt geblieben war. »In Wien«, schreibt im Juli 1787 der Nachrufverfasser einer Hamburger Musikzeitschrift, vermutlich Carl Gottlieb Neefe, »machte er Bekanntschaft und Freundschaft mit Mozart. Hier studierte er und spielte unter Anleitung des Autors selbst dessen berühmte Quadros und verschwisterte sich so mit dem Geiste ihres Componisten, daß derselbe sein Meisterstück fast von keinem andern mehr hören wollte. Ungefähr zwei Monate vor seinem Tode hörte ich sie von ihm mit einer Genauigkeit und Innigkeit vorgetragen, daß er sich die Bewunderung jedes Kenners erwarb, und aller Herzen bezauberte.«

Die Quadros – das ist der Komplex der sechs Joseph Haydn gewidmeten Streichquartette von 1783–85. Aber auch ein ganz spezielles Stück spielt Hatzfeld bei seinem Wiener Aufenthalt; für ihn und einen adligen Tenoristen, Baron Pulini, komponiert Mozart eine Einlage-Arie zu »Idomeneo«, seiner Münchner Seria, die sich die Wiener Aristokratie im März 1786 – noch ist Mozart in der Huld der Mächtigen – in einer vom Fürsten Auersperg veranstalteten Privataufführung zueignet. Hatzfelds Bonner Schwägerin, die Gräfin Hortense v. Hatzfeld, Protektorin des jungen Beethoven, ist gleichfalls in Wien und singt die Partie der Elektra. Im Februar 1787, bei seiner Rückkehr aus Prag, trifft Mozart die Nachricht vom Tode des Freundes, der seine Übersiedlung nach Wien vorbereitete – er setzt ihm ein einzigartiges musikalisches Denkmal; die drei Streichquintette mit doppelt besetzter Bratsche, die er im Laufe des Frühjahrs komponiert, sind offenbar im Gedenken an den Primarius entstanden. (Mozart selbst spielte wie Bach die Bratsche – der fünfte, der hier mitgeigt, ist er selbst.) Das am 19. Mai vollendete g-Moll-Quintett (KV 516) ist ein Requiem, wie es eindringlicher nicht zu denken ist, eine Trauermusik, die im ersten Satz mit strömend-bewegter Klage anhebt und das folgende Menuett zum Formvorwand der Empörung, ja des Aufschreis macht, um dann im dritten, einem Adagio, mit einer weiträumigen Es-Dur-Melodie den Frieden Gottes Klang-Raum werden zu lassen. Aber er hält nicht stand: der Eingang des Finalsatzes, ein Adagio in der Anfangstonart g-Moll, spricht von Ver-

August Clemens Graf Hatzfeld (1754–1787).
Anonymes Gemälde, um 1785.

zweiflung; sie löst sich in der traurig-lieblichen, unendlich wehmüti-
gen Allegro-Beschwörung vergangener Gemeinsamkeit, mit einem
Rondo-Thema, das das grundlegende g-Moll auf eine Weise nach
Dur wendet, die die Trauer durch den Schein ihrer Aufhebung nur
um so unentrinnbarer macht. Erst im Verlauf des Satzes tritt in Gestalt einer sich allmählich dem Leben zuwendenden Bewegung Aufhellung ein.

Man könnte fragen, was ein Komponist, der dieses Werk geschrieben hat, das nicht der alten Musik angehört und nicht der neuen, sondern einer Zwischen- und Überwelt vollendeter Humanität, in der der Gegensatz zwischen Freiheit und Ordnung in einer Weise aufgehoben ist, daß sich, wie Abert schreibt, »die kontrapunktischen Partien mit der Selbstverständlichkeit eines Naturvorgangs entwickeln«, noch mit der Theaterwelt des »Bestraften Ausschweifenden« anfangen kann. Aber das Verhältnis ist umgekehrt. Der Komponist hat sich längst für »Don Giovanni« entschieden, sein Textdichter ist, für ihn und zwei Kollegen, in vollem Zuge. Die Oper ist das schon nach ihm greifende Hauptgeschäft – da entrinnt er der andringenden Bühnenwelt in das Reich einer tönenden Intimität, deren Weltanspruch nicht geringer ist als der der werdenden Großpartitur; menschlich wie musikalisch steht ihm die entrückte Gestalt des Freundes für sie ein.

Man hat dem Grafen, der dazu ausersehen war, Fürstbischof des kleinen Feudalstaats zu werden, nachmals einen Duelltod angedichtet, offenbar um ihn zum Ahnherrn des Mozartschen Giovanni zu machen. Aber das war ein Irrtum, realiter wie symboliter; Hatzfeld, dessen Eichstätter Wohnung vor den Toren des Städtchens lag, an der Altmühl in einer alten Sägemühle, wo er im Sommer »oft die halbe Nacht hindurch eine Menge Zuhörer, die auf der Straße waren, durch sein Spiel entzückte«, ist eine Anti-Don-Juan-Figur, wie sie im Buche steht – Symbolgestalt einer andern Kunstwelt und eines andern Fin de siècle. Er ist es schon als Antivirtuose, als Mann des Ensembles, der unter Fachleuten nicht einfach als Geiger, sondern als Quartettgeiger berühmt ist. »Seine Hauptstücke«, schreibt Neefe, »bestanden im Vortrag des Quadro; mit Concertspielen gab er sich weniger ab, wiewohl er es nicht ganz vernachlässigte.« Ein in Eichstätt erhaltenes Porträt zeigt ihn in Ganzfigur: einen gekreuzten Beins, die Linke im Frack verborgen, die Rechte mit Hut und Stock wie einladend von sich gestreckt, zwanglos an einem Baum lehnenden Kavalier mit sanften, einnehmenden Gesichtszügen. Der Mund zeigt ein halbes Lächeln, Spitzenjabot und Schnallenschuhe, Kniehose und gestreifte Weste vervollständigen eine Erscheinung von heiterer Gelöstheit. Mozart mag in dem harmonisch veranlagten, glücklich ausgestatteten Mann ein Eben- und Gegenbild gesehen haben: den Anti-Solisten, Antitheatraliker auf höchstem geistigem wie musikalischem Niveau; er steht für die andere, unräuberische, Kultur hegende und stiftende Gestalt des Adels in dieser Zeit. Auch deren Stunde hat geschlagen – wenige Jahre, und es gibt den Eichstätter Domherrenstaat nicht mehr.

Protokollvorstellung

So bestimmt der Geist des Widerspruchs, dialektischer Entgegnung, wechselseitiger Aufhebung die neue Oper nicht nur in sich selbst, sondern auch im Prozeß ihrer Entstehung, die nicht von Nebenwerken verschleppt, sondern von Gegenwerken, die Hauptwerke sind, durchkreuzt wird. Mozart selbst scheint zu finden, daß man von dem g-Moll-Quintett nicht ohne weiteres zur Tagesordnung, die die Oper ist, übergehen könne. Der »Musikalische Spaß« hat eine Pufferfunktion zwischen der Kammermusik und dem »Bestraften Ausschweifenden«; der Komponist weicht, ehe er an die Auftragsarbeit geht, ins kompositorische Amüsement aus. Und hält nach sechs Wochen Don-Giovanni-Arbeit inne, um abermals Kammer- und Serenadenmusik zu treiben, einen vollen, ertragreichen Monat lang. Aber vielleicht ist auch einfach die Kasse leer. Am 24. August beendet er die große Violinsonate (KV 526), aber am 14. Oktober soll in Prag schon Premiere sein, in Gegenwart allerhöchster Personen – wie kann das gelingen? Als die Mozarts, Wolfgang und Konstanze, am 1. Oktober nach Prag aufbrechen (der dreijährige Karl ist in die Obhut der Großmutter gegeben), fehlen der Partitur noch fünf Nummern*, ferner die Ouvertüre und das ganze zweite Finale. Kein Zweifel, Mozart hat sich über der Kammermusik versäumt.

Am 4. Oktober trägt die Postkutsche sie ans Ziel, zu dem den Duscheks gehörenden Haus »Zu den drei goldenen Löwen« am Kohlmarkt, nahe der Bethlehem-Kapelle; die Oberpostamtszeitung ist huldigend zur Stelle: »Unser berühmte Hr. Mozart ist wieder in Prag angekommen, und seitdem hat man hier die Nachricht, daß seine von ihm neu verfaßte Oper, das steinene Gastmahl auf dem hiesigen Nationaltheater zum erstenmal gegeben wird.« Aber die Oper heißt weder »Das steinene Gastmahl« noch »Der steinerne Gast«, da Ponte hat den Volksstücktitel weggelassen: »Il dissoluto punito o sia Il Don Giovanni«, *Der bestrafte Ausschweifende oder der Don Giovanni*. Schon im Titel unterscheidet sich das neue Werk von allen vorangegangenen Don-Giovanni-Opern.

Reiserouten von Wien nach Prag. Um 1785.

Binnen zehn Tagen gilt es das Fehlende auszuarbeiten sowie die ganze Oper musikalisch und szenisch einzustudieren – das ist ein Ding der Unmöglichkeit und wäre es selbst dann, wenn der Komponist Abschriften der fertigen Partiturteile vorher nach Prag gesandt hätte; es ist aber nichts davon bekannt. Hat der Theaterunternehmer, Pasquale Bondini, den Umfang des Werkes unterschätzt, daß er Mozart nicht früher kommen ließ? Scheute er die damit verbundenen Spesen? Oder rechnete er damit, daß der Komponist mit einer völlig fertigen Partitur käme? Vielleicht wollte Mozart den Ausgang der nicht ganz komplikationslos verlaufenen Salzburger Erbschaftsangelegenheit abwarten. Am 29. September bekundet er dem Schwager in St. Gilgen, der ihn mit tausend Gulden abgefunden hatte, seine Freude »über unsern gütigen Vergleich«.

Was immer die Verspätung bewirkt hat – die Premiere muß verschoben werden, wobei ihr der protokollarische Sinn abhanden kommt; das Werk entwächst seinem Anlaß. Denn dies ist nicht einfach eine Oper für Prag, es ist eine Staats-Hochzeits-Oper, mit der die böhmischen Stände der dynastischen Verbindung der sie im Norden und Süden begrenzenden Länder huldigen wollen. Maria Theresia, die Nichte des Kaisers, Tochter seines Bruders und Thronfolgers Leopold, soll einem sächsischen Prinzen, Anton Clemens von Sachsen, dem Bruder des Kurfürsten Friedrich August (erst vierzig Jahre später, als Zweiundsiebzigjähriger, wird er als sächsischer König dessen Nachfolge antreten), angetraut werden, genauer gesagt: sie ist ihm schon angetraut worden, durch einen Stellvertreter am 8. September in ihrer Heimatstadt Florenz. Nun wird die diplomatisch Vermählte von ihrem Bruder, dem Erzherzog Franz, Thronfolger des Thronfolgers Leopold, durch Böhmen geleitet, um in Dresden wirklich Hochzeit zu halten. Die neue sächsische Prinzessin und der künftige Kaiser des Heiligen Römischen Reiches, der seinen Erblanden vierzig Jahre lang den Stempel seines kleinlichen, mißtrauischen Despotengeistes aufdrücken wird, machen in Prag halt, um sich im Nationaltheater des Grafen v. Nostitz eine eigens für diesen Anlaß komponierte Oper vorspielen zu lassen – und die Oper ist nicht fertig; der Komponist, durch Nachtmusiken und Violinsonaten aufgehalten, kann sie nicht vorweisen – es ist eine zweifellos originelle Situation. Martini in Wien ist fertig geworden, am 1. Oktober hatte die Premiere des gleichfalls für die Sachsenbraut geschriebenen »Baums der Diana« (»L'arbore di Diana«) stattgefunden. Mo-

zart, auf den zweiten, den böhmischen Platz verwiesen, hat sich Zeit
gelassen; scheute er gar den festlich überwölbenden Anlaß mit dem
Vorrang der Gäste vor dem Werk, mit »öffentlichen Freudensbezei-
gungen« für die hohen Geschwister mit Verlesung eines Huldigungs-
sonetts nach dem ersten Akt? In einem Brief an den jungen Jacquin
überspielt er die Situation. »Sie werden vermutlich glauben«,
schreibt er am 15. Oktober, »daß nun meine Oper schon vorbei ist –
doch – da irren Sie sich ein bißchen; erstens ist das hiesige theatralische Personale nicht so geschickt wie das zu Wien, um eine solche
Oper in so kurzer Zeit einzustudieren. Zweitens fand ich mit meiner
Ankunft so wenige Vorkehrungen und Anstalten, daß es eine bloße
Unmöglichkeit gewesen sein würde, sie am 14ten als gestern zu geben –«

Das Malheur wird auf andre geschoben; wieviel Wochen hat er in
Wien auf die Einstudierung des »Figaro« verwandt? Diese Oper, die

Gasthof »Zu den drei goldenen Löwen«
am Prager Kohlmarkt (heute Uhelný trh). Mozart wohnte in dem unweit
des Nationaltheaters gelegenen Haus, das den Duscheks gehörte,
während seines Prager Aufenthalts im Oktober 1787.
Photographie vom Ende des 19. Jahrhunderts.

Bondinis Truppe nach wie vor im Repertoire hat, soll nun für den fehlenden »Giovanni« einstehen, und es gibt ein Tauziehen darum, Mozart beschreibt es lebhaft: »Man gab also gestern bei ganz illuminiertem Theater meinen Figaro, den ich selbst dirigierte. Bei dieser Gelegenheit muß ich Ihnen einen Spaß erzählen. Einige von den hiesigen ersten Damen, besonders eine gar hocherläuchte, geruhten es sehr lächerlich, unschicklich, und was weiß ich alles zu finden, daß man der Prinzessin den Figaro, *den Tollen Tag*, wie sie sich auszudrücken beliebten, geben wollte. Sie bedachten nicht, daß keine Oper in der Welt sich zu einer solchen Gelegenheit schicken kann, wenn sie nicht beflissentlich dazu geschrieben ist; daß es sehr gleichgültig seie, ob sie diese oder jene Oper geben, wenn es nur eine gute und der Prinzessin unbekannte Oper ist; und das letzte wenigstens war Figaro gewiß. Kurz, die Radlführerin brachte es durch ihre Wohlredenheit so weit, daß dem Impresario von der Regierung aus dieses Stück auf jenen Tag untersagt wurde. Nun triumphierte sie! – – ho vinta [ich habe gesiegt] schrie sie eines Abends aus der Loge; sie vermutete wohl gewiß nicht, daß sich das hò in ein sono [ich bin besiegt] verändern könne! Des Tags darauf kam aber le Noble [ein in Prag engagierter Schauspieler] – brachte den Befehl S. Mayt. [Seiner Majestät], daß, wenn die neue Oper nicht gegeben werden könne, Figaro gegeben werden müsse! Wenn Sie, mein Freund, die schöne, herrliche Nase dieser Dame nun gesehen hätten! O es würde Ihnen so viel Vergnügen verursacht haben wie mir! Don Giovanni ist nun auf den 24ten bestimmt –«*

Es geht, nach allen Seiten, hoch her im Vorfeld der geplatzten Protokollvorstellung. Triumphlaute der »Figaro«-Opposition, Eilstafetten aus Wien, leidenschaftliche Genugtuung des Komponisten – die Vorgänge selbst sind minder deutlich als die Affekte. Bondini, dessen Theater die Komödie von Beaumarchis erst im Juni unter dem deutschen Titel »Figaro als Bräutigam« gespielt hatte, war, wie der Theaterhistoriker Oscar Teuber 1885 aus den Akten berichtet, bei Hofe um die Erlaubnis zur Aufführung des »Schauspiels, genannt der tolle Tag oder Figaros Hochzeit«, eingekommen; hatte er damit das Sprechstück gemeint? Comedia, zu deutsch Schauspiel (Bondini war Italiener), hieß auch Mozarts Oper. Jene Dresdner Truppe, die im Sommer »Figaro als Bräutigam« gespielt hatte, war im Oktober schwerlich zur Hand – und wer sonst hätte das Sprechstück spielen sollen, das für die Festvorstellung keinesfalls in Betracht kam?

Brief Mozarts aus Prag vom 15., 21. und 25. Oktober 1787

an seinen Wiener Freund Gottfried v. Jacquin (Transkription S. 515).

Die Doppelsinnigkeit der Anfrage, ein Schauspiel betreffend, das weder zur Verfügung stand noch in Frage kam, deutet auf einen Schachzug des Impresarios, den der Kaiser möglicherweise mitspielte. Vielleicht hatte die opponierende Durchlaucht die Oper »Figaros Hochzeit« mit dem »Tollen Tag« verwechselt; vielleicht (so stellt Mozarts Brief es dar) hatte sie aber auch nur die Titel verwechselt – Bondinis Hofgesuch reagiert auf die Intervention, ohne sie mit Namen zu nennen. So zweideutig das Gesuch, so eindeutig die Antwort: Joseph bedeutet die Prager Direktion per Hofdekret*, »daß dieses Stück *als Schauspiel nicht,* wohl aber als *wälsche Oper,* wie sie auf der Wiener Hofbühne vorgestellet worden ist, auch in Prag aufgeführt werden könne«. Die Bedenken der hochgestellten Dame werden umgedeutet: von der Oper auf das ihr zugrunde liegende Stück; da die Oper in Wien vor dem ganzen Hof gespielt wurde – wie sollte sie es nicht in Prag vor einer Erzherzogin?

Daß »Figaros Hochzeit«, das Ehekrisen-, Ehelehrstück, keine besonders geeignete Braut-Vorstellung abgebe, war übrigens einleuchtend, aber wie stand es in diesem Betracht mit »Don Giovanni«? »Der bestrafte Wüstling« als Festvorstellung für ein zwanzigjähriges Mädchen auf dem Wege zur Fürstenhochzeit? Anton Clemens, ursprünglich zum Geistlichen bestimmt, war überdies ein besonders frommer Prinz. Waren Bondini selbst Bedenken betreffs der Eignung des Sujets gekommen, so daß er die Premiere hinausgezögert hatte? Von Prag nach Wien waren es mit der Postkutsche vier, mit Eilstaffetten mindestens zwei Tagereisen; die Anfrage des Impresarios beim Kaiser muß also schon bald nach Mozarts Ankunft abgegangen sein. Joseph II., der die Oper anhand des in Wien vorab gedruckten Textbuchs mit dem hochprotokollarischen Untertitel gebilligt hatte, waren keine Bedenken gekommen; offenbar war ihm die politische Qualität des Stoffes wesentlicher als dessen protokollarische Eignung gewesen. Allerdings hatte da Ponte (war er wirklich noch nicht so weit gewesen?) die zweite Hälfte des ersten Aktes mit der scheiternden Vergewaltigung, der unterbrochenen Ballsaalorgie in dem Vorausdruck weggelassen. Dessen Text reicht nur bis zum Quartett Nr. 8, bis zu Giovannis Versen: »Se men vado, si potria / qualche cosa sospettar« (Ginge ich fort, würde man Verdacht schöpfen) innerhalb dieses Quartetts, und setzte danach mit dem Anfang des zweiten Aktes ein. Die Palastorgie mit ihren Zurüstungen war der Hofzensur verborgen geblieben, so daß es auch ein Akt politischer Vorsicht Mozarts, da Pontes, Bondinis gewesen sein kann, die hinter dem Rücken der Behörden (und des Kaisers?) erweiterte Oper nicht der protokollarisch exponierten Situation des 14. Oktober auszusetzen. Mozarts Bemerkung, daß es nicht auf das Sujet, sondern auf die Neuigkeit und die Qualität der Oper ankomme, deuten darauf, daß er selbst an den bräutlich-hochzeitlichen Anlaß keinen Gedanken verschwendet hatte – oder es doch für zweckmäßig hielt (in Wien und bei der Briefzensur), diesen Anschein zu erwecken. Die jugendlichen Hoheiten – Maria Theresia war zwanzig, Franz neunzehn Jahre alt – hätten die Oper ohnedies nicht vollständig gesehen; auch »Figaro« war ihnen zu lang. »Der frühzeitigen Abreise wegen«, vermeldet die unentbehrliche Oberpostamtszeitung, »erhoben sich Höchstdieselben noch vor Ende der Oper«.

Ensemble

Mozart hat zwei Wohnungen in diesen Prager Tagen und benutzt sie nach Bedarf: an Probentagen die Zimmer in den »Drei goldenen Löwen« am Kohlmarkt (tschechisch Uhelný trh), ein paar Minuten vom Nationaltheater entfernt, an theaterfreien Tagen das im Südosten Prags, in der Vorstadt Smíchov, gelegene Landhaus der Duscheks, die diesmal zur Stelle sind und den Freund an sich ziehen. Die Sänger, mit denen er bei der neuen Oper zu tun hat, kennt er fast alle von den »Figaro«-Aufführungen des Januars – »Don Giovanni« ist ihnen zugeschrieben, vor allem Luigi Bassi, dem Sänger der Titelpartie, den Bondini als Achtzehnjährigen in Italien entdeckt hat. Nun ist er einundzwanzig, hat den »Figaro«-Grafen für Prag kreiert und ist nicht nur ein vorzüglicher Bariton, sondern auch ein glänzender Schauspieler, »der Liebling des Publikums«, wie der Gothaische Theaterkalender von 1792 vermerkt. »Sobald er auftritt, verbreitet sich Freude und Heiterkeit über das ganze Haus«; es gebe »wenig Schauspieler oder Sänger, für welche die Natur so freigebig gesorgt hätte als für diesen ihren Lieblingssohn«.

»Seine Stimme ist so wohlklingend als meisterhaft seine Aktion ist« – sie ist es in so hohem Grade, daß Bassi sich auch nach dem früh eingetretenen Verlust seiner Stimme durch seine darstellerischen Gaben noch lange auf der Opernbühne behauptet. Einen »sehr geschickten Schauspieler im Tragischen, ohne komödienmäßig, im

Casimir Plath nach Philipp und Frantz Heger:
»Ansicht des Haupt-Platzes von der Altstadt Prag.« Kolorierte Radierung, Prag 1793.

Rechts die Teyn-Kirche und das Palais Kinsky,
links das Altstädter Rathaus, links im Hintergrund die Altstädter Nikolaus-Kirche.

Medardus Thoenert: »Don Giovanni, dargestellt von Herrn Bassi.«
Radierung, Leipzig 1787 oder 1788.

Komischen, ohne niedrig und abgeschmackt zu werden«, kennzeichnet den Vierunddreißigjährigen im Jahre 1800 die »Allgemeine Musikalische Zeitung«. Seit 1816 in Dresden als Opernregisseur tätig, legt Bassi sich mit Verve für den von Morlacchi, dem Chef der italienischen Oper, vielfach behinderten Weber ins Zeug. Beethoven, den der Achtundfünfzigjährige in Wien besucht, findet ihn »feurig« – das muß Bassi als junger Mann erst recht gewesen sein, dazu ein universell ausgestatteter Theatersänger, den als idealen Don Giovanni zu bezeichnen tautologisch wäre: die Rolle ist ihm auf den Leib geschrieben. Bei Mozarts Entscheidung für den Stoff war Bassis Talent zweifellos ausschlaggebend gewesen.

Ein Sing-Schauspieler (der Ausdruck stammt von Richard Wagner) von Graden ist auch Felice Ponziani, der Leporello der Prager Aufführung. »Ein Bassist, der wenige seinesgleichen hat, denn er verbindet Stärke mit Weichheit seiner Stimme und hat überdies das Verdienst, daß man ihm jedes Wort auch beim geschwinden Gesang versteht«: so konstatiert 1782 die Berliner Theater- und Literaturzeitung und fügt hinzu, daß »in allen komischen Rollen... sein Spiel unerschöpflich und doch immer der Natur gemäß« sei. Der Titelrollensänger des Prager »Figaro« ist nun der Basso caricato – die Leichtigkeit, das wie improvisatorische Parlando, das die der commedia dell'arte entsprungene Arlecchino-Rolle verlangt (Salvatore Baccaloni gibt in Fritz Buschs eminenter Glyndebourne-Aufnahme von 1936 eine Vorstellung davon), ist für Ponziani elementares Theatererbe. Noch 1801 singt er mit Bassi in der Prager Ur-Inszenierung, die sich zwanzig Jahre im Repertoire des Nationaltheaters erhält.

Giuseppe Lolli, der Bartolo des Prager »Figaro«, vormals in Parma und Venedig engagiert, singt die Doppelrolle des Commendatore und Masetto (im Finale muß er sich binnen einer Minute umziehen), und die (mutmaßliche) Gräfin der Beaumarchais-Oper, die vierundzwanzigjährige Teresa Saporiti, wird nun als Donna Anna in Konflikte gezogen; sie ist jung – vierundzwanzig – und offenbar schön, von bestechender Figur, wie ein Leipziger Berichterstatter über die Neunzehnjährige schreibt. Ein Profilbildnis von 1791, in Pisa gemalt und sogleich im Stich vervielfältigt, bezeugt ihren Ruhm auch mit Worten: »Hic effigies: ubique fama« (Hier das Bildnis, überall ihr Ruhm), steht auf lateinisch daruntergeschrieben. Es zeigt ein intelligentes Gesichtchen mit anmutig hervorstechender Nase und humoristisch-selbstbewußtem Mund; Herr Fambrini, der

Stecher, hat ihr den Lorbeerzweig nicht nur ins Haar gedrückt, sondern auch noch einen um den Steinrahmen gewunden. Mozart trägt
sie am Vortag der Premiere an der Spitze der Sänger – und als einzige mit Vornamen in sein Werkverzeichnis ein. Die Prager Fama
dichtet ihr einen Flirt mit dem Komponisten an, der alle Orchester-
proben leitet und manchmal auch in die Regie eingreift; leider hat
sie offenbar niemand nach ihren damaligen Eindrücken befragt.
Zeit dazu wäre gewesen – die erste Sängerin der Anna, die, wie auch
Ponziani, bald wieder in Italien singt, in schon vorgerückten Jahren
einen Sechzigjährigen heiratet und noch eine Tochter von ihm bekommt, wird hundertsechs Jahre alt.

Spärlich sind die Nachrichten über Caterina Micelli, die die Partie
der Elvira kreiert und in Prags »Figaro« als Cherubino zu hören war.
Die Zerlina singt die Frau des Direktors, Caterina Bondini, mit Bassi
der zweite Star des Ensembles; als Susanna feiert sie Triumphe in
Prag. Nur Antonio Baglioni, den Sänger des Ottavio, hatte Mozart in
dem Prager Wintermont nicht kennenlernen können – er sang damals noch in Venedig, und zwar Don Giovanni: die Tenor-Titelrolle
in Gazzanigas und Bertatis Karnevalsoper. Nun ist er der Gegenspieler des Verführers – man kann voraussetzen, daß er die Partie mit
Kraft und Intensität anlegt. Da Ponte attestiert dem »berühmten
Sänger« höchsten Geschmack und »musikalische Weisheit«, und
nicht geringer fällt 1793 das Lob des Gothaer Taschenkalenders
aus: Baglioni verbinde Gesang und Spiel auf das meisterhafteste,
»wir haben seit langer Zeit seinesgleichen nicht gehört«.

Das ist die Truppe, sieben hochprofessionelle, musikalisch wie
schauspielerisch perfekte junge Sänger, mit denen der Dirigent Mozart, der Regisseur Guardasoni auf einer zehn Meter breiten, zwanzig Meter tiefen Bühne (zum Vergleich: die Bühne der Deutschen
Staatsoper Berlin, eines der kleinen der großen Opernhäuser, hat
eine Breite von 26 m und eine Tiefe von 22,50 m) darangehen, ein
Stück einzustudieren, das sich aus zwei Kulturen speist und in keiner ganz zu Hause ist, die italienische Komödie spanisch-französi-
schen Ursprungs, in Musik gesetzt von einem Deutschen, gespielt
und gesungen von Italienern vor einem vorwiegend deutsch sprechenden Publikum in einer vorwiegend tschechischen Stadt – eine
wahrhaft paneuropäische Schöpfung. Auch »der k. k. Dichter Hr.
Abbee Laurenz da Ponte, ein gebohrner Venezianer«, ist, von der
Oberpostamtszeitung nicht unbemerkt, in Prag eingetroffen und

Ferdinando Fambrini nach einer Zeichnung
von A. M.: Teresa Saporiti (1763–1869).
Unterschrift: »Hic effigies: ubique fama« (Hier ist ihr Bildnis,
überall ihr Ruhm). Kupferstich, Pisa 1791.

hat gleichfalls am Kohlmarkt, in dem Gasthaus »Zum Platteis«,
Quartier genommen. Er eilt von Premiere zu Premiere: am 1. Oktober in Wien »Der Baum der Diana«, der ein großer Erfolg geworden
ist, nun, für dieselbe Erzherzogin, in Prag »Der bestrafte Ausschwei-

Altera nunc rerum facies, me quero, nec adsum:
Non sum qui fueram non putor efse: fui.

Johan Berka: Giacomo Casanova (1725–1798). Kupferstich. Prag 1788.

fende«; im Hintergrund winkt Salieris »Axur«, der aber erst im Januar zur Premiere kommt. Da Ponte, am Kohlmarkt gegenüber von Mozart einquartiert, hält sich für Textänderungen bereit und besorgt in einer Prager Druckerei die Drucklegung des Librettos. Bis zum 15. Oktober, dem Tag nach dem ursprünglichen Premierendatum, dauert sein Aufenthalt, dann reist er, von Salieri gerufen, nach Wien zurück, ohne sein Opus gesehen zu haben; Verlust und Wiedererlangung seines Honorars – eine Magd bestiehlt ihn im Gasthaus – machen ihm die Rückreise denkwürdig.*

Beruft er Casanova, den venezianischen Freund, der seit zwei Jahren in Dux, hundert Kilometer nordwestlich von Prag, als Schloßbibliothekar sein Leben fristet und Zeit für Traktate und Romane findet, als seinen Libretto-Stellvertreter? Für den 25. Oktober ist Casanovas Anwesenheit in Prag bezeugt (er betreibt die Veröffentlichung seines kabbalistisch-utopischen Romans »Icosameron«); die Anwesenheit da Pontes hat ihn vermutlich schon vor dem 15. Oktober in die Stadt geführt. In seinem Nachlaß macht der Prager Mozart-Forscher Paul Nettl hundertfünfzig Jahre später einen bemerkenswerten Fund: eine Textvariante zu der Arie (Nr. 20), die Leporello nach seiner Decouvrierung in der dunklen Vorhalle singt. Bei Casanova wird eine wortreiche Entschuldigung draus, fast doppelt so lang wie da Pontes Arientext, die am Ende von dem Quartett der Geschädigten – Donna Anna ist nach dem Sextett abgegangen – viermal abgewiesen wird. »An den Galgen!«, »Auf die Galeere!« rufen Zerlina und Elvira, Masetto und Ottavio, ihre Strafansprüche allmählich mildernd, schließlich: »Er soll gehen und den Platz fegen!«, worauf Leporello protestiert: er sei »von edlem Stamm«. Das war eine satirische Anspielung auf jenen ungarischen Adligen, den die josephinische Gerichtsbarkeit trotz seines edlen Blutes zum Platzfegen verurteilt hatte; der Vorfall hatte Aufsehen durch die ganze Monarchie gemacht.

Casanovas Text ist nicht, wie Nettl meint, eine »Umarbeitung des Sextetts«. Er zielt vielmehr just auf die Stelle, an der Mozart und da Ponte nachmals in Wien tatsächlich eingreifend ändern, die Stelle *nach* dem Sextett (und Annas Abgang), wo in Prag die Arien Leporellos und Ottavios (Nr. 20 und 21) und später in Wien statt ihrer das Duett Zerlina-Leporello und die Arie der Elvira steht. Casanovas Variante hätte als Arie mit Quintett-Schluß jenes zweite Finale geschaffen, das Edward Dent als Urkonzept des Sextetts vermutete; die Oper wäre dann mit der Friedhofsszene in ihren dritten Akt eingetreten. Allerdings läuft Casanovas nicht ganz abgeschlossener Text auf eine Begnadigung des Dieners hinaus, womit Leporellos Entspringen, damit aber auch das Zusammentreffen der beiden Flüchtigen auf dem Friedhof entfallen wäre. Jedenfalls hätte es einer neuen Motivation bedurft.

Hat Mozart die Variante nach da Pontes Abreise am 15. Oktober erwogen und Casanova zu seiner Arbeit bestimmt? Oder hat er sie mit da Ponte konzipiert, der, nach Wien gerufen, die Ausführung dem Freund und Kollegen übertrug? Daß sie nicht realisiert wurde, mag, außer jener dramaturgischen Komplikation, mit der Beleuchtung zusammenhängen, die der einspringende Poet dem Opernhelden aus Leporellos Mund gibt. »Colpevole non son / La colpa é tutta quanta / Di quel femineo sesso / Che l'anima gl'incanta / E gl'incanterà il cor. / O sesso seduttor!« (Die Schuld allein trifft dieses weibliche Geschlecht, das ihm die Seele verzauberte und auch das Herz. O verführerisches Geschlecht!) erklärt Leporello den Geschädigten die Vergehen seines Herrn; das meint weit eher den Variantenautor selbst als Mozarts und da Pontes Figur. Casanova hat stets sich als Verführten begriffen – kein Frauenjäger wie Don Juan, sondern deren immer neues Opfer. In zwölf Memoirenbänden, einer Leporello-Liste von homerischen Ausmaßen, wird er es der Nachwelt vor Augen führen.

Sein Text für Mozart wäre mehr als ein Aktschluß – er wäre das Ende der Oper gewesen; mit und in Leporello wäre dessen Herr begnadigt worden, dieses Opfer einer allzu großen Empfänglichkeit. Die Konsequenz begreifend, mag Casanova innegehalten – und sich entschlossen haben, sein Leben zu beschreiben. Die mythische Figur konnte nicht in sich selbst verwandelt werden; nur die wirkliche Gestalt konnte den Gegen-Mythos bilden, in ein Finale ausgehend, das nicht der Komtur, sondern – die Literatur setzt: Lebensbeschreibung als Lebensversöhnung. So wenig aber »Don Giovanni« nach 1789 hätte geschrieben werden können, so wenig konnten dies Casanovas Erinnerungen vor diesem Stichjahr: erst nach der Revolution kann Don Giovanni freigesprochen werden.

Man kann sich Mozarts Prager Arbeitstage nicht hektisch genug vorstellen. Eine Schar Kopisten schreibt die Stimmen aus der Partitur heraus und trägt sie zu Sängern und Orchestermitgliedern, die ihre Rolle, ihre Partie binnen drei Wochen lernen – und spielen lernen – müssen; indessen füllt der Komponist, umschwärmt von Prags Mozartgemeinde – Grafen und Professoren, Musikern und Schriftstellern –, die weißen Flecken seiner Partitur. Im ersten Akt ist das nach Alfred Einsteins Befund wahrscheinlich die Nummer 5, der Bauernchor mit dem Hochzeitspaar, mit Sicherheit die Nummer 6, das »Ho capito« (Ich verstehe, mein Herr) des von Zerlinas Seite verdrängten Masetto. Der Hochzeitschor Nr. 5 zeigt sich, außer dem kurzen Chor der vier Diener im ersten Finale (Szene I/17) und dem

Medardus Thoenert: Domenico Guardasoni.
Kupferstich, Leipzig 1790.

unsichtbaren Geisterchor des zweiten Finales, als die einzige Chor-
stelle der Oper. Das erste Finale, in dem sich dieselbe Bauernschar
umtreibt wie in der Nummer 5, ist, mit Ausnahme der Dienerstelle
im Garten, rein solistisch angelegt, und auch Masettos Verfolger-
trupp in der Szene II/4 kommt musikalisch nicht zu Wort – alles das
war in Wien offenbar im Blick auf ein chorloses Ensemble geschrieben worden; nun stellt sich heraus, daß einige Chorsänger aufzutrei-
ben sind. So kann Zerlinas und Masettos Auftritt jener Kollektivität

erwachsen, die Bertati der Szene gegeben hatte; da Pontes Text hatte
die Konstellation übernommen. Masettos Protest gegen die Be-
schlagnahmung seiner Braut hatte der kluge da Ponte in dem für die
Bedürfnisse des Wiener Hofes gedruckten Textbuch als Rezitativ, in
Kleindruck, präsentiert. Nun macht Mozart, entsprechend der venezianischen Vorlage, eine veritable Arie aus der bäuerlichen Empörung und antizipiert dabei ein Motiv, das fünf Jahre später einem
umfassenderen Aufruhr erklingt: die beharrlich wiederholte Begleit-
figur der Masetto-Arie entdeckt sich als eine Vorgestalt der Carma-
gnole.

Leopold Benedikt Peucker:
Bühnenbildentwurf für die »Teutsche Schaubühne«.
Aquarell (frühes 19. Jahrhundert), Prag. Das undatierte Blatt
stellt mit großer Wahrscheinlichkeit die Friedhofsszene des »Don Giovanni«
in der Prager Uraufführung dar, die sich mehr
als zwanzig Jahre auf dem Spielplan erhielt.

Mehr als der erste gibt der zweite Akt dem Komponisten zu tun, und schon bei der Einleitung: statt des rezitativischen Dialogs zwischen dem Herrn und seinem empörten Diener tritt nun ein richtiges Duett (Nr. 14). Es geht wie zu Anfang des ersten Aktes; der Diener hat alles ganz furchtbar satt – und wird, nach einer Entschädigung, sogleich in noch viel schlimmere Dinge verwickelt. Auch die Canzonetta (Nr. 16) ist erst in Prag komponiert, obschon sie bereits in dem ersten Wiener Textbuch steht; die Erklärung dafür liefert eine Anekdote, die von Bassis mehrfachem Protest gegen die musikalische Fasson des »Là ci darem« (Nr. 7) zu berichten weiß. Das aber ist in Wien komponiert und nicht mehr geändert worden – es wird die Canzonetta gewesen sein, die den Beifall des Sängers nicht fand. Mozart hat sie Bassi zuliebe offenbar umgearbeitet.

Medardus Thoenert, ein in Leipzig wirkender Kupferstecher, hat den Prager Giovanni in der Pose der Canzonetta radiert, eine Figur ganz in dem lässig-graziösen Geschmack der Zeit, mit langem Frack, hohem Federhut, eleganten kleinen Stulpenstiefeln – keine spanisch-martialische, sondern eine jünglingshaft-weiche Figur, die, an der Gitarre zupfend, zu dem erleuchteten Fenster im ersten Stock des Gasthauses hinaufsingt (Seite 372). Steif und hart, wie von Schülerhand hingesetzt, steht die Häuserszene gegen die lebendig aufgefaßte Gestalt; zu der schräg in den Hintergrund führenden Gasse tritt eine aus kettenverhangenem Podest aufwachsende, oben abgeschnittene Denkmalssäule, die sich für die symbolbewußte Bildkunst der Zeit als Phalluszeichen nahelegt.

Zeigt sich hier eine jener neuangefertigten Dekorationen (vermutlich von Joseph Platzer, dem Bühnenmaler der Nationaltheater), auf die der Prag-Wiener Premierenrezensent am 3. November verweist? Thoenert hat sein kleines, ersichtlich als Buchillustration, nämlich für das Frontispiz des Librettodrucks, geschaffenes Blatt vermutlich nach einer brieflichen Szenenangabe Guardasonis radiert, den er, wie auch Bassi, von den Leipziger Sommergastspielen der Bondinischen Truppe kannte. Er ist schwerlich dazu nach Prag gefahren, zumal der Stich, wie Albertis Radierungen zu Schikaneders »Zauberflöten«-Libretto, bei der Uraufführung vermutlich schon vorlag.* Sein Blatt ist also keine Wiedergabe des Prager Bühnenbildes. Auch Guardasonis Bild ist durch einen Thoenertschen Stich überliefert (Seite 379) – der Leipziger Kleinmeister als der entfernte Bildberichterstatter des Prager Theaterereignisses.

Domenico Guardasoni ist der Regisseur der Bondinischen Truppe,
er arrangiert auch die Uraufführung des »Dissoluto punito«. 1788,
nach dem Tod Bondinis, übernimmt er die Leitung des Ensembles
und ist, mit einer dreijährigen Unterbrechung, bis zu seinem Tod im
Jahre 1806 das Haupt des Prager Theaterlebens. Thoenerts merkwürdig unausgeglichenes Ständchen-Bild ist die einzige bekannte
Don-Giovanni-Darstellung aus dem Umkreis der Uraufführung.
Auch für den 1789 an Rhein und Main einsetzenden Siegeszug der
Buffa als deutsches Singspiel ist nur ein Bildzeugnis überliefert: der
aquarellierte Bühnenentwurf von Giuseppe Quaglio (1747–1828)
zu der Mannheimer Aufführung des September 1789. Das figu-
renlose Blatt gibt dem Friedhofsbild (II/11) eine weiträumig-sugge-
stive Erscheinung; Totenschädel dräuen von den Stützpfeilern der
Mauern, die sich, von hohen Fichten überragt, in symmetrischer Ver-
jüngung von den Portalseiten nach hinten ziehen. In der Mitte des
Hintergrunds bildet ein großes, vergittertes Tor den Abschluß der
Perspektive, von einem Lichtschimmer mystisch-jenseitig durch-
drungen wie nachmals auf den Friedhofs- und Gedächtnisbildern C.
D. Friedrichs. Die Szene verzichtet auf die im Text angegebenen Rei-
terdenkmale; sie wird vorn links von einem dem Steinsarkophag
aufgesetzten Obelisken beherrscht, vor dem – auf einem vorgesetzten Sockel – der Komtur, ein Schwert zur Linken, den Feldherrnstab
in der halb erhobenen Rechten, seinen Denkmalplatz hat. Das Kostüm ist, mit Federhelm, Brünne, kniekurzer Tunika, barock antiki-
sierend. Auf der rechten Seite der Szene ragt unter Epitaphen verschiedener Art (auch ein Kreuz ist darunter) ein Grabmal von strikt
klassizistischer Gestalt hervor, eine trauernd an einen Aschenkrug
gelehnte Frauenfigur.

Die gleiche Szene hat, im selben Jahr (»1789« steht auf einen der
Grabsteine geschrieben), ein kleines Alabasterrelief aus dem Wiener
Mozart-Museum zum Gegenstand, das möglicherweise von der Wiener Don-Giovanni-Aufführung des Jahres 1788 angeregt worden ist.
(Seite 384) Aber die dargestellte Szene hat mit der Oper nur die
Hauptfiguren gemein – Leporello fehlt, und Don Giovanni steht in
einer Position nicht der Herausforderung, sondern der Ergebung,
armausbreitend, mit entsinkendem Schwert, vor dem Komtur, der
nicht als Statue stillhält, sondern, auf einer Grabplatte stehend, den
Feldherrnstab gegen den zwei Meter entfernten Ankömmling hebt;
bei ihm liegt alle Aktivität der Szene. Das Kostüm ist das spanische

des 16. Jahrhunderts: der Komtur in voller Rüstung, mit Schulter-
umhang und federbekröntem Helm (das Visier ist hochgeklappt),
Don Juan zivilistisch mit Federhut und kurzem Mantel. Ein rundes
Mondgesicht scheint behaglich über der Szene, die von weitem, hinter der schädelbestückten Mauer, eine gotische Kirche erkennen

Giuseppe Quaglio (1747–1828):
Bühnenbildentwurf zu der Friedhofsszene von Mozarts »Don Giovanni«.
Unbezeichnetes Aquarell, Mannheim 1789.

läßt; der Steinschneider setzt, nach Gehalt und Façon, eine roman-
tisch-historische Perspektive in Kraft. Wenn diese schöne, mit den
Initialen H. Z. bezeichnete Arbeit einen Bezug zu der Oper hat, so im
Sinn ihrer End-Korrektur: Don Giovanni als der entwaffnete Sünder, nicht als der unwiderrufliche Aufrührer. Schmerzdurchzuckt,
im steinernen Griff der blitzumzuckten Grabesfigur zeigt ihn die
vorzügliche Vignettenradierung von Johann Friedrich Bolt (nach
Vincenz Kinninger), die zuerst 1801 auf dem Titelblatt der Partitur-

ausgabe des Verlags Breitkopf & Härtel erscheint (Seite 387) – ein entsetzt-überwältigter, aber sich nicht ergebender Jüngling; der Degen ist der von dem Komtur gepackten Hand entfallen.

Don Juan am Grabmal des Komturs.
Alabasterrelief, Wien 1789. Das auf dem Grabstein
links mit der Jahreszahl 1789 versehene Relief mit der Signatur H. Z.
stellt nicht die Friedhofsszene von Mozarts Oper dar,
ist aber vermutlich von ihr angeregt.

Medardus Thoenerts kleine Arbeit, von der nur ein einziger Abzug bekannt ist, überführt alle späteren Bildausdeutungen des Helden, auch dessen spanisch-schlitzhosige Erscheinung auf der Leipziger Vignettenradierung, der Unauthentizität. Aber das ist kein Einwand; das Werk könnte nicht leben, wenn jedes Zeitalter es nicht mit neuen, eigenen, sich von denen seines Ursprungs entfernenden oder sich ihnen wieder annähernden Bedeutungen besetzte. Eben dies gilt für den musikalischen Vortrag, der sich seinerseits aus jedem neuen Zeitbewußtsein bestimmt und in demselben Maß neue Seiten des Originals entdeckt und akzentuiert – es gilt für jede Art von Interpretation; der Rang eines Werkes bestimmt sich durch nichts sicherer als durch die Weiträumigkeit seiner Gehalte.

Der Don Giovanni Mozarts, da Pontes, Bassis, Guardasonis zeigt sich in Thoenerts Stich nicht als bärtiger Lebemann mittleren Alters mit geschlitzten Hosen und herrisch jauchzender Gebärde, wie in Slevogts mit Recht berühmtem Gemälde aus einem späteren Fin de siècle, sondern als eine Jünglingsfigur von bequemer Eleganz, die sich in den Englischen Gärten dieser das Natürliche kultivierenden, allem Exzentrischen abholden Spätzeit stimmiger ausnähme als vor Platzers trockenen Häuserkulissen. Daß die Figur an sich selbst exzentrisch ist, macht ihren Widerspruch zu den Mitteln ihrer Darstellung – auch den musikalischen Mitteln – aus. Paul Klees leicht hingesetzte graphische Don-Juan-Paraphrasen* stehen der Thoenertschen Miniatur näher als alle realistische Schlapphut-Dämonie.

Mozarts kompositorische Hauptarbeit in den drei Wochen zwischen seiner Ankunft und der am vierundzwanzigsten Oktober abermals, auf den neunundzwanzigsten, verschobenen Premiere gilt dem zweiten Akt, wo außer dem Finale (Nr. 24) noch die beiden Giovanni-Arien (Nr. 16 und 17) und die beiden Giovanni-Leporello-Duette (Nr. 14 und 22) fehlen**; sie entstehen vor Ort in unmittelbarem Kontakt mit den beiden Sängern. Hinzu kommen Rezitative: das dem Sextett (Nr. 19) voranstehende und die ganze Friedhofsszene – das Pensum ist groß, und manches will ausprobiert sein, ehe es die endgültige Form annimmt. Georg Nikolaus v. Nissen, Konstanze Mozarts zweiter Mann und Biograph ihres ersten, weiß von Bläserschwierigkeiten bei dem Einwurf der Statue in das zynische Friedhofsparlando Don Giovannis zu berichten; die Ausführung der exzeptionellen Stelle sei auf den Protest der Posaunisten gestoßen, dem Mozart durch die Hinzufügung von Holzbläserstimmen nachgegeben habe. Jene tafelmusikalische Finalszene (II/13), bei der die Bühnenkapelle aus drei Bestsellern des zeitgenössischen Opernlebens zitiert (an derselben Stelle hatte in Righinis »Convitato« einst ein Hochruf auf Prag und den böhmischen Adel gestanden), erwächst offenbar aus Probenimprovisationen; in da Pontes Prager Libretto-Druck fehlen die entsprechenden Sätze noch. Aber ob man wirklich von Vorstellung zu Vorstellung variiert hat? So schildert es der alte Bassi in einem 1845 von Johann Peter Lyser veröffentlichten Bericht. Bassi tadelt darin die Don-Giovanni-Aufführungen der 1820er Jahre: »Dieses ist alles nichts, es fehlen die Lebendigkeit, die

Freiheit, wie es haben wollte der große Meister in dieser Szene. Wir
haben bei Guardasoni in dieser Nummer nicht in zwei Vorstellungen
gesungen dasselbe, wir haben nicht so strenge gehalten Takt, sondern haben gemacht Witz, jedesmal neue und nur auf das Orchester
gehalten Acht; alles parlando und beinahe improvisiert, so hat es gewollt Mozart.«

Es sind drei Zitate, die in der Tafelszene erklingen: aus Martín y
Solers »Cosa rara«, dem Wiener Herbsterfolg von 1786, der auch in
Prag eingeschlagen hatte, aus Giuseppe Sartis »Fra i due litiganti il
terzo gode« (*Wenn zwei sich streiten, freut sich der Dritte*) von 1779,
schließlich aus der »Nozze di Figaro« das berühmte »Non più andrai« (Ja, vorbei leises Flehn, süßes Kosen), mit dem Figaro Cherubino das Ende seines allseitig entfalteten Liebeslebens verkündet.
Giuseppe Sarti (1729–1802), dem Altmeister der neapolitanischen
Opera seria, hatte Mozart schon 1784 mit acht Klaviervariationen
auf jenes Arienthema gehuldigt, das nun zu Giovannis strahlend un-
beschwerter Henkersmahlzeit ertönt; die Prager kannten die Oper
von einer Aufführung im Theater des Grafen Thun. Noch an anderer
Stelle spukt ein Sartisches Motiv in der Partitur: die in Prag komponierte Canzonetta des unersättlichen Amanten hat einen melodischen Anklang an eine Arie aus den »Litiganti«.

Auch zu dem um zwei Jahre älteren Martini scheint ein ungetrüb-
tes Verhältnis zu bestehen; die Anspielung auf »Cosa rara«, deren
Erfolg im Vorjahr dem »Figaro« in die Quere gekommen war, macht
es deutlich. Beide, Sarti wie Martini, folgen in den 1780er Jahren
nach Aufenthalten in Wien einem Ruf nach St. Peterburg. Der Weggang des in Wien höchst erfolgreichen Martini im Jahre 1788 zeigt,
wie prekär die Wiener Opernverhältnisses durch Josephs II. kost-
spieligen Türkenkrieg geworden waren. Am 9. Februar 1788 tritt
Österreich an der Seite Rußlands in den Krieg ein; vier Tage vorher
schließt der Kaiser die zweite Hofbühne, das Kärntnertor-Theater;
im August entläßt er aus dem Feldlager vorübergehend das ganze
italienische Ensemble. Sarti ist 1794 in London anzutreffen, wohin
es auch den 1791 aus Wien vertriebenen da Ponte verschlägt; beide
machen zusammen eine Oper, »I contadini bizarri« (*Die seltsamen
Bäuerinnen*). Auch mit Martini arbeitet da Ponte in London zusammen, aber ihre Buffa-Oper »La isola del piacere« (*Die Insel des Vergnügens*) mißrät ebenso wie die alte Freundschaft – es wird nichts
aus dem Vergnügen.

Mozart komponiert und korrepetiert, er arbeitet mit den Sängern und mit dem Orchester und mit den Sängern keineswegs nur musikalisch; die von Štěpánek, dem späteren Prager Theaterdirektor und tschechischen Don-Giovanni-Übersetzer, überlieferte Anekdote

Johann Friedrich Bolt (1769–1806) nach Vincenz Kinninger (1767–1851):
Der Komtur packt Don Giovanni (2. Akt, Szene 15).
Radierung für einen Klavierauszug von Mozarts Oper, Leipzig 1801.

vom Schrei der Zerlina ist berühmt: »Da nun bei der ersten Probe dieser Oper im Theater Signora Bondini als Zerlina zu Ende des ersten Aktes, da, wo sie vom Don Juan ergriffen wird, nach mehrmaliger Wiederholung nicht gehörig und in dem wahren Augenblicke aufzuschreien vermochte, so verließ Mozart das Orchester, ging auf die Bühne, ließ die Szene noch einmal wiederholen und wartete den Augenblick ab, ergriff sie dann in demselben so schnell und gewaltig, daß sie ganz erschrocken aufschrie. *So ist es recht* – sagte er dann, sie dafür belobend, zu ihr, *so muß man aufschreien.*« Wenn es zwischen dramatischer Wahrhaftigkeit und Vollkommenheit der musikalischen Ausführung zu wählen gilt, ist Mozart im Theater immer auf seiten der ersteren. Die theatralische Autonomie des Darstellers im Rahmen der aufgeschriebenen Musik, aber zuweilen auch über sie hinaus ist eine Grundlage des Mozartschen Musikdramas – ein Terminus, der dem »dramma per musica« des 18. Jahrhunderts weit besser als den Bühnenwerken Richard Wagners entspricht. Mozarts Oper meint kein Regie-, aber ein Sängertheater; der theatralisch souveräne, allseitig ausgebildete Sing-Schauspieler deutscher oder italienischer Schule ist seine Basis und Voraussetzung.

Finale: Ouvertüre

Als alles fertig ist, die Musik und die Szene, und nach der abermaligen Verschiebung (eine der Sängerinnen ist indisponiert) die Aufführung endlich zustande zu kommen scheint, ist eines noch nicht fertig, ohne das der Abend nicht gut beginnen kann, und es scheint fast, als necke Mozart seine Prager Freunde und vor allem den Theaterdirektor mit der Verzögerung: noch bei der zweiten Hauptprobe hat der Komponist keine Note der Ouvertüre vorzuweisen. Die Berichte – von Niemetschek, Nissen, Štěpánek und Genast, dem nachmals in Weimar tätigen Schauspieler und Sänger – sind übereinstimmend: Mozart hat die große Einleitungsmusik des Werkes, die als Sinfoniehauptsatz mit Andante-Einleitung angelegt ist, erst in der Nacht vor der Generalprobe, vom 27. auf den 28. Oktober, niedergeschrieben, nach einem weinseligen Abend im Kreis der besorgten Theaterfreunde. Von Niemetschek, der das Jahr 1787 als einundzwanzigjähriger Pilsener Gymnasiallehrer am Rande des Mozart-Kreises erlebt (als er 1808 seine kleine, gehaltvolle Biographie veröffentlicht, ist er Philosophieprofessor, Zensor und Direktor des Taubstummeninstituts in Prag), stammt der knappste, von Genasts Sohn Eduard der ausführlichste Bericht*. Derjenige Niemetscheks lautet: »Diese Leichtigkeit, mit der Mozart schrieb, hat er, wie wir gesehen haben, schon als Knabe gezeigt, ein Beweis, daß sie ein Werk des Genies war. Aber wie oft überraschte er damit in seinen letzten Jahren selbst diejenigen, die mit seinen Talenten vertraut waren? Die genievolle Eingangssinfonie zum *Don Juan* ist ein merkwürdiges Beispiel davon. Mozart schrieb diese Oper im Oktober 1787 zu Prag; sie war nun schon vollendet, einstudiert und sollte

übermorgen aufgeführt werden, nur die Ouvertüre fehlte noch. Die
ängstliche Besorgnis seiner Freunde, die mit jeder Stunde zunahm,
schien ihn zu unterhalten; je mehr sie verlegen waren, desto leicht-
sinniger stellte sich Mozart. Endlich am Abende vor dem Tage der ersten Vorstellung, nachdem er sich satt gescherzt hatte, ging er gegen
Mitternacht auf sein Zimmer, fing an zu schreiben und vollendete *in
einigen Stunden das bewundernswürdige Meisterstück*, welches die
Kenner nur der himmlischen Sinfonie der Zauberflöte nachsetzen.
Die Kopisten wurden nur mit Mühe bis zur Vorstellung fertig, und
das Opernorchester, dessen Geschicklichkeit Mozart schon kannte,
führte sie *prima vista* vortrefflich auf.«

Partiturautograph Mozarts:
Der Anfang der Ouvertüre zu »Don Giovanni«.
Mozart hat die Ouvertüre erst unmittelbar vor der Premiere,
am 28. Oktober 1787, geschrieben.

»Nachdem er sich satt gescherzt hatte« – noch in der beiläufigen
Wendung scheint der Rang einer Darstellung auf, die für die Nachwelt uneinholbar bleibt: die ersten Biographien sind fast immer die
besten. Mit dem Tag der ersten Vorstellung meint Niemetschek offenbar die Generalprobe. Die Premiere ist am 29. Oktober; Mozarts
Ouvertüren-Incipit trägt das Datum des Vortags.

Niemetschek selbst hat, in einer dem Ouvertüren-Bericht voran-
stehenden Passage, dafür gesorgt, daß man von der Leichtigkeit der
Niederschrift nicht auf die Mühelosigkeit der kompositorischen Arbeit schließe. Das Phänomen liegt darin, daß Mozart mit dem eigentlichen kompositorischen Geschäft bereits vor der Niederschrift,
und manchmal lange vorher, fertig ist, so daß das Zu-Papier-Brin-
gen den Charakter einer eher mechanischen, folglich lästigen Ver-
richtung annimmt. Paul Nettl, der Mozarts Prager Wege gründlich
erforscht hat, verweist auf einen Brief Mozarts von der Arbeit an
»Idomeneo«: »Nun muß ich schließen, denn ich muß über Hals und
Kopf schreiben – komponiert ist schon alles – aber geschrieben noch
nicht –« So beschreibt der Vierundzwanzigjährige dem Vater seine
Arbeitssituation – es ist eben die des 28. Oktober 1787. Daß sie für
alle, die es erleben, nach Hexerei aussieht, liegt zutage.
    In seinem ersten Teil, dem mit düster-grellen, synkopisch unter-
minierten Akkordschlägen anhebenden d-Moll-Andante, nimmt der
Orchester-Introitus die finale Komturmusik auf, nämlich die ersten
dreiunddreißig Takte ihrer Orchesterbegleitung. Teils unmittelbar,
teils abgewandelt gehen sie in dieses andere Andante ein; dabei klärt

Am 28. Oktober 1787 trägt Mozart die neue Oper
mit den Anfangstakten der beiden Sätze der Ouvertüre
(zweite Notenzeile) in sein seit 1784 geführtes
Werkverzeichnis ein. In der Zeile darüber:
der Anfang einer »Klaviersonate mit Begleitung einer Violin« (KV 526);
in den unteren Zeilen die Anfänge zweier am 3. und 6. November 1787
in Prag entstandener Stücke, einer »Scena« (Rezitativ und Arie)
für Madame Duschek (»Bella mia fiamma«, KV 528)
und »ein lied – – am Geburtstag des Fritzes« (KV 529).
Die in dem Büchlein den Noten-Incipits
links gegenüberstehende Texteintragung verzeichnet:
»Il dißoluto punito, o, il Don Giovanni. opera Buffa in 2 Atti. –
Pezzi di musica [Musikstücke]. 24. Attori. Signore.
[Akteure, Damen] Teresa saporiti, Bondini, e Micelli.
Signori. [Herren] Paßi [recte: Bassi], Ponziani, baglioni e Lolli.«
Darüber die August-Eintragung.

sich der verminderte Septakkord, mit dem der Komtur auf der
Bühne in Szene und Tonart (F-dur) einbricht, hier zu dem reinen To-
nikaakkord. Mit Recht weist Abert darauf hin, daß diese dreißig
Takte keine Einleitung, sondern ein dem Allegro gleichberechtigt
kontrastierender Satz seien* – er ist der eine Pol, die eine Seite eines
Gegensatzes, den die Ouvertüre in unvermitteltem Gegenüber austrägt; das zwischen Dur und Moll schwebend verharrende d im ersten Takt des Allegros ist die Gelenkstelle. Der Kontrast ist abrupt,
aber er wird gleichsam im Nachhinein vermittelt; ist Don Giovanni
in dem Andante keineswegs anzutreffen (Ivan Nagel verweist darauf, daß er in der Komturszene über die genau entsprechende
Orchesterstelle hinwegsingt**), so ist der Komtur in dem Brio-Teil
motivisch markant, teilweise dominant zur Stelle. Von den »Wech-
selfällen eines erbitterten Ringkampfes« schreibt der junge Richard
Wagner im Hinblick auf das Allegro, indem er zugleich auf die »rein
musikalische Ausarbeitung der Themen« verweist: nicht Nachah-
mung der dramatischen Handlung, sondern »musikalisch verklär-
tes«, musikalisch selbständiges Gebilde.***

Mozart zerlegt den Titel des Werkes, »Der bestrafte Ausschweifende«, gewissermaßen in seine Bestandteile. Zuerst erscheint das
Vollzugsorgan des Strafgerichts, sodann dessen Gegenstand, der
Ausschweifende – und etwas Ausschweifendes, nämlich in musikalischer Hinsicht, hat dieses *Molto Allegro* (es steht in der Don Giovanni vielfach zugeeigneten Tonart D-Dur) mit seiner in kontrastie-
renden Motiven und Motivverwandlungen vibrierenden Unrast tatsächlich. Drängende Unruhe ist der Charakter des bei Busch in
3:58, bei Böhm in 4:07 Minuten daherpreschenden Allegros; sie bestimmt, als ein Gestus der Beschleunigung von langen zu immer kür-
zeren Noten, schon die Beschaffenheit der beiden achttaktigen thematischen Grundbausteine. Deren Widerspiel folgt der Struktur des
Sonatenhauptsatzes: Exposition zweier Hauptthemen im ersten und
anschließende Verarbeitung (»Durchführung«) im zweiten Abschnitt, dann die Wiederholung der Exposition mit selbständigem
Schluß. Aber der Charakter der beiden Hauptthemen zeigt sich gegenüber dem Sonaten- und Sinfonietypus vertauscht; das erste
Thema, das in zweitaktigen Schritten von ganzen Noten zu synkopi-
schen Halben und Vierteln und von diesen in eine brisante Achtelbe-
wegung übergeht:

ist von fühlsam-impulsiver, zärtlich-drängender Gestalt, die durch
den chromatisch angehobenen Grundton eine besondere Note erhält. Robert Haas* hat gezeigt, daß die ersten drei Takte einer Ge-
sangsstelle des Don Ottavio aus dem Andante des Sextetts Nr. 19 entnommen sind, auf die Worte: »... pena avrà de' tuoi martir« (deine
Marter quält [deines Vaters Geist]), nach jenem Eintritt des trauernden Paars, den das Orchester mit großer Wendung von Es- nach D-
Dur begleitet. Mit souveräner Verwandlung eignet der Komponist
die von Ottavio mit schmelzender Klage vorgetragene Qual- und
Marterstelle der Hauptfigur des Stückes zu und muß dazu nicht die
Tonart, sondern nur Tempo und orchestrale Farbe wechseln.

Es geht umgekehrt wie bei der Sonate: das erste Thema ist das ly-
risch-kantable und das in der Dominant-Tonart A-Dur stehende
zweite das dramatisch-markante Thema. Es besteht aus zwei kon-
trastierenden Motiven von je zwei Takten – einer wuchtig, ja drohend auf der Tonleiter absteigenden Oktavbewegung, die im Abstand einer Tredecime von einer kecken, ja neckischen Achtelreplik
gefolgt wird; der zweite Teil der Periode wiederholt dies einfach:

Malen die wuchtig absteigenden Töne den Schritt des Schicksals, der
Giovanni bedroht? Wenn man sich zu einer dramatischen Deutung
des hier ausgebreiteten Materials versteht (es ist aber naheliegend,
das Motivmaterial einer Opernouvertüre auf Handlung und Figuren
zu beziehen), so ist dies eine plausible Zuordnung. Offenbar steht
auch der Allegro-Teil im Zeichen des Komturs. Das erste Thema läßt
den leichtfertigen Urheber jener Qualen erscheinen, die die zugrun-
deliegende Ottavio-Stelle beruft; das zweite Thema markiert die
Drohung des Versteinten. Ist das zwitschernde Echo, das ihr erwidert, der Nachhall von Leporellos Ängsten erst auf dem Friedhof,

dann beim Gastmahl? Dem hartnäckigen Helden ist es schwerlich zuzuschreiben.

Zwischen beiden Themen liegt ein ausgedehnter Komplex mit akkordischen Aufgipfelungen und einer absteigenden Staccato-Skala, deren Viertel den Raum einer Dezime durchmessen. Dieser dreimal auf verschiedenen Tönen einsetzende Leiter-Abstieg korrespondiert der chromatisch beunruhigten, über eine Oktave auf und ab schwingenden Tonleiter, die, mit jeweils um eine Sekunde angehobenem Grundton, in dem vorangesetzten Komtur-Andante viermal erschien. Georg Knepler hat auf das vielfache Vorkommen solcher Skalenbewegungen in der Partitur hingewiesen; kaum eine Nummer, in der sie, auf- oder absteigend, mit weiterem oder engerem Umfang, nicht ihr Wesen trieben – ein das musikalische Ganze durchdringendes Signal, das schon in den ersten Takten der Introduktion, beim Ritornell von Leporellos Arie, hervortritt und später die Gartenbegegnung Giovannis und des Komturs untermalt. Ist hier, wo die aufwärts rasenden Skalen zum direkten Abbild der Fechtstöße werden, seine musikalische Wurzel zu suchen? Von seinem gestischen Ursprung abgelöst, trifft man die Skalenfigur in Annas Arie (Nr. 10) ebenso an wie in der Zerlinas (Nr. 12), bei Elvira (Nr. 3) wie bei Leporello (Nr. 4) – die Fechtbewegung als eine Grundfloskel der Partitur.

In der ohne Wiederholung, aber nach deutlicher Zäsur einsetzenden Durchführung ist das zweite Thema bestimmend, dessen Skalenmotiv – es ist das beherrschende des ganzen Satzes – schon in der Exposition zu Imitationen und Umdeutungen Anlaß gab; einige Takte lang waren seine fünf Noten völlig ins Pastorale gewendet. In dem Durchführungsteil setzen die gebieterisch abwärts führenden Noten, variiert, verwandelt und mit kontrapunktischer Überschneidung, immer von neuem an und zeigen sich an einer Stelle von der Achtel-Erwiderung unterwandert: das zweite Motiv erscheint in den Unterstimmen des ersten. Nach G-Dur versetzt, tritt schließlich das lyrisch-drängende erste Thema wieder in Erscheinung; es fungiert, wie bald deutlich wird, als Symmetrieachse des Durchführungsteils. Das g-Moll, in das es sich, zum zweiten Mal ansetzend, trügerisch wendet, schlägt nach zwei Takten in seine Dur-Parallele um; alsbald greift, auf dem zweigestrichenen b einsetzend, mit abwärts dröhnenden Oktaven das Komtur-Thema wieder Raum; es bleibt in der Folge bestimmend und durchmißt, über modulatorische Zwischenstufen hinweg, g- und d-Moll. Eine flutende Streicherbewegung, in der das muntere Achtelmotiv sich behauptet, bereitet den Übergang zur Reprise vor.

Wie es sich für einen Sonatenhauptsatz ziemt, ist das zweite Thema in der nun einsetzenden Wiederholung dem ersten tonartlich angeglichen; die markante Schreit- oder Klopffigur, die verwirrenderweise auf der Subdominante einsetzt, hebt nach Erklingen des Skalenintermezzos aufs neue das Spiel ihrer Verwandlungen und Verflechtungen an. Es steigert sich nach festlich aufrauschender Passage zu zwiefacher, dramatisch einschlagender Aufgipfelung in G-Dur; dann nehmen in überraschendem F-Dur die fünf absteigenden Töne eine Wendung ins Lieblich-Melodische. Deutet sie auf Zärtlichkeiten, mit denen sich Anna und Giovanni der Liebesnacht entwinden? Von der Abbreviatur jener Überwältigung, die das Ende der Handlung macht, ist mit kühner Modulation auf deren Vor-Anfang zurückgelenkt: das Komtur-Motiv in zärtlich-singender Verwandlung. Aus dem Schlußakkord, bei dem sich der Vorhang öffnet, (er steht in C-dur, einen Ton tiefer als die Grundtonart), löst sich unmittelbar das pochende F-Dur-Staccato der Einleitung von Leporellos Arie: »Notte e giorno faticar…«

Wie modellhaft zeigen sich an den vier Musikminuten dieses Ouvertüren-Allegros alle Schwierigkeiten musikalischer Interpretation, das Wort beim Wort und nicht als geschraubtes Synonym für musikalischen Vortrag genommen. Musikbeschreibung kann kaum mehr als Strukturen andeuten; schon, wenn sie Ausdruckswerte zu bestimmen sucht, führt sie, wie Vergleiche zeigen, ins Vieldeutige, erst recht bei jeder gestisch bestimmten Unterlegung, sofern sie nicht, wie bei der Fechtszene, szenisch eindeutig vorgegeben ist. Ein von Abert nicht genannter, aber bekämpfter Ausleger* vernahm in den ersten beiden Takten des zweiten Hauptthemas »den Mahnruf des steinernen Gastes«, in den folgenden beiden »Don Giovannis frivol lachende Antwort«. Das ist schon in der Figurenzuordnung nur teilweise einleuchtend, es wird vollends fragwürdig in der allzu genauen Auslegung – nicht als wörtliche, nur als symbolische sind die Bestimmungen sinnreich. Abert selbst, der das ganze zweite Thema auf Don Giovanni bezog, deutete dessen motivische Teile als »kampfbereiten Trotz und selbstgenügsame Lust an der eigenen Entfaltung«. Spätestens mit der letzteren Wendung ist die Schwelle jener »poetisierenden Deutung« überschritten, die der Autor eigent-

1787.   Nro. 87.

von Schönfeldsche

k. k. Prager Oberpostamtszeitung.

Dienstags den 30. Oktober.

Politische inländische Neuigkeiten.

Prag den 29. Oktober.

Der Direkteur der hiesigen italienischen Gesellschaft gab gestern Nachricht von der für die Anwesenheit der hohen toskan. Gäste bestimmt gewesene Oper, Don Jouan, oder die bestrafte Ausschweifung. Sie hat den Herrn Hoftheaterdichter Abbe da Ponte zum Verfasser, und wird heute den 29ten zum erstenmale aufgeführt. Alles freuet sich auf die vortreffliche Komposition des großen Meisters Mozart. Nächstens mehr hievon.

Die berühmte uralte Uhr am altstädter Rathhause ist itzt ganz hergestellt, und bloß von'ihrem Alterthume belebt. Jede Kleinigkeit ist durch die Erfrischung der Farben dabey ausgedrückt. Im Ganzen macht sie ein prächtiges Ansehen, und wird all-

gemein bewundert. Sie zeigt nebst den Sonn- und Mondlauf die beweglichen Festtäge, die Jahrszeiten, Monate, Wochen, Täge, Gestirne und alle Veränderungen des Horizonts. Ehe die Stunde schlägt, tritt ein künstliches Skelet hervor, und zieht die Glocke. Gegenüber steht ein Greis, der den Kopf bewegt. Es scheint bey allem dem, daß die Angeber dieser Uhrreformen wirkliche Freunde des Alterthums seyn müssen, weil man nebst dieser auch noch verschiedene Piecen daselbst antrift, z. B. die alte Rathhausstube, bey der die ganze Decke von schwerem gothischen Gehölze in eisernen Ketten hängt. Neben diesen sind die Füllungen im herkulanischen Alter.humsgeschmacke in lebende Farben gesetzt, was sehr auffallend hersteht, weil das eben itzt die herrschende Geschmak bey'n ganzen Ameublement ist. Das Ganze verräth einen ehrwürdigen Anblick,

6 6 6 6   und

Prager Pressemeldungen
vom 29. Oktober 1787

lich abweisen möchte. Gunthard Born, ein neuerer Forscher, dem die gestische Dechiffrierung der Mozartschen Motivbildung angelegen ist, geht nur anders fehl, wenn er in dem ganzen zweiten Thema einmal »eine einfache lautmalerische Imitation des Lachens«* und ein andermal in dessen zweitem Motiv etwas sehr anderes hört: »gefährlich leise« lasse Giovanni hier »durchblicken, daß er nicht davor zurückscheut, bei der Durchsetzung seiner niedrigen Ziele hemmungslos von seiner Manneskraft Gebrauch zu machen«.

Unter der heuristisch immer fruchtbaren, aber niemals einlösbaren Vorgabe, die Intentionen des Komponisten aufzuschließen, findet hier wie da — Wirkungsgeschichte statt, die Notierung dessen, was dem oder jenem *Hörer* zu einer bestimmten Zeit zu dieser und jener Stelle einfällt. Die Krone — Abert weiß es — fällt allemal dem zu, der den Anspruch, für Mozart zu sprechen, von vornherein aufgibt und sich mit einer Zuständigkeit äußert, die sich nur auf sich selbst beruft. »Wie von entlegenen Sternenkreisen fallen die Töne aus silbernen Posaunen, eiskalt, Mark und Seele durchschneidend, herunter durch die blaue Nacht«: Mörike schreibt dies von des Komturs Friedhofs-Einrede.** Er trifft diese Hauptstelle, die er als Choral (Bläserchoral) bezeichnet, besser als jede Vorstellung, die uns bedeuten will, was Mozart sich bei ihr gedacht habe.

Kierkegaard verwahrt sich in seinem großen Essay über »Don Giovanni« schlechthin gegen die Erwartung, er werde sich, statt mit der Musikalität der dramatischen Beschaffenheit der Oper, mit den Abläufen ihrer Musik befassen. »Etwas Einzelnes über diese Musik zu sagen«, schreibt er im Dritten Stadium seiner Betrachtung über das »Musikalisch-Erotische«, »ist nicht meine Absicht, und besonders werde ich mich unter dem Beistand aller guten Geister hüten, eine Menge nichtssagender, aber laut lärmender Prädikate zusammenzuscheuchen oder in linguistischer Brunst die Impotenz der Sprache zu bekunden und zwar um so mehr mich hüten, als ich es nicht für eine Unvollkommenheit der Sprache, sondern für eine hohe Potenz halte, dafür jedoch um so bereitwilliger bin, die Musik innerhalb ihrer Grenze anzuerkennen. Dahingegen will ich von soviel Seiten her als möglich die Idee und ihr Verhältnis zur Sprache beleuchten, und dadurch fort und fort immer mehr das Territorium umstellen, in dem die Musik zu Hause ist, sie gleichsam schrecken, daß sie hervorbricht, ohne jedoch mehr über sie sagen zu können, wenn sie sich hören läßt als: höre!«***

Der Philosoph hörte Mozarts Musik, je länger er sie kannte, von immer entfernteren Plätzen und zuletzt hinter der Logentür: »Je besser ich sie verstanden oder zu verstehen glaubte, um so weiter ging ich von ihr fort, nicht aus Kälte, sondern aus Liebe, denn sie will auf Abstand verstanden werden. Dies hat für mich selber etwas sonderbar Rätselhaftes an sich gehabt. Ich habe Zeiten gehabt, in denen ich alles gegeben hätte für eine Eintrittskarte, jetzt brauche ich nicht einmal einen Reichstaler für eine Karte auszugeben. Ich stehe draußen auf dem Gang, ich lehne mich an die Scheidewand, die mich von den Plätzen der Zuschauer ausschließt, dann wirkt die Musik am stärksten, sie ist eine Welt für sich...«

Wie das, was dieser Hörer, Radio und Schallplatte vorwegnehmend, an seiner unsichtigen Stelle vernahm, sich zu dem verhalte, was Szene und Textwort ihr als Inhalt zuweisen, was also die Musik, außer sich selbst, eigentlich bedeute, ist eine Frage, die die Philosophie von alters her beschäftigt. Die Musik, meint Schopenhauer, gebe uns »über die in den Worten ausgedrückte Empfindung, oder die in der Oper dargestellte Handlung, die tiefsten, letzten, geheimsten Aufschlüsse«; sie spreche »das eigentliche und wahre Wesen derselben« aus und lehre uns »die innerste Seele der Vorgänge und Begebenheiten kennen, deren bloße Hülle und Leib die Bühne darbietet«.* Kierkegaard attestiert, mit Bezug auf »Don Giovanni«, der Musik eine besondere Eignung, das Sinnlich-Erotische darzustellen – warum? »Da sie weit abstrakter als die Sprache ist und darum nicht das Einzelne ausspricht, sondern das Allgemeine in seiner ganzen Allgemeinheit und dennoch diese Allgemeinheit nicht ausspricht in der Abstraktheit der Reflexion, sondern in der Konkretheit der Unmittelbarkeit.«

Aber wie dieses Allgemeine, das ein Hörbar-Konkretes ist, zu fassen sei, über seine bloße, freilich gehaltvolle Bestimmung eines Klanggeworden-Erotischen hinaus, bleibt eine offene Frage. Ernst Bloch, der sie stellt, kommt auf andern Bahnen zu der gleichen Anmahnung wie Kierkegaard. »Denn es ist noch leer und ungewiß, was tonhaft geschieht«, heißt es in »Geist der Utopie«.** »Auch mit dem Zuordnen zu bereits genauen Gefühlen steht es musikalisch schlecht. Nicht einmal ob eine Melodie eindeutig Zorn, Sehnsucht, Liebe *überhaupt* ausdrücken kann, das heißt, ob es diese unsere bestimmten, schon sowieso erlebten Gefühlsinhalte sind, auf die die Musik zielt und worin sie eine Statue leichthin übertreffen könnte, läßt sich bei dem Ineinanderschleifen ihrer Erschütterungen jedesmal genau unterscheiden.«

Beim »Ineinanderschleifen ihrer Erschütterungen« – das Wort ist wie gemacht, jenes exzeptionelle Musikstück zu beschreiben, mit dem Mozart in der »Giovanni«-Partitur eine trivialkomische Buffonade überbaut und überbietet, das Sextett (Nr. 19), in dem drei Frauen, drei Männer über jäh umschlagende Vorgänge hinweg den von einer chromatisch abfallenden Andante-Linie gefaßten Ausdruck tiefer Irritation abwandeln, um sich zuletzt in der Bekundung dessen zu verbinden, was sie bei aller Differenz der Lage, der Individualität eint, das Gefühl unbestimmter Bängnis: »Tausend trübe Gedanken gehen mir im Kopf herum.« So auf andere Weise im Quartett (Nr. 9); auch hier (und wieder anders am Ende des Duetts Nr. 2) gibt das bange Nichtverstehen der eigenen Lage, die Verunsicherung des Ich durch die magnetische Gewalt dessen, der, was seine Lust ist: Verwirrung, auf sich selbst zurückschlagen fühlt, jenen Hauptnenner der Empfindungen ab, unter dem sich die Stimmen verschlingen: »Eine Regung unbekannter Qual kreist in meinem Herzen.« Allen vier sagt sie »hundert Dinge, die ich nicht verstehe«.

Daß das Unaussprechliche das Reich der Musik sei, ist schon Mozarts Zeit geläufig. Daß Musik – und das an einem Buffa-Stoff mit seinen traditionellen Eindeutigkeiten – fähig wird, die Verdunkelung des Selbstbewußtseins, die Verwirrung der Gefühle in Töne zu fassen, eine Lage, in der keiner weiß, wie ihm geschieht, ist ein der Musik neu zuwachsendes Vermögen. Es macht das Nichtgeheure dieser Tonstücke aus – Vorbote von Erschütterungen, die über das Selbstgefühl des europäischen Menschen hereinbrechen.

Eines ist: das Klangwerden des Unbestimmten. Ein anderes: das Unbestimmte des Klanges. Ernst Bloch bezeichnet das letztere mit Deutlichkeit. »Sieht man ein Tonstück von der technischen Seite an, so stimmt alles und besagt nichts, wie bei einer algebraischen Gleichung; sieht man es aber von der poetischen Seite, so sagt es alles und bestimmt nichts – ein sonderbarer Zwiespalt, dem, bei so gärendem Inhalt, noch jede Mitte und jeder dem Verstand zugängliche Ausgleich fehlt. Hier nützt es nichts, sich an das Technische zu halten, das tot und Schablone bleibt, wenn man es nicht durch seinen Schöpfer interpretiert; und es nützt auch nichts, sich an das Poetische zu halten, um das ›unendlich verschwimmende Wesen der Musik‹, wie Wagner sagt, zu Kategorien zu zwingen, die nicht seine

Kategorien sind. Hier hilft nur, gut zuzuhören und ahnungsvoll zu erwarten, was sich in der Musik, diesem Glockengeläute herab vom völlig unsichtbaren Turm, noch alles an Sprache und höchster, sowohl überformaler wie auch überprogrammatischer Bestimmtheit bilden mag.«

Kein Zweifel: die Musik hat, wenn nicht einen eigenen Gegenstand (auch ihr Gegenstand ist die Welt des Menschen), so doch einen eigenen Inhalt, zu dem sich das Drama, der Vers als Anlaß, Rahmen, Malgrund verhält. Wäre er auf andere als musikalische Weise zu äußern – es wäre sogleich um die Musik getan. Diese kann ihrer eigenen Gehalte versichert sein (sie ist es so sehr, daß Mozart die Frage kaum verstanden hätte); dennoch kommt sie auf das Theater nicht, um zu herrschen, sondern um zu dienen: dem Theater. Es ist dieser Widerspruch, dessen Mitdenken, Miterfassen über das Gelingen einer Opernaufführung entscheidet.

Jubelruf

Wird die Giovanni-Musik den Pragern eingehen? Es ist eine Opernmusik von nie erhörter Art, von der anders einzigartigen des »Figaro« so weit entfernt wie Cherubino, der liebestolle Page, von Don Giovanni, dem Alexander sexueller Besitzergreifung. Mozart selbst stellt sich die Frage und bekommt von dem Prager Kapellmeister Kucharz eine allgemeine Beruhigung zur Antwort; Niemetschek hat das Gespräch verzeichnet. »Einst – (es war nach den ersten Proben seines Don Juan) – ging Mozart mit dem damaligen Orchesterdirektor und Kapellmeister Herrn Kucharz spazieren. Unter andern vertraulichen Gesprächen kam die Rede auf Don Juan. Mozart sagte: ›Was halten Sie von der Musik zum Don Juan? Wird sie so gefallen wie Figaro? Sie ist von einer andern Gattung!‹ Kucharz: ›Wie können Sie daran zweifeln? Die Musik ist schön, originell, tief gedacht. Was von Mozart kommt, wird den Böhmen gewiß gefallen.‹«

Mozart, der die Prager mit seiner Ouvertüren-Spätzündung verblüfft, setzt hier den Gegenakzent zu dem Anschein von Mühelosigkeit, der seine Arbeit umgibt; er sagt: »Ihre Versicherung beruhigt mich, sie kommt von einem Kenner. Aber ich habe mir Mühe und Arbeit nicht verdrüßen lassen, für Prag etwas Vorzügliches zu leisten. Überhaupt irrt man, wenn man denkt, daß mir meine Kunst so leicht geworden ist. Ich versichere Sie, lieber Freund! niemand hat soviel Mühe auf das Studium der Komposition verwendet als ich. Es gibt nicht leicht einen berühmten Meister in der Musik, den ich nicht fleißig, oft mehrmal durchstudiert hätte.« Mozart legt Wert darauf, daß ihm die Kühnheiten der Partitur – sie liegen im Ganzen der Orchesterbehandlung wie in vielen einzelnen Momenten, von dem dramatischen Affettuoso der Donna-Anna-Nummern bis hin zu den Ekstasen des Balls, der vielgliedrigen Seelenmalerei des Sextetts – nicht als Willkür angekreidet werden. Nichts spricht deutlicher von dem Bewußtsein des Komponisten, ein umstürzendes Werk vorzulegen, als die Berufung auf das Studium der alten Meister.

Er präsentiert es einem Publikum von musikalischen Kennern, das ein dramatisch unverbildetes Publikum ist; es unterscheidet sich wesentlich von dem blasierten Wiener Weltstadtpublikum, das nur noch den heiteren Stoff und die eingängige Weise goutiert. Mozart weiß: hier kann er mit dem schneidenden Akzent, dem dramatisch Brisanten Wirkung erzielen, und das Air, das die Uraufführung umgibt: die schier unbegrenzte Empfänglichkeit für die Person des Komponisten, die durch die zwiefache Premierenverschiebung und alle sie begleitenden Umstände hochgetriebenen Erwartungen, tut ein übriges, um am Abend dieses 29. Oktober in Prags Nationaltheater einen Zustand gespannter Aufnahmebereitschaft zu erzeugen. Dieses Zeitalter, dessen musikalisches Gedächtnis nicht mehr als ein, zwei Generationen zurückreicht, lebt aus der raschen Erzeugung wie dem raschen Verbrauch von Musik-, von Bühnenstücken; sein Theater hat kaum ein Bewußtsein epochenübergreifender Werke. Dennoch: das Gefühl, einer exzeptionellen Werkgeburt beizuwohnen, ist in dieser Versammlung bürgerlicher und aristokratischer Musik- und Theaterenthusiasten zweifellos lebendig. Die Presse tut das Ihre, die Spannung des Abends anzuheizen. »Der Direkteur der hiesigen italienischen Gesellschaft«, schreibt die unerläßliche Oberpostamtszeitung, »gab gestern Nachricht von der für die Anwesenheit der hohen toskanischen Gäste bestimmt gewesenen Oper, Don Juan, oder die bestrafte Ausschweifung. Sie hat den Herrn Hoftheaterdichter Abbé da Ponte zum Verfasser, und wird heute den 29ten zum erstenmale aufgeführt. Alles freuet sich auf die vortreffliche Komposizion des großen Meisters Mozart. Nächstens mehr hievon.«

Offenbar geht die Aufführung von der kaum geprobten Ouvertüre an vorzüglich. Mozart – Štěpánek hat es glaubhaft berichtet – beugt sich während der Introduktion zu den Musikern herunter und lobt: Zwar seien »viele Noten unter die Pulte gefallen«, aber die Ouvertüre sei im ganzen doch »recht gut vonstatten gegangen«. Nach vier Tagen läßt sich der Gewährsmann der Oberpostamtszeitung abermals vernehmen, und er hat einen Faden nach Wien; am 14. November veröffentlicht die Wiener Zeitung denselben Bericht: »Montags den 29ten wurde von der italienischen Operngesellschaft die mit Sehnsucht erwartete Oper des Meisters Mozard Don Giovanni, oder das steinerne Gastmahl gegeben. Kenner und Tonkünstler sagen, daß zu Prag ihres Gleichen noch nicht aufgeführt worden. Hr. Mozard dirigierte selbst, und als er ins Orchester trat, wurde ihm ein dreimaliger Jubel gegeben, welches auch bei seinem Austritte aus demselben geschah. Die Oper ist übrigens äußerst schwer zu exequiren, und jeder bewundert dem ungeachtet die gute Vorstellung der-

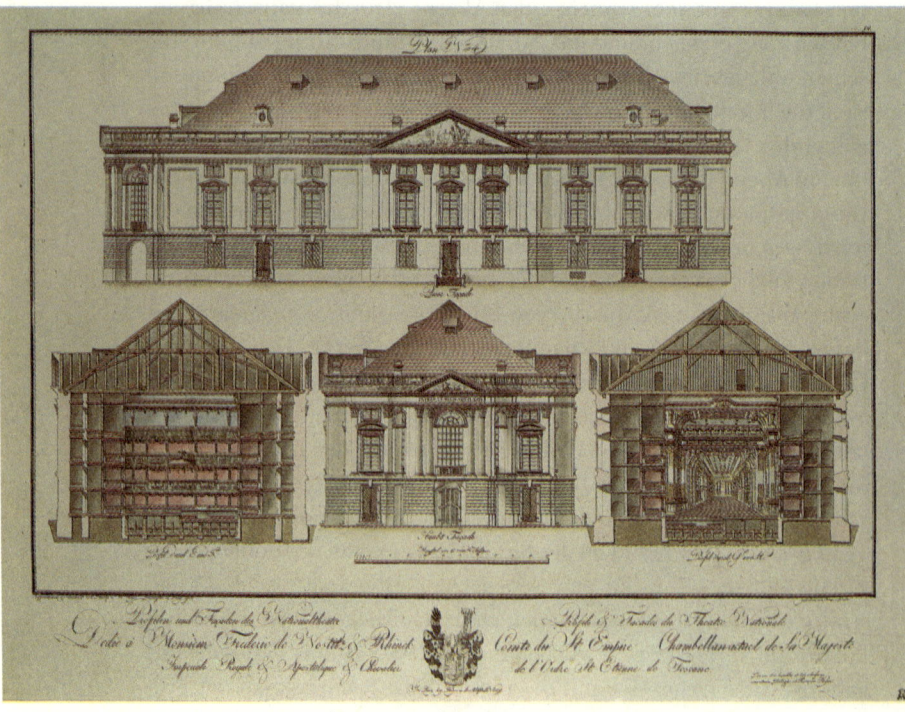

Johan Berka (1758–1815) nach Philipp und Frantz Heger:
»Profilen und Façaden des Nationaltheater.«
Kolorierte Radierung, Prag 1793.

selben nach so kurzer Studierzeit. Alles, Theater und Orchester, bot seine Kräften auf, Mozarden zum Danke mit guter Exequirung zu belohnen. Es werden auch sehr viele Kosten durch mehrere Chöre und Dekorazion erfordert, welches alles Herr Guardasoni glänzend hergestellt hat. Die außerordentliche Menge Zuschauer bürgen für den allgemeinen Beifall.«

Hat Niemetschek das geschrieben? Der Verfasser gibt sich bescheiden: »zu Prag« sei ihresgleichen noch nicht aufgeführt worden; daß man die Ortsbestimmung weglassen könne, ist ihm sicherlich bewußt. Der Librettist, der einen Triumph, der auch der seine ist, versäumt hat, bekommt von Guardasoni, dem Regisseur, einen Jubelruf nachgesandt, dessen Text der Memoirenschreiber vermutlich erfindet: »Es lebe da Ponte, es lebe Mozart! Alle Theaterunternehmer, alle Virtuosen müssen sie segnen; solange sie leben, wird man

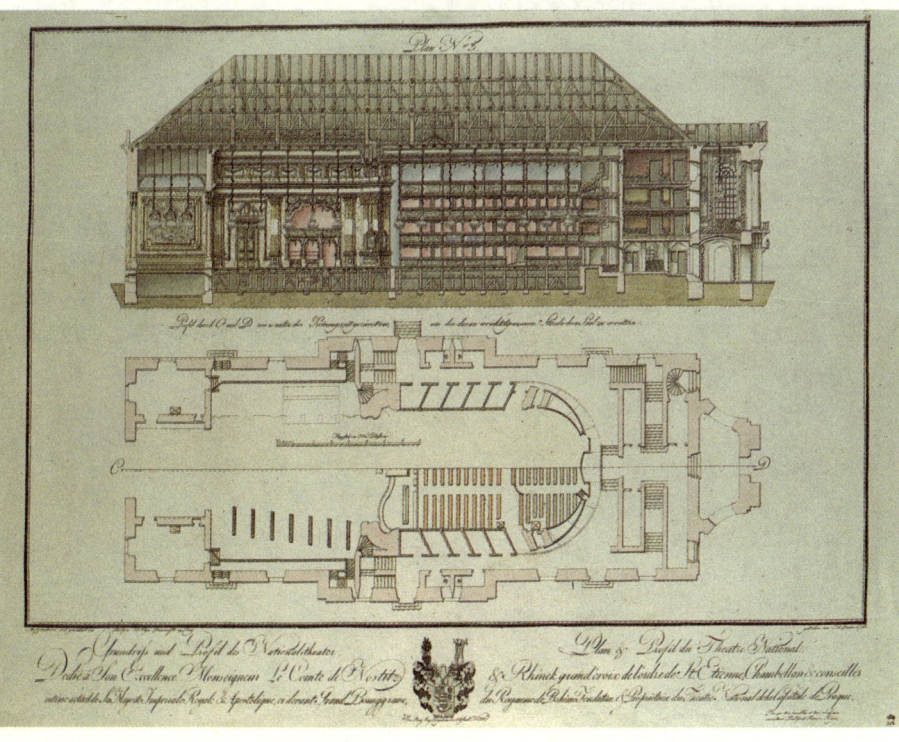

»Grundriß und Profil des Nationaltheater.«
Kolorierte Radierung, Prag 1793.

nichts mehr von theatralischen Erbärmlichkeiten hören.« Auch der Komponist ist zufrieden, ohne viel Worte darüber zu machen: »mit dem lautesten Beifall«, schreibt er am 4. November an Jacquin den

Erste Seite von Mozarts Brief aus Prag am 4. November 1787
an Gottfried v. Jacquin nach Wien (Transkription S. 520).

Jüngeren, sei »Don Giovanni« in Szene gegangen. Er schreibt es am Abend nach der vierten Vorstellung, die zu seinem finanziellen Besten gegeben wird, und anstatt dem jungen Freund etwas von der Oper und ihrer Aufführung zu erzählen, benutzt er, den Adressaten so wie die Nachwelt foppend, die Gelegenheit zu ein paar wohlmeinenden Ratschlägen, Jacquins »unruhige Lebensart« betreffend, gegen die er in Wien angekämpft habe.

Ist Mozart von dem Schluß seines eigenen, soeben dirigierten Werkes betroffen, das ihm nun, in der vierten Vorstellung, als ein Eigenwilliges, sich von ihm Ablösendes entgegentritt? Dem Komponisten des »Bestraften Ausschweifenden« unterläuft ein Satz, der aus einem der zahlreichen moralisierenden Romane des empfindsamen Zeitalters stammen könnte: »Ist das Vergnügen einer flatterhaften, launigten Liebe nicht himmelweit von der Seligkeit unterschieden, welche eine wahre, vernünftige Liebe verschafft?« Will er sich als Person abheben von dem Werk, das die Lust an der flatterhaften, der launigten Liebe so eingehend malt? Der Briefschreiber merkt selbst, daß er sich verstiegen hat; mit schier musikalischer Leichtigkeit lenkt er sein Schiffchen aus dem pädagogischen Fahrwasser wieder heraus: »Mein Urgroßvater pflegte seiner Frauen meiner Urgroßmutter, diese ihrer Tochter meiner Großmutter, diese wieder ihrer Tochter meiner Mutter, diese abermal ihrer Tochter meiner leiblichen Schwester zu sagen, daß es eine sehr große Kunst seie, wohl und schön zu reden, aber vielleicht eine nicht minder große, zur rechten Zeit aufzuhören. Ich will also dem Rate meiner Schwester, dank unserer Mutter, Großmutter und Urgroßmutter folgen und nicht nur meiner moralischen Ausschweifung, sondern meinem ganzen Brief ein Ende machen.«*

Die Maske des Jugenderziehers ist wieder weggelegt und ein Wort gefunden, das von Giovanni selbst stammen könnte, es nimmt das Sittliche als das Unsittliche: »meiner moralischen Ausschweifung«. Aber nicht nur durch sie ist der Brief merkwürdig, sondern auch durch die Abwendung von Prag, das ihm doch soviel Vergnügen bereitet. »Man wendet hier alles Mögliche an, um mich zu bereden, ein paar Monate noch hier zu bleiben und noch eine Oper zu schreiben, – ich kann aber diesen Antrag, so schmeichelhaft er immer ist, nicht annehmen.« Das platzt, durch Gedankenstriche abgehoben, in die Schilderung des Prager Vergnügens hinein; danach kehrt sich Mozart entschlossen von sich ab und dem Adressaten zu – die päd-

agogische Anmahnung erscheint wie als Ablenkung von der naheliegenden Frage, was ihn denn abhalte, weiterhin für Prag zu arbeiten.
Die bevorstehende Niederkunft seiner Frau? Konstanzes fortwährende Schwangerschaften sind zur Lebensfessel für ihn geworden.

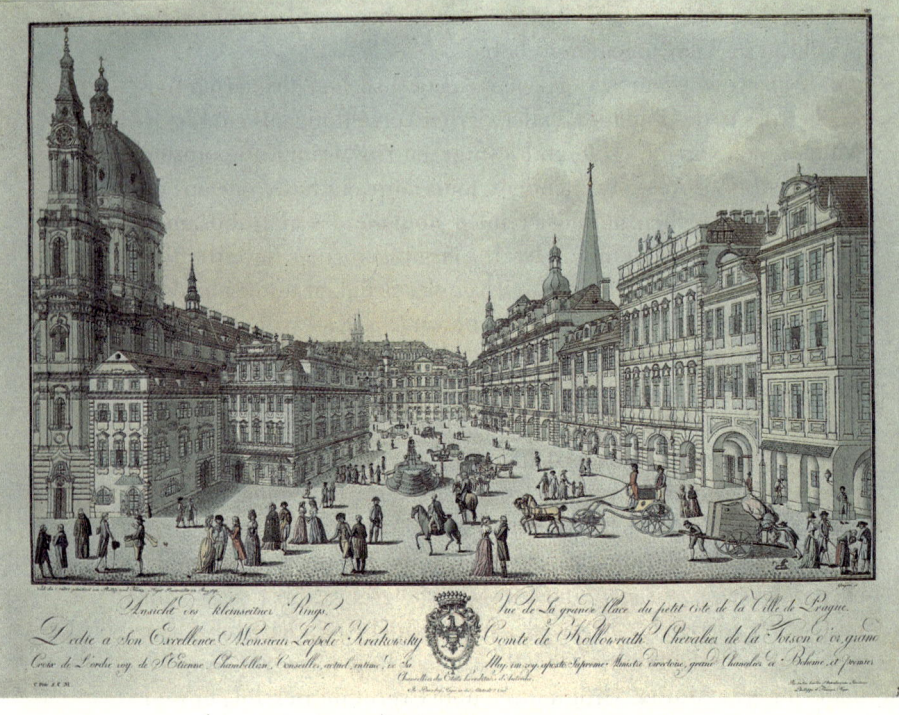

Ferdinando (?) Gregori nach Philipp und Frantz Heger:
»Ansicht des Kleinseitner Ring.«
Kolorierte Radierung, Prag 1794. Links die Nikolaus-Kirche.

Im Oktober des Vorjahrs hat sie die letzte Niederkunft gehabt (das
Kind starb bald darauf), für den Dezember steht die nächste – es ist
die vierte – bevor; schon einen Monat später hätte er nicht mehr
nach Prag fahren können. Versteht sich, über dieses Verhängnis immer neuen Familiensegens kann man brieflich nicht Klage führen.
Dennoch bleibt etwas Rätselhaftes an dieser Prag-Abwehr. War ihm
die Saporiti, war ihm Josepha Duschek zu nahe gekommen? Gab es
besondere Bindungen in Wien? Es bleibt mitten im rauschenden Erfolg bei der Abkehr von Prag.

Die Tage nach der Premiere verlaufen entspannt-gesellig. Josepha Duschek sperrt ihren Gast, der ihr eine Konzertarie versprochen hat, in einen Pavillon des Bertramka-Gartens ein, um seine Unlust, schon wieder Noten zu schreiben, zu überwinden; es wird ein mit Schwie-

Casimir Plath nach Philipp Heger und Frantz Heger:
»Ansicht des kleinen Ringels in der Altstadt Prag.«
Kolorierte Radierung, Prag 1793.

rigkeiten gespicktes, musikalisch hochbedeutendes Stück dramatischen Gesanges, dessen Text einer Oper von Jommelli entnommen ist: »Bella mia fiama, addio!« (Leb wohl, meine schöne Flamme!) – Liebesabschied eines todbedrohten Helden. Daß er sich mit den in dem Gesangsstück enthaltenen Extremintervallen für die Gefangenschaft revanchiert habe, gehört zu jenem Kranz glaubhafter Anekdoten, mit dem das musikalische Prag sich die Erwählung dieser Tage bekräftigt hat. Denn es ist kein Zweifel: Volk und Überwinder, der Genius und jenes vielgestalte Kollektivwesen, das sich in der

Kultur einer Stadt veranschaulicht, sind bei diesem Werk in Wechselwirkung getreten. Mozart, der Musikdramatiker, hatte sich sein Publikum nicht, wie Wagner, erst schaffen müssen – er hatte es vorge-
funden.

Noch zwei Lieder entstehen im Nachklang der Riesenarbeit: »Es
war einmal, ihr Leute, ein Knäblein jung und zart«, geht das eine,
»am Geburtstag des Fritzes«, an, das andere, für Gottfried v. Jacquin
bestimmte heißt »Das Traumlied« und stammt von Hölty:

> Wo bist du, Bild, das vor mir stand,
> Als ich im Garten träumte,
> Ins Haar den Rosmarin mir wand,
> Der um mein Lager keimte?
> Wo bist du, Bild, das vor mir stand,
> Mir in die Seele blickte
> Und eine warme Mädchenhand
> Mir an die Wange drückte?

Gartenfront der Bertramka, Prag-Smíchov. Photographie.

So nah die italienische Arie der Giovanni-Sphäre noch steht, so fern sind ihr diese deutschen Lieder – Mozart hat sein Werk hinter sich gelassen.

Von Konzerten, Bällen, Adelsfesten ist nichts bekannt aus diesen Novembertagen, wohl aber von einem Besuch in Strahov, dem berühmten Barock-Kloster. Mozart erscheint mit Josepha Duschek, und offenbar hat man sich angemeldet, denn das Stift hat den Gehilfen des Organisten dazu abgestellt, Mozart die Orgel vorzuführen; er spielt besser als der Regens Chori der Kirche. Einunddreißig Jahre nach dem Ereignis bringt Norbert Lehman, gewiß nach einer Aufzeichnung, die Erinnerung an diese Stunde in Form eines Briefes zu Papier. Niemetschek hat sie ihm abgefordert* – es gibt nicht leicht eine vollkommenere Veranschaulichung des Mannes, der in Prag für hundert Zechinen seine Opernarbeit abgeliefert hat und nun zu seinem Vergnügen noch etwas Musik macht.

Die Poeten haben es schwerer, ihn zu fassen, als der Musiker, der einfach aufschreibt, was er hört, und noch zuhören kann, wenn der Vorgesetzte ihn mit albernen Fragen stört. Joseph Hurdálek, der Rektor des Generalseminars, ist ein Poet, und er widmet Mozart am 12. November ein Abschiedsgedicht:

> Wenn Orpheus' Zauberlaute klingt,
> Amphion in die Leier singt,
> Dann wird der Löwe zahm, die Flüsse stehn,
> Der Tiger lauscht, die Felsen gehn.
>
> Wenn Mozarts Meisterspiel ertönt,
> Wenn ungeteilter Ruhm ihn krönt,
> Dann ist das Musenchor,
> Dann ist Apoll ganz Ohr.

Orpheus bringt die Bewohner der Erde zum Schweigen – Mozart diejenigen des Parnaß.

Anderntags fahren Mozart und Konstanze nach Wien zurück, und eine Trauernachricht empfängt sie: Gluck ist gestorben, ein Vierundsiebzigjähriger; in der Prager Komtur-Musik war Mozart ihm nahe gewesen. Nun ist der Altmeister dahingegangen; was wird aus seiner Stelle bei Hof? Der Hof hat kein Geld, der Türkenkrieg steht unmittelbar bevor; Graf Rosenberg, der kein Mozart-Freund ist, scheint geneigt, die Position einzusparen. Aber Wilhelmine v. Thun, die

Schwiegertochter des Grafen Johann Joseph, legt sich beim Kaiser
ins Mittel – führt sie Mozarts Auswanderungsabsicht ins Feld? Am
7. Dezember 1787 wird Mozart mit 800 Gulden (320 Dukaten) Jah-
resgehalt – Gluck hatte das Zweieinhalbfache gehabt – zum Kam-
mermusikus des Kaisers ernannt; dafür hat er nichts andres zu tun,
als Tänze für die alljährlichen Maskenbälle des Hofes zu liefern. Er
tut dies, ein pflichttreuer Beamter, fortan pünktlich und in Menge.

Widerhall

Don Juan hat seinen Weg durchmessen. Von dem barocken Lehrstück führte er zu dem vorrevolutionären Abgesang – das Zeitalter
des Junkers neigt sich zu seinem Ende. Einige Jahre später und Don
Giovanni ist aus der lebendigen, wirksam-gegenwärtigen Gestalt,
Prototyp jener Adelsgrupe, die Eichendorff als »die extreme« beschreibt*, eine nur noch historisch ortbare Figur geworden. Noch
aber ist der Werdegang der Mozartschen Oper nicht zu Ende. Der
Kaiser selbst, Joseph II., will das Werk sehen, das angeblich seiner
Nichte, in Wahrheit ihm selbst zugeschrieben ist, auf doppelsinnige
Weise; er ist in ihren beiden Hauptgestalten und ist die eine gegenüber der andern. Gleich nach Mozarts Rückkehr ergeht die Anwei-
sung zur Aufführung, die Kopisten machen sich an die Arbeit, aber
mit der Bühnenrealisierung hat es gute Weile. Vorher, am 8. Januar
1788, ist Salieri/da Pontes »Axur« zu bewältigen, der in der Folge
sehr oft angesetzt wird; danach fährt der Kaiser in den Türkenkrieg,
bei dem ihm Mozarts Soldatenlieder – »Ich möchte wohl der Kaiser
sein«, heißt das eine von ihnen – nicht helfen können. Als kranker,
geschlagener Mann kehrt er im Dezember aus dem Feldlager zurück – und läßt sich zehn Tage später »Don Giovanni« vorspielen,
der im Mai auf seinen Befehl im Burgtheater Premiere gehabt hatte.

Mozart ändert für Wien, er nimmt Rücksicht auf den Sänger des
Ottavio, Francesco Morella, der seine gefühlvolle Arie (Nr. 21: »Il
mio tesoro intanto«) nicht glaubt singen zu können und dafür eine
andere, schmelzend-schöne und dramatisch ebenso überflüssige erhält: »Dalla sua pace la mia dipende« (KV 540a); sie wird nach Annas halben Bekenntnissen in ihrer Arie Nr. 10 eingesetzt. An der
Stelle der Nr. 21 klafft nun ein Loch, obschon die Szene nur ge-
wänne, wenn sie mit Leporellos Flucht-Arie zu Ende wäre. Der Vor-

liebe der Wiener für komische Szenen nachgebend, vergrößern Mozart und da Ponte es noch: auch Leporellos Entkommens-Arie (Nr. 20) entfällt. Die Lücke, die keine ist, füllt eine Buffonade von äußerster Turbulenz. Leporello wird im Lauf eines Rezitativs und Duetts (KV 540b) von der wütenden Zerlina, die ihn mit einem Rasiermesser in Schach hält, an ein Fensterkreuz gefesselt; das reißt der Diener, alleingelassen, kraft der Gewalt seines Arms aus dem Mauerwerk. Als Zerlina dann nachsieht, hat sie das Nachsehen.

Mozarts Schwägerin, Aloysia Lange, Wiens Donna Anna, hat keine Forderungen an den Komponisten, aber Caterina Cavalieri, eine Ur-Wienerin, die in der »Entführung« Mozarts erste Constanze gewesen war, äußert Wünsche; sie singt die Elvira und will eine zusätzliche Arie – macht sie dramaturgische Gründe geltend? Donna

Theaterzettel der ersten Aufführung des »Don Giovanni«
am 7. Mai 1788 im Wiener Burgtheater.

Elviras Erscheinen an Giovannis Tafel ist, nach der furchtbaren Demütigung in der Sextett-Szene, tatsächlich der Motivation bedürftig. Die Autoren leisten sie durch eine weitgespannte Arie, in der die Verlassene, Brüskierte aus Don Giovannis Verruchtheit auf den Grad seiner Gefährdung schließt und sich, eigene Hoffnungen begrabend, aufmacht, ihn zu retten: »Quando sento il mio tormento, di vendetta il cor favella: Ma se guardo il suo cimento, palpitando il cor mi va.« (Wenn ich meine Pein spüre, sprüht mein Herz Rache, aber wenn ich seine Gefährdung erkenne, bebt mir das Herz.) Rezitativ und Arie (KV 540c), zwei Musikstücke, die, Seelengemälde von höchster Intensität, den dramatischen Rang der Figur bedeutend steigern, stehen zwischen Leporellos Fensterkreuz-Eskapade und der Friedhofsszene, mit der die Wiener Fassung in die Prager zurücklenkt; die Aufführungspraxis des 19. wie des 20. Jahrhunderts hat diese Elvira-Einlassung der Erstfassung ebenso einverleibt wie die Ersatzarie des Ottavio. Aber so musikalisch gewichtig und dramatisch sinnvoll sich die Elvira-Musik darstellt – sie paßt nirgendwohin als an die Stelle, für die sie geschrieben wurde: für den Übergang von der Buffonade des neuen Duetts zur Friedhofsszene. Diese Position entspricht der, die zuvor die Ottavio-Arie (Nr. 21) zwischen Leporellos Fluchtarie (Nr. 20) und dem Friedhofsgespräch eingenommen hatte; es wäre also allenfalls gerechtfertigt, die Ottavio-Arie durch die der Elvira zu ersetzen.

Die Zutat des neuen Duetts wird in Wien durch die Streichung der Scena ultima ausgeglichen. So jedenfalls steht es in dem Wiener Librettodruck von 1788; der neue Schluß ist abrupt: »Il foco cresce D. Gio. si profonda: nel momento stesso escon tutti gli altri: guardano, metton un alto grido. fuggono, e cala il siparió. Fine.« (Das Feuer nimmt zu, Don Giovanni versinkt. In diesem Augenblick kommen alle andern herein: sie sehen hin und stoßen einen lauten Schrei aus. Während sie fliehen, fällt der Vorhang. Ende.) Mozart realisiert den finalen Partiturschrei in der Partitur; dann streicht er (man weiß nicht, ob unmittelbar vor der Wiener Premiere oder im Ergebnis der bei ihr eingetretenen Wirkung) die Einfügung wieder aus und kürzt statt dessen einundsechzig Takte innerhalb des Sextetts der Scena ultima (vor dem Schlußchor). Kein Zweifel: auch die im 19. Jahrhundert eingebürgerte Weglassung der letzten Szene kann sich auf die beiden Autoren der Oper berufen, obschon mit minderer Autorität als deren Einbeziehung. Denn die projektierte Streichung ist, vor

oder bei der Wiener Mai-Premiere, offenbar szenisch-dramatisch gescheitert. Auch hatte sie einen vorab pragmatischen Grund: die
durch das neue Duett bewirkte Überlänge des Abends.

Nicht dieses Duett, aber die beiden Wiener Arien haben sich der
Bühnenpraxis eingepflanzt; die Oper ist dadurch immer länger geworden. Monologische Reflexionen stauen die episodisch zersplit-
terte Handlung; ein Arienkonzert, zu dem auch die Nr. 23 der Donna
Anna gehört, dieses vorab bühnentechnisch veranlaßte Musikstück,
schafft sich im Drama retardierend Raum. Die überbordende Fen-
sterkreuz-Szene aber, die zu der neuen Elvira-Arie gehört und mit

Partiturseite Mozarts aus dem zweiten Finale (Nr. 24)
des »Don Giovanni« (Autograph, Nationalbibliothek Paris).
Die Folio-Seite enthält den Schluß
der vorletzten Szene, mit Giovannis Versinken und der
wieder durchgestrichenen Schluß-Variante der Wiener Aufführung.

ihr die Arien Nr. 20 und 21 ersetzt, bleibt von der Opernbühne verbannt. Jenes in keiner Weise auf Mozart und da Ponte zurückführbare Mixtum zweier Fassungen, das die heutige Opernbühne vorweist, kultiviert die exzeptionellen Seelenergüsse der Vornehmen und Beschädigten und verbannt die robusten Spiele jener, die aus Giovannis Treiben unversehrt hervorgehen: die Natur ist mit ihnen. Mit der Wiener Zerlina ist sie es in besonderem Maße: Luisa Mombelli (sie hatte in Wiens »Figaro« die Gräfin gesungen) ist im siebenten Monat schwanger.

Die derart Wiener Bedürfnissen angepaßte Fassung – am 24., 28. und 30. April 1788 trägt Mozart die drei Zusatzstücke mit den Namen der Sänger* in sein Register ein – hat es schwer bei den Wienern. Das Stück, so scheint es, ist ihnen zu hart, die Musik zu kompliziert; die Brüche und Kontraste, die das Werk austrägt, sind nicht nach dem Unterhaltungsbedürfnis des Hoftheaterpublikums. Noch hundertvierzig Jahre später spricht ein musikkundiger Wiener von dem »unbarmherzigen Abklatsch des wirklichen Lebens«, der in der ganzen Oper herrsche, und den »fast grausamen Realismen« ihrer Musik (Robert Haas, 1933). Aber stimmt denn die Nachricht von dem Wiener Mißerfolg? »Don Giovanni« wird im Burgtheater häufiger gespielt als zwei Jahre vorher der »Figaro«, der es auf neun Vorstellungen gebracht hatte; es gibt zwölf Aufführungen bis zum 2. August und drei weitere von Oktober bis Dezember 1788. Martinis »Baum der Diana« übertrifft den »Dissoluto« nur um vier, Salieris »Axur« allerdings um neunundzwanzig Ansetzungen – es ist deutlich, wem die Protektion des Intendanten gehört. Doch erfolglos ist »Don Giovanni« in Wien keineswegs, obschon nicht durchschlagend wie bald im westlichen und nördlichen Deutschland.

In Übersetzungen, deren erste von Neefe stammt, siegt dort das *dramma giocoso* als deutsches Singspiel. Nicht in der italienischen Urgestalt, die heimatlos bleibt, ehe die Internationalisierung des Opernbetriebs in der zweiten Hälfte des 20. Jahrhunderts sie zur Norm erhebt, sondern in deutschen Fassungen von wechselnder Sprachgestalt gewinnt »Don Giovanni« die Opernbühne. Die Theatertruppe des Fürst-Erzbischofs von Mainz bringt am 13. März 1789 die erste deutschsprachige Aufführung der Oper heraus – als »ein Sing-Spiel, in zwey Aufzügen, nach dem Italiänischen frey bearbeitet« von dem ungenannt bleibenden Heinrich Gottlieb Schmieder, dessen Fassung, unbesorgt um die Länge des Abends, die zum ge-

Nächstkommenden Sonntag, den 1sten Juni, wird zum Erstenmale gegeben: Il Dissoluto punito, o sia: Il D. Giovanni. Der gestrafte Ausschweifende, oder: D. Jean. Ein großes mit Chören ausgeziertes Singspiel in zween Aufzügen. Die Poesie ist vom Abt da Ponte, und die Musik hat der berühmte Kapellmeister, Hr. Mozart, ausdrücklich dazu komponirt.

Mit gnädigster Erlaubniß
wird heute, Sonntags den 15. Junii 1788.
von der Guardasonischen Gesellschaft
Italiänischer Opervirtuosen
auf dem Theater am Rannstädter Thore
aufgeführt:

IL DISSOLUTO PUNITO,
o sia:
IL D. GIOVANNI.
Der gestrafte Ausschweifende,
Oder:
D. Jean.

Ein großes Singspiel, mit Chören, vielen Decorationen und doppeltem Orchester, in zween Aufzügen.
Die Poesie ist vom Abt da Ponte, und die Musik hat der berühmte Kapellmeister, Hr. Mozart, ausdrücklich dazu komponirt.

Personen:

D. Giovanni,	Herr Kosta.	D. Elvira,	Dem. Miceli, die jüngere.
D. Anna,	Mad. Prosperi Krespi.	Leporello,	Herr Ponziani.
D. Ottavio,	Herr Baglioni.	Zerlina,	Dem. Miceli, die ältere.
Commendatore,	Herr Lolli.	Masetto,	Herr Lolli.

Die Opernbücher, in Italiänischer Sprache allein, sind am Eingange für 6 Gr. gedruckt zu haben.

Die Musik ist beym Herrn Guardasoni, auf dem neuen Kirchhofe, in Landschreiber Tipners Hause, im ersten Stock zu bekommen.

Wegen Wiederholung der Arien wird ein geneigtes Publikum um gütige Verschonung gebeten.

Auch wird ein geneigtes Publikum um seines eigenen Vergnügens willen gehorsamst ersucht, sich ohne Unterschied die unentbehrliche Einrichtung wegen Verschonung des Theaters gütigst gefallen zu lassen.

Die Preiße sind folgende:

| Logen des ersten Ranges. | Logen des zweyten Ranges. | Logen des dritten Ranges. |
| Jede Loge zu 6 Personen gerechnet, 4 Thlr. | No. 20. Große Mittel-Loge, die Person 16 Gr. Die übrigen geschlossenen Seiten-Logen, jede zu 6 Personen gerechnet, 3 Thlr. | No. 26. Große Seiten-Loge, die Person 8 Gr. No. 27. Große Mittel-Loge, die Person 12 Gr. Die übrigen geschlossenen Seiten-Logen, jede zu 6 Personen gerechnet, 2 Thlr. |

Im Parterre 6 Gr.   Auf der Gallerie 4 Gr.

Die Billets sind am Tage der Vorstellung im Theater zu bekommen von früh 9 bis 12 Uhr, des Nachmittags von 3 Uhr bis zu Eröffnung des Theaters: sind aber nicht weiter als denselben Tag gültig.

Der Anfang ist präcise halb 6 Uhr.   Das Ende um 8 Uhr.

Das Leipziger Publikum erlebte »Don Giovanni«
am 1. Juni 1788 mit dem Ensemble der Uraufführung,
das inzwischen unter der Leitung Guardasonis stand.

gesprochenen Dialog umgemünzten Rezitative durch die Einfügung neuer Szenen erweitert: eine Beinahe-Verhaftung Don Juans durch törichte Ortspolizisten und die Kaufmannsszene aus dem »Don Juan« Molières, die hier einem Juwelier übertragen ist. Don Juan verwandelt sich in Schmieders Text aus einem ortsansässigen Adelsherrn in einen reisenden Abenteurer, der wie Elvira im Gasthaus Logis genommen hat; die soziale Entschärfung, die sich auch in der Streichung der Masetto-Arie (Nr. 6) bekundet, deutet, wenige Wochen vor Ausbruch der Pariser Revolution, auf politische Spannungen. Schmieder, dessen Gesangstexte* im gleichen Jahr in Frankfurt am Main erscheinen, wo man die Mainzer Aufführung übernimmt, zeigt sich nachmals, ähnlich wie Angiolini in Mailand, als Verfechter eines progressiven Theaterkonzepts und gehört in der Mainzer Republik zu den Gründern des revolutionären National-Bürgertheaters; vermutlich hat Mozart ihn bei seinem Mainz-Aufenthalt im Oktober 1790 kennengelernt.

Der Siegeszug der deutsch gefaßten Oper, der von dieser Mainz-Frankfurter Aufführung ausgeht und noch im gleichen Jahr Mannheim, Bonn, Hamburg ergreift, wird von dem Mißbehagen der spätaufklärerischen Kritik begleitet. »Wieder eine Oper«, schreiben im März 1789 Frankfurts »Dramaturgische Blätter«, »die unserm Publikum die Köpfe schwindeln machte. Wenig fehlte, es hätte das Komödienhaus gestürmt, weil man es drei Stunden vor der Spielzeit nicht geöffnet hatte. – Viel Prunk und Lärm für den großen Haufen; fader Stoff, Abgeschmacktheiten für den gebildeten Teil! Auch die Musik, zwar groß und harmonisch, aber mehr schwer und kunstvoll als gefällig und populär…« Der Stoff befremdet den Kritiker, die Musik, so macht dieser glauben, befremde das Publikum – auf ungleich höherem Niveau bekundet der Grazer Kritiker und Theatertheoretiker Johann Friedrich Schink diese Meinung. »Don Juan« scheint ihm »die tollste, unsinnigste Aftergeburt einer verirrten spanischen Einbildungskraft«; die Figur vereinige »all das Vernunftwidrige, Abenteuerliche, Widersprechende und Unnatürliche in sich, was nur immer ein poetisches Unding von einem menschlichen Wesen zu einem Opernhelden qualifizieren kann«. Der Beifall des Publikums müßte ihm sicher sein, wenn da nicht Mozarts überqualifizierte Musik wäre: »Wer hieß ihn zu einem so italienischwahren Opernthema eine so unopernmäßige, schöne, große und edle Musik setzen? Ist dieser prachtvolle, majestätische und kraftreiche Gesang

wohl Ware für die gewöhnlichen Opernliebhaber, die nur ihre *Ohren*
ins Singspiel bringen, ihr *Herz* aber zu Haus lassen?«* Die ganze
Oper stimmt nicht zu der Ästhetik der späten Aufklärung, hier ist
weder die stille Einfalt und edle Größe des Gluckschen Musikdramas noch die humoristische Alltagspädagogik des bürgerlichen
Singspiels. Um so größer ist das Publikumsinteresse an dem aus allen Rahmen fallenden Werk; mit großer Geschwindigkeit verbreitet
es sich über Deutschlands Bühnen. Auf deutsch geht es da Ponte wie
einstmals Tirso: die klassische Bildung rümpft die Nase, das Publikum strömt herbei.

In Wien spielt man den italienischen »Don Giovanni«, nicht den
deutschen »Don Juan«; das nimmt der Oper zum Teil jenes Publikum, das sie andernorts (besonders stürmisch 1790 in Berlin) als
Sensation empfängt. »Der ›Don Giovanni‹ gefiel nicht!« schreibt da
Ponte Jahrzehnte später. »Alle – Mozart ausgenommen – glaubten,

Angelo I Quaglio (1778–1815):
Bühnenbildentwurf zu der Friedhofsszene von Mozarts »Don Giovanni«.
Aquarell, München, um 1810.

es fehle etwas daran. Man machte Zusätze, man veränderte ganze
Arien, man brachte ihn neuerdings in Szene – und der ›Don Juan‹ gefiel nicht!« Die Erinnerung trügt ihn, die Änderungen, die Zusätze
(nicht »man«, er selbst hatte die Texte verfaßt) waren der Premiere
vorausgegangen; sie stehen alle in da Pontes Wiener Librettodruck
vom Mai 1788. »Die Oper ist köstlich, ist göttlich«, läßt da Ponte den
Kaiser über »Don Giovanni« sagen, »vielleicht selbst besser noch als
der ›Figaro‹, aber sie ist keine Speise für die Zähne meiner Wiener.«
Aus dem Feldlager schreibt Joseph neun Tage nach der Premiere an
den Grafen Rosenberg, Mozarts Musik sei gut, aber zu schwer zu singen – offenbar hatte Mozart dem Kaiser das Werk vor dessen Abreise
vorgespielt.

Seine Ordre aus dem fernen Belgrader Feldherrnzelt hat die Pre-
mierenansetzung bewirkt, seine Rückkehr nach Wien am 5. Dezember 1788 bringt die inzwischen nur noch selten gespielte Oper wieder auf den Plan: Joseph will auf der Bühne sehen, wie sich der Mann
schlägt, den die Wiederkehr des Alten überwältigt. Er sieht, er hört:
Wer sich den versteinerten Gewalten verweigert, den verschlingt die
Hölle; in Ungarn und Belgien rüstet der Adel gerade zum Aufstand.
Ein halbes Jahr später erhebt sich in Frankreich das Volk wider die
Herrschaft der aristokratischen Lebemänner. »Don Giovanni« wird
nach der Dezembervorstellung nicht wieder gespielt. Mit des Kaisers
Niedergang setzt auch der Mozartsche ein. Die Quintette, die Mozart
in der »Wiener Zeitung« zweimal zur Subskription anbietet, finden
keine Käufer, seine neuen Sinfonien – es sind drei zwischen Juni und
August 1788 – werden nicht gespielt; die Reihe der Puchberg-Briefe
beginnt: Bittbriefe an einen begüterten Bundesbruder. In Wien, so
scheint es, hält nur der Kaiser zu Mozart, er gibt dem Team, das, wider den Brauch, für das nachgespielte Werk ein hohes Honorar – fast
soviel wie in Prag – bekommen hat, selbst einen neuen Auftrag, und
es ist diesmal etwas ganz Unpolitisches: *So machen's alle*, in der
Liebe nämlich. Als »Così fan tutte« fertig ist, ist er nicht mehr am
Leben und die neue Zeit auf dem Marsch; noch ein paar Jahre, und
Giovanni ist aus der politischen eine historische, aus der wirklichen
eine romantische Figur geworden. Niemand versteht sie mehr, es beginnt die Inflation ihrer Nicht-Authentizität.

Nachspiel

Wir müssen uns jetzt trennen, es wird Zeit.
(Puschkin, Der steinerne Gast, Vierte Szene)

Don Juans Kinder

Don Juan zu seinen Zeiten – diese Zeiten beginnen mit der Krise der Renaissance, und sie enden mit der Französischen Revolution; der Sieg der Bürgerwelt verweist diesen Helden ins Vorzeitliche. Ihres Spielraums beraubt, verblaßt die Figur ins Wesenlose; aus dem entfesselten Junker, hinter dem sich, zwiespältig genug, der scheiternde Aufklärer verbarg, wird der panerotische Künstler-Dämon, zuletzt noch »der Mythos der Seele« (Ortega y Gasset). E. Th. A. Hoffmann bereitet dergestalt den Ruhm von Mozarts und da Pontes Oper, indem er sie nach, auch mit Kräften mißversteht. »Don Juan« heißt sein Fantasiestück von 1812, dessen Ort (er liegt in Bamberg) zwischen Hotel und Theater changiert – ein novellistischer Essay über die »Oper aller Opern«, dessen wirkungsgeschichtliche Funktion sich vor dem Hintergrund des Schinkschen Aufsatzes von 1790 enthüllt. Hoffmanns romantisierende Deutung, bei der Don Juan zum irregeleiteten Übermenschen avanciert und Don Ottavio zum »kalten, ordinären« Männlein absteigt (zwischen ihnen, in aussichtsloser Lage, Donna Anna, die dem Autor auf der Bühne und – in Gestalt der Opernsängerin – in der Loge erscheint), leistet mit dem Enthusiasmus der Identifikation jene intellektuelle Aufwertung der Oper, deren es bedarf, um das Verdikt der spätaufklärerischen Kritik: eine herrliche Musik, verschwendet an einen trivialen Stoff, aufzubrechen und Bewußtsein für die Ganzheit des Werkes zu entwickeln. Bei allem Überschwang der Zueignung (es ist seine Bamberger Liebesgeschichte, die Hoffmann der Beziehung zwischen Anna und Juan unterlegt, in der sterbenden Sängerin verurteilt er die ihm in eine Ottavio-Ehe entrissene Geliebte ersichtlich zum Tode) ist Hoffmann

Realist genug, um zwei trivialromantische Irrtümer über den Anfang und das Ende der Oper aus den Angeln zu heben, noch ehe sie
sich verbreitet haben: die noch von Abert mit scheinrationaler Argumentation gestützte Legende, daß Anna Giovanni eingangs fest-
halte, weil sie ihm *nicht* erlegen sei, sowie die Mär, daß der strahlende Sextett-Schluß der Oper eigentlich nicht zugehöre. Hoffmann
plädiert, auch darin seiner Zeit voraus, für die Originalfassung mit
den italienischen Rezitativen, die bis weit ins 20. Jahrhundert hinein
im Schatten der Übersetzungen steht; erst die internationale Verflechtung der Opern- und Schallplattenproduktion hat dem ein
Ende bereitet. Der Vorteil des »reisenden Enthusiasten«: er beherrscht das Italienische.

Nikolaus Lenau, der nach der Neuen Welt begehrende Dichter, der
in New York 1832 den alten da Ponte hätte treffen können, der sich
dort, dreiundachtzigjährig, ein unbezahlter Columbia-Professor,
mit Italienisch-Lektionen durchbringt (eines Tages aber kommt
eine italienische Operntruppe und spielt »Don Giovanni«), eignet
sich die Figur 1842 dramatisch zu, in einem Theaterstück aus ge-
reimten Blankversen, das – es hat dreizehn knapp gefaßte, aber voll
ausgeführte Bilder – zu Unrecht als fragmentarisch gilt.* Nur *eine*
Figur, die einer Dame namens Anna, in die Don Juan sich ernsthaft,
gleichsam prinzipienlos zu verlieben droht, scheint unausgeführt,
aber es ist die Frage, ob sie jemals hätte Gestalt annehmen können
und sollen. In des Wieners Lenau Stück schlägt die politische Intention von da Pontes »Baum der Diana«, die Klosteraufhebung, drastisch in den Don-Giovanni-Stoff ein: den Anfang macht eine Szene,
in der der Held sich mit zwölf als Pagen verkleideten Mädchen
Einlaß in ein Kloster verschafft, um die Mönche während eines Gela-
ges in Flammen zu setzen. Der Plan gelingt; der entsetzte Prior zün-
det das Kloster buchstäblich an. Das ist ein Eingangspaukenschlag
wie das Duell im Introitus der Mozartschen Oper, aber keine Strafverfolgung heftet sich, wie bei da Ponte, an die Fersen des frivolen
Vollenders der Josephinischen Klosteraufhebung. Denn die orgiastisch gesprengte Zellenwelt ist kein wirklicher Gegner mehr; so
kann ihre Vernichtung folgenlos bleiben.

Hier wie andernorts geht Don Juan als Flaneur durch das Stück;
seine Taten machen ihm so wenig Mühe als die Folgen Ungelegenheiten. Lenau bringt die episodische Verfassung, in deren Zeichen der
Stoff bei Tirso angetreten war, um sich fortan – und schon bei dieser

ersten dramatischen Erscheinung – in immer neu auszuwiegender
Schwebe zwischen episch reihender und dramatisch verklammern-
der Anlage, zwischen Abenteuerroman und Vatermordtragödie zu
finden, zu voller Herrschaft, dennoch schreibt er ein Drama; es ist
nur keines der alten, agonal bestimmten Konfliktbildung mehr.
Diese war an die gesellschaftliche Bedeutung der Hauptfigur und
der wider sie aufstehenden Kräfte gebunden gewesen; beides stellt
sich für Lenau, den aristokratischen Opponenten einer repressiv
verbürgerlichten Gesellschaft, nicht mehr her. Sein Don-Juan-Stück
ist ein frühes Beispiel dafür, wie das ödipale Konfliktmodell in der
bürgerlichen Welt mit seiner gesellschaftlichen Signifikanz die dramatische Prägekraft einbüßt. Lenau eliminiert die Väter aus der al-

Rudolf Lohbauer (1802–1873):
Leporello lädt die Statue des Komturs zum Abendessen.
Illustration zu Mozarts »Don Giovanni«.
Blatt 12 einer Folge von fünfzehn lithographischen Umrißzeichnungen,
Stuttgart 1828.

ten Geschichte, die schon auf dem Weg von Tirso zu da Ponte an Zahl verloren hatten, und setzt ohnmächtige Bruderfiguren an ihre Stelle: am Anfang, als Don Juan sich der Vorhaltungen seines Bruders Diego erwehrt; inmitten, als der Bräutigam, nicht der Vater des nächtlich beschlichenen Mädchens ihn zum Duell fordert; und zuletzt, als statt des nächtlich herausgeforderten Komturs dessen Sohn erscheint. Nicht mehr an frauenverweigernder Vatermacht – einzig an sich selbst geht dieser Held zugrunde; in der scheinbaren dramatischen Schwäche liegt die substantielle Modernität des Textes.

Dieser Don Juan ist, mehr als an den wechselnden Schauplätzen der Verführung, im Walde zu Haus, »des Walds glücksel'ger Lump bei Tag und Nacht«. Er ist selbst eine Verkörperung der allzeugenden Natur und empfindet den Verfall seiner Rolle in jener bürgerlichen Welt, die seine Erscheinung unsichtbar – das Stück spielt in einem historisch ungeorteten Raum –, aber fühlbar umsteht. Die Todgeweihtheit, die ihn umflort, macht einen Teil seiner Wirkung aus:

> Daß um dich Schönen weht ein Todesgrauen
> Macht dich vielleicht gefährlicher den Frauen

meint auf dem Maskenball eine Dame zu ihm – eine von vier, die ihm im Verlauf des Stückes verfallen. Es ist keine Bäuerin mehr darunter; das Ausspielen sozialer Überlegenheit entfällt und damit ein Grundzug der authentischen Figur – Lenaus Don Juan bleibt in seinen Kreisen.

Tirsos Isabella-Geschichte, die, auf dem Weg über Bertati, die Anna-Geschichte da Pontes geworden war, steht bei Lenau, als Verführungsszene offen ausgeführt, in der Peripetie der Handlung. Im Walde, wo Don Juan mit der Losung: »Es lebe die Wollust! laß den Hahn am Leben!«, einen balzend-wehrlosen Auerhahn vor den Nachstellungen des Jägers schützt, trifft er den Bräutigam, nunmehr Gatten der leidenschaftlich Getäuschten und bereitet ihm den Duelltod. Folgenlos bleibt auch diese Begebenheit, statt des nächtlich zu Tisch geladenen Standbilds aber erscheint dessen lebendiger Sohn und führt ein Gespenst eher humoristischer Art im Schlepptau: Don Juans Kinder, die an der Hand von vier Müttern auf den Plan treten. Die Diener-Liste, hier erstmals erscheinend, offenbart einen völlig vernünftigen, nämlich testamentarischen Sinn – alle Frauen, alle Kinder sind mit Vermächtnissen bedacht worden:

> Für jeden Namen, den die Liste nennt,
> Steht ein Legat in diesem Testament.

Das Komische, das sich der rationalistischen Aufhebung des Kanons verbindet, geht Hand in Hand mit dem Apologetischen: zwei der verlassenen Mütter verlieben sich sogleich aufs neue in den Ungetreuen. Auch der Schluß feiert den Helden, kein Stärkerer bezwingt ihn – nur Don Juan kann Don Juan fällen. In dem Duell, das das Ende macht, stürzt er sich in den Degen eines Gegners, dessen Fechtunfähigkeit er zuvor bloßgestellt hat:

> Mein Todfeind ist in meine Hand gegeben;
> Doch dies auch langweilt, wie das ganze Leben.

Lenau, ein Romantiker der zweiten, postrevolutionären Generation, vollendet jene Säkularisierung der Figur, wie sie zu seiner Zeit schon Goldoni betrieben hatte; sie ist das Symptom ihres gesellschaftlichen Niedergangs. Es ist deutlich: ein Don Juan, der keinen Komtur mehr vom Sockel lockt und sein Leben aus Ermattung und Überdruß aufgibt, ist keine eingreifende Gestalt mehr. Während Hoffmann, mit Mozarts Oper (und seiner eigenen Liebesgeschichte) befaßt, deren Helden durch Romantisierung und Psychologisierung zugleich erhöht und entwurzelt hatte, hat Lenau es mit der Figur selber, als dem Inbegriff aller ihrer Vorerscheinungen, zu tun. Er trägt sie mit einer Romantik zu Grabe, die verkappter Rationalismus ist und von hier aus ihre humoristische Färbung empfängt; sie spielt auf andere Weise in dem melodischen Reimzwang der Verse. Don Juans Kraft ist gebrochen, in der bürgerlichen Erwerbswelt, die den kreatürlichen Menschen mit einer dichten Decke der Heuchelei umspinnt, steht dieser Held von vornherein auf verlorenem Posten; der Wald ist Ort und Chiffre für diese Situation. Wie seine soziale Basis auch ganz empirisch schwindet, hat Joseph v. Eichendorff beschrieben: die Trianons der aristokratischen Lebens- und Liebesfeuerwerker verwandeln sich durch die Übermacht der »von ihnen höchst verachteten Geldaristokratie« in – Fabriken.

Auf andere Weise zeigt, fünfzehn Jahre vor Lenau, Christian Dietrich Grabbe Don Juan als eine erliegende, eine zurücktretende Figur. Seine Tragödie treibt den Zitat-Charakter dieses Helden, der nicht mehr aus sich selbst, sondern nur noch aus seiner Kunst-Geschichte lebt, auf die Spitze, indem sie ihm Faust, den anders maßlosen

Mann, gegenüberstellt; die dramatischen Zwillingsgeburten einer verwichenen Zeitenwende, Marlowes und Tirsos dauerhafte Helden, treffen in *einem* Stück aufeinander. Das ist eine manieristische Konzeption – sie entgegnet jener gleichfalls zwillinghaften Wiederberu-

Adolph Menzel (1815–1905): Don Juan flieht vor Donna Anna.
Illustration zu der ersten Szene von Mozarts »Don Giovanni« für die Zeitschrift »Argo«.
Lithographie, Berlin 1859.

fung der Gestalten in deutscher Sprache, deutscher Musik, die nun vierzig Jahre zurückliegt. Während Grabbe in Detmold *sein* Faust-Stück schreibt, arbeitet Goethe, in einer wiederum vorrevolutionären Situation, an der Vollendung des Stückes, das er 1790 als Fragment (und 1808 als Ersten Teil) an die Öffentlichkeit gegeben hatte, und zieht die Sphären dabei auf seine Weise zusammen. »Mozart«, sagt er am 12. Februar 1829 zu Eckermann, »hätte den ›Faust‹ komponieren müssen«. Aber wie? »Im Charakter des ›Don Juan‹«.

Grabbes Helden, der spanische Grande und der Magus aus Norddeutschland, hausen beide zur Lutherzeit in Rom, und beide kämpfen – der eine mit Mitteln der Verführung, der andere mit denen der Bemächtigung – um *eine* Frau, Donna Anna. Zweimal erweist sich der Mann der Naturbeherrschung, der nicht die humanisierte Gestalt Goethes, sondern der Faust Marlowes, ein von Machtwahn umgetriebener Erd- und Himmelsstürmer, ist, als der Stärkere: einmal, als er in Gegenwart Juans, der gerade den Don Ottavio erstochen hat, Anna nach seinem Zauberschloß, »auf des Montblancs Alpenhorn«, entführt, das zweite Mal, als er mit Geistermacht Juans Anstieg zu seinem Eispalast abwehrt und den Angreifer nach Rom entrückt. Don Juan – es ist die Inversion seiner alten Rolle – ist vor dem Nebenbuhler die physisch unterliegende und die seelisch obsiegende Figur, bei Anna nämlich, die sein Bild im Herzen trägt und Fausts herrischer Willkür widersteht. Vor dieser Schranke seines kosmisch-ungeschlachten Machtwahns verzweifelnd, tötet der Magier – per Fernwirkung – zuerst seine in Wittenberg, der Lutherstadt, verbliebene Frau, nachmals Anna, zuletzt sich selbst; er gibt sich vorzeitig seinem Begleitteufel preis, den er vorher ausgiebig hat schinden lassen. Dem Juan aber erscheint der steinerne Komtur (das Stück bekräftigt den Zitatcharakter seiner Figuren, indem es den Kanon vollständig erfüllt), um ihn durch den Reueappell vor eben diesem Teufel zu bewahren. Umsonst – Juan verweigert sich; nach Faust holt auch ihn der Teufel. Der Magier endet metaphysisch trotzend, er gedenkt »von Ewigkeit zu Ewigkeit« mit dem Schwarzen Ritter zu ringen. Don Juan endet soldatisch: »König und Ruhm, und Vaterland und Liebe!« ist sein finales Losungswort. Leporello aber kommt in den aufschlagenden Flammen um; wo die Herren scheitern, haben, bei Grabbe, Diener nicht zu überleben.

Don Juan als die zurückstehende, Faust als die aufkommende Figur des bürgerlichen Jahrhunderts, jener als die psychisch, dieser als

Max Slevogt (1868–1932):
Der Komtur packt Don Giovanni bei der Hand.
Illustration zu Mozarts »Don Giovanni«. Federzeichnung
zu einer Folge von Holzstichen, 1921.

die physisch überlegene Figur – mit kraftmeierischer, oft hohltönender Diktion, aber sicherem geschichtlichen Gefühl bildet der Autor das Doppelzeichen einer Zeit, in der sinnlich-konkrete Naturerfahrung vor jener Magie zurücktritt, die aus abstrakter Naturergründung kommt. Grabbes Stück ist mit dem Schwächeren, der der soviel Subjektfestere ist; sein Faust, ein patriotisch-philosophisch rodomontierender Sadist, dem Allbeherrschung und Selbstzerstörung gleich nahe liegen, ist eine Figur mit deutlich präfaschistischen Zügen. Dies nicht nur in kritisch bezeichnendem Sinn; auch des Autors *habituelle* Großsprecherei, seine eigene Lust an der Phrase hat daran Anteil. Sie ist gewaltsames Sich-Abheben von der lyrisch-dichten, hochintensiven Sprachgestalt jenes andern Faust, der, um soviel älter, nun seinen Weg vollendet.

Prinzip Widerstand

Erst, da die Figur objektiv am Ende ist (und darum zur Apotheose tauglich), tritt Don Juan in das deutsche Drama, die deutsche Literatur ein. Grabbe leistet Niedergang und Erhebung seines Helden mit konfrontativ-gewalttätigen, Lenau mit lyrisch entspannten Mitteln; in des Detmolders cholerischer Tragödie ringen aufgedonnerte Schemen miteinander, Lenau imprägniert Don Juans Rückzug aus der Wirklichkeit mit melancholischer Komik – durch Fabel wie Sprachform bekunden die Dichter der nachrevolutionären Generation die dramatische Erschöpfung der alten Figur. Gibt ihr das Epos neuen Raum? Schillers erste Ballade soll von Don Juan handeln; der Dichter leiht sich dazu im Mai 1797 von Goethe den Text der Mozartschen Oper aus. Im besten Zug schreibt er die Eingangsstrophen – jambisch-vierfüßige Stanzen, die im sechsten Vers in daktylischen Galopp fallen:

> Herr, diese Mauren geht vorbei,
> Steht doch die ganze Welt Euch frei!
> Habt Scheu vor diesem Boden!
> Des Kommandeurs Gebein hier ruht,
> Den Ihr vorm Jahr im Übermut
> Gesendet habt zu den Toten.
> In Stein gehauen steht er dort;
> O Herr, vermeidet diesen Ort.

Siehst du die Dirne schlank und leicht,
Die flüchtig dort vorüberstreicht?
Schweig von dem alten Gecken!
Ich hab ihn ritterlich besiegt,
Hier wo mein Feind begraben liegt,
Soll mir das Leben erst schmecken.
Don Juan sprachs, und sprengte vor,
Ritt lustig in Palermos Tor.

Fünf Strophenfragmente folgen fünf fertigen Strophen, dann läßt
der Autor den Plan fallen und schreibt statt dessen die tiefgründige
Geschichte von dem tödlich verlockten Brautwerber: »Der Tau-
cher«. Don Juan rundet sich, acht Jahre nach der Pariser Revolution,
nicht mehr zum Gedicht.

Auch Byron bringt sein zwischen 1818 und 1823 geschriebenes
Versepos, das etappenweise – und anonym – in Druck geht und sogleich Sensation macht, nicht zu Ende. Wie Schiller legt er die Stan-
zenstrophe zugrunde; er traktiert sie mit einer ironischen Eleganz,
einem überlegenen Leichtsinn, in dem sich die Epoche, randvoll von
politischer Enttäuschung wie sie ist, wiedererkennt. Das Werk ist
Welt- und Gesellschaftsschilderung anhand eines Helden, der sich
als wahrhaft undramatischer erweist – mehr Anlaß der Begebenheiten (und ihrer Schilderung) als ihre wirkende Ursache. Deutlich vertritt er den Autor, was diesen nicht hindert, reflektierend auch selbst
in sein Gedicht einzutreten; souverän bestimmt er im 15. Gesang
dessen Haltung*:

Ich glaube nicht, daß viel Geschick sich zeigt
In dieser flüchtig losen Art zu singen;
Doch hilft der freie, leichte Ton vielleicht
Dir eine Stunde hie und da verbringen.
Eins ist gewiß: nichts knechtisch Niedres schleicht
In diesen losen Ton sich, der erklingen
Nur stets das Nächste läßt, ob alt, ob neu,
Ganz improvisatorisch frank und frei.

Aber stimmt es denn mit dem Fragmentcharakter der sechzehn
Gesänge und 15720 Verse? (Goethes »Faust«, der sich die Gestalt
des Briten euphorisch einbeschreibt, kommt auf 12111 Verse.) Byrons letzter Canto zeigt den auf orientalisch-russischen Wegen end-

lich nach England gelangten Helden mit allerlei Lordschaften als
Gast eines Landlords, in dessen Schloß ein Gespenst umgeht, der
Schwarze Mönch. Seit das Besitztum im Zeitalter der Reformation
auf königliches Geheiß der Kirche entrissen wurde, treibt es dort
spukend sein Unwesen und erscheint, ein verwandelter Komtur, Don
Juan eines Nachts wortlos wandelnd in der Ahnengalerie des Schlosses. Merklich verstört vernimmt dieser anderntags aus dem Mund
von Lady Adeline die Erzählung von der Herkunft der Erscheinung;
in der folgenden Nacht erwartet er, schon entkleidet, den Gespen-
stergast aufs neue und versucht ihn diesmal zu stellen. Vergebens,
sein Arm greift ins Leere – da streckt er

> Den andern Arm aus – Wunder über Wunder!
> Er traf auf eine weiche, warme Brust,
> Bewegt, als ob ein warmes Herz darunter.

Die Kutte, berichtet die letzte von 1965 Strophen:

> Die Kutte fiel zurück und – wie erzähle
> Ich dies? – verriet in voller Lebensglut
> Die üppige Gestalt – soll ich's verraten? –
> Der Herzogin Fitz Fulke von Jocus' Gnaden.

Aurora, die schöne Gattin des gichtgeplagten Herzogs von Fitz
Fulke, hat die Maske des Gespenstes gewählt, um Don Juan zu verwirren und – zu gewinnen.

Hier steht, eine Generation nach Mozart und da Ponte, alles kopf,
was die Figur und ihre Geschichte jemals hergaben. Nicht Don Juan
stellt den Frauen – die Frauen stellen Don Juan nach und wählen
dazu die Erscheinung des nächtlichen Rächers, der sich als spuken-
des Überbleibsel aus jener lang zurückliegenden Zeit erweist, da die
Macht des Königs die der Geistlichkeit zerbrach. Die Don-Juan-Fi-
gur zeigt sich in dem epochemachenden Werk in den Sog einer Auflösung gerissen, die alle Werte und Überlieferungen ergriffen hat; die
ironische Vernichtung des Komtur-Kanons ist dem ein unwiderrufli-
ches Zeichen. Ehe der Autor es setzt, das scheinbar abbrechende
Werk auf einen Punkt bringend, der künstlerisch nicht mehr zu
überbieten ist (nach dem Komtur kann es mit Don Juan nicht mehr
weitergehen, und wenn es ein falscher Komtur war, ist es erst recht
mit ihm zu Ende), tritt er mit einem Selbstbekenntnis hervor, das

sich an der über alle Grenzen gehenden Gestalt des Werkes selbst
entzündet:

> Ich dachte abzutun mit kurzem Worte
> Dies Epos, doch wer weiß, wohin zuletzt
> Es irrt; wollt ich der Rezensentenhorde
> Und Zwingherrn schmeicheln, wär es hübsch gesetzt
> Und kürzer, bünd'ger wären Stil und Ton –
> Doch ich bin durch und durch Opposition.

> Stets auf der schwächern Seite muß ich stehen,
> So daß ich glaube, wenn gestürzt erst wären,
> Die jetzt in ihrem vollen Stolz sich blähen,
> Und endlich Hunde dann nicht mehr in Ehren:
> Ich würde zwar den Sturz erst lachend sehen,
> Dann aber mich zur andren Seite kehren
> Voll Eifer wiederum als Royalist,
> *Weil jede Übermacht verhaßt mir ist.*

Das ist das Prinzip Widerstand; es kommt nicht aus Negationslust,
sondern aus Freiheitsbedürfnis und Gerechtigkeitssinn:

> Denn kochen macht's mein Blut gleich Lavabächen,
> Wenn Herrscher schurkisch die Gesetze brechen.

Byrons liebestouristisch durch die gegenwärtige Welt tändelnder
und nun von dem pikant sich aus der Geisterkutte schälenden Frau-
enleib bezwungener Held ist ästhetisch am Ende, der Autor aber, der
mit dem Prinzip Widerstand sein Grundverhältnis zu der gesellschaftlichen Welt fast wie ein Vermächtnis in das Gedicht einschreibt, bricht in die Wirklichkeit aus und bezahlt es, bald nach der
Vollendung des sechzehnten Cantos, mit dem Leben – Missolunghi
als die Thermopylen eines Don Juan, der den Frauen entsagte, um
der hellenischen Freiheit aufzuhelfen.

Von Byron geht der Königsweg zu Heine, der, wie auf andere Weise
Lenau, Haltung und Tonfall des Briten ins Deutsche überträgt (und
eine Don-Juan-Variante nicht schreibt, aber lebt, mit der Matratzen-
gruft als der Grabkammer, in der der Frauenheld, von der übermächtigen Gewalt am Arm gepackt, jahrelang im Widerstand aus-
hält); von Goethe führt er zu Mörike, der kein biedermeierlicher
Kleinmeister, sondern ein Großmeister in beschränkter äußerer

Lage ist. 1856 wendet er sich aus solennem Anlaß – es gilt ein Jahr-
hundertgedenken – dem Mozart des »Don Giovanni« zu, und es geht
ihm umgekehrt wie vormals seinem Landsmann Schiller: nur das
Ende des Helden findet ihn dichterisch auf dem Posten. Von dem im
Koffer des Reisenden ruhenden Werk bringt seine Novelle einzig die
beiden finalen Komturerscheinungen zur Sprache; der Held der
Oper, zu der die Fahrt geht, erscheint in der ganzen großen Erzählung mit einer einzigen Passage: »Und wenn nun Don Juan, im ungeheuren Eigenwillen den ewigen Ordnungen trotzend, unter dem
wachsenden Andrang der höllischen Mächte, ratlos ringt, sich
sträubt und windet, und endlich untergeht, noch mit dem vollen
Ausdruck der Erhabenheit in jeder Gebärde – wem zitterten nicht
Herz und Nieren vor Lust und Angst zugleich? Es ist ein Gefühl,
ähnlich dem, womit man das prächtige Schauspiel einer unbändi-
gen Naturkraft, den Brand eines herrlichen Schiffes anstaunt. Wir
nehmen wider Willen gleichsam Partei für diese blinde Größe und
teilen knirschend ihren Schmerz im reißenden Verlauf ihrer Selbstvernichtung.«

Eduard Mörike: Mozarts Kutsche. Zeichnung, vermutlich 1853.

Fortgang, Übergang

Als verwandelte nur ist die Figur behauptbar. Abgewandelt in den Grenzen ihres eigenen Umrisses, wird sie als hinfällige kenntlich; umgewandelt von Grund auf, wachsen ihr neue Kräfte zu. Ein Franzose, Prosper Mérimée, wird der alten Gestalt gerecht, indem er eine neue schafft – einen neuen Don Juan, einen neuen Komtur; sie sind ganz anders als die hergebrachten Gestalten und nehmen es deshalb mit ihnen auf. Den lieblosen Bräutigam ereilt mit kalt erdrückender Umarmung die bronzene Venus – es ist die zeitgemäße Umbildung der alten Geschichte; wie der Komtur einst zum Schutz der Einehe wirft hier die Göttin der Liebe zum Schutz vor dieser sich auf. »Die Venus von Ille« heißt die Erzählung; eine andere, »Les âmes du purgatoire« (*Don Juan im Fegefeuer*), handelt von dem andern Don Juan, nicht dem Tenorio, sondern dem Maraña, der sich, angesichts seiner eigenen Beerdigung, von seinen Sünden bekehrt und aus dem Töchter, Gattinnen, Nonnen ans Messer der Verführung liefernden Unhold zum frommen Manne wird, ein Büßer und Krankenhausstifter. Es ist dieser historisch ortbare, der Gegen-Don-Juan (er hieß Miguel Mañara Vincentelo de Leca und lebte von 1627 bis 1679), den der Papst 1985 seligspricht; in Sevillas Barmherzigkeitskirche ist sein Grab zu sehen.

In vielfacher Abwandlung wird er im 19. Jahrhundert zur Figur der Don-Juan-Zurücknahme.* Auch und besonders in Spanien, wo der »Don Juan Tenorio« des José Zorrilla y Moral, 1844 uraufgeführt, die Nachfolge von Zamoras altem Allerseelen-»Convidado« antritt. Was dort im Schlußvers anklang: die Möglichkeit von Don Juans Bekehrung, wird nun mit Fleiß ausgebaut; an dem Mädchen Inés, der aus dem Kloster entführten Novizin, wird der Held vom sexuellen Beutemacher zum Liebenden, dem schließlich Rettung nach Maß und Muster des »Faust«-Finales widerfährt: himmlische Annahme kraft der Fürbitte des Opfers. Zuvor hat Don Juan den Mahnungen des Versteinten nicht unbegrenzt getrotzt – der romantische Zeitgeist, bei der am allgemeinen Profitwesen nicht teilhabenden Frau Erlösung von den Übeln des Hochkapitalismus suchend, schmilzt die Kontur des unerträglichen Helden geflissentlich auf. Richard Wagner, der genaue Kenner von Mozarts Oper, entgeht dieser Gefahr, indem er ihn umbenennt; in zweierlei Gestalt, als düsterer

Seemann und als fahrender Sänger, findet Don Juan bei ihm jene Erlösung, die ihm Zamora unter dem Namen des Burlador anträgt.

Mérimée, der der Zurücknahme mit dem ungleich stärkeren Wen-
demotiv des mortalen Dejà-vu novellistisch vorarbeitete, entrinnt
ihr nicht nur in der »Venus von Ille«. Der Komtur ist eine Frau und
schützt eine andere Frau vor dem ruchlosen Deflorator, der der stu-
pide Monogamist, der besitzergreifende Bourgeois ist – mit Recht
hielt der Generalinspekteur der historischen Bauwerke (Mérimée
war Frankreichs oberster Denkmalpfleger) die kurze Geschichte für
eine seiner bedeutendsten. Zehn Jahre später, am Ende der Bürger-
königszeit, wird auch Don Juan, nicht der bekehrte, also aufgege-
bene, sondern der echte, bei Mérimée eine Frau. Sie stammt nicht
aus der Crème, sondern aus dem Abhub der Gesellschaft, Proletarierin *und* Zigeunerin, ein Paria nach allen Seiten und eben darum
die Hüterin, die Entfeßlerin jener Naturkraft, zu deren Dämpfung,
Einengung, Leugnung sich eine ganze Gesellschaft verschworen
hat. Carmens Selbstbewußtsein ist Autonomie des Eros, die Freiheit
des Sinnlichen, und sie verteidigt sie so unbedingt und todesmutig,
todestrotzig wie ihr feudaler Landsmann und Vorfahr; es bekommt
beiden schlecht. Was an Don Juan das Nicht-Ausbeuterische, das
Kreatürlich-Freisetzende, Vital-Durchdrungene ist, zeigt sich in der
zwiefach proletarischen Figur bewahrt und verwandelt; es wächst
aus leichten Anfängen zu der gleichen Gewalt der Selbstbehauptung
auf. »Du willst mich töten«, sagt Carmen und gibt sich dem Dolch
preis, »aber zum Nachgeben bringst du mich nicht.« Der Stoß, der
sie fällt, kommt von einem Rächer, der keine Vollmacht aus der
Höhe, keine Vollstreckungsgehilfen aus der Tiefe mehr mit sich
führt; er ist in seiner eigenen Niederlage befangen.

Carmen ist die Figur, die das bürgerliche Jahrhundert Don Juan
gegenüberstellt – eine Gestalt, von der eine ebenso starke Bedrohung des gesellschaftlichen Gleichgewichts ausgeht wie einstmals
von der des anarchisch frondierenden Adelsmannes. Die Bedrohung
der bürgerlichen Welt kommt, seit die Könige gestürzt sind, nicht
mehr von den Höhen, sondern aus der Tiefe der Gesellschaft, von
dem plebejischen, nicht mehr dem aristokratischen Selbstbewußtsein. Es sind Halévy und Meilhac, Offenbachs erprobte, nun für Bi-
zet tätige Librettisten, die die Figur der Frau, die Freiheit lebt, aus
der Befangenheit einer »Schilderung aus dem Zigeunerleben«, des
Streifblicks in ein exotisches, von dem Novellisten selbst verachtetes

Randgruppenmilieu lösen und ins Große, Gleichnishafte heben, in
dem das Gegenüber von edlem Räuber und verstörter Bürgerwelt zu
Schicksalshöhe aufwächst. Auch aus »Carmen«, schneller als einst
aus »Don Juan«, wird, im Wechselspiel von Nummer und Dialog,
eine Oper, leichthändig-einschlagend, mit früh gegenwärtigem
Schicksalsmotiv – dramma giocoso, das ins Unbedingte geht, zu der
Kardinalfrage: Freiheit oder Tod, bei der es so sehr darauf ankommt,
welche Freiheit gemeint ist. Doch auch Don Juans Ausbeuterseite
findet im 19. Jahrhundert eine Nachfolge und wird in ihr kenntlich.
In dem hybriden Junker steckte, so zeigt sich, schon der entfesselte
Kleinbürger; Nietzsche, der auf dem Papier sich auslebende Denker,
läßt ihn in fiebernden Ekstasen von der Leine der Vernunft, der Moral, als den Übermenschen, dem Menschen- wie Todesverachtung
wie eine Pflicht, als der neue kategorische Imperativ, auferlegt ist.
Don Juan als ein Totenkopfhusar, der noch, als alle Zeichen auf Verlust stehen, sein Spiel weiterspielt, mit der Hybris dessen, der sich
von Anfang an von der Geschichte gerichtet weiß – zuletzt zieht er
eine schwarze Uniform an und überzieht Europa mit der Lust am
Tode, die seine einzige geblieben ist.

So gibt die Figur auch jenseits ihrer Sphäre Bedeutungen preis,
die in ihr liegen. Und in neuester Zeit? An Frauenhelden fehlt es ihr
so wenig wie je einer früheren; schon Brecht bemerkte, Molières
»Don Juan« probierend, daß die Verführer nicht ausgehen. Dem
Zwanzigjährigen war – im Anschluß an Shadwell, nicht an Molière
– sein eigenes Theaterwerk donjuanhaft aufgegangen, eine Lage
vorstellend, in der es noch den melancholisch-ruchlosen Verführer,
aber keine Komture mehr gibt, die ihm, lebend und im Stein, Paroli
bieten. Die paternale Welt, gegen die Don Juan, alle Frauen allen Vätern raubend, sich versündigt hatte, hat in »Baal« keine Macht mehr
über ihren Widersacher, der selbst – hier lag das Groteskmoment der
Lenauschen Variante – niemals Vater wird. Baals lustvoll-trübselige
Menschenvertilgung geht ins Leere; statt daß Donner und Blitz ihn
verschlingen, deckt der Regen ihn zu. Die paternalen Kollisionen haben in der neuen, vollendet arbeitsteiligen Gesellschaft ihre reprä-
sentative Kraft verloren, der neue Übervater ist das Kollektiv; wer
gegen ihn anarchisch-selbstsüchtig das Lustprinzip verteidigt, wird
anders eingeholt als Don Giovanni vom Weißen Mann. Brechts Galilei gibt ein Beispiel – er muß widerrufen, und er widerruft; die neuen
Mächte, die neuen Strukturen sind unentrinnbarer als der Komtur:

sie greifen, so zeigt sich, ins Innere. Daß davon die große Bombe kommt, ist Brechts unabweisliche Empfindung. Eine Welt, in der Freiheit oder Tod, die große Alternative, nicht mehr greift, zeigt sich als gründlich bedrohte.

Die Verführer gehen nicht aus, aber den herrischen Junker gibt es weniger denn je; anders privilegierte Gestalten, vorweg die Matadore der Massenunterhaltung, stehen für ihn ein. Abstürze gibt es auch hier, aber sie sind ohne Symbolkraft; die hier erliegen, sind Ausgelaugte – das Opfer von Mächten, denen sie nie ebenbürtig gegenübertraten. Liegt es daran, daß die Gespenster so rar geworden sind? Es reicht, wenn denn nächtens einmal eins gegen die Schloßtür drückt, zu nicht mehr als dem Satz: »Sie können das Haus billig haben, Doktor!« Rar geworden vor allem sind die Mädchen, die um ihre Jungfernschaft beben und mit List und Tücke, Verrat und falschen Schwüren um das kostbare Gut, dessen man doch gern ledig wäre, gebracht sein wollen. Wo die Gräben zugeschüttet, die Festungstore geöffnet, die Zugbrücken aufgelassen sind, verliert der Belagerer Spielraum und Sinn; Don Juan wird zum Konformisten, also belanglos. Seine beiden Spielarten, die Perle um Perle auf die Schnur der erotischen Buchhaltung reihende ebenso wie die haremsbildende Shadwells und Angiolinis, sind in der Welt der freien Märkte mit empirischer Prägnanz anzutreffen – ob sie den Namen des Fußballstars tragen, der sich ernsthaft berühmt, Stücker viertausend im Register zu haben, oder den des Aktionskünstlers, der an entlegener spanischer Küste seine Haremskommune gründet, mit ius primae noctis und computergeregelter Promiskuität. Es gibt sie, aber damit hat es sich schon. Ihre Erscheinung, in einem widerstandslosen Raum, erschöpft sich im Anekdotischen einer Zeitungsnotiz; kein Bild löst sich von ihnen ab, das zum Symbol geränne. So steht am Ende nicht der Geisterruf aus dem Reich des Unbedingten, sondern allenfalls ein Strafantrag wegen Verführung Minderjähriger.

Nicht in den Figurationen der Empirie noch in denen literarischer Metamorphose, und sei es, wie in einem neueren Roman, der eines Werthers, der sich, als die Angebetete heiratet, nicht erschießt, sondern aufs Warten verlegt und es in fünfzigjährigem Harren auf »etwa fünfundzwanzig Hefte mit sechshundertzweiundzwanzig Eintragungen über dauerhaftere Liebschaften« bringt, »die unzähligen flüchtigen Abenteuer ausgenommen«*, sondern in seinem ursprünglichen Sinn bleibt Don Juan eine betreffende Gestalt. Dieser Sinn meint ein Zugleich von Natur und Widernatur. Don Juan ist, von Anfang an, das Naturwesen, das sich nicht in die organisierte Gesellschaft fügen will, und er ist, ebenfalls von Anfang an, der Ausbeuter, der auf Kosten anderer seine Bedürfnisse stillt. Zuletzt wird ihm, von unerwarteter Instanz, die Rechnung präsentiert, und sie ist hoch: ein feuriger Bankerott. Das Problem steht auch heute, aber es läßt sich nicht mehr klassenmäßig formulieren. Die Gesellschaft als Ganzes, Arbeiter wie Fabrikherrn, Angestellte und Bauern, Leiter und Geleitete, lebt auf Kosten jener großen Ausgebeuteten, die nie gefragt, sondern immer nur überrumpelt wird: der Natur. Wer wird ihre Rechnung präsentieren?

ANHANG

LORENZO DA PONTE
DON GIOVANNI

Deutsch von Cesarina Drescher
und Friedrich Dieckmann

Zur Übersetzung

Die nachstehende Prosaübersetzung, die auf einer Interlinearüber-
setzung von Cesarina Drescher beruht und sich unabhängig von
Versmaß, Reim, Sanglichkeit des italienischen Originals hält, legt da
Pontes Text in der Fassung zugrunde, die der vierte Band der Reihe
»Mozarts italienische Texte«, herausgegeben im Bärenreiter-Verlag
(Kassel etc. 1977) von der Internationalen Stiftung Mozarteum
Salzburg, vorgelegt hat. »Dieses Textbuch«, schreibt Wolfang Rehm
in einem Vorwort, »folgt der im Rahmen der Neuen Mozart-Ausgabe
von Wolfgang Plath und Wolfgang Rehm besorgten Edition des ›Don
Giovanni‹ (NMA II/5/17; Kassel etc. 1968; BA 4550). In ihrem
Hauptteil bringt diese Ausgabe die Oper in der Fassung, wie sie für
das Gräflich Nostitzsche National-Theater zu Prag komponiert und
dort am 29. Oktober 1787 uraufgeführt worden ist. Die für die Wiener Aufführungen 1788 vorgenommenen Änderungen und Zusätze
werden nicht in diesen Hauptteil integriert, sondern in den Anhang
verwiesen, denn streng genommen gibt es nur eine einzige Fassung
des ›Don Giovanni‹, die unbedingten Anspruch auf Authentizität erheben darf: Das ist die Oper, wie sie für Prag komponiert und dort
1787 mit beispiellosem Erfolg aufgeführt worden war. Zugleich ist
dies auch die einzige Fassung, die sich genau definieren läßt.«
    Immerhin ist die Wiener Fassung von 1788, die ebenso authen-
tisch (autorisiert) ist wie die in Prag aufgeführte, nach Plath und
Rehm so genau definiert, daß man weiß, an welcher Stelle die für die
Arien Nr. 20 und 21 eingeschobenen Nummern KV 540a–c mit den
zugehörigen Rezitativen plaziert waren (s. Seite 483–488). Man
weiß ferner, daß die in da Pontes Wiener Textbuch (1788) zweifellos

mit Mozarts Zustimmung vollzogene Streichung der Scena ultima
von Mozart in der Partitur zunächst realisiert, dann durch Streichung wieder aufgehoben wurde. Nichtauthentisch und unautori-
siert ist lediglich das eingebürgerte Mixtum aus Prager und Wiener
Fassung.

Leider versäumt die auf Mozarts autographem Partiturtext beru-
hende Textbuch-Ausgabe von 1977, zu der eine Übersetzung von
Walther Dürr gehört, ihren eigenen italienischen Text zu definieren,
der sich von der Versschreibung her ganz anders – nämlich nach der
Vorlage der Libretto-Drucke – darstellt als der einer Partitur einbe-
schriebene Kompositionstext. (Das führt etwa dazu, daß das von
Mozart komponierend eingefügte sechsfache »No« in Leporellos In-
troduktionsarie in dem Bärenreiter-Textbuch – also auch in der hier
vorgelegten Übersetzung – entfällt.) Eine kritische Libretto-Edition
hätte gerade aus dem von Rehm mit Recht festgestellten Primat der
Prager Uraufführung das diese begleitende Textbuch da Pontes
(Prag 1787) zugrunde zu legen und die Abweichungen des Textes
der Mozartschen Partitur (sie wird in Paris aufbewahrt) und der beiden andern Libretto-Ausgaben da Pontes (Wien 1787 und Wien
1788) von Fall zu Fall aufzuweisen. Eine solche Arbeit würde allerdings bald die Dimensionen jenes Kritischen Berichts zu der Partiturausgabe von Plath und Rehm erreichen, mit dem die Neue Mozart-Ausgabe seit zwanzig Jahren hinterm Berge hält. Auch die auf
das Bärenreiter-Textbuch von 1977 folgenden italienisch-deutschen
Textausgaben des Rowohlt-Verlags (Reinbek 1981, ed. Attila Csam-
pai und Dietmar Holland, »neue wörtliche deutsche Übersetzung
von Karl Dietrich Gräwe«), des Stuttgarter Reclam-Verlags (Übersetzung von Thomas Flasch, Nachwort von Stefan Kunze) und des
Insel-Verlags (insel taschenbuch 1009, Frankfurt am Main 1989, ed.
Horst Günther, Versübersetzung von Hermann Levi) haben den italienischen Text des Bärenreiter-Textbuchs, der den autographen Partiturtext in der Druckanordnung der Original-Libretti vorlegt, kom-
mentarlos übernommen. Wesentlich ausführlicher gibt die zweispra-
chige Ausgabe der Edition Peters (Leipzig 1981, »deutsche Übersetzung von Georg Schünemann« nach Hermann Levi, Nachwort von
Wolfang Langner) den italienischen Partiturtext wieder.

Eingeklammerte Sätze in dem nachstehenden Text bedeuten beiseite Gesungenes; auch die Libretto-Drucke da Pontes benutzen –
außer der Wendung »a parte« (für sich) – diese Kennzeichnung. Wo

der Prager Libretto-Druck mit »a 2« oder »a 3« gleichzeitiges Singen bezeichnet, ist hier bei stärkeren Textabweichungen in eckigen
Klammern »zugleich« gesetzt.

DER BESTRAFTE WÜSTLING
oder
DON GIOVANNI

HEITERES DRAMA IN ZWEI AKTEN

PERSONEN

DON GIOVANNI,
ein junger, äußerst ausschweifender Kavalier

DER KOMTUR,
Vater der Donna Anna

DONNA ANNA,
seine Tochter, eine Dame, die Verlobte von

DON OTTAVIO

DONNA ELVIRA,
eine Dame aus Burgos, von Don Giovanni sitzengelassen

LEPORELLO,
Don Giovannis Diener

MASETTO,
Liebhaber von

ZERLINA,
einer Bäuerin

**CHOR: BAUERN UND BÄUERINNEN; DIENER;
UNTERIRDISCHER CHOR.**

MUSIKANTEN.

Die Szene denke man sich in einer spanischen Stadt.
Die Dichtung ist von dem Abbé da Ponte, Dichter
des kaiserlichen Theaters zu Wien.
Die Musik ist von Herrn Wolfgang Mozart,
deutschem Kapellmeister.

ERSTER AKT

Garten. Nacht.

SZENE 1

Leporello mit Umhang, vor Donna Annas Haus auf und ab gehend;
dann Don Giovanni und Donna Anna; später der Komtur.

LEPORELLO Sich Tag und Nacht abrackern für einen, der nichts zu   Nr. 1
schätzen weiß, Regen und Wind ertragen, schlecht essen und   Introduktion
schlecht schlafen – Ich will selbst ein Edelmann sein und will
nicht mehr dienen. Ein schöner Ehrenmann! Ihr seid da drin bei
Eurer Schönen, und ich mache die Wache! – Aber mir scheint, da
kommt jemand; man soll mich nicht hören. *(Er versteckt sich.)*

DONNA ANNA *(hält Don Giovanni, der sich zu verhüllen sucht, am*
Arm fest) Hoffe nicht, mir zu entkommen, ohne daß du mich zuvor getötet hast!

DON GIOVANNI Wahnsinnige! Du schreist umsonst. Wer ich bin, erfährst du nie.

LEPORELLO Welch Tumult! Himmel, was für ein Geschrei! Der Herr
in neuen Schwierigkeiten.

DONNA ANNA Leute! Diener! ein Betrüger!

DON GIOVANNI Schweig – und zittre vor meiner Wut!

DONNA ANNA Verbrecher!

DON GIOVANNI Leichtsinnige!

DONNA ANNA Wie eine verzweifelte Furie werde ich dich verfolgen.

DON GIOVANNI [*zugleich*] Diese verzweifelte Furie will mich ins Unglück stürzen.

LEPORELLO [*zugleich*] Ich sehe schon, dieser Wüstling wird mich ins
Unglück stürzen.

(Donna Anna bemerkt den Komtur, läßt Don Giovanni los und geht
ins Haus.)

DER KOMTUR Laß sie los, Schändlicher, schlage dich mit mir!

DON GIOVANNI Geh, du bist es nicht wert, daß ich mit dir kämpfe.

DER KOMTUR Willst du vor mir davonlaufen?

LEPORELLO (Könnte ich nur weg von hier!)

DON GIOVANNI Warte, Elender! Wenn du sterben willst – *(Sie fech-*
ten.)

DER KOMTUR *(tödlich getroffen)* Ah – zu Hilfe! – Ich bin betrogen!*
– Der Mörder – hat mich getroffen – aus meiner bebenden Brust
fühle ich die Seele scheiden. *(stirbt)*
DON GIOVANNI *(für sich)* [zugleich] Ah – schon ist der Unglückselige
gefallen – Kummervoll und todesängstlich aus seiner bebenden
Brust sehe ich die Seele scheiden.
LEPORELLO *(für sich)* [zugleich] Welche Missetat! Welche Ausschrei-
tung! Vor Schreck klopft mir das Herz in der Brust. Ich weiß
nicht, was tun, was sagen.

SZENE 2

Don Giovanni, Leporello.

Rezitativ DON GIOVANNI Leporello, wo bist du?
LEPORELLO Hier, zu meinem Unglück; und Ihr?
DON GIOVANNI Ich bin hier.
LEPORELLO Wer ist tot, Ihr oder der Alte?
DON GIOVANNI Was für eine Frage, Schafskopf! Der Alte.
LEPORELLO Bravo, zwei anmutige Unternehmen! Die Tochter not-
züchtigen und den Vater abstechen.
DON GIOVANNI Er hat es so gewollt, sein Schaden!
LEPORELLO Aber Donna Anna, was hat die gewollt?
DON GIOVANNI Schweig, reize mich nicht! Komm mit, wenn du nicht
auch was abbekommen willst! *(tut, als wolle er ihn schlagen)*
LEPORELLO Ich nicht, Signor, ich sage nichts mehr. *(beide ab)*

SZENE 3

Don Ottavio, Donna Anna mit Dienern,
die verschiedene Lichte tragen.

Rezitativ DONNA ANNA *(mit Entschiedenheit)* Ah, dem Vater wollen wir in der
Gefahr zu Hilfe kommen.
DON OTTAVIO *(mit gezogenem Degen)* All mein Blut werde ich vergie-
ßen, wenn es not tut! Aber wo ist der Übeltäter?
Nr. 2 Recitativo DONNA ANNA An diesem Ort – *(sie erblickt die Leiche)*
accompagnato   Welch schreckenvoller Anblick bietet sich, o Götter, meinen Au-
und Duett   gen! Der Vater – mein Vater – mein lieber Vater – –

DON OTTAVIO Mein Gott!

DONNA ANNA Der Mörder hat ihn hingeschlachtet. Dieses Blut – diese Wunde – dieses Antlitz – bedeckt mit der Farbe des Todes. Er atmet nicht mehr – kalt sind seine Glieder – Mein Vater – teurer Vater – geliebter Vater – Mir schwinden die Sinne – ich sterbe – –

DON OTTAVIO Ach kommt, ihr Freunde, meinem Schatz zu Hilfe! Sucht – bringt mir – ein Riechsalz – etwas Spiritus – zögert nicht! Donna Anna – Braut – Freundin – das Übermaß des Schmerzes tötet die Unglückliche – –

DONNA ANNA Ach –

DON OTTAVIO Sie kommt wieder zu sich – Gebt ihr ein neues Mittel – –

DONNA ANNA Mein Vater –

DON OTTAVIO Entfernt aus ihren Augen diesen Gegenstand des Schreckens! Meine Seele – tröste dich – fasse Mut – –

DONNA ANNA *(verzweifelt)* Flieh, Grausamer, flieh! Laß auch mich sterben, da derjenige starb, o Gott!, der mir das Leben gab.   Duett

DON OTTAVIO Höre mich, mein Herz, sieh mich nur einen Augenblick an! Der teure Liebende spricht zu dir, der nur für dich lebt.

DONNA ANNA Du bist es – verzeih – mein Lieber. Mein Kummer, die Pein – Doch mein Vater, wo ist er?

DON OTTAVIO Der Vater – laß, o Liebe, die bittere Erinnerung – Du hast Gatten und Vater in mir.

DONNA ANNA Ach! Schwöre, dieses Blut zu rächen, wenn du es kannst.

DON OTTAVIO Ich schwöre – schwöre es bei deinen Augen, bei unserer Liebe.

DONNA ANNA, DON OTTAVIO Was für ein Schwur, ihr Götter! Welch furchtbarer Augenblick! Zwischen unzähligen Gefühlen schwankt mein Herz hin und her. *(beide ab)*

Nacht.* Straße.

SZENE 4

Don Giovanni, Leporello; später Donna Elvira in Reisekleidern.

DON GIOVANNI Los, mach schnell – was willst du?   Rezitativ

LEPORELLO Die Sache, um die es geht, ist wichtig.

DON GIOVANNI Ich glaub es.

LEPORELLO Sie ist sehr wichtig.

DON GIOVANNI Um so besser; mach ein Ende!

LEPORELLO Schwört, daß Ihr nicht zornig werdet!

DON GIOVANNI Ich schwöre es, bei meiner Ehre, wenn du nur nicht von dem Komtur sprichst.

LEPORELLO Wir sind allein.

DON GIOVANNI Es scheint so.

LEPORELLO Niemand hört uns.

DON GIOVANNI Vorwärts!

LEPORELLO Ich kann Euch alles freimütig sagen?

DON GIOVANNI Ja.

LEPORELLO Wenn das so ist: Mein werter Herr Gebieter, das Leben, das Ihr führt, *(ins Ohr, aber laut)* ist das eines Schurken.

DON GIOVANNI Frechling! Auf diese Weise –

LEPORELLO Und Ihr Schwur?

DON GIOVANNI Ich weiß nichts von Schwüren. Schweig – oder ich – –

LEPORELLO Ich sage nichts mehr, keinen Hauch, o mein Gebieter!

DON GIOVANNI So bleiben wir Freunde. Hör einmal, weißt du, warum ich hier bin?

LEPORELLO Nichts weiß ich; da es aber so spät ist* – vielleicht eine neue Eroberung? Ich muß es wissen, um sie auf die Liste zu setzen.

DON GIOVANNI Schlaumeier! Wisse also: ich bin in eine schöne Dame verliebt und finde Gegenliebe. Ich sah sie – sprach sie – zu mir ins Häuschen** wird sie heute nacht kommen. Still, mir ist – der Duft der Frauen –

LEPORELLO (Donnerwetter! Welch vollkommener Geruchssinn!)

DON GIOVANNI Sie scheint schön zu sein.

LEPORELLO (Und was für ein Auge!)

DON GIOVANNI Um die Lage zu prüfen, wollen wir uns ein wenig zurückziehen.

LEPORELLO Schon hat er Feuer gefangen.

SZENE 5

Die Vorigen, beiseite; Donna Elvira.

DONNA ELVIRA Wer kann mir sagen, wo der Grausame ist, den ich zu meiner Schmach liebte, der mir die Treue brach? Wenn ich den Gottlosen finde und er nicht zu mir zurückkehrt, werde ich ihn entsetzlich martern; ich werde ihm das Herz herausreißen. *(rechts:)* Nr. 3 Arie

DON GIOVANNI Hörst du – eine Schöne, von ihrem Freier verlassen. Die Arme! Versuchen wir, sie in ihrem Schmerz zu trösten.

LEPORELLO So hat er schon tausendachthundert getröstet.

DON GIOVANNI Mein Fräulein!

DONNA ELVIRA Wer ist da? *(rechts:)* Rezitativ

DON GIOVANNI Himmel, was seh ich!

LEPORELLO So etwas! Donna Elvira.

DONNA ELVIRA Don Giovanni! Du bist es, Monstrum, Verräter, Brutstätte des Betrugs!

LEPORELLO (Was für gelehrte Titel! Sie kennt ihn – um so besser!)

DON GIOVANNI Aber, aber – teure Donna Elvira! Mildert Euern Zorn – hört mich an – laßt mich sprechen – –

DONNA ELVIRA Was kannst du sagen nach so finstrer Tat? In mein Haus schleichst du dich ein, mit List und Tücke, mit Beschwörungen und Schmeichelworten betörst du mein Herz, machst mich in dich verliebt, Grausamer!, erklärst mich zu deiner Braut – und dann, des Himmels und der Erde heiliges Recht brechend, mit unerhörter Schuld beladen, reist du drei Tage später von Burgos ab, du verläßt mich, entfliehst und gibst mich der Reue und den Tränen preis, vielleicht zur Strafe, weil ich dich zu sehr liebte!

LEPORELLO (Sie redet wie gedruckt.)

DON GIOVANNI Oh, was das anbelangt, so hatte ich meine Gründe. *(zu Leporello)* Ist es so?

LEPORELLO *(ironisch)* Es ist so. Und was für Gründe!

DONNA ELVIRA Welche sind es als deine Niedertracht, dein Wankelmut? Doch der gerechte Himmel wollte, daß ich dich finde, um seiner, um meiner Rache willen.

DON GIOVANNI Ach was, nehmt Vernunft an! (Sie stellt meine Geduld auf die Probe.) Wenn Ihr meinen Lippen nicht glaubt, so glaubt diesem Biedermann!

LEPORELLO (Alles außer der Wahrheit.)

DON GIOVANNI *(laut)* Auf, sag ihr doch –

LEPORELLO *(leise)* Und was soll ich ihr sagen?

DON GIOVANNI *(laut)* Ja, ja, sag ihr nur alles!

DONNA ELVIRA (zu Leporello) Nun denn, *(indessen flieht Don Giovanni)* beeile dich –

LEPORELLO Madame – in der Tat – auf dieser Welt – sintemalen – es ist, wie es ist, und das Quadrat nicht rund ist –

DONNA ELVIRA *(zu Leporello)* Unseliger, treibst du dein Spiel mit meinem Schmerz? *(zu Don Giovanni, den sie anwesend glaubt)* Oh, Ihr – Himmel, der Tückische floh! Ich Arme! Wohin, in welche Richtung –

LEPORELLO Ach, laßt ihn gehen! Er verdient nicht, daß Ihr an ihn denkt –

DONNA ELVIRA Der Frevler hat mich getäuscht, betrogen!

LEPORELLO Tröstet Euch, Ihr seid nicht die erste und werdet nicht die letzte sein. Seht dies kleine Buch – es ist randvoll mit den Namen seiner Schönen! Jede Stadt, jedes Dorf, jedes Land ist Zeuge seiner Weiberheldentaten.

Nr. 4 Arie   Kleines Fräulein, dies ist das Verzeichnis der Schönen, die mein Herr geliebt hat. Ich habe alles eingetragen – seht, lest mit mir! In Italien – sechshundertvierzig, in Deutschland – zweihunderteinunddreißig, hundert in Frankreich, in der Türkei einundneunzig, aber in Spanien – tausendunddrei. Da gibt es Bäuerinnen, Kammermädchen, Bürgersfrauen, es gibt Gräfinnen und Baronessen, Fürstinnen und Marquisen – Frauen jedes Standes, jedes Alters, jeder Figur! An den Blonden schätzt er den Feinsinn, an den Brünetten die Ausdauer, an den Blassen die Sanftmut. Im Winter steht er auf Dicke, im Sommer auf Dünne; die Großen findet er majestätisch und die Kleinen niedlich. Die Alten erobert er aus Spaß, um die Liste zu füllen; seine Leidenschaft aber sind die kleinen Anfängerinnen. Ob reich, schön, häßlich, das ist ihm gleich, Hauptsache: ein Weiberrock. Ihr wißt schon, was er macht! *(ab)*

Szene 6

Donna Elvira allein.

Rezitativ

Donna Elvira So also betrog mich der Ruchlose! Der Grausame – ist das der Lohn meiner Liebe? Ich will dich rächen, betrognes Herz, ehe er mir entkommt! Man sorge – man gehe – meine Brust fühlt nur Rache, Zorn, Verachtung. *(ab)*

Szene 7

Masetto, Zerlina und ein Chor von Bauern und Bäuerinnen, die spielen, tanzen und singen.*

Zerlina Ihr Mädchen voller Liebe, laßt nicht die Zeit verstreichen! Wenn euch das Herz im Busen wogt, hier seht ihr das Heilmittel. Welch ein Vergnügen, welch ein Vergnügen wird das sein!

Nr. 5 Chor

Chor der Bäuerinnen Ah, welch ein Vergnügen, welch ein Vergnügen wird das sein!

Masetto Ihr leichtsinnigen Burschen, treibt euch nicht sinnlos herum! Von kurzer Dauer ist das tolle Fest, aber für mich hat es noch nicht begonnen. Welch ein Vergnügen, welch ein Vergnügen wird das sein!

Chor der Bauern Ah, welch ein Vergnügen, welch ein Vergnügen wird das sein!

Zerlina, Masetto Komm, mein Lieber / meine Liebe, daß wir's genießen! Wir wollen singen, tanzen und springen. Komm, komm, mein Lieber / meine Liebe, daß wir's genießen! Welch ein Vergnügen wird das sein!

Chor Ah, welch ein Vergnügen wird das sein!

Szene 8

Masetto, Zerlina; Chor der Bäuerinnen und Bauern. Abseits Don Giovanni und Leporello.

Rezitativ

Don Giovanni Gottlob, sie ist weg! Aber sieh nur, sieh – die schöne Jugend! die schönen Frauen!

Leporello Meiner Treu, unter so vielen wird sich wohl auch für mich etwas finden.

Don Giovanni Guten Tag, meine Freunde! Amüsiert euch nur weiter! Spielt fort, gute Leute! Ist eine Hochzeit im Gange?

Zerlina Ja, mein Herr, und die Braut bin ich.

Don Giovanni Das freut mich. Und der Bräutigam?

Masetto Ich, zu dienen.

Don Giovanni O bravo – zu dienen! So spricht der wahre Ehrenmann.

Leporello Es reicht, daß er der Ehemann ist.

Zerlina Oh, mein Masetto hat das beste Herz von der Welt.

Don Giovanni Ich auch, ihr werdet sehen! Laßt uns Freunde werden; Euer Name?

Zerlina Zerlina.

Don Giovanni Und der deine?

Masetto Masetto.

Don Giovanni Mein lieber Masetto, meine liebe Zerlina! Ich will euch meine Protektion angedeihen lassen. *(zu Leporello, der mit den andern Bäuerinnen tändelt)* Leporello! Was machst du da, Schuft?

Leporello Ich lasse ihnen meine Protektion angedeihen.

Don Giovanni Schnell, geh mit ihnen, führe sie in meinen Palast, laß ihnen Schokolade, Kaffee, Wein, Schinken geben, sorge für Unterhaltung, zeig ihnen den Garten, den Bildersaal, die Zimmer – kurz, tue alles, um meinen Masetto zufriedenzustellen. Hast du verstanden?

Leporello Ich habe verstanden. Gehn wir!

Masetto Herr!

Don Giovanni Was gibt's?

Masetto Die Zerlina kann nicht ohne mich dableiben.

Leporello Seine Exzellenz wird Eure Stelle einnehmen, und sie wird Euch gut vertreten.

Don Giovanni Zerlina ist in der Hand eines Kavaliers. Geh nur, sie wird bald mit mir erscheinen!

Zerlina Geh, hab keine Angst! Ich bin in den Händen eines Kavaliers.

Masetto Und was heißt das?

Zerlina Das heißt, daß du dir keine Sorgen zu machen brauchst.

Masetto Und ich, zum Teufel –

Don Giovanni Machen wir dem Disput ein Ende! Wenn du nicht sofort und ohne Widerrede mitgehst *(zeigt ihm seinen Degen)*, Masetto, sieh gut her!, so wirst du es bereuen.

MASETTO Ich verstehe, mein Herr, jawohl, ich neige das Haupt und   Nr. 6 Arie
gehe, da es Euch so gefällt. Ich widerspreche nicht mehr – Ihr seid
ja ein Kavalier, da gibt es keinen Zweifel, das zeigt mir die Güte,
die Ihr mir erweist. *(Zerlina beseite nehmend)* Schlampe, Herum-
treiberin, du warst immer schon mein Verderben. *(zu Leporello,
der ihn mit sich führen will)* Ich komm schon, ich komme! *(zu Zerlina)* Bleib nur hier! Das ist sehr ehrenvoll. Soll unser Ritter doch
eine Lady aus dir machen! *(ab)*

SZENE 9

Don Giovanni und Zerlina.

DON GIOVANNI Endlich sind wir diesen Esel los, liebliches Zerlin-   Rezitativ
chen! Sagt selbst, mein Schatz, kann man es artiger machen?
ZERLINA Signor, er ist mein Mann.
DON GIOVANNI Wer? Der? Meint Ihr, ein ehrenwerter Mann, ein hoch-
geborener Kavalier wie ich könnte es mit ansehen, wie dieses gol-
dene Antlitz, dieses honigsüße Gesichtchen von einem Acker-
knecht zugrunde gerichtet wird?
ZERLINA Aber Signor, ich habe mein Wort gegeben, ihn zu heiraten.
DON GIOVANNI Dieses Wort ist null und nichtig; Ihr seid nicht dazu
geschaffen, auf dem Lande zu verbauern. Ein anderes Los bestim-
men Euch diese schelmischen Augen, diese entzückenden kleinen
Lippen, diese Finger, so weiß und duftend! Mir ist, als röche ich
Rosen, als griffe ich in Schlagsahne.
ZERLINA Oh, ich möchte nicht –
DON GIOVANNI Was möchtet Ihr nicht?
ZERLINA Zuletzt die Betrogene sein; ich weiß, daß ihr Adelsleute zu
den Frauen selten ehrlich und aufrichtig seid.
DON GIOVANNI Eine Verleumdung des Pöbels! Dem Adel steht die
Ehrlichkeit ins Gesicht geschrieben. Auf, keine Zeit verloren! Auf
der Stelle will ich dich heiraten.
ZERLINA Ihr?
DON GIOVANNI Gewiß doch, ich. Das Gartenhaus da ist mein, wir wer-
den allein sein – dort, mein Kleinod, werden wir Hochzeit halten.

DON GIOVANNI Dort wollen wir uns die Hand geben, dort wirst du mir   Nr. 7 Duettino
ja sagen. Sieh, es ist nicht weit; laß uns von hier fortgehen, mein
Schatz!

ZERLINA Ich möchte und ich möchte nicht, mein Herz bebt. Es ist wahr, ich wäre glücklich, aber vielleicht macht er sich nur lustig über mich.

DON GIOVANNI Komm, du Schöne, Geliebte!

ZERLINA Mit Masetto habe ich Mitleid.

DON GIOVANNI Ich wende dein Geschick.

ZERLINA Bald bin ich nicht mehr stark.

DON GIOVANNI Gehn wir, gehn wir –

ZERLINA Gehn wir –

BEIDE Gehn wir, mein Schatz! Laß uns die Qualen einer unschuldigen Liebe stillen!

(Sie gehen eng umschlungen auf Don Giovannis Gartenhaus zu.)

SZENE 10

*Die Vorigen und Donna Elvira, die Don Giovanni
mit verzweifelten Gebärden aufhält.*

Rezitativ DONNA ELVIRA Halt, Frevler! Der Himmel ließ mich deine Hinterlist hören. Rechtzeitig bin ich zur Stelle, diese arme Unschuldige aus deinen furchtbaren Krallen zu retten.

ZERLINA Ich Ärmste, was höre ich!

DON GIOVANNI *(Amor, zu Hilfe!) (leise zu Donna Elvira)* Meine Angebetete, seht Ihr nicht, daß ich mich bloß amüsieren will?

DONNA ELVIRA *(laut)* Dich amüsieren? Es ist wahr. Amüsieren! Ich weiß, Grausamer, wie du dich amüsierst.

ZERLINA Aber Herr Ritter, ist es wahr, was sie sagt?

DON GIOVANNI *(leise zu Zerlina)* Die arme Unglückliche ist in mich verliebt. Aus Mitleid täusche ich ihr Liebe vor, zu meinem Unglück habe ich ein so gutes Herz.

Nr. 8 Arie DONNA ELVIRA Entflieh dem Verräter, laß ihn nichts mehr sagen! Seine Lippe ist Lüge, sein Blick ist Betrug. Aus meinen Leiden lerne, ob seinem Herzen zu trauen sei. Aus meiner Not erwachse deine Furcht.

(Sie geht ab und nimmt Zerlina mit.)

Szene 11

Don Giovanni allein, dann Don Ottavio und Donna Anna.

Don Giovanni Es ist, als ob der Teufel sich einen Spaß daraus   Rezitativ
machte, meine liebreichen Unternehmungen zu durchkreuzen.
Sie gehen alle schief.

Don Ottavio Alles Weinen, mein Abgott, ist nun vergebens; von Rache sei die Rede. Ah, Don Giovanni!

Don Giovanni (Das hat mir gerade noch gefehlt.)

Donna Anna Mein Herr, wir treffen Euch im rechten Augenblick.
Seid Ihr ein Mann mit Herz, mit einer großmütigen Seele?

Don Giovanni (Warten wir ab, ob der Satan ihr etwas gesagt hat.)
Welche Frage! Was gibt es?

Donna Anna Wir sind Eurer Freundschaft bedürftig.

Don Giovanni (Der Atem kehrt mir wieder.) Befehlt: meine nahen
und fernen Verwandten, diese Hand, dieser Degen, meine Güter,
(mit wachsendem Feuer) mein Blut gebe ich hin, um Euch zu dienen! Doch warum weint Ihr, schöne Donna Anna? Wer war der
Grausame, der es wagte, die Ruhe Eures Lebens zu stören?

Szene 12

Die Vorigen; Donna Elvira.

Donna Elvira Ah, treffe ich dich wieder, niederträchtiges Ungeheuer!

Unglückliche, vertraue diesem verworfenen Herzen nicht! Mich   Nr. 9 Quartett
schon betrog der Unmensch, dich will er auch noch betrügen.

Donna Anna, Don Ottavio Himmel, welch edle Erscheinung! Welch
sanfte Würde! Ihre Tränen, ihre Blässe erwecken mein Mitgefühl.

Don Giovanni *(beiseite, von Donna Elvira gehört)* Das arme Mädchen ist verrückt, meine Freunde. Laßt mich mit ihr allein, vielleicht beruhigt sie sich.

Donna Elvira Glaubt dem Hinterlistigen nicht!

Don Giovanni Sie ist verrückt, beachtet sie nicht!

Donna Elvira Bleibt noch, bleibt!

Donna Anna, Don Ottavio Wem soll man glauben? Eine Regung unbekannter Qual kreist in meinem Herzen. Sie sagt mir über diese
Unglückliche hundert Dinge, die ich nicht verstehe.

Don Giovanni [*zugleich*] Eine Regung unbekannter Furcht kreist in meinem Herzen. Sie sagt mir über diese Unglückliche hundert Dinge, die ich nicht verstehe.

Donna Elvira [*zugleich*] Verachtung, Zorn, Qual, Verzweiflung kreisen in meinem Herzen. Sie sagen mir über diesen Treulosen hundert Dinge, die ich nicht verstehe.

Don Giovanni *(für sich)* Ich gehe nicht fort von hier, ehe die Sache nicht aufgeklärt ist.

Donna Anna *(für sich)* Ihre Züge, ihre Rede zeigen keine Spur von Wahnsinn.

Don Giovanni Ginge ich fort, würde man Verdacht schöpfen.

Donna Elvira An der Fratze erkennt man die schwarze Seele.

Don Ottavio *(zu Don Giovanni)* Also diese?

Don Giovanni Hat's am Kopfe.

Donna Anna *(zu Donna Elvira)* Also jener?

Donna Elvira Ist der Treubrüchige.

Don Giovanni Unselige!

Donna Elvira Lügner!

Donna Anna, Don Ottavio Mir kommen Zweifel.

Don Giovanni *(leise zu Donna Elvira)* Still, still, schon bleiben die Leute stehen. Seid nicht so unbedacht, sonst zieht man über Euch her!

Donna Elvira *(laut zu Don Giovanni)* Hoffe das nicht, Schurke, die Bedachtsamkeit ist mir abhanden gekommen. Deine Schuld und meine Lage – allen will ich sie kundtun.

Donna Anna, Don Ottavio *(für sich, auf Don Giovanni blickend)* Dieses Flüstern, dies Blaß-und-rot-Werden sind nur zu deutliche Anzeichen. Sie geben mir Gewißheit.
(Donna Elvira ab.)

Rezitativ Don Giovanni Die arme Unglückliche! Ich folge ihren Schritten, damit sie nicht ins Verderben läuft. Verzeiht, schönste Donna Anna; wenn ich Euch dienen kann, erwarte ich Euch in meinem Hause. Lebt wohl, Freunde! *(ab)*

SZENE 13

Don Ottavio und Donna Anna.

DONNA ANNA Don Ottavio, das ist mein Tod!

DON OTTAVIO Was ist geschehen?

DONNA ANNA Um der Barmherzigkeit willen, steht mir bei!

DON OTTAVIO Mein Schatz, faßt Mut!

DONNA ANNA Götter! Dies ist der Henker meines Vaters.

DON OTTAVIO Was sagt Ihr?

DONNA ANNA Kein Zweifel, die letzten Worte, die der Ruchlose sprach: Tonfall und Stimme jenes Nichtswürdigen, der in mein Zimmer – –

DON OTTAVIO Himmel! Wäre es möglich, daß unter dem heiligen Mantel der Freundschaft – Aber wie war das, erzählt mir den seltsamen Vorfall!

DONNA ANNA Die Nacht war schon vorgeschritten und ich war zu meinem Unglück allein, als ich ihn meine Zimmer betreten sah, einen Mann, in einen Mantel gewickelt – im ersten Augenblick hielt ich ihn für Euch. Ich merkte aber bald, daß ich mich geirrt hatte.

DON OTTAVIO *(angstvoll)* Himmel! Fahrt fort –

DONNA ANNA Schweigend nähert er sich und will mich umarmen, ich versuche, mich loszureißen, er umschlingt mich heftiger, ich schreie – niemand kommt. Mit einer Hand versucht er, mich am Schreien zu hindern, mit der andern packt er mich so fest, daß ich mich schon bezwungen glaube –

DON OTTAVIO Der Schurke! und dann?

DONNA ANNA Endlich ließen Schmerz und Entsetzen über den schändlichen Anschlag meine Kraft so wachsen, daß ich, mich windend, drehend, biegend, von ihm loskam.

DON OTTAVIO Ich atme auf!

DONNA ANNA Ich verstärke mein Schreien, rufe um Hilfe, der Verbrecher flieht; ihn festhaltend, folge ich ihm kühn bis auf die Straße – die Angegriffene als Angreiferin! Der Vater kommt und will ihn entlarven, aber der Ruchlose ist stärker als der arme Alte; er vollendet seine Untat, indem er ihn tötet.

Nun weißt du, wer mir die Ehre entreißen wollte, wer der Verräter war, der mir den Vater nahm. Rache fordere ich von dir, dein eigenes Herz fordert sie. Gedenke der Wunde in der Brust des Armen,

Nr. 10
Recitativo
accompagnato
und Arie

Arie

sieh den Boden, blutgetränkt, wenn dir des Zornes gerechtes Feuer zu verlöschen droht. *(ab)*

Szene 14

Don Ottavio allein.

Rezitativ DON OTTAVIO Ich kann nicht glauben, daß ein Edelmann einer so schwarzen Untat fähig sei. Die Wahrheit zu entdecken, sei mir jedes Mittel recht. Freundes- wie Bräutigamspflicht erheben ihre Stimme und sprechen: Rache üben oder den Irrtum beheben!* *(ab)*

Szene 15

Leporello allein, dann Don Giovanni.

Rezitativ LEPORELLO Ich muß mich unbedingt von diesem Verrückten trennen! Da ist er: mit welcher Gemütsruhe er daherkommt!
DON GIOVANNI Mein Leporello, es geht alles bestens.
LEPORELLO Mein Herr Hänschen, es geht alles schlecht.
DON GIOVANNI Wieso geht alles schlecht?
LEPORELLO Ich gehe ins Haus, wie Ihr befahlt, mit der ganzen Gesellschaft –
DON GIOVANNI Vortrefflich!
LEPORELLO Ich unterhalte sie mit Lügen, Märchen, Schmeicheleien, Geschwätz, ganz wie ich es bei Euch gelernt habe –
DON GIOVANNI Vortrefflich!
LEPORELLO Ich sage tausend Dinge, um Masetto zu beruhigen und ihm die Eifersucht aus dem Kopf zu treiben –
DON GIOVANNI Vortrefflich, auf Ehre und Gewissen!
LEPORELLO Ich lasse sie trinken, Männer und Frauen, schon sind sie halb berauscht, sie singen, scherzen, trinken weiter – und im besten Zuge, wer glaubt Ihr, platzt herein?
DON GIOVANNI Zerlina!
LEPORELLO Vortrefflich! und wer kommt mit ihr?
DON GIOVANNI Donna Elvira!
LEPORELLO Vortrefflich! und sie sagt von Euch –
DON GIOVANNI Alles Schlechte, was ihr auf die Zunge kommt.
LEPORELLO Vortrefflich, auf Ehre und Gewissen!

DON GIOVANNI Und was hast du gemacht?

LEPORELLO Geschwiegen.

DON GIOVANNI Und sie?

LEPORELLO Schrie weiter.

DON GIOVANNI Und du?

LEPORELLO Als mir schien, daß sie ausgetobt hatte, führte ich sie vorsichtig aus dem Garten und drehte geschickt den Schlüssel hinter ihr herum. Dann ging ich weg und ließ sie auf der Straße stehen.

DON GIOVANNI Bravo, bravo, höchst vortrefflich! Die Sache konnte nicht besser gehen! Du hast sie begonnen, ich werde sie zu Ende führen. Zu sehr liegen diese Bauernmädchen mir am Herzen! Ich will sie unterhalten, bis es Nacht wird.

Daß ihnen vom Wein der Kopf heiß wird, laß ein großes Fest vorbereiten! Findest du auf dem Platz noch ein Mädchen, bring sie her! Ohne Ordnung soll der Tanz sein, Menuett mögen die einen, Follia die andern, die dritten einen Deutschen* tanzen. Indessen will ich beiseite gehen und dieser und jener Liebe erweisen. Ah, meine Liste mußt du morgen um ganze zehn erweitern! *(beide ab)*   Nr. 11 Arie

Lustgarten mit zwei von außen verschlossenen Türen.

SZENE 16

Masetto und Zerlina; Chor der Bauern und
Bäuerinnen, verstreut schlafend oder auf Rasenbänken sitzend.
*Zwei Nischen.***

ZERLINA Masetto, hör einmal! Masetto, sag ich!   Rezitativ

MASETTO Rühr mich nicht an!

ZERLINA Warum?

MASETTO Das fragst du? Hinterlistige! Muß ich den Druck einer treulosen Hand dulden?

ZERLINA Nein, schweige, Grausamer! Diese Behandlung verdiene ich nicht von dir.

MASETTO Wagst du es, dich reinzuwaschen? Allein zu bleiben mit einem andern, mich zu verlassen am Tag meiner Hochzeit! Einem ehrsamen Bauern solch ein Schandmal auf die Stirn zu drücken! Ah, wenn der Skandal nicht wäre! ich wollte −

ZERLINA Aber wenn ich keine Schuld habe! Wenn ich von ihm betrogen worden bin! Wovor diese Furcht? Beruhige dich, mein Leben, nicht mit der Spitze eines Fingers hat er mich berührt. Du glaubst mir nicht? Undankbarer! Aber komm nur, tobe, schlage mich tot, mach mit mir, was du willst – doch dann, mein Masetto, dann mach Frieden!

Nr. 12 Arie   Schlage nur, schlage, mein schöner Masetto, deine arme Zerlina! Wie ein Lämmchen will ich deine Schläge erwarten. Du kannst mir die Haare ausraufen, du kannst mir die Augen auskratzen – froh werde ich deine lieben Hände küssen. Aber ich sehe schon, du bringst es nicht übers Herz. Friede, Friede, mein Leben! Froh und heiter wollen wir Nacht und Tag verbringen. *(ab)*

Rezitativ   MASETTO Sieh an, wie die Hexe mich kirre gemacht hat! Was sind wir doch für Tröpfe!

DON GIOVANNI *(von innen)* Alles fertig für ein großes Fest!

ZERLINA* Masetto, Masetto! Hörst du die Stimme des gnädigen Herrn?

MASETTO Na und?

ZERLINA Er kommt.

MASETTO Laß ihn kommen.

ZERLINA Ach, gäbe es ein Loch zu entschlüpfen!

MASETTO Wovor fürchtest du dich? Woher diese Blässe? Ah, ich verstehe, ich verstehe. Schlange! Du hast Angst, ich merke, wie weit ihr miteinander gekommen seid.

Nr. 13 Finale   Schnell auf die Seite, bevor er kommt! Da ist eine Nische; hier will ich stille halten.

ZERLINA Hör doch, höre – wo gehst du hin? Versteck dich nicht, Masetto! Wenn er dich findet, armer Junge – du weißt nicht, wozu er fähig ist.

MASETTO Er mag tun, was er will!

ZERLINA Ach, meine Worte helfen nicht.

MASETTO Sprich laut und bleib hier stehen!

ZERLINA Was für eine Idee! Der Grausame, Undankbare will sich ins Unglück stürzen.

MASETTO [*zugleich*] Ich will sehn, ob sie treu war und wie die Sache abgelaufen ist. *(stellt sich in die Nische)*

SZENE 17

Zerlina; Don Giovanni mit vier vornehm gekleideten Dienern.

DON GIOVANNI Aufgewacht, ermuntert euch! Mut, braves Volk! Wir wollen vergnügt sein, lachen und scherzen! *(zu den Dienern)* Führt alle in den Tanzsaal und laßt ihnen Delikatessen servieren, soviel sie wollen!

DIENER Aufgewacht, ermuntert euch! Mut, braves Volk! *(im Abgehen)* Wir wollen vergnügt sein, *(sie treten ein*)* lachen und scherzen! *(Diener und Bauern ab)*

SZENE 18

Don Giovanni, Zerlina; in der Nische Masetto.

ZERLINA *(will sich verstecken)* Unter diesen Bäumen verborgen – vielleicht sieht er mich nicht.

DON GIOVANNI Mein zierliches Zerlinchen, *(er fängt sie)* ich habe dich schon gesehn. Lauf nicht weg!

ZERLINA Ach, laßt mich gehen –

DON GIOVANNI Nein, bleib, mein Kleinod!

ZERLINA Wenn Mitleid in Eurem Herzen ist –

DON GIOVANNI Ja, mein Schatz, ich bin ganz Liebe. Komm ein bißchen hierher, ich will dich glücklich machen.

ZERLINA *[zugleich]* Ach, wenn er meinen Bräutigam sieht, ich weiß, wozu der fähig ist!

DON GIOVANNI *(stößt beim Öffnen der Nische auf Masetto und prallt zurück)* Masetto!

MASETTO Ja, Masetto!

DON GIOVANNI *(etwas verwirrt)* Und hier eingeschlossen, warum? Deine schöne Zerlina *(er faßt sich wieder)* kann gar nicht mehr ohne dich sein, die Ärmste!

MASETTO *(etwas ironisch)* Versteht sich, ja, mein Herr!

DON GIOVANNI *(zu Zerlina)* Faßt euch ein Herz, *(man hört zum Tanz präludieren)* ihr hört die Spieler, kommt mit!

ZERLINA, MASETTO *[zugleich]* Ja, ja, wir fassen uns ein Herz und gehn alle drei mit den andern tanzen. *(ab)*

Szene 19

Don Ottavio, Donna Anna und Donna Elvira,
alle maskiert; später Leporello
und Don Giovanni am Fenster.

Donna Elvira Mut braucht es, meine lieben Freunde, dann können wir seine schändlichen Untaten aufdecken.

Don Ottavio Die Freundin spricht gut: Mut braucht es. Vertreibe Kummer und Furcht, mein Leben!

Donna Anna Der Schritt ist gefährlich, welche Verwirrung kann das geben. Mir bangt um den lieben Bräutigam und mir bangt auch um uns.

Leporello *(aus dem Fenster, das er geöffnet hat)* Herr, seht einmal, was für elegante Masken!

Don Giovanni Laß sie eintreten, sag ihnen, sie möchten uns die Ehre erweisen!

Donna Anna, Donna Elvira, Don Ottavio (An Gesicht und Stimme erkennt man den Verräter.)

Leporello He, he, ihr maskierten Herrschaften! He, he –

Donna Anna, Donna Elvira *(leise zu Don Ottavio)* Auf, antwortet!

Leporello He, he, ihr maskierten Herrschaften!

Don Ottavio Was wünscht Ihr?

Leporello Zum Ball, wenn's beliebt, lädt mein Herr Euch ein.

Don Ottavio Dank für die Ehre! Gehn wir, meine schönen Gefährtinnen!

Leporello Der Freund wird auch mit ihnen die Liebe probieren. *(Er tritt zurück und schließt das Fenster.)*

Donna Anna, Don Ottavio Der gerechte Himmel schütze meines Herzens Eifer!

Donna Elvira [*zugleich*] Der gerechte Himmel räche meine verratene Liebe! *(alle ab)*

Ein Saal, illuminiert und
für einen großen festlichen Ball hergerichtet.

SZENE 20

Don Giovanni, Masetto, Zerlina, Leporello; Bauern
und Bäuerinnen; später Donna Anna, Donna Elvira
und Don Ottavio maskiert; Diener mit Erfrischungen.

Don Giovanni läßt die Mädchen, Leporello die jungen Burschen
Platz nehmen, die gerade einen Tanz beendet haben.

DON GIOVANNI Ruht euch aus, anmutige Mädchen!

LEPORELLO Kühlt euch ab, stattliche Jungen!

DON GIOVANNI, LEPORELLO Ihr könnt gleich wieder herumtollen, ihr könnt gleich wieder scherzen und tanzen.

DON GIOVANNI He, Kaffee! *(Man bringt Erfrischungen.)*

LEPORELLO Schokolade!

MASETTO Vorsicht, Zerlina!

DON GIOVANNI Eisgetränke!

LEPORELLO Pralinen!

ZERLINA *(für sich)*, Masetto *(für sich)* Zu süß beginnt die Szene, sie könnte bitter enden.

DON GIOVANNI *(streichelt Zerlina)* Wie schön du bist, strahlende Zerlina!

ZERLINA Zu gütig!

MASETTO *(bebend)* Die Schlange verlustiert sich.

LEPORELLO *(seinen Herrn nachahmend, zu andern Mädchen)* Wie lieb du bist, Gianotta, Sandrina!

MASETTO Rühr sie nur an, dann fällt dein Kopf.

ZERLINA *(für sich)* Masetto rollt mit den Augen; das wird eine schlimme Geschichte.

DON GIOVANNI, LEPORELLO [*zugleich mit ihr*] Masetto rollt mit den Augen, man muß sich etwas einfallen lassen.

MASETTO Schlange, du willst mich zur Verzweiflung bringen!

(Don Ottavio, Donna Anna und Donna Elvira treten maskiert ein.)

LEPORELLO Tretet näher, schöne Masken!

DON GIOVANNI Es ist offen für alle, es lebe die Freiheit!

DONNA ANNA, DONNA ELVIRA, DON OTTAVIO Wir danken für soviel Großmut.

DONNA ANNA, DONNA ELVIRA, DON OTTAVIO, DON GIOVANNI, LEPORELLO Es lebe die Freiheit!

DON GIOVANNI Fangt wieder an zu spielen! *(zu Leporello)* Du stellst die Paare zusammen!

(Don Ottavio tanzt Menuett mit Donna Anna.)

LEPORELLO* Ihr Braven, auf, getanzt!

DONNA ELVIRA *(zu Donna Anna)* Da ist die Bäuerin.

DONNA ANNA Ich sterbe.

DON OTTAVIO *(zu Donna Anna)* Beherrscht Euch!

DON GIOVANNI, LEPORELLO Wahrhaftig, es läuft!

MASETTO *(ironisch)* Wahrhaftig, es läuft!

DON GIOVANNI *(zu Leporello)* Kümmere dich um Masetto!

LEPORELLO *(zu Masetto)* Du tanzt nicht, Ärmster! Komm her, bester Masetto, tun wir, was die andern tun.

DON GIOVANNI *(zu Zerlina)* Ich bin dein Partner, Zerlina, komm nur! *(Er beginnt einen Kontretanz mit ihr.)*

MASETTO Nein, nein, ich will nicht tanzen.

LEPORELLO Ah, tanze, mein Freund!

MASETTO Nein!

LEPORELLO Doch! Bester Masetto, tanze!

DONNA ANNA *(zu Donna Elvira)* Ich halte es nicht mehr aus!

DONNA ELVIRA, DON OTTAVIO *(zu Donna Anna)* (Beherrschung, um Himmels willen.)

MASETTO Nein, nein, ich will nicht!

LEPORELLO *(zwingt Masetto zu tanzen)* Ah, tanze, mein Freund, tun wir, was die andern tun. *(Er tanzt einen Deutschen mit Masetto.)*

DON GIOVANNI Komm mit mir, mein Leben, komm – *(Er führt sie fast mit Gewalt hinaus.**)*

MASETTO Laß mich – o nein – Zerlina! *(Er entwindet sich Leporellos Händen und folgt Zerlina.)*

ZERLINA*** Götter, ich bin verloren!

LEPORELLO Hier erwächst Unheil. *(eilends ab)*

DONNA ANNA, DONNA ELVIRA, DON OTTAVIO Der Schändliche geht uns von selbst in die Schlinge.

ZERLINA *(laut von innen; Fußgetrampel von rechts)* Zu Hilfe, Leute! Leute, Hilfe!

DONNA ANNA, DONNA ELVIRA, DON OTTAVIO Kommen wir der Schuldlosen zu Hilfe! *(Die Musikanten und alle andern gehen verstört ab.)*

MASETTO *(von innen)* Zerlina! Oh, Zerlina!

ZERLINA Schurke! *(Man hört ihren Schrei und Lärmen von der ent-gegengesetzten* Seite.)*

DONNA ANNA, DONNA ELVIRA, DON OTTAVIO Nun schreit sie von dieser Seite! Ah, schlagen wir die Tür ein! *(Sie schlagen die Tür ein.)*

ZERLINA Helft mir, *(sie erscheint von einer andern Seite)* ach helft mir, oder es ist mein Ende!

DONNA ANNA, DONNA ELVIRA, DON OTTAVIO, MASETTO Hier sind wir, dich zu schützen.

(Mit dem Degen in der Hand kommt Don Giovanni heraus. Er hält Leporello am Arm und tut, als wolle er ihn durchbohren, aber der Degen fährt nicht aus der Scheide.)

DON GIOVANNI Da ist der Schurke, der dich beleidigt hat, ich werde ihn bestrafen! Stirb, Schändlicher!

LEPORELLO Oh, was macht Ihr!

DON GIOVANNI Stirb, sage ich!

DON OTTAVIO *(die Pistole in der Hand)** Glaubt das nicht!

DONNA ANNA, DONNA ELVIRA, DON OTTAVIO *(die Masken abnehmend)* Durch diese Täuschung will der Bösewicht sein Verbrechen decken.

DON GIOVANNI Donna Elvira!

DONNA ELVIRA Ja, Unhold!

DON GIOVANNI Don Ottavio!

DON OTTAVIO Ja, mein Herr!

DON GIOVANNI *(zu Donna Anna)* Oh, glaubt mir – !

DONNA ANNA, DONNA ELVIRA, ZERLINA, DON OTTAVIO, MASETTO Betrü-ger, Verräter! Wir wissen alles. Erbebe, Niederträchtiger! Bald weiß alle Welt von deiner zügellosen Grausamkeit, von deiner schaudervollen, finstern Missetat. Höre den Donner der Rache um dich grollen! Heute noch wird ihr Blitz auf dich niederfahren.

DON GIOVANNI [*zugleich*] Mir ist wirr im Kopf, ich weiß nicht, was ich tun soll; ein schrecklicher Sturm greift nach mir, o Gott! Aber an Mut fehlt es mir nicht, ich verliere mich nicht, ich verwirre mich nicht. Wenn auch die Welt zusammenstürzte, nichts wird mir Furcht machen.

LEPORELLO [*zugleich*] Ihm ist wirr im Kopf, er weiß nicht, was er tun soll; ein schrecklicher Sturm greift nach ihm, o Gott! Aber an Mut fehlt es ihm nicht, er verliert sich nicht, er verwirrt sich nicht. Wenn auch die Welt zusammenstürzte, nichts wird ihm Furcht ma-chen.

(Ende des ersten Aktes)

ZWEITER AKT

Straße.

SZENE 1

Don Giovanni und Leporello.

Nr. 14 Duett DON GIOVANNI Frisch auf, du Komiker, langweile mich nicht!
LEPORELLO Nein, nein, mein Gebieter, ich bleibe nicht.
DON GIOVANNI Höre, mein Freund –
LEPORELLO Ich will gehen, sag ich Euch.
DON GIOVANNI Aber was habe ich dir getan, daß du mich verlassen willst?
LEPORELLO Oh, rein gar nichts, außer mich beinahe umzubringen!
DON GIOVANNI Geh, sei nicht albern! Das war nur ein Scherz.
LEPORELLO Und ich scherze nicht, sondern ich gehe. *(will abgehen)*

Rezitativ DON GIOVANNI Leporello!
LEPORELLO Herr?
DON GIOVANNI Komm her, machen wir Frieden: nimm –
LEPORELLO Was?
DON GIOVANNI *(gibt ihm Geld)* Vier Dublonen.
LEPORELLO Oh! Hört, für diesmal billige ich das Verfahren, aber ge-wöhnt Euch nicht daran! Glaubt nicht, Ihr könntet meinesglei-chen wie die Frauen mit Geld herumkriegen.
DON GIOVANNI Reden wir nicht mehr darüber; hast du Mut zu tun, was ich dir sage?
LEPORELLO Wenn wir nur die Frauen lassen.
DON GIOVANNI Die Frauen lassen! Narr! Die Frauen lassen! Du weißt, daß sie mir nötiger sind als das Brot, das ich esse, als die Luft, die ich atme.
LEPORELLO Und Ihr bringt es übers Herz, alle zu betrügen?
DON GIOVANNI Aus lauter Liebe. Wer einer einzigen treu bleibt, ist grausam zu allen andern. Ich, der ich ein so ausgedehntes Gefühl in mir trage, bin allen gut; die Frauen, die das nicht ermessen kön-nen, nennen meine liebreiche Natur Betrug.
LEPORELLO Eine umfassendere und gütigere Natur ist mir niemals vorgekommen. Auf denn, was steht zu Diensten?

Don Giovanni Höre, hast du das Kammermädchen der Donna Elvira gesehen?

Leporello Keineswegs.

Don Giovanni Da hast du etwas Schönes übersehen, mein lieber Leporello. Bei ihr will ich mein Glück versuchen, und da es schon Abend wird, will ich mich ihr in deinen Kleidern zeigen. Es wird ihren Appetit reizen.

Leporello Und warum wollt Ihr Euch nicht in Euren eigenen zeigen?

Don Giovanni Wenig Kredit haben Herrenkleider bei Leuten dieses Standes. *(Er zieht seinen Anzug aus und legt den Leporellos an.)* Los – geschwind – –

Leporello Herr – aus verschiedenen Gründen – –

Don Giovanni *(zornig)* Hör auf, ich dulde keinen Widerspruch! *(Leporello zieht Don Giovannis Anzug an.)*

SZENE 2

Don Giovanni, Leporello, Donna Elvira.

Donna Elvira *(am Fenster)* Ach schweig, verirrtes Herz, was klopfst du mir im Busen! Er ist ein Verbrecher, ein Verräter – es ist Sünde, ihm anzuhangen.   Nr. 15 Terzett

Leporello Still, Herr! Ich höre die Stimme Donna Elviras.

Don Giovanni Den Augenblick will ich nutzen. Bleib hier stehen! *(Er stellt sich hinter Leporello und spricht mit Donna Elvira.)* Elvira, mein Abgott –

Donna Elvira Ist das nicht der Undankbare?

Don Giovanni Ja, mein Leben, ich bin es und bitte um Gnade.

Donna Elvira Götter, welch seltsame Regung erwacht in meinem Busen!

Leporello Seht diese Närrin! Sie glaubt ihm wieder.

Don Giovanni Komm herab, mein Kleinod, und überzeuge dich: du bist es, die meine Seele anbetet. Ich bin voll Reue.

Donna Elvira Nein, nein, ich glaube dir nicht, Grausamer!

Don Giovanni Oh, glaube mir, *(hingebungsvoll, fast weinend)* sonst töte ich mich!

Leporello *(leise zu Don Giovanni)* Wenn Ihr so weitermacht, muß ich lachen.

Don Giovanni Mein Abgott, komm zu mir!

Donna Elvira *(für sich)* Götter, welch Wagnis! Soll ich gehn, soll ich bleiben – ich weiß es nicht; ach, schützt meine Leichtgläubigkeit! *(Sie verläßt das Fenster.)*

Don Giovanni *(für sich)* [*zugleich*] Ich glaube, die Festung fällt. Was für ein köstlicher Streich! Wo gäbe es einen Geist, fruchtbarer als den meinen!

Leporello *(für sich)* [*zugleich*] Das Lügenmaul verführt sie schon wieder. Schützt, o Götter, ihre Leichtgläubigkeit!

Rezitativ   Don Giovanni *(äußerst angeregt)* Freund, was meinst du?

Leporello Ich meine, Ihr habt eine Seele von Erz.

Don Giovanni Ach, und du bist ein dummer Sterz! Hör zu, wenn sie hier aufkreuzt, läufst du zu ihr und umarmst sie! Streichle sie ein paarmal, mach meine Stimme nach – dann führst du sie geschickt auf die Seite.

Leporello Aber Herr –

Don Giovanni *(hält Leporello eine Pistole unter die Nase)* Keine Widerrede!

Leporello Aber wenn sie mich erkennt?

Don Giovanni Wenn du es nicht willst, wird sie dich nicht erkennen. Still, sie öffnet; sei vernünftig! *(Er geht beiseite.)*

Szene 3

Die Vorigen; Donna Elvira.

Donna Elvira Hier komme ich zu Euch!

Don Giovanni (Mal sehn, wie er sich anstellt.)

Leporello (Diese Verlegenheit!)

Donna Elvira Darf ich glauben, daß mein Weinen dieses Herz bezwang? Don Giovanni, der Geliebte, kehrt reuevoll zu seiner Pflicht, zu meiner Liebe zurück?

Leporello Ja, meine Hübsche!

Donna Elvira Grausamer! Wenn Ihr wüßtet, wieviele Tränen, wieviele Seufzer Ihr mich gekostet habt!

Leporello Ich, mein Leben?

Donna Elvira Ihr.

Leporello Armes Kind! Wie mich das dauert!

DONNA ELVIRA Werdet Ihr mir wieder entfliehn?

LEPORELLO Nein, meine Zuckerschnute!

DONNA ELVIRA Auf immer mein?

LEPORELLO Auf immer.

DONNA ELVIRA Liebster!

LEPORELLO Liebste! (Der Spaß schmeckt mir.)

DONNA ELVIRA Mein Schatz!

LEPORELLO Meine Venus!

DONNA ELVIRA Ich bin ganz Feuer für Euch.

LEPORELLO Ich bin ganz Asche.

DON GIOVANNI (Der Kerl kommt in Hitze.)

DONNA ELVIRA Und Ihr täuscht mich nicht?

LEPORELLO Gewiß nicht.

DONNA ELVIRA Schwört es!

LEPORELLO Ich schwöre es bei dieser Hand, die ich inbrünstig küsse,
  bei dem Licht dieser schönen Augen –

DON GIOVANNI *(sich den Anschein gebend, als wolle er jemand mit
  dem Degen umbringen)* He, ha, he, oh – fahr zur Hölle!

DONNA ELVIRA, LEPORELLO Himmel! *(Donna Elvira entflieht mit
  Leporello.)*

DON GIOVANNI He, ha, he, ha, he, oh! Es scheint, das Glück ist mir
  hold, sehn wir einmal – hier sind die Fenster. Jetzt wird gesungen!

Komm zum Fenster, mein Schatz, komm, trockne meine Tränen!   Nr. 16
Wenn du mir Tröstung verweigerst, muß ich vor deinen Augen   Kanzonette
sterben. Dein Mund ist süßer als Honig, Zucker wohnt in deinem
Herzen. Sei nicht grausam, mein Kleinod! Laß dich wenigstens
sehn, schöne Liebe!

Da ist jemand am Fenster! Sie wird es sein. Ts, ts –   Rezitativ

SZENE 4

Masetto mit Hakenbüchse und Pistole; Bauern;
der Vorige.*

MASETTO Laßt uns nicht müde werden; ein Gefühl sagt mir, daß wir
  ihn finden.

DON GIOVANNI (Da spricht jemand.)

Masetto Stehngeblieben – mir scheint, da bewegt sich was.

Don Giovanni *(leise)* (Wenn ich mich nicht irre, ist das Masetto.)

Masetto *(laut)* Wer da? Keine Antwort. Achtung, angelegt! *(noch lauter)* Wer da?

Don Giovanni (Er ist nicht allein, da heißt es klug sein.) *(versucht, Leporellos Stimme nachzuahmen)* Freunde – (Ich darf mich nicht verraten.) *(wie oben)* Bist du es, Masetto?

Masetto *(aufgebracht)* Eben der! und du?

Don Giovanni Kennst du mich nicht? Ich bin der Diener von Don Giovanni.

Masetto Leporello! Der Diener dieses nichtswürdigen Kavaliers!

Don Giovanni Ja, dieses Schurken –

Masetto Sag, jenen Ehrlosen – o sag mir, wo wir ihn finden! Mit allen diesen suche ich ihn, um ihm den Garaus zu machen.

Don Giovanni (Kleinigkeit!) Bravissimo, Masetto! Ich komme mit euch, um es diesem Schurken von einem Herrn zu zeigen, Höre, was ich im Sinne habe!

Nr. 17 Arie   Die einen von euch gehen hier entlang, die andern da entlang, vorsichtig spürt ihr ihn auf, er kann nicht weit sein. Gehen ein Mann und ein Mädchen auf dem Platz spazieren, hört ihr, wie sie unter einem Fenster von Liebe reden – stoßt zu, stoßt zu! es kann nur mein Herr sein. Auf dem Kopf trägt er einen Hut mit weißen Federn, um die Schultern einen weiten Mantel und an der Seite den Degen. Geht, macht schnell! *(Die Bauern ab) (zu Masetto)* Du allein kommst mit mir. Wir haben den Rest zu besorgen; du wirst schon sehn, was das ist. *(Er nimmt Masetto mit; beide ab)*

Szene 5

Don Giovanni und Masetto.

Rezitativ   *Don Giovanni kommt zurück, Masetto an der Hand führend.*

Don Giovanni Still, laß mich horchen – vortrefflich! Wir müssen ihn also töten.

Masetto Unbedingt.

Don Giovanni Würde es nicht genügen, ihm die Knochen zu brechen, den Rücken zu zerschlagen –

Masetto Nein, nein, ich will ihn totschlagen, will ihn in hundert
Stücke reißen –

Don Giovanni Bist du gut bewaffnet?

Masetto Und wie! Erstens diese Muskete, *(er gibt die Muskete und
die Pistole Don Giovanni)* zweitens eine Pistole –

Don Giovanni Und weiter?

Masetto Reicht das nicht?

Don Giovanni Doch, es reicht. Nimm das dafür, *(schlägt Masetto mit
der flachen Klinge)* das für die Pistole – das für die Muskete –

Masetto Au weh! Hilfe! Au, au!

Don Giovanni *(bedroht ihn mit den Waffen in der Hand)* Still oder du
bist ein toter Mann! Das für das Totschlagen – das für das In-
Stücke-Reißen – Lümmel, Straßenräuber, Hundesohn! *(ab)*

Szene 6

Masetto; dann Zerlina mit einer Laterne.

Masetto *(laut klagend)* Au weh! mein Kopf! Au, au! Der Rücken –
und die Brust!

Zerlina Mir scheint, ich höre die Stimme Masettos.

Masetto O Gott! Zerlina, meine Zerlina! Hilfe!

Zerlina Was ist geschehen?

Masetto Der Tückebold, der Bandit hat mir Knochen und Nerven
zerschlagen.

Zerlina Ich Ärmste! Wer?

Masetto Leporello! Oder irgendein Teufel, der ihm ähnlich sieht.

Zerlina Grausamer! Habe ich dir nicht gesagt, daß deine wahnsinnige Eifersucht nur Unheil anrichtet? Wo tut es weh?

Masetto Hier.

Zerlina Und wo noch?

Masetto Hier – und dort – da –

Zerlina Und woanders tut dir's nicht weh?

Masetto Der Fuß schmerzt ein wenig, der Arm, und die Hand.

Zerlina Auf denn; wenn du sonst gesund bist, ist das Übel nicht
groß. Komm mit nach Hause – wenn du mir versprichst, weniger
eifersüchtig zu sein, werde ich dich heilen, mein lieber Bräutigam.

Du wirst sehen, Lieber, wenn du artig bist, gebe ich dir ein schönes   Nr. 18 Arie

Heilmittel. Es ist natürlich, es schmeckt nicht schlecht, kein Apotheker kann es zubereiten. Es ist ein Balsam, den ich mit mir trage; wenn du willst, werde ich dich damit behandeln. Willst du wissen, wo ich ihn habe? Da, hör ihn schlagen, *(sie läßt ihn ihr Herz berühren)* hier fühlst du ihn. *(ab mit Masetto)*

Große, finstere Eingangshalle mit drei Türen, im Erdgeschoß von Donna Annas Haus.

SZENE 7

Leporello, Donna Elvira. Später Donna Anna,
Don Ottavio, Diener mit Lichten.

Rezitativ   LEPORELLO Das Licht vieler Fackeln nähert sich, mein Schatz; verbergen wir uns, bis es vorüber ist.

DONNA ELVIRA Aber was fürchtest du, mein angebeteter Bräutigam?

LEPORELLO Nichts, nichts − nur ein wenig Vorsicht. Ich will nachsehen, ob der Lichtschein sich schon entfernt hat − (Oh, wie von ihr loskommen!) Bleib nur, schöne Seele − *(Er entfernt sich.)*

DONNA ELVIRA Ach, verlaß mich nicht!

Nr. 19 Sextett   An dem finstern Ort ganz allein! Ich fühle mein Herz beben; Furcht überfällt mich, als ob ich sterben müsse.

LEPORELLO *(tastend umhergehend)* Je mehr ich suche, desto weniger finde ich diese verdammte Tür. Sachte, sachte − da ist sie; Zeit, sich davonzumachen. *(Er öffnet die falsche Tür.)*
(Donna Anna und Don Ottavio treten in Trauerkleidern ein.)

DON OTTAVIO Trockne deine Tränen, mein Leben, und stille deinen Schmerz! Deine Marter quält deines Vaters Geist.

DONNA ANNA Laß meiner Not dies kleine Labsal! Nur der Tod, mein Geliebter, endet mein Weinen.

DONNA ELVIRA *(ohne gesehen zu werden)* Ach, wo ist mein Bräutigam?

LEPORELLO *(von der Tür, ohne gesehen zu werden)* Wenn sie mich findet, bin ich verloren!

ʹ DONNA ELVIRA, LEPORELLO Ich sehe eine Tür. Leise, leise will ich mich davonmachen. *(Beim Hinausgehen stoßen sie auf Zerlina und Masetto. Leporello verhüllt sein Gesicht.)*

Szene 8

Die Vorigen; Zerlina und Masetto.

ZERLINA, MASETTO Halt, Schurke, wo willst du hin?

DONNA ANNA, DON OTTAVIO Da ist der Elende! – Wie kam er her?

DONNA ANNA, ZERLINA, DON OTTAVIO, MASETTO Tod dem Verruchten, der mich verriet!

DONNA ELVIRA Er ist mein Mann. Erbarmen, Erbarmen!

DONNA ANNA, ZERLINA, DON OTTAVIO, MASETTO Ist es Donna Elvira, die ich erblicke? Kaum zu glauben!

DONNA ELVIRA Erbarmen, Erbarmen!

DONNA ANNA, ZERLINA, DON OTTAVIO, MASETTO Nein, nein! Er sterbe! *(Don Ottavio im Begriff, ihn zu töten. Leporello enthüllt sich und fällt auf die Knie.)*

LEPORELLO *(fast weinend)* Verzeihung, Verzeihung, meine Herrschaften! Sie irrt sich, ich bin nicht der. Um Himmels willen, laßt mich am Leben!

DONNA ANNA, ZERLINA, DONNA ELVIRA, DON OTTAVIO, MASETTO Götter, Leporello! Was für ein Betrug! Ich stehe starr – was geht hier vor?

LEPORELLO Tausend trübe Gedanken gehen mir im Kopf herum. Wenn ich aus diesem Sturm heil davonkomme, kann man von einem Wunder sagen.

DONNA ANNA, ZERLINA, DONNA ELVIRA, DON OTTAVIO, MASETTO [*zugleich mit ihm*] Tausend trübe Gedanken gehen mir im Kopf herum. Himmel, was für ein Tag! Was für unvorstellbare Begebenheiten!

(Donna Anna mit den Dienern ab)

Szene 9

*Donna Elvira, Don Ottavio, Leporello,
Zerlina und Masetto.*

ZERLINA Also du hast meinen Masetto vorhin so grausam miß- Rezitativ
handelt?

DONNA ELVIRA Also du hast mich betrogen, Schurke, indem du dich
mir als Don Giovanni ausgabst?

DON OTTAVIO Also du hast dich in diesem Aufzug hier zu neuen
Betrügereien eingeschlichen?

ZERLINA An mir ist es, ihn zu strafen!
DONNA ELVIRA Nicht doch, an mir.
DON OTTAVIO Nein, nein, an mir.
MASETTO Schlagen wir ihn alle zusammen tot!

Nr. 20 Arie LEPORELLO* *(zu Don Ottavio und Donna Elvira)* Erbarmen, meine
Herrschaften, Erbarmen – habt Erbarmen mit mir! Ihr habt beide recht, aber es ist nicht mein Verbrechen. Mit Gewalt hat mein
Herr mir die Unschuld geraubt. *(leise zu Donna Elvira)* Donna
Elvira, übt Nachsicht! Denkt nur, wie es zuging! *(zu Zerlina)* Von
Masetto weiß ich nichts. *(auf Donna Elvira zeigend)* Diese Jungfrau kann es bezeugen: seit einem Stündchen gehe ich mit ihr in
der Gegend herum. *(zu Don Ottavio, verwirrt)* Euch, mein Herr,
sage ich nichts! Eine Art Furcht – eine Art Zufall – draußen hell
– drinnen dunkel – kein Ausweg – die Tür – die Wand – der –
die – das – *(auf die Tür zeigend, die er irrtümlich für verschlossen
gehalten hatte**)* Ich gehe da entlang – verstecke mich dort –
der Fall ist klar – und wie klar – *(er nähert sich geschickt der Tür)*
Hätte ich aber Bescheid gewußt, wäre ich hier entflohen. *(flieht)*

SZENE 10

Donna Elvira, Don Ottavio, Zerlina und Masetto.

Rezitativ DONNA ELVIRA Halt, Schändlicher, halt –
MASETTO Der Schuft hat Flügel an den Füßen –
ZERLINA Wie kunstreich der Tückebold entrann –
DON OTTAVIO Meine Freunde, nach solch unerhörten Ausschreitungen können wir nicht länger zweifeln, daß Don Giovanni der ruchlose Mörder von Donna Annas Vater ist. Verweilt noch einige Stunden in diesem Haus! An zuständiger Stelle will ich ein Gesuch einreichen; in wenigen Augenblicken, das verspreche ich, werde ich
euch rächen. So gebieten es Pflicht, Mitleid und Liebe.

Nr. 21 Arie Inzwischen geht, meinen Schatz zu trösten, versucht, die Tränen
von ihren schönen Wimpern zu wischen! Sagt ihr, ich ginge, das
ihr angetane Unrecht zu rächen; nur als Bote von Tod und Vernichtung kehrte ich zu ihr zurück. *(alle ab)*

Umfriedeter Ort in Gestalt eines altertümlichen Begräbnisplatzes.
Verschiedene Reiterstatuen; die Statue des Komturs.*

Szene 11

Don Giovanni steigt lachend über die Einfassung;
später Leporello.

Don Giovanni *(laut lachend)* Hahahaha, die ist gut; soll sie nur   Rezitativ
suchen! Welch schöne Nacht! Sie ist heller als der Tag – wie dazu
geschaffen, auf Mädchenjagd zu gehen. *(sieht auf die Uhr)* Wie
spät mag es sein? Oh, keine zwei Stunden nach Sonnenunter-
gang**; ich wüßte gern, wie die Geschichte mit Leporello und
Donna Elvira ausgegangen ist! Wenn er klug war –

Leporello *(auf der Straße)* Er wird mich noch ins Verderben stürzen!

Don Giovanni Er ist es. He, Leporello!

Leporello *(von der Einfassung her)* Wer ruft mich?

Don Giovanni Kennst du deinen Herrn nicht?

Leporello Kennte ich ihn nur nicht!

Don Giovanni Wie, Bursche?

Leporello Ach, Ihr seid es? Entschuldigung!

Don Giovanni Was ist passiert?

Leporello Euretwegen bin ich beinahe erschlagen worden.

Don Giovanni Je nun, das war doch sehr ehrenvoll.

Leporello Die Ehre schenk ich Euch, Herr!

Don Giovanni Los, komm her, ich habe dir schöne Dinge zu erzählen!

Leporello Aber was macht Ihr hier?

Don Giovanni Komm herein, und du wirst es erfahren. *(Leporello*
herein; sie tauschen ihre Kleidung.) Diverse Histörchen, die mir
nach deinem Abgang zugestoßen sind, erzähle ich dir ein andermal; hier nur die schönste!

Leporello Sicher eine Weibergeschichte.

Don Giovanni Versteht sich! Ich treffe ein Mädchen auf der Straße,
schön, jung, geputzt, ich folge ihr, greife nach ihrer Hand, sie will
mir entfliehen. Ich sage ein paar Worte, da hält sie mich – – weißt
du, für wen?

Leporello Keine Ahnung.

Don Giovanni Für Leporello!

Leporello Für mich?

DON GIOVANNI Für dich.

LEPORELLO Sehr gut.

DON GIOVANNI Sie nimmt mich bei der Hand –

LEPORELLO Noch besser.

DON GIOVANNI Sie kost mit mir, umarmt mich – »Mein lieber Leporello, Leporello, mein Lieber –« Da merkte ich, daß ich eine deiner Schönen aufgegabelt hatte.

LEPORELLO (Verdammt!)

DON GIOVANNI Ich mache mir die Verwechslung zunutze, sie erkennt mich, ich weiß nicht wie; sie schreit, ich höre Leute und ergreife die Flucht; in aller Eile übersteige ich dies Mäuerchen und – da bin ich.

LEPORELLO Und das sagt Ihr mir mit solchem Gleichmut?

DON GIOVANNI Warum nicht?

LEPORELLO Und wenn es nun meine Frau gewesen wäre?

DON GIOVANNI (mit sehr lautem Lachen) Um so besser!

DER KOMTUR Ehe der Morgen graut, wird dir das Lachen vergehen.

DON GIOVANNI Wer sprach da?

LEPORELLO (mit furchtsamen Gebärden) Ach, eine Seele aus der andern Welt! Sie scheint Euch von Grund auf zu kennen.

DON GIOVANNI (greift zum Degen, durchsucht den Friedhof und schlägt auf einige Standbilder ein) Schweig, Dummkopf! Wer ist da? Wer ist da?

DER KOMTUR Ruchloser, Verwegener, laß die Toten ruhn!

LEPORELLO Habe ich's nicht gesagt?

DON GIOVANNI (mit Gleichmut und Verachtung) Es wird uns jemand von draußen einen Streich spielen – – Oho! Ist das nicht das Standbild des Komturs? Lies einmal diese Inschrift!*

LEPORELLO Verzeihung – ich habe nicht gelernt, bei Mondschein zu lesen –

DON GIOVANNI Lies, sage ich!

LEPORELLO (liest) »Hier warte ich auf Rache an dem Gottlosen, der mir den Tod gab.« Habt Ihr gehört? Ich zittre.

DON GIOVANNI Der närrische Alte! Sag ihm, daß ich ihn heute abend zum Essen bei mir erwarte.

LEPORELLO Was für ein Wahnsinn! Meint Ihr denn – – Götter, seht nur! Welch grausige Blicke er uns zuwirft! Als wäre er lebendig! Als könnte er uns hören! Als ob er sprechen wollte –

DON GIOVANNI Auf, geh hin – oder ich schlage dich auf der Stelle tot und begrabe dich anschließend!

LEPORELLO *(zitternd)* Sachte, sachte, Herr, ich gehorche ja.

Hochedles Standbild des großen Komturs – *(zu Don Giovanni)* Herr, das Herz zittert mir im Leibe, ich kann nicht ausreden.   Nr. 22 Duett

DON GIOVANNI Bring's zu Ende oder ich stoße dir diese Klinge in die Brust!

LEPORELLO Welche Verlegenheit, was für ein Einfall! Ich erstarre zu Eis.

DON GIOVANNI [*zugleich*] So ein Spaß, so ein Vergnügen! Ich will ihn zittern machen.

LEPORELLO Hochedles Standbild, obwohl Ihr aus Marmor seid – *(zu Don Giovanni)* Oh, mein Gebieter, seht, wie es uns immerfort anstarrt.

DON GIOVANNI Stirb!

LEPORELLO Nein, nein, wartet nur – *(zu dem Standbild)* Euer Ehren, mein Herr – merkt wohl: nicht ich – möchte das Nachtmahl mit Euch einnehmen – *(Das Standbild nickt mit dem Kopf.)* Ah, ah, ah, welch ein Vorfall! Himmel, er nickt mit dem Kopf!

DON GIOVANNI Ach was, du bist ein Spaßvogel –

LERPORELLO Herr, seht, noch einmal!

DON GIOVANNI Und was soll ich sehen?

LEPORELLO Mit seinem Marmorkopf *(macht die Statue nach)* macht er so, so. *(Das Standbild nickt abermals mit dem Kopf.)*

DON GIOVANNI *(das Nicken sehend)*, Leporello Mit seinem Marmorkopf macht er so, so.

DON GIOVANNI *(zu dem Standbild)* Sprecht, wenn Ihr könnt: Kommt Ihr zum Nachtmahl?

DER KOMTUR Ja.

LEPORELLO Ich kann mich kaum rühren – Himmel, mir fehlt die Kraft. Um Gottes willen fort; gehen wir weg von hier!

DON GIOVANNI [*zugleich*] Wirklich ein bizarrer Vorfall: der wackere Alte kommt zum Abendbrot. Gehen wir es anrichten; machen wir uns fort von hier! *(beide ab)*

Düsteres Zimmer.

SZENE 12

Donna Anna und Don Ottavio.

Rezitativ DON OTTAVIO Beruhigt Euch, mein Abgott; die schwerwiegenden Ausschreitungen jenes Unmenschen werden wir bald bestraft sehen. Wir werden gerächt sein.

DONNA ANNA Aber der Vater, o Gott!

DON OTTAVIO Wir müssen das Haupt vor dem Willen des Himmels beugen. Atme auf, Teure! Für deine bitteren Leiden wird dir, wenn du willst, schon morgen eine süße Entschädigung zuteil: dieses Herz, diese Hand, die meine zärtliche Liebe –

DONA ANNA O Gott, was sagt Ihr da? In einem so traurigen Augenblick –

DON OTTAVIO Wie das? Willst du mit erneuter Zögerung meine Leiden vermehren? Grausame!

Nr. 23 Recitativo accompagnato und Rondo DONNA ANNA Grausame? O nein, mein Schatz! Es betrübt mich nur zu sehr, einen Frieden aufzuschieben, den unsere Seele sich seit langem wünscht. Aber die Welt – o Gott – mißleite nicht die Standhaftigkeit eines empfindsamen Herzens! Meine Liebe spricht genugsam für dich.

Rondo Mein hochherziger Abgott – sage nicht, ich sei grausam zu dir! Du weißt wohl, wie ich dich liebe, du kennst meine Treue. Besänftige dich, stille deine Pein, wenn du nicht willst, daß ich vor Kummer sterbe! Vielleicht wird sich der Himmel eines Tages meiner erbarmen. *(ab)*

Rezitativ DON OTTAVIO Man folge ihren Schritten! Ich will ihre Leiden teilen, das wird ihre Seufzer erleichtern. *(ab)*

Saal; ein gedeckter Tisch.

SZENE 13

Don Giovanni, Leporello; einige Musikanten.

DON GIOVANNI Der Tisch ist schon gedeckt − spielt auf, liebe   Nr. 24 Finale
Freunde! Wenn ich schon mein Geld ausgebe, will ich auch etwas
davon haben. Leporello, schnell, trag auf!

LEPORELLO Allerschnellstens zu Diensten! *(Die Diener tragen auf,
während Leporello hinaus will. Don Giovanni ißt; die Musiker
fangen an zu spielen.)* Bravo! »Cosa rara«!*

DON GIOVANNI Was sagst du zu der schönen Musik?

LEPORELLO Sie entspricht Eurer Vergütung.

DON GIOVANNI Was für ein schmackhaftes Gericht!

LEPORELLO Was für ein barbarischer Appetit! Diese Riesenbissen!
Mir wird ganz schwindlig.

DON GIOVANNI *(für sich)* [*zugleich*] Beim Anblick meiner Bissen wird
ihm ganz schwindlig. Die Platte!

LEPORELLO Zu dienen. Hoch die »Litiganti«!**

DON GIOVANNI Schenk Wein ein! *(Leporello füllt das Glas.)* Ein exzel-
lenter Marzimino! *(Leporello wechselt Don Giovannis Platte und
ißt hastig.)*

LEPORELLO *(für sich)* Dieses Stück Fasan will ich heimlich hinunter-
schlucken.

DON GIOVANNI *(für sich)* Der Flegel ißt; ich werde tun, als merkte
ich's nicht.

LEPORELLO Das kommt mir nur allzu bekannt vor −***

DON GIOVANNI *(ohne hinzusehen)* Leporello.

LEPORELLO *(mit vollem Mund)* Mein Gebieter −

DON GIOVANNI Sprich deutlich, Bursche!

LEPORELLO Eine Schwellung hemmt meine Aussprache.

DON GIOVANNI Pfeif ein wenig, während ich speise!

LEPORELLO Ich kann nicht.

DON GIOVANNI Wie das? *(bemerkt, daß er ißt)*

LEPORELLO Verzeihung, Euer Koch ist so gut, daß ich auch kosten
wollte.

DON GIOVANNI [*zugleich*] Mein Koch ist so gut, daß er auch kosten
wollte.

Szene 14

Die Vorigen; Donna Elvira.

Donna Elvira *(verzweifelt herein)* Ich will dir die letzte Probe meiner
Liebe geben. Ich denke nicht mehr an deine Betrügereien, ich
fühle Mitleid –

Don Giovanni *(sich erhebend)*, **Leporello** Was ist? Was ist?

Donna Elvira *(niederknieend)* Diese bedrängte Seele will für ihre
Treue keinen Dank.

Don Giovanni Ich erstaune! Was wollt Ihr? Wenn Ihr nicht aufsteht,
bleibe ich nicht stehen! *(Er kniet nieder.)*

Donna Elvira Ach, spotte nicht meiner Leiden!

Leporello Sie bringt mich fast zum Weinen.

Don Giovanni *(sich erhebend und Donna Elvira mit gespielter Zärtlichkeit aufhelfend)* Ich deiner spotten? Himmel, warum? Was
willst du, mein Schatz?

Donna Elvira Daß du dein Leben änderst.

Don Giovanni Vortrefflich!

Donna Elvira, **Leporello** Treuloses Herz!

Don Giovanni Laß mich essen. *(setzt sich wieder zum Essen)* Und
wenn es dir gefällt, iß mit!

Donna Elvira Verharre denn, Unmensch, in dem stinkenden Pfuhl,
der Schändlichkeit schreckliches Beispiel!

Leporello [*zugleich*] Wenn ihr Schmerz ihn nicht rührt, hat er kein
Herz – oder eines von Stein!

Don Giovanni *(trinkend)* Hoch die Frauen, hoch der gute Wein, der
Menschheit gloriose Stützen!

(Donna Elvira ab)

Donna Elvira *(tritt wieder auf und flieht nach der entgegengesetzten
Seite)* Ah!

Don Giovanni, **Leporello** Was für ein Schrei ist das?

Don Giovanni Geh und sieh, was es war!

Leporello *(geht hinaus und stößt, ehe er zurückkommt, einen
Schrei aus)* Ah!

Don Giovanni Was für ein höllisches Geschrei! *(Leporello kommt entsetzt wieder und schließt die Tür ab.)* Leporello, was gibt's?

Leporello Oh, Herr – um Gottes willen! – Geht nicht hinaus! –
Der Mann – aus – Stein – der weiße – Mann – o mein Gebieter!

Ich erstarre – ich vergehe – wenn Ihr die Gestalt sähet! Wenn Ihr
sie tappen hörtet: Ta ta ta ta!

Don Giovanni Ich verstehe überhaupt nichts.

Leporello Ta ta ta ta!

Don Giovanni Ich glaube, du bist nicht bei Trost.

(Man hört an die Tür schlagen.)

Leporello Ah, hört!

Don Giovanni Da klopft jemand. Mach auf –

Leborello *(bebend)* Ich zittre –

Don Giovanni Mach auf, sag ich!

Leporello Ah – –

Don Giovanni Mach auf!

Leporello Ah – –

Don Giovanni Narr! Um die Sache aufzuklären, will ich selber öffnen! *(Er nimmt ein Licht und geht, die Tür zu öffnen.)*

Leporello Ich will den Freund nicht noch einmal sehen; ich verstecke mich ganz sacht. *(Er versteckt sich unter den Tisch. Don
Giovanni öffnet.)*

Szene 15

Die Vorigen; der Komtur.

Der Komtur Don Giovanni, du hast mich zum Essen eingeladen und
ich bin gekommen.

Don Giovanni Das hätte ich nie gedacht, aber ich will tun, was ich
kann. Leporello, laß sofort ein weiteres Gedeck auflegen!

Leporello *(steckt den Kopf unter dem Tisch hervor)* Ach Herr, wir
sind alle hin!

Don Giovanni Geh, sag ich –

(Leporello kommt angstschlotternd zum Vorschein und will hinaus.)

Der Komtur Halt ein! Keiner irdischen Nahrung bedarf, der sich
von himmlischer Speise nährt. Andere, schwerwiegende Sorgen,
ein anderes Verlangen führt mich hernieder!

Leporello Mir ist, als hätte ich das Wechselfieber; ich kann meine
Glieder nicht halten.

Don Giovanni Also sprich: Was willst du, was ist dein Begehr?

Der Komtur Ich spreche, vernimm! Ich habe nicht viel Zeit.

Don Giovanni Sprich nur, sprich, ich bin ganz Ohr.

Der Komtur Du hast mich zum Essen eingeladen und weißt, was deine Schuldigkeit ist. Antworte mir: Wirst du kommen und mit mir speisen?

Leporello *(zitternd von weitem)* Ganz und gar nicht! Er hat keine Zeit, Entschuldigung!

Don Giovanni Niemand wird mich je feige nennen dürfen.

Der Komtur Entscheide dich!

Don Giovanni Ich habe mich entschieden.

Der Komtur Wirst du kommen?

Leporello *(zu Don Giovanni)* Sagt nein!

Don Giovanni Fest ist das Herz in meiner Brust, ich habe keine Furcht, ich komme!

Der Komtur Gib mir die Hand zum Pfande!

Don Giovanni Da ist sie! *(Er schreit laut.)* Oh!

Der Komtur Was hast du?

Don Giovanni Wie eisig!

Der Komtur Bereue, ändere dein Leben: es ist die letzte Gelegenheit!

Don Giovanni *(der sich vergebens loszureißen sucht)* Nein, nein, ich bereue nicht. Hebe dich weg von mir!

Der Komtur Bereue, Frevler!

Don Giovanni Nein, besessener Greis!

Der Kombur Bereue!

Don Giovanni Nein!

Der Komtur, Leporello Tu's!

Don Giovanni Nein!

Der Komtur Wehe, die Frist ist um. *(ab)*

(Feuer von verschiedenen Seiten, Erdbeben)

Don Giovanni Mit welch ungekanntem Beben stürmen die Geister auf mich ein! Woher brechen diese grauenhaften Feuerwirbel auf!

Chor *(dumpftönend aus der Tiefe)* Für deine Schuld ist das nicht viel. Komm, es gibt größere Qualen!

Don Giovanni Was zerreißt mir die Seele? Was wühlt mein Innerstes auf? Welche Qual, wehe, welch ein Rasen! Welche Hölle, welch Entsetzen!

Leporello [*zugleich*] Diese verzerrten Züge! Die Gebärden eines Verdammten! Diese Schreie, dies Jammern! Wie entsetzlich ist das!

(Das Feuer nimmt zu; Don Giovanni versinkt.)
DON GIOVANNI Ach! *(Er wird von der Erde verschlungen.)*
LEPORELLO Ach!

LETZTE SZENE

Leporello, Donna Anna, Donna Elvira, Don Ottavio,
Zerlina, Masetto mit Justizbeamten.

DONNA ANNA, DONNA ELVIRA, ZERLINA, DON OTTAVIO, MASETTO Wo ist
der Bösewicht, wo der Nichtswürdige? All meinen Zorn will ich an
ihm auslassen.

DONNA ANNA Erst, wenn ich ihn in Ketten sehe, wird mein Schmerz
weichen.

LEPORELLO Hofft nicht, ihn wiederzufinden! Sucht nicht länger: er
ging weit fort.

DONNA ANNA, DONNA ELVIRA, ZERLINA, DON OTTAVIO, MASETTO Wie
das? Erzähle!

LEPORELLO Es kam ein Koloß –

DONNA ANNA, DONNA ELVIRA, ZERLINA, DON OTTAVIO, MASETTO Mach
schon, beeil dich –

LEPORELLO Ich kann aber nicht –

DONNA ANNA, DONNA ELVIRA, ZERLINA, DON OTTAVIO, MASETTO
Schnell, erzähle, beeil dich!

LEPORELLO In Rauch und Feuer – Gebt gut acht! – Der Mann von
Stein – Haltet Euch fest! – genau dort unten* – es gab einen
furchtbaren Schlag – eben dort verschlang ihn der Teufel.

DONNA ANNA, DONNA ELVIRA, ZERLINA, DON OTTAVIO, MASETTO
Himmel, was hör ich!

LEPORELLO Eine wahre Begebenheit!

DONNA ELVIRA Ach, das war sicher der Geist, der mir entgegenkam!

DONNA ANNA, ZERLINA, DON OTTAVIO, MASETTO *(zugleich)* Ach, das
war sicher der Geist, der ihr entgegenkam!

DON OTTAVIO Da uns der Himmel, mein Schatz, nun alle gerächt hat,
gib mir Erquickung, laß mich nicht länger schmachten!

DONNA ANNA Laß meinem Herzen, Lieber, noch ein Jahr, um zur
Ruhe zu kommen.

DONNA ANNA, DON OTTAVIO Treue Liebe ergibt sich in das Verlangen
der Angebeteten.

DONNA ELVIRA Ich gehe in ein Kloster, um mein Leben zu beschließen.

Zerlina, Masetto Wir, Masetto / Zerlina, gehn nach Hause, um zusammen zu essen.

Leporello Und ich gehe in die Schenke, einen besseren Herrn zu finden.

Zerlina, Masetto, Leporello Bleibe der Schuft also bei Pluto und Proserpina! Wir aber, liebe Leute, stimmen fröhlich das alte Lied an:

Donna Anna, Donna Elvira, Zerlina, Don Ottavio, Masetto, Leporello So ist das Ende derer, die Böses tun. Der Tod der Treulosen kommt ihrem Leben gleich.

(Ende der Oper)

ABWEICHUNGEN DER WIENER FASSUNG

Die Aufführung der Oper am 7. Mai 1788 im »kaiserlich königlichen National-Hof-Theater« (Burgtheater) zu Wien enthielt von Mozarts und da Pontes Hand die folgenden Abweichungen von Partitur und Text der Prager Uraufführung:

1)   ERSTER AKT, SZENE 14

Dem Rezitativ des Don Ottavio folgt nachstehende Arie (KV 540a):

DON OTTAVIO Von ihrem Frieden hängt der meine ab, was sie erfreut, [Nr. 10a] Arie
erneuert mein Leben, was sie verstimmt, gibt mir den Tod. Wenn
sie seufzt, muß auch ich seufzen, ihr Zorn ist mein Zorn, ihr
Weinen ist mein Weinen; das Glück verläßt mich, wenn es sie
flieht. *(ab)*

2)   ZWEITER AKT, SZENE 9–11

An Stelle von Leporellos Arie Nr. 20 tritt am Ende der Szene 9 das
folgende Rezitativ, an das das Rezitativ der Szene 10 (Prager Fassung) mit zwei Modifikationen anschließt. (Die auch in der Prager
Fassung enthaltenen Passagen sind nachstehend kursiv gesetzt.)
Dann folgen an Stelle von Ottavios Arie Nr. 21 die Szenen 10a–10d
mit einem Duett Zerlina-Leporello (KV 540b) und einer Arie der
Elvira (KV 540c). Im Rezitativ zu Anfang der Szene 11 ergeben sich
einige Modifikationen, ehe die Wiener Fassung wieder in die ursprüngliche einlenkt.

LEPORELLO Erbarmen – Mitleid – Gnade!   Rezitativ
DON OTTAVIO Das hoffe nicht!
LEPORELLO Hört – an dieser Stelle – stand die Tür offen – Don Giovanni zog mir diese Kleider an, und ich, mit ihr – Verzeihung, es
ist nicht meine Schuld. In diesem Augenblick kamt ihr mit den
Dienern – ich meide das Licht – verwechsle die Zimmer – tappe
– tappe – tappe herum – verberge mich – stoße erst auf die einen, dann auf die andern – wende mich dahin, pirsche nach dort
– aber wenn ich Bescheid gewußt hätte, wäre ich hier entflohen!
(flieht)

SZENE 10

Donna Elvira, Don Ottavio, Zerlina und Masetto.

Rezitativ DONNA ELVIRA *Halt, Schändlicher, halt –*
MASETTO *Der Schuft hat Flügel an den Füßen –*
ZERLINA *Wie kunstreich der Tückebold entrann –* Masetto, komm
mit!* *(beide ab)*
DON OTTAVIO Donna Elvira, *nach solch unerhörten Ausschreitungen
können wir nicht länger zweifeln, daß Don Giovanni der ruchlose
Mörder von Donna Annas Vater ist. Verweilt noch einige Stunden
in diesem Haus! An zuständiger Stelle will ich ein Gesuch einrei-
chen; in wenigen Augenblicken, das verspreche ich, werde ich
Euch rächen. So gebieten es Pflicht, Mitleid und Liebe. (beide ab)*

SZENE 10a

Zerlina und Leporello, später ein Bauer.

*Zerlina, ein Messer in der Hand, zieht Leporello an den Haaren
hinter sich her.***

Rezitativ ZERLINA Stehngeblieben!
LEPORELLO Erbarmen, Zerlina!
ZERLINA Für deinesgleichen gibt es kein Erbarmen!
LEPORELLO Du willst mir wohl herausreißen –
ZERLINA – das Haar, den Kopf, das Herz und die Augen!
LEPORELLO *(eine Grimasse schneidend)* Hör mal, meine Hübsche –
ZERLINA *(ihn drohend zurückstoßend)* Wehe, du rührst mich an! Du
wirst sehen, Abschaum eines Schurken, was einer bekommt, der
die Mädchen beleidigt!
LEPORELLO (Befreit mich, Götter, von dieser Furie!)
ZERLINA *(zerrt Leporello über die ganze Bühne hinter sich her)*
Masetto – holla, Masetto! Wo, zum Teufel, steckt er! Diener,
Leute! Niemand kommt – *(herein ein Bauer)* niemand hört –
LEPORELLO Vorsichtig, um Gottes willen – du zerrst wie an einem
Pferdeschwanz!
ZERLINA Du wirst sehen, wie der Tanz endet! Schnell, den Stuhl hier-
her!
LEPORELLO Da ist er.

ZERLINA Setz dich!

LEPORELLO Ich bin nicht müde.

ZERLINA Setz dich oder mit diesen Händen reiße ich dir das Herz heraus und werfe es den Hunden vor!

LEPORELLO *(setzt sich)* Ich setze mich, aber sei so gut und leg das Schermesser weg! Willst du mich etwa rasieren?*

ZERLINA Ja, Schurke! Ich will dich ohne Seife rasieren.

LEPORELLO Ewige Götter!

ZERLINA Gib deine Hand!

LEPORELLO Die Hand.

ZERLINA Die andere!

LEPORELLO Was willst du tun? *(Zerlina fesselt Leporellos Hände mit einem Taschentuch; der Bauer hilft ihr.)*

ZERLINA Ich tue, was mir paßt. *(bindet ihn am Stuhl fest)*

LEPORELLO Bei diesen Händchen, die so weiß und zart, bei diesem [Nr. 21a] Duett
Teint, der so frisch ist, hab Erbarmen mit mir!

ZERLINA Kein Erbarmen, du Schuft! Ich bin ein gereizter Tiger, eine Viper, ein Löwe − nein, nein, kein Erbarmen!

LEPORELLO Ach, wenn man fliehen könnte!

ZERLINA Wenn du dich rührst, bist du tot!

LEPORELLO Grausame, ungerechte Götter! Wer ließ mich in solche Hände fallen!

ZERLINA Betrüger, grausamer! Hätte ich nur auch das Herz deines Gebieters hier!

LEPORELLO Ach, schnür mich nicht so fest! Die Seele fährt mir heraus.

ZERLINA *(ihn ganz fest schnürend)* Mag sie drinbleiben oder heraus-fahren, du wirst dich nicht von der Stelle rühren.

LEPORELLO Dieser Druck − Götter, diese Stöße!** Ist es Tag − oder Nacht? Schläge − wie − von einem Erdbeben! Dicke Finsternis!

ZERLINA Das Herz strahlt mir vor Vergnügen! So, so mit den Män-nern − so muß man es machen. *(ab)*

SZENE 10b

Leporello und ein Bauer.

LEPORELLO *(zu dem Bauern)* Freund, um der Barmherzigkeit willen, Rezitativ
einen Schluck Wasser oder ich sterbe! Sieh nur, wie eng mich die

Mörderin geschnürt hat! *(der Bauer ab)* Könnte ich mich mit den
Zähnen befreien! – Der Teufel löse diese Knoten! – Ich will sehn,
ob der Strick reißt – Er ist zu stark – Ich sterbe vor Angst! Merkur, Beschützer der Diebe, hilf einem Ehrenmann! – Nur Mut! –
Hurra! – Himmel, was seh ich!* – Es hilft nichts; eh sie zurückkehrt, muß ich Fersengeld geben, und wenn ich einen Berg hinter
mir herschleppte! *(Er zieht heftig, das Fenster, an dem der Strick
festgemacht ist, fällt heraus; Stuhl und Türe** mit sich reißend
entflieht er.)*

Szene 10c

Zerlina, Donna Elvira, später Masetto mit zwei Bauern.

Rezitativ ZERLINA Herbei, meine Dame, herbei! Ihr werdet sehn, wie ich den
Schurken gezähmt habe!

DONNA ELVIRA Mein Zorn komme über ihn!

ZERLINA Himmel, wie hat sich der Schuft befreit?

MASETTO*** Nein, eine schwärzere Seele gibt es nicht.

ZERLINA Ach, Masetto, Masetto, wo warst du bloß?

MASETTO Der Himmel ließ mich eine Unglückliche retten. Ich war nur
ein paar Schritte von dir entfernt, als ich auf der andern Straßen-
seite schreien hörte. Wir laufen hin, ich sehe eine weinende Frau
und einen Mann, der davonläuft; ich folge ihm und verliere ihn aus
den Augen. Aber nach dem, was das Mädchen sagte, dem Betragen, dem Aussehen, den Manieren nach, muß es jener Schurke von
einem Kavalier gewesen sein.

ZERLINA Er war es, kein Zweifel, auch das wollen wir Don Ottavio berichten. An ihm ist es, uns alle zu rächen – oder den Antrag auf
Rache zu stellen. *(Zerlina und Masetto ab)*

Szene 10d

Donna Elvira allein.

[Nr. 21b]
Recitativo
accompagnato
und Arie

DONNA ELVIRA In was für Ausschweifungen, in welch schreckliche,
übermäßige Untaten ist der Unglückselige verstrickt! Nein, der
Zorn des Himmel läßt sich so wenig aufhalten wie die irdische Gerechtigkeit. Schon sehe ich den todbringenden Blitz über seinem
Haupt! Der Schlund des Todes öffnet sich. Arme Elvira, welch wi-

derstreitende Empfindungen nährt dein Busen! Woher dieser Seufzer, diese Bangigkeit?

Das undankbare Herz verriet mich; o Gott, er stürzt mich ins Unglück. Aber verraten und verlassen fühle ich doch Mitleid mit ihm. Wenn ich meine Pein empfinde, sprüht mein Herz Rache, aber wenn ich seine Gefährdung erkenne, bebt mir das Herz. *(ab)* `Arie`

Umfriedeter Ort in Gestalt eines altertümlichen Begräbnisplatzes. Verschiedene Reiterstatuen; die Statue des Komturs.

SZENE 11

Don Giovanni steigt lachend über die Einfassung; später Leporello.

DON GIOVANNI *(laut lachend) Hahahaha, die ist gut; soll sie nur suchen! Welch schöne Nacht! Sie ist heller als der Tag – wie dazu geschaffen, auf Mädchenjagd zu gehen. (sieht auf die Uhr) Wie spät mag es sein? Oh, keine zwei Stunden nach Sonnenuntergang; ich wüßte gern, wie die Geschichte mit Leporello und Donna Elvira ausgegangen ist! Wenn er klug war –* `Rezitativ`
LEPORELLO *(auf der Straße) Er wird mich noch ins Verderben stürzen.*
DON GIOVANNI *Er ist es. He, Leporello!*
LEPORELLO *(von der Einfassung her) Wer ruft mich?*
DON GIOVANNI *Kennst du deinen Herrn nicht?*
LEPORELLO *Kennte ich ihn nur nicht!*
DON GIOVANNI *Wie, Bursche?*
LEPORELLO *(hereinkommend) Ach, Ihr seid es? Entschuldigung!*
DON GIOVANNI Was für ein Einfall?* Bist du verrückt geworden?
LEPORELLO Verrückt? Mit Verlaub, ich glaube, der Verrückte seid Ihr!
DON GIOVANNI Oho, Leporello!
LEPORELLO Das fehlte noch, daß ich Prügel zum Lohn bekäme!
DON GIOVANNI Laß die Faxen und sag mir lieber, wie die Sache ausging.
LEPORELLO An diesem Ort? Gehn wir weg von hier! Dann gebt Ihr mir meine Kleider und ich erzähle Euch alles. *(Sie tauschen ihre Kleider.)*

Don Giovanni Diese Kleider, Leporello, verdienen einen Ehrensold
für die Begebenheiten, die mir mit ihrer Hilfe zugestoßen sind;
eine davon will ich dir erzählen.

Leporello *Sicher eine Weibergeschichte.*

(von hier an die ursprüngliche Fassung)

Anmerkungen

Seite 6 * Aristoteles: Poetik, ed. E. G. Schmidt, Leipzig o. J. (1961), S. 21 f. (Neuntes Kapitel).

Seite 9 * Übersetzung (hier und in der Folge) von Alfred van der Velde / Klaus Udo Szudra (in: Dramen der Shakespearezeit, ed. Robert Weimann, Leipzig 1964, S. 95–158).

Seite 15 * »Christliche Religion«, ed. P. Oskar Simmel Sj und Rudolf Stählin, Frankfurt am Main 1957, S. 128.

Seite 17 * Luis Cabrera: Relaciones, S. 198 (zitiert nach: Ludwig Pfandl, Spanische Kultur und Sitte des 16. und 17. Jahrhunderts, Kempten 1924, S. 161).

Seite 19 * Werner Bahner (Herausgeber): Klassisches spanisches Theater, Band 2, Berlin 1969, S. 455 (Nachwort).

Seite 20 * Karl Vossler: Drei Dramen aus dem Spanischen des Tirso de Molina, Berlin 1953.

Seite 22 * Die Übersetzungen von *burlador* schwanken zwischen »Spötter« (Kindlers Literaturlexikon, Band 1, Zürich 1965, Sp. 1980; Brockhaus-Enzyklopädie, Band 5, Wiesbaden 1968), »Verführer« (Schauspielführer, Band 2, Berlin 1986, S. 1224) und »Betrüger« (Werner Bahner, s. Anm. zu S. 19, S. 464). »Spötter« ist, wie sich aus Don Juans Monolog in der Szene II/8 ergibt, mit Sicherheit die falsche Übersetzung. »Verführer« ist zu allgemein, »Betrüger« zutreffend, aber einseitig. Karl Vossler übersetzt burlador in der Szene II/8 mit »Betrüger«, in II/12 (»burlador de España«) mit »Verführer Spaniens«. Die große Molière-Ausgabe von Despois und Mesnard (Band 5, Paris 1880, S. 7) schreibt »Le Trompeur de Séville«, also gleichfalls »Betrüger«. Eine ganz zutreffende Übersetzung gibt es im Deutschen nicht.

** »Tan largo me lo fiáis« (Damit hat's noch gute Zeit), der Titel der 1878 in Gestalt eines undatierten Stückdrucks aus der Zeit um 1650 aufgefundenen »comedia famosa de Don Pedro Calderon«, ist eine mehrfach wiederkehrende Redewendung Don Juans, die das erste Mal in der Szene I/15, gegenüber Catalinóns Ermahnung, vorkommt.

*** Theodor Schröder: Die dramatischen Bearbeitungen der Don-Juan-Sage in Spanien, Italien und Frankreich bis auf Molière einschließlich, Halle a. S. 1912, S. 41.

Seite 25   * Andrés de Claramonte: El Burlador de Sevilla, atribuído tra-
dicionalmente a Tirso de Molina. Edición crítica de Alfredo
Rodríguez López-Vázquez. Kassel, Edition Reichenberger
1987.

Seite 27   * Kindlers Neues Literatur Lexikon, München 1989. Claramonte ist hier nicht erwähnt.

Seite 29   * Übersetzung (hier und in der Folge) von Karl Vossler, nach:
Karl Vossler, Drei Dramen aus dem Spanischen des Tirso de
Molina (Deutsche Akademie der Wissenschaften zu Berlin, Vor-
träge und Schriften, Heft 45), Berlin 1953, S. 233–332, wieder
abgedruckt in: Werner Bahner (Herausgeber), Klassisches spanisches Theater, Band 1, Berlin 1969, S. 249–339. Der Nachdruck in diesem Sammelwerk legt den Vosslerschen Text von
1950 (gedruckt 1953) in einer sprachlich redigierten Form vor;
außerdem ist der erste und der dreizehnte Auftritt des zweiten
Aufzugs jeweils in zwei Bilder aufgelöst, so daß sich für diesen
Akt eine Differenz der Szenenzählung ergibt. Wir folgen hier
der der Bahnerschen Ausgabe.

Seite 32   * Walter Benjamin: Ursprung des deutschen Trauerspiels, in:
W. B., Gesammelte Schriften, Band I/1, ed. Rolf Tiedemann und
Hermann Schweppenhäuser, Frankfurt am Main 1974, S. 313.

Seite 38   * Ernst Bloch: Das Prinzip Hoffnung, Band III, Berlin 1959,
S. 97.

Seite 42   * »In den Anfängen der comedia, also zur Zeit des Lope de
Rueda etwa, wird die Volksbühne ganz primitiv an irgendeinem
günstigen Platz, wo zwei oder drei Häuser einen Winkel oder
einen Hof bilden, aufgeschlagen. Der eigentliche Zuschauer-
raum ist ein einziger großer Parterrestehplatz, den die männlichen Gäste aus dem niederen Volke (*mosqueteros* geheißen) einnehmen; im Hintergrund ist das gewöhnliche Weibsvolk in
einem umplankten Raum, *cazuela* genannt, zusammenge-
pfercht, während ein paar Bänke vor der Bühne und stufenartig
erhöhte Sitze rings um das Parterre, von besseren Bürgern
benützt, die Raumausstattung vervollständigen. Als Logen dienen anfänglich nur die Fenster und Balkone der den Spielhof
(corral) umschließenden Häuser, und erst mit dem Bau eigentli-
cher Theater geht man auch zur Einrichtung von Galerien an
den Wänden über. Das Dach ersetzt der blaue Himmel, und
lediglich eine quer gespannte Zeltleinwand schützt notdürftig
vor allzu starker Sonne. Gespielt wird aus Gründen der Feuer-
sicherheit und Moral nur bei Tage, und zwar in den Nachmit-
tagsstunden. ... Die Bühneneinrichtung ist zunächst von pri-

mitiver Einfachheit. Der Schauplatz wird durch einen gemalten Hintergrund nur angedeutet und ergibt sich darum bei jedem Szeneriewechsel ebenso genau wie zuverlässig aus den Worten des Spielers.« (Ludwig Pfandl, s. Anm. zu S. 17, S. 159)
** Walter Benjamin (Anm. zu S. 32), S. 316.
*** Alfons Rosenberg: Don Giovanni, München 1968, S. 51.

Seite 48 * Müßig, Anas Erliegen aus einer später erhellenden Zeitrechnung verifizieren zu wollen. Don Juan tritt um elf Uhr bei Ana ein; um zwölf gibt er, offenbar gerade auf der Flucht, dem Marques de la Mota, wie versprochen, vor dem Palast den Mantel zurück. Also war er fast eine Stunde bei Ana? Da de la Mota unmittelbar darauf auf Befehl des Königs verhaftet wird, fällt in diese Stunde auch die Meldung des Verbrechens an den Hof und der Beschluß des Königs über de la Mota. Ist Don Juan also noch einmal zurückgekehrt, um die Mantel-Rückgabe einzuhalten? Das Stück läßt sich auf Einzelheiten des zeitlichen Ablaufs nicht ein.

Seite 49 * Es liegt im Begriff eines Höhe- (oder, wie Gustav Freytag schreibt, Höhen-)punktes, zugleich der Wendepunkt zu sein. Freytag, der sein Material aus Shakespeare und der deutschen Klassik nimmt, unterscheidet jedoch nicht grundlos zwischen dem Höhenpunkt der aufsteigenden Handlung und dem Einsetzen der absteigenden durch das »tragische Moment«. Als Höhepunkt hätte man hier die – ausgesparte – Verführung Anas zu sehen, der der Wendepunkt – Anas Schrei und das Auftreten Don Gonzalos – auf dem Fuße folgt. »Der Punkt, von welchem ab die Tat des Helden auf denselben zurückwirkt, ist einer der wichtigsten im Drama. Dieser Beginn der Reaktion, mit dem Höhenpunkt zuweilen in einer Szene verbunden, ist, solange es eine dramatische Kunst gibt, besonders ausgezeichnet worden. Die Befangenheit des Helden und die verhängnisvolle Lage, in welche er sich gebracht hat, soll dadurch eindringlich dargestellt werden; zugleich aber hat dieses Moment die Aufgabe, für den zweiten Teil des Stückes neue Spannung hervorzubringen ... Was jetzt in das Stück tritt, ... muß ein scharfer Gegensatz, es muß nicht zufällig, es muß folgenschwer sein. Deshalb wird es Wichtigkeit und eine gewisse Größe haben müssen. Diese Szene des tragischen Momentes folgt entweder der Szene des Höhenpunktes unmittelbar, wie die Verzweiflung der Julia auf den Abschied Romeos, oder durch eine Zwischenszene verbunden, wie die Rede des Antonius auf die Ermordung des Cäsar; oder sie ist mit der Szene des Höhenpunktes zu einer sze-

nischen Einheit zusammengekoppelt, wie in ›Maria Stuart‹…«
(Gustav Freytag: Die Technik des Dramas, Leipzig 1898,
S. 88 f.)

Seite 55   * Ihre Reise steckt, will man denn Kausalverhätnisse in
Anschlag bringen, den zeitlichen Rahmen des Geschehens ab:
zwischen der Heiratsverfügung König Alonsos in der Szene II/1
und Isabels Landung in III/9 müssen mindestens vier Wochen
liegen; so lange brauchte man etwa für die See- und Landreise
Sevilla-Tarragona-Neapel-Tarragona.

Seite 60   * Die katholische Theologie unterscheidet zwischen *attritio
cordis*, der Furcht vor der Höllenstrafe, und *contritio cordis*, der
Zerknirschung des Herzens aus innerer Einsicht. Nach der Gnadenlehre Luis de Molinas (1535–1606) war schon die attritio,
Reue aus bloßer Höllenfurcht, für den Sündennachlaß hinreichend.

Seite 61   * Nach Walter Benjamin (Anm. zu S. 32), S. 313.

Seite 67   * Übersetzung von Johann Diederich Gries.

Seite 68   * Nach Theodor Schröder (Anm. 3 zu S. 22), S. 75.

Seite 69   * Übersetzung von Johannes Fastenrath, nach Theodor Schröder (a. a. O., S. 64).

Seite 73   * »Wildu vürhten den tôt, / sô muostu leben mit nôt.« (S. Norbert Elias: Über den Prozeß der Zivilisation, Band 1, Frankfurt
am Main 1976, S. 272)
** Jan Białostocki: Stil und Ikonographie, Dresden 1966,
S. 203.
*** Leal hat seine Todestafeln für die Kirche San Caridad in
Sevilla 1672 im Auftrag eines Mannes gemalt, der es so toll
getrieben hatte wie der Burlador von Sevilla, bis er sich
bekehrte und sich selbst und sein großes Vermögen einer Bru-
derschaft zuwandte, die sich der Bestattung Unbemittelter widmete. Prosper Mérimée erhob diesen Don Miguel de Mañara als
»Don Juan im Fegefeuer« zum Helden einer Novelle (vgl. S.
394); die katholische Kirche sprach ihn 1985 heilig.

Seite 76   * Übersetzung von Adolf Friedrich v. Schack.

Seite 79   * Norbert Elias: Über den Prozeß der Zivilisation, Band 2,
Frankfurt am Main 1976, S. 371.

Seite 80   * Kierkegaard beschreibt dies mit Genauigkeit; er sagt von
Mozarts und da Pontes Don Juan, was für die Gestalt von
Anfang an grundlegend ist: für Don Juan sei »alles bloß Augen-
blickssache«. Don Juans Leben sei »die Summe einander absto-
ßender Augenblicke, die keinen Zusammenhang miteinander
haben, sein Leben ist als Augenblick die Summe von Augenblik-

ken, als Summe von Augenblicken der Augenblick.« (Sören Kierkegaard: Entweder – oder, Erster Teil, übersetzt von Emanuel Hirsch, Gütersloh 1979, S. 101 und 103)

** Diese Anmahnung hat seinen sprichwörtlich-bündigen Ausdruck in dem aus biblischen und altgriechischen Quellen gespeisten Gebot der spätmittelalterlichen »Gesta Romanorum« gefunden: »Quidquid agis, prudenter agas et respice finem!« (Was du auch tust, handle klug und bedenke das Ende!) Daß mangelndes Folgebewußtsein, Unbedenklichkeit gegenüber »Ausgängen« nicht nur die Sache rücksichtlos sich auslebender Genußmenschen und Augenblicksnaturen, sondern auch einer ganz andersartigen Spezies, der des Intellektuellen, ist, war schon dem Zeitalter Don Juans bewußt. In Luzern vermeldet eine aus dem 17. Jahrhundert stammende Brückentafel: »Philosophieren und hoch studieren / tut viel der gelehrten Leut verführen / die mehr aller Sachen Anfang / betrachten: als den Untergang.«

*** Friedrich Engels: Der Ursprung der Familie, des Privateigentums und des Staats, 1884 (Karl Marx/Friedrich Engels: Werke, Band 21, Berlin 1981, S. 78f.)

Seite 81   * Vgl. Sigmund Freud: Die kulturelle Sexualmoral und die moderne Nervosität (in: S. F., Psychoanalyse, Leipzig 1984, S. 345).

Seite 82   * »Chi mal uiue, mal muore«.

Seite 83   * Nach Theodor Schröder (Anm. 3 zu S. 22), S. 84.

Seite 85   * »Und was den vergnüglichen Stil angeht, / haben mir schon mehrere versichert, / daß er, wie gewöhnlich, sehr feinsinnig ist / und von ganz besonderer Art.« (Übersetzung Christel Gersch) Die Verse stammen aus einem langen Gedicht von Loret, das am Tag vor der Uraufführung des Molièreschen »Dom Juan« in der Zeitschrift »La Muse historique« erschien. (Molière: Œuvres, ed. Eugène Despois und Paul Mesnard, Band 5, Paris 1880, S. 4)

Seite 88   * Onofrio Giliberto: Il Convitato di pietra, aufgeführt 1652 in Neapel.

** Giacinto Andrea Cicognini: Il Convitato di Pietra; erster datierter Druck von 1671, entstanden vor 1650. (Textabdruck mit andern Don-Juan-Stücken des 17. Jahrhunderts in: Giovanni Macchia, Vite e morte di Don Giovanni, Torino 1978.) Cicognini (geb. 1606 in Florenz, gest. 1660 in Venedig) gilt als einer der »bedeutendsten Vertreter des spanischen Theaters in Italien« (Grashey), das sich durch die spanische Herrschaft über das Königreich Neapel verbreitete. Er studierte in Pisa die Rechte und lebte später in Venedig, wo der »Steinerne Gast« entstand und zuerst gedruckt wurde. »Die Verführungen Don Juans«, beschreibt Max J. Wolff die Wandlung des Stoffes in Italien, »wurden zwar mit großem Spektakel, aber ohne sittlichen Ernst behandelt, als lose Streiche, die der vornehme Kavalier im Bunde mit seinem pfiffigen Diener vollbringt. ... Dieser ... nimmt überhaupt immer mehr Raum in Anspruch und steht, während der spanische Catalinon nur die übliche Begleiterrolle spielte, jetzt gleichberechtigt neben seinem Herrn.« (Max J. Wolff: Molière, München 1910, S. 347 f.)

Seite 92 * Sie existiert in einer gebundenen Ausgabe, die den Zensurauflagen der Buchausgabe entsprach, und drei ungebundenen Exemplaren einer Druckfassung, die vor jener liegt und nur die nach der Premiere des Stückes im Februar 1665 vorgenommenen Änderungen aufweist. Die Amsterdamer Ausgabe von 1683 geht noch hinter diese Änderungen, also auf die Premierenfassung, zurück.

** Dazu paßt die Sizilienangabe in dem (gebundenen) Pariser Erstdruck von 1682: Sizilien gehörte zu dem spanisch regierten Königreich Neapel.

*** Die frühen Drucke kennen keine Ortsangabe vor den einzelnen Szenenkomplexen. Daß sich Don Juan in einem Palast aufhält, äußert Sganarell am Ende der Szene I/1; daß er der Schönen, die er auf dem Meer überfallen und entführen will, »bis in diese Stadt gefolgt« sei, sagt Don Juan in I/2 zu Sganarell. Hat er also den Palast vorübergehend gemietet? Aber für einen kurzen Aufenthalt mietet man keinen Palast. Auch daß Elvira ihn dort findet, zeigt, daß der Aufenthalt dort – in der Nähe der Familie des im Duell getöteten Komturs, wie Sganarell in I/2 warnend bemerkt – nicht kurzfristig ist. Offen bleibt, ob der 4. Akt in diesem meernahen Palast, in einer Stadtwohnung Don Juans oder gar in dem Palast seines Vaters spielt.

Seite 94 * Übersetzung hier und in der Folge von Arthur Luther. Eine interessante neue Übersetzung stammt von Benno Besson und Heiner Müller (Henschel Verlag Berlin und Drei Masken Verlag München).

Seite 95 * Werner Krauss: Molière und das Problem des Verstehens in der Welt des 17. Jahrhunderts (in: Molière, Werke, Leipzig 1968, S. 1085).

** Molière schreibt Elvire und Sganarelle; wir folgen hier und bei den vier Doms (Dom Juan, Dom Carlos, Dom Alonse, Dom

Louis) der Übersetzung Arthur Luthers (in: Molière, Werke, Leipzig 1968), der sie ins Spanische versetzt (Don Juan, Carlos, Alonso, Luis). Der Komtur heißt bei Molière »la statue du Commandeur«. Gusman, der Stallmeister, ist eine Art Haushofmeister (»écuyer de main«).

*** In der gebundenen Pariser Ausgabe von 1682 fungiert Elvire als Don Juans Frau, in der zuverlässigeren Amtsterdamer Ausgabe als seine maitresse (Geliebte).

Seite 102   * Werner Krauss (Anm. zu S. 95), S. 1088.

Seite 104   * Molières Dom Juan ist hier nahe bei Montaigne, der im Zweiten Buch seiner »Essais« (1588), in dem Abschnitt »Unsere Wünsche wachsen mit den Schwierigkeiten, denen sie begegnen« (Kapitel 13), schreibt: »Denn es macht nicht nur Freude, sondern gilt außerdem als stolze Tat, diese liebliche Zartheit und kindliche Schamhaftigkeit zum Ausgleiten zu bringen und zu verführen und gerade eine recht kühle, ernste und beherrschte Frau durch unsere Glut zum Brennen zu bringen und umzuwerfen: es gilt als rühmlich, über Sittsamkeit, Keuschheit und Enthaltsamkeit zu triumphieren.« (Michel de Montaigne: Die Essais, ed. Arthur Franz, Leipzig 1953, S. 225 f.)

Seite 105   * Georges Bataille: Der heilige Eros (»L'Érotisme«), übersetzt von Max Hölzer, Frankfurt am Main / Berlin / Wien 1984, S. 107. Bei Montaigne ebenso wie bei Freud finden sich Belege und Präzisierungen der Batailleschen Deutung (Anm. 4 zu S. 325).

Seite 106   * Nach katholischer Auffassung, die im Mittelalter kanonisiert wurde und dann den Widerspruch der Reformation erfuhr, ist die Ehe ein Sakrament.

** Vgl. Anm. zu S. 82. Die Stelle entspricht dem »alten Lied« im Schlußvers des Mozartschen »Don Giovanni«.

Seite 107   * Einschiffung nach Kythera, der Insel der Aphrodite; Titel einiger berühmter Bilder Watteaus aus dem frühen 18. Jahrhundert.

Seite 111   * Wörtlich: »...darauf pfeifen wir.« Der Satz wurde von der Druckzensur 1682 gestrichen.

Seite 112   * Molière hatte seinen Verwandlungscoup gut vorbereitet: drei Monate vor der Premiere gibt er bei zwei Pariser Malern die Dekorationen eines prachtvollen Maschinenstücks in Auftrag, das mehrere Schauplätze haben soll (s. Madeleine Jürgens und Elizabeth Maxfield-Miller: Cent ans de recherches sur Molière, sur la famille et sur les comediens de sa troupe, Paris 1963). Das Gedicht von Loret in »La Muse historique« bereitet die

Zuschauer auf die Effekte vor: »Die szenischen Verwandlungen, auf die jeder Bürger versessen ist«, heißt es dort am Vortag
der Premiere, »sollen nach den Reden, die man darüber hört,
verblüffende Wirkung tun.«

Seite 119   * Claude Reichler (»La diabolie«, Minuit 1979, S. 37) läßt sich
zu einer Überinterpretation der – weit hinter dem »Burlador«
zurückstehenden – Mobilität des Molièreschen Don-Juan-
Schauplatzes verführen, wenn er den Vorgang des Kulissen-
wechsels speziell auf die Gestalt des Helden münzt: »Die Bühne
wird zu einem Theater von Metamorphosen. Kaum wird eine
Dekoration aufgebaut, so wird sie durch die nächste ersetzt. All
diese Orte befinden sich in einem einzigen Raum und werden
durch den subtilen Wechsel beweglicher Leinwände ausge-
tauscht. Don Juan, der vom einen zum andern geht, läßt alle
sich überlappen, er rollt sie vor seinen Füßen wie einen Teppich
auf. Das ist der Don Juansche Raum, der sich in der Sukzessivi-
tät entfaltet, ein Raum, in dem die Orte wie Liebesabenteuer
addiert werden.« Dieser »Don Juansche Raum« ist ebenso Hamlets oder Lears Raum oder der der frommen Martha. Eben weil
Räume im altspanischen Freiluft- wie im barocken Kulissentheater »sukzessive« aufeinanderfolgen, »addieren« und »überlappen« sie sich nicht.

Reichler übersieht zudem, daß nur in einem einzigen Raum
des Stückes – der Küstenszene des 2. Akts – sich so etwas wie ein
Liebesabenteuer begibt, nämlich dessen fruchtlose Anzette-
lung. Auch Dubost, der Reichler zitiert (Jean-Pierre Dubost:
Eros und Vernunft/Literatur und Libertinage, Frankfurt am
Main 1988, S. 94), läuft Gefahr, die rhetorische Deutung und
Selbstdeutung der Figur mit dem Geschehen des Stückes zu ver-
wechseln. Nur in narrativer Hinsicht erscheint Don Juan als der
»seriale« Libertin, von dessen Eroberungen gilt: »Don Juans
Frauen sind nicht austauschbar, um als solche erlebt und
gebraucht zu werden…, sondern weil die Zeit des Don Juan-
schen Blicks das Objekt des Begehrens, das er in seiner Virtualität beläßt, in die ›stroboskopische‹ Reihe stellt.« (Dubost,
a. a. O., S. 97) Virtuell ist nicht nur Don Juans Verhältnis zu den
Frauen – virtuell ist im Stück auch diese Virtualität, insofern sie
nur rhetorisch erscheint. Das unterscheidet Molières »Dom
Juan« von den libertinen Romanen, denen Dubosts Aufmerksamkeit vorwiegend gilt, mit ihrer mechanisch-variativen
Aneinanderreihung sexueller Episoden. Die Mischung von por-
nographischer Sensation und serialer, »stroboskopischer«

Langeweile, die im 18. Jahrhundert eine ganze Romanliteratur konstituiert, ist auf dem Theater unhaltbar.

Seite 121 * Vgl. Friedrich Dieckmann: »Galilei«-Komplikationen, in: F. D., Hilfsmittel wider die alternde Zeit, Leipzig 1990.

Seite 122 * Wilhelm Windelband: Lehrbuch der Geschichte der Philosophie, ed. Heinz Heimsoeth, Tübingen 1957, S. 335.

** René Descartes: Meditationes de prima philosophia, in: R. D., Ausgewählte Schriften, ed. Gerd Irrlitz, Leipzig 1980, S. 168.

Seite 124 * Victor Klemperer / Helmut Hatzfeld / Fritz Neubert: Die romanischen Literaturen von der Renaissance bis zur Französischen Revolution, Wildpark-Potsdam 1928, S. 306.

** Kindlers Literatur Lexikon im dtv, Band 17, München 1974, S. 7230.

*** Jean-Pierre Dubost (Anm. zu S. 119), S. 247, Anmerkung 82.

Seite 129 * Fritz Rudolf Fries: Lope de Vega, Leipzig 1977, S. 22.

** Heinz Köller / Bernhard Töpfer: Frankreich, Teil 2, Berlin 1977, S. 54.

Seite 136 * Brechts Bearbeitung von 1953 hat diese Struktur zugunsten eines Klischees vom Aristokraten formal wie inhaltlich zerstört. Bei ihm darf Don Juan weder tapfer noch selbstlos sein – er schickt Sganarell dem Überfallenen zu Hilfe.

Seite 137 * Von François Roux, Halle 1767.

** Nicht courtoisie, sondern civilité erweist Don Juan in einer vielfach weggelassenen anfänglichen Szenenbemerkung seinem Gast: »Dom Juan, faisant de grandes civilités«. Beide Worte bedeuten das Gleiche: Höflichkeit, Freundlichkeit, aber civilité (»Bürgerlichkeit«) ist die dem bürgerlichen Besucher gebührende Art der Zuvorkommenheit.

Seite 142 * Robert Weimann (Anm. zu S. 9), S. XLVII.

Seite 147 * »Mehr als einer von den vornehmen Herren konnte sich durch das Bild Don Juans, des Wüstlings wie des Scheinheiligen, getroffen fühlen. In dem Kreise der jungen Elégants, die sich um Ninon de l'Enclos scharten, bekannte man sich in zynischer Weise zum Atheismus, aber der Kirchenbesuch litt nicht darunter. Despois-Mesnard [die Herausgeber der kritischen Molière-Ausgabe] führen Vivonne, Mancini und den Grafen von Guiche an, die dem Dichter einzelne Züge geliefert haben können. Der Herzog von la Feuillade, der sich nach der ›Kritik der Frauenschule‹ tätlich an Molière vergriffen hatte, ließe sich ihnen anreihen. Saint-Simon, der erbarmungslose Chronist der galanten Gesellschaft, rühmt die Tapferkeit, den Geist und die Gewandtheit des Mannes, nennt ihn dann aber ›eine Seele von Schmutz, einen gewissenlosen Schuft von bestechendem Äußeren, mit einem Wort den verworfensten Menschen, der seit langer Zeit gelebt hat‹. Ihm wurde auch ein Abenteuer mit dem Pferdehändler Gaveau nachgesagt, das Don Juans Abfertigung des Monsieur Dimanche entspricht. Molière mag an diesen seinen brutalsten Gegner gedacht haben, vielleicht auch an seinen früheren Gönner Conti, der jetzt die Ausschweifungen seiner Jugend durch eine dem Dichter verdächtigte Frömmigkeit gut zu machen suchte, aber sein Angriff galt nicht den einzelnen Personen, sondern der Clique, der sie angehörten.« (Max J. Wolff, s. Anm. 2 zu S. 88, S. 358)

Keinen Bezug stellt Wolff zu einer Gestalt her, die nach Format und Geschichte Molière mehr als andere Anlaß geben konnte, sie zu dem Don Juan des Stückes in Beziehung zu setzen, dem Finanzminister Foucquet (1615–1680), nach Mazarins Tod neben dem jungen König der mächtigste Mann des Staates, ein skrupellos-verschwendungssüchtiger, ehrgeiziger und brillanter Mann von hoher Kultur, größter Eigensucht und engelgleicher Schönheit. In Vaux, fern von Paris, schuf sich Foucquet Ende der 1650er Jahre unter Heranziehung einiger exzeptioneller Künstler – des Architekten Le Vau, des Gartenkünstlers Le Nôtre und des Malers Le Brun – einen kostbaren Herrensitz, und dorthin lud sich 1661 der König, der von seinem neuen Finanzexperten Colbert über die Machinationen des Ministers ins Bild gesetzt worden war, als ein jugendlicher Komtur zu Gast; Molière trug mit seiner Truppe und einer schnellverfaßten Komödie (»Les Facheux«, Die Lästigen) zum Gelingen des Festes bei. Vier Wochen später erfolgte die Gegeneinladung des königlichen Gastes, sie führte Foucquet in den Kerker; Amtsmißbrauch und Unterschlagungen, mehr noch sein offenbarer Ehrgeiz, die Nachfolge Mazarins anzutreten, hatten den begabten Verschwender eingeholt. Ludwig verschärfte das Urteil der Gerichte; nach neunzehnjähriger Haft starb Foucquet in dem Kerker der Festung Pignerol. »Le Festin de Pierre« als »Le Festin de Louis« – wenn ein zeitgenösssiches Schicksal als Projektion der Don-Juan-Geschichte erscheinen konnte, so das des Ministers Foucquet.

Seite 149 * Hans Kortum in: Philosophisches Wörterbuch, ed. Georg Klaus und Manfred Buhr, Band 1, Leipzig 1971, S. 545/1.

Seite 150 * »Unter den Zeloten«, schreibt Wolff, »taten sich die Sekten der Jansenisten und der Gesellschaft vom hochheiligen Sakrament als stärkste Gegner des Theaters hervor. Die Jesuiten dagegen huldigten freieren Anschauungen und zeigten sich in keiner Weise kunstfeindlich. Einzelne von ihnen standen sogar mit Molière in regem persönlichen Verkehr. Pater Rapin nennt ihn seinen Freund, ein anderes Mitglied der Gesellschaft Jesu verfaßte schon 1664 ein langes lateinisches Gedicht, in dem der Ruhm des großen Komikers … verkündet wird, Pater Vavasseur erkannte sogar die erzieherische Wirkung des ›Tartuffe‹ an und zieh die Franzosen kurz nach Molières Tod des Undanks gegen ihren bedeutendsten Dichter. Die ganze Reformtätigkeit Tartuffes in Orgons Hause, das Streben nach äußerer Heiligung des Daseins und die Bekämpfung aller weltlichen Lustbarkeit, mögen sie nun aufrichtig oder geheuchelt sein, entspricht in keiner Weise den damaligen Tendenzen der Jesuiten; im Gegenteil, sie suchten durch eine bequeme Moral, durch milde Nachsicht, durch Anpassung an die Genußsucht die Religion leicht und angenehm zu machen.« (Max J. Wolff, Anm. 2 zu S. 88, S. 333 f.)

Seite 151 * Pascal hat das Verfahren empfohlen, um das Gewissen derer, die nicht für feige gelten möchten, zu beschwichtigen: sie sollten sich an einer verabredeten Stelle einfinden und, angegriffen, Notwehr üben; das könne ihnen niemand verargen. (»Les Provenciales«, Siebenter Brief)

Seite 153 * Theodor Schröder (Anm. 3 zu S. 22), S. 102.

Seite 155 * Peter von Matts Hinweis auf die mythischen Hintergründe des »klassischen«, vorrevolutionären Verführers im späten 18., frühen 19. Jahrhundert (in »Liebesverrat«, München 1989, Kapitel 24) läßt den prometheischen Trotz als luziferischen erkennen. Auch Prometheus erleidet eine als ewig gedachte, göttlich-persönlich verhängte Marterstrafe (von der Hölle unterscheidet sie sich durch ihren Freiluft-Charakter), aber er tut es als der genuine, schaffensmächtige Widersprecher und Widertäter, der Don Juan nicht ist. Das macht auch die Differenz seiner Liebschaften zu denen des Zeus aus; die des Gottes setzten Kinder in die Welt, die Don Juans verfolgende Nicht-Mütter. (Don Juans Verführungsregister, das von Matt der Beschreibung von Zeus' Liebesabenteuern gegenüber Hera im 14. Gesang der »Ilias«, Vers 315–328, an die Seite stellt, ist der Ersatz für die Werke, die dem Helden so wenig gelingen wie Nachkommen, es ist das Ersatzkunstwerk.) Auf die mythische Korrespondenz zwischen Zeus und Don Juan hat Peter von Matt am gleichen Ort (S. 326

und 333) hingewiesen; Molière hat sie auf seine Weise bekundet: durch die Versetzung des von dem Ur-Donjuan verübten erotischen Gestaltentrugs in die Zeus-Sphäre des »Amphitryon«. Sein Don-Juan-Stück transponiert das Betrugs- und Verstellungsmoment aus der erotischen in die religiöse Sphäre, wo es als luziferischer Widerruf nicht bloß eine Familienexistenz, sondern die sittliche Weltordnung einzureißen droht. Ehe das geschieht, kommt jene überweltliche Ebene ins Spiel, der gegenüber Don Juan die Maske der Täuschung ablegt: als Trotzender zeigt er sich gegenüber der göttlichen Gewalt unmittelbar luziferisch – und luziferisch scheiternd. Erstmals bei Cicognini, verstärkt bei Dorimon und de Villiers entpuppt der verstellte Zeus sich im umschlagenden Finale als ein transformierter Luzifer.

Seite 156   * Franz Rosenzweig: Der Stern der Erlösung, Erster Teil: Die Elemente oder Die immerwährende Vorzeit. Frankfurt am Main 1930, S. 101.

Seite 157   * In den Ausgaben von Amsterdam (1683) und Brüssel (1694) fehlt diese Szenenanweisung (s. Molière: Œuvres, Band 5, Paris 1880, S. 203).

Seite 158   * Bei Brecht spiegelt sich die Schwierigkeit der Frage in dem Nebeneinander zweier entgegengesetzter Bestimmungen. »Wir befinden uns nicht auf der Seite Molières. Dieser votiert für Don Juan: der Epikuräer (und Gassendi-Schüler) für den Epikuräer. Das Gericht des Himmels verspottet Molière, es würde zum Himmel passen, dieser dubiosen Einrichtung zur Abtötung der Lebensfreude«, heißt es in einem seiner Notate zu der »Don Juan«-Inszenierung des Berliner Ensembles (1953). In einer andern Notiz aus dieser Zeit: »Aber Molière war weit entfernt davon, seinen Don Juan wegen seines Atheismus als einen vorurteilsfreien Mann zu empfehlen; er verurteilt ihn dafür – entzieht er sich, wie der ganze Hofadel der Zeit, durch seinen zynischen Unglauben [doch] lediglich den elementaren sittlichen Anforderungen! Molière läßt ihn am Ende vom Himmel bestrafen, aber nur in komisch-theatralischer Weise, damit überhaupt den Verbrechen endlich ein Ende gesetzt wird.« (Bertolt Brecht: Schriften zum Theater, ed. Werner Hecht, Band 6, Berlin 1964, S. 363 und 367 f.) Im einen Fall geht der Autor von dem Einverständnis zwischen Dichter und Figur aus und bestimmt das Finale als Gestalt der Ironie; in dem andern setzt er voraus, daß der Dichter seinen Helden verurteile, und nimmt den Komtur als ein Stück Theater-Voluntarismus gegenüber einer übermächtigen Gesellschaftswirklichkeit.

Ambivalent sind auch die Bestimmungen, zu denen – innerhalb *eines* Textes – Max J. Wolff in betreff des Helden und seines Endes gelangt. Am Anfang erscheint ihm das Stück als ein »loses Gefüge von Szenen, ... einzelne Bilder aus dem Leben eines Wüstlings«, und »das Erscheinen der steinernen Bildsäule« als »ein Theatercoup, ein Maschinentrick, der ohne tieferen Eindruck verpufft« (a. a. O., S. 350). »Der spanische Wüstling« sei »zum Marquis vom Hofe Ludwigs XIV. geworden«, »gefährlich und verwerflich«: »Ihn treiben weder Liebe noch Begierde, sondern die Eitelkeit und Genußsucht des gefühllosen, ausgebrannten Lebemanns, gewürzt durch die Schadenfreude, durch die bösartige Lust, die Unschuld zu vernichten.« (S. 351 f.) In der Folge sieht der Autor in »Don Juan« »die Jugendgeschichte Tartuffes« (S. 356), die – durch die Wendung im 5. Akt – die Clique der Sakramentsverteidiger »als eine Rotte altgewordener Sünder an der Pranger« stelle (S. 357). Dann aber schlägt Wolffs Betrachtung um, so wie das Stück umschlägt; nun heißt es: »Don Juan ist ein tragischer Held. Die Unendlichkeit seines Wollens scheitert an der Begrenztheit des Vermögens. Molières Komödie ist in Wahrheit eine Tragödie, allerdings keine Tragödie in der Art des französischen Klassizismus, ... sondern ein Trauerspiel...« (S. 362) Wie bei Brecht, nur in entgegengesetzter Richtung, hat sich innerhalb weniger Seiten die Perspektive gewandelt, und das ist, wenn schon kein reflektierter, so doch kein willkürlicher Vorgang; er deutet auf die Ambivalenz in der Sache, der Figur selbst.

Seite 159   * Wie fulminant Molière die Diener-Rolle spielte, läßt sich der Kampfschrift der Gegner entnehmen. Der pseudonyme Sieur de Rochemont charakterisiert Molières Darstellung wie folgt: »Molière, als Sganarelle gekleidet, der sich über Gott und Teufel lustig macht, der Himmel und Hölle spielt, der Kaltes und Heißes atmet, der die Tugend mit dem Laster verwechselt, der glaubt und nicht glaubt, der weint und lacht, zurücknimmt und insistiert, Zensor und Atheist, Heuchler und Libertin ist, Mensch und Dämon in einem: *der personifizierte Teufel*, wie er sich selbst definiert.« Aber es ist Sganarelle, der seinen Herrn so nennt – Autor, Schauspieler und Hauptfigur werden dem erschrockenen Polemiker ununterscheidbar. (Übersetzung von Inka Deutsch und Dietrich Oberstädt, Programmheft des Düsseldorfer Schauspielhauses zu der Inszenierung von B. K. Tragelehn, 30. April 1988)

Seite 161   * »Noch waren seine Stücke Augenblickserfolge«, schreibt
Wolff über Molières Position nach dem Tartüff-Verbot, »während die feindliche Bühne [im Hôtel de Bourgogne] eine fest ein-
gewurzelte Stellung und einen seit langem begründeten Ruf
besaß. Sie wurde von den Schauspielern und den Autoren
bevorzugt sowie von der dauernden Gunst des Publikums getragen, während das Palais-Royal [Molières Theaterort] seine mühsam erkämpfte Position täglich neu erobern mußte.« (A.a.O.,
S. 374)

Seite 162   * Obwohl die Handlung, in der Demontage, dem Abbau des
Helden bestehend, im Ganzen fallend ist, gibt es auch hier
inmitten des Stücks den Umschlag der steigenden in die fallende Handlung (vgl. Anm. zu S. 49). Dem Kulminationspunkt,
Don Juans Sieg über die Räuberbande, der, wie im »Burlador«
die Inbesitznahme Anas, hinter die Szene verlegt ist, folgt mit
der Identifizierung Juans durch Don Alonso – einer Anagnori-
sis-Peripetie – und dem Nicken der Statue der Anfang vom
Ende. Anders als im »Burlador« hängen Höhe- und Wendepunkt nur zeitlich, nicht motivisch zusammen.
** »Wenige Jahre nach [Molières] Tode«, schreibt Wolff,
»beschränkten sich Heuchelei und Frömmlertum nicht mehr
auf eine bestimmte Clique, sondern die ganze Nation ging in das
Lager der Mucker über, an der Spitze die eifrigsten Gönner des
Dichters, Ludwig selbst und der große Condé. Die Tartuffes
herrschten in Frankreich wie im Hause des Orgon. Es war ein
Glück für Molière, daß er den Umschlag nicht mehr erlebte.«
(A. a. O., S. 373)

Seite 166   * So in deutschen Übersetzungen, die das Versmaß des Originals übernehmen; ihnen hat schon Max J. Wolff das Urteil
gesprochen (a. a. O., S. 596).

Seite 167   * Friedrich Nietzsche: Menschliches, Allzumenschliches. Zweiter Band, zweite Abteilung, Abschnitt 63.

Seite 169   * Der Klageruf nach dem Lohn, von Cicognini dem Don-Juan-
Theater eingegeben, war bereits von der 1657 in Paris gespiel-
ten Commedia-dell'arte-Version des Stoffes aufgenommen worden; schon dort fand sich der Dienerruf: »Mes gages, mes
gages!«, der in Molières comédie die klerikalen Widersacher
skandalisierte. »Dieser sogenannte Bannstrahl«, schreibt
Rochemont nach der Premiere, »gibt den Zuschauern neuerli-
chen Grund zu Gelächter und ist für Molière nur eine Gelegenheit, zu guter Letzt der Gerechtigkeit des Himmels die Stirn zu
bieten, mit der Seele eines eigennützigen Dieners, der schreit:

›Mein Lohn, mein Lohn‹; denn das ist der Ausgang der Farce.«
(Übersetzung Inka Deutsch/Dietrich Obermühl) Nur die beiden ausländischen Ausgaben (Amsterdam 1683, Brüssel 1694)
geben die Premierenfassung wieder; die ungebundene Pariser
Ausgabe von 1682, den von Molière nach der Premiere vorgenommenen Änderungen entsprechend, ergänzt Sganarells
Satz:»Ich allein bin der Unglückliche!« zu der Klage:»Nach so
vielen Jahren des Dienstes habe ich keinen anderen Lohn als zu
sehen, wie die Gottlosigkeit meines Herrn durch die schreck-
lichste Strafe von der Welt bestraft wird.« Auch am Anfang von
Sganarells Schlußpassage fehlt hier der Ruf »Mein Lohn, mein
Lohn!«

Seite 171 * Max J. Wolff (Anm. 2 zu S. 88), S. 364.

Seite 177 * »Diese Arbeit«, schreibt Weinstein, »besteht großenteils aus
Entlehnungen von Dorimon, de Villiers und Molière, denen
wenig hinzugefügt ist. Rosimond betont den Atheismus und die
Heuchelei seines Helden, welcher sich, die Natur zu Hilfe
rufend, eingehend über seine Philosophie des Libertinismus
verbreitet. Während Molière genügend Takt und Mäßigung auf-
bringt, um seinen Dom Juan akzeptabel zu machen, geht Rosimond ins Extrem und macht seinen Helden fast ganz zu einem
Teufel.« (Leo Weinstein: The Metamorphoses of Don Juan,
Stanford University Press 1959, S. 34f.)

Seite 181 * Carlo Goldoni: Mein Theater – mein Leben, übersetzt von
Eva Schumann, Berlin 1949, S. 181f.

Seite 183 * Goethe: Aus meinem Leben / Dichtung und Wahrheit, Berlin
1960, S. 34f.

Seite 188 * S. Robert Haas: Gluck und Durazzo im Burgtheater, Zürich/
Wien/Leipzig 1925.
** Als »Surintendant Général des Plaisirs et Spectacles« unter-
standen Giacomo Conte Durazzo, der 1753, nachdem er ein
Jahr zuvor seinen Abschied als Wiener Gesandter der Republik
Genua genommen hatte, zum Wirklichen Geheimen Rat in
Diensten der Kaiserin ernannt worden war, die französische und
die deutsche Komödie (beide aus Singspiel und Schauspiel
bestehend) sowie das Ballett. Zunächst als Direktor unter dem
Grafen Eszterhazy tätig, leitete er nach dessen Rücktritt 1754
die Hoftheater allein. 1766 wurde Durazzo aus seiner Theater-
funktion entlassen und ging als österreichischer Botschafter
nach Venedig; er blieb bis zu seinem Tod (1794) in diesem Amt.

Seite 189 * In: Mario Pasi (Herausgeber), Ballett, Wiesbaden 1980,
S. 67. Vgl. auch den Artikel Angiolini in »Die Musik in

Geschichte und Gegenwart«, ed. Friedrich Blume, Band 1, Kassel 1949, S. 1173.
** Lebensdaten Angiolinis nach: Christoph Willibald Gluck, Sämtliche Werke, Abt. II (Tanzdramen), Band 1 (Don Juan / Semiramis), ed. Richard Engländer, Kassel 1966, S. VIIIf (Vorwort). In der Literatur findet sich häufig die Angabe 1723–1796.

Seite 192 * Übersetzung von Max Arend (in der Zeitschrift »Musik«, 1914, Jahrgang XIII, S. 19).

Seite 195 * Max Arend: Gluck, Berlin 1921, S. 189.
          ** Richard Engländer (Anm. 2 zu S. 189), S. IX.

Seite 198 * Karl Mickel: Don-Giovanni-Aufriß, in: Sinn und Form, 1985, Heft 6, S. 1171, und: K.M., Volks Entscheid, Leipzig 1987.

Seite 205 * Engländer (a.a.O.) schreibt wiederholt von 15 Nummern (S. XIIff.) und übernimmt damit ohne weiteres die Zählung der Kurzfassung, die – wie die Langfassung – die einleitende Sinfonia nicht mitzählt und die Nr. 25 der Langfassung (Allegro/Allegro gustoso/Allegro) in ihren drei Teilen mit drei Nummern versieht.
          ** In der Ausgabe von Engländer und dem thematischen Verzeichnis von Alfred Wotquenne, Leipzig 1904, sind es die Nummern 3, 4, 6–17, 20, 27–29.

Seite 208 * Hans Joachim Moser: Christoph Willibald Gluck, Stuttgart 1940, S. 137, bzw. Alfred Einstein: Gluck, Zürich/Stuttgart o.J., S. 93.

Seite 210 * Robert Haas: Die Wiener Ballett-Pantomime im 18. Jahrhundert und Glucks Don Juan, in: Studien zur Musikwissenschaft, Jahrgang X, 1923, S. 35; Hans Joachim Moser (a.a.O.), S. 139.

Seite 212 * Die zweite, jüngere Partiturkopie der Langfassung (aus dem frühen 19. Jahrhundert) befindet sich in der Sächsischen Landesbibliothek Dresden.
          ** Zu der Aufnahme der Academy of St. Martin-in-the-Fields unter Leitung von Neville Marriner (Decca Stereo SXL 6339, London 1968).
          *** »Ein großes tragisches, von Hrn. Vogt nach Angiolini verfertigtes Ballet in fünf Aufzügen, genannt Don Juan oder der steinerne Gast«. Das vollständige Szenarium, wie es sich in einigen Frankfurter Programmzetteln erhalten hat, in: O. Bacher, Ein Frankfurter Szenar zu Glucks Don Juan, Zeitschrift für Musikwissenschaft, Jahrgang VII, 1924/25, S. 570ff.
          † Walther Vetter: Christoph Willibald Gluck, Leipzig 1964, S. 154.

Seite 216   * Alfred Einstein (Anm. zu S. 208), S. 94.

Seite 221   * »L'andarà in lista ancha lia« (Theodor Schröder, s. Anm. 3 zu
S. 22, S. 96, Fußnote 4).

** »Fuerza al Turco, fuerza al Scita, / al Persa y al Garamant, /
al Gallego, al Troglodita, / al Alemán y al Japón, / al sastre con
la agujita / de ore en la mano, imitando / contino á la blanca
niña.« (Theodor Schröder, a.a.O., S. 107) Die Stelle ist nur in
der »Burlador«-Ausgabe von 1630, nicht in dem zweiten wichtigen Druck Madrid 1649 (recte: 1654) und auch nicht in der
Übersetzung von Karl Vossler enthalten.

Seite 225   * Hier und andernorts erscheinen Briefstellen Mozarts in
orthographischer Angleichung bei Wahrung des Lautstands.
Siehe aber die Transkription der Brief-Faksimili auf den Seiten
515−517 und 520/521.

Seite 230   * Antonio Zaguri (1732−1806), sein einstiger Protektor, nennt
da Ponte in einem Brief an Casanova einmal »einen sonderba-
ren Menschen, der bekannt dafür sei, ein Schurke [canaglia]
von mittelmäßiger Geistesbeschaffenheit zu sein, mit großen
Talenten zum Schriftsteller und dem anziehenden Äußeren des
geborenen Liebhabers«. (Lorenzo da Ponte: Denkwürdigkeiten, ed. Gustav Gugitz, Band 1, Dresden 1924, S. 338)

Seite 232   * Carl v. Rotteck: Allgemeine Geschichte, Band 8, 6. Auflage,
Freiburg o. J., S. 529.

Seite 233   * Die in Gibraltar drei Jahre lang von einer erdrückenden Übermacht belagerten Engländer widerstanden im September 1782
der mit sechsfacher Truppenübermacht angreifenden vereinig-
ten spanischen und französischen Flotte. Englands Niederlage
gegen die mit Frankreich verbündeten USA war zu dieser Zeit
schon entschieden; am 24. September 1782 erkannte die briti-
sche Regierung den nordamerikanischen Staatenbund an.

Seite 250   * Die grausame öffentliche Hinrichtung (Rädern »von unten
hinauf«) des adeligen Raubmörders Franz Zaglauer v. Zahl-
heim (er hatte seine Geliebte umgebracht, um deren Barschaft
an sich zu bringen), die Joseph II. gegen seine eigene Justiz
durchsetzte, steht − im März 1786 − vor dem Hintergrund dieser Zuspitzung. Sie konnte als eine drastische Machtdemonstra-
tion des monarchischen Oberherrn gegen die aufsässigen Adelselemente gelten, die sich gegen die Unterwerfung unter die allgemeine Gerichtsbarkeit sträubten.

Seite 258   * Ein Brief Georg Forsters an seinen Kasseler Freund Sömme-
ring vom 14. August 1784 gibt eine prägnante Schilderung
jenes Wien, in dem Mozart zu Hause ist: »Überhaupt also geht

es mir sehr gut in diesem Lande, auch gefällt mir's hier noch
besser als an irgendeinem Orte, wo ich seit meiner Abreise von
Kassel gewesen bin. Es gibt sehr viel gute Gesellschaft hier; sehr
viel aufgeklärte Leute, ohne Vorurteil; man ist sehr gesellig,
äußerst ungeniert, kommt und geht, wenn man will, speist sehr
gut und vollauf, doch so arg nicht, wie es Nicolai macht; ich
kann Dir bei Gott versichern, ich habe in Berlin fressen müssen
zum Bersten und hier gar nicht. Man speist um 1, um 2 und sou-
piert fast gar nichts. Die Lage ist herrlich wegen des Augartens
und Praters, wegen der schönen Environs und der herrlichen
Donau.... Wien hat überdies den Vorteil von London und Paris,
daß man *alles* haben kann, daß man unbemerkt an allem teilnehmen, mitten im größten Getümmel unbemerkt sein kann
usw. Kurz, ich wäre sehr gern hier und hoffe es in einigen Jahren, wenn's gut Glück ist, noch dahin zu bringen.... Die Maurerei geht in vollem Schwunge. Alles ist Maçon. Alle kaiserliche
[Logen] sind vereinigt unter einem gemeinschaftlichen Haupte,
dem Grafen von Dietrichstein, als Nationalgroßmeister... Der
[Graf Dietrichstein] soll R. C. [Rosen-Creutzer] sein, allein er
hat weiter keinen Einfluß, um die R. C. auszubreiten... Im
Gegenteil wirkt die gesamte Maurerei auf Aufklärung und das
so sehr, daß durch die Freimaurer die Aufhebung der Klöster
und viele wichtige Reformen noch bei Lebzeiten der seligen Kaiserin wäre bewirkt worden, wäre sie nicht, da sie eben den
besten Willen hatte, daüber weggestorben. Die [Loge] zur wahren Eintracht ist diejenige, welche am allermeisten zur Aufklärung wirkt. Sie gibt ein »Journal für FM« [Freimaurer] heraus,
worin über Glauben, über den Eid, über die Schwärmerei, über
die Zeremonien, kurz über alles freier gesprochen wird, als man
bei uns, d. h. in Niedersachsen herum, tun würde. Die besten
Köpfe Wiens unter den Gelehrten und die besten Dichter sind
Mitglieder drinnen. Man spottet drin über alles, was Heimlichkeit bei der Sache ist, und hat die ganze Sache zu einer Gesellschaft wissenschaftlicher, Aufklärung liebender, von allem Vorurteil freier Männer umgeschaffen. Born ist MvSt [Meister vom
Stuhl] darin. Ihm zu Gefallen, weil er es so sehr verlangte, bin
ich beigetreten und ein Mitglied geworden.« Daß Forster während seines Aufenthalts (Juli–September 1784) im Hause Thun
oder Jacquin Mozart begegnet sei, ist wahrscheinlich.

Seite 264   * Das Datum des 20. (statt des sonst allgemein angegebenen
22.) Januar 1787 für die von Mozart in Prag dirigierte »Figaro«-
Vorstellung ergibt sich aus der Angabe »gestern« in der Prager

Zeitungsmeldung (vgl. Seite 261), die ihre am 23. Januar 1787 veröffentlichte Meldung auf den 21. Januar datiert.

Seite 267 * Im Prager Theater des Grafen Franz Anton v. Sporck, einer öffentlich zugänglichen italienischen Privat-Oper, die enge Beziehungen nach Venedig unterhielt und zwei Opern von Vivaldi uraufführte (Johann Sebastian Bach schrieb Messen für den musikalischen Reichsgrafen), war schon 1730 eine Don-Juan-Oper gegeben worden, deren Text vermutlich von dem Impresario Denzio und die Musik von Antonio Caldara war: »La pravità castigata«, deutsch »Die Bezüchtigte Boßheit«. Eine von Denzio abgefallene Sängertruppe führte die Oper 1734 in Brünn auf (s. Don-Giovanni-Katalog Prag 1987, S. 32f). – Die erste bekannte Don-Giovanni-Oper wurde 1669 in Rom unter dem Titel »Il empio punito« (Der bestrafte Gottlose) aufgeführt; Text und Musik waren wahrscheinlich von Filippo Acciaiuoli (Leo Weinstein, s. Anm. zu S. 177, S. 207). Sowohl diese römische wie die Prager Opern-Version des Stoffes stehen isoliert in ihrer Zeit; Righinis Prager »Convitato« von 1776 wirkt dagegen wie eine Initialzündung.

** Zu dieser und den nachstehenden Opern vgl. Stefan Kunze: Don Giovanni vor Mozart. Die Tradition der Don-Giovanni-Opern im italienischen Buffa-Theater des 18. Jahrhunderts. München 1972.

Seite 268 * Giovanni Bertati (geb. 1735 in Martellago bei Treviso, gest. 1815 in Venedig) studierte am Seminar von Treviso; seine erste bekannte Oper stammt von 1763. Die Zahl seiner Libretti wird teils mit vierzig (»Opernlexikon«, Berlin 1978), teils mit siebzig (Stefan Kunze) angegeben; die meisten davon entstanden für venezianische Bühnen. Für Wien hatte Bertati schon seit 1770 gearbeitet; er war dort als Nachfolger des von Leopold II. verbannten da Ponte von 1791 bis 1795 Theaterdichter des italienischen Opernensembles und schreibt in dieser Zeit seinen erfolgreichsten Text, das Libretto zu Cimarosas »Heimlicher Ehe« (»Matrimonio segreto«). Nach seiner Rückkehr nach Venedig wurde der Sechzigjährige Archivar am Arsenal.

** Übersetzt von Friedrich Chrysander (aus: F.C., Die Oper Don Giovanni von Gazzaniga und von Mozart, in: Vierteljahresschrift für Musikwissenschaft, Jahrgang IV, Leipzig 1888, S. 352).

Seite 272 * Chrysander (Anm. 2 zu S. 246, S. 246) und Hermann Abert (H. A.: W. A. Mozart, Band 2, Leipzig 1979[9], S. 370) geben Giovanni Valentini (oder Valenti) als Komponisten des »Capriccio«

an. Stefan Kunze enthält sich einer Zuschreibung der bisher nicht aufgefundenen Partitur.

** Von Giuseppe Gazzaniga (geb. 1743 in Verona, gest. 1818 in Crema) sind vierundvierzig Opernkompositionen bekannt. Er studierte Musik in Venedig und Neapel bei den Komponisten Porpora und Piccini und hatte 1768 in Neapel seinen ersten Opernerfolg. 1770 ging er nach Venedig; von 1791 bis zu seinem Tod war er Kathedralkapellmeister in Crema. (Über Gazzanigas Don-Giovanni-Komposition s. Anm. 2 zu S. 351.)

Seite 275   * Ernst Bloch: Die Form der Detektivgeschichte und die Philosophie (in: Neue Rundschau, Heft 4/1960, S. 665 ff.). Unter dem Titel »Philosophische Ansicht des Detektivromans« in: Ernst Bloch, Gesamtausgabe, Band 9, Frankfurt am Main 1965, S. 242 ff.

Seite 285   * Lorenzo da Ponte: Denkwürdigkeiten, ed. Gustav Gugitz, Band 1, Dresden 1924, S. 201 f. Die Ausgabe von Gugitz beruht auf der zweiten Ausgabe von da Pontes »Memorie«, New York 1829/1830, und legt eine anonyme Übersetzung der Franckh'schen Buchhandlung, Stuttgart 1847, zugrunde.

Seite 288   * In einigen anderen Städten (Ferrara, Turin, Mailand, Perugia, Lucca) wird Gazzanigas »Don Giovanni« ein anderes Vorspiel auf dem Theater, der von Cimarosa komponierte »Impresario in Bedrängnis«, vorangestellt.

Seite 296   * Übersetzung hier und auf S. 309 von Hans v. Armin.

Seite 301   * Lorenzo da Ponte (Anm. zu S. 285), S. 279 f. Die Passage geht wie folgt weiter: »Ich setzte mich an meinen Schreibtisch und blieb volle zwölf Stunden daran sitzen. Ein Fläschchen Tokaier zur Rechten, in der Mitte mein Schreibzeug und eine Dose mit Tabak von Sevilla zu meiner Linken. Ein sehr schönes sechzehnjähriges Mädchen, die ich nur gleich einer Tochter lieben wollte, aber – – – wohnte in meinem Hause mit ihrer Mutter, besorgte die häuslichen Geschäfte und kam sogleich in mein Zimmer, wann ich die Glocke schellte, und dieses geschah in Wahrheit sehr oft, und besonders wenn ich merkte, daß mein poetisches Feuer erkalten wollte; sie brachte mir bald einen Zwieback, bald eine Tasse Kaffee, bald aber auch bloß ihr schönes Gesichtchen, das immer voll Heiterkeit, von dem freundlichsten Lächeln noch verschönert, ganz geschaffen war, poetische Einfälle zu erwecken und sie zu beseelen. Ich blieb auf diese Weise alle Tage zwölf Stunden an meiner Arbeit mit ganz kurzen Unterbrechungen, während ganzer zwei Monate und während dieses ganzen Zeitraumes hielt auch sie sich immer im

Nebenzimmer auf, bald mit einem Buch in der Hand, bald mit Nähen oder Sticken beschäftigt, um immer bereit zu sein, auf den ersten Glockenton gleich bei mir erscheinen zu können. Sie setzte sich zuweilen auch neben mich, ohne sich zu bewegen, ohne den Mund zu öffnen oder nur den Blick abzuwenden, so fest betrachtete sie mich; sie lächelte zärtlich, seufzte und schien manchmal weinen zu wollen. Kurz, dieses Mädchen war meine Kalliope, während ich diese drei Opern schrieb, und sie blieb es auch in der Folge bei allen Versen, die ich noch während voller sechs Jahre dichtete. Anfangs erlaubte ich dergleichen Besuche sehr häufig; ich mußte aber später bitten, daß sie seltener statthaben sollten, weil ich zu viel Zeit mit ihren Zärtlichkeits- und Liebesbezeugungen vertändelte, worin sie vollkommen Meisterin war.«

Seite 310   * Wenn man aus dem Prag des 19. Jahrhunderts vernimmt, daß das »Es lebe die Freiheit!« dort chorisch-ostentativ, unter Einbeziehung des auf der Szene anwesenden Landvolks, ausgeführt worden sei (Tomislav Volek im Katalog der Prager Ausstellung »Mozarts Don Giovanni«, Praha 1987, S. 159), so ist damit ein Phänomen der Wirkungsgeschichte beschrieben: plakative Herausstellung eines aktuell umgedeuteten Textworts. Die von Volek veröffentlichte Partitur-Reproduktion aus dem Prag des 19. Jahrhunderts (XX/75c, S. 107) stützt den Bericht übrigens nicht; dort ist das »Viva la libertà!« durch die darübergeschriebene deutsche Fassung entschärft: »Vivat ein froher Muth«.

Seite 318   * Neefes am 11. Dezember 1788 vollendete Übersetzung lag der deutschen Fassung zugrunde, die Heinrich Gottlob Schmieder als »Don Juan / Ein Sing-Spiel, in zwey Aufzügen« 1789 erst in Mainz und dann in Frankfurt am Main herausbrachte (vgl. Friedrich Dieckmann: Don Giovanni deutsch / Zum Text der ersten deutschsprachigen Aufführung von Mozarts und da Pontes Oper, in: Deutsche Oper Berlin, Spielzeit 1989/90, Beiträge zum Musiktheater IX). Auch die von Friedrich Ludwig Schröder in Hamburg am 27. Oktober 1789 unter dem Titel »Don Juan oder der steinerne Gast / Singspiel in vier Aufzügen« herausgebrachte deutsche Fassung benutzte die Neefesche Übersetzung; Neefe selbst legte die Hamburger Fassung seinem bei Simrock in Bonn edierten Klavierauszug zugrunde: »In einem neuem, vermehrtem, und, nach der Schröterischen Bearbeitung des Textes, verbessertem Clavierauszuge von C.G. Neefe« steht auf dem Titelblatt. In dem Frankfurter Theaterbuch, das Neefes Urübersetzung sehr nahesteht, lautet Leporellos Introduktion wie folgt: »Keine Ruh bei Tag und Nacht! / Nichts, was sonst Vergnügen macht! / Schlechte Speisen, herber Trank – / Dafür sag ich ferner Dank! / Ich will einen Herrn machen / Und nicht länger Diener sein.« »Ich will nun den Herren machen«, redigiert Schmieders Arientextbuch von 1789; die Wendung »selbst« ist vermutlich Schröders Beitrag zu der seither feststehenden Zeile.

Seite 321 * Adam Wolf/Hans von Zwiedineck-Südenhorst: Oesterreich unter Maria Theresia, Josef II. und Leopold II. 1740–1792, Berlin 1884, S. 267.

Seite 322 * Wolfgang Amadeus Mozart: Don Giovanni, Textbuch Italienisch/Deutsch, Libretto von Lorenzo da Ponte, Übersetzung von Thomas Flasch, Nachwort von Stefan Kunze, Stuttgart 1986, S. 167.

Seite 323 * Sie ziehen dabei einen Anhalt aus dem Fehlen der Vaterfigur ebenso wie aus der Opulenz von Giovannis Hausstand. Auch im Feudalismus pflegten Zwanzigjährige noch nicht über Paläste zu gebieten.

Seite 324 * Aus Bertatis »sposa promessa« (versprochenen Braut) wird Elvira bei da Ponte zu der »Dame aus Burgos, von Don Giovanni verlassen«.

Seite 325 * Vgl. Karl Dietz/Peter G. Hesse: Wörterbuch der Sexuologie und ihrer Grenzgebiete, Rudolstadt 1964, S. 63.
** Bertati schreibt an dieser Stelle: »Invano mi chiedette, / Ch'io mi discopra a voi!« (Vergebens fordert Ihr, daß ich mich enthülle.) Die Steigerung, die da Ponte gegenüber seiner Vorlage bewirkt, wird hier unmittelbar deutlich.
*** Eine in Montaignes »Essais« (1588) anzutreffende Bemerkung wäre, wenn Don Giovanni sie gelesen hätte, dazu angetan gewesen, Gefühle der Selbstüberschätzung von ihm fernzuhalten. Montaigne schreibt im 5. Kapitel des 3. Buches: »Die Weiber haben nichts weniger als Unrecht, wenn sie nicht gern den Lebensvorschriften folgen wollen, welche in der Welt eingeführt sind; weil die Männer solche verfaßt haben, ohne sie darum zu befragen. Natürlicherweise herrscht ein Streben und Ringen unter ihnen und uns. Die innigste Vereinigung, die wir mit ihnen haben, ist immer noch brausend und stürmisch; nach der Meinung unseres Schriftstellers gehen wir hierin nicht bedachtsam genug mit ihnen um. Wir haben erkannt, daß sie ohne allen Vergleich im Wettstreite der Liebe weit hitziger sind wie wir, so wie es jener Priester unter den Alten bezeugt hat, der erst Mann und dann Weib war: ›Venus huic erat utraque nota.‹ (Ovid. Metam. III.

3. 23.) Dazu wissen wir aus ihrem eigenen Munde den Beweis, den ein römischer Kaiser und eine römische Kaiserin davon ablegten, die in diesem Geschäft als berühmte Meister bekannt sind: von ihm, daß er in einer Nacht zehn sarmatischen Jungfrauen, die in seiner Gefangenschaft waren, den Gürtel lösete; von ihr aber, daß sie in einer Nacht fünfundzwanzig Ritter nach ihrer Wahl in die Schranken kommen ließ und solchen einem nach dem andern standhielt…« (Berlin 1794, Seite 174 f.)

**** Vgl. George Thomson: Frühgeschichte Griechenlands und der Ägäis, Berlin 1960, S. 41, sowie Sigmund Freud: Das Tabu der Virginität, in: S. F., Essays II, ed. Dietrich Simon, Berlin 1988 (speziell S. 535 f.). Verborgen geblieben ist Freud – und ebenso Bataille – die interessante Stelle im Ersten Buch von Montaignes »Essais« (1580) über die Sitten fremder Völker: »Und wieder anderwärts werden, wenn derjenige, der eine Frau nimmt, ein Kaufmann ist, alle Kaufleute zur Hochzeit geladen, um vor dem Bräutigam die Braut zu erkennen, und die Braut gewinnt um so mehr Ehre und Ansehen wegen ihrer Dauer und Fähigkeit, um so größer die Anzahl der Gäste ist. Ist nun der Bräutigam ein Offizier, nun so werden die Gäste von seinen Kameraden genommen. Ebenso, wenn es einer vom Adelstande ist, und so immer fortan; ausgenommen, wenn es ein Bauer oder sonst eines aus der niedern Volksklasse ist; denn in diesem Falle liegt das Werk dem Gutsherrn ob. Bei alledem wird bei diesem Volke die eheliche Treue, im Ehestande, aufs nachdrücklichste empfohlen.« (Berlin 1793, S. 194)

Seite 327   * Vgl. Martin P. Nilsson: Geschichte der griechischen Religion, Band 1, München 1941, S. 532−568.

Seite 329   * Stefan Kunze (Anm. zu S. 322), S. 165.

** So stellt sich Don Giovanni in der ersten deutschen Fassung der Oper, der 1789 in Mainz und Frankfurt a. M. aufgeführten Bearbeitung von Schmieder, dar, die dem Helden seinen Gutsherrnstatus nahm und ihn im Wirtshaus abgestiegen sein ließ.

Seite 333   * In dem, was sie angeben, sind da Pontes Szenenanweisungen zweifellos bindender als in dem, was sie nicht angeben. Man kann sich Elvira in I/4 ganz gut von ihrer Zofe begleitet denken, der Giovanni nachmals das Ständchen bringt. »Man sorge – man gehe –«, sagt sie in I/6 wie zu Umstehenden.

Seite 335   * Die Auslieferung der abgelegten Geliebten an den Diener ist ein von Shadwell 1676 in den Strom des Don-Juan-Theaters eingebrachtes Motiv, das da Ponte buffonesk abbiegt, komödisch verfeinert.

** Daß Ottavio mit dem Degen auf Giovanni eindringt, läßt sich – der Text beschränkt sich auf die Wendung »will ihn töten« – der Trauerkleidung abnehmen, die die Szenenanweisung ihm attestiert; sie verträgt sich mit dem Tragen eines Degens, nicht mit dem einer Pistole.

*** Christof Bitter (»Wandlungen in den Inszenierungsformen des ›Don Giovanni‹ von 1787 bis 1928«, Regensburg 1961, S. 28 f und 35 f) hat die von da Ponte intendierte Bühnensituation für diese Szene wie für die anders komplizierte der Entführung und Befreiung Zerlinas im ersten Finale präzis entschlüsselt.

Seite 337   * Der Grund für den Einschub der Szene II/12 (Anna, Ottavio) ist technisch-bühnenbildnerischer Art: dem »langen« (tiefen) Kulissenbild der Friedhofsszene mußte ein »kurzes« (flaches) Bild folgen, währenddessen zu der wiederum langen Szene des Schlußbilds umgebaut werden konnte. Wären zwei die ganze Bühnentiefe beanspruchende Szenenbilder aufeinander gefolgt, so wäre eine Umbaupause erforderlich gewesen, die das Kulissentheater dieser Zeit vermied.

** Man kann das erste Bild der Oper (die Szenen I/1–3) als ersten, Bild 2 (Szenen I/4–15) als zweiten, die Bilder 3 und 4 (Szenen I/16–20) als dritten Akt auffassen. Die Bilder 5–7 (Szenen II/1–11) wären dann der vierte, die Bilder 8 und 9 (Szenen II/12–16) der fünfte Akt einschließlich des Epilogs (II/16).

*** Mit guten Gründen kommt Edward J. Dent (E.J.D.: Mozarts Opern, Berlin o.J. [1922], S. 150 f.) zu dem Schluß, daß das Sextett Nr. 19 als zweites Finale angelegt gewesen sei, dem ein dritter Akt hätte folgen sollen. Da Ponte und Mozart, mutmaßt Dent, hätten dann bemerkt, daß der erste Akt zu ausgedehnt geraten sei, und den zweiten und dritten Akt in einen zusammengezogen. Dent übersieht allerdings, daß, so dramatisch überflüssig sich die Ottavio-Arie Nr. 21 ausnimmt, die Leporello-Arie Nr. 20 als dramatische Auflösung der Sextett-Szene und Überleitung zur Friedhofsszene vollkommen funktionell ist.

Seite 338   * Auch Don Giovannis Wendung »heute nacht« betreffs der von ihm erwarteten Dame (I/4) macht deutlich, daß die Elvira-Begegnung in die Anna-Nacht zu setzen ist. (Zwar wäre, wenn man die Szene I/4 dem Prager Druck entsprechend am frühen Morgen annimmt, die *folgende* Nacht gemeint, doch da kommt nicht die unbekannte Schöne, sondern erst Elvira und dann der

Komtur.) Der nicht vermerkte, aber erschließbare Zeitsprung begibt sich dann aber vor dem Bauernchor (Szene I/7): bei Giovannis Arie (Nr. 11) ist eindeutig davon die Rede, daß *nicht* Nacht ist. »Ich will sie unterhalten, bis es Nacht wird«, setzt sich Giovanni für die Bäuerinnen vor (Szene I/15). Gegen den Nacht-Tag-Sprung von I/6 zu I/7 in der ursprünglichen Anlage spricht allerdings Don Giovannis erleichtertes: »Gottlob, sie ist weg!« am Anfang der Szene I/8, das sich auf Elviras Abgang bezieht und ganz offenbar der Korrektur von »notte« (vor der Szene I/4) zu »alba chiara« zugehört.

Seite 345   * Edward Dent (Anm. 3 zu S. 337, S. 147 f.) schreibt über das Terzett Nr. 15, was mutatis mutandis für die ganze Oper gilt: »Die melodischen Einzelheiten sind zwar italienisch, die ganze Komposition aber vom deutschen Standpunkt aus geschaffen. Anfangs sind die einzelnen Personen klar genug hingestellt; wenn sich aber die drei Stimmen in der Wiederholung von Elviras Eingangsworten vereinigen, verschmelzen ihre Individualitäten mit Mozarts eigenem Wesen. Elvira, Don Juan und Leporello sind nicht länger Einzelfiguren, sie stellen nur noch Melodien dar, die nach des Komponisten Willen von einem zum andern übergehen.« Daß die buffoneske Komik der Szene (»Wenn wir ›Don Juan‹ als Tragödie betrachten wollten«, bemerkt Dent treffend, »wäre diese Szene im alleräußersten Maße abstoßend«) durch die Komposition, die sie mit aller Charakteristik austrägt, in gewisser Weise aufgehoben wird, ist ein Vorgang, den Mozarts Vertonung im Ganzen vollzieht; er wird hier nur besonders deutlich.

Seite 349   * Hier ist der Drehpunkt des Dramas: die Frau, das Streitobjekt, wirft sich selbst in die Wageschale; sie wird zum tätigen Subjekt und entscheidet so über den Ausgang des Konflikts. Auf andere Weise geschieht dies im »Figaro«, auf ähnliche in »Idomeneo«; Ilias Bereitschaft, selbst das Opfer zu sein, löst auch hier den Konflikt zugunsten der Sohnesfigur Idamantes.

Seite 351   * Am 11. April 1787 begab sich Joseph II. auf eine Rußland-Reise, die ihn, zu Absprachen über den bevorstehenden Türkenkrieg, auf der vier Jahre zuvor von Rußland eroberten Krim mit der Zarin Katharina II. und ihrem Minister Patjomkin zusammenführte; am 30. Juni kehrte er nach Wien zurück. Zweifellos hatte er vor seiner Abreise, also spätestens Anfang April, die dreifache Stoffwahl seines italienischen Theaterdichters genehmigt, so daß da Ponte an die Arbeit gehen konnte. Martinis »Baum der Diana« hatte dabei als die zuerst aufzuführende

Oper den Vorrang; Salieris »Axur«, der nicht mit der bevorstehenden sächsisch-österreichischen Hochzeit verknüpft war, stand an dritter Stelle. Nach der Rückkehr des Kaisers (also im Juli oder August 1787) konnte da Pontes »Giovanni«-Skript genehmigt und in Wien gedruckt werden. Daß dieses erste Wiener Libretto »zur Vorlage bei der Hofzensur« gedruckt worden sei, wie es im Vorwort der Partitur-Edition der Neuen Mozart-Ausgabe heißt, scheint insofern anfechtbar, als das Plazet der Zensur sicherlich die *Voraussetzung* dieses Druckes war, der – das Titelblatt verweist eingehend auf die Fürstenhochzeit – protokollarischen Zwecken diente.

** S. Edward Dent (Anm. 3 zu S. 337), S. 138f. und Notenbeispiel 23, sowie Hermann Abert (Anm. 1 zu S. 272), S. 395f. Abert sieht die Introduktion der Mozartschen Oper »ganz offensichtlich von Gazzaniga angeregt, aber freilich auch nichts weiter«. »Auffallende musikalische Parallelen enthält die Introduktion (Gazzaniga T. 51–88, Mozart T. 73–134)«, schreibt Stefan Kunze 1972 im Vorwort seiner Ausgabe von Gazzanigas Don-Giovanni-Partitur (S. VII), nachdem er zuvor zu dem Schluß gekommen ist: »Daß Mozart Gelegenheit hatte, die Oper Gazzanigas kennenzulernen, ist eine häufig vertretene, aber bisher nicht erwiesene Annahme.« (S. VI) Der Vorbehalt wird in einem neueren Kommentar Kunzes fallengelassen: »Es stellte sich… heraus, daß Mozart die Partitur Gazzanigas gekannt haben muß…« (Nachwort zu dem Textbuch des Reclam-Verlags, Stuttgart 1986, S. 180).

Seite 355 * Aus Mozarts Wiener Zeit – seit dem März 1781 – hat sich kein einziger Brief des Vaters an den Sohn erhalten; offenbar hat sie Konstanze – oder schon Wolfgang? – alle vernichtet. Die Gesamtausgabe der »Briefe und Aufzeichnungen« erschließt indirekt die Existenz zahlreicher nach dem März 1781 geschriebener Briefe Leopolds an Wolfgang.

** Vgl. Gunthard Born: Mozarts Musiksprache, München 1985, S. 116, sowie Volkmar Braunbehrens: Mozart in Wien, München 1986, S. 336. »Mozarts Subskriptionslisten«, schreibt Born, »sind nicht als Zeichen wachsender Ablehnung gegen den Verfasser des ›Figaro‹ (1786) zu lesen, sondern als Dokument der wachsenden Stadtflucht der vergraulten Reichen…. Der Zusammenbruch des Marktes für Luxusartikel – die Musik gehörte dazu – reicht als Erklärung dafür aus, daß Mozart, der in guten Jahren nichts zurückgelegt hatte, nun in Schwierigkeiten geriet.« – »Mit Sicherheit«, bemerkt Braunbehrens, sei »die

These vom Gunstverfall beim Adel und von der Verarmung Mozarts falsch«; einige Sätze vorher drückt er sich wesentlich vorsichtiger aus: »Ein Rückgang des Konzertlebens scheint ebenso feststellbar zu sein, auch wenn wir über Einzelheiten des Konzertwesens, statistische Daten gar, nur völlig unzureichende Kenntnisse haben. Hier wäre noch viel Forschungsarbeit … zu leisten.« In der Tat läßt sich der allgemeine Verfall des Wiener Musiklebens nur indirekt erschließen, etwa aus dem Weggang des in Wien höchst erfolgreichen Martín y Soler im Jahre 1788; für die von Born und Braunbehrens konstatierte Hauptstadt-flucht des politisch verärgerten Adels scheinen Memoiren- oder andere Belege zu fehlen. Mozarts Brief-Bemerkung zu Puchberg vom 12. Juli 1789: »Ich habe 14 Tage eine Liste herumgeschickt, und da steht der einzige Namen *Swieten!*« (es ging um eine »Subscriptions-Academie«, ein vom Adel zu abonnierendes Konzert) läßt sich nur zum Teil aus der allgemeinen Lage der Wiener Musik erklären. Auswirkungen des Türkenkrieges, der am 9. Februar 1788 offiziell erklärt wurde, aber schon früher begonnen hatte, sind erst seit dem Herbst 1787 in Betracht zu ziehen.

Seite 361   * Das Vorwort der Partiturausgabe des »Don Giovanni« innerhalb der Neuen Mozart-Ausgabe von Wolfgang Rehm und Wolfgang Plath (Kassel etc. 1968) gibt mit Berufung auf Alfred Einstein als in Prag entstanden »die Ouvertüre und die Nummern 5 (?), 6, 14, 16 (?) sowie das ganze Finale II (No. 24)« an (S. VIII). Tomislav Volek (Anm. zu S. 310) bezeichnet 1987 als in Prag entstanden außer Ouvertüre und Finale II die Nummern 6, 14, 16, 17, 22 und einige Rezitative, darunter das dem Sextett (Nr. 19) voranstehende (Abb. X/55 a–k, S. 73–85). Der kritische Bericht zu der Partituredition von Rehm und Plath steht nach einundzwanzig Jahren immer noch aus.

Seite 365   * Nachstehend der auf S. 366/367 reproduzierte Brief Mozarts an Gottfried von Jacquin in vollem Wortlaut und originaler Orthographie:

liebster freund! –   Prag den 15:ten octb: 1787

Sie werden vermuthlich glauben daß nun meine Oper schon vorbey ist – doch – da irren sie sich ein bischen; Erstens ist das hiesige theatralische Personale nicht so geschickt wie das zu Wienn um eine solche oper in so kurzer Zeit einzustudiren. zweytens fand ich bey meiner Ankunft so wenige vorkehrungen und Anstalten, daß es eine blosse unmöglichkeit gewesen seyn würde, Sie am 14:ten als gestern zu geben;

– Man gab also gestern bey ganz illuminirten theater meinen
figaro, den ich selbst dirigirte. – bey dieser gelegenheit muß ich
ihnen einen Spass erzehlen. – einige von den hiesigen ersten
damen /: besonders eine gar hocherläuchte :/ geruhten es sehr
lächerlich, unschicklich, und was weis ich alles zu finden, daß
man der Prinzessin den figaro, *den tollen tag* /: wie sie sich auszudrücken beliebten :/ geben wollte; – Sie bedachten nicht daß
keine oper in der Welt sich zu einer solchen gelegenheit schiken
kann, wenn Sie nicht beflissentlich dazu geschrieben ist; daß es
sehr gleichgültig seye, ob sie diese oder Jene oper geben, wenn
es nur eine gute und der Prinzessin unbekannte oper ist; und
das lezte wenigstens war figaro gewis. – kurz, die Radlführerin
brachte es durch ihre wohlredenheit so weit, daß dem impreßario von der Regierung aus dieses Stück auf Jenen tag untersagt
wurde. – Nun triumphirte Sie! – – hò vinta schrie Sie eines
abends aus der Loge; – Sie vermuthete wohl gewis nicht daß
sich das hò in ein Sono verändern könne! – des tags darauf
kamm aber le Noble – brachte den befehl S: Mayt: daß wenn die
Neue oper nichtgegeben werden könne, figaro gegeben werden
müsse! – wenn Sie, mein freund, die schöne, herrliche Nase dieser dame nun gesehen hätten! – O es würde ihnen so viel vergnügen verursachet haben wie mir! – Don Giovanni ist nun auf
den 24:^ten bestimmt; –
den 21:^ten: er war auf den 24:^ten bestimmt, aber eine Sängerin die
krank geworden verursachet noch eine Neue verzögerung; – da
die truppe klein ist, so mus der Impreßario immer in Sorgen
leben, und seine leute so viel möglich schonen, damit er nicht,
durch eine unvermuthete unpässlichkeit in die unter allen kritti-
schen allerkrittischste laage versezt wird, gar kein Spektakl
geben zu können! – deswegen geht hier alles in die lange bank,
weil die Recitirenden / aus faulheit :/ an operntägen nicht Studieren wollen, und der Entrepreneur / aus forcht und angst / Sie
nicht dazu anhalten will, aber was ist das? – – ist es möglich? –
was sehen meine ohren, was hören meine augen? – – ein brief von
– – – ich mag mir meine augen fast wund wischen – er ist – holl
mich der teufel † gott sey bey uns † doch von ihnen; – in der that;
wäre nicht der winter vor der thüre, ich würde den ofen einschla-
gen. da ich ihn aber dermalen schon öfters brauche, und in
zukunft noch mehr zu brauchen gedenke, so werden sie mir erlauben, daß ich die verwunderung in etwas mässige, und ihnen nur
in wenig worten sage, daß es mich ausserordentlich freuet Nachrichten von ihnen und ihrem mir so werthen hause zu erhalten. –

den 25: – heute ist der eilfte Tag daß ich an diesem briefe kritzle; – Sie sehen doch daraus daß es an gutem willen nicht fehlt – wenn ich ein bischen zeit finde so male ich ein Stückchen wieder daran – aber lange kann ich halt nicht dabey bleiben – weil ich zu viel andern leuten – und zu wenig – mir selbst angehöre; – daß dies nicht mein lieblings-leben ist, brauche ich ihnen wohl nicht erst zu sagen; – künftigen Montag den 29:ᵗ wird die oper das erstemal aufgeführt; – tags darauf sollen Sie gleich von mir Raport davon bekommen; – wegen der Arie, ist es, /: aus ursachen die ich ihnen mündlich sagen werde :/ schlechterdings unmöglich Sie ihnen schicken. – was Sie mir wegen der kathel schreiben, freuet mich recht sehr, daß Sie wohl auf ist, und Sich mit den katzen in Respect, mit den hunden aber in freundschaft zu erhalten weis; – wenn Sie ihr Papa /: dem ich mich bestens empfehle :/ gerne behält, so ist es schon so viel als wenn Sie nie mein gewesen wäre; – Nun leben Sie wohl; – ich bitte dero gnädigen frau Mama in meinem Namen die hände zu küssen, der frl: Schwester und H: bruder mich bestens zu empfehlen und versichert zu seyn daß ich stets seyn werde

ihr wahrer freund und diner
W:A: Mozart

Seite 368   *   Oscar Teuber, der Bondinis »Figaro«-Gesuch im gleichen Band seiner »Geschichte des Prager Theaters« wie die Premierenverschiebung des »Don Giovanni«, aber ohne Zusammenhang mit ihr behandelt, gibt als Datum des Hofdekrets den 13. Oktober 1787 an (Band 2, Prag 1885, S. 190 f.), was sich aber nur auf dessen Eintreffen beziehen kann; die Botschaft wäre für den 14. Oktober sonst nicht mehr zurechtgekommen. Im Anschluß an O. E. Deutsch (»Dokumente«, S. 264) setzt die Gesamtausgabe der Briefe und Aufzeichnungen in ihrem Briefkommentar (Band IV, Kassel 1971, S. 362) Bondinis Gesuch zu Mozarts Briefstelle vom 15. Oktober in Beziehung, ohne auf das Datierungsproblem einzugehen.

Seite 377   *   »Gleich nachdem die erste Vorstellung von Martinis ›Baum der Diana‹ am 10. Oktober 1787 stattgehabt hatte, war ich genötigt, nach Prag zu reisen, wo man zum erstenmal den ›Don Juan‹ von Mozart bei der Ankunft der Prinzessin von Toscana in jener Stadt aufführen sollte. Ich verweilte daselbst acht Tage, um die Schauspieler, die darin auftreten sollten, einzuführen; aber bevor diese Oper noch über die Bretter ging, war ich genö-

Anmerkung zu Seite 381

tigt, nach Wien zurückzukehren, ein äußerst dringendes Schreiben von Salieri, in welchem er mir – ob wahr oder nicht, lasse
ich dahingestellt – anzeigte, daß der ›Assur‹ auf kaiserlichen
Befehl unverzüglich zur Vermählung des Erzherzogs Franz
gegeben werden sollte, und daß der Kaiser selbst ihn beauftragt
hätte, mich zurückzuberufen. Ich kehrte also eiligst zurück, reiste Tag und Nacht, aber auf der Hälfte des Weges war ich durch
Müdigkeit genötigt, auf ein paar Stunden mich zu Bette zu begeben und auszuruhen. Ich legte mich; als die Pferde fertig waren
und man mich weckte, sprang ich aus dem Bette, ging noch
schlaftrunken die Treppe herunter, stieg in den Wagen und reiste
ab. Nach kurzer Entfernung kamen wir an einen Schlagbaum,
an dem ich eine Kleinigkeit für meinen Durchgang bezahlen
sollte. Ich streckte die Hand in die Tasche und fand zu meinem
größten Erstaunen nicht einen Kreuzer in dem Beutelchen, in
welches ich an demselben Morgen fünfzig Zechinen getan hatte,
die ich von dem Theaterunternehmer Guardasoni in Prag für
den Text dieser Oper erhalten hatte. Ich dachte, sie im Bett verloren zu haben, weil ich mich ganz angekleidet darauf gelegt
hatte, kehrte also sogleich in dasselbe Wirtshaus zurück, wo
aber kein Kreuzer gefunden worden war. – Der Wirt und seine
Frau, sehr anständige, rechtliche Leute, rufen sogleich die
ganze Dienerschaft zusammen, suchen, fragen, drohen, aber
niemand will eingestehen, das Bett nur angesehen zu haben.
Ein kleines Mädchen, höchstens fünf Jahre alt, das gesehen
hatte, wie eine der Mägde das Bett wieder für einen anderen Reisenden hergerichtet hatte, schrie: ›Mama, Mama! Die Katharina hat das Bett gemacht, als der Herr abgereist war.‹ Die Wir-
tin befahl der Katharina, sich sogleich auszukleiden, und fand
die fünfzig Zechinen in ihrem Busen. Ich verlor durch diese
Geschichte zwei Stunden, aber vergnügt, mein Geld wieder
erhalten zu haben, bat ich diese guten Leute, ihrer Magd zu verzeihen, und ohne mich irgendwo mehr länger zu verweilen, als
um Pferde zu wechseln, kam ich am folgenden Tag in Wien an.«
(Lorenzo da Ponte, s. Anm. zu S. 285, S. 286 ff.)

Seite 381   * Denkbar ist allerdings auch, daß Thoenerts Radierung speziell für das Leipziger Sommergastspiel der Prager Truppe
geschaffen wurde, als Zugabe für das – vermutlich aus Prag
mitgebrachte – italienische Textbuch, auf dessen Verkauf der
Programmzettel (Seite 415) ausdrücklich verweist. Durch eine
Umbesetzung wurde der Stich dann jedoch für Leipzig
unbrauchbar; statt Bassis, auf den Thoenerts Bildunterschrift

ausdrücklich verweist (Seite 372), sang »Herr Kosta« die Titel-
partie. Von dem Prager Librettodruck haben sich nur wenige
Exemplare, alle ohne Frontipiz-Radierung, und von dem Thoe-
nertschen Blatt nur ein einziger Abzug (im Theatermuseum
Köln-Wahn), ohne Libretto-Druck, erhalten. Ein spezieller
Leipziger Librettodruck ist nicht bekannt.

Seite 385   * Paul Klees Don-Juan-Zeichnungen heißen: »Don Juan
(letzte Stufe der Verliebtheit)«, 1913/48 (Federzeichnung,
Bern) / »Der bayerische Don Giovanni«, 1919/116 (Aquarell,
New York) / »Don Juan, 461. Abenteuer«, 1939/195 (Bleistiftzeichnung, Bern) / »Terzett mit Don Giovannino«, 1939/1247
(Bleistiftzeichnung, Bern). Paul Klee sollte ursprünglich die
Ausstattung jener Dresdner Aufführung unter Fritz Busch im
Jahre 1924 entwerfen, die dann durch Slevogts Exterieur
berühmt wurde. Von der Don-Juan-Ikonographie unausge-
schöpft ist auch der lithographische Zyklus (fünfzehn Umriß-
lithographien zu Mozarts »Don Giovanni«) von Mörikes
Freund Rudolf Lohbauer aus dem Jahre 1828, den die Graphische Sammlung der Stuttgarter Staatsgalerie aufbewahrt
(s. Seite 421).
** Nach den Katalogangaben von Tomislav Volek (Anm. zu
S. 310).

Seite 388   * Vollständig in: Paul Nettl, Mozart in Böhmen, Prag-Karlín
1938, S. 149–151.

Seite 392   * Das Andante der Ouvertüre dauert in Fritz Buschs berühmter
Glyndebourne-Aufnahme 2:02, in Karl Böhms Prager Auf-
nahme 1:48 Minuten.
** Ivan Nagel: Autonomie und Gnade / Über Mozarts Opern;
München/Wien 1985, S. 53.
*** Richard Wagner: Gesammelte Schriften und Dichtungen,
ed. Wolfgang Golther, Band 1, Berlin etc. o. J., S. 196 und 199 f.
Noch ein anderer Satz des Aufsatzes »Über die Ouvertüre«
(Paris 1841) meint das oft mißdeutete thematische Wechselspiel
im Allegro-Teil der Ouvertüre, und nur dieses, wenn er konsta-
tiert: »eine leidenschaftliche Erregtheit des Übermutes steht im
Konflikt mit einer furchtbar bedrohenden Übermacht, welcher
jene zu unterliegen bestimmt scheint.«

Seite 393   * Robert Haas: Wolfgang Amadeus Mozart, Potsdam 1933,
S. 144. Daß das Allegro molto hier mit melodischem Material
der Oper schaltet, ist sogar Richard Wagner entgangen, der in
seinem Aufsatz von 1841 das »Hauptstück der Ouvertüre frei
von jeder Reminiszenz der Oper« vermeinte (a. a. O., S. 200).

Seite 395   * Hermann Abert (Anm. 1 zu S. 272), S. 390.
Seite 397   * Gunthard Born (Anm. 2 zu S. 355), S. 177. An anderer Stelle
(S. 194) schreibt Born – und meint wiederum das »Seiten-
thema« – von dem »Männerlachen, das sich immer wieder im
Allegro der Ouvertüre Gehör schafft«. Merkwürdigerweise wen-
det sich Born auf S. 251 gegen die Lachdeutung, als er sie bei
Abert findet, dem er sie irrtümlich auch zuschreibt (s. das im
Text folgende Zitat).
** Eduard Mörike: Mozart auf der Reise nach Prag, Stuttgart
und Augsburg 1856, S. 102.
*** Sören Kierkegaard (Anm. 1 zu S. 80), S. 91.
Seite 398   * Arthur Schopenhauer: Die Welt als Wille und Vorstellung,
Band 2, Kapitel 39 (in: A. S., Sämtliche Werke, ed. Julius Frau-
enstädt, Band 3, Leipzig 1891, S. 513).
** Ernst Bloch: Geist der Utopie, Frankfurt am Main 1964,
S. 131 f.
Seite 405   * Auch dieser auf S. 404 reproduzierte Brief wird nachstehend
in der originalen Orthographie vollständig wiedergegeben:

liebster, Bester freund! –   Prag, den 4:ᵗ novᵇʳᵉ 1787

Ich hoffe Sie werden mein Schreiben erhalten haben; – den 29:ᵗ
ocktᵇ: gieng mein oper D: Giovanni in scena, und zwar mit dem
lautesten beyfall. – gestern wurde Sie zum 4ᵗ: Male /: und zwar
zu meinem Benefice :/ aufgeführt; – Ich gedenke den 12ᵗ: oder
13ᵗᵉⁿ: von hier abzureisen; bey meiner zurückunft sollen Sie also
die Aria gleich zu Singen bekommen; *NB unter uns:* – Ich wollte
meinen guten freunden / besonders bridi und ihnen :/ wünschen, daß Sie nur einen einzigen Abend hier wären, um antheil
an meinem vergnügen zu nehmen! – vieleicht wird Sie doch in
Wienn aufgeführt? – ich wünsche es. – Man wendet hier alles
mögliche an um mich zu bereden, ein paar Monathe noch hier
zu bleiben, und noch eine Oper zu schreiben, – ich kann aber
diesen antrag, so schmeichelhaft er immer ist, nicht annehmen.
– Nun, liebster freund, wie befinden Sie Sich? – Ich hoffe daß
Sie sich *alle* so wohl und gesund befinden mögen, wie wir; – am
vergnügt seyn kann es ihnen, liebster freund, wohl nicht fehlen,
da Sie alles besitzen, was sie sich *in ihren Jahren* und *in ihrer
laage* nur wünschen können! – besonders da sie nun von ihrer
vorigen etwas *unruhigen lebensart* ganz zurückzukommen
scheinen; – nicht wahr Sie werden täglich mehr von der Wahrheit meiner kleinen Straf-Predigten überzeugt? – ist das vergnügen einer flatterhaften, launigten liebe, nicht himmelweit

von der Seeligkeit unterschieden, welche eine wahre, vernünftige liebe verschafft? – Sie danken mir wohl gar öfters so in ihrem Herzen für meine belehrungen! – Sie werden mich noch ganz Stolz machen. – doch, ohne allen Spass; – Sie sind mir doch im Grunde ein bischen dank schuldig, wenn sie anderst der frl: N....... würdig geworden sind, denn ich Spielte doch bey ihrer besserung oder bekehrung gewis nicht die unbedeutendste Rolle; – Mein Urgrosvater pflegte Seiner frauen meiner urgroß-Mutter, diese ihrer tochter, Meiner gros-Mutter, dieser wieder ihrer tochter Meiner Mutter, diese abermal ihrer tochter meiner leiblichen schwester zu sagen, daß es eine sehr grosse kunst seye wohl und schön zu reden, aber vielleicht eine nicht minder grosse, zur rechten Zeit aufzuhören; – Ich will also dem Rathe meiner Schwester, dank unserer Mutter, gros-Mutter und UrgrosMutter folgen, und nicht nur meiner Moralischen ausschweifung, sondern meinem ganzen brief ein Ende machen.

den 9:ten: – mit überraschenden vergnügen erhalte ich ihren 2ten: brief; – wenn es erst noth hat Sie durch das lied en question meiner freundschaft zu versichern, so haben sie weiter keine Ursache daran zu zweifeln; – hier ist es: – Ich hoffe aber, daß sie auch *ohne diesem liede* meiner wahren freundschaft überzeugt sind, und in dieser Hofnung verharre ich Ewig

ihr aufrichtigster freund
W: A: Mozart

PˢS: – daß sich ihre liebe Eltern, ihre frl: Schwester, und H: bruder meiner *gar nicht* sollten erinnert haben? – das ist mir unglaublich! – Ich schiebe es ganz auf *ihre* vergessenheit, mein freund. und schmeichle mir, mich nicht zu betrügen. – wegen dem dopelten Petschier ist es so; – das rothe wachs taugte nichts – Ich petschirte also Schwarz darauf; – und mein gewöhnlich Siegel habe in Wienn vergessen. – adieu, – ich hoffe Sie bald zu umarmen.

an ihr ganzes haus und an Nattorps unsere beyderseitige Complimente. –

Seite 409   * Wiedergegeben bei Paul Nettl (Anm. zu S. 388), S. 169–171.
Seite 410   * »Die dritte und bei weitem brillanteste Gruppe endlich war die extreme. Hier figurierten die ganz gedankenlosen Verschwender, jene ›im Irrgarten der Liebe herumtaumelnden Kavaliere‹, welche zugleich den Zug frivoler Libertinage repräsentierten, der sich wie eine narkotische Liane durch die damalige Literatur schlang. Zu diesem Berufe wurden die jungen Herren schon frühzeitig mit der sogenannten ›guten Konduite‹

ausgerüstet, d. h., sie mußten bei meist sehr zweideutigen und abenteuernden Strolchen tanzen, fechten, reiten und französisch sprechen lernen. ... So ein Lebenslauf verpuffte rasch wie ein prächtiges Feuerwerk mit Geprassel, leuchtenden Raketen und sprühenden Feuerrädern, bis zuletzt plötzlich nur noch die halbverbrannten dunklen Gerüste dastanden; und das verblüffte Volk rieb sich die Blendung aus den Augen und lachte auseinanderlaufend über den närrischen Spaß.« (Joseph von Eichendorff: Gesammelte Werke, Band 3, Berlin 1962, S. 565 f.)

Seite 414   * Die Partie des Leporello singt in Wien der Figaro-Sänger von 1786, Francesco Benucci; Wiens Giovanni ist der frisch engagierte Francesco Albertarelli. Die Doppelpartie des Commendatore und Masetto liegt bei Francesco Bussani, der im »Figaro« von 1786 die Partien des Bartolo und Antonio gesungen hatte. Außer Albertarelli und Morella ist Mozart, der selbst dirigiert, das ganze Ensemble wohlvertraut.

Seite 416   * S. Friedrich Dieckmann (Anm. zu S. 318).

Seite 417   * Vollständig in: Otto Erich Deutsch, Mozart / Die Dokumente seines Lebens, Leipzig 1961, S. 310 ff. Schinks Artikel ist die bedeutendste und eingehendste zeitgenössische Äußerung, aber auch zwei Berliner Besprechungen (5. Februar bzw. 20. Januar 1791, a. a. O. S. 334 f. und 342 f.) stehen für die qualifizierte zeitgenössische Aufnahme.

Seite 420   * Lenaus »Don Juan« ist insofern unvollendet, als der Autor den Text selbst nicht mehr hat in Druck geben können; er betraute seinen Freund Anastasius Grün damit. Irrig ist die vielfach geübte Rubrizierung des Werkes unter »Versepen«, ohnedies eine tautologische Bezeichnung. Lenaus Don-Juan-Szenen enthalten keine einzige epische Passage. (Vgl. Friedrich Dieckmann, »Waldmensch und Flaneur«, in: Theater heute, Berlin 1988, Heft 10, S. 52.)

Seite 428   * Übersetzung hier und in der Folge von Alexander Neidhardt (»Byrons sämtliche Werke«, deutsch... von Alexander Neidhardt, Band 3, Halle a. S. o. J.).

Seite 432   * Auch Max Frischs Komödie (»Don Juan und die Liebe zur Geometrie«, 1953/1962) steht in der Mañara-Linie der umkehrenden Don Juans: Der Held bekommt das Spiel am Ende satt und inszeniert vor einer Versammlung seiner ehemaligen Geliebten sein Verschwinden mit Blitz und Donner und Komturerscheinung, um sich ins Privatleben, das die Ehe ist, zurückziehen zu können; er inszeniert sich zum Mythos, um den Verpflichtungen seiner Legende zu entrinnen. Elvira, die hier Miranda heißt und keine verführte Nonne, sondern eine zur Liebe bekehrte Hure ist, ist die Frau, die ihm dieses Asyl verschafft; Anna heißt Inez und ist die nächtlich übermannte Braut von Don Juans treuestem Freund, der sich, davon erfahrend, sogleich das Leben nimmt. Das begibt sich im ersten Teil der Komödie, der Don Juans Eintritt ins Eros-Leben beschreibt; am Ende der gescheiterten Hochzeit ist Don Juans Vater einem Herzschlag und der Schwiegervater seinem Degen erlegen, hat die Schwiegermutter den Eheflüchtling verführt, die Braut sich ertränkt und der Freund sich erstochen – unerschüttert, mit schicksalsbewußtem Gleichmut, durchschreitet Juan die Katastrophe, die seinen Weg bezeichnet. Spielerisch-ironisch löst das Stück den Kanon der Geschichte ebenso wie ihren gesellschaftlichen Bezug auf und vollendet so das Werk der Romantik; nur sein Allgemeinstes bleibt von dem Stoff: unlösbare Spannung des Geschlechtlichen zwischen dem flüchtigen und dem beständigen Eros, der Frau als Weib und der Frau als Frau, zwischen Polygamie und Einehe. Frischs Komödie ist ein Ende, das sich mit sublimem Kurzschluß vor allen Anfang setzt: sie läuft zuletzt auf die Entstehung der Tirsoschen Comedia zu. Der befriedete Eros-Krieger weist seiner Beschützerin, die Kindersegen erwartet, eines der ersten gedruckten Exemplare vor.

Seite 435 * Gabriel García Marquez: Die Liebe in den Zeiten der Cholera, übersetzt von Dagmar Ploetz, Köln 1987, S. 224.

Seite 444 * Fühlt der durchbohrte Komtur sich von seiner Tochter betrogen? Die seltsame Ausgangssituation mag ihm aufgehen: Anna, den fliehenwollenden Giovanni gewaltsam festhaltend.

Seite 445 * »Notte« (Nacht) steht in dem vorausgedruckten Wiener Libretto (1787). In dem Prager Librettodruck dagegen »Alba chiara« (Helle Morgendämmerung).

Seite 446 * »So spät« (così tardi) steht in dem Wiener Libretto von 1787 und in Mozarts Autograph, wo die Stelle von fremder Hand der Fassung des Prager Textbuchs angeglichen ist: »Ma essendo l'alba chiara« (Da es aber heller Morgen ist). Vgl. Anm. zu S. 445 und Anm. zu S. 449.

** Das italienische Wort »casino« ist vieldeutig (Landhaus, kleine Villa, Lustschlößchen, Pavillon / Kasino, Gesellschafts-, Kaffee-, Spielhaus / Bordell). Es handelt sich hier um ein Garten- oder Kavaliershaus in der Nähe von Giovannis Palast.

Seite 449 * Don Giovannis Rezitativ-Satz vor der Arie Nr. 11 (Szene I/15): »Ich will sie unterhalten, bis es Nacht wird«, bestimmt die Tageszeit dieser siebenten und der folgenden Szenen dramatisch plausibel als Nachmittag.

Seite 456 * In der Wiener Fassung (1788) folgt hier eine Arie des Ottavio (Nr. 10a, KV 540a); s. Seite 483.

Seite 457 * Original: »l'alemana«. In I/20 tanzt Leporello mit Masetto »la Teitsch«.

** Der Prager Textdruck ohne Angabe der beiden Nischen. In I/18 ist nur von einer Nische die Rede; wären es zwei, hinge der Ausgang der Szene davon ab, ob Giovanni die leere oder die besetzte öffnet.

Seite 458 * Hier fehlt der Hinweis auf Zerlinas Wiederauftreten.

Seite 459 * In Giovannis Palast, der unmittelbar an den Lustgarten stößt.

Seite 462 * Zu den Bauern.

** So in Mozarts Partitur. Im Prager Libretto statt dessen: *Tanzend führt er Zerlina zu einer Tür und bringt sie fast mit Gewalt zum Eintreten.*

*** Hinter der Szene.

Seite 463 * Entgegengesetzt zu Masettos Position, die, wie Zerlinas Abgang mit Giovanni, links (vom Zuschauer aus) anzunehmen ist. (Das Libretto gibt ›rechts‹ von der Bühne gesehen an.) Nach damaligem Theaterbrauch ging man links ab und trat rechts auf.

** Er bedroht Giovanni, um Leporello zu schützen.

Seite 467 * So in Mozarts Partitur. Im Prager Libretto statt dessen: *Masetto mit Bauern, die mit Degen und Gewehren bewaffnet sind.*

Seite 472 * Diese Arie Leporellos (Nr. 20) und die des Ottavio (Nr. 21) fehlen in der Wiener Fassung von 1788. An Stelle der Nr. 20 steht dort ein Rezitativ Leporellos. Der Verlauf der Oper von hier an bis zu der Stelle, da die Wiener Fassung zu Anfang der Szene II/11 wieder ganz in die Prager Fassung übergeht, ist im Anhang wiedergegeben (S. 483 ff).

** So daß er an ihr vorbeiging und die falsche Tür öffnete, durch die gerade das Trauerpaar eintreten wollte.

Seite 473 * Es bleibt offen, ob auch die Statue des Komturs zu Pferde sitzt. Die szenischen Vorgänge sprechen dagegen.

** Original: »due della notte« (zwei Uhr nachts). Der Beginn der Nacht wurde mit dem Sonnenuntergang gleichgesetzt, bei dem die Kirchenglocken läuteten.

Seite 474 * Die Inschrift muß neuesten Datums sein, ist also nicht in Stein oder Erz gegraben. Hat Donna Anna sie an dem zu Lebzeiten des Komturs gefertigten Denkmal angebracht? Vermutlich ist der Komtur am Vormittag beigesetzt worden.

Seite 477   * Die Kapelle auf der Bühne spielt eine Melodie aus der 1787 in Prag aufgeführten komischen Oper »Una cosa rara o sia bellezza ed onestà« (Eine seltene Sache oder Schönheit und Ehrbarkeit), Text von da Ponte, Musik von Vicente Martín y Soler (1786).

** Die Kapelle zitiert aus der 1783 in Prag aufgeführten komischen Oper »Fra i due litiganti, il terzo gode« (Wenn zwei sich streiten, freut sich der Dritte) von Giuseppe Sarti (1782).

*** Die Kapelle intoniert das »Non più andrai« aus Mozarts »Figaro« (Nr. 9, Arie des Figaro: »Nun vergiß leises Flehn, süßes Kosen«).

Seite 481   * Er deutet auf die noch nicht wieder geschlossene Versenkung.

Seite 484   * Dieser Satz ist nicht komponiert.

** Sie zieht ihn an den Haaren aus der Kulisse.

Seite 485   * »Sbarbare« hat den Doppelsinn von balbieren (rasieren) und vertilgen.

** Offenbar verbindet sie ihm auch die Augen.

Seite 486   * Er bemerkt offenbar, daß er an dem Strick, von dem er nicht loskommt, das Fenster herausreißt.

** Es muß statt *porta* (Tür) *finestra* (Fenster) heißen. Leporello zieht fliehend Stuhl und Fenster mit sich.

*** Er tritt herein und spricht von Don Giovanni.

Seite 487   * Leporello erscheint offenbar mit den Resten des herausgerissenen Fensters.

Bibliographische Notiz

Die Literatur über die Don-Juan-Gestalt, nämlich sowohl ihre künstlerischen Bearbeitungen in Drama, Oper, Roman, Epos wie deren untersuchende Betrachtung, ist ungemein weitläufig. Für beide sei auf die profunde Arbeit von Leo Weinstein verwiesen (The Metamorphoses of Don Juan, Stanford 1959); sie enthält im Anhang einen »Catalogue of Don Juan Versions«, der, jeweils nach Ländern bzw. Sprachbereichen gliedernd, literarische, musikalische, bildkünstlerische und filmische Versionen aufführt und es auf die Gesamtzahl von 490 bringt, von denen 390 der Literatur, 72 der Musik, 20 Malerei und Graphik (hier ist die Aufstellung allerdings lückenhaft und übersieht Beardsley ebenso wie Menzel, Meid, Slevogt, Klee) und 18 dem Film angehören. Auch die von Weinstein verzeichnete Bibliographie der wissenschaftlichen und essayistischen Sekundärliteratur ist reichhaltig; sie verweist ergänzend auf zwei umfassende Bibliographien: Everett W. Hesse, Catálogo bibliográfico de Tirso de Molina (1648–1948), incluyendo una sección sobre la influencia del tema de Don Juan, in : Estudios (Madrid) V (1949), S. 781–889, und Armand E. Singer, A Bibliography of the Don Juan Theme: Versions and Criticism, in: West Virginia University Bulletin (Morgantown, West Wirginia), Series 54, No. 10-1 (April 1954).

Vervollständigend sei hier auf die Bibliographie Theodor Schröders von 1912 hingewiesen (Th. Sch.: Die dramatischen Bearbeitungen der Don Juan-Sage in Spanien, Italien und Frankreich bis auf Molière einschließlich, Halle a. S. 1912, S. X-XV). Natürlich enthält auch die große monographische und biographische Literatur über Tirso, Molière, Goldoni, Gluck und Mozart vieles spezifisch Bezügliche. Bei Weinstein fehlen die Mozart-Monographien von Hermann Abert, Edward J. Dent und Alfred Einstein, aber auch Paul Marsops und Theodor W. Adornos Aufsätze (Paul Marsop: Don Giovanni, in: P.M., Studienblätter eines Musikers, Berlin/Leipzig 1903, S. 131–204; Th. W. Adorno: Huldigung an Zerlina [1952], in: Th. W.A., Moments musicaux, Frankfurt 1964, S. 37–39). An neueren Arbeiten über Mozarts Opern sind von besonderem Interesse die Bücher von Wolfgang Hildesheimer (1977), Ivan Nagel (1985), Volkmar Braunbehrens (1986) und Gunthard Born (1985) sowie der Aufsatz von Joachim Herz (Einführung in das Textbuch »Don Giovanni« des Reclam-Verlages, Leipzig o.J. [1962]). In den zwanziger Jahren haben sich Erwin Rieger (Phantasie über Don Juan, Wien 1922) und Leopold Ziegler (Don Juan, Leipzig 1927) essayistisch über Don Juan geäußert, vor allem aber Ernst Bloch, dessen exzeptioneller Aufsatz von 1928 (»Don Giovanni, alle Frauen und die Hochzeit«) nachmals in den Fünften Teil von »Das Prinzip Hoffnung« einging. Sie alle fehlen bei Weinstein, der die Studien von Otto Rank (Die Don-Juan-Gestalt, Leipzig etc. 1924) und Albert Camus (Le Don Juanisme, Paris 1942) ebenso aufführt wie die einschlägigen Aufsätze von Ortega y Gasset. Neuere Arbeiten zum Don-Juan-Thema stammen – in chronologischer Abfolge – von L. Petzold (Der Tote als Gast / Volkssage und Exempel, Helsinki 1968), Alfons Rosenberg (Don Giovanni, München 1968), Hans Mayer (Don Juans Höllenfahrt / Don Juan und Faust, Frankfurt 1979), Hiltrud Gnüg (Don Juans theatralische Existenz, München 1974), B. Wittmann (Don Juan, Darmstadt 1976) und Karl Mickel (Don-Giovanni-Aufriß, in: Volks Entscheid, Leipzig 1987). Stücksammlungen liegen vor von Joachim Schondorff (München/Wien 1967) und Giovanni Macchia (Torino 1978). Die – womöglich definitive – Aufdeckung der schon 1893 von dem Tirso-Monographen Emilio Cotarelo y Mori vermutete Autorschaft Andrés de Claramontes am »Burlador de Sevilla« ist Alfredo Rodriquez López-Vázquez 1987 gelungen.

Abbildungsverzeichnis

Bei den Maßen, die sich bei Kupferstichen und Radierungen, wenn nicht anders angegeben, auf die Größe der Platte beziehen, steht Höhe vor Breite; Angaben in Millimetern. Bei Kupferstichen und Radierungen meint die Wendung *nach* den Zeichner oder Maler der Stichvorlage. Wo sie entfällt, ist der Stecher (Radierer) auch der Urheber der Vorlage.

Frontispiz Jacobus Harrewyn: Frontispiz zu der zweibändigen Molière-Ausgabe des Verlags J.F. Broncart, Lüttich (Liège) 1703. Kupferstich (126/76 mm).

Seite 18, 21, 35, 43, 45, 47, 57 Gestalten des Madrider Hofes zur Zeit des »Burlador de Sevilla«, gemalt von Diego Velázquez (1599–1660). In Velázquez' Menschenbild, aufgestellt zu einer Zeit des Niedergangs und Massenelends in Spanien, wird das Individuelle monumental. Der einzelne Mensch, welchen Standes er sei, vor allem aber der machtlose, abhängige Mensch, gewinnt in seiner Wahrhaftigkeit Größe – der farbenreibende Mulatte tut es so gut wie der Wasserverkäufer, der Philosoph wie der Hofnarr, die Spinnerin wie die Küchenmagd, und einmal tut es das Weib als solches, Venus, die sich im Spiegel ansieht. Anders als die Leute des Volkes haben es die Könige bei diesem Maler schwer, Größe zu gewinnen; die Insignien ihres Amtes sind ihnen dabei im Wege. Wenn Velázquez seinen Monarchen, Philipp IV., kunstfreudigen Sachwalter eines zugrundegerichteten Reiches, malt, liefert er Rollenporträts, aber auch hier wird der Mensch kenntlich: ein einsamer, überforderter Mann, der erst nur ratlos und hochmütig, in späteren Jahren traurig und wissend aus den Kostümen seiner Rolle blickt. Daß er ein Schwerenöter und Lebemann, ein Verschwender und Verführer großen Stils gewesen sei, scheint vor diesen Bildern bloße Legende.

Die hier wiedergegebenen Porträts sind zur Zeit des »Burlador de Sevilla« entstanden, in Madrid, wo die comedia um 1624 aufgeführt wurde; sie geben, jenseits des Individuellen, eine Vorstellung davon, wie Leute des Hofes – der »Burlador« spielt großenteils unter ihnen – zu dieser Zeit aussahen, bis hin zu dem Hofnarren, einer Figur von berstender Vitalität, dergegenüber sich der Catalinón des Stückes durchaus bescheiden ausnimmt.

Seite 18 Diego Velázquez: Philipp IV. als Jäger. Gemälde, um 1635. Philipp (1605–1655), ein Bruder der Anna von Österreich (s. Seite 171), wurde 1621 König von Spanien.

Seite 21 Diego Velázquez: Isabella von Bourbon (1602—1644), Königin von Spanien, Gemahlin Philipps IV. Gemälde, um 1630. Die Französin war ein Tochter Heinrichs IV. und der Maria von Medici.

Seite 23 »Doze Comedias nuevas de Lope de Vega Carpio, y otros autores. Segunda parte.« (Zwölf neue Komödien von Lope de Vega Carpio und andern Autoren). Titelseite des Bandes mit dem ältesten erhaltenen Druck des »Burlador de Sevilla« aus dem Jahre 1630.

Seite 24 »El Burlador de Sevilla, y combidado de piedra. Comedia famosa. Del Maestro Tirso de Molina.« (Der Betrüger von Sevilla und der Gast von Stein. Berühmte Komödie von Meister Tirso de Molina). Titelseite des in der Sammlung von 1630 enthaltenden ältesten bekannten Druckes des »Burlador«. Neuere Forschungen haben die alte Vermutung bestätigt, daß das in dieser und späteren Ausgaben Tirso de Molina zugeschriebene Stück von dem Theaterdirektor, Schauspieler und Komödienschreiber Andrés de Claramonte stammt.

Seite 31, 33, 50, 65 Vier Kupferstiche (anonym; etwa 130/170 mm) aus einer Folge von Spanien-Ansichten vermutlich des späten 17. Jahrhunderts. Es handelt sich um französische Arbeiten; in dem Spanien des 17. Jahrhunderts war die Vervielfältigungskunst des Kupferstichs nur ausnahmsweise zur Stelle.

Seite 31 Rückwärtige Ansicht des Escorial.

Seite 33 Die Fontäne der Tritonen oder der Liebschaften in Aranjuez.

Seite 35 Diego Velázquez: Isabella von Bourbon. Gemälde, um 1625.

Seite 43 Diego Velázquez: Don Diego del Corral. Gemälde, um 1627.

Seite 45 Diego Velázquez: Die Dame mit dem Fächer. Gemälde, um 1638.

Seite 47 Diego Velázquez: Francesco I. d'Este (1610—1658), Herzog von Modena. Gemälde, 1638. Philipp IV. erwies dem italienischen Feldherrn in Madrid die Gunst, von seinem Hofmaler porträtiert zu werden.

Seite 50 Das Gefängnis für Angehörige des Hochadels in Madrid.

Seite 57 Diego Velázquez: Pablo de Valladolid, Hofnarr Philipps IV. Gemälde, um 1633.

Seite 65 Die Kathedrale von Sevilla. Die spätgotische Basilika mit dem Turm der alten Almohaden-Moschee ist eine der größten Kirchen Europas.

Seite 72 Tumba mit Grabfigur an der Außenwand der Kirche Santa Maria Formosa in Venedig (16. Jahrhundert). Photographie (1988).

Seite 86/87 Matthäus Merian d. Ä. (1593–1650): Paris von Norden (Montmartre). Kupferstich. Marian reicht dem Betrachter die Städte des 17. Jahrhunderts in ihrer mittelalterlichen Ganzheit dar, von Kirchentürmen gegliedert, von Mauern und Bastionen umgürtet. Der Zeichner, der sich auf seinem entfernten Standpunkt selbst ins Bild setzt, ist der einzige Arbeiter, der in Sicht kommt. Er zieht bald weiter, zu der nächsten Totale, ein Betrachter, der außerhalb bleibt. Links oben die Kathedrale Nôtre-Dame, rechts Louvre und Tuilerien. Ludwig XIV. ließ die alte Stadtmauer in Boulevards verwandeln.

Seite 89 Jacques Lubin (geb. um 1659, gest. nach 1703) nach Pierre Mignard (1612–1695): Jean Baptiste Poquelin Molière. Radierung (250/183 mm). Lubins Stich folgt demjenigen Jean Baptiste Nolins von 1685, dessen Porträtvorlage ein undatiertes Gemälde von Mignard ist (Musée Condé, Chantilly).

Seite 91 Robert Nanteuil: Ludwig XIV. (1638–1716). Kupferstich (400/310 mm), 1664. Umschrift: »Ludwig XIV., von Gottes Gnaden König von Frankreich und Navarra.« Der König als Sechsundzwanzigjähriger im Jahr von Molières »Tartuffe«, dessen erste drei Akte am 12. Mai 1664 am Hof zu Versailles uraufgeführt wurden. Fünf Tage später folgte das Verbot öffentlicher Aufführungen an Molières Theater. 1665, nachdem auch »Dom Juan« von Molières Bühne verschwunden war, nahm Ludwig XIV. dessen Truppe als »Schauspieler des Königs« unter seine persönliche Obhut. Ludwig war ein Neffe sowohl Philipps IV. *(Seite 18)* wie der Isabella von Bourbon *(Seite 21 und 35).*

Seite 93 »Le vray Portrait de Mr de Molière en Habit de Sganarelle« (Molière als Sganarelle, nach dem Leben gezeichnet). Tuschzeichnung (Paris) nach einem Stich von Simonin.

Seite 96/97 Jean-Louis Anselin (1754–1823) nach Nicolas Monsiau (1754–1837): Molière liest im Salon der Ninon de l'Enclos aus seinem »Tartuffe«. Der Kupferstich aus den 1780er Jahren ist »dem König« – Ludwig XVI. – gewidmet. Von links nach rechts: Lully, Pierre Corneille, Thomas Corneille, Racine, Lafontaine, (stehend) I. H. Mansard, der Marschall von

Vivonne, (stehend) Quinault und Baron, Boileu Despréaux, Chapelle (Molières Schulfreund), der große Condé, Ninon de l'Enclos, St. Evremont, Molière, La Bruyère, (stehend) Mignard, der Herzog von la Rochefoucault, Girardon. – Ninon de l'Enclos (1616–1706) war eine der interessantesten Frauen jenes Paris, das Molière 1658 theatralisch eroberte, eine Hetäre großen Stils, die die Ehe verschmähte, um, wechselnd liiert mit zahlreichen Größen des Pariser Lebens, einen Salon zu unterhalten, dessen erlesene Besetzung der Anselinsche Stich komprimiert. Zur Zeit Ludwigs XV. bildete sich etwas wie ein Ninon-Kult aus; Damen des Hofes verrichteten Andachten vor dem mit Bändern geschmückten Totenkopf der Salon-Herrscherin.

Seite 99–107   Paris in Ansichten von Gabriel Perelle (1603–1677). Perelles Stiche brechen Merians Totalansichten mit subtilen graphischen Mitteln auf; die Verkehrsachsen der Stadt – Fluß, Straße, Brücke – werden zu Dominanten einer Bilderscheinung, die, geschult an der Callotschen Kunst kleinfiguriger Darstellung, von drängendem Arbeitsleben erfüllt ist. Unter Ludwig XIV. wurde die Stadt nach Plänen der Architekten Blondel und Bullet von Grund auf umgebaut.

Seite 99   La Porte St. Bernard. Im Hintergrund die Kirche Nôtre-Dame.

Seite 100   Die Nôtre-Dame-Brücke. Blick von der Spitze der kleineren Seine-Insel nach Westen. In der Mitte hinter der Brücke die Dächer des Louvre.

Seite 103   La Porte de la Conférence. Nôtre-Dame erscheint hier von der andern, westlichen Seite der Stadt; vor ihr die Kuppel des Justizpalastes.

Seite 107   Das Schloß von Versailles. Ludwig XIV. ließ das vier Stunden von Paris entfernte Jagdschloß in den Jahren 1661–78 zu einem Lustschloß von riesigen Ausmaßen und kostbarer Ausstattung umbauen. Molières Truppe hat hier häufig bei Hoffestlichkeiten gastiert.

Seite 109   Der Schauspieler La Grange in der Rolle des La Grange in »Les Précieuses Ridicules«. Ölmalerei auf Marmor. Molières Truppe brachte die Komödie 1659 in Paris heraus. La Grange war nachmals einer der Herausgeber der postumen Werkausgabe.

Seite 113   Johann Jakob Thurneysen (1636–1711) nach Charles Dauphin (gest. 1677): Der Schauspieler Millot. Kupferstich (329/212 mm). Auch dieses Schauspielerporträt aus Lyon zeigt die Erscheinung eines Cavaliers à la mode im Stil des Molièreschen Dom Juan.

Seite 121   Robert Nanteuil: Le Bassin (Der Nachttopf). Kupferstich (340/
260 mm). Nanteuil gibt dem Arzt eine Physiognomie, die in seinem Œuvre
zweimal als Porträt eines Geistlichen auftaucht. Frankreich war im 17. Jahrhundert ein von Seuchen überzogenes Land, dem nur Sauberkeit, keine
Tinkturen geholfen hätte. Aber der Stil herrschte, nicht die Hygiene.

Seite 123   Jonas Suyderhoef (1613–1686) nach Frans Hals: René Descartes. Radierung (316/230 mm). Unterschrift: »Renatus Descartes, französischer Edelmann, Herr von Perron, höchster Mathematiker und Philosoph.«
Frans Hals hat den Begründer des philosophischen Rationalismus in seinem
holländischen Exil gemalt; Suyderhoefs Radierung entspricht dem Rang
der Vorlage. Wenn Nanteuil seine mit scharfer Physiognomik aufgefaßten
Figuren durch Kleidung und Rahmen zu Funktionären ihrer Stellung macht
(auch die Kühle der Linienführung verharrt in der Distanz des Offiziellen),
so entlastet Suyderhoef den Porträtierten von allen Rahmenzwängen; er
gibt seiner Erscheinung eine vitale Unmittelbarkeit, die die französische
Kunst der Zeit nicht kennt.

Seite 127   Robert Nanteuil (1623–1678): Pierre Gassendi. Kupferstich
(290/190 mm), 1658. Gassendi (1592–1655), der kühne Erneuerer der
Ethik des Epikur und der Atomlehre des Demokrit, philosophischer Anwalt
der Erfahrung (und als solcher Opponent des Aristoteles, aber auch seines
Zeitgenossen Descartes), wirkte fast mehr noch als durch seine Bücher, die
sich große Vorsicht auferlegen mußten, durch den Unterricht, den er an
dem Pariser Collège de Clermont gab. Er war der philosophische Mentor
Molières, der diese exklusive Jesuitenschule bis etwa 1639 besuchte; Cyrano
de Bergerac gehörte zu seinen Mitschülern.

Seite 135   Laurent Cars (1699–1771) nach François Boucher (1703–
1770): Dom Juan lädt die Statue des Commandeurs zum Souper ein
(3. Akt, Szene 5). Titelkupfer (193/139 mm) zu Molières »Dom Juan« im
3. Band der Edition de Voltaire, Paris 1734. Diese Folioausgabe der Werke
Molières ist eine der großartigsten buchkünstlerischen Leistungen des
18. Jahrhunderts; zu den ganzseitigen Titelbildern, alle von Cars nach Vorlagen Bouchers gestochen, kamen auf den Textseiten zahlreiche radierte
Vignetten und Initialen. Der Dom-Juan-Stich von Cars wurde von Punt
1739 und von Fessard 1753 in kleinerem Format kopiert.

Seite 139   I. Sauvé nach P. Brisart: Die Statue des Commandeurs folgt Dom
Juans Abendeinladung (4. Akt, Szene 8). Titelkupfer im Erstdruck von
Molières »Dom Juan ou Le Festin de Pierre«, Paris 1682. Der der Werkaus-
gabe von La Grange und Vinot beigegebene Stich (Sauvé und Brisart illu-

strierten die ganze Ausgabe) ist in späteren Editionen mehrfach kopiert worden.

Seite 141   Jacques Philippe Le Bas (1707–1783) nach Jean-Michel Moreau le jeune (1741–1814): Dom Juan bewirtet die Statue des Commandeurs (4. Akt, Szene 8). Titelkupfer (133/87 mm) zu Molières »Dom Juan« im 3. Band der Werkausgabe von M. Bret, Paris 1773 (gestochen 1770). Der dramatisch gespannten Szene auf dem Blatt von Boucher (Seite 135), die eine dreistufige Ordnung der Stände und Gewalten in höchstem Aufruhr zeigt: zuoberst, herausgefordert, aber unangefochten, der Komtur, wider ihn angehend der aristokratische Elegant, sich vor beiden am Boden windend der Dritte Stand, folgt hier ein stiller Zweikampf auf gleicher Höhe, bei dem der junge Aristokrat der ernsten Mahnung gleichgültig standhält; der Dritte Stand verhüllt angesichts kommender Schrecknisse sein Haupt. Moreaus intime Zeichenkunst, ein graphischer Höhepunkt des Fin de siècle, gibt eine präzise Chiffre der geschichtlichen Lage.

Seite 164   Nicolaus Perelle (geb. 1631) nach Israel Silvestre (1621–1691): Blick auf den Louvre (links im Bild) vom Fauxbourg St. Germain aus. Kupferstich.

Seite 165–168   Paris in Ansichten von Israel Silvestre (1621–1691). Silvestres Detailaufnahmen – der Louvre als Bauplatz, der Blick durch den Brückenbogen – scheinen die Sichtweise des Bildreporters vorwegzunehmen. Der leichte Radierstrich verdichtet sich, wenn Silvestre große Stadtblicke aufnimmt; er gewinnt dann eine Schärfe und Konzentration, an die im 19. Jahrhundert Meryon unmittelbar anknüpfen konnte.

Seite 165   Bauarbeiten am Louvre. Der Architekt Perrault begann 1667 mit der Erweiterung des alten Königsschlosses, das bald hinter Versailles zurücktrat.

Seite 166   Blick durch einen Bogen des Pont Neuf auf die Louvre-Galerie.

Seite 167   Die Bastille von der Rue St. Antoine aus gesehen. Die aus dem 14. Jahrhundert stammende Zwingburg auf der Ostseite der alten Stadtbefestigung diente seit Richelieu als politisches Gefängnis.

Seite 168   Blick auf Pont Neuf und den dahinterliegenden Louvre. Links der Quai des Augustins, rechts die Wasserfront des Justizpalasts.

Seite 170–173   Beschützer und Widersacher Molières in Kupferstichen von Robert Nanteuil. Der Hofkupferstecher Ludwigs XIV. arbeitete hier durchweg nach eigenen Vorlagen; einige der Blätter tragen den ausdrücklichen Vermerk »nach dem Leben gemalt und gestochen«.

Seite 170 Robert Nanteuil: Ludwig II. von Bourbon, Fürst von Condé (1621–1686). Kupferstich (360/280 mm), August 1662. »Le grand Condé«, einer der großen Heerführer seiner Zeit, war bei der Niederschlagung der Fronde 1658 als Hochverräter zum Tode verurteilt, im folgenden Jahr aber begnadigt worden; erst 1668 erhielt er wieder ein Kommando. Am Hof des jungen Ludwigs XIV. nahm er als drittmächtigster Mann des Reiches eine dominierende Stellung ein und war eine Stütze Molières auch in den Jahren des »Tartuffe« und »Dom Juan«. Nanteuil, der den Stich auf den Monat genau datiert, umgibt das Bildnis mit dem Lorbeerkranz des Feldherrn.

Seite 171 Robert Nanteuil: Philipp I., Herzog von Orléans (1640–1701). Kupferstich (510/340 mm). Umschrift: »Philipp Sohn von Frankreich Herzog von Orléans einziger Bruder des Königs Ludwig des Vierzehnten.« Molières Truppe stand seit ihren ersten Pariser Erfolgen im Jahre 1658 und auch bei der Premiere des »Dom Juan« unter dem Patronat von »Monsieur«, dem Herzog von Orléans. Im September 1664 ließ sich der König den von ihm verbotenen »Tartuffe« noch einmal im Haus seines Bruders vorspielen.

Seite 171 Robert Nanteuil: Anna von Österreich (1601–1666). Kupferstich (500/420 mm), 1666. Umschrift: »Anna Infantin von Spanien Königin von Frankreich und Mutter des Königs.« Anna, die älteste Tochter Philipps III. von Spanien, war als Vierzehnjährige mit Ludwig XIII. verheiratet worden; als dessen Witwe übernahm sie 1643 die Regentschaft für den fünfjährigen Ludwig und übertrug die Regierung dem Kardinal Mazarin, mit dem sie heimlich verheiratet war; an seiner Seite stand sie den Bürgerkrieg der Fronde durch. Nach Mazarins Tod und Ludwigs Regierungsantritt im Jahre 1661 ging sie in das Kloster Val de Grâce. Molières »Tartuffe« hatte in der Mutter des Königs eine erbitterte Gegnerin. Erst nach ihrem Tod hob Ludwig XIV. das Verbot des Stückes auf.

Seite 173 Robert Nanteuil: Hardouin de Beaumont de Péréfixe (1605–1671). Kupferstich (360/280 mm), 1663. Der Erzbischof von Paris, vormals der Lehrer des Königs, erwirkte im Bund mit dessen Mutter das Verbot des »Tartuffe«. Als Molière das Stück 1667 unter neuem Titel eigenmächtig auf den Spielplan setzte, belegte er es mit dem Kirchenbann.

Seite 173 Robert Nanteuil: Guillaume de Lamoignon (1617–1677). Kupferstich (330/250 mm), 1663. Der Parlamentspräsident, der der Gesell-

schaft vom hochheiligen Sakrament nahestand, verbot den umbenannten
»Tartuffe« 1667 während der Abwesenheit des Königs.

Seite 174 Molière als Saint-Jean-Baptiste (Johannes der Täufer), eine Ausgabe des »Dom Juan« in der Hand. Anonymes Medaillon des 17. Jahrhunderts.

Seite 179 Programmzettel eines Prager Gastspiels der Kursächsischen Italienischen Hofkomödianten aus Dresden mit dem Stück »Das große steinerne Gastmahl«, am 16. September 1723. Text und Autor dieser »Opera
mit schönen Erscheinungen« liegen im Dunkel.

Seite 186/187 Titelblatt und erste Seite der Programmbroschüre Gasparo
Angiolinis zu der Premiere seines Balletts »Le Festin de Pierre« am 17. Okto-
ber 1761 im Wiener Burgtheater. Die Musik zu dieser getanzten Don-Juan-
Geschichte stammt von Gluck.

Seite 190/191 Bernardo Bellotto, genannt Canaletto (1721–1780): »Le
Turc Généreux« (Der großzügige Türke), Ballett-Pantomime, aufgeführt im
Wiener Burgtheater am 6. April 1758. Radierung (470/630 mm), 1759.
Canaletto, der 1758 vor den preußischen Truppen von Dresden nach Wien
geflohen war, widmete sein radiertes Bühnen-Bild dem Hoftheaterintendan-
ten Graf Durazzo. Auch diese Ballett-Pantomime, deren Handlung die »Entführung aus dem Serail« vorwegnahm, war eine Schöpfung Angiolinis. Man
kann sich Gluck am Cembalo sitzend denken.

Seite 194 Francesco Bartolozzi (1728–1815): Porträt eines Herrn Angiolini. Die in Wien aufbewahrte Zeichnung des Londoner Meisters stellt möglicherweise Gasparo Angiolini (1731–1803) während eines seiner London-
Aufenthalte dar. Angiolini hat in London auch sein Don-Juan-Ballett inszeniert.

Seite 199 Norbert Grund (1717–1767): Das Opfer der Venus. Gemälde,
Prag. In den Bildern des Prager Meisters nimmt die zärtlich spielende, tän-
delnd-graziöse Erotik des Rokoko einen malerischen Abschied. Mit dem
Don-Juan-Ballett der beiden klassizistischen Theaterreformer Angiolini
und Gluck zieht ein neuer Begriff auch des Erotischen herauf; er steht im
Zeichen der Bedrohung.

Seite 201 Jacob Adam (1748–1811) nach Joseph Ducreux (1735–1802):
Maria Theresia, 1770. Kupferstich, Wien 1779. Die österreichische Herr-
scherin war seit 1765 verwitwet. Ihrem Sohn Joseph II., der Nachfolger sei-

nes Vaters als deutscher Kaiser geworden war, räumte sie in den Erblanden nur die bescheidenen Vollmachten eines Mitregenten ein.

Seite 202   Franz Xaver Messerschmidt (1736–1783): Joseph II. als Kronprinz, im Alter von etwa zwanzig Jahren. Bronzerelief, Wien, zwischen 1760 und 1763.

Seite 207   Jean-Antoine Houdon (1741–1828): Christoph Willibald Gluck (1714–1787). Bildnisbüste aus patiniertem Ton, Paris 1775.

Seite 215   Das alte Burgtheater, Uraufführungsstätte des Don-Juan-Balletts und dreier Mozart-Opern; auch Mozarts »Don Giovanni« wurde 1788 hier aufgeführt. Der um 1740 neben dem unvollendeten Michaelertrakt der Hofburg errichtete Bau wurde 1888 abgerissen, um Platz für den Ausbau des Schloßfragments zu schaffen, das in vollständiger Gestalt bereits seit 1780 in Berlin, gegenüber der Längsseite des Opernhauses, stand. Photographie (um 1880), vgl. Seite 253.

Seite 222   Johann Nepomuk della Croce (1736–1819): Die Familie Mozart. Gemälde, Winter 1780/81. Rechts Leopold Mozart mit der Violine, seinem Hauptinstrument; am Hammerflügel seine beiden Kinder Maria Anna, genannt Nannerl, und Wolfgang Amadè. An der Wand das Bildnis der Mutter, Anna Maria Mozart geb. Pertl, die 1778 in Paris verstorben war.

Seite 225   Friedrich John (1769–1843) nach Heinrich Füger (1751–1818): Joseph II. (1741–1790). Punktierstich.

Seite 235   »Ansicht der Stadt Wien, mit seinen Vorstädten und umliegenden Gegend.« Kolorierte Radierung aus der Bergerschen Buch- und Kunsthandlung Dresden, um 1800 (anonym). Der Blick fällt von Süden, vom Oberen Belvedere, auf die Stadt; links die Karlskirche, in der Mitte hinten der Stephansdom, rechts die Kirche des Klosters der Salesianerinnen.

Seite 238   Carl Schütz (1745–1800): »Ansicht des Kohlmarkts« in Wien. Kolorierte Radierung (368/474 mm) aus dem Verlag Artaria, Wien; ursprünglich 1786. Schütz hat seine Druckplatte von 1786 später figurativ und architektonisch überarbeitet; in dieser hier abgebildeten Fassung tragen die Damen Empire-Gewänder. Ganz rechts die Michaeler-Kirche, hinter ihr das Große Michaelerhaus; hier hatte Joseph Haydn um 1750 »ein armseliges Dachstübchen« innegehabt. Die Mozarts wohnten 1783 einige Monate an dem äußerst belebten Platz.

Seite 242 Carl Schütz: »Der Stock am Eisen Platz«, Wien. Kolorierte Radierung (315/452 mm), Wien 1779. Im Hintergrund der Stephansdom. Der Platz (heute »Stock im Eisen«) hieß nach einem Fichtenstumpf, in den wandernde Schlosser- und Schmiedegesellen einen Nagel einzuschlagen pflegten.

Seite 248/249 Carl Schütz: »Ansicht vom Graben gegen den Kohlmarkt«, Wien. Kolorierte Radierung (329/425 mm) aus dem Verlag Artaria, Wien 1781. Rechts die hochbarocke Pestsäule von 1692. Der »Graben« verband Kohlmarkt und Stock-am-Eisen-Platz. Nach seinem Bruch mit dem Salzburger Erzbischof bezog Mozart im August 1781 »ein recht hüpsches eingerichtes zimmer auf dem Graben«, das aber »nicht auf die gasse« ging.

Seite 253 Carl Postl (1769–1818): »Der Michaels-Platz gegen die K. K. Burg«, Wien. Kolorierte Radierung aus dem Verlag Artaria, um 1800. In der Mitte das Burgtheater (vgl. Seite 215), links davon der Michaelertrakt der Hofburg, ganz links die Michaeler-Kirche (die Position des Betrachters ist rückenverkehrt zu der Ansicht auf Seite 238).

Seite 255 Das 1710–20 nach Plänen von Giovanni Santini erbaute Palais Thun-Hohenstein in der Spornergasse (heute Nerudagasse) der Prager Kleinseite. Die Monumentalplastiken von Mathias Braun von Braun. In dem Haus des Grafen Johann Joseph Anton Thun (1711–1788) wohnten die Mozarts bei ihrem Prager Aufenthalt im Januar 1787. Photographie (um 1960).

Seite 256 Das Nostitzsche Nationaltheater. Zeichnung, um 1830. Das 1783 eröffnete Haus fungierte bis 1920 neben den tschechischen Bühnen der zweisprachigen Stadt als Deutsches Landestheater und heißt seit 1945 Tyl-Theater. Vgl. Seite 264 und 402.

Seite 261 Vier Meldungen aus dem Prag des 21. Januar 1787.

Seite 264/265 Johan Berka (1758–1815) nach Philipp und Frantz Heger: Hauptfassade und Saalquerschnitt des Prager Nationaltheaters. Kolorierte Radierung, Prag 1793. Ausschnitt aus dem auf Seite 402 abgebildeten Blatt (s. auch Seite 256).

Seite 269, 276, 281 Venedig in Ansichten Michele Marieschis. Von den großen venezianischen Maler-Radierern des 18. Jahrhunderts – Ricci, Tiepolo, Canal, Bellotto, Piranesi – hat nur einer einen Zyklus von Ansichten Venedigs geschaffen, der frühverstorbene Michele Marieschi (1710–1743).

Seine Veduten zeigen die Stadt, die sich noch heute in ihnen wiedererkennt, um das Jahr 1740 und fügen ihren Bauwerken und Straßenansichten jenes bebende Fluidum der Atmosphäre hinzu, das sich den Reproduktionsstechern verschloß. Zuweilen verdichtet sich das Straßen- und Wasserstraßenleben seiner Blätter zu dramatischen Szenen, wie sie zum Alltag der brodelnden Stadt gehörten, die nach Madrid und Paris die zweite Theaterheimat Don Juans wurde. Ihr intimer und verruchter Zauber läßt die Figur um 1650 zum zweiten Mal aufblühen; Cicognini veröffentlicht hier sein »Convitato di pietra«, Goldoni führt 1736 einen »Don Giovanni Tenorio« auf, Giovanni Bertati schreibt fünfzig Jahre später das Libretto einer Erfolgsoper »Don Giovanni«, deren Ruf sich bis nach Wien verbreitet; dort braucht der Venezianer da Ponte dringend einen Opernstoff. So fungiert Venedig als die Drehscheibe der Don-Juan-Geschichte, Stoff und Figur jeweils vorwärtstreibend, ohne sie zu völliger Reife zu bringen.

Seite 269   Michele Marieschi: Der Campo San Basso mit der gleichnamigen Kirche zur Rechten, der nördlichen Seite des Markus-Doms zur Linken. Im Hintergrund die von Napoleon abgerissene Kirche San Gimignano an der Schmalseite des Markus-Platzes. Radierung (308/428 mm).

Seite 271   Titelblatt einer zeigenössischen Abschrift der Opernpartitur von Giuseppe Gazzaniga. Der originale Titel lautet: »Don Giovanni o sia Il convitato di pietra«. Das durchgestrichene »Atto Secondo« (Zweiter Akt) verweist auf den fehlenden ersten Akt, das »Capriccio dramatico«, dessen Partitur verschollen ist. Das Libretto stammt von Giovanni Bertati. (Rechts am Rand Rollen und Stimmfächer.)

Seite 276/277   Michele Marieschi: Die Frari-Kirche (Santa Maria gloriosa dei Frari). Vorn hat sich ein Überfall begeben, vor dem die Frau in der Mitte davonläuft. Ein Mann flieht, ein Hund schnuppert an dem am Fuß der Treppe kopfüber Gestürzten; der neben ihm scheint gerade losrennen zu wollen. Radierung (312/468 mm).

Seite 281   Michele Marieschi: Der Canal Grande an der Rialto-Brücke. Links am Rand das Haus der deutschen Kaufleute (Fondaco dei Tedeschi), in der Mitte der Camerlenghi-Palast. Radierung (318/466 mm).

Seite 290   Reiterstandbild des römischen Kaisers Mark Aurel auf dem Kapitol in Rom. Die Statue des Marcus Aurelius (121–180) ist die einzige vollständig erhaltene Reiterfigur der Antike. Michelangelo entdeckte sie 1538 in einer römischen Villa und stellte sie auf dem nach seinen Plänen gestalteten Kapitolsplatz auf. Photographie (1980).

Seite 297 »Patience and tranquillity of mind contribute more to cure our distempers as the whole art of medicine. // Wien den 30ten März 1787. Ihr wahrer aufrichtiger Freund und O:Br: [Ordensbruder] Wolfgang Amadè Mozart // Mitglied der sehr [Ehrenwerten Loge] zur Neu gekrönten Hofnung im O: V: W:« – Eintragung Mozarts in das Stammbuch seines Logenbruders und Englischlehrers Johann Georg Kronauer.

Seite 300 Michele Pekenino nach Nathanael Rogers (1788–1844): Lorenzo da Ponte (1749–1838). Punktierstich, New York. Der aus Wien verbannte da Ponte lebte von 1793 bis 1805 in London und siedelte dann nach New York über. Auch Pekenino und Monachesi (Seite 305) waren emigrierte Italiener.

Seite 303 Johann Ziegler (um 1750 – um 1812) nach Lorenz Janscha (1749–1812): »Versammlung der schönen Welt bey den Kaffée-Häusern in der großen Prater-Allée.« Kolorierte Radierung aus dem Verlag Artaria, Wien 1794. Joseph II. hatte das große Gelände des Wiener Praters der ganzen Bevölkerung als Vergnügungspark geöffnet. »Ich kann mich ohnmöglich entschlüssen so frühe in die Stadt hinein zu fahren«, schreibt Mozart am 3. Mai 1783 an seinen Vater, »– das Wetter ist gar zu schön – und im Prater ist es heute gar zu angenehm. – wir haben heraus gespeist, und bleiben also noch bis abends 8 oder Neun uhr.«

Seite 305 Nicola Monachesi (1795–1851): Lorenzo da Ponte in hohem Alter. Gemälde, New York. 1825 wurde der Sechsundsiebzigjährige Professor am Columbia College, 1830 vollendete er seine Memoiren.

Seite 309 Titelseite des im Sommer 1787 in Wien vorausgedruckten Librettos der Oper »Il dissoluto punito o sia Don Giovanni« mit dem Hinweis auf den protokollarischen Anlaß der Prager Aufführung: »für die Ankunft Ihrer Königlichen Hoheit Maria Teresa, Erzherzogin von Österreich, Verlobte des erlauchten Prinzen Anton von Sachsen«.

Seite 310 Die ersten beiden Textseiten des Wiener Librettos von 1787, mit der Szenenanweisung: »Nacht. Straße und Häuser.«

Seite 317 Titelseite des im Oktober 1787 in Prag gedruckten Librettos.

Seite 319 Personenverzeichnis und erste Textseite des Prager Librettos, mit der Szenenanweisung: »Garten. Nacht.« Der Wiener Druck diente offenbar als Satzvorlage.

Seite 343   Dorothea Stock (1760–1832): Wolfgang Amadè Mozart. Silberstiftzeichnung (1945 verschollen); Dresden, April 1789. Dorothea Stock,
die Schwägerin Gottfried Körners, zeichnete Mozart bei seinem Dresdner-
Aufenthalt im Hause Körner.

Seite 352   Deckenstukkatur von Albert Camesina (um 1730) in Mozarts
Arbeitszimmer in seiner Wohnung in der Schulerstraße in Wien. Die
Mozarts wohnten in der großen, nahe dem Stephansdom gelegenen Woh-
nung bis zum April 1787. Photographie (1987).

Seite 356   Gartenseite des Hauses Hauptstraße 224 der Wiener Vorstadt
Landstraße. Photographie von August Stauda. Die Mozarts lebten von April
bis Dezember 1787 in der Vorstadt-Wohnung. Mit zahlreichen andern Werken entstand hier der größte Teil der Partitur des »Don Giovanni«.

Seite 359   August Clemens Graf Hatzfeld (1754–1787). Anonymes Ge-
mälde, um 1785. Der Eichstätter Domherr, Mozarts Freund seit seinem
Wien-Aufenthalt im Winter 1786, war ein vorzüglicher Quartett-Geiger.
Sein früher Tod verhinderte seine Übersiedlung nach Wien.

Seite 362   Reiserouten von Wien nach Prag. Blatt VI aus dem »Neuen Post-
und Reise-Atlas von ganz Deutschland und einigen angränzenden Ländern
bestehend in XXXI. accurat gezeichneten Post-Kärtchen zum bequemen
Gebrauch auf Reisen eingerichtet und zu finden bey Chr. Weigel und A. G.
Schneider in Nürnberg«, um 1785.

Seite 364   Gasthof »Zu den drei goldenen Löwen« am Prager Kohlmarkt
(heute Uhelný trh). Mozart wohnte in dem unweit des Nationaltheaters
gelegenen Haus, das den Duscheks gehörte, während seines Prager Aufenthalts im Oktober 1787. Das ursprüngliche gotische, in der Renaissance
umgebaute Haus hatte damals eine barocke Fassade. Photographie (nach
klassizistischer Umgestaltung) vom Ende des 19. Jahrhunderts.

Seite 366, 367   Brief Mozarts aus Prag vom 15., 21. und 25. Oktober 1787
an seinen Wiener Freund Gottfried v. Jacquin (Transkription s. S. 515).

Seite 370, 406, 407   Das Prag des späten 18. Jahrhunderts in Ansichten
Philipps und Frantz Hegers. Wie Schütz und Postl in Wien, so gelingen Vater
und Sohn Heger und ihren Stechern in Prag am Ende des 18. Jahrhunderts
Bilder, in denen bürgerliches Leben mit leichter Hand Farbe, Fülle, Reichtum gewinnt. Es sind die Stadträume von Mozarts Kunst.

Seite 370/371 Casimir Plath nach Philipp Heger (1734–1804) und Frantz Heger: »Ansicht des Haupt-Platzes von der Altstadt Prag.« Kolorierte Radierung, Prag 1793. Rechts die Teyn-Kirche und das Palais Kinsky, links das Altstädter Rathaus, links im Hintergrund die Altstädter Nikolaus-Kirche. Hundert Jahre später wuchs hier Franz Kafka auf.

Seite 372 Medardus Thoenert: »Don Giovanni, dargestellt von Herrn Bassi.« Radierung (90/58 mm), Leipzig 1787 oder 1788. Der einzige graphische Widerhall (oder Voraushall) der Prager Uraufführung kam aus Leipzig, wo die Truppe Bondinis regelmäßig gastierte. Medard Thoenert (1754–1814), Schüler Oesers und der Kupferstecher Bause und Geyser, arbeitete als Verlagskupferstecher und Zeichenlehrer in seiner Heimatstadt Leipzig. Luigi Bassi (1766–1825) wirkte in späteren Jahren als Opernregisseur in Dresden.

Seite 375 Ferdinando Fabrini nach einer Zeichnung von A.M.: Teresa Saporiti (1763–1869). Unterschrift: »Hic effigies: ubique fama« (Hier ist ihr Bildnis, überall ihr Ruhm). Kupferstich, Pisa 1791. Die Saporiti kreierte in Prag die Rolle der Donna Anna. Sie ist die einzige Sängerin des Ensembles, von der ein Porträt überliefert ist.

Seite 376 Johan Berka: Giacomo Casanova (1725–1798). Umschrift: »Iacob: Hieron: Chassanaeus Venetus anno aet: suae LXIII« (Der Venezianer Jacob Hieronymus Chassanaeus [latinisiert für Casanova] im Alter von 63 Jahren). Kupferstich, Prag 1788. Casanova, ein alter venezianischer Bekannter da Pontes, lebte als Schloßbibliothekar in dem nordböhmischen Dux und besuchte mit großer Wahrscheinlichkeit die Prager Don-Giovanni-Uraufführung. In seinem Nachlaß fand sich eine fragmentarische Umarbeitung des Textes zu Leporellos Arie (Nr. 20).

Seite 379 Medardus Thoenert: Domenico Guardasoni. Kupferstich, Leipzig 1790. Pasquale Bondini war der Prinzipal der in Prag, Leipzig und Dresden spielenden Theatergruppe, Guardasoni, ein früherer Sänger, seit 1787 sein Gesellschafter und zugleich der Regisseur des Ensembles.

Seite 380 Leopold Benedikt Peucker: Bühnenbildentwurf für die »Teutsche Schaubühne«. Aquarell (frühes 19. Jahrhundert), Prag. Das undatierte Blatt stellt mit großer Wahrscheinlichkeit die Friedhofsszene des »Don Giovanni« in der Prager Uraufführung dar, die sich mehr als zwanzig Jahre auf dem Spielplan erhielt. Es entspricht genau da Pontes eigenartiger Szenenanweisung, die auf das Innere eines Mausoleums (»loco chiuso in forma di sepolcreto«) deutet.

Seite 383   Giuseppe Quaglio (1747–1828): Bühnenbildentwurf zu der
Friedhofsszene von Mozarts »Don Giovanni«. Unbezeichnetes Aquarell,
Mannheim 1789. Das Mannheimer Nationaltheater führte die Oper am
27. September 1789 in einer deutschen Fassung von Christian Gottlieb
Neefe auf, bei der auch die Rollennamen verdeutscht waren. Der Kontrast
der Szene zu Peuckers »geschlossenem Ort« ist denkbar groß, die streng
symmetrische Perspektive noch völlig barocken Geistes; das zentrale Tor
zeigt sich in einem mystisch-allegorischen Licht. Giuseppe Quaglio gehört
zu der in Mannheim und München wirkenden Bühnenbildnerdynastie,
deren Wirken zwei Jahrhunderte überspannt.

Seite 384   Don Juan am Grabmal des Komturs. Alabasterrelief (173/
213 mm), Wien 1789. Das auf dem Grabstein links mit der Jahreszahl 1789
versehene Relief mit der Signatur H. Z. stellt nicht die Friedhofsszene von
Mozarts Oper dar, ist aber vermutlich von ihr angeregt.

Seite 387   Johann Friedrich Bolt (1769–1806) nach Vincenz Kininger
(1767–1851): Der Komtur packt Don Giovanni (2. Akt, Szene 15). Radierung, Leipzig 1801. Der Berliner Bolt stach die Vignette nach einer Vorlage
des Wieners Kininger für das Titelblatt des Klavierauszugs des Verlags
Breitkopf & Härtel.

Seite 389   Partiturautograph Mozarts: Der Anfang der Ouvertüre zu »Don
Giovanni«. Mozart hat die Ouvertüre erst unmittelbar vor der Premiere, am
28. Oktober 1787, geschrieben.

Seite 390/391   Am 28. Oktober 1787 trägt Mozart die neue Oper mit den
Anfangsakten der beiden Sätze der Ouvertüre (zweite Notenzeile) in sein
seit 1784 geführtes Werkverzeichnis ein. In der Zeile darüber: der Anfang
einer »Klaviersonate mit Begleitung einer Violin« (KV 526); in den unteren
Zeilen die Anfänge zweier am 3. und 6. November 1787 in Prag entstande-
nen Stücke, einer »Scena« (Rezitativ und Arie) für Madame Duschek
(»Bella mia fiamma«, KV 528) und »ein lied – – am Geburtstag des Fritzes«
(KV 529). Die in dem Büchlein den Noten-Incipits links gegenüberstehende
Texteintragung verzeichnet: »Il dißoluto punito, o, il Don Giovanni. opera
Buffa in 2 Atti. – Pezzi di musica [Musikstücke]. 24. Attori. Signore.
[Akteure, Damen] Teresa saporiti, Bondini, e Micelli. Signori. [Herren] Paßi
[recte: Bassi], Ponziani, baglioni e Lolli.« Darüber die August-Eintragung.

Seite 396   Prager Pressemeldungen vom 29. Oktober 1787. Weder vor
noch nach der Premiere gewinnt der Berichterstatter Klarheit über den
Titel, er schwankt zwischen »Don Jouan, oder die bestrafte Ausschweifung«

und »Don Giovani, oder das steinerne Gastmahl«. Das Schwanken dauert bis heute; niemand nennt das Werk bei seinem originalen Titel.

Seite 402 Johan Berka (1758–1815) nach Philipp und Frantz Heger: »Profilen und Façaden des Nationaltheater.« Kolorierte Radierung, Prag 1793. Das nach Plänen von Graf Künigl und Anton Haffenecker errichtete Nationaltheater des Oberstburggrafen (Statthalters) Anton Graf von Nostitz und Rhinek stand auf dem Altstädter Obstmarkt und war von einer deutschen Schauspieltruppe 1783 mit »Emilia Galotti« eröffnet worden. Aber das deutsche Schauspiel reüssierte nicht; das italienische Ensemble Pasquale Bondinis übernahm das Haus und führte im Herbst 1786 Mozarts »Figaro« darin zum Triumph. (Vgl. Seite 256 und 264/265)

Seite 403 Johan Berka nach Philipp und Frantz Heger: »Grundriß und Profil des Nationaltheater.« Kolorierte Radierung, Prag 1793. Im Januar (und noch einmal im Oktober) 1787 dirigierte Mozart hier seinen »Figaro« und gab ein großes Konzert; am 29. Oktober fand unter seiner Leitung die Uraufführung des »Don Giovanni« statt. Am 2. September 1791 wohnt er – mit Kaiser Leopold II., dem Herzog von Polignac und dem vierzehnjährigen Heinrich von Kleist – noch einmal einer Aufführung des »Don Giovanni« bei und dirigiert vier Tage später die Uraufführung von »La Clemenza di Tito«.

Seite 404 Erste Seite von Mozarts Brief aus Prag vom 4. November 1787 an Gottfried v. Jacquin nach Wien (Transkription Seite 520).

Seite 406 Ferdinando (?) Gregori nach Philipp und Frantz Heger: »Ansicht des Kleinseitner Ring.« Kolorierte Radierung, Prag 1794. Links die Nikolaus-Kirche.

Seite 407 Casimir Plath nach Philipp Heger und Frantz Heger: »Ansicht des kleinen Ringels in der Altstadt Prag.« Kolorierte Radierung, Prag 1793. Der Kleine Ring schloß an den Großen Ring (Seite 370) an.

Seite 408 Gartenfront der Bertramka, Prag-Smíchov. Die aus dem 17. Jahrhundert stammende »Bertramka« war seit 1784 der Landsitz der Musikerfamilie Duschek. Auch hier wohnten die Mozarts während ihres Prager Aufenthalts im Herbst 1787. Photographie, um 1960.

Seite 411 Theaterzettel der ersten Aufführung des »Don Giovanni« am 7. Mai 1788 im Wiener Burgtheater.

Seite 413 Partiturseite Mozarts aus dem zweiten Finale (Nr. 24) des »Don Giovanni« (Autograph, Nationalbibliothek Paris). Die Folio-Seite enthält den Schluß der vorletzten Szene. Der bei der Wiener Aufführung im Mai 1788 unternommene Versuch, die auf die Bühne kommenden übrigen Akteure in das Untergangs-»Ah!« einstimmen zu lassen und so die Oper zu enden, ist von Mozart eingetragen und wieder rückgängig gemacht.

Seite 415 Das Leipziger Publikum erlebte »Don Giovanni« am 1. Juni 1788 mit dem Ensemble der Uraufführung. Es gab Umbesetzungen bei Don Giovanni und Donna Anna.

Seite 417 Angelo I Quaglio (1778–1815): Bühnenbildentwurf zu der Friedhofsszene von Mozarts »Don Giovanni«. Aquarell, München, um 1810. Die Münchner Erstaufführung des »Don Giovanni« fand nach großen Zensurschwierigkeiten am 7. August 1791 in Dekorationen von Giuseppe Quaglio (s. Seite 383) statt. Angelo Quaglios späterer Entwurf, dessen Anlaß unklar ist, steht der perspektivisch gesteigerten Beklemmung der Mannheimer Szene fern; er verwandelt die gespannte Situation in ein stimmungsvolles Nachtbild. Die romantische Auflösung des Stoffes hat begonnen.

Seite 421 Rudolf Lohbauer (1802–1873): Leporello lädt die Statue des Komturs zum Abendessen. Illustration zu Mozarts »Don Giovanni« (2. Akt, Szene 11; Duett Nr. 22), Blatt 12 aus einer Folge von fünfzehn Umrißzeichnungen zu Mozarts Oper. Lithographie (336/435 mm), Stuttgart 1828. Lohbauer war ein Jugendfreund Eduard Mörikes; als Offizier ausgebildet, wurde er 1830 in Stuttgart Redakteur und mußte 1832 nach Frankreich fliehen, weil er alle ihm von der Zeitungszensur gestrichenen Stellen in einem – wegen seines Umfangs zensurfreien – Buch gesammelt hatte. Er wirkte später als Professor der Militärwissenschaft in der Schweiz.

Seite 424 Adolph Menzel (1815–1905): Don Juan flieht vor Donna Anna (1. Akt, Szene 1). Illustration zu Mozarts »Don Giovanni« für die Zeitschrift »Argo«. Lithographie, Berlin 1859. Im 19. Jahrhundert altert Don Giovanni rasch, aus dem frivolen Jüngling wird ein feuriger Lebemann.

Seite 426 Max Slevogt (1868–1932): Der Komtur packt Don Giovanni bei der Hand. Illustration zu Mozarts »Don Giovanni« (2. Akt, Szene 15). Federzeichnung zu einer Folge von Holzstichen (erschienen 1921). Abdruck mit freundlicher Genehmigung von Frau Nina Lehmann-Slevogt.

Seite 431 Eduard Mörike: Mozarts Kutsche. Bezeichnet »3 März Abend«. Zeichnung, vermutlich 1853 bei der Arbeit an der Novelle »Mozart auf der Reise nach Prag« entstanden.

Bildnachweis

Deutsche Staatsbibliothek Berlin: S. 135, 201, 225, 362, 382.
Kupferstichkabinett der Staatlichen Museen zu Berlin: S. 96, 99, 100, 103, 107, 113, 123, 165–168.
Dietmar Riemann, Berlin (in Verbindung mit dem Berliner Kupferstichkabinett): S. 238, 242, 248, 253.
Deutsche Fotothek Dresden: S. 86, 93, 164, 199, 202, 207, 215, 225, 255.
Kupferstich-Kabinett der Staatlichen Kunstsammlungen Dresden (in Verbindung mit der Deutschen Fotothek Dresden): S. 31, 33, 50, 65, 89, 91, 121, 170, 171, 173, 190, 269, 276, 281, 424, 426.
Historischer Verein Eichstätt: S. 359.
Staatliche Bücher- und Kupferstichsammlung Greiz: S. 135, 141.
Universität zu Köln, Theatermuseum Schloß Wahn: S. 372.
Gerhard Reinhold, Leipzig (in Verbindung mit dem Kupferstich-Kabinett Dresden): S. 235, 264, 265, 303, 370, 402, 403, 406, 407.
Schiller-Nationalmuseum Marbach am Neckar: S. 431.
Deutsches Theatermuseum München: S. 383, 417.
Musée de Vulliod Saint-Germain, Pézenas: S. 174.
Nationalgalerie Prag (in Verbindung mit der Deutschen Fotothek): S. 199.
Státní Knihovna ČSFR Praha: S. 317, 319, 366, 367, 396.
Internationale Stiftung Mozarteum Salzburg: S. 375, 415.
Thüringische Landesbibliothek Weimar (in Verbindung mit der Deutschen Fotothek): S. 207.
Albertina Wien: S. 194.
Barockmuseum Wien (in Verbindung mit der Deutschen Fotothek): S. 202.
Museen der Stadt Wien: S. 384.
Österreichische Nationalbibliothek Wien: S. 297, 404, 411.
Weitere Aufnahmen: Archiv des Verfassers.
Reproduktionen: Bernd Kuhnert, Berlin.

Der Autor dankt der Universitätsbibliothek Berlin und der Bibliothek der Akademie der Künste der DDR für besonderes Entgegenkommen und der Stipendienkommission des Schriftstellerverbandes der DDR für freundliche Förderung.

Inhaltsverzeichnis

VI Erdbeben auf dem Hoftheater

VII Formierung eines Teams

VIII Venezianische Entdeckung

IX Ein Text für Mozart

X Musikwerk

Nachspiel

Anhang